U0601082

民国大师文库

（第七辑）

四书读本

（上）

蒋伯潜◎著

北京联合出版公司
Beijing United Publishing Co.,Ltd.

目录

大学读本

中庸读本

孟子读本

目录

论语读本

大学读本

大学新解

蒋伯潜

《大学》本《小戴礼记》中之一篇，宋以前并不单行。宋仁宗天圣八年，以《大学》赐新第进士王拱宸等。程颐尝云：“《大学》，孔氏之遗书，而初学入德之门也。于今可见古人为学次第者，独赖此篇之存而《论》、《孟》次之。”朱子作《大学章句》以与《中庸》、《论语》、《孟子》并列为“四书”。是本篇之自《小戴礼记》中抽出，特加提倡，起于宋朝。朱注说：“大，旧音泰，今读如字。”按唐陆德明《经典释文》也说：“大，旧音泰；刘音直带反。”旧音，指汉儒郑玄等音读；刘氏名宗昌，著有《礼记音》一书。朱子是从刘宗昌的音读的。朱子认为本篇中有脱简错简，作《章句》时，有所移补，故《四书》中之大学与《十三经注疏》本《小戴礼记》中之《大学篇》不同。朱子又分之为“经”一章，“传”十章；以为“经。为孔子之意而曾子述之，“传”则为曾子之意而门人记之。按郑玄《礼记目录》仅言子思作《中庸》而不及《大学》之作者。虞松《刻石经于魏表》引汉贾逵的话：“孔伋穷居于宋，惧家学之不明，作《大学》以经之，《中庸》以纬之。”这是说《大学》也是子思所作了。至朱子，方断定出于曾子，所以清代的汉学家多不信他。但子思是曾子的弟子，安知朱子所说曾子门人记《大学》之传者，不是子思呢？这一篇，可以说是儒家最有系统的一篇文章，以“明明德”为“新民”之本，以诚、正、修、齐为治平之基，把道德论和政治论打成一篇，融人生哲学和政治哲学于一炉，以发挥其“德治”的主张，组织至为完满。

大学章句序

朱　熹

《大学》之书，古之大学所以教人之法也。盖自天降生民，则既莫不与之以仁义礼智之性矣。然其气质之禀或不能齐。是以不能皆有以知其性之所有而全之也。一有聪明睿智能尽其性者出于其间，则天必命之以为亿兆之君师，使之治而教之，以复其性。此伏羲、神农、黄帝、尧、舜所以继天立极，而司徒之职、典乐之官所由设也。

三代之隆，其法寖备，然后王宫、国都以及闾巷，莫不有学。人生八岁，则自王公以下。至于庶人之子弟，皆入小学，而教之以洒扫、应对、进退之节，礼乐、射御、书数之文。及其十有五年，则自天子之元子、众子，以至公、卿、大夫、元士之适子，与凡民之俊秀，皆入大学，而教之以穷理、正心、修己、治人之道。此又学校之教、大小之节所以分也。

夫以学校之设，其广如此，教之之术，其次第节目之详又如此，而其所以为教，则又皆本之人君躬行心得之余，不待求之民生日用彝伦之外，是以当世之人无不学。其学焉者，无不有以知其性分之所固有，职分之所当为，而各俛焉以尽其力。此古昔盛时所以治隆于上。俗美于下，而非后世之所能及也！

及周之衰，贤圣之君不作，学校之政不修，教化陵夷，风俗颓败，时则有若孔子之圣，而不得君师之位以行其政教，于是独取先王之法，诵而传之，以诏后世。若《曲礼》、《少仪》、《内则》、《弟子职》诸篇，固小学之支流余裔，而此篇者，则因小学之成功以著大学之明法，外有以极其规模之大，而内有以尽其节目之详者也。三千之徒，盖莫不闻其说，而曾氏之传独得其宗，于是作为传义，以发其意。及孟子没而其传泯焉，则其书虽存，而知者鲜矣！

自是以来，俗儒记诵词章之习，其功倍于小学而无用；异端虚无寂灭之教，其高过于大学而无实。其它权谋术数。一切以就功名之说，与夫百家众技之流，所以惑世诬民、充塞仁义者，又纷然杂出乎其间。使其君子不幸而不得闻大道之要，其小人不幸而不得蒙至治之泽，晦盲否塞，反复沈痼，以及五季之衰，而坏乱极矣！

天运循环，无往不复。宋德隆盛，治教休明。于是河南程氏两夫子出，而有以接乎孟氏之传。实始尊信此篇而表章之，既又为之次其简编，发其归趣，然后古者大学教人之法、圣经贤传之指，粲然复明于世。虽以熹之不敏，亦幸私淑而与有闻焉。顾其为书犹颇放失，是以忘其固陋，采而辑之，闲亦窃附己意，补其阙略，以俟后之君子。极知僭逾，无所逃罪，然于国家化民成俗之意、学者修己治人之方，则未必无小补云。淳熙己酉二月甲子，新安朱熹序。

大　学

大，旧音泰，今读如字。

子程子曰："《大学》，孔氏之遗书，而初学入德之门也。"于今可见古人为学次第者。独赖此篇之存，而《论》、《孟》次之。学者必由是而学焉，则庶乎其不差矣。

一

大学之道，在明明德，在亲民，在止于至善。①

朱子注："大学者，大人之学也。"朱子所谓"大人"就是孟子说的"大人者不失其赤子之心者也"的"大人"。孟子尝说乐正子是善人，是信人，又解释道："可欲之谓善，有诸己之谓信，充实之谓美，充实而有光辉之谓大。"道德修养完满，故能充实而有光辉。"大学之道"，就是养

---

① 程子曰："亲，当作新。"○大学者，大人之学也。明，明之也。明德者，人之所得乎天，而虚灵不昧，以具众理而应万事者也。但为气禀所拘，人欲所蔽，则有时而昏；然其本体之明，则有未尝息者。故学者当因其所发而遂明之，以复其初也。新者，革其旧之谓也，言既自明其明德，又当推以及人，使之亦有以去其旧染之污也。止者，必至于是而不迁之意。至善，则事理当然之极也。言明明德、新民，皆当止于至善之地而不迁。盖必其有以尽夫天理之极，而无一毫人欲之私也。此三者，大学之纲领也。

成此种充实而有光辉的理想的人格之修养方法。朱子《大学章句序》首句说：“《大学》之书，古之大学所以教人之法也。”是以“大学”为古代所办的大学，似与注中所说“大人之学”自相矛盾。其实，古代小学所教，只是书、数及洒扫、应对、进退之节；俊秀子弟升入大学以后，方教以穷理正心修己治人之道，使能养成充实光辉的理想的人格。朱子的两种说法，并不是互相矛盾的。

“明德”，是光明的德性，是人人生来具有的，是备具众理、足以应付万事的。有时，这种光明的德性被人欲所蔽，便昏昧不明了。这和太阳隐于乌云，镜子蒙着灰尘一般，看似昏暗，本体的光明却并未消失；吹散了乌云，拭净了灰尘，仍可以恢复它本来的光明。上一个“明”字是动词。“明明德”，是要把人欲除去，使本有的明德格外光明起来。这是修养方法的第一步。

“亲民”的“亲”字，王守仁仍作亲字解。他以为本篇下文“君子贤其贤而亲其亲，小人乐其乐而利其利”，“如保赤子”。“民之所好好之，民之所恶恶之，此之谓民之父母”等句中的“亲”字，皆是“亲”字意；《尚书·尧典篇》“克明峻德”就是“明明德”，“以亲九族”至“平章百姓，协和万邦”，便是“亲民”。（详见《阳明先生传习录》）这样讲法原也可通。朱子说，“亲当为新”，是根据程颐的话；因为下文所引《汤》之《盘铭》、《康诰》以及《诗经》的句子都以“新”字为主。《尚书·金縢篇》，成王说：“惟朕小子其新逆。”成王这句话是说要亲自迎接周公。“亲逆”写作“新逆”，正和“新民”写作“亲民”一样，这是程朱读“亲”为“新”的一个有力旁证。新是去旧维新的意思；“新民”是使人人能去其旧染之污，“日日新、又日新”地振作起来。由“明明德”而“新民”，便是《论语》孔子所说的“己欲立而立人，己欲达而达人”，《中庸》所说的“成己”、“成物”；孟子所说的“先知觉后知，先觉觉后觉”。由此可知大人之学，不但要能自明其明德，以独善其身，还要能使人人自新，以兼善天下哩！

“至善”，就是“最善”的意思。“止至善”就是以“至善”为最后的目的，定要做到，不半途而废的意思。无论是修己的“明明德”，化民的“新民”，都要达到这“至善”的地步；下文的“为人君止于仁，为人臣止于敬，为人子止于孝。为人父止于慈，与国人交止于信”，也是说要“止于至善”而已。

以上所说“明明德”、“新民”、“止于至善”，是《大学》的三大纲领。

知止而后有定，定而后能静，静而后能安，安而后能虑。虑而后能得。[①]

“知止”就是知道所当止的最善的境界。一个人如果能够晓得最善的境界，以之为理想的目的，才有一定的意志；意志一定，心就能静，不会妄动’了；心不妄动，不论到什么地方，都能感到安稳；到处安稳，思虑自然周到；思虑处处能周到，做人才能达到理想的目的，最善的境界，而得其所止了。

物有本末，事有终始；知所先后，则近道矣。[②]

万物各有本末，譬如一株树，根株为本，枝叶为末。万事各有终始，始就是开端，终就是结局。“本”和“始”是所“先”，“末”和“终”是所“后”。就上文所说言之，则“明明德”是“本”，“新民”是“末”；“知止”是“始”，“能得”是“终”。就下节所说言之，则“平天

---

① 后，与后同，后放此。○止者，所当止之地，即至善之所在也。知之，则志有定向。静，谓心不妄动。安，谓所处而安。虑，谓处事精详。得，谓得其所止。

② 明德为本，新民为末。知止为始，能得为终。本始所先，末终所后。此结上文两节之意。

下”是“末”，是“终”，是“所后”；“格物致知”是“本”，是“始”，是“所先”。能了然于事物之终始本末，而知所先后，则循序渐进，不至错乱凌躐，故曰“近道”。

古之欲明明德于天下者，先治其国；欲治其国者，先齐其家；欲齐其家者，先修其身；欲修其身者，先正其心；欲正其心者，先诚其意；欲诚其意者，先致其知；致知在格物。①

《中庸》说：“譬如行远，必自迩；譬如登高，必自卑。”这是儒家的根本主张。本节就是推说这个道理的。

“明明德于天下”，就是“平天下”。平天下必须先把自己的国家治好：如自己的国还不能治，怎能使天下的人都悦服呢？但要治理一国，又必须先把自己的家整理好；要整理一家，叫家里的人都看自己的样子，听自己的命令，必须使自己的行为，可做家人的模范；所以说：“欲治其国者，先齐其家；欲齐其家者，先修其身。”大凡一个人以心为主宰。要修身，必须使心无邪念；要心无邪念，必须使心意诚实。所以说：“欲修其身者，先正其心；欲正其心者，先诚其意。”但人怎么才能诚意呢？第一要知道事物的缓急先后；要知道事物的缓急先后，就须“先致其知”。所以说：“欲诚其意者，先致其知。”致，是推而极之之意。至于怎样才能“致知”呢？“致知在格物。”“格物”二字却有许多的解释了。

朱注说：“格，至也。物，犹事也。穷至事物之理；欲其极处无不到也。”又说：“物格者，物理之极处，无不到也。”所以格物是要穷尽事物之理，无不知晓之意。王守仁早年读了这几句，就对着一株竹，细细地格

---

① 治，平声，后放此。○明明德于天下者，使天下之人皆有以明其明德也。心者，身之所主也。诚，实也。意者，心之所发也。实其心之所发，欲其一于善而无自欺也。致，推极也。知，犹识也。推极吾之知识，欲其所知无不尽也。格，至也。物，犹事也。穷至事物之理，欲其极处无不到也。此八者，《大学》之条目也。

起来；后来竟格不出所以然，而至于生病了。他于是恍然大悟，以为“格物”之“格”，当解作《孟子》“格君心之非”的“格”。故说：“物者，事也。凡意之所发，必有其事；意所在之事谓之物。格者，正也。正其不正，以归于正之谓也。”又说：“致知云者，致吾心之良知焉耳。”（详见《大学问》）王氏认为吾心本有良知，不假外求，故以朱子“即物穷理”之说为务外遗内，博而寡要。但其他就以此相号召。流弊所至，致学者束书不观，以为只要凭吾心之知，即可应付万事，反不如朱子“即物穷理”之说，较为切实。清陈澧说：“格物但当训为至事；至事者，犹言亲历其事也。天下之大，古今之远，不能亲历；读书即无异亲历也。故格物者，兼读书阅历言之也：致知者，犹言增长见识也。”（见《东塾读书记》）陈氏所说，浅近切实，可为朱注补充。

物格而后知至，知至而后意诚，意诚而后心正，心正而后身修，身修而后家齐，家齐而后国治，国治而后天下平。①

这段是将上文的意思反复郑重说明“物格”是事物都阅历到；“知至”是知识已推完尽；由此而意以诚，心以正，身以修，家以齐，国以治，天下以平。身修以上，是“明明德”；齐家以下，是“新民”。“物格”、“知至”则知所“止”：意诚以下，是得所“止”；所“止”者，诚、正、修、齐、治、平，即“至善”之域。

自天子以至于庶人，壹是皆以修身为本。② **其本乱而末治者否矣。其**

---

① 治，去声，后放此。○物格者，物理之极处无不到也。知至者，吾心之所知无不尽也。知既尽，则意可得而实矣，意既实，则心可得而正矣。修身以上，明明德之事也。齐家以下，新民之事也。物格知至，则知所止矣。“意诚”以下，则皆得所止之序也。

② 壹是，一切也。正心以上，皆所以修身也。齐家以下。则举此而错之耳。

所厚者薄，而其所薄者厚，未之有也！①

庶人，就是小百姓。壹是，同一切。正心、诚意、致知、格物，为的无非是修身；齐家、治国、平天下，其根本还在修身。所以说："自天子以至于庶人，壹是皆以修身为本。"

本，指修身；末，指齐家治国平天下；身既不修，而要想家齐国治天下平，这是一定做不到的。所以说："其本乱，而末治者否矣。"一个人在社会里，势不能无亲疏厚薄。所厚者无过于"身"，而家次之，国与天下又次之；对于最厚的身，尚不能修，怎能泽及天下呢？所以说："其所厚者薄，而其所薄者厚，未之有也。"

上面一大段，朱子以为是"经"，是"孔子之言，而曾子述之"。以后十段，朱子以为是"传"，是"曾子之意，而门人记之"。此段为本篇总论，先述大学之道有"明明德"、"新民"、"止至善"三纲领；次述"格物"、"致知"、"诚意"、"正心"、"修身"、"齐家"、"治国"、"平天下"八条目。以下再分段述之。

［问题］

（一）《大学》本为何书之中一篇？何时始单行？何人定为《四书》之一？

（二）何谓"大学"？

（三）何为《大学》三纲领，八条目？

（四）何谓"明明德"？何谓"亲民"？

（五）何谓"格物致知"？

---

① 本，谓身也。所谓，谓家也。此两节结上文两节之意。

二

《康诰》曰："克明德。"[①]《大甲》曰："顾諟天之明命。"[②]《帝典》曰："克明峻德。"[③] 皆自明也。[④]

《唐诰》是《尚书》中的篇名，周公封康叔作。"克"字，作能够解："克明德"就是能够明明德。大，同泰。大甲也是尚书中的篇名。大甲，商王汤之孙。既立，无道，伊尹放之于桐。后大甲悔过，复归于亳，作太甲。諟，同是，作"此"字解。"顾"是顾到的意思，就是要顾到天命我的明德的命令。《帝典》就是《尧典》。也是《尚书》中的篇名。峻，作大字解。《尧典》作"俊"。以上所引《尚书》三语，都是说自明其明德，故曰"皆自明也"。

上面一段，朱子以为即是传之首章，释"明明德"。

三

汤之《盘铭》曰："苟日新，日日新，又日新。"[⑤]《康诰》曰："作新

---

① 《康诰》，《周书》。克，能也。

② 大，读作泰。諟，古是字。○《大甲》，《商书》。顾，谓常目在之也。諟，犹此也，或曰审也。天之明命，即天之所以与我，而我之所以为德者也。常目在之。则无时不明矣。

③ 峻，《书》作俊。○《帝典》，《尧典》，《虞书》。峻，大也。

④ 结所引书，皆言自明已德之意。

⑤ 盘，沐浴之盘也。铭，名其器以自警之辞也。苟。诚也，汤以人之洗濯其心以去恶，如沐浴其身以去垢。故铭其盘，言诚能一日有以涤其旧染之污而自新，则当因其已新者，而日日新之，又日新之，不可略有间断也。

民。"[①]《诗》曰："周虽旧邦，其命惟新。"[②] 是故君子无所不用其极。[③]

汤就是成汤，为商朝的开国圣王。盘，就是盥洗的盆。成汤于盥洗的盆上，刻着"苟日新"等三句话。苟作诚字解。新，除去旧染之污的意思。说人诚能日去其旧染之污，又当"日日新"，"又日新"，始终不间断地养成新习惯，新生活，新道德。作，即振作兴起之意。自己固要做成一个新的人，同时并要鼓励他人，也做一个新的人。"周虽旧邦，其命维新"，是《诗经·大雅·文王篇》里赞美文王的句子。周从立国到文王时，已数百年，所以称为"旧邦"。文王时更新百度，使人民个个自新，这就是"文王所以受天命，王天下"的缘故。所以说"其命维新"。"是故君子无所不用其极"，这是作《大学》的人总结本节的话，说君子于自新新民，皆欲止于至善，无不尽心极力地去做。

上面一段，朱子以为是传之二章，释"新民"。

四

《诗》云："邦畿千里，惟民所止。"[④]《诗》云："缗蛮黄鸟，止于丘隅。"子曰："于止，知其所止，可以人而不如鸟乎！"[⑤]

"邦畿千里"二句，见《商颂·玄鸟篇》。古时天子之国，称邦畿，地方有一千里之大，为人民所聚集居止之处，所以说"惟民所止"。"缗蛮黄

① 鼓之舞之之谓作。言振起其自新之民也。

② 《诗·大雅·文王》之篇。言周国虽旧，至于文王，能新其德以及于民，而始受天命也。

③ 自新、新民，皆欲止于至善也。

④ 《诗·商颂·玄鸟》之篇。邦畿，王者之都也。止，居也，言物各有所当止之处也。

⑤ 缗，《诗》作绵。○《诗·小雅·绵蛮》之篇。缗蛮，鸟声。丘隅，岑蔚之处。子曰以下，孔子说《诗》之辞。言人当知所当止之处也。

鸟，止于丘隅”二句，见《小雅·绵篇》。缗，音民。缗蛮，鸟叫的声音。黄鸟，是一种小鸟。丘隅，山的一角。说缗蛮缗蛮地叫着的黄鸟，栖止在山的一角里。孔子对这两句诗叹道：“像这种小鸟，尚且晓得可栖止的地方去栖止，难道人反而不如鸟吗?”

《诗》云：“穆穆文王，於缉熙敬止!”为人君，止于仁；为人臣，止于敬；为人子，止于孝；为人父，止于慈；与国人交，止于信。[①]

“穆穆文王”二句，见《大雅·文王篇》。穆穆，深远的意思。于，音乌，叹辞。缉，作继续解。熙，作光明解。诗人赞美文王能继续明其明德，敬其所止，必于至善，毫不苟且。作《大学》的人，因再说明做人应该做到那样，才算止于至善，所以说：“为人君的，应做到仁爱万民；为人臣的，应做到敬事君上；为人子的，应做到孝顺父母；为人父的，应做到慈爱子女：与国人交往，应做到言而有信。”

按以上四段（“《康诰》曰‘克明德’”以下至“与国人交，止于信”），《礼注》本在“此以没世不忘也”之后。

朱子认为是错简，故移于此。

《诗》云：“瞻彼淇澳，菉竹猗猗。有斐君子，如切如磋，如琢如磨，瑟兮僩兮，赫兮喧兮。有斐君子，终不可諠兮。”如切如磋者，道学也。如琢如磨者，自修也。瑟兮僩兮者，恂栗也。赫兮喧兮者，威仪也。有斐

---

① 於缉之於，音乌。○《诗·文王》之篇。穆穆，深远之意。於，叹美辞。缉，继续也。熙，光明也。敬止，言其无不敬而安所止也。引此而言圣人之止，无非至善。五者乃其目之大者也。学者于此，究其精微之蕴，而又推类以尽其余，则于天下之事，皆有以知其所止而无疑矣。

君子，终不可諠兮者，道盛德至善，民之不能忘也。[①]

此节所引《诗经》见《卫风·淇澳篇》。瞻，就是望。淇，水名。澳，音郁，水边的地方。《毛诗》作“奥”。菉，通绿。猗，音依。猗猗，茂盛的样子。意思是说望那淇水旁边绿色的竹，竟这样的茂盛啊！斐，文质彬彬的样子。意思是说君子道德茂盛，如淇澳的绿竹一般。切是剖开，琢是雕刻，磋磨是磨出光来。这是以治玉石骨角比喻君子之修养，循序而进，精益求精。瑟，严密的样子，僩，读若限，武毅的样子。赫喧，煊赫盛大的样子。说君子的仪容，严密而武毅，又煊赫而盛大。諠，音萱，作忘记解。说这样的君子。是使人终身不能忘记的。“如切如磋者，道学也”以下，是作者的申说。“道学”，“自修”，乃说君子的修治。恂栗，因恐惧而发抖，是战战兢兢，不敢疏忽委靡的意思。及其道德修治已成，他煊赫盛大望之俨然的仪容，必能使人肃然起敬。这样文质彬彬的君子，道德已极盛大。人民是终身不会忘记的。“如切如磋者道学也”以下一段，亦见《尔雅·释训篇》。本为古代解释《诗经》之文，作者引之。

《诗》云：“於戏，前王不忘！”君子贤其贤而亲其亲，小人乐其乐而利其利，此以没世不忘也。[②]

---

① 澳，於六反。菉，《诗》作绿。猗，叶韵，音阿。僩，下版反。喧，《诗》作咺；諠，《诗》作諼，并况晚反。恂，郑氏读作峻。○《诗·卫风·淇澳》之篇。淇，水名。澳，隈也。猗猗，美盛貌。兴也。斐，文貌。切以刀锯，琢以椎凿，皆裁物使成形质也。磋以鑢钖，磨以沙石，皆治物使其滑泽也。治骨角者，既切而复磋之。治玉石者，既琢而复磨之。皆言其治之有绪，而益致其精也。瑟，严密之貌。僩，武毅之貌。赫喧，宣著盛大之貌。諠，忘也。道。言也。学，谓讲习讨论之事。自修者，省察克治之功。恂栗，战惧也。威，可畏也。仪，可象也。引《诗》而释之，以明明明德者之止于至善。道学、自修，言其所以得之之由。恂粟、威仪，言其德容表里之盛。卒乃指其实而叹美之也。

② 於戏，音呜呼。乐，音洛。○《诗·周颂·烈文》之篇。於戏，叹辞。前王，谓文、武也。君子，谓其后贤后王。小人，谓后民也。此言前王所以新民者止于至善，能使天下后世无一物不得其所，所以既没世而人思慕之，愈久而不忘也。此两节咏叹淫泆，其味深长，当熟玩之。

“於戏，前王不忘”句，见《周颂·烈文篇》。於戏，同呜呼。朱子说，“前王”指文武。“君子”是“后贤后王”。“小人”指后世的人民。后世蒙前王之泽。被前王之化，故君子则贤其所贤，亲其所亲；小人则乐其所乐，利其所利；所以前王虽然殁世，后人终不能忘记他的。

上面四段，朱子以为是传之三章，释“止于至善”。

按以上二段（《诗》云：“瞻彼淇澳”以下至“此以没世不忘也”），《礼记》本在“故君子必诚其意”之下。朱子认为是错简。故移于此。

五

子曰：“听讼，吾犹人也，必也使无讼乎！”无情者不得尽其辞。大畏民志，此谓知本。①

听讼，听诉讼者的言语，就是现在审判官的审讯讼事。“使无讼”，是以德化人，使他们自己向善，不致涉讼。上两句，是《论语·颜渊篇》记孔子的话。作《大学》的人，“无情者，不得尽其辞”，是说人都感化向善，即使偶然有人涉讼，也不敢把不实不尽的言辞来渎陈。“民志”，是社会中多数人的意志所表现的“社会的制裁”。能道之以德，齐之以礼，则虽有恶人，亦大大畏惧社会的制裁，不敢以虚辞诬控他人了，这就叫做“知本”。

上面一段，朱子以为是传之四章，释“本末”。

按此段，《礼记》本在“止于信”之下，“所谓修身在正其心者”之上。朱子认为是错简，故移此。

---

① 犹人，不异于人也。情，实也。引夫子之言，而言圣人能使无实之人不敢尽其虚诞之辞。盖我之明德既明，自然有以畏服民之心志，故讼不待听而自无也。观于此言，可以知本末之先后矣。

六

此谓知本。[1] 此谓知之至也。[2]

此两句，《礼记》本在“其所厚者薄，而其所薄者厚，未之有也”之下。朱子移此。“此谓知本”句，程子以为是多余的话，应该删去。“此谓知之至也”以上，朱子以为“别有阙文。此特其结语耳”。

又说这是传之五章，“盖释格物致知之义，而今亡和”。因又取程子之意以补之道：“所谓致知在格物者，言欲致吾之知，在即物而穷其理也。盖人心之灵，莫不有知；而天下之物，莫不有理。惟于理有未穷，故其知有不尽也。是以大学始教，必使学者，即凡天下之物，莫不因其已知之理而益穷之，以求至平其极；至于用力之久，而一旦豁然贯通焉，则众物之表里精粗无不到，而吾心之全体大用无不明矣。此谓物格，此谓知之至也。”

上述一段，朱子所补《大学》之阙文。今仍附录于此，以便读者之研究。

七

所谓诚其意者，毋自欺也。如恶恶臭，如好好色，此之谓自谦。故君

---

① 程子曰：衍文也。

② 此句之上别有阙文，此特其结语耳。

子必慎其独也！[①]

上“恶”字，上“好”字，都读去声。谦，读为慊，是惬意的意思，即《孟子》“行有不慊于心”之慊。“恶恶臭，好好色”，发于心之自然，非有所矫饰，故以为诚意之喻。诚意的第一要着在“毋自欺”，故君子必慎其独。

小人闲居为不善，无所不至，见君子而后厌然，掩其不善，而著其善。人之视己，如见其肺肝然，则何益矣。此谓诚于中，形于外，故君子必慎其独也。[②]

闲居，就是独居的意思。小人闲居，没事的时候，什么坏事都会做出来。厌然，遮遮掩掩的样子。揜，与掩通。小人虽为不善，但一见君子，他就觉得自己的行为不好。遮遮掩掩地把不善的地方遮掩起来，好的地方显露起来。可是在别人看来，好像看见他的肺肝一般。这样遮掩又有什么好处呢？这就叫做“诚于中，必形于外”，故君子必慎其独。

曾子曰：“十目所视，十手所指，其严乎！”[③]

这是引曾子的话，阐明上述“如见其肺肝然”的意义。十目十手，极

---

① 恶、好，上字皆去声。谦，读为慊，苦劫反。○诚其意者，自修之首也。毋者，禁止之辞。自欺云者，知为善以去恶，而心之所发有未实也。慊，快也，足也。独者，人所不知而己所独知之地也。言欲自修者知为善以去其恶，则当实用其力，而禁止其自欺。使其恶恶则如恶恶臭，好善则如好好色，皆务决去，而求必得之，以自快足于己，不可徒苟且以徇外而为人也。然其实与不实，盖有他人所不及知而己独知之者，故必谨之于此以审其几焉。

② 閒，音闲。厌，郑氏读为黡。○閒居，独处也。厌然，消沮闭藏之貌。此言小人阴为不善，而阳欲掩之，则是非不知善之当为与恶之当去也，但不能实用其力以至此耳。然欲掩其恶而卒不可掩，欲诈为善而卒不可诈，则亦何益之有哉！此君子所以重以为戒，而必谨其独也。

③ 引此以明上文之意。言虽幽独之中，而其善恶之不可掩如此，可畏之甚也。

言看着他、指着他的人之多，这是多么的严厉呢！

富润屋，德润身，心广体胖，故君子必诚其意。[①]

“富润屋”是说有钱的人，装修住屋；这是比喻义。“德润身”就是《孟子》所说的“粹然现于面，盎于背，施于四体”。胖，音盘。叩“盘”之假借字。盘，乐也，安舒也。能诚其意，则心无愧怍，而广大宽平；体亦因之安乐舒泰了。

上面四段，朱子以为是传之六章，释“诚意”。

按这四段（“所谓诚其意者”以下至“故君子必诚其意”），《礼记》本在“《诗》云瞻彼淇澳……”之上。朱子把以下诸段移在前面，故此下即接“所谓修身在正其心者”一段。

八

所谓修身在正其心者：身有所忿懥，则不得其正；有所恐惧，则不得其正；有所好乐，则不得其正；有所忧患，则不得其正。[②] **心不在焉，视而不见，听而不闻，食而不知其味。**[③] **此谓修身在正其心。**

朱子引程颐说，“身有”之身当作“心”。懥，音致。忿懥，恨恨发怒的意思。好，去声。乐音义效切，亦去声。好乐，就是爱好、喜欢的意

---

① 胖，步丹反。○胖，安舒也。言富则能润屋矣，德则能润身矣，故心无愧怍，则广大宽平，而体常舒泰，德之润身者然也。盖善之实于中而形于外者如此，故又言此以结之。

② 程子曰：“身有之身，当作心。”忿，弗粉反。懥，敕值反。好、乐，并去声。○忿懥，怒也。盖是四者，皆心之用。而人所不能无者。然一有之而不能察，则欲动情胜，而其用之所行，或不能不失其正矣。

③ 心有不存，则无以检其身，是以君子必察乎此而敬以直之，然后此心常存而身无不修也。

思。这是说凡人有所忿懥、恐惧、好乐、忧患，则其心为情感所动，往往不得其正。若心不专注，另想别事，就是睁开眼睛看也不看见，侧着耳朵听也听不到，张着口吃也不知道它的滋味了。所以说修身，在正其心。心正，则不会为情感所蔽了。

上一段，朱子以为是传之七章，释“正心修身”。

九

所谓齐其家在修其身者：人之其所亲爱而辟焉，之其所贱恶而辟焉，之其所敬畏而辟焉，之其所哀矜而辟焉，之其所敖惰而辟焉。故好而知其恶，恶而知其美者，天下鲜矣！[①] 故谚有之曰：“人莫知其子之恶，莫知其苗之硕。”[②] 此谓身不修不可以齐其家。

朱注：“之，犹于也。”古书上“之”字作“于”字用的很多。例如《吕氏春秋·应言篇》：“则莫宜之此畀矣。”“之”字也用作“于”字。辟，同僻，是偏的意。亲爱，指自己所亲爱的人。贱恶，指自己所看不起或厌恶的人。恶，去声。畏敬，指自己所害怕和所敬重的人。哀矜，指自己所哀怜的人。敖，同傲、“敖惰”，指自己所骄傲和怠慢的人。对这四种人，情感既然不同，便不免有一种偏见了。“好而”之“好”、“恶而”之“恶”皆去声。鲜，上声，少也。爱好这人而能知道他的劣点，厌恶这人而能知道他的优点的，是天下少有的。谚，就是俗语。人对于自己的儿子总是不知他的恶处：而对于自己所种的苗，总以为还不茂盛。溺爱者不明，贪得者无厌，就是因为情感上存着偏见的缘故。治家，最忌的是这类

---

① 辟，读为僻。恶而之恶、敖、好，并去声。鲜，上声，○人，谓众人。之，犹于也。辟，犹偏也。五者，在人本有当然之则，然常人之情惟其所向而不加审焉，则必陷于一偏而身不修矣。

② 谚，音彦。硕，叶韵，时若反。○谚，俗语也。溺爱者不明，贪得者无厌，是则偏之为害，而家之所以不齐也。

偏见。有了偏见，则家人骨肉之间便永远不得融洽。所以说：“身不修，不可以齐其家。”

上面一段，朱子以为是传之八章，释“修身齐家”。

十

所谓治国必先齐其家者，其家不可教而能教人者，无之。故君子不出家而成教于国：孝者，所以事君也；弟者，所以事长也；慈者，所以使众也。[①]《康诰》曰：“如保赤子”，心诚求之，虽不中，不远矣。未有学养子而后嫁者也![②]

弟，同悌。中，去声。此段是说治国当先从齐家做起。若自己家里的人，尚不能教导，哪里还能教导别人呢？人能孝亲，就可以事君；能敬兄，就可以事长辈；能慈爱下辈，就可以使役民众。孝、悌、慈，都是家庭里的道德：故君子不出家外，而可以成教于国。“如保赤子”，是《尚书·康诰篇》中的句子。婴儿虽不能言，如保姆能诚诚实实地去推求他的意思，关心他的饥饱、冷暖、痛痒，虽然未必能够事事猜中，但相差也不远了。一般的女子并未先学养儿子的方法，而后去嫁人，所以只要齐家得法，把孝、悌、慈等家庭道德推之于事君事长使众，而又心诚求之，国自然也能治了。

一家仁，一国兴仁。一家让，一国兴让。一人贪戾，一国作乱；其机如此。此谓一言偾事，一人定国。[③] 尧、舜帅天下以仁，而民从之；桀、

---

① 弟，去声。长，上声。○身修，则家可教矣；孝、弟、慈，所以修身而教于家者也；然而国之所以事君、事长、使众之道，不外乎此。此所以家齐于上，而教成于下也。

② 中，去声。○此引《书》而释之，又明立教之本不假强为，在识其端而推广之耳。

③ 偾，音奋。○一人，谓君也。机，发动所由也。偾，覆败也。此言教成于国之效。

纣帅天下以暴，而民从之；其所令反其所好，而民不从。是故君子有诸己而后求诸人，无诸己而后非诸人。所藏乎身不恕，而能喻诸人者，未之有也。[①] 故治国在齐其家。[②]

帅，同率。这段仍阐述治国必先齐家的道理。倘若一家人能够仁爱，则一国人的仁爱之心，也都引起来了。一家人能够礼让，则一国的人礼让之心也都引起来了。倘若做领袖的人贪心狠戾，那么一国的人也因而作乱了。天下一切的事情都是动机引起的，这样动机极微，影响很大。所以说一言可以败事，一人可以定国。再以历史证之：尧舜以仁爱领导天下，百姓也跟着他为仁爱之事；桀纣以残暴领导天下，百姓也跟着他做残暴之事。上行下效，是有一定的道理的。若自己所行的是残暴之事，而要想使百姓做仁爱的事，是必不肯听从的。所以君子必定先使自己有了善行，而后方可求之他人；先使自己没有恶行，而可以责之他人。如此说来，自己没有推己及人的恕道，而想让人家信从你的话，是一定不会有的。又总结说："故治国，在齐其家。"

《诗》云："桃之夭夭，其叶蓁蓁；之子于归，宜其家人。"宜其家人，而后可以教国人。[③] 《诗》云："宜兄宜弟。"宜兄宜弟，而后可以教国人。[④]《诗》云："其仪不忒，正是四国。"其为父子兄弟足法，而后民法之也。[⑤] 此谓治国在齐其家。[⑥]

---

① 好，去声。○此又承上史一人定国而言。有善于己，然后可以责人之善；无恶于己，然后可以正人之恶。皆推己以及人，所谓恕也。不如是，则所令反其所好，而民不从矣。喻，晓也。

② 通结上文。

③ 夭，平声。蓁，音臻。○《诗·周南·桃夭》之篇。夭夭，少好貌。蓁蓁，美盛貌。兴也。之子，犹言是子，此指女子之嫁者而言也。妇人谓嫁曰归。宜，犹善也。

④ 《诗·小雅·蓼萧篇》。

⑤ 《诗·曹风·鸣鸠篇》。忒，差也。

⑥ 此三引《诗》，皆以咏叹上文之事，而又结之如此。其味深长，最宜潜玩。

夭夭，形容桃花的鲜艳。蓁蓁，形容桃叶的茂盛。之子，就是这个女子。女子出嫁，叫做“于归”。女子嫁了人，要与夫家的人和睦。这四句诗，见《周南·桃夭篇》。一家的人能和睦，才能推其道以教一国的人。“宜兄宜弟”一句，见《小雅·蓼萧篇》，是说一个人与兄弟必须和睦。兄弟和睦，才能推其道以教一国的人。“其仪不忒，正是四国”二句，见《曹风·鸤鸠篇》。仪，是做人的法则；忒，是差错的意思。要自己做人的法则没有差错，然后方能匡正四方的国家。作者三引《诗经》的句子，又重言以申之道：正因为一家做父、做子、做兄、做弟的，都足以使人效法，百姓自然也效法他们了。这就是所谓“治国，在齐其家”。

上面三段，朱子以为是传之九章。释“齐家治国”。

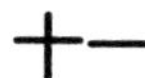

所谓平天下在治其国者：上老老而民兴孝，上长长而民兴弟，上恤孤而民不倍，是以君子有絜矩之道也。①

老老，上一个老字作孝养解；下一个老字作老人解。长长，皆去声，上一个长字作敬重解；下一个长字作长辈解。说在上位的人能够孝养老人，则百姓自然看样，大家都孝养自己的父母了。在上位的人能够敬重长辈，则百姓自然看样，大家都敬重自己的兄长了。在上位的人能够体恤孤弱，则首姓也自然看样，不忍背故旧而弃孤独了。倍，同背，字本作背。背死者，则不恤其孤了。絜，音亦，作度字解，矩是作方的工具。《荀子》说：“五寸之矩，尽天下之方。”絜矩之道，就是推己度人之道。《论语》所说的“己所不欲，勿施于

① 长，上声。弟，去声。倍与背同。絜，胡结反。○老老，所谓老吾老也。兴，谓有所感发而兴起也。孤者，幼而无父之称。絜，度也。矩，所以为方也。言此三者，上行下效，捷于影响，所谓家齐而国治也。亦可以见人心之所同，而不可使有一夫之不获矣。是以君子必当因其所同，推以度物，使彼我之间各得分愿，则上下四旁均齐方正，而天下平矣。

人”,是消极方面的推己度人之道,《中庸》所说的“所求乎子以事父,所求乎臣以事君,所求乎弟以事兄,所求乎朋友先施之”,则是己之所欲,施之于人。是积极方面的推己度人之道。本篇上文所说的“有诸己而后求诸人,无诸己而后非诸人”,也是推己度人之道。推己之心以度人和执矩以度天下一切的方形一样,所以叫做“絜矩之道”。

所恶于上，毋以使下；所恶于下，毋以事上：所恶于前，毋以先后；所恶于后，毋以从前：所恶于右，毋以交于左；所恶于左，毋以交于右：此之谓絜矩之道。[①]

恶，去声，厌恶的意思。《中庸》说：“忠恕违道不远：施诸己而不愿，亦勿施于人。”《论语》子贡也说：“我不欲人之加诸我也，我亦欲无加诸人。”无论对于上下左右前后的人，都应当如此。这就是“絜矩之道”。照此看来，絜矩之道，就是“忠恕”。故曾子解释孔子“吾道一以贯之”之言说：“夫子之道，忠恕而已矣。”(见《论语》)

《诗》云：“乐只君子，民之父母。”民之所好好之，民之所恶恶之，此之谓民之父母。[②]

乐，音洛。只，音纸，语词。所引二语见《小雅·南山有壹篇》。好、恶，皆去声。快乐的君子，怎样能做“民之父母”呢？就是民所喜欢的，

---

① 恶、先，并去声。○此复解上文“絜矩”二牢之义。如不欲上之无礼于我，则必以此度下之心，而亦不敢以此无礼使之。不欲下之不忠于我，则必以此度上之心，而亦不敢以此不忠事之。至于前后左右，无不皆然，则身之所处，上下四旁、长短广狭，彼此如一，而无不方矣。彼同有是心而兴起焉者，又岂有一夫之不获哉？所操者约，而所及者广，此平天下之要道也。故章内之意，皆自此而推之。

② 乐，音洛。只，音纸。好、恶，并去声，下并同。○《诗·小雅·南山有台》之篇。只，语助辞。言能絜矩而以民心为己心，则是爱民如子，而民爱之如父母矣。

我从而喜欢之；民所厌恶的，我从而厌恶之。在上位的人，能够与民同好恶，共甘苦就无愧为民之父母了。

诗云：“节彼南山，维石岩岩。赫赫师尹，民具尔瞻。”有国者不可以不慎，辟则为天下僇矣。①

所引《诗经》，见《小雅·节南山篇》。节，音截，高峻的样子。师尹，周太师尹氏，赫赫，威严的样子。瞻，是瞻仰之意。以高峻的南山、岩石峻峋比威严赫赫的师尹，正是百姓所同瞻仰的。辟，同僻，偏也。僇，同戮。言有国者为民众所瞻仰，故不可以不慎。如不能行絜矩之道，与民同好恶，而有所偏私，就要为天下人所诛戮了。

《诗》云：“殷之未丧师，克配上帝。仪监于殷，峻命不易。”道得众则得国，失众则失国。②

所引《诗经》见《大雅·文王篇》。丧，去声，失也。师，众也。说殷代帝王在未失民心以前，还能够配上帝而为天下之主。仪，作宜字解。监，作观察解。峻，大也。易，去声，说后来王天下者。当观察殷纣丧亡的缘故。要知道受天的大命而为天子。是不容易的。道，言也。此诗言得民众之心，则能得国；失民众之心，则失国。

---

① 节，读为截。辟，读为僻。僇与戮同。○《诗·小雅·节南山》之篇。节，截然高大貌。师尹，周太师尹氏也。具，俱也。辟，偏也。言在上者人所瞻仰，不可不谨。若不能絜矩而好恶徇于一己之偏，则身弑国亡，为天下之大戮矣。

② 丧，去声。仪，《诗》作宜。峻，《诗》作骏。易，去声。○《诗·文王》篇。师，众也。配，对也。配上帝，言其为天下君，而对乎上帝也。监，视也。峻，大也。不易，言难保也。道，言也。引《诗》而言此，以结上文两节之意。有天下者，能存此心而不失，则所以絜矩而与民同欲者，自不能已矣。

是故君子先慎乎德。有德此有人,有人此有土,有土此有财,有财此有用。[①] 德者,本也;财者,末也。[②] 外本内末,争民施夺。[③] 是故财聚则民散,财散则民聚。[④] 是故言悖而出者,亦悖而入;货悖而入者,亦悖而出。[⑤]

先慎乎德,是说先要谨守自己的道德。有人,指人民的归附;有土,指境土的拓展;有财、有用,指国家财用的充足。“德者,本也;财者,末也”。说治国当以德为本,以财为末。外,作疏远轻视解;内,作亲近重视解。说人君如果以德为轻,而疏远之;以财为重,而亲近之,则百姓必然看样,起而争夺。争民,是争利于民;施夺,是施劫夺之政于民。上行下效,君既争利,必酿成《孟子》所说“上下交征利”的情形,故朱子以为“争斗其民而施以劫夺之教”,就是上文所说“一人贪戾,一国作乱”的意思。推其原因,仍是在上者本末倒置,重财轻德之故。所以人君如果把百姓的财聚集在自己的库内,则百姓势必散而之四方;倘若把库内的财散与百姓,则百姓必聚集拢来,为国出力。悖,作逆解。“言悖而出者,亦悖而入”,是宾;“货悖而入者,亦悖而出”,是主。货即是财。人君搜刮百姓的财货,叫做“悖入”:百姓作乱把君主的财货夺了去,叫做“悖出”。

《康诰》曰:“惟命不于常!”道善则得之,不善则失之矣。[⑥] 楚书曰:

---

① 先谨乎德,承上文不可不谨而言。德,即所谓明德。有人,谓得众。有土,谓得国。有国,则不患无财用矣。

② 本上文而言。

③ 人君以德为外,以财为内,则是争斗其民,而施之以劫夺之教也。盖财者人之所同欲,不能絜矩而欲专之,则民亦起而争夺矣。

④ 外本内末故财聚,争民施夺故民散。反是,则有德而有人矣。

⑤ 悖,布内反。○悖,逆也。此以言之出入,明货之出入也。自先谨乎德以下至此,又因财货以明能絜矩与不能者之得失也。

⑥ 道,言也。因上文引《文王》诗之意而申言之,其丁宁反复之意益深切矣。

“楚国无以为宝，惟善以为宝。”[①] 舅犯曰：“亡人无以为宝，仁亲以为宝。”[②]

命，天命。天命不是常在哪一姓的。《康诰》这句话，是说君主善，就能得天命；不善，就要失去天命。《楚书》，楚国的古书。书中说楚国没有什么可宝贵，行善最为宝贵。舅犯，晋文公重耳的母舅。狐偃，字子犯。重耳因骊姬之乱，出亡在外，舅犯跟着他。这两句话，是重耳之父献公死了，秦穆公使人劝他图谋复国时，舅犯教他答复使者的。见《礼记·檀弓篇》。亡人，就是出亡的人，重耳自称之词。

《秦誓》曰：“若有一个臣，断断兮无他技，其心休休焉，其如有容焉。人之有技，若己有之，人之彦圣，其心好之，不啻若自其口出，实能容之，以能保我子孙黎民，尚亦有利哉。人之有技，媢疾以恶之，人之彦圣，而违之俾不通，实不能容，以不能保我子孙黎民，亦曰殆哉。”[③]

《秦誓》，《尚书》中的篇名。秦穆公出师袭郑，回师到了殽的地方，为晋国所败。穆公乃作此誓以告群臣。断断兮，诚实专一的样子。休休，宽容的样子。彦，美士有文。不啻，就是不但。黎民，就是众民。媢疾，就是嫉妒。恶，去声。违，是离弃的意思。殆，是危殆的意思。《秦誓》这段话是说：倘若有一个臣子诚实专一，似乎并无特长。而其胸襟宽大，有容人之量，看他人的技能，就好像自己也拥有了一样；见他人的彦才圣德，便有爱好之心，他人的话简直看作是他自己说的。实在是能容人。这

---

① 《楚书》，《楚语》。言不宝金玉而宝善人也。

② 舅犯，晋文公舅狐偃。字子犯。亡人，文公时为公子，出亡在外也。仁，爱也。事见《檀弓》。此两节又明不外本而内末之意。

③ 个，古贺反，《书》作介。断，丁乱反。媢，音冒。○《秦誓》，《周书》。断断，诚一之貌。彦，美士也。圣，通明也。尚，庶几也。媢，忌也。违，拂戾也。殆，危也。

样的人必能保我的子孙黎民，且有利于国家。如其人见之有技能，便以妒忌之心厌恶他；见人之才彦圣德，便设法离弃他。使不得通于君主；实在是不能容人。这样的人。必不能保我的子孙黎民，国家便也危险了。

唯仁人放流之，进诸四夷，不与同中国。此谓唯仁人为能爱人，能恶人。[①]

这一段是承上文说的。那种娼疾技能。压抑彦圣的人，独有仁人，才能把他流放到夷狄的地方。不与同居中国。这就是说只有仁人，才能爱人，才能恶人。恶，去声。

见贤而不能举，举而不能先，命也；见不善而不能退，退而不能远，过也。[②] **好人之所恶，恶人之所好，是谓拂人之性，菑必逮夫身。**[③]

郑玄《礼记·大学篇》注说："'命'当为。慢'，声之误也。举贤而不能使君以先已，是轻慢于人也。"《程子外书》说："'命'当作'怠'，字之误也。"朱子对这二说。也没有确定。俞樾《群经平议》说："'先'盖'近'字之误。'见贤而不能举，举而不能近'，与'见不善而不能退，退而不能远'，正相对成文。'近'，古文作'肯'，篆文作篆；'篆'字篆文作篆；两形相似，因而致误耳。"这段仍是承上文而言。见贤人而不能荐举，或已荐举而不能使人君亲近他，还可以说是命运如见不善而不能罢退，或即罢退而不能"进诸四夷"，这却是过失了。"好"、"恶"。皆去

---

① 进，读为屏，古字通用。〇进，犹逐也。言有此媢疾之人，妨贤而病国，则仁人必深恶而痛绝之。以其至公无私，故能得好恶之正如此也。

② 命，郑氏云当作慢，程子云当作怠，未详孰是。远，去声。〇若此者，知所爱恶矣，而未能尽爱恶之道，盖君子而未仁者也。

③ 菑，古灾字。夫，音扶。〇拂，逆也。好善而恶恶，人之性也。至于拂人之性，则不仁之甚者也。自《秦誓》至此，又皆以申言好恶公私之极，以明上文所引《南山有台》、《节南山》之意。

声。拂，就是违反。菑，同灾。逮，就是及。夫，音扶。至于好恶与人相反，娼疾才技彦圣的人，必有灾祸及到他的身上的。

是故君子有大道，必忠信以得之，骄泰以失之。[①] 生财有大道，生之者众，食之者寡，为之者疾，用之者舒，则财恒足矣。[②]

大道，就是重要的原则。君子治国平天下，必有他重要的原则，就是"忠信以得之，骄泰以失之"。生财，也有他重要的原则，要使生产的人多，坐食的人少；做生产事业的做得快，消耗的用得慢；财便常常充足了。

仁者以财发身，不仁者以身发财。[③] 未有上好仁而下不好义者也，未有好义其事不终者也，未有府库财非其财者也。[④]

仁者散财以聚民，可王天下，这叫做"以财发身"。不仁者搜刮民财，必致身遭祸殃，这叫做"以身发财"。在上者，以仁心待臣民；在下的臣民，也必能以忠义事君上。臣民都能以忠义事君上，那么无论什么事情都不会不成功了。府库里的财货，也都是他的财货了。

孟献子曰："畜马乘，不察于鸡豚；伐冰之家，不畜牛羊；百乘之家，不畜聚

---

① 君子，以位言之。道。谓居其位而修己治人之术。发己自尽为忠，循物无违谓信。骄者矜高，泰者侈肆。此因上所引《文王》、《康诰》之意而言。章内三言得失，而语益加切，盖至此而天理存亡之几决矣。

② 恒，胡登反。〇吕氏曰："国无游民，则生者众矣；朝无幸位，则食者寡矣；不夺农时，则为之疾矣；量入为出，则用之舒矣；愚按：此因有土有财而言，以明足国之道在乎务本而节用，非必外本内末而后财可聚也。自此以至终篇，皆一意也。

③ 发，犹起也。仁者散财以得民，不仁者亡身以殖货。

④ 上好仁以爱其下，则下好义以忠其上。所以事必有终，而府库之财无悖出之患也。

敛之臣。与其有聚敛之臣,宁有盗臣。”此谓国不以利为利,以义为利也。[①]

孟献子,鲁国的大夫,仲孙氏,名蔑。乘,去声,四马曰乘。古代士初试为大夫,始得备车子,驾四马。卿大夫之家,丧祭始得用冰。伐,作凿字解,伐冰之家,就是指卿大夫之家。百乘之家,指卿大夫有封邑的。聚敛之臣。指善于搜刮百姓的。盗臣,指窃取公家财物的。孟献子说:做大夫的,不当再细察养鸡养猪的小利;卿大夫之家,不当畜牛羊以图利;有可以出车百乘的封地之家,不当再养那些搜刮民财的家臣。与其有损义的聚敛之臣,宁可有损财的盗臣。这是说国家不以财货为利,而以义为利。

长国家而务财用者,必自小人矣。彼为善之,小人之使为国家,灾害并至。虽有善者,亦无如之何矣!此谓国不以利为利,以义为利也。[②]

长,上声。长国家,就是做一国的领袖。俞樾《群经平议》说:“‘必自小人’者,必用小人也。”《诗·绵篇》及《江汉篇》《毛传郑笺》,都说:“自,用也。”俞氏又说:“‘彼’,当以小人言。‘彼为善之’句申说上文必用小人之故。言长国家而务财用所以必用小人者,以务财用之事惟彼为善之也。‘善’与‘能’同义。”“小人之便为国家”,犹云“为国家而惟小人是用”,则灾害并至,虽尚有善人,也无法挽救了。这也是说国家不以财货为利,而以义为利。

以上共四段,朱子以为是传之十章,释“治国平天下”。朱子又说:“凡传十章,前四章,统论纲领旨趣。后六章,细论条目工夫。其第五章,

---

① 畜,许六反。乘、敛,并去声。○孟献子,鲁之贤大夫仲孙蔑也。富马乘,士初试为大夫者也。伐冰之家,卿大夫以上,丧祭用冰者也。百乘之家,有采地者也。君子宁亡己之财,而不忍伤民之力。故宁有盗臣,而不畜聚敛之臣。此谓以下,释献子之言也。

② 长,上声。“彼为善之”,此句上下,疑有阙文误字。○自,由也,言由小人导之也。此一节,深明以利为利之害,而重言以结之,其丁宁之意切矣。

用明善之要。第六章，用诚身之本。在初学尤为当务之思，读者不可以其近而忽之也。”

［问题］

（一）朱子所补释“格物致知”的一章，大意如何？

（二）诚意何以须从慎独做起？

（三）心何以不正？

（四）齐家最忌的是什么？

（五）能齐家的，何以便能治国？

（六）何谓“絜矩之道？”

（七）治国当以何为本。以何为末？

（八）生财之大道如何？

（九）何谓“以义为利？”

（十）朱子《大学章句》所分的各章，其要旨如何？

中庸读本

中庸新解

蒋伯潜

《中庸》本《小戴礼记》中之一篇。《汉书·艺文志·六艺略》有《中庸》说，《隋书·经籍志》经部有梁武帝《中庸讲义》，则此篇之另出单行，当在《大学》之前。宋儒始特加提倡。程颐谓此篇乃孔门传授心法，善读者玩索有得，终身用之有不能尽者。朱子作《中庸章句》，乃与《大学》、《论语》、《孟子》并列为《四书》。按：《中庸》为子思所作，见于《史记·孔子世家》及孔颖达《礼记正义》引郑玄《目录》。子思，名伋，孔子之孙，曾子之弟子。《汉书·艺文志，诸子略》儒家有《子思子》。梁沈约谓《小戴礼记》中之《中庸》、《表记》、《坊记缁衣》，皆取于《子思子》。（见《隋书·音乐志》引）今《子思子》已亡，本篇是否取自此书，固不可考，但为子思所作，则自来学者都无异辞。惟清人崔述谓《中庸》必出《孟子》后；袁枚谓《论》、《孟》言出均称泰山，而《中庸》独称华岳，疑出于西京儒生依托；独对《中庸》作者发生疑问。篇名《中庸》者：郑玄《目录》说："名曰《中庸》者，以其记中和之为用也；庸，用也。"本篇"君子中庸"句郑玄注又说："庸，常也；用中为常道也。"朱子《中庸章句》题下注说："中者，不偏不倚，无过不及之名；庸，平常也。"又引程颐说："不偏之谓中，不易之谓庸；中者天下之正道，庸者天下之定理。"似乎郑玄，朱子对于"庸"字，各有两种解释。

其实，非常之理，决不可常常用他；可以常用的，就是这看似平常的中道。“用也”，“平常也”。“常道也”，“不易之定理也”，这几种训解，本来是可以相通的。本篇为儒家人生哲学的名著，论心性多精语，宋明理学家都奉为先儒的心传；而所谓“中庸之道”，实足以支配我国数千年来之民族思想；所以到现代仍有研究的价值。

中庸章句序

朱 熹

《中庸》何为而作也？子思子忧道学之失其传而作也。盖自上古圣神继天立极，而道统之传有自来矣。其见于经，则“允执厥中”者，尧之所以授舜也；“人心惟危，道心惟微，惟精惟一，允执厥中”者，舜之所以授禹也。尧之一言，至矣，尽矣！而舜复益之以三言者，则所以明夫尧之一言，必如是而后可庶几也。

盖尝论之，心之虚灵知觉，一而已矣。而以为有人心、道心之异者，则以其或生于形气之私，或原于性命之正，而所以为知觉者不同，是以或危殆而不安，或微妙而难见耳。然人莫不有是形，故虽上智不能无人心，亦莫不有是性，故虽下愚不能无道心。二者杂于方寸之间，而不知所以治之，则危者愈危，微者愈微，而天理之公卒无以胜夫人欲之私矣。精则察夫二者之间而不杂也，一则守其本心之正而不离也。从事于斯，无少间断，必使道心常为一身之主，而人心每听命焉，则危者安、微者著，而动静云为自无过不及之差矣。

夫尧、舜、禹，天下之大圣也。以天下相传，天下之大事也。以天下之大圣。行天下之大事，而其授受之际，丁宁告戒，不过如此，则天下之理，岂有以加于此哉？自是以来，圣圣相承，若成汤、文、武之为君，皋陶、伊、傅、周、召之为臣，既皆以此而接夫道统之传，若吾夫子，则虽不得其位，而所以继往圣、开来学，其功反有贤于尧舜者。然当是时，见而知之者，惟颜氏、曾氏之传得其宗。及曾氏之再传，而复得夫子之孙子思，则去圣远而异端起矣。子思惧夫愈久而愈失其真也，于是推本尧、舜以来相传之意，质以平日所闻父师之言，更互演绎，作为此书，以诏后之学者。盖其忧之也深，故其言之也切；其虑之也远。故其说之也详。其曰“天命率性”，则道心之谓也；其曰“择善固执”，则精一之谓也：其曰“君子时中”，则执中之谓也。世之相后，千有余年，而其言之不异，如合符节。历选前圣之书，所以提挈纲维、开示蕴奥，未有若是之明且尽者也。自是而又再传以得孟氏，为能推明是书，以承先圣之统，及其没而遂失其传焉。则吾道之所寄，不越乎言语文字之间，而异端之说日新月盛，以至于老、佛之徒出，则弥近理而大乱真矣。然而尚幸此书之不泯，故程夫子兄弟者出，得有所考，以续夫千载不传之绪；得有所据，以斥夫二家似是之非。盖子思之功于是为大，而微程夫子，则亦莫能因其语而得其心也。惜乎其所以为说者不传，而凡石氏之所辑录，仅出于其门人之所记，是以大义虽明，而微言未析。至其门人所自为说，则虽颇详尽而多所发明，然倍其师说而淫于老、佛者，亦有之矣。

熹自蚤岁即尝受读而窃疑之，沉潜反复，盖亦有年，一旦恍然似有以得其要领者，然后乃敢会众说而折其中，既为定著章句一篇，以俟后之君子。而一二同志复取石氏书，删其繁乱，名以《辑略》，且记所尝论辩取舍之意，别为《或问》，以附其后。然后此书之旨，支分节解，脉络贯通，详略相因，巨细毕举，而凡诸说之同异得失，亦得以曲畅旁通，而各极其趣。虽于道统之传，不敢妄议，然初学之士，或有取焉，则亦庶乎行远升高之一助云尔。淳熙己酉春三月戊申，新安朱熹序。

中　庸

中者，不偏不倚、无过不及之名。庸，平常也。

子程子曰："不偏之谓中，不易之谓庸。中者，天下之正道；庸者，天下之定理。"此篇乃孔门传授心法，子思恐其久而差也。故笔之于书，以授孟子。其书始言一理。中散为万事，末复合为一理，"放之则弥六合，卷之则退藏于密"，其味无穷，皆实学也。善读者玩索而有得焉，则终身用之。有不能尽者矣。

一

天命之谓性，率性之谓道，修道之谓教。[①] 道也者，不可须臾离也，可离非道也。是故君子戒慎乎其所不睹，恐惧乎其所不闻。[②] 莫见乎隐，

---

① 命，犹令也。性，即理也。天以阴阳五行化生万物，气以成形，而理亦赋焉，犹命令也。于是人物之生，因各得其所赋之理，以为健顺五常之德，所谓性也。率，循也。道，犹路也。人物各循其性之自然，则其日用事物之间，莫不各有当行之路，是则所谓道也。修，品节之也。性道虽同，而气禀或异，故不能无过不及之差，圣人因人物之所当行者而品节之，以为法于天下，则谓之教，若礼、乐、刑、政之属是也。盖人之所以为人，道之所以为道，圣人之所以为教，原其所自，无一不本于天而备于我。学者知之，则其于学，知所用力而自不能已矣。故子思于此首发明之，读者所宜深体而默识也。

② 离，去声。○道者，日用事物当行之理，皆性之德而具于心，无物不有，无时不然，所以不可须臾离也。若其可离，则为外物而非道矣。是以君子之心常存敬畏，虽不见闻，亦不敢忽，所以存天理之本然，而不使离于须臾之顷也。

莫显乎微，故君子慎其独也。[①]

天命是说由天所命；性，指人的本性。人的本性，由于天之所命。其所谓天，即是“自然。”性不是造作的，乃是自然生成的，所以说：“天命之谓性。”《荀子·正名篇》说：“性者，天之就也。”《性恶篇》说：“不可学不可事而在天者，谓之性；可学而能可事而成之在人者，谓之伪。”(“伪”是“人为”的意思)。王充《论衡·初禀篇》也说：“性，生而然者也”。古代学者对于性的善恶虽见解不同，但以性为先天生成这一点，则无异议。“天命之谓性”，也是这个意思。率，是遵循的意思。孟子的性善说出于子思。本篇说，“率性之为道”，就是性善说的本意。性命自天，率性为道，故董仲舒说：“道之大原出于天。”性是人性，道即人道；圣人以礼乐刑政之属为教于天下，亦无非是率循人性，修明人道而已。这三句，是一书的总纲，也就是程子所说的“始言一理”。

须臾，就是一息，指极短的时间而言。既然是人道，便是一息不可离开的。倘若可离开，那就不是人道了。所以说：“道也者，不可须臾离也；可离，非道也。”

戒慎，就是警戒、谨慎之意；恐惧，就是担心之意。是说君子对于做人的道理，虽无人目睹，也要警戒着。谨慎着；无人耳闻，也要恐惧着，担心着。暗得看不见的地方叫“隐”，细得看不见的物事叫“微”。暗得看不见的地方，却是最显露的；细得看不见的物事，却是最显著的。这就是《大学》所说的“诚于中必形于外”，“人之视已，如见其肺肝然”，看似隐微，实则不啻“十目所视，十手所指”。所以君子必须慎独，虽独居也不敢须臾离道。

---

① 见，音现。○隐，暗处也。微，细事也。独者，人所不知而己所独知之地也。言幽暗之中，细微之事，迹虽未形而几则已动，人虽不知而己独知之，则是天下之事无有著见明显而过于此者。是以君子既常戒惧，而于此尤加谨焉，所以遏人欲于将萌，而不使其滋长于隐微之中，以至离道之远也。

喜怒哀乐之未发，谓之中；发而皆中节，谓之和。中也者，天下之大本也；和也者，天下之达道也。[①] 致中和，天地位焉。万物育焉。[②]

中节之“中”，去声。喜怒哀乐是人人都有的情感。当喜怒哀乐的情感未发动的时候，此心寂然不动，故无过与不及的弊病，这就叫做“中”。如果情感发动出来，也能无过无不及，恰中其节，这就叫做“和”。“中”，是天下事事物物的大本；“和”，则天下都可通行，所以说是“达道”。天地的运行、万物的化生长养，循着这“中和”二字的原则。人如能把中和之道推而极之，则可以与天道同功，所以说：“致中和，天地位焉，万物育焉。”这是儒家天人合一的哲学；以现代语释之，就是把“宇宙观”和“人生观”打成一片，以“宇宙论”为人生哲学的基本。

上面两段，朱子以为是第一章。又说：“子思述所传之意以立言。首明道之本原出于天而不可易，其实体备于己而不可离（指“天命之谓性”至“可离非道也”），次言存养省察之要（指戒惧慎独数句）；终言圣神功化之极（指“天地位万物育”数句）。盖欲学者于此，反求诸身而自得之，以去夫外诱之私，而充其本然之善；杨氏所谓‘一篇之体要’是也。其下十章，盖子思引夫子之言，以终此章之义。”

［问题］

（一）《中庸》本何书之一篇？何人始定为《四书》之一？

---

① 乐，音洛。中节之中，去声。○喜、怒、哀、乐，情也。其未发，则性也，无所偏倚，故谓之中。发皆中节，情之正也，无所乖戾，故谓之和。大本者，天命之性，天下之理皆由此出，道之体也。达道者，循性之谓，天下古今之所共由，道之用也。此言性情之德，以明道不可离之意。

② 致，推而极之也。位者，安其所也。育者，遂其生也。自戒惧而约之，以至于至静之中无少偏倚，而其守不失，则极其中而天地位矣。自谨独而精之，以至于应物之处无少差谬，而无适不然，则极其和而万物育矣。盖天地万物，本吾一体，吾之心正。则天地之心亦正矣；吾之气顺，则天地之气亦顺矣，故其效验至于如此。此学问之极功、圣人之能事，初非有待于外。而修道之教亦在其中矣。是其一体一用虽有动静之殊。然必其体立而后用有以行，则其实亦非有两事也。故于此合而言之，以结上文之意。

（二）《中庸》何人所作？见于何书？以“中庸”名篇。其意义如何？

（三）何谓“性”？何谓“道”？何谓“教”？

（四）君子何以须“慎独”？

（五）何谓“中”？何谓“和”？

二

仲尼曰：“君子中庸，小人反中庸。[①] 君子之中庸也，君子而时中；小人之中庸也，小人而无忌惮也。”[②]

陆德明《经典释文》说王肃本作“小人之反中庸也”。《十三经注疏》本《礼记·中庸篇》无“反”字。程子、朱子均以为当有反字。君子能用中和之道，所以说“君子中庸”。小人不能用中和之道，事事和君子的行为相反，所以说“小人反中庸”。俞樾《群经平议》说，两“而”字皆当作“能”字解。（古书“而”、“能”二字常通用，例如，《战国策》“而解此环不?”就是“能解此环否?”）时代不同，则其所谓“中。者亦异。“时中”，就是随时而处其中，无过不及。无忌惮，就是无所禁忌，胆大妄为，所以反乎中庸。按：无忌惮之小人，虽事事反于中庸，而悍然自以为中庸，故“反”字不加亦可通。谢良佐《上蔡语录》，倪思《中庸讲义》都如此说。

上面一段，朱子以为是第二章。

---

① 中庸者，不偏不倚、无过不及而平常之理，乃天命所当然，精微之极致也。唯君子为能体之，小人反是。

② 王肃本作“小人之反中庸也”，程子亦以为然。今从之。○君子之所以为中庸者，以其有君子之德，而又能随时以处中也。小人之所以反中庸者，以其有小人之心，而又无所忌惮也。盖中无定体，随时而在，是乃平常之理也。君子知其在我，故能戒谨不睹、恐惧不闻，而无时不中。小人不知有此，则肆欲妄行，而无所忌惮矣。

三

子曰："中庸其至矣乎！民鲜能久矣！"①

《论语·雍也篇》，子曰："中庸之为德也，其至矣乎，民鲜久矣！"此处所引，即《论语》所记。鲜，上声，少也。

上面两句，朱子以为是第三章。

四

子曰："道之不行也，我知之矣。知者过之。愚者不及也；道之不明也，我知之矣，贤者过之，不肖者不及也。② 人莫不饮食也，鲜能知味也。"③

知，同智。鲜，上声。道，是做人之道，指"中庸"而言。聪明的人，以为中庸之道太平常而不肯行；愚笨的人，智力有所不及，又不能行中庸之道。所以道不行了。贤德的人，以为中庸的道理太平常不必加以阐明；不肖的人。又不求了解其意义。所以道不明了。但是中庸为人人所共由之道，不可须臾离开，如人的饮食一般，故又以饮食为喻。虽然没一个人不饮食，但能真正知味的却很少呢！按《四书辨疑》说此段"行"、

① 鲜，上声，下同。〇过则失中，不及则未至，故惟中庸之德为至。然亦人所同得，初无难事，但世教衰，民不兴行，故鲜能之，今已久耳。《论语》无能字。

② 知者之知，去声。〇道者，天理之当然，中而已矣。知愚贤不肖之过不及，则生禀之异而失其中也。知者知之过，既以道为不足行；愚者不及知，又不知所以行，此道之所以常不行也。贤者行之过，既以道为不足知；不肖者不及行，又不求所以知，此道之所以常不明也。

③ 道不可离，人自不察，是以有过不及之弊。

“明”二字当互易。因为“知”、“愚’，就“知”言，“贤”、“不肖”，就“行”言；二字互易意更明白。司马光与《王安石书》全引此段，正“行”、“明”二字互易。王安石《书李文公集后》，苏轼《中庸论》皆引此文，作“道之不行，我知之矣；贤者过之，不肖者不及也”。

上面一段，朱子以为是第四章。

五

子曰：“道其不行矣夫!”①

夫，音扶，与今语所用的“吧”字同。

上面一句，朱予以为是第五章。

六

子曰：“舜其大知也与！舜好问而好察迩言，隐恶而扬善，执其两端，用其中于民，其斯以为舜乎!”②

知，同智。与，同欤。好，去声。“舜其大知也与”，是孔子叹美舜的话。“迩言”就是浅近平凡之言，或左右亲近之言；在平常人，不是忽视他，就先入易中而为他所蔽；舜则必细察之。好问，就是《论语》所说的

① 夫，音扶。○由不明，故不行

② 知，去声。与，平声。好，去声。○舜之所以为大知者，以其不自用而取诸人也。迩言者，浅近之言，犹必察焉，其无遗善可知。然于其言之未善者则隐而不宣，其善者则播而不匿，其广大光明又如此，则人孰不乐告以善哉？两端，谓众论不同之极致。盖凡物皆有两端，如小大、厚薄之类。于善之中又执其两端而量度以取中，然后用之，则其择之审而行之至矣。然非在我之权度精切不差，何以与此？此知之所以无过不及，而道之所以行也。

两层意思。既问之，既察之，又隐其恶而扬其善；其有过或不及，则执其两端，折中而用之，以求合乎中庸之道。舜之所以为舜，舜之所以为大智，就是因此。孟子说舜“取诸人以为善”，也是指此而言。

上面一段，朱子以为是第六章。

七

子曰：“人皆曰‘予知’，驱而纳诸罟擭陷阱之中，而莫之知辟也。人皆曰‘予知’，择乎中庸而不能期月守也。”①

予知之知，同智。罟，音古。擭，音画。罟，是捕鱼鸟的网；擭，是捕兽的机槛；陷阱，是捕兽的陷坑；辟，同避。期，音基；期月，匝月。人人都说自己聪明，而被人驱入罟擭陷阱之中，却不晓得避让；人人都说自己聪明，而自己所选的中庸之道，竟守不到一个月之久；这样，还能说自己是个聪明人吗？前二句是宾；后二句是主。

上面一段，朱子以为是第七章。

八

子曰：“回之为人也，择乎中庸，得一善，则拳拳服膺而弗失之矣。”②

回，孔子弟子颜回，字渊。拳拳，奉持弗失的样子。服膺，存在心

---

① 予知之知，去声。罟，音古。擭，胡化反。阱，才性反。辟避同。期，居之反。○罟，网也；擭，机槛也；陷阱，坑坎也，皆所以掩取禽兽者也。择乎中庸，辨别众理，以求所谓中庸，即上章好问、用中之事也。期月，匝一月也。言知祸而不知辟，以况能择而不能守，皆不得为知也。

② 回，孔子弟子颜渊名。拳拳，奉持之貌。服，犹著也。膺，胸也。奉持而著之心胸之间，言能守也。颜子盖真知之，故能择能守如此，此行之所以无过不及，而道之所以明也。

中。上章孔子叹一般人不能常守中庸之道：此章却举出弟子颜渊的做人，择乎中庸之道，得了一句善言，一件善行，就能奉持弗失，常常记在心里。

上面一段，朱子以为是第八章。

九

子曰：“天下国家可均也，爵禄可辞也，白刃可蹈也，中庸不可能也”。[①]

均，作平治解。天下国家虽大，也有方法可以平治；高爵厚禄虽可恋，也不难辞掉；白晃晃的刀虽可怕，也可以有冲上去的时候；只有那中庸之道，却是不容易做得到的。

上面一段，朱子以为是第九章。

十

子路问强。[②] 子曰：“南方之强与？北方之强与？抑而强与？[③] 宽柔以教，不报无道，南方之强也，君子居之。[④] 衽金革，死而不厌，北方之强

① 均，平治也。三者亦知、仁、勇之事，天下之至难也，然不必其合于中庸，则质之近似者皆能以力为之。若中庸，则虽不必皆如三者之难，然非义精仁熟而无一毫人欲之私者，不能及也。三者难而易，中庸易而难，此民之所以鲜能也。

② 子路，孔子弟子仲由也。子路好勇，故问强。

③ 与，平声。抑，语辞。而，汝也。

④ 宽柔以教，谓含容巽顺以诲人之不及也。不报无道，谓横逆之来，直受之而不报也。南方风气柔弱，故以含忍之力胜人为强，君子之道也。

也，而强者居之。[①] 故君子和而不流，强哉矫！中立而不倚。强哉矫！国有道，不变塞焉，强哉矫！国无道。至死不变，强哉矫！”[②]

与，同欤。而，同尔。子路，孔子弟子，字仲由。好勇。所以问孔子什么叫做“强”。孔子答道：“你问的是南方人的强呢？北方人的强呢？还是你自己的强呢？”宽柔以教，是说把宽洪大量柔和容忍的道理去教人。不报无道，是说即使人家以无道待我，我也不怀报复之心。这是“南方之强”。衽，作带着解。金革，就是刀枪甲胄之类，是说著了甲胄，带了刀枪，和人去作战，即使死了也不以为厌恨。这是“北方之强”。南方之强，是君子所居；北方之强，则是你们强者所居。强哉矫，是形容强者武勇的神气。和而不流，是说以和待人却不为流俗所移。中立而不倚，是说守中庸之道，而无所偏倚。国有道，则虽达而在上，仍不变其未达时之所守。这就是孟子所谓“富贵不能淫”。国无道，则虽困穷危险，甚而至于死亡，宁可杀身成仁，舍生取义，亦不变其平生之所守。这就是孟子所谓“贫贱不能移，威武不能屈”。这才可说是君子之强。

上面一段，朱子以为是第十章。

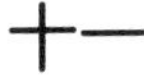

子曰：“素隐行怪，后世有述焉，吾弗为之矣。[③] 君子遵道而行，半涂

---

① 衽，席也。金，戈兵之属，革，甲胄之属。北方风气刚劲，故以果敢之力胜人为强，强者之事也。

② 此四者，汝之所当强也。矫，强貌。《诗》曰“矫矫虎臣”是也。倚，偏著也。塞，未迭也。国有道，不变未达之所守；国无道，不变平生之所守也。此则所谓中庸之不可能者，非有以自胜其人欲之私，不能择而守也。君子之强，孰大于是？夫子以是告子路者，所以抑其血气之刚，而进之以德义之勇也。

③ 素，按《汉书》当作索，盖字之误也。索隐行怪，言深求隐僻之理，而过为诡异之行也。然以其足以欺世而盗名，故后世或有称述之者。此知之过而不择乎善，行之过而不用其中，不当强而强者也，圣人岂为之哉！

而废，吾弗能已矣。[①] 君子依乎中庸，遁世不见知而不悔，唯圣者能之。”

朱子注：“素，按《汉书》当作索。盖字之误也。”按：《汉书·艺文志·方技略》引此“素”作“索”；颜师古注，以“求索隐暗”释之。故朱注又说：“素隐行怪，谓深求隐僻之理，而过为诡异之行也。”“索隐”是好为非常之行，就是上文的“知者过之”；“行怪”是好为非常之行，就是上文的“贤者过之”。倪思《中庸集义》，则不以朱子的改“素”字为“索”字为然。他说，“素”即是“平素”、“素常”之意，与下文“素其位而行”之“素”字同义。“素隐”是以隐居为素常。则“素隐行怪”，正指老庄派之退隐曲全，宁为曳尾之龟，断尾之鸡，陈仲子之食李三咽，食鹅一哇之类。后世虽亦有称述之者，我却是不做的。还有些君子，本是遵着中庸之道而行，做到半路，又自己废弃了。我却不能这样地随意废止的。总之，“素隐行怪”的是太过；“半涂而废”的是不及；君子则始终依着中庸之道做去，虽因此而不为世用，遁迹山林，无人知我，也不悔恨。这只有圣人做得到啊！

上面一段，朱子以为是第十一章。又说：“子思所引夫子之言以明首章之义者，止此。盖此篇大旨，以智、仁、勇。三达德为入道之门，故于篇首，即以大舜、颜渊、子路之事明之。舜，知也；颜渊，仁也；子路，勇也。三者废其一，则无以造道而成德矣。”总之，以上数章都在反复说明中庸的难能可贵。

［问题］

（一）何谓“时中”？

---

① 遵道而行，则能择乎善矣；半涂而废，则力之不足也。此其知虽足以及之，而行有不逮，当强而不强者也。已，止也。圣人于此，非勉焉而不敢废，盖至诚无息，自有所不能止也。不为索隐行怪，则依乎中庸而已。不能半涂而废，是以遁世不见知而不悔也。此中庸之成德，知之尽、仁之至、不赖勇而裕如者，正吾夫子之事，而犹不自居也，故曰“唯圣者能之”而已。

（二）中庸之道。何以不行不明？

（三）舜何以能成为“大知”？

（四）君子之强如何？

（五）何谓“素隐行怪”？

十二

君子之道费而隐。[①] 夫妇之愚，可以与知焉，及其至也，虽圣人亦有所不知焉；夫妇之不肖，可以能行焉，及其至也，虽圣人亦有所不能焉。[②] 天地之大也，人犹有所憾。故君子语大，天下莫能载焉；语小，天下莫能破焉。《诗》云：“鸢飞戾天，鱼跃于渊。”言其上下察也。[③] 君子之道，造端乎夫妇，及其至也，察乎天地。[④]

与，去声，参预也。朱子说：“费，用之广也。隐，体之微也。”君子之道，其用很广大，而其体则极微妙。就其大体而论，则一般愚夫愚妇都能预闻知道。至于精微深妙之处，虽圣人也有所不知。就其一端而论，一般愚夫愚妇能够做的，如要做到精微深妙之处，则虽圣人也有所不能！“天地之大，人犹有所憾”者，如雨旸寒暑不时之类。道则至大无外，故天下莫能载；至小无内，故天下莫能破；一般人如何能完全知道，完全履

---

① 费，符味反。〇费，用之广也。隐，体之微也。

② 与，去声。〇君子之道，近自夫妇居室之间，远而至于圣人天地之所不能尽，其大无外，其小无内，可谓费矣。然其理之所以然，则隐而莫之见也。盖可知可能者，道中之一事，及其至而圣人不知不能。则举全体而言，圣人固有所不能尽也。侯氏曰：“圣人所不知，如孔子问礼、问官之类；所不能，如孔子不得位、尧舜病博施之类。”愚谓人所憾于天地，如覆载生成之偏，及寒暑灾祥之不得其正者。

③ 鸢，余专反。〇《诗·大雅·旱麓》之篇。鸢，鸱类。戾，至也。察，著也。子思引此诗以明化育流行，上下昭著，莫非此理之用，所谓费也，然其所以然者，则非见闻所及，所谓隐也。故程子曰：“此一节，子思吃紧为人处，活泼泼地。”读者其致思焉。

④ 结上文。

行呢？所引《诗经》见《大雅·旱麓篇》。王引之说：“《广雅》云：‘察，至也。’此引《诗》以明君子之道之大，上至于天，下至于地也。”（见《经义述简》）《管子·内业篇》“上察于天，下极于地”。“察”字亦作“至”字解。道之初步，夫妇可以与知，可以能行，故曰：“造端乎夫妇。”及其至极，则上至于天，下至于地，故曰：“察乎天地。”

上面一段。朱子以为是第十二章。是子思之言，申明首章道不可离之意。

十三

子曰：“道不远人。人之为道而远人，不可以为道。[①]《诗》云：‘伐柯伐柯，其则不远。’执柯以伐柯，睨而视之，犹以为远。故君子以人治人，改而止。[②]

上面说过：“率性之谓道。”道即是人道，在日常生活之中，而不可须臾离者，故曰：“道不远人。”若人之为道而远于人生，远于人情，便不是人道了。所引《诗经》，见《豳风，伐柯篇》。柯，就是斧柄。则，作法则榜样解。睨，是斜着眼看。伐柯，是砍木头作斧柄。执着斧柄，去砍木头；这木头，也是拿来做斧柄的。我们如果要晓得所砍的木头的长短粗细，只要看他手里执着的斧柄怎样就好了。现在砍木头的人，不看手里的斧柄，却斜着眼睛去看别的地方，要找斧柄的样子，岂不是大笑话吗？故

① 道者，率性而已，固众人之所能知能行者也，故常不远于人。若为道者，厌其卑近以为不足为，而反务为高远难行之事，则非所以为道矣。

② 睨，研计反。○《诗·豳风·伐柯》之篇。柯，斧柄。则，法也。睨，邪视也。言人执柯伐木以为柯者，彼柯长短之法，在此柯耳。然犹有彼此之别，故伐者视之犹以为远也。若以人治人，则所以为人之道，各在当人之身，初无彼此之别。故君子之治人也，即以其人之道，还治其人之身。其人能改，即止不治。盖责之以其所能知能行，非欲其远人以为道也。张子所谓“以众人望人，则易从”是也。

君子以人治人，能改即止：其所以治人者，都是一般人所与知而能行的。这就是张载所说“以众人望人则易从”的意思。

忠恕违道不远，施诸己而不愿，亦勿施于人。①

《论语》曾子说：“夫子之道，忠恕而已矣。”就是“忠恕违道不是远”的意思。朱注说：“尽己之心为忠，推己及人为恕。”“忠”就积极方面说，“恕”就消极方面说，其实是一贯的。《论语》所说“己欲立而立人，己欲达而达人”是“忠”：“我不欲人之加诸我也，我亦欲无加诸人”是“恕”。《孟子》所说“老吾老以及人之老，幼吾幼以及人之幼”是“忠”；“所恶于上，无以使下，所恶于下，无以事上……”所谓“忠恕”，就是《大学》的“絜矩之道”。上文所说的“以人治人”，亦就是“忠恕”而已。

君子之道四，丘未能一焉：所求乎子，以事父，未能也；所求乎臣，以事君，未能也；所求乎弟，以事兄，未能也；所求乎朋友，先施之，未能也。庸德之行，庸言之谨，有所不足，不敢不勉，有余不敢尽。言顾行，行顾言，君子胡不慥慥尔！”②

丘，孔子的名。以所求乎子者事父，以所求乎臣者事君，以所求乎弟者事兄，以所求乎朋友者先施之于朋友；这四者都是“君子之道”。《大

---

① 尽己之心为忠，推己及人为恕。违，去也，如《春秋传》齐师“违谷七里”之违。言自此至彼，相去不远，非背而去之之谓也。道，即其不远人者是也。施诸己而不愿，亦勿施于人，忠恕之事也。以己之心度人之心，未尝不同，则道之不远于人者可见。故己之所不欲，则勿以施之于人，亦不远人以为道之事。张子所谓“以爱己之心爱人，则尽仁”是也。

② 子、臣、弟、友，四字绝句。〇求，犹责也。道不远人，凡己之所以责人者，皆道之所当然也，故反之以自责而自修焉。庸，平常也。行者，践其实谨者，择其可。德不足而勉，则行益力；言有余而讱，则谨益至。谨之至则言顾行矣，行之力则行顾言矣。慥慥，笃实貌。言君子之言行如此，岂不慥慥乎！赞美之也。凡此皆不远人以为道之事。张子所谓“以责人之心责己，则尽道”是也。

学》论“絜矩之道”一节，是就消极方面说：此节论“君子之道”，则就积极方面说；可以互相发明。自己就未能做到一样，是他老先生自谦的话。孔子又说：我只是实践平常的道德，谨守平常的言论。行为方面，自己觉得欠缺的，不敢不勉励；言论方面，虽然自觉有余，却不敢尽言。这就是《论语》所说“欲讷于言而敏于行”，“言之不出，耻躬之不逮”的意思。《广雅》：“慥，言行急也。”慥慥，犹蹙蹙，汲汲，黾勉不敢缓之意（王引之《经义述闻》说）。因为言要顾到行，故不可不谨；行要顾到言，故不敢不勉。君子怎么不汲汲地自勉呢？朱子说：“慥慥，笃实貌。言‘君子之言行如此，岂不慥慥乎’。赞美之也。”义亦可通。

上面三段，朱子以为是第十三章。

十四

君子素其位而行，不愿乎其外。[①] **素富贵，行乎富贵；素贫贱，行乎贫贱；素夷狄，行乎夷狄：素患难，行乎患难，君子无入而不自得焉。**[②]

素，是现在的意思。君子做人，在怎样的地位，就怎样做法，不希望做地位以外的事。在富贵的地位，就照富贵地位去做人；在贫贱的地位，就照贫贱地位去做人；就是在夷狄的地位，也就照夷狄的地位去做人；在患难的地位，也照患难的地位去做人。君子不论在什么地位，都是随遇而安，悠然自得，不作非分之望，所以能“无入而不自得焉”。

在上位不陵下，在下位不援上，正己而不求于人则无怨。上不怨天，

① 素，犹见在也。言君子但因见在所居之位而为其所当为，无慕乎其外之心也。
② 难，去声。○此言素其位而行也。

下不尤人。[1] 故君子居易以俟命，小人行险以侥幸。[2] 子曰："射有似乎君子，失诸正鹄，反求诸其身。"[3]

此段是作《中庸》的人所加的话。在上等的地位，不欺凌下面的人；在下面的地位，不攀援上面的人。一个人只要自己规规矩矩地去做，一概不求人，自然没有什么愿望，上不致怨天，下不致尤人了。君子素其位而行，不愿乎其外，无入而不自得，故能安心居于平易的地位，以待天命的到来。小人却要冒险钻营，妄求富贵，希望幸而偶然得到也。侥，平声，求也。幸是不当得而偶然得之者。末了又引孔子的话以譬喻明之。古代射时所张的箭靶，叫做侯。侯之中，缝上一块皮，叫做鹄。鹄之中，画着一个中心，叫做正。"失诸正鹄"，就是射不着侯中的正鹄。射不着正鹄，不怨别的，只是反求诸已，怨自已的身子不正而已。这一点，却有点像君子做人之道。

上面的两段，朱子以为是第十四章。

十五

君子之道，辟如行远必自迩，辟如登高必自卑。[4]《诗》曰："妻子好合，如鼓瑟琴。兄弟既翕，和乐且耽。宜尔室家，乐尔妻孥。"[5] 子曰：

---

① 援，平声。○此言不愿乎其外也。

② 易，去声。○易，平地也。居易，素住而行也。俟命，不愿乎外也。侥，求也。幸，谓所不当得而得者。

③ 正，音征。鹄，工毒反。○画而曰正，栖皮曰鹄，皆侯之中、射之的也。子思引此孔子之言，以结上文之意。

④ 辟譬同。

⑤ 好，去声。耽，《诗》作湛，亦音耽。乐，音洛。○《诗·小雅·常棣》之篇。鼓瑟琴，和也。翕，亦合也。耽，亦乐也。帑，子孙也。

“父母其顺矣乎！”①

辟如，和譬如相同。迩，作近解，和远字相对。卑，作低解，和高字相对。“行远自迩，登高自卑”，就是上文“造端乎夫妇”，《大学》“治国必先齐家”，《诗经》“刑于寡妻，至于兄弟，以御于家邦”的意思。故本段全就家庭方面说。所引《诗经》见《小雅·棠棣篇》。“如鼓瑟琴”，是以瑟琴喻其和谐。翕，就是合。洛，也是欢乐的意思。妻帑，就是妻子。妻子和好，兄弟投合，室家一定很相宜，妻子一定很欢乐了。孔子读了这《诗》便叹道：“果然能够这样，他的父母，一定也很乐意了啊！”

上面一段，朱子以为是第十五章。

十六

子曰：“鬼神之为德，其盛矣乎！② 视之而弗见，听之而弗闻，体物而不可遗。③ 使天下之人齐明盛服，以承祭祀。洋洋乎！如在其上，如在其左右。④《诗》曰：‘神之格思，不可度思，矧可射思！’⑤ 夫微之显，诚之不可掩如此夫！”⑥

---

① 夫子诵此诗而赞之曰：人能和于妻子、宜于兄弟如此，则父母其安乐之矣。子思引《诗》及此语，以明行远自迩、登高自卑之意。

② 程子曰：“鬼神，天地之功用，而造化之迹也。”张子曰：“鬼神者，二气之良能也。”愚谓以二气言，则鬼者阴之灵也，神者阳之灵也。以一气言，则至而伸者为神，反而归者为鬼，其实一物而已。为德。犹言性情功效。

③ 鬼神无形与声，然物之终始，莫非阴阳合散之所为，是其为物之体，而物所不能遗也。其言体物，犹《易》所谓“干事”。

④ 齐，侧皆反。○齐之为言齐也，所以齐不齐而致其齐也。明，犹洁也。洋洋，流动充满之意。能使人畏敬奉承，而发见昭著如此，乃其“体物而不可遗”之验也。孔子曰：“其气发扬于上为昭明，焄蒿凄怆。此百物之精也，神之著也。”正谓此尔。

⑤ 度，待洛反。射，音亦，《诗》作斁。○《诗·大雅抑》之篇。格，来也。矧。况也。射，厌也，言厌怠而不敬也。思，语辞。

⑥ 夫，音扶。○诚者，真实无妄之谓。阴阳合散。无非实者。故其发见之不可掩如此。

鬼神，视之弗见，听之弗闻。但又无处不在，为物之体，而物所不能遗。齐，同斋字，就是斋戒；明，作洁净解。鬼神能使天下之人。都斋戒沐浴，整齐衣冠以奉承祭祀；祭祀的时候，又像鬼神在他之上，在他之左右，无不充满着流动着。所引《诗经》，见《大雅·抑篇》。格，作来字解。思，语助辞。度，入声。矧，作况字解。射，音亦，作厌怠不敬解。《诗经》作“斁”。鬼神来享受祭祀，无形无声，不可意度，又何况厌怠不敬呢！夫，音扶。揜，同掩。此段是以鬼神喻道，并非专论鬼神。视之弗见，听之弗闻，就是所谓“隐”。如在其上，如在其左右，体物不遗，无处不在，就是所谓“费”。《老子》状道，尝说“视之不见名曰夷，听之不闻名曰希，搏之不得名曰微”；“无状之状，无物之物，是谓恍惚”；“惚兮恍兮，其中有象恍，兮惚兮，其中有物；窈兮冥兮，其中有精”；“周行而不殆，可为天下母”也是同一说法。所以末二句说：所谓道者，其微之显，诚之不可揜，也如此吧！此字就指上文所说的“鬼神之德”。

上面一段，朱子以为是第十六章。按以上五章，旨在说明君子之道，用费体隐，而又不远乎人，仍是申明首章之意。

［问题］

（一）何谓“费而隐”？

（二）何谓“道不远人”？

（三）何谓“忠恕”？

（四）何谓“素其位而行，不愿乎其外”？

（五）此处何以忽插入论鬼神一段？

十七

子曰：“舜其大孝也与！德为圣人，尊为天子，富有四海之内，宗庙

飨之，子孙保之。[①] 故大德必得其位，必得其禄，必得其名，必得其寿。[②] 故天之生物，必因其材而笃焉。故栽者培之，倾者覆之。[③]

与，同欤。孔子说：“像舜这样真是个大孝的人吧！论他的道德，已至圣人之境；论他的地位，已是天子之贵：论他的富，已有四海之大；死了之后，世世受宗庙的祭飨；他的子孙，又世世代代能保守着。由此可见有大德的圣人，必得尊位，必得大禄，必得高名，必得大寿。因为天之生人物，必因其材质而加厚之。如同树木一样，可栽植之材。必加以培溉；将倾倒之树，始因而斫伐。

“《诗》云：‘嘉乐君子，宪宪令德。宜民宜人。受禄于天。保佑命之，自天申之。’[④] 故大德者必受命。”[⑤]

所引《诗经》见《大雅·假乐篇》。嘉，作善字解，《诗经》作“假”。宪宪，兴盛的样子，《诗经》作“显显”。令德，就是美德。宜民宜人，说宜于治理人民。受禄于天，说受天禄。作天子。保佑命之，说天必保佑他，命他为天子。申，就是重；说天重申其命。孔子既引《诗经》，又加以断语道：“所以有大德的人，必受天命。”这就是《孟子》所说“古之人修其天爵而人爵从之”的意思。

上面两段，朱子以为是第十七章。

十八

子曰：“无忧者，其惟文王乎！以王季为父，以武王为子，父作之，

---

① 与，平声。○子孙，谓虞思、陈胡公之属。

② 舜年百有十岁。

③ 材，质也。笃，厚也，栽，植也。气至而滋息为培，气反而游散则覆。

④ 《诗·大雅·假乐》之篇。假，当依此作嘉。宪，当依《诗》作显。申，重也。

⑤ 受命者，受天命为天子也。

子述之。[1] 武王缵大王、王季、文王之绪，壹戎衣而有天下，身不失天下之显名。尊为天子，富有四海之内，宗庙飨之，子孙保之。[2]

大，同太。文王姬姓，名昌，殷之诸侯，为西伯。王季，名季历，文王父。武王名发，文王子，灭纣而为天子。王季，文王，武王三代，父亲创业，儿子继志述事。缵，便是继承；绪，就是功业。太王，即《诗经》之古公亶父，王季之父。"一戎衣"而有天下，说武王一著戎服，他用兵伐纣，便得了天下。按朱子说"一戎衣"见《尚书·武成篇》。但《今文尚书》无《武成》。"一戎衣"即《康诰》之"一戎殷"。郑玄注本篇说，"衣"，读如"殷"。因为古"依"字作"㐆"，"殷"字亦从"㐆"声。壹，同殪，是诛灭之意。戎，作大解。"一戎殷"就是灭大殷！这是陈乔枞《礼记·郑读考》的解法，附录于此。

武王末受命，周公成文、武之德，追王大王、王季，上祀先公以天子之礼。斯礼也，达乎诸侯、大夫，及士、庶人。父为大夫，子为士，葬以大夫，祭以士。父为士，子为大夫，葬以士，祭以大夫。期之丧，达乎大夫。三年之丧，达乎天子。父母之丧，无贵贱，一也。"[3]

期，音基，是周年的意思。末，年老的意思。说武王末年方受命为天子。周公，名旦，武王弟，相成王，继承文王武王之德业。追王，就是追溯上去，把先代加了王号。太王，王季文王的王号，是周公所追加的。先

① 此言文王之事。《书》言"王季其勤王家"，盖其所作，亦积功累仁之事也。

② 大，音泰，下同。〇此言武王之事。缵。继也。大王，王季之父也。《书》云："大王肇基王迹。"《诗》云"至于大王，实始翦商。"绪。业也。戎衣，甲胄之属。壹戎衣，《武成》文，言一著戎衣以伐纣也。

③ 追王之王，去声。〇此言周公之事。末，犹老也。追王，盖推文、武之意，以及乎王迹之所起也。先公，组绀以上至后稷也。上祀先公以天子之礼，又推大王、王季之意。以及于无穷也。制为礼法，以及天下，使葬用死者之爵，祭用生者之禄。丧服自期以下，诸侯绝。大夫降；而父母之丧，上下同之，推己以及人也。

公，是说太王以前的祖宗。斯礼，指以天子之礼，祭祀以前的祖宗。从天子到诸侯大夫，及士与百姓都照这个礼做。所以葬时用死者的爵位行礼，祭时则用其子的爵位行礼。旁系亲属的期年之丧，只到大夫为止，天子诸侯，可以降服。直系亲属的三年之丧，则天子也须遵守。至于父母之丧，则毫无贵贱的分别了。按三年之丧，不尽为父母之丧；嫡孙承重为祖父母，继立者为先君，天子为后，也都是三年服。故与父母之丧分别而言。详见王夫之《四书稗疏》。

上面两段，朱子以为是第十八章。

十九

子曰："武王、周公，其达孝矣乎！[①] 夫孝者，善继人之志，善述人之事者也。[②] 春秋修其祖庙，陈其宗器，设其裳衣，荐其时食。[③]

达，作通字解。"达孝"，犹《孟子》所谓"达尊"；天下之人通谓之孝，故曰达孝。夫，音扶。善继志，善述事，指上文武王缵诸，周公成德而言。祖庙，祖宗神位所在的庙；宗器，为先世重要的祭器。裳衣，是祖先穿过的衣服。时食，就是四季应时之食物。荐。祭祀时进献的意思。这是由武王周公，善继志善述事，说到祭祀也，是子孙不忘先人的意思。

宗庙之礼，所以序昭穆也。序爵，所以辨贵贱也；序事，所以辨贤

---

① 达，通也。承上章而言武王、周公之孝，乃天下之人通谓之孝，犹孟子之言达尊也。

② 上章言武王缵大王、王季、文王之绪以有天下，而周公成文、武之德以追崇其先祖，此继志、述事之大者也。下文又以其所制祭祀之礼，通于上下者言之。

③ 祖庙：天子七，诸侯五，大夫三，适士二，官师一。宗器，先世所藏之重器，若周之赤刀、大训、天球、河图之属也。裳衣，先祖之遗衣服，祭则设之以授尸也。时食，四时之食，各有其物，如春行羔、豚、膳、膏、香之类是也。

也。旅酬；下为上，所以逮贱也；燕毛，所以序齿也。①

宗庙里的神位，左边称昭，右边称穆，行礼于宗庙，子孙亦以为序。序爵，以官爵的大小为序，所以辨别贵贱。事，是宗庙中行礼时的职事，分别才能，使各司一职，所以说："辨贤。"旅酬，是众人同饮酒的意思。逮，作及字解。按《礼记·郊特牲》，《仪礼·特牲馈食礼》，均说使宾弟子、兄弟之子各举觯于其长，这便是旅酬。"下"及"贱"，即指弟子等而言。皆得举觯，是下为上所酬，是普及于贱者了。燕，同饮宴的宴；毛，同耄，老也。宴老人，以年齿为序。这一节所说，都是宗庙祭祀燕饮的礼节。

践其位，行其礼，奏其乐，敬其所尊，爱其所亲，事死如事生，事亡如事存，孝之至也。②

"其"，指祖先而言。践，履也，登也。登先祖之位，行祖先之礼，奏祖先之乐，敬祖先之所尊，爱祖先之所亲，奉事已死亡的尊亲，如生存时一样。可说是孝之极了。

郊社之礼，所以事上帝也，宗庙之礼，所以祀乎其先也。明乎郊社之礼、禘尝之义，治国其如示诸掌乎！③

---

① 昭。如字。为，去声，○宗庙之次：左为昭，右为穆，而子孙亦以为序。有事于太庙，则子姓、兄弟、群昭、群穆咸在而不失其伦焉。爵，公、侯、卿、大夫也。事，宗祝有司之职事也。旅，众也，酬，导饮也。旅酬之礼，宾弟子、兄弟之子各举觯于其长而众相酬，盖宗庙之中以有事为荣，故逮及贱者，使亦得以申其敬也。燕毛，祭毕而燕，则以毛发之色别长幼，为坐次也。齿，年数也。

② 践，犹履也。其，指先王也。所尊、所亲，先王之祖考、子孙、臣庶也。始死谓之死，既葬则曰反而亡焉，皆指先王也。此结上文两节。皆继志、述事之意也。

③ 郊，祀天。社，祭地。不言后土者，省文也。禘，天子宗庙之大祭，追祭太祖之所自出于太庙，而以太祖配之也。尝，秋祭也。四时皆祭，举其一耳。礼必有义，对举之，互文也。示，与视同。视诸掌，言易见也。此与《论语》文意大同小异，记有详略耳。

郊，是祭天；社，是祭地；祭天地，就是奉事上帝。宗庙里所供的是祖先；宗庙之礼，就是祭祀祖先。禘，是天子在宗庙中最重要的大祭。尝，是每年秋天所行的常祭，如同今人的做七月半。《论语·八佾篇》："或问禘之说。子曰：'不知也。知其说者之于天下也，其如示诸斯乎！'指其掌。"与本节同意。天地是人之本，祖先是生之本，祭祀天地祖先，同是不忘本，同是一种敬鬼神的诚意。故因孝而述及祭祀祖先，又述及祭祀天地。古代以政治宗教合一，儒家尤重祭祀。祭祀时人人都恭敬诚虔，如有鬼神在上监察一般，为非作恶的念头，自然没有了。这是圣人神道设教的本意，可以通于治国。

[问题]

（一）何谓"因材而笃"？

（二）何谓"继志。述事"？

（三）古代祭祀与政治关系如何？

二十

哀公问政。[①] 子曰："文、武之政，布在方策。其人存，则其政举；其人亡，则其政息。[②] 人道敏政，地道敏树。夫政也者，蒲卢也。[③]

哀公是鲁国的国君，名蒋。方，就是木板。策，就是竹简编成的册子。古时用木板竹简代纸。方策，即指书籍而言。这是说文王、武王所施

① 哀公，鲁君，名蒋。

② 方，版也。策，简也。息，犹灭也。有是君，有是臣，则有是政矣。

③ 夫，音扶。敏，〇速也。蒲卢，沈括以为蒲苇是也。以人立政，犹以地种树，其成速矣，而蒲苇又易生之物，其成尤速也。言人存政举，其易如此。

行的政事，都载在书籍上面。文王、武王存在的时候，一切政事都能举行。文王、武王死了。他们的政事也就止息了。这是儒家主张“人治”的说法。敏，是快的意思。夫，音扶。蒲卢，是一种容易生长的植物。人道莫敏于政治，地道莫敏于树植。蒲卢更是容易生长的，故以为政治易见成效之喻。

故为政在人，取人以身，修身以道，修道以仁。[①] 仁者，人也，亲亲为大。义者，宜也，尊贤为大。亲亲之杀，尊贤之等，礼所生也。[②]

人存政举，人亡政息，故曰：“为政在人。”应该怎样的取人呢？先要看他的本身，能不能修。何以修身，曰道。何以修道，日仁。《孟子·尽心篇》说：“仁者，人也。”《礼记·表记篇》说：“仁者，人也。”仁，从二从人，为人相偶之道，故古书多以“人”释“仁”。这就是说仁是做人的根本原则。《论语·学而篇》有子说：“孝弟也者，其为仁之本与。”《孟子·尽心篇》说：“仁之实，事亲是也。”又说：“亲亲，仁也。”儒家言仁，由亲及疏，故以“亲亲”为本。《法言·重黎篇》也说：“事得其宜之为义。”以“宜”训“义”，取其音义都近。亲亲是由于情感，尊贤是由于理智，故义以尊贤为大。杀，音所界切，作等差解。先由最亲的人，以推之于次亲的人，再由次亲的人，以推之于疏远的人，一等一等地推去，叫做“亲亲之杀”。贤者也有等级；最贤者，最宜尊敬：依次推去，叫做“尊贤之等”。“亲亲之杀，尊贤之等”，是礼所由产生的。

---

① 此承上文人道敏政而言也。为政在人，《家语》作“为政在于得人”，语意尤备。人，谓贤臣。身，指君身。道者，天下之达道。仁者，天地生物之心，而人得以生者，所谓“元者善之长”也。言人君为政在于得人，而取人之则又在修身。能仁其身，则有君有臣，而政无不举矣。

② 杀，去声。○人，指人身而言。具此生理，自然便有恻怛慈爱之意，深体味之可见。宜者，分别事理，各有所宜也。礼，则节文斯二者而已。

在下位不获乎上，民不可得而治矣！①

这两句，郑玄注应属于下，此处误重，应删。

故君子不可以不修身；思修身，不可以不事亲；思事亲，不可以不知人；思知人，不可以不知天。②

这是承上文说的。君子要治国，便“不可以不修身”。“修身以道，修道以仁”，而仁以“亲亲为大”，故“思修身，不可以不事亲”。想以孝事亲，必须知尊贤之义，庶几取友必端，可以辅仁，故“不可以不知人”。人之性，命自天，大道即天理，知人须先知自然之理，故“不可以不知天”。

天下之达道五，所以行之者三。日君臣也，父子也，夫妇也，昆弟也，朋友之交也，五者天下之达道也。知、仁、勇，三者天下之达德也。所以行之者一也。”③

达道，就是人人共由之路。人与人的关系，无非是君臣、父子、夫妇、兄弟、朋友五种。（现在政体共和，似已无所谓君臣。其实，人民对于一国的领袖，一个机关中的职员对于主管者，仍有广义的君臣关系。）达德，就是人人应有的德性。知、同智、智慧、仁爱、勇敢，是知情意三

① 郑氏曰：“此句在下，误重在此。”

② “为政在人，取人以身”，故不可以不修身。“修身以道，修道以仁”，故思修身，不可以不事亲。欲尽亲亲之仁，必由尊贤之义，故又当知人。亲亲之杀，尊贤之等，皆天理也，故又当知天。

③ 知，去声。○达道者，天下古今所共由之路，即《书》所谓五典，《孟子》所谓“父子有亲，君臣有义，夫妇有别，长幼有序，朋友有信”是也。知，所以知此也。仁，所以体此也；勇，所以强此也。谓之达德者，天下古今所同得之理也。一。则诚而已矣。达道虽人所共由，然无是三德，则无以行之。达德虽人所同得，然一有不诚，则人欲间之，而德非其德矣。程子曰：“所谓诚者，止是诚实此三者。三者之外，更别无诚。”

种心理作用修养到极处的名称，是到处要用到最重要的德性。朱子说："所以行之者一也"的"一"是"诚"。按何孟春订注的《孔子家语》"一也"之下，有"一者诚也"句，正与朱子相合。王引之《经义述闻》说"一"是衍文。"所以行之者也"，正与上文"所以行之者三"相应，不当有"一"字；此因下文"所以行之者一也"句而衍。《史记·通津侯传》："智、仁、勇，此三者，天下之通德，所以行之者也。"《汉书·公孙弘传》："仁、智、勇三者，所以行之者也。"皆无"一"字。郑玄《礼记注》于下文"所以行之者一也"句注："一，谓当豫也。"由于此句不释"一"字，则郑注本无"一"字可知。理由也很充分。

或生而知之，或学而知之，或困而知之，及其知之，一也。或安而行之，或利而行之，或勉强而行之，及其成功，一也。[①]

上智的人，不待教训学习，自然能知晓；次一等的，须教训学习，才能知晓；再次一等的，一时学不会，必须苦苦地学习，才得知晓。所以就资质说，人可分为三等。三等人虽有高下之别，但到既明晓之后，还是一样的。至于就实践说：有的人安然自得地做去，有的人以为有利才去做，有的人是勉强着做的。这三等人，做时虽各不同，但到成功之后，还是一样的。

子曰："好学近乎知，力行近乎仁，知耻近乎勇。"[②]

---

① 强，上声。○知之者之所知，行之者之所行，谓达道也。以其分而言，则所以知者知也，所以行者仁也，所以至于知之、成功而一者勇也。以其等而言，则生知、安行者知也，学知、利行者仁也，困知、勉行者勇也。盖人性虽无不善，而气禀有不同者，故闻道有蚤莫，行道有难易，然能自强不息，则其至一也。吕氏曰："所人之涂虽异，而所至之域则同，此所以为中庸。若乃企生知、安行之资为不可几及，轻困知、勉行谓不能有成，此道之所以不明不行也。

② "子曰"二字，衍文。好、近乎知之知，并去声。○此言未及乎达德而求以入德之事。通上文三知为知，三行为仁，则此三近者，勇之次也。吕氏曰："愚者自是而不求，自私者循人欲而忘反，懦者甘为人下而不辞。故好学非知，然足以破愚；力行非仁，然足以忘私；知耻非勇，然足以起懦。"

近乎知的知，同智。此节“子曰”二字，朱子以为是衍文。《中庸或问》说，《孔子家语》，“成功一也”之下，还有哀公的说话，所以其下又用“子曰”。今无哀公的问说，而尚有“子曰”二字，所以是衍文。按《孔子家语》是王肃所造的伪书。朱子据《家语》以议《中庸》，怕不妥当。翟灏《四书老异》说：“按《汉书·公孙弘传》，此间有‘故曰’二字；‘子’字或是‘故’字之误。”孔子的意思是说好学虽非知，但能求知。即可以破愚，故近乎知。力行虽非仁，但能求仁，即足以忘私，故近乎仁。知耻虽非勇，但能知耻，即可以弃懦，故近乎勇。

知斯三者。则知所以修身；知所以修身，则知所以治人；知所以治人，则知所以治天下国家矣。[①]

斯三者，指好学、力行、知耻。修身无非是修养智、仁、勇三达德。所以说：“如斯三者，则知所以修身。”修身、齐家、治国、平天下，本是一贯的。所以说：“知修身，则知所以治人；知治人，则知所以治天下国家矣。”

凡为天下国家有九经，日修身也，尊贤也，亲亲也，敬大臣也，体群臣也，子庶民也，来百工也，柔远人也，怀诸侯也。[②]

---

① 斯三者，指三近而言。人者，对己之称。天下国家，则尽乎人矣。言此以结上文修身之意，起下文九经之端也。

② 经，常也。体，谓设以身处其地而察其心也。子，如父母之爱其子也。柔远人，所谓无忘宾旅者也。此列九经之目也。吕氏曰：“天下国家之本在身，故修身为九经之本。然必亲师取友，然后修身之道进，故尊贤次之。道之所进，莫先其家，故亲亲次之。由家以及朝廷。故敬大臣、体群臣次之。由朝廷以及其国，故子庶民、来百工次之。由其国以及天下，故柔远人、怀诸侯次之。此九经之序也。”视群臣犹吾四体。视百姓犹吾子，此视臣、视民之别也。

为，就是治理的意思。九经，就是九项大纲。体，就是体恤，朱子所谓“设身处地以察其心”。子庶民，就是爱民如子。来，就是《孟子》“劳之来之”之“来”，字亦作“勑”，是劝勉的意思。（此王引之《经义述闻》说，与下文“所以劝百工也”正相应）朱注说：“柔远人，所谓‘无忘宾旅’者民。”远人，指远方之人。《论语》说的“近者悦，远者来”，《孟子》说的“天下之旅皆悦而愿出于其途”，就是“柔远人”的效果。

修身则道立。尊贤则不惑，亲亲则诸父昆弟不怨，敬大臣则不眩，体群臣则士之报礼重，子庶民则百姓劝，来百工则财用足，柔远人则四方归之，怀诸侯则天下畏之。[①]

上文说“修身以道”。故“修身则道立”。尊贤，则事理明，自然进道而不会惑乱了；敬大臣，则信任专，自然临事而不昏眩了。体恤群臣，则才能之士，皆思感恩图报，而知所以尊敬君上了。爱民如子，百姓必为之感动，互相劝勉，以事其上了。劝勉百工，使之制器造物，则生之者众，为之者疾，财用自然充足了。柔远人，则四方之人，自然都来归附了。怀诸侯，则天下各国都畏服来朝了。这都是说九经的效验。

齐明盛服，非礼不动，所以修身也；去谗远色，贱货而贵德，所以劝贤也；尊其位，重其禄，同其好恶，所以劝亲亲也；官盛任使，所以劝大臣也；忠信重禄，所以劝士也；时使薄敛，所以劝百姓也：日省月试，既禀称事，所以劝百工也；送往迎来，嘉善而矜不能，所以柔远人也；继绝

① 此言九经之效也。道立。谓道成于己而可为民表，所谓“皇建其有极”是也。不惑，谓不疑于理。不眩，谓不迷于事。敬大臣，则信任专，而小臣不得以间之，故临事而不眩也。来百工，则通功易事，农末相资，故财用足。柔远人，则天下之旅皆悦而愿出于其涂，故四方归。怀诸侯，则德之所施者博，而威之所制者广矣，故曰“天下畏之”。

世，举废国，治乱持危，朝聘以时，厚往而薄来，所以怀诸侯也。[①] 凡为天下国家有九经，所以行之者一也。[②]

上面说九经的效验，这段说施行九经的方法。齐，同斋，斋戒的意思。明，是洁净，盛服，大礼服。谗，是专说人家坏话的谗人；色，指女色。货，就是财货。德，就是道德。劝，是奖励的意思。尊其位，重其禄，就是《孟子》所说“亲之欲其贵，爱之欲其富”的意思。好、恶皆去声。古代同姓贵族，为一国重望所系，故须“同其好恶”。劝亲亲，是以“亲亲”为天下倡。官盛任使，是说大臣当使属员盛多，听其任使。这是劝勉大臣的方法。忠信重禄，是说勉士以忠信之行，又给以重禄，这是劝勉士人的道理。时使，就是《论语》的“使民以时”使百姓服公役当在农事空闲的时候；薄敛，就是减轻粮税，废除苛捐杂税；这是劝勉百姓的方法。省，是视察，试，是考验。既，同既，同饩。既禀，是公家发给的粮食。称，去声，是相当的意思。对于百工的工作，当日省月试，视其勤惰上下，为所给既禀多少的标准。这是劝勉百工的方法。远方的人过境，去的送他，来的迎他：有善行的嘉奖他，才能薄弱的矜恤他。这是怀柔远人的道理。诸侯之国，有世系已绝的使得继续；国事已废的，使得振兴；他们国内若有乱事，当为之治平；若有危险，当为之扶持；朝天子以聘各国，当使之依一定的时期：至于币帛，送来的不妨薄，送去的必须丰厚；这是怀诸侯的方法。以上所说，是治天下国家的九项大纲的办法，所以“所以行之者”却只有个“诚”字。如其不诚，则虽有种种办法，都变成

① 齐，侧皆反。去，上声。远、好、恶、敛，并去声。既，许气反。禀，彼锦、力锦二反。称，去声。朝，音潮。○此言九经之事也。官盛任使，谓官属众盛，足任使令也，盖大臣不当亲细事，故所以优之者如此。忠信重禄，谓待之诚而养之厚，盖以身体之，而知其所赖乎上者如此也。既，读曰饩。饩禀，稍食也。称事，如《周礼·稿人》职曰“考其弓弩，以上下其食”是也。往则为之授节以送之，来则丰其委积以迎之。朝，谓诸侯见于天子。聘，谓诸侯使大夫来献。《王制》：“比年一小聘，三年一大聘，五年一朝。”厚往薄来。谓燕赐厚而纳贡薄。

② 一者，诚也。一有不诚，则是九者皆为虚文矣，此九经之实也。

虚文故事了。郑玄注说："一谓当豫也。"所当豫者，就是这个"诚"。（齐召南《中庸注疏考证》说）郑朱二家之意，仍是相通的。

凡事豫则立，不豫则废。言前定则不跲，事前定则不困，行前定则不疚，道前定则不穷。①

豫，就是准备的意思。凡百事体都要先有准备，然后能做得成功。如果没有准备，必致废败而无所成。跲，音颊，朱注云："踬也。"踬就是蹶倒的意思。俞樾《群经平议》据张参《五经文字》说当作"佮"，就是《老子》"将欲翕之"的"翕"字，是闭塞的意思。譬如演说、辩论，必须先把要说的话事先备好，才不至于理由站不住脚，也不至格格不吐了。做事也是如此，把步骤豫先定好，方不会感到困难。疚，就是《论语》"内省不疚"的疚，是惭愧悔恨的意思。一切行为，也须事先加以思考决定，才不会惭愧悔恨；这就是《论语》"行寡悔"的意思。推而至于做人之道，也须事先定妥，则不致于行不通。凡事有诚心去做，才能事先准备：如果没有诚心，随随便便地做事，就毫无成功机会了。

在下位不获乎上，民不可得而治矣：获乎上有道，不信乎朋友，不获乎上矣；信乎朋友有道，不顺乎亲，不信乎朋友矣；顺乎亲有道，反诸身不诚，不顺乎亲矣；诚身有道，不明乎善，不诚乎身矣。②

在下位的人，不能获得上面的信任，则百事掣肘，不能治百姓了。要获得上面的信任，必须对朋友先有信用：对朋友没有信用，必不能获得上

---

① 跲，其劫反。行，去声。○凡事，指达道、达德、九经之属。豫，素定也。跲，踬也。疚，病也。此承上文，言凡事皆欲先立乎诚，如下文所推是也。

② 此又以在下位者，推言素定之意。反诸身不诚，谓反求诸身而所存所发未能真实而无妄也。不明乎善，谓未能察于人心天命之本然，而真知至善之所在也。

面的信任的。要对朋友有信用，须先能孝顺自己的双亲；如果双亲尚不能孝顺，就不能使朋友相信了。孝顺双亲，先要反省自己做人是不是诚实；不诚实，则对双亲也都出以虚伪，怎么说得上孝顺呢？要诚实，又必须心中真能明白善恶：对于善恶还不明白，如何能诚实呢？这一段说“明善诚身”为“治民”之本，和《大学》以“致知”“诚意”为“治平”之本，是同一道理。

诚者，天之道也；诚之者，人之道也。诚者，不勉而中，不思而得，从容中道，圣人也。诚之者，择善而固执之者也。①

天道运行，真实无妄，至公无私，所以说：“诚者，天之道也。”人既受天命之性以生，自不能违背天道，而求所以“诚之”，所以说：“诚之者，人之道也。”从，七容反；从容，不勉强的意思。圣人自然合于天道，故不必勉强，自能合乎中和。“进而知之”，故不思而得；“安而行之”，故从容中道。至于常人，认定好的行为，坚执着做去了，所谓“择善而固执之”，就是上文所说“择乎中庸，得一善。则拳拳服膺，而弗失之”的意思。按朱子注说：“中，并去声。”似两“中”字都作“合”字解。但《答徐彦章书》又说：“‘不勉而中’之中，以未发言，恐未妥。此‘中’字却是发而无过不及之‘中’。”则两“中”字当如本字读平声了。既非“生知”，故须“择善”；不能“安行”，故须“固执”。

---

① 中，并去声。从，七容反。○此承上文“诚身”而言。诚者，真实无妄之谓，天理之本然也。诚之者，未能真实无妄，而欲其真实无妄之谓，人事之当然也。圣人之德，浑然天理，真实无妄，不待思勉而从容中道，则亦天之道也。未至于圣，则不能无人欲之私，而其为德不能皆实。故未能不思而得，则必择善，然后可以明善；未能不勉而中，则必固执，然后可以诚身，此则所谓人之道也。不思而得，生知也。不勉而中，安行也。择善，学知以下之事。固执，利行以下之事也。

博学之，审问之，慎思之，明辨之，笃行之。[①] 有弗学，学之弗能弗措也；有弗问，问之弗知弗措也；有弗思，思之弗得弗措也；有弗辨，辨之弗明弗措也；有弗行，行之弗笃弗措也。人一能之，己百之；人十能之，己千之。[②] 果能此道矣，虽愚必明，虽柔必强。[③]

这一段是承上文“择善固执”而言。怎样择善固执以诚之呢？这要从学问思辨行为上着力了。措，是丢在一边就此作罢的意思。除非不学，既学了，不到学识渊博，决不肯便罢；除非不去问人，既问人，不到完全明白，决不肯便罢：除非不去思想，既思想了，非到想出道理来，决不便罢；除非不去辨别，既辨别了，非到是非得失完全明白，决不便罢；除非不去做，既做了，非到切切实实地做出成绩来，决不便罢。人家学了一遍就会了，我就学它一百遍；人家学十回就会了，我就学它一千回。一个人果然能够这样做，即使是个呆笨的人，也聪明起来了；是个柔弱的人，也刚强起来了。

上面十四段，朱子以为是第二十章。

［问题］

（一）何谓“五达道”。“三达德”？

（二）就“知”、“行”二方面说，人可以分为几等？

（三）何为治天下国家的“九经”？其效果如何？方法如何？

（四）“明善”，“诚身”，何以是“治民”之本？

---

① 此“诚之”之目也。学、问、思、辨，所以择善而为知，学而知也。笃行。所以固执而为仁，利而行也。程子曰：“五者废其一，非学也。”

② 君子之学，不为则已，为则必要其成，故常百倍其功。此困而知、勉而行者也，勇之事也。

③ 明者，择善之功，强者，固执之效。吕氏曰：“君子所以学者，为能变化气质而已。德胜气质，则愚者可进于明，柔者可进于强。不能胜之，则虽有志于学，亦愚不能明，柔不能立而已矣。盖均善而无恶者，性也，人所同也；昏明强弱之禀不齐者，才也，人所异也。诚之者所以反其同而变其异也。夫以不美之质，求变而美，非百倍其功，不足以致之。今以卤莽灭裂之学，或作或辍，以变其不美之质，及不能变，则曰天质不美，非学所能变。是果于自弃，其为不仁甚矣！”

（五）何谓“诚者”？何谓“诚之者”？

（六）愚者欲明，柔者欲强，应当如何努力？

二十一

自诚明，谓之性；自明诚，谓之教。诚则明矣，明则诚矣。[①]

自诚而明，即上文之“不思而得，从容中道”，自然合于天道，这全然是从天性而来的，所以说：“自诚明，谓之性。”自明而诚，即上文之由“明善”而“诚身”，这是从努力于学问思辨而得的，所以说：“自明诚，谓之教。”前者是“生知安行”，从本以沿流；后者是“学知利行”，“困知勉行”，由流以溯源。但到了成功以后，还是一样的，所以说：“诚则明矣；明则诚矣。”

上面一段，朱子以为是第二十一章。

二十二

唯天下至诚，为能尽其性；能尽其性，则能尽人之性；能尽人之性，则能尽物之性；能尽物之性，则可以赞天地之化育；可以赞天地之化育，则可以与天地参矣。[②]

---

① 自，由也。德无不实而明无不照者，圣人之德，所性而有者也，天道也。先明乎善而后能实其善者，贤人之学，由教而入者也，人道也。诚则无不明矣，明则可以至于诚矣。

② 天下至诚，谓圣人之德之实，天下莫能加也。尽其性者，德无不实，故无人欲之私，而天命之在我者。察之由之，巨细精粗，无毫发之不尽也。人物之性，亦我之性，但以所赋形气不同而有异耳。能尽之者，谓知之无不明而处之无不当也。赞，犹助也。与天地参，谓与天地并立为三也。此自诚而明者之事也。

人之性，命自天，而诚是天道，故惟至诚的圣人，才能尽自己的性。人和人，所命于天的性，都是一样的，所以说："能尽其性，则能尽人之性。"更推而广之，则"能尽人之性"者。亦"能尽物之性"了。天地间森罗万象，无非是物：既能尽物之性，则我与天地合一，"可以赞天地之化育"了。可以赞天地之化育，则可以与天地并立了。这就是首章"致中和，天地位焉，万物育焉"的意思。张载《西铭》说的"乾父坤母，民胞物与"；陆象山说的"宇宙便是吾心，吾心即是宇宙"，都是这个道理。这是儒家最伟大的哲学理想。

上面一段，朱子以为是第二十二章。

二十三

其次致曲。曲能有诚，诚则形，形则著，著则明，明则动，动则变，变则化。唯天下至诚为能化。[①]

上段说的是圣人；这里说的是贤人。其次，是次于圣人一等的意思。曲，指细微的偏于一方面事情。致，作用心去做一点不放松的意思。细微的一方面的事，都能做到诚的地步，则"诚于中，必形于外"，所以说："诚则形，形则著，著则明。"明则动，是说能感动众人。"动则变，变则化"两句，是说感动众人之后，全社会、全人类自能改变恶习，化成善俗了。这些都是由至诚而来的，所以说："唯天下至诚为能化"。按康有为《中庸注》说："'诚'，有诸己之信也；'形'、'著'，充实之美也；

---

① 其次，通大贤以下凡诚有未至者而言也。致，推致也。曲，一偏也。形者，积中而发外。著，则又加显矣。明，则又有光辉发越之盛也。动者，诚能动物。变者，物从而变。化，则有不知其所以然者。盖人之性无不同，而气则有异，故惟圣人能举其性之全体而尽之。其次，则必自其善端发见之偏，而悉推致之，以各造其极也。曲无不致。则德无不实，而形、著、动、变之功自不能已。积而至于能化，则其至诚之妙，亦不异于圣人矣。

'明'、'动'，充实而有光辉之大也；'变'、'化'，大而化之之圣也。"康氏用《孟子·尽心篇》语，就自身道德之进步言，说亦可通。

上面一段，朱子以为是第二十三章。

二十四

至诚之道，可以前知。国家将兴，必有祯祥；国家将亡，必有妖孽；见乎蓍龟，动乎四体。祸福将至：善，必先知之；不善，必先知之。故至诚如神。①

祯祥是吉兆，妖孽是凶兆。蓍，是一种灵草，古用以筮；龟，古用以卜。四体，即手足，指人的动作威仪而言，如执玉高卑，其容俯仰之类。这段说至诚如神，可以前知，看似迷信之谈。其实，国家兴亡，人事祸福，都有其前因后果的关系。常人蔽于情感，蔽于私欲，往往当局而迷。惟至诚之圣人，无妄念，无私欲，不为情感所牵动，其理知，如天青似洗，皓月当空，无微不照，故于兴亡祸福之机，能了如指掌。且所谓"祯祥"、"妖孽"亦不专指麟凤之瑞，物怪之妖而言。丰年厚俗，义士仁人，也都是国家的祯祥；水旱之灾、浇漓之俗、奸慝贪残之人，也都是国家的妖孽。如此推想，方能明"至诚前知"之理，方能信"至诚前知"之说。

上面一段。朱子以为是第二十四章。

---

① 见，音现。○祯祥者，福之兆。妖孽者，祸之萌。蓍，所以筮。龟，所以卜。四体，谓动作威仪之间，如执玉高卑，其容俯仰之类。凡此皆理之先见者也。然唯诚之至极，而无一毫私伪留于心目之间者，乃能有以察其幾焉。神，谓鬼神。

二十五

诚者自成也，而道自道也。[①] 诚者物之终始，不诚无物。是故君子诚之为贵。[②] 诚者非自成己而已也，所以成物也。成己，仁也；成物，知也。性之德也，合外内之道也，故时措之宜也。[③]

“道也”之道，音导。诚，是自己完成人格的要件；道，是自己当行的路径；所以说：“诚者自成也，而道者自道也。”物，兼事物而言。万事万物，终始本末，无不以诚为主。所以“诚者，物之终始”。沟水易涸，鲜花易萎；至于道德、事功、文艺、虚伪，终归泯灭；所以说“不诚无物”。因下断语说：“是故君子诚之为贵。”更进一层说，则所谓诚者。不但可以完成自己的人格。还可以使一般人都完成人格，许多物都完成其所受于自然的性格。这就是《论语》说的“己立立人，己达达人”。《大学》说的“明明德”而“新民”。能完成自己的人格的人，就是“仁”；能使一切人和物都完成其受于自然之性，就是“知”。所以说：“成己，仁也；成物，知也。”知，与智同。仁知是天生的德性，不假他求，所以说：“性之德也。”“内”指“己”，“外”指“物”；成己成物。物我一体，无内外之殊，所以说：“合外内之道也。”能有此成己成物之德，则“用行”、“舍藏”，“兼善”、“独善”，无施不宜；所以说：“故时措之宜也。”

上面一段，朱子以为是第二十五章。

---

① 道也之道，音导。○言诚者物之所以自成，而道者人之所当自行也。诚以心言，本也；道以理言，用也。

② 天下之物，皆实理之所为，故必得是理，然后有是物。所得之理既尽，则是物亦尽而无有矣。故人之心一有不实，则虽有所为，亦如无有，而君子必以诚为贵也。盖人之心能无不卖，乃为有以自成，而道之在我者亦无不行矣。

③ 知，去声。○诚虽所以成己，然既有以自成，则自然及物，而道亦行于彼矣。仁者体之存，智者用之发，是皆吾性之固有，而无内外之殊。既得于已，则见于事者以时措之，而皆得其宜也。

二十六

故至诚无息。① 不息则久，久则征，② 征则悠远，悠远则博厚，博厚则高明。③ 博厚，所以载物也；高明，所以覆物也；悠久，所以成物也。④ 博厚配地，高明配天，悠久无疆。⑤ 如此者，不见而章，不动而变，无为而成。⑥

这一段申说至诚的效用。至诚法天，天行不息，故至诚亦无息。既是不息，自然可以持久。诚于中者既恒久而不息形于外者自能有著明之征验，悠远而无穷。所以能积之广博而深厚，发为高大而光明。博厚，就是《孟子》所谓“充实之美”；高明，就是《孟子》所谓“有光辉之大”。“博厚载物”，指地；“高明覆物”，指天；“悠久成物”，指天地运行不息以化育万物。惟圣人能参天地，赞化育，而无穷极。“如此者，不见而章，不动而变，无为而成”。是总结这一段的话。见，音现，说圣人的道德，能够这样博厚、高明、悠久，所以必自己表现，自然彰明；不必有所动作，而自然变化入神，人不必有所施为，而自然成就远大了。

天地之道，可一言而尽也：其为物不贰，则其生物不测。⑦ 天地之道：

---

① 既无虚假，自无间断。

② 久，常于中也。征，验于外也。

③ 此皆以其验于外者言之。郑氏所谓“至诚之德，著于四方”者是也。存诸中者既久，则验于外者益悠远而无穷矣。悠远，故其积也广博而深厚。博厚，故其发也高大而光明。

④ 悠久，即悠远，兼内外而言之也。本以悠远致高厚，而高厚又悠久也。

⑤ 此言圣人与天地同用。此言圣人与天地同体。

⑥ 见，音现。○见，犹示也。不见而章，以配地而言也。不动而变，以配天而言也。无为而成，以无疆而言也。

⑦ 此以下，复以天地明至诚无息之功用。天地之道，可一言而尽，不过曰“诚”而已。不贰，所以诚也。诚故不息，而生物之多，有莫知其所以然者。

博也，厚也，高也，明也，悠也，久也。[①] 今夫天，斯昭昭之多，及其无穷也，日月星辰系焉，万物覆焉。今夫地，一撮土之多。及其广厚，载华岳而不重，振河海而不泄，万物载焉。今夫山，一卷石之多，及其广大，草木生之，禽兽居之，宝藏兴焉。今夫水，一勺之多，及其不测，鼋鼍、蛟龙、鱼鳖生焉，货财殖焉。[②]

"可一言而尽也"，就是说"可一言以蔽之"。"一言"，即指下"其为物不贰，则其生物不测"一句。不贰，就是"至诚"。天地化生万物，所以有令人不可测度之妙者，就是因为他的"至诚无息"。什么叫"天地之道"呢？天地之道就是"博呀，厚呀，高呀，明呀，悠呀，久呀"。这都是"至诚"的效果。夫，音扶。"多"字从重"夕"，故有重复积累之义。昭昭，是小小的光明。振，是"洒"的意思。《史记·司马相如传》"振溪通谷"，《索隐》引郭璞云"振，犹洒之也"。《七经考文》说："'卷'本作'拳'。拳石，谓石小如拳。"勺，同杓，挹水之器。更就天地山水推而言之：天，不过这一点点的亮光所积；但是说到那无穷大的天体，则日月星辰，都悬于天，所有万物，无不被它所覆盖。地，不过是一撮土所积，但是说到那广厚的大地，则载着华岳那样高大的山，也不觉其重；洒着大河大海那么多的水，也不会泄去；所有的万物都能载得住。山不过是拳头般的石块所积，但是说到那广大的山，则草木生在上面，禽兽也栖在上面，藏在山里的宝货，也从那里发掘起来。水，不过是一勺一勺的水所积，但是说到那深广不测的海洋，则鼋鼍蛟龙鱼鳖等类，都生在那里，货物、财富都靠它而生产。天地山水，这样广大繁富的宇宙，推其所以能成

---

① 言天地之道，诚一不贰，故能各极其盛，而有下文生物之功。

② 夫，音扶。华、藏，并去声。卷，平声。勺，市若反。○昭昭，犹耿耿，小明也。此指其一处而言之。及其无穷，犹十二章"及其至也"之意，盖举全体而言也。振，收也。卷，区也。此四条，皆以发明由其不贰不息，以致盛大而能生物之意。然天、地、山、川，实非由积累而后大，读者不以辞害意可也。

为如此的原理，却不外一个“诚”字而已。

《诗》云：“维天之命，於穆不已！”盖日天之所以为天也。“於乎不显，文王之德之纯！”盖日文王之所以为文也，纯亦不已。[①]

於，作呜乎。不，同丕。所引《诗经》，见《周颂，维天之命篇》。於，音乌，是慨叹的声音。穆，深远的意思。不已就是不息。这二句说天之所以为天的道理。於乎，同呜呼，也是叹词。“不”为发声，无义。见王引之《经传释词》。纯，即是不贰的意思。此二句说文王之所以得号为文的缘故。“不贰”、“不息”，皆由“至诚”，是文王之道即天道，故曰：“纯亦不已。”

上面三段，朱子以为是第二十六章。

［问题］

（一）何谓“自诚明”？何谓“自明诚”？

（二）至诚何以能前知？

（三）何谓“成己”、“成物”？

（四）“至诚”何以可参天地？

二十七

大哉圣人之道！[②] 洋洋乎！发育万物，峻极于天。[③] 优优大哉！礼仪三

---

① 於，音乌。乎，音呼。○《诗·周颂·维天之命篇》。於，叹辞。穆，深远也。不显，犹言岂不显也。纯，纯一不杂也。引此以明至诚无息之意。程子曰：“天道不已，文王纯于天道，亦不已。纯则无二无杂，不已则无间断先后。”

② 包下文两节而言。

③ 峻，高大也。此言道之极于至大而无外也。

百，威仪三千。[①] 待其人而后行。[②] 故曰：苟不至德，至道不凝焉。[③] 故君子尊德性而道问学。致广大而尽精微；极高明而道中庸，温故而知新，敦厚以崇礼。[④] 是故居上不骄，为下不倍。国有道，其言足以兴；国无道，其默足以容。《诗》曰："既明且哲，以保其身。"其此之谓与！[⑤]

洋洋，充满的样子。峻，作高字解。优优，宽裕的样子。这段首赞圣人之道之大，充满宇宙之间，足以发育万物，高与天等，宽裕广大。礼仪，为周朝所定的大仪节，如冠婚丧祭之礼。威仪，为周朝所定的小仪节，如动作周旋之容。"三百"、"三千"，极言其条数之多。"待其人而后行"，就是上文"人存政举"的意思。至德，指圣人之德。凝，成功的意思；就是《尚书·皋陶谟》"庶绩其凝"的凝字。《易·系辞》说"苟非其人，道不虚行"也是这个意思。

尊，是恭敬奉持之意。德性，即天命之性，吾心之理。道问学，就是讲学问。汉儒清儒章句训诂之学，是"道问学"；宋明诸儒心性义理之学是"尊德性"。"尊德性而道问学"，则合汉学宋学之长，广大精微，各臻其极；但虽极高明之境，而仍由乎中庸。温故而知新，就是《论语》子夏所谓"日知其所亡，月无忘其所能"。敦厚，就是笃厚。笃厚而崇尚礼节，则重在践履，不至如后世学者之好新奇，骛高远，尚空谈，轻实践了。倍，同背，作悖逆解。君子居上位，既不骄傲：在下位也不做逆乱之事。

---

① 优优，充足有余之意。礼仪，经礼也。威仪，曲礼也。此言道之入于至小而无间也。

② 总结上两节。

③ 至德，谓其人。至道，指上两节而言也。凝。聚也，成也。

④ 尊者，恭敬奉持之意。德性者，吾所受于天之正理。道，由也。温，犹燖温之温，谓故学之矣，复时习之也。敦，加厚也，尊德性，所以存心而极乎道体之大也。道问学，所以致知而尽乎道体之细也。二者，修德凝道之大端也。不以一毫私意自蔽，不以一毫私欲自累，涵泳乎其所已知。敦笃乎其所已能，此皆存心之属也。析理则不使有毫厘之差，处事则不使有过不及之谬，理义则日知其所未知，节文则日谨其所未谨，此皆致知之属也。盖非存心无以致知，而存心者又不可以不致知，故此五句，大小相资，首尾相应。圣贤所示入德之方，莫详于此，学者宜尽心焉。

⑤ 倍，与背同。与，平声。○兴，谓兴起在位也。《诗·大雅·烝民》之篇。

当国家有道的时候，他的说话足以振兴国家。当国家无道的时候，君子就默而不言，亦足使自己免于祸害。《诗》曰“既明且哲，以保其身”，是引诗经以解释“默足以容”一句的意义的。所引《诗经》见《大雅·蒸民篇》。与，同欤。

上面一段，朱子以为是第二十七章。

二十八

子曰：“愚而好自用，贱而好自专，生乎今之世，反古之道。如此者，烖及其身者也。”①

烖，同灾。“反古之道”，朱注说：“反，复也。”郑玄注也说：“谓孔之人不知今王之新政可从。”反古就是复古，便不合于“时中”了。这段又引孔子的话。本是愚笨的人，偏要自以为是；本是卑贱的人，偏不肯听人指导，凭自己的意思去做；生在现今的时代，偏要复古。这样的做人，必定要受灾祸的。

非天子，不议礼，不制度，不考文。② 今天下车同轨，书同文，行同伦。③虽有其位，苟无其德，不敢作礼乐焉；虽有其德，苟无其位，亦不敢作礼乐焉。④

行，去声。非圣人在天子之位，不能作礼乐，制法度，考定文字。按许慎《说文解字·序》说七国之时，“车涂异轨，律令异法，衣冠异制，

---

① 好，去声。烖，古灾字。○以上孔子之言，子思引之。反，复也。此以下，子思之言。礼，亲疏贵贱相接之体也。度，品制。文，书名。

② 行，去声。○今，子思自谓当时也。轨，辙迹之度。伦，次序之体。三者皆同，言天下一统也。郑氏曰：“言作礼乐者，必圣人在天子之位。”

言语异声，文字异形”，且老庄申商杨墨诸子，异学蜂起，正是车不同轨，书不同文，行不同伦，与此处所说相反，本篇所以如此说者，不过因春秋之末，东周之共主尚存，而当时之有位者皆无圣人之德，有其德如孔子者，又无天子之位；无德而妄作，便是愚而好自用了；无位而妄作，便是贱而好自专了。这是作者的一种曲笔，而其意则重在有位无德，有德无位，不敢作礼乐数句。不是圣德的人，虽在天子之位，不敢作礼乐。虽有圣德的人，不在天子之位，也不敢作礼乐。

子曰：“吾说夏礼，杞不足征也；吾学殷礼，有宋存焉；吾学周礼，今用之，吾从周。”①

周定天下以后，对夏之后为杞国，殷之后为宋国。征，就是证明的意思。按：《论语·八佾篇》，子曰：“夏礼吾能言之，杞不足征也：殷礼吾能言之，宋不足征也；文献不足故也。足，则吾能征之矣。”又说：“周监于二代，郁郁乎文哉，吾从周！”与此所说略同。《论语》言“宋不足征”，而此言“有宋存焉”者，《史记》言子思居宋，作《中庸》，故讳之。（阎若璩说。见《四书释地》）

上面三段，朱子以为是第二十八章。

二十九

王天下有三重焉，其寡过矣乎！② 上焉者虽善无征，无征不信，不信

---

① 此又引孔子之言。杞，夏之后。征，证也。宋，殷之后。三代之礼，孔子皆尝学之而能言其意，但夏礼既不可考证，殷礼虽存，又非当世之法，惟周礼乃时王之制，今日所用。孔子既不得位，则从周而已。

② 王，去声，〇吕氏曰：“三重。谓议礼、制度、考文。惟天子得以行之，则国不异政，家不殊俗，而人得寡过矣。”

民弗从；下焉者虽善不尊，不尊不信，不信民弗从。[①] 故君子之道，本诸身，征诸庶民，考诸三王而不缪，建诸天地而不悖，质诸鬼神而无疑，百世以俟圣人而不惑。[②] 质诸鬼神而无疑，知天也；百世以俟圣人而不惑，知人也。[③]

王，去声。三重，郑玄注说就是“三王之礼”。朱子《章句》引吕氏的话，说就是议礼、制度、考文。康有为《中庸》注，“重”字读平声，作重复解。三重，说拨乱升平、太平三世之中，又各有三世；小三世之中，又各有其三世。明此世运升降之理，则可以寡过。此今文《公羊》家之说。“上焉者，虽善无征，无征不信，不信民弗从”是说时王以前，如夏商的礼，虽然很好，因年代湮远，无从证明；既已无从证明，便不能使人相信；不能使人相信，又怎能使百姓遵行呢？“下焉者，虽善不尊，不尊不信，不信民弗从”。是说如孔子般在下位的人，虽善于礼，因不在尊位，人也不信：不信，则百姓又哪能遵行呢？所以君子之道，必定要从自身做起，然后证之百姓，又考之三代王者，没一些缪（同谬）戾，建立于天地之间，并不反悖；即使问之鬼神，亦无所疑虑，等到百世以后，圣人出来，也不会有什么疑惑了。“质诸鬼神”之“质”，作就正解。知天是知天理；知人是知人情。

是故君子动而世为天下道，行而世为天下法，言而世为天下则。远之则有望，近之则不厌。[④]

---

① 上焉者，谓时王以前，如夏、商之礼虽善，而皆不可考。下焉音，谓圣人在下，如孔子虽善于礼，而不在尊位也。

② 此君子，指王天下者而言。其道，即议礼、制度、考文之事也。本诸身，有其德也。征诸庶民，验其所信从也。建，立也，立于此而参于彼也。天地者，道也。鬼神者，造化之迹也。百世以俟圣人而不惑，所谓圣人复起，不易吾言者也。

③ 知天、知人，知其理也。

④ 动，兼言、行而言。道，兼法、则而言。法，法度也。则，准则也。

道为人所共由，与法度准则，为人所共遵者同义。说君子的举动，行为。说话，可为世世天下人做模范。远者慕之，故有望；近者悦之，故不厌。

《诗》曰："在彼无恶，在此无射。庶几夙夜，以永终誉！"君子未有不如此而蚤有誉于天下者也。①

恶，音污。射，作炻。蚤，通早。所引《诗经》见《周颂·振鹭篇》。恶，去声，厌恶的意思。射，《诗》作斁，郑玄注音亦，朱子音妬，也是厌恶的意思。此处与"誉"字叶韵，以音妬为宜。夙夜，就是早夜。蚤，借作早。"在彼无恶"，即上文的"远之则有望"。"在此无射"，即上文的"近之则不厌"。庶几早夜孳孳，以恒久永保其令誉。君子未有不如此，而能早有令誉于天下的。

上面三段，朱子以为是第二十九章。

[问题]

（一）何谓"尊德性而道问学"？

（二）何谓"温故而知新"？

（三）如何方可议礼制度考文？

（四）何谓"王天下有三重"？

（五）何谓"在彼无恶，在此无射"？

---

① 恶，去声。射，音妒，《诗》作斁。○《诗·周颂·振鹭》之篇。射，厌也。所谓此者，指本诸身以下六事而言。

三十

仲尼祖述尧、舜，宪章文、武，上律天时，下袭水土。[①] 辟如天地之无不持载，无不覆帱，辟如四时之错行，如日月之代明。[②] 万物并育而不相害，道并行而不相悖，小德川流，大德敦化，此天地之所以为大也。[③]

祖述，是宗其道而传述之。宪章，是取法的意思。律，也是法。袭，就是因。辟，同譬。帱，也是覆盖的意。错、代，都是更迭的意思。悖，是反背的意思。川流，是如川之流。敦，是笃厚，化，是化育。这一段是子思赞孔子道，远宗尧舜，近法文武，上法天时之顺，下因水土之宜。其道之大，如天之无不覆，地之无不载；其至诚无息，如四时之更迭而运行，日月之更迭而普照。万物并育于其间而不相害，是说天地之大；诸子之道，与之并行而不相悖，是说孔子之道之大。“小德川流”，即指“并行不悖”之诸子之道，如川之流，以海为归，所谓诸子俱出于六艺，各得一察焉以自好，终殊途而同归。“大德敦化”，指孔子之道，如天地之化育万物。天地之所以为大在此，孔子之道之所以为大亦在此。

上面一段，朱子以为是第三十章。

---

① 祖述者，远宗其道。宪章者，近守其法。律天时者，法其自然之运。袭水土者，因其一定之理。皆兼内外该本末而言也。

② 辟，音譬。帱，徒报反。○错，犹迭也。此言圣人之德。

③ 悖，犹背也。天覆地载，万物并育于其间而不相害；四时日月，错行代明而不相悖。所以不害不悖者，小德之川流；所以并育并行者，大德之敦化。小德者，全体之分；大德者，万殊之本。川流者，如川之流，脉络分明而往不息也。敦化者，敦厚其化，根本盛大而出无穷也。此言天地之道，以见上文取辟之意也。

三十一

唯天下至圣，为能聪明睿知，足以有临也；宽裕温柔，足以有容也；发强刚毅，足以有执也；齐庄中正，足以有敬也；文理密察，足以有别也。①

思想纯正而灵敏；叫做睿。知，同智。发，是奋发的意思。执，就是守。齐，同斋。齐庄，是敬肃庄重的意思。文理，即条理。密察，是详细而明白。聪明睿知是“圣”。足以临民。宽裕温柔，是“仁”，足以容物。发强刚毅，是“义”，足以励其守。齐庄中正，是“礼”，足以致其敬。文理密察是“智”，足以辨别是非。唯天下至圣，方能备此五德。

溥博渊泉，而时出之。② 溥博如天，渊泉如渊。见而民莫不敬，言而民莫不信，行而民莫不说。③

见，去声，同现。说，同悦。溥博，是周遍而广大的意思；渊泉，是幽静而深浚的意思。这是说圣人之德，周遍广大，幽静深峻，而又时时表现仪容于言行之间。其溥博则如天；其渊泉则如渊；其表现于仪容言行，人民莫不尊敬，莫不信服，莫不欢悦。

是以声名洋溢乎中国，施及蛮貊。舟车所至，人力所通，天之所覆，

---

① 知，去声。齐，侧皆反。别，彼列反。○聪明睿知，生知之质。临，谓居上而临下也。其下四者，乃仁、义、礼、知之德。文，文章也。理，条理也。密，详细也。察，明辩也。

② 溥博，周遍而广阔也。渊泉，静深而有本也。出，发见也。言五音之德，充积于中，而以时发见于外也。

③ 见，音现。说，音悦。○言其充积极其盛，而发见当其可也。

地之所载，日月所照，霜露所队，凡有血气者，莫不尊亲，故曰配天。[①]

施，同迤，旁及的意思。队，同坠。这段是总结上两段的。圣人之德如此，所以他的声名，充满于中国，旁及南方‘之蛮，北方之貊，国外未开化诸民族。凡是船只和车子所能到的，人的力量所能通的，天所覆的，地所载的，日月所照及的，霜露所下得着的地方，凡有血气的人，无不尊敬他，亲爱他的。所以说圣人之道之大，是可以和天相配的。

上面三段，朱子以为是第三十一章。

三十二

唯天下至诚，为能经纶天下之大经，立天下之大本，知天地之化育。夫焉有所倚？[②] 肫肫其仁！渊渊其渊！浩浩其天！[③] 苟不固聪明圣知达天德者，其孰能知之？[④]

经纶，本为织丝的名词，引申作治理解。大经，就是上文所说“凡为天下国家有九经”的九项治平的大纲。大本，就是上文所说“中也者天下之大本也”的“中”。知化育，就是上文所说的“赞天地之化育”。夫，音扶。焉，平声，作“何”字解。焉有所倚，就是说何尝倚着别的呢？肫，音之纯反。肫肫，诚恳之貌；渊渊，静穆之貌，浩浩，广大之貌，这

① 施，去声。队，音坠。〇舟车所至以下，盖极言之。配天，言其德之所及，广大如天也

② 夫，音扶。焉，於虔反。〇经、纶，皆治丝之事。经者。理其绪而分之；纶者，比其类而合之也。经，常也。大经者，五品之人伦。大本者，所性之全体也。惟圣人之德极诚无妄，故于人伦各尽其当然之实，而皆可以为天下后世法，所谓经纶之也。其于所性之全体，无一毫人欲之伪以杂之，而天下之道千变万化皆由此出，所谓立之也。其于天地之化育，则亦其极诚无妄者有默契焉，非但闻见之知而已。此皆至诚无妄，自然之功用，夫岂有所倚著于物而后能哉？

③ 肫，之纯反。〇肫肫，恳至貌，以经纶而言也。渊渊，静深貌，以立本而言也。浩浩，广大貌，以知化而言也。其渊、其天，则非特如之而已。

④ 圣知之知，去声。〇固，犹实也。郑氏曰：“唯圣人能知圣人也。”

三句是说天下至诚的圣人，态度诚恳，则粹然仁者；气象静穆，则渊泉如渊；胸襟广大，则溥博如天。惟英雄能识英雄，惟圣人能知圣人；所以说如其不是本来聪明圣知，通达天德的人，谁能知道他呢？

上面一段，朱子以为是第三十二章。

［问题］

（一）孔子之道，怎样伟大？

（二）至圣的人，具有哪五种德性？

（三）至圣的人，何以可以配天？

（四）圣人的态度。气象。胸襟如何？

三十三

《诗》曰："衣锦尚䌹"，恶其文之著也。故君子之道，暗然而日章；小人之道，的然而日亡。君子之道，淡而不厌，简而文，温而理，知远之近，知风之自，知微之显，可与入德矣。[①]

衣，去声。锦，是有彩色的绸衣。䌹，音迥，同褧䌹，是禅衣，就是单层的罩衫。尚，就是加。恶，去声。"衣锦尚䌹"，是说穿了有彩色的绸衣，外面一定还要加上一件单衫，因为嫌那锦衣的纹彩太显著的缘故。按

① 衣，去声。絅，口迥反。恶，去声。闇，於感反。○前章言圣人之德，极其盛矣。此复自下学立心之始言之，而下文又推之以至其极也。《诗·国风·卫·硕人》、《郑》之《丰》，皆作"衣锦褧衣"。褧，䌹同，禅衣也。尚，加也。古之学者为己，故其立心如此。尚絅，故闇然；衣锦，故有日章之实。淡、简、温。䌹之袭于外也，不厌而文且理焉，锦之美在中也。小人反是，则暴于外而无实以继之，是以的然而日亡也。远之近，见于彼者由于此也。风之自，著乎外者本乎内也。微之显，有诸内者形诸外也。有为己之心，而又知此三者，则知所谨而可入德矣。故下文引《诗》言谨独之事。恶，去声○《诗·小雅·正月》之篇。承上文言莫见乎隐、莫显乎微也。疚，病也。无恶于志，犹言无愧于心，此君子谨独之事也。

《诗经·卫风·硕人篇》："衣锦褧衣。"又《郑风·韦篇》："衣锦褧衣，裳锦褧裳。"均与此所引不同。故《毛奇龄四书剩言》说所引的是逸《诗》。康有为《中庸注》说所引的是《鲁诗》。俞樾据孔颖达《礼记正义》说有俗本作"衣锦褧裳"，以为"尚"字是"裳"字的假借字，本作"衣锦尚絅"，是撮举《郑风·丰篇》"衣锦褧衣，裳锦褧裳"二句之辞。《说文日部》引《齐风·鸡鸣篇篇"东方明矣，朝既昌矣"二句，亦撮举其辞曰"东方昌矣"，正与此同例。（见《古书疑义举例》"古人引书每有增减例。"）照俞说，这句是说衣裳为锦制的，都有絅衣䌹裳了。这是引《诗》以衣裳为比喻。"故君子之道，暗然而日章；小人之道，的然而日亡。"方是本意。章，作显著解。的然之的，钱大昕说当作"的"，"音勺，明也"。（见《十驾斋养新录》）正是"暗然"的反面。这二句说君子之道，如衣锦尚絅，文采不露，但日久，自然会渐渐显著起来；小人则反是，乍看是文采鲜明，但天天销亡下去。君子之道。就待人一面说，虽淡淡不见亲密，然不会使人讨厌；其本质说，虽简易温柔，而文理粲然。

"知远之近，知风之自，知微之显。"俞樾《古书疑义举例》说："此三句，自来不得其解。若谓远由于近，微由于显，则当云'知远之由于近，知微之由于显'，文义方明。不得但云'远之近，微之显'也。且'风之自'句，义不一例。'微之显'句，亦与第一句不伦。既云'远之近'，则当云'显之微'矣。今按此三'之'字，皆连及之词。'知远之近'者，知远与近也。'知微之显'者，知微与显也。'知远之近，知风之自，知微之显，可与入德矣。'犹《易·系辞传》云：'君子知微知彰，知柔知刚，万夫之望也。'然则'知风之自'句，当作何解？风读为凡，风字本后凡声，故得通用。《庄子·天地》篇。'愿先生之言其凡也。'风即凡字；犹云：'言其大凡也。'自者，'目'字之误。《周官》宰夫职：'二曰师，掌官成以治凡。三曰司，掌官灋以治目。'郑注曰：'治凡，若月计也。治目，若今之日计也。'然则'凡之与目'，事有钜细，故以对言，正与远近微显一例。”按俞氏此解，比前人所解好得多。《考工记》“作其鳞之而”。就是说“做他的鳞和须”，“之”字亦用作连及之辞。“可与入德”之“与”，作“以”字解。《礼记·玉藻篇》：“大夫有所往，必与公士为宾。”“与”字亦作“以”字用。这几句是说君子能知远与近，知微与显，知大凡与细目这样，才可以入道德之门了。

《诗》云：“潜虽伏矣，亦孔之昭！”故君子内省不疚，无恶于志。君子之所不可及者，其唯人之所不见乎。

恶，音污。所引《诗经》，见《小雅·正月篇》。潜，作隐藏解。伏，不见的意思。孔，作甚字解。昭，作明字解。这是引《诗经》以释“暗然而日章”一句的。疚，作悔恨解。恶，去声。君子只要自己心里反省，没有什么悔恨，无愧于心，那就行了。所以接着说，君子之所不可及者，全在于人所不见的地方哩！

《诗》云：“相在尔室，尚不愧于屋漏。”故君子不动而敬。不言而信。①

所引《诗经》，见《大雅·抑篇》。相，去声。作看字解。尔，就是你，指君子。屋漏，屋的西北隅最深之处。这二句说君子独居内室，亦能无愧于心。所以君子没有行动，人都敬重他；没有说话，人都想念他。

《诗》曰：“奏假无言，时靡有争。”是故君子不赏而民劝，不怒而民

---

① 相，去声。○《诗·大难·抑》之篇。相，视也。屋漏，室西北隅也。承上文又言君子之戒谨恐惧，无时不然，不待言动而后敬信，则其为己之功益加密矣。故下文引《诗》并言其效。

威于𫓧钺。[①]

所引《诗经》见《商颂·烈祖篇》。奏，作进字解。假，假之通借字。假，音格，作至字解。靡有，就是没有。此处引《诗》仅断章取义，说进至无言，时无与之争者。“无言”者，默化潜移；靡有争者，人皆信之。即上文“不言而信”，下文“不赏而民劝，不怒而民威于𫓧钺”的意思。𫓧，同斧；钺，是大斧。𫓧钺，古代杀人之器。

《诗》曰：“不显惟德！百辟其刑之。”是故君子笃恭而天下平。[②]

所引《诗经》亦见《烈祖篇》。不，发声，无义；“不显”就是“显”的意思。辟，就是君，指诸侯。刑，同型，“刑之”是奉为典型。不显，说君子所显著的，只有德行；凡百人君，自能奉他为典型的。“笃恭而天下平”就是《论语》赞舜“无为而治”、“恭己正南面而已矣”的意思。

《诗》云：“予怀明德，不大声以色。”子曰：“声色之于以化民，末也。”《诗》曰：“德𬨎如毛。”毛犹有伦。“上天之载，无声无臭”，至矣！[③]

---

① 假，格同。𫓧，音夫。○《诗·商颂·烈祖》之篇。奏，进也。承上文而遂及其效，言进而感格于神明之际，极其诚敬，无有言说而人自化之也。威，畏也。𫓧，莝斫刀也。钺，斧也。

② 《诗·周颂·烈文》之篇，不显，说见二十六章，此借引以为幽深玄远之意。承上文言天子有不显之德，而诸侯法之，则其德愈深而效愈远矣。笃，厚也，笃恭，言不显其敬也。笃恭而天下平，乃圣人至德渊微，自然之应，中庸之极功也。

③ 𬨎、由，酉二音。○《诗·大雅·皇矣》之篇。引之以明上文所谓不显之德者，正以其不大声与色也。又引孔子之言，以为声色乃化民之末务。今但言不大之而已，则犹有声色者存，是未足以形容不显之妙。不若《烝民》之诗所言“德𬨎如毛”，则庶乎可以形容矣。而又自以为谓之毛，则犹有可比者，是亦未尽其妙。不若《文王》之诗所言“上天之事，无声无臭”，然后乃为不显之至耳。盖声臭有气无形，在物最为微妙，而犹曰无之，故唯此可以形容不显、笃恭之妙。非此德之外，又别有是三等，然后为至也。

这段三引《诗经》，一见《大雅·皇矣篇》，一见《小雅·烝民篇》，一见《大雅·文王篇》。“以”字作与字解。《仪礼·乡射礼》“主人以宾揖”，“以”亦解作与。此处所说的“明德”就是《大学》的“明德”。这两句说，我怀明德以化民，不在大声与大色。声，指言论；色，指仪容。子曰：“声色之于以化民，末也。”是孔子赞这二句的话。“輶”，作轻字解。说道德之感化，不着痕迹，犹如毛一般的轻。伦，比较的意思。但毛还是比较轻。“则如毛”还是不足以形容“德”。这句是作者加的按语。下又引《诗经》。《毛传》说：“载，事也。”《论语·阳货篇》：“天何言哉？四时行焉，百物生焉：天何言哉！”行四时，生百物，即是上天之事。言必如此二句，方为形容尽致。

上面六段，朱子以为是第三十三章。

[问题]

（一）何谓“衣锦尚絅”？

（二）何谓“知远之近，知风之自，知微之显”？

（三）何谓“不愧屋漏”？

（四）何谓“笃恭而天下平”？

（五）何谓“上天之载，无声无臭”？

孟子读本

孟子序说

朱　熹

《史记·列传》曰：“孟轲，赵氏曰：“孟子，鲁公族孟孙之后。”《汉书》注云：“字子车。”一说：“字子舆。”驺人也，驺亦作邹，本邾国也。受业子思之门人。子思，孔子之孙，名伋。《索隐》云：“王劭以人为衍字。”而赵氏注及《孔丛子》等书亦皆云：“孟子亲受业于子思。”未知是否？道既通，赵氏曰：“孟子通《五经》，尤长于《诗》、《书》。”程子曰：“孟子曰：‘可以仕则仕，可以止则止，可以久则久，可以速则速。’‘孔子圣之时者也。’故知《易》者莫如孟子。又曰：‘王者之迹熄而《诗》亡，《诗》亡然后《春秋》作。’又曰：‘春秋无义战。’又曰：‘春秋天子之事’，故知《春秋》者莫如孟子。”尹氏曰：“以此而言，则赵氏谓孟子长于《诗》、《书》而已，岂知孟子者哉？”游事齐宣王，宣王不能用。适梁，梁惠王不果所言，则见以为迂远而阔于事情。按《史记》：“梁惠王之三十五年乙酉，孟子始至梁。其后二十三年，当齐愍王之十年丁未，齐人伐燕，而孟子在齐。”故古史谓“孟子先事齐宣王后乃见梁惠王、襄王、齐愍王。”独《孟子》以伐燕为宣王时事，与《史记》、《荀子》等书皆不合。而《通鉴》以伐燕之岁，为宣王十九年，则是孟子先游梁而后至齐见宣王矣。然《考异》亦无他据，又未知孰是也。当是之时，秦用商鞅，楚、魏用吴起，齐用孙子、田忌。天下方务于合从连衡，以攻伐为贤。而孟轲乃述唐、虞、三代之德，是以所如者不合。退而与万章之徒序《诗》、《书》，述仲尼之意，作《孟子》七篇。赵氏曰：“凡二百六十一章，三万四千六百八十五字。”韩子曰：“孟轲之书，非轲自著。轲既没，其徒万章、公孙丑相与记轲所言焉耳。”愚按：二说不同，《史记》近是。

韩子曰："尧以是传之舜，舜以是传之禹，禹以是传之汤，汤以是传之文、武、周公，文、武、周公传之孔子，孔子传之孟轲，轲之死不得其传焉。荀与扬也，择焉而不精，语焉而不详。"程子曰"韩子此语，非是蹈袭前人，又非凿空撰得出，必有所见。若无所见，不知言所传者何事。"

又曰："孟氏醇乎醇者也。荀与扬，大醇而小疵。"程子曰"韩子论孟子甚善。非见得孟子意。亦道不到。其论荀扬则非也。荀子极偏驳，只一句'性恶'，大本已失。扬子虽少过，然亦不识性，更说甚道。"

又曰："孔子之道大而能博，门弟子不能遍观而尽识也，故学焉而皆得其性之所近。其后离散，分处诸侯之国，又各以其所能授弟子，源远而末益分。惟孟轲师子思，而子思之学出于曾子。自孔子没，独孟轲氏之传得其宗。故求观圣人之道者，必自《孟子》始。"程子曰："孔子言参也鲁。然颜子没后，终得圣人之道者，曾子也。观其启手足时之言，可以见矣。所传者子思、孟子，皆其学也。"

又曰："扬子云曰：'古者杨、墨塞路，孟子辞而辟之，廓如也。'夫杨、墨行，正道废。孟子虽贤圣，不得位。空言无施，虽切何补。然赖其言，而今之学者尚知宗孔氏，崇仁义，贵王贱霸而已。其大经大法，皆亡灭而不救，坏烂而不收。所谓存十一于千百，安在其能廓如也？然向无孟氏，则皆服左衽而言侏离矣。故愈尝推尊孟氏，以为功不在禹下者，为此也。"

或问于程子曰："孟子还可谓圣人否？"程子曰："未敢便道他是圣人，然学已到至处。"愚按："至"字，恐当作"圣"字。

程子又曰："孟子有功于圣门，不可胜言。仲尼只说一个'仁'字，孟子开口便说'仁义'。仲尼只说一个'志'，孟子便说许多'养气'出来。只此二字，其功甚多。"

又曰："孟子有大功于世。以其言性善也。"

又曰："孟子性善、养气之论。皆前圣所未发。"

又曰："学者全要识时。若不识时，不足以言学。颜子陋巷自乐，以有孔子在焉。若孟子之时，世既无人。安可不以道自任。"

又曰："孟子有些英气。才有英气，便有圭角，英气甚害事。如颜子便浑厚不同，颜子去圣人只毫发间。孟子大贤，亚圣之次也。"或曰："英气见于甚处?"曰："但以孔子之言比之，便可见。且如冰与水精非不光。比之玉，自是有温润含蓄气象，无许多光耀也。"

杨氏曰："《孟子》一书，只是要正人心，教人存心养性，收其放心。至论仁、义、礼、智，则以恻隐、善恶、辞让、是非之心为之端。论邪说之害，则曰：'生于其心，害于其政。'论事君，则曰：'格君心之非'，'一正君而国定'。千变万化，只说从心上来。人能正心，则事无足为者矣。大学之修身、齐家、治国、平天下，其本只是正心、诚意而已。心得其正，然后知性之善。故孟子遇人便道性善。欧阳永叔却言'圣人之教人，性非所先'，可谓误矣。人性上不可添一物，尧舜所以为万世法，亦是率性而已。所谓率性，循天理是也。外边用计用数，假饶立得功业，只是人欲之私。与圣贤作处，天地悬隔。"

孟子新解

蒋伯潜

《汉书·艺文志》诸子略儒家有《孟子》十一篇。班固自注云："名轲，邹人，子思弟子。"是《孟子》一书，本在子部之列。宋儒喜言心性，大抵宗孟子性善之说，故特加提倡。朱子既作《论语集注》，复取《小戴礼记》中《大学》、《中庸》二书，为作《章句》，又作《孟子集注》，与《论语》、《大学》、《中庸》合称"四书"；盖以《大学》为曾子（名参）所述，《中庸》为子思（孔伋，孔子孙）所作，曾子传孔子"一贯"之道，授之子思，子思又授之孟子，孔、曾、思、孟，一脉相传，为道统所在也。自是而后，子部之《孟子》乃一跃而为"经"矣。今"十三经"中有《孟子》，以此。

《汉志》，《孟子》凡十一篇。《史记·孟荀列传》则云"作《孟子》七篇"。《风俗通·穷通篇》言孟子作书，中外十一篇，是七篇为中，余四篇为外。赵岐《孟子注》亦仅七篇，其《题辞》云："又有外书四篇：《性善辨》、《文说》、《孝经》、《为政》，其文不能宏深，不与内篇相似，似非《孟子》本真，后世依仿而托也。"是此四篇东汉末犹存，司马迁殆亦知为后人依托，故径云七篇耳。顾炎武《日知录》谓《史记》、《法言》、《盐铁论》诸书所引《孟子》，今《孟子》七篇中无其文，疑即在外篇中。《隋书·经籍志》有梁綦毋邃《孟子注》九卷，较他家注本多二卷；

或外书四篇，梁时尚存其二。孙奕《示儿编》谓尝闻前辈言，馆阁中有《孟子外书》四篇，曰《性善辨》，曰《文说》，曰《孝经》，曰《为政》，此为传闻之辞。刘昌诗《芦浦笔记》谓其乡新喻谢氏藏有《性善辨》一帙，似系曾亲见之。但《论衡·本性篇》云："孟子作《性善》之篇。""辨"字似当与"文"字合为一篇名，"《说孝经》"则三字为一篇名；因《孝经》本另为一书，《孟子》篇名，不当但云"孝经"。今四篇均亡，无从详考矣。至明末姚士粦所传《孟子外书》四篇，云是熙时子注（相传即刘贡父），有马廷鸾序者，则又伪托之伪书也。

《孟子》虽人诸子略，而其体例与《老子》、《墨子》、《庄子》、《荀子》诸书不同，却极似《论语》。疑亦如《论语》，为诸弟子所记，后乃纂辑成书者。赵岐《题辞》云："七十子之俦，会集夫子所言，以为《论语》，……《孟子》之书则而象之。"书中记公孙丑、万章问答为最多，疑即二子所辑录。故于陈子、孟仲子等均称曰"子"，于孟子所见之时君。皆称其谥也。《论语》中长篇极少；其语意亦多含蓄；《孟子》长篇甚多，文笔则波澜翻腾。言辞则锋芒锐利。此固由于孔子、孟子个性与修养之不同，但亦时代使然。老子与孔子同为春秋末人。庄子与孟子同为战国时人，故《老子》质朴似《论语》，《庄子》雄奇似《孟子》。观此，可以知周末文学之变迁矣。

《史记》本传言孟子"受业子思之门人"。《索隐》引王邵说，以"人"为衍字。故赵岐《题辞》亦云："长师孔子之孙子思。"《史记·孔子世家》谓"子思卒年六十二"。孔子卒于周敬王四十一年；子思之父伯鱼，先孔子三年卒；子思最迟当生于伯鱼卒之年。而《孟子》明言子思当鲁缪公时，而自缪公元年上溯至孔子卒年，已六十八年，则子思之年寿不止六十二，明矣。但孟子曾及见鲁平公，自平公元年上溯至缪公元年，凡九十三年；子思、孟子即均高寿，子思卒时，孟子亦仅为孩提之童，决不能亲受业于子思也。焦循《孟子正义》、赵岐《题辞疏》中考之甚详。以此为研究《孟子》者所不可不知，故略述之。

孟　　子

梁惠王篇第一

一

孟子见梁惠王。[①] 王曰："叟，不远千里而来，亦将有以利吾国乎？"[②]

梁惠王即魏侯䓨。周显王三十五年，和齐威王会于徐州后三十七年，自称为王。本都安邑，后迁于大梁，于是称魏惠王，又称梁惠王。按《史记》惠王三十五年，大招贤士，故孟子到梁。叟，老人之称。当时秦国用商鞅，国富兵强，魏国受其压迫而迁都，故梁惠王一见孟子，便问以"利"。所谓"利"者，乃指富国强兵之术，如商鞅之相秦也。

孟子对曰："王何必曰利？亦有仁义而已矣。[③] 王曰'何以利吾国'？大夫曰'何以利吾家'士庶人曰'何以利吾身'？上下交征利而国危矣。

① 梁惠王，魏侯䓨也。都大梁，僭称王，溢曰惠。《史记》："惠王三十五年，卑礼厚币以招贤者，而孟轲至梁。"

② 叟，长老之称。王所谓利，盖富国强兵之类。

③ 仁者，心之德、爱之理。义者，心之制、事之宜也。此二句乃一章之大指，下文乃详言之。后多放此。

万乘之国，弑其君者，必千乘之家；千乘之国，弑其君者，必百乘之家。万取千焉，千取百焉，不为不多矣。苟为后义而先利，不夺不餍。[①]

弑，音试。餍，音厌。梁惠王所说之利，就是富国强兵，以侵略征伐为荣，而孟子却主张王道，王道所重的是“仁义”；仁义是以“仁爱”和“正义”，就是以德治天下，与当时之以霸力服人者，旨趣绝对不同。所以孟子对梁惠王第一句便说：“何必曰利?”针对着当时诸侯的缺点来说。这是孔孟政治学说的基本，也是全部《孟子》的中心。

征，取也，上下交取，谓之“交征”。交征的原因，由于国人都重于一己之利，“仁”是爱人，爱人便不利征，义是正谊，正谊便不乱取，所以尊利而国乱，重仁义而国治。三代时，天子称王，天子之国，有兵车万乘，诸侯或称伯、称子、称男、称公、称侯，有兵车千乘。到孟子时，各国诸侯，都已自己僭称为王，都有兵车万乘，所以有万乘千乘之说。餍，就是满足。“万取千焉，千取百焉，不为不多矣”。是说帝王拥有万乘，而诸侯有他的十分之一，诸侯拥有千乘，而贵族有他的十分之一；十分之一的数目，在理已经是不少了。然而终是以“利”为前提，那么非争夺不能满足。这是专务争权夺利的害处，其结果：必使国家走上危亡的道路。故曰：“上下交征利，而国危矣!”只有仁义则不然，讲仁义的人，接着大声道：

未有仁而遗其亲者也，未有义而后其君者也。[②] 王亦曰仁义而已矣，

---

① 乘，去声。餍，於艳反。○此言求利之害，以明上文何必曰利之意也。征，取也。上取乎下，下取乎上，故曰交征。国危，谓将有弑夺之祸。乘，车数也。万乘之国者，天子畿内地方千里，出车万乘。千乘之家者，天子之公卿采地方百里，出车千乘也。千乘之国，诸侯之国。百乘之家，诸侯之大夫也。弑，下杀上也。餍，足也。言臣之于君，每十分而取其一分，亦已多矣。若又以义为后而以利为先，则不弑其君而尽夺之。其心未肯以为足也。

② 此言仁义未尝不利，以明上文亦有仁义而已之意也。遗，犹弃也。后，不急也。言仁者必爱其亲，义者必急其君。故人君躬行仁义而无求利之心，则其下化之，自亲戴于已也。

何必曰利？”①

中庸言：“仁者，人也；亲亲为大。”孝亲是仁的根本。不能爱其父母，焉能爱别人？君臣的关系是义，义者不后其君，所以便无篡夺之事。这是孟子拿“仁义”和“利”来比较的话，末二句是他的结论。

二

孟子见梁惠王。王立于沼上，顾鸿雁麋鹿，曰：“贤者亦乐此乎？”②孟子对曰：“贤者而后乐此，不贤者虽有此不乐也。③

沼，池也。乐，欢乐之乐。据《战国策》上的记载：“梁王魏罃，觞诸侯于范台，鲁君避席择言曰：‘……今主君前浃林而后兰台。强台之乐也。……’”可见梁王很喜欢建奢华的池苑的。这时候，他竟以此为荣，所以孟子说出这番理论。鸿雁麋鹿，都是花园中所蓄养，以点缀景色的动物，梁王的话。意思是问孟子，你也喜欢这些吗？这是梁王随便的一句问话，而孟子却说出许多理由和故实来；“贤者而后乐此，不贤者虽有此不乐”者，贤者以仁义之道治国，国家安宁，故有此乐；不贤者当国，国不可保，争乱日多，虽多池苑，亦不能享乐也。

---

① 重言之，以结上文两节之意。○此章言仁义根于人心之固有，天理之公也。利心生于物我之相形，人欲之私也。循天理，则不求利而自无不利；徇人欲，则求利未得而害已随之。所谓毫厘之差，千里之缪。此《孟子》之书所以造端托始之深意，学者所宜精察而明辨也。○太史公曰：“余读《孟子书》至梁惠王问何以利吾国，未尝不废书而叹也。曰：嗟乎！利，诚乱之始也。夫子罕言利，常防其源也。故曰：放于利而行，多怨。自天子以至于庶人，好利之弊，何以异哉？”○程子曰：“君子未尝不欲利，但专以利为心则有害。惟仁义则不求利而未尝不利也。当是之时，天下之人惟利是求，而不复知有仁义。故孟子言仁义而不言利，所以拔本塞源而救其弊，此圣贤之心也。”

② 乐，音洛，篇内同。○沼，池也。鸿，雁之大者。麋，鹿之大者。

③ 此一章之大指。

《诗》云：‘经始灵台，经之营之。庶民攻之，不日成之。经始勿亟，庶民子来。王在灵囿，麀鹿攸伏。麀鹿濯濯，白鸟鹤鹤。王在灵沼，於牣鱼跃。’文王以民力为台为沼，而民欢乐之，谓其台曰灵台，谓其沼曰灵沼，乐其有麋鹿鱼鳖。古之人与民偕乐，故能乐也。[①]

这是孟子引《诗经·大雅·灵台篇》的句子。《诗序》解释这篇的意义道：“灵台，民始附也；文王受命而民乐其有德，以及鸟兽昆虫焉。”经始，是开始计划。经之营之，是有了规划而进行营治。攻者，是用力治造的意思。“庶民攻之。不日成之”者。说文王叫百姓来造灵台，百姓很高兴给文王出力。不到几日，便建成功了。亟，同急。“经始勿亟，庶民子来”者，说文王并不督着百姓急速完工，而百姓却自愿给文王造台。好像儿子为父母做事，一齐努力。下文是说文王在灵台的乐处。囿，即花园。麀鹿，是雌鹿。“攸伏”有二说。郑玄《毛诗笺》说：“攸，所也。文王亲至灵囿视牝鹿所伏之处，言爱物也。”而赵翼以为“伏”字即古之“包”字。而“包”字的本义是怀妊。按下文都说到各种动物优游自得的态度，所以“攸伏”也以作“游伏”解为妥当。“麀鹿濯濯”者，麀鹿身上的毛，非常肥泽；“鹤鹤”者，形容鸟毛的洁白。於，音乌，叹词。牣，音刃，满也。说文王到小池边去。看见水中满游着的鱼，活泼地跳跃着。焦循说：“‘灵’训善，灵台即善台，灵沼即善沼。”这灵台灵沼之名，是由于人民爱戴文王而取的名字。所以孟子说：“以民力为台为沼，而民欢乐之。”偕乐，就是同乐的意思。

---

① 亟，音棘。麀，音忧。鹤，《诗》作翯，户角反。於，音乌。○此引《诗》而释之，以明贤者而后乐此之意。《诗》《大雅·灵台》之篇，经，量度也。灵台，文王台名也。营，谋为也。攻，治也。不日，不终日也。亟，速也。言文王戒以勿亟也。子来，如子来趋父事也。灵囿、灵沼，台下有囿，囿中有沼也。麀，牝鹿也。伏，安其所，不惊动也。濯濯，肥泽貌。鹤鹤，洁白貌。於，叹美辞。牣，满也。孟子言文王虽用民力，而民反欢乐之，既加以美名，而又乐其所有。盖由文王能爱其民，故民乐其乐，而文王亦得以享其乐也。

《汤誓》曰：‘时日害丧？予及女偕亡。’民欲与之偕亡，虽有台池鸟兽，岂能独乐哉？”①

上段是孟子引《诗经》，证明“贤者而后乐此”的话，这段孟子又引用桀的故事来说明“不贤者虽有此不乐”的意义。《汤誓》，《尚书》篇名，《书序》说：“伊尹相汤伐桀，升自陑，遂与桀战于鸣条之野，作《汤誓》。时，是也。害，音曷，同盍，何不的意思。“时日害丧，予及女偕亡”，是《汤誓》文中述百姓的话。因夏桀自己曾说：我犹如天上的日，日不亡，我也不亡。所以百姓就引用桀的话，说这个日何以还没有丧亡？我们这种苦楚，已够了，愿与你同归于尽。这故事正证明“独乐”之不可能；民心既失，即有台沼，欲独自乐，也是做不到的。

三

梁惠王曰：“寡人之于国也，尽心焉耳矣。河内凶，则移其民于河东，移其粟于河内。河东凶亦然。察邻国之政，无如寡人之用心者。邻国之民不少，寡人之民不加多，何也？”②

古之君主，自己谦称“孤”与“寡人”。焉耳，何休说是“于是”的意思，河内河东，都是梁国的地方。凶，指水灾旱灾等祸患。梁王的意思，他已尽心想利百姓，使百姓安谧了，而邻国却没有这种仁政，何以邻

---

① 害，音曷。丧，去声。女，音汝。○此引《书》而释之，以明不贤者虽有此不乐之意也。《汤誓》，《商书》篇名。时，是也。日，指夏桀。害，何也。桀尝自言：“吾有天下，如天之有日，日亡吾乃亡耳。”民怨其虐。故因其自言而目之曰：“此日何时亡乎？若亡，则我宁与之俱亡。”盖欲其亡之甚也。孟子引此，以明君独乐而不恤其民，则民怨之而不能保其乐也。

② 寡人，诸侯自称，言寡德之人也。河内、河东，皆魏地。凶，岁不热也。移民以就食，移粟以给其老稚之不能移者。

国的百姓不移居到梁国来呢？

孟子对曰："王好战，请以战喻。填然鼓之，兵刃既接。弃甲曳兵而走。或百步而后止，或五十步而后止。以五十步笑百步，则何如？"曰："不可。直不百步耳，是亦走也。"

好，去声。喻，比喻。孟子知梁惠王最喜战争，就把战事来做比喻。填，鼓声。古代战争的时候，击鼓而兵进，击金而兵退。兵刃既接，是说战争已开始。曳，拖也。兵，兵器也，弃甲曳兵，是败退的意思。以五十步笑百步，意思是说，逃了五十步的人在取笑逃一百步的人，说他们胆怯或无用。"曰不可"，是梁王的答话。王引之《经传释词》："直，犹特也，但也。""直不百步"者，乃是说，既然都是逃走，其两者间之差很小，有什么可以取笑别人？

曰："王如知此，则无望民之多于邻国也。[①]

此段又是孟子的话。赵岐解释道："孟子曰：'王如知此不足以相笑。王之政，犹此也。王虽有移民转粟之善政，其好战残民，与邻国同；而犹望民之多，何异于五十步笑百步者乎？'"意思是说梁王虽然关怀百姓，好行小惠，但比之邻国好得不多，犹战阵时逃卒五十步与百步之差。既然相去无几，百姓如何能加多？

不违农时，谷不可胜食也；数罟不入洿池，鱼鳖不可胜食也；斧斤以时入山林，材木不可胜用也。谷与鱼鳖不可胜食，材木不可胜用，是使民

① 好，去声。填，音田。○填，鼓音也。兵以鼓进，以金退。直，犹但也。言此以譬邻国不恤其民，惠王能行小惠，然皆不能行王道以养其民，不可以此而笑彼也。杨氏曰："移民移粟，荒政之所不废也。然不能行先王之道，而徒以是为尽心焉，则末矣。"

养生丧死无憾也。养生丧死无憾，王道之始也。[①]

此段即根据上文，再告王要使百姓加多，须先施以王道仁政；而王道仁政，以民生为本。农时，指民众耘耕之时序，春耕夏耘，秋收冬藏，即所谓农时也。使百姓征伐，不得耕耘，便失其农时了。胜，音升。不可胜食，是吃不胜吃的意思。数，音促，细也；罟，网也；数罟，是密网。洿，音污。洿池，是深池。不用密网，到深池里去捕鱼鳖。使小的都得长大。高诱说："古者鱼不尺不升于俎，这样可以使鱼不致绝种。孟子所说，亦是此意。"斧斤以时入山林"者，山里的草木，要在适当的时节去砍伐也。秋冬时。草木已黄落，或已枯槁，然后拣取不会再长的树木，用斧砍下，如此便保存了将来尚须生长的许多树木。憾，恨也。养生，是为生者谋生。丧死，是为死者治丧。养生丧死，指人民之生计既裕，则养生丧死，一切可以无憾了。这是以民生为国力基础的说法，便是仁政，故曰："王道之始也。"实是推行王道的初步办法。故曰："王道之始。"

五亩之宅，树之以桑，五十者可以衣帛矣。鸡豚狗彘之畜，无失其时，七十者可以食肉矣。百亩之田，勿夺其时，数口之家可以无饥矣。谨庠序之教，申之以孝弟之义，颁白者不负戴于道路矣。七十者衣帛食肉，

---

① 胜，音升。数，音促。罟，音古。洿，音乌。○农时，谓春耕、夏耘、秋收之时。凡有兴作，不违此时，至冬乃役之也。不可胜食，言多也。数，密也。罟，网也。洿，窊下之地，水所聚也。古音网罟必用四寸之目，鱼不满尺，市不得粥，人不得食。山林川泽，与民共之，而有厉禁。草木零落，然后斧斤入焉。此皆为治之初，法制未备，且因天地自然之利，而撙节爱养之事也。然饮食宫室所以养生，祭祀棺椁所以送死，皆民所急而不可无者。今皆有以资之，则人无所恨矣。王道以得民心为本，故以此为王道之始。

黎民不饥不寒，然而不王者，未之有也。[①]

此节是说推行王道的具体办法。“五亩之宅”，据赵岐所说，是一夫所受，二亩半在田，二亩半在邑，田中不得有木，恐妨五谷，故于墙下植桑，以供蚕事。古代庶人的衣料是布，《周礼》上说：“庶民不蚕者不帛。”所以有许多人到老不能穿帛。孟子说五十衣帛，是养老之意。豚，彘，是小猪。鸡豚狗彘，统言农家所豢养的牲畜。畜，养也。时，是说动物孵化和生育的时候。这意思和“数罟不入洿池”一样，是使生物自然滋长的方法。人到七十岁，非肉不能滋补。家中既常养着鸡豚狗彘，肉类就不会短缺，故曰：“七十者，可以食肉矣！”百亩之田，是古时一夫妇，常规定种田百亩。勿夺其时，就是上段所说不违农时。如是百姓有得吃，有得穿了。但是，训练人民不单是使他们衣食足而已，还得教化他们，所以下文又说，“谨庠序之教，申之以孝弟之义”。庠序，赵岐说：“殷曰序，周曰庠。”是古代学校之名称。谨者，严饬的意思。申，反复说明也。弟，今作悌。孝父母曰孝，爱兄弟曰悌。孝悌是仁义的出发点。颁白，就是头发半白的老人。负戴于道路，是说把重大东西，用肩挑着或用头顶着。在道路上走。这是说举办了学校，教百姓都晓得“孝”、“悌”。做子弟的，都能替父兄去做事。因此颁白者，便不负戴于道路上了。到了这时候，七十的老人，能够衣帛食肉，少壮的黎民，也不忧饥寒，就是教化大行，王道

---

① 衣，去声。畜。敕六反。数，去声。王，去声。凡有天下者，人称之曰王，则平声：据其身临天下而言曰王，则去声。后皆放此。○五亩之宅，一夫所受，二亩半在田，二亩半在邑。田中不得有木，恐妨五谷，故于墙下植桑以供蚕事。五十始衰，非帛不暖；未五十者不得衣也。畜，养也。时，谓孕子之时，如孟春牺牲毋用牝之类也。七十非肉不饱，未七十者不得食也。百亩之田，亦一夫所受。至此则经界正，井地均，无不受田之家矣。庠、序，皆学名也。申，重也，丁宁反复之意。善事父母为孝，善事兄长为悌。颁，与斑同，老人头半白黑者也。负，任在背。戴，任在首。夫民衣食不足，则不暇治礼义；而饱暖无教，则又近于禽兽。故既富而教以孝悌，则人知爱亲敬长而代其劳，不使之负戴于道路矣。衣帛、食肉但言七十，举重以见轻也。黎，黑也。黎民，黑发之人，犹秦言黔首也。少壮之人，虽不得衣帛食肉，然亦不至于饥寒也。此言尽法制品节之详，极财成辅相之道。以左右民，是王道之成也。

成功的时候。

狗彘食人食而不知检，涂有饿莩而不知发；人死，则曰：‘非我也，岁也。’是何异于刺人而杀之，曰：‘非我也，兵也。’王无罪岁，斯天下之民至焉。”①

此段孟子再接着说当时的情形，和王道相反。检，就是把事体检点。涂，同途。莩，同殍，音瓢，饿莩，是饿死的人。孟子就梁国当时的情形说道：王所养的猪狗，常给他吃人的食料。道路上却有饿死的人。王不知检点这种现状，又不肯发仓库的米谷救济百姓。百姓饿死了，王却说：这不是我饿死他，是因年岁灾荒而饿死的。这更何异于拿了兵器，把人刺死，却说：不是我杀死他，是兵器杀死他的。你不要诿罪于岁，则天下之民都来归了。

梁惠王曰：“寡人愿安承教。”② 孟子对曰：“杀人以梃与刃，有以异乎？”曰：“无以异也。”③“以刃与政，有以异乎？”曰：“无以异也。”④

承教，承受教训。安，一说是安心的意思，一说是语助辞，无义。梃，木棍也。刃，刀也。孟子因梁惠王愿听教训，故意用比喻来说。“以

---

① 莩，平表反。刺，七亦反。○检，制也。莩，饿死人也。发，发仓廪以赈贷也。岁，谓岁之丰凶也。惠王不能制民之产，又使狗彘得以食人之食，则与先王制度品节之意异矣。至于民饥而死，犹不知发，则其所移特民间之粟而已。乃以民不加多，归罪于岁凶，是知刃之杀人，而不知操刃者之杀人也。不罪岁，则必能自反而益修其政，天下之民至焉，则不但多于邻国而已。○程子曰：“孟子之论王道，不过如此，可谓实矣。”又曰：“孔子之时，周室虽微，天下犹知尊周之为义，故《春秋》以尊周为本。至孟子时，七国争雄，天下不复知有周，而生民之涂炭已极。当是时，诸侯能行王道，则可以王矣。此孟子所以劝齐、梁之君也。盖王者，天下之义主也。圣贤亦何心哉？视天命之改与未改耳。”

② 承上章言愿安意以受教。

③ 梃，徒顶反。○梃，杖也。

④ 孟子又问而王答也。

梃与刃”，“以刃与政”，一层进一层来问。“曰：‘无以异也。’”都是梁惠王回答的话。

曰：“庖有肥肉，厩有肥马，民有饥色，野有饿莩，此率兽而食人也。[①] 兽相食，且人恶之。为民父母，行政不免于率兽而食人，恶在其为民父母也？[②]

此孟子又进一层说也。庖，是厨房。厩，是马房。率兽食人，是间接的说法。“恶之”之“恶”，去声。“恶在”之“恶”，平声，何也。言兽相搏食，人尚且见而厌恶之。今为民之父母行政，而不免于率兽以食人，则其所以为民父母者何在乎？

“仲尼曰：‘始作俑者，其无后乎！’为其象人而用之也。如之何其使斯民饥而死也？”[③]

仲尼，孔子之字。此节孟子又引孔子之言，以告惠王也。俑，音勇，木雕的偶像。古时人死埋葬，常用草人，算是死者的随从。后来改用木偶，口眼耳鼻，很像真人。其后，许多君主，又以真人来殉葬，所以孔子说：“始作俑者。其无后乎！”意思是说发明“俑”的人太残忍了，一定要绝子绝孙的。孟子引了孔子的话，又自己解释道：用木偶殉葬不过因他像个人形，孔子尚以为残忍。现在如何竟使百姓弄到饥饿而死呢？

---

① 厚敛于民以养禽兽，而使民饥以死，则无异于驱兽以食人矣。

② 恶之之恶，去声。恶在之恶，平声。○君者，民之父母也。恶在，犹言何在也。

③ 俑，音勇。为，去声。○俑，从葬木偶人也。古之葬者，束草为人，以为从卫，谓之刍灵，略似人形而已。中古易之以俑，则有面目机发，而太似人矣。故孔子恶其不仁，而言其必无后也。孟子言此作俑者，但用象人以葬，孔子犹恶之，况实使民饥而死乎？○李氏曰：“为人君者，固未尝有率兽食人之心。然徇一己之欲，而不恤其民，则其流必至于此。故以为民父母告之。夫父母之于子，为之就利避害，未尝顷刻而忘于怀，何至视之不如犬马乎？”

四

梁惠王曰："晋国，天下莫强焉，叟之所知也。及寡人之身，东败于齐，长子死焉；西丧地于秦七百里；南辱于楚。寡人耻之，愿比死者一洒之。如之何则可？"①

梁国又称魏国。魏的祖先，本是晋国的大夫，后来和姓赵姓韩的两个大夫，把晋国土地瓜分，自立为王，故魏赵韩三国，又称三晋。晋国未被瓜分的时候，是很强的。春秋时晋文公当国，号称五霸之一，及悼公之世，尚称霸于中原。故曰："晋国，天下莫强焉！""莫强"者，言当时各国，没有强于晋国的也。梁国地方，在现在的河南。齐在山东，秦在陕西，楚在河北。周炳中说："齐于桂陵之役，救赵败魏；马陵之役，救韩败魏。"这就是"东败于齐"。长，上声。长子，太子申也。马陵之役被虏。阎若璩说："惠王九年己未，秦魏战于少梁。"《史记·魏世家》亦载，秦用商鞅，数破魏，魏乃割河西之地，遂迁都大梁；此即"西丧地于秦七百里"也。丧，去声，失也。南辱于楚，指魏围赵邯郸时，楚使景舍救赵，取魏睢浅之间。事见《战国策》。朱注所云："又与楚将昭阳战败，亡其七邑"，则在梁襄王十二年。比，音必二反。朱注云："比，为也。"《广雅》云："比，代也。"洒，同洗，雪也。言如何始可以为死者雪耻。

孟子对曰："地方百里而可以王。② 王如施仁政于民，省刑罚，薄税敛，深耕易耨。壮者以暇日，修其孝弟忠信，入以事其父兄，出以事其长

① 长，上声。丧，去声。比，必二反。洒与洗同。○魏本晋大夫魏斯，与韩氏、赵氏共分晋地，号曰三晋，故惠王犹自谓晋国。惠王三十年，齐击魏，破其军，虏太子申。十七年，秦取魏少梁，后魏又数献地于秦。又与楚将昭阳战，败，亡其七邑。比，犹为也。言欲为死者雪其耻也。

② 百里，小国也，然能行仁政，则天下之民归之矣。

上，可使制梃以挞秦、楚之坚甲利兵矣。[①]

本书《公孙丑篇》谓“文王以百里”王天下。王，王天下也，是统一天下的意思。方百里，是东西百里，南北亦百里。省，灭也。易，去声，治也。耨，音奴豆反，耘苗也。减轻刑罚；薄征赋税；教民农事，耕土须深，耘苗须净。更择人民之壮者，以暇日，修其孝悌忠信；入以事其父兄，出以事其长上。梃，是木棍。挞，用力打也。“可使制梃，以挞秦楚之坚甲利兵”者，意思说能行仁政，就是军事器械不及他国，也能打胜仗的。

彼夺其民时，使不得耕耨以养其父母，父母冻饿，兄弟妻子离散。[②]彼陷溺其民，王往而征之，夫谁与王敌？[③] 故曰：‘仁者无敌。’王请勿疑！”[④]

上节就自己方面说，此节更就敌国方面说。陷，是把人推在土坑里；溺，是推在水里；这都是形容国君的虐待百姓。夫，音扶，语助词。“仁者无敌”，是一句谚句，孟子引用之。

---

① 省，所梗反。敛、易，皆去声。耨，奴豆反。长，上声。○省刑罚，薄税敛，此二者仁政之大目也。易，治也。耨，耘也。尽己之谓忠，以实之谓信。君行仁政，则民得尽力于农亩，而又有暇日以修礼义，是以尊君亲上而乐于效死也。

② 养，去声。○彼，谓敌国也。

③ 夫，音扶。○陷，陷于阱。溺，溺于水。暴虐之意。征，正也。以彼暴虐其民，而率吾尊君亲上之民往正其罪。彼民方怨其上而乐归于我，则谁与我为敌哉？

④ “仁者无敌”，盖古语也。百里可王，以此而已。恐王疑其迂阔，故勉使勿疑也。○孔氏曰：“惠王之志，在于报怨；孟子以论，在于救民。所谓惟天吏则可以伐之，盖孟子之本意。”

五

孟子见梁襄王。[①] 出，语人曰：“望之不似人君，就之而不见所畏焉。卒然问曰：‘天下恶乎定?’吾对曰：‘定于一。’[②] ‘孰能一之?’[③] 对曰：‘不嗜杀人者能一之。’[④] ‘孰能与之?’[⑤] 对曰：‘天下莫不与也。王知夫苗乎？七八月之间旱，同苗槁矣。天油然作云，沛然下雨，则苗浡然兴之矣。其如是，孰能御之？今夫天下之人牧，未有不嗜杀人者也。如有不嗜杀人者，则天下之民皆引领而望之矣。诚如是也，民归之，由水之就下，沛然谁能御之?’”[⑥]

梁襄王，是梁惠王的儿子，名赫。惠王死后，襄王即位，孟子去见他。语，去声。“出语人曰”以下。是孟子见过梁襄王，出来告诉他人的话。“望之不似人君。就之而不见所畏焉”者，意思是说梁襄王，远望去竟没有人君的威仪，到他面前，更一些没有使人畏敬的地方。卒，同猝。卒然，同忽然。襄王见了孟子，突然发问：“天下恶乎定?”恶。平声，何也；言“天下于何定”也。“一”者，就是统一。这时候大国有七，彼此

① 襄王，惠王子，名赫。

② 语，去声。卒，七没反。恶，平声。○语，告也。不似人君，不见所畏，言其无威仪也。卒然，急遽之貌。盖容貌词气，乃德之符，其外如此，则其中之所存者可知。王问列国分争，天下当何所定。孟子对以必合于一，然后定也。

③ 王问也。

④ 嗜，甘也。

⑤ 王复问也。与，犹归也。

⑥ 夫，音扶。浡，音勃。由，当作犹，古字借用。后多放此。周七八月，夏五六月也。油然，云盛貌。沛然，雨盛貌。浡然，兴起貌。御，禁止也。人牧，谓牧民之君也。领。颈也。盖好生恶死，人心所同。故人君不嗜杀人，则天下悦而归之。○苏氏曰：“孟子之言，非苟为大而已。然不深原其意而详究其实，未有不以为迂者矣。予观孟子以来，自汉高祖及光武，及唐宋太宗，及我宋太祖皇帝，能一天下者四君，皆以不嗜杀人致之。其余杀人愈多，而天下愈乱。秦、晋及隋，力能合之，而好杀不已，故或合而复分，或遂以亡国。孟子之言，岂偶然而已哉?”

用武力相争，必须并合为一国，然后战争会平定也。“孰能一之”？是梁襄王又问也。“对曰”以下，又是孟子的答语。嗜，嗜好也。当时国君或暴虐百姓，或以征伐为事，所以孟子说，只有不喜欢杀人的人才能够统一。“孰能与之?”是梁襄王又问也。与，朱注曰：“犹归也。”韦昭注《战国策》曰：“与，从也。”“对曰”以下，又是孟子对答的话。“王知夫苗乎”以下，是孟子用农田的稻苗，来做譬喻。槁，枯也。油然，是很盛的样子。久旱之后，将要下雨，空中就满布着浓厚的云，故曰“油然作云”。沛然，朱注曰：“雨盛貌。”浡然，是突然起来的样子。将要枯槁的苗，已多奄奄无生气地垂着，一经着雨，就突然复活，依旧直立起来，故曰：“则苗浡然兴之矣。”人牧，是像司畜牧的专司教养百姓的人，即指当时的人君。这是说，帝王施仁政于民，同甘霖之于枯苗；枯苗浡然复活，和人民欣然而往，都是自然的现象，是没法抑制的。引领，是伸着头颈，形容他们盼望之切。“水是无不向下流的，并且没有人能抵御得住的。如有不嗜杀人的国君，则天下之民，都来归向，犹如水之向下奔流一样。

六

齐宣王问曰：“齐桓、晋文之事可得闻乎?”[①] 孟子对曰：“仲尼之徒无道桓、文之事者，是以后世无传焉。臣未之闻也。无以，则王乎?”[②]

齐宣王，齐威王之子，名辟疆，在位十九年。“宣”是谥。孟子赴齐事，早于赴梁，此书章篇之次，非游历之次也。齐桓公，名小白，晋文公，名重耳，是春秋时五霸中最著名的两个君主。当时国君，都羡慕五霸

① 齐宣王，姓田氏，名辟疆，诸侯僭称王也。齐威王、晋文公，皆霸诸侯者。

② 道，言也。董子曰：“仲尼之门，五尺童子羞称五伯。为其先诈力而后仁义也。”亦此意也。以、已通用。无已，必欲言之而不止也。王，谓王天下之道。

的功业。宣王好游说之士，也羡慕五霸之业，所以问孟子以齐桓晋文之事。仲尼，孔子字。孟子受业子思之门人，是孟子为孔子数传以后的儒家。孔子轻霸业而重王道，所以孟子说："仲尼之徒。无道桓文之事者。"无以，赵注云：与无已同。意思是一定要我说而不容我止住，那就只有说王道了。元人《四书辨疑》说："无已，无以言也。"谓既无以言齐桓晋文之事，则不如言王道耳。

曰："德何如，则可以王矣？"曰："保民而王，莫之能御也。"① 曰："若寡人者，可以保民乎哉？"曰："可。"曰："何由知吾可也？"曰："臣闻之胡龁。曰，王坐于堂上，有牵牛而过堂下者，王见之曰'牛何之?，对曰：'将以衅钟。'王曰：'舍之！吾不忍其觳觫，若无罪则就死地。'对曰：'然则废衅钟与？'曰：'何可废也？以羊易之。'不识有诸？"② 曰："有之。"曰："是心足以王矣。百姓皆以王为爱也，臣固知王之不忍也。"③

龁，音核。衅，喜印切。觳，音斛。觫，音速。与，今作欤。齐宣王知道霸者是以力服人的。王道则须以德服人。故又发此问。孟子因宣王之问，而说明王道之德，在于"保民"。"若寡人者……"句，是宣王的问话。"可"字是孟子的答语。"何由知吾可也"，又是宣王问。孟子乃对宣王转述胡龁的话，以说明其可以保民。胡龁，是当时宣王的一个近臣。牛何之，是宣王的问话。之，往也。衅钟，是将牲畜的血涂在钟上。一说，杀牲以祭叫做"衅"。觳觫，是恐惧战栗非常可怜的状态。一说，此句断

---

① 保，爱护也。

② 龁，音核。舍，上声。觳，音斛。觫，音速。与，平声。○胡龁，齐臣也。衅钟，新铸钟成，而杀牲取血以涂其衅郄也。觳觫，恐惧貌。孟子述所闻胡龁之语而问王，不知果有此事否？

③ 王见牛之觳觫而不忍杀，即所谓恻隐之心，仁之端也。扩而充之，则可以保四海矣。故孟子指而言之，欲王察识于此而扩充之也。爱，犹吝也。

句，应作“吾不忍其觳觫若无罪而就死地”。若，犹然也。“觳觫若”犹云觳觫然。“不识有诸”，是孟子说完这故事以后，问宣王的话。诸，之乎也。犹言：“不知道有此事否？”“曰有之”，是宣王承认确有其事。“是心足以王矣”以下，又是孟子的话。是心，指爱牛之心。这种心理，已足以王天下了！爱，是爱惜的意思。孟子说，百姓都以为王舍不得牛，所以用小些的羊来代替；我却知王的于心不忍也。

王曰：“然。诚有百姓者。齐国虽褊小，吾何爱一牛！即不忍其觳觫，若无罪而就死地，故以羊易之也。”①

诚有百姓者，是真有这种百姓，以为我爱惜一牛也。褊，狭也。褊小，犹言狭小。齐是大国，此言虽褊小。是宣王自谦的话。宣王说明这是不忍之心，并非爱惜一牛。

曰：“王无异于百姓之以王为爱也。以小易大，彼恶知之？工若隐其无罪而就死地，则牛羊何择焉？”王笑曰：“是诚何心哉？我非爱其财而易之以羊也，宜乎百姓之谓我爱也。”②

无异，言不必怪异。以小易大，指以羊易牛。彼，指百姓。恶，平声，何也。隐，痛也。择，别也。言王如痛他无罪而就死地，那么，牛与羊，又有什么分别呢？“宜乎百姓之谓我爱也！”宣王闻牛羊何择之言，不能解释自己当时以羊易牛，是何居心，故不觉失笑曰：“是诚何心哉？我并非惜一牛之值，而易之较小之羊，无怪百姓要说我爱惜了。”

---

① 言以羊易牛，其迹似吝，实有如百姓所讥者。然我之心不如是也。

② 恶，平声。○异，怪也。隐，痛也。择，犹分也。言牛羊皆无罪而死，何所分别而以羊易牛乎？孟子故设此难，欲王反求而得其本心。王不能然，故卒无以自解于百姓之言也。

曰："无伤也，是乃仁术也，见牛未见羊也。君子之于禽兽也，见其生，不忍见其死；闻其声，不忍食其肉。是以君子远庖厨也。"①

这又是孟子的话。无伤也，犹云这没有什么妨害。仁术，为仁之道也。"见牛未见羊"的意思是：见牛之觳觫而未见羊之觳觫。故以下文的话来说明。"君子远庖厨"，本《礼记·玉藻》之文。

王说，曰："《诗》云：'他人有心，予忖度之。'夫子之谓也。夫我乃行之，反而求之，不得吾心。夫子言之，于我心有戚戚焉。此心之所以合于王者，何也？"②

说，同悦。孟子将宣王所以不忍之心，解释明白，所以王悦。所引诗是《诗经·小雅·巧言篇》的两句。忖度，犹思量也。言他人的心，我能思量之也。夫子，是宣王对孟子的尊称。夫，音扶。一说"夫"字属上句读，同今语之"吧"，亦通。"夫我乃行之，反而求之，不得吾心"者，是说这件事体，我这样做去，回转来自己想想，不曾想到当时做这事的心理。戚戚，是心动的样子。孟子将当时心理。一一解释说明，恰合宣王心理，故使之心动也。"此心之所以合于王者，何也"，是宣王进一步问，何以这不忍之心，是合于王道呢？

曰："有复于王者曰：'吾力足以举百钧，而不足以举一羽；明足以察

---

① 远，去声。○无伤，言虽有百姓之言，不为害也。术，谓法之巧者。盖杀牛既所不忍，衅钟又不可废，于此无以处之，则此心虽发而终不得施矣。然见牛则此心已发而不可遏，未见羊则其理未形而无所妨。故以羊易牛，则二者得以两全而无害，此所以为仁之术也。声，谓将死而哀鸣也。盖人之于禽兽，同生而异类。故用之以礼，而不忍之心施于见闻之所及。其所以必远庖厨者，亦以预养是心而广为仁之术也。

② 说，音悦。忖，七本反。度，待洛反。夫我之夫。音扶。○《诗》《小雅》《巧言》之篇。戚戚，心动貌。王因孟子之言，而前日之心复萌。乃知此心不从外得，然犹未知所以反其本而推之也。

秋毫之末，而不见舆薪。’则王许之乎？”曰：“否。”

这段孟子又以譬喻问宣王。复，告也。钧，三十斤也。百钧，即三千斤。秋毫，是秋天新生的毫毛。动物夏日脱毛，秋日重生，所以新生之毛较普通的为细。舆。即车。薪，即柴。力足以举三千斤之重，而不能举一羽毛；明足以察秋天新生的细毛之末端，而不见一车的柴；此设辞也。许《说文》云：“听也。”“王许之乎”，犹言：“你相信他的话吗？”“否”字为王之答辞。

“今恩足以及禽兽，而功不至于百姓者，独何与？然则一羽之不举，为不用力焉；舆薪之不见。为不用明焉；百姓之不见保，为不用恩焉。故王之不王，不为也，非不能也。”①

此段又是孟子说的，省去一“曰”字。宣王既否认世间有能举百钧，不能举一羽；能见秋毫，不能见舆薪的人，孟子因更进一层说道：你王的恩德，足以及于牛，而不曾有功德加到百姓身上，是什么缘故呢？与，同欤。上云“保民而王”，故此云“不见保”，言百姓不为王所保也。“王之不王”，第一个“王”字作代名词，即孟子称宣王之辞。第二个“王”字是动词，是“统一天下”的意思。

曰：“不为者与不能者之形何以异？”曰：“挟太山以超北海，语人曰‘我不能，’是诚不能也。为长者折枝，语人曰‘我不，能’。是不为也，

① 与，平声。为不之为。去声。○复，白也。钧，三十斤，百钧，至重难举也。羽，鸟羽。一羽，至轻易举也。秋毫之末，毛至秋而末锐，小而难见也。舆薪，以车载薪，大而易见也。许，犹可也。今恩以下，又孟子之言也。盖天地之性，人为贵。故人之与人，又为同类而相亲。是以恻隐之发，则于民切而于物缓；推广仁术，则仁民易而爱物难。今王此心能及物矣，则其保民而王，非不能也，但自不肯为耳。

非不能也。故王之不王，非挟太山以超北海之类也；王之不王，是折枝之类也。[①]

“不为者，与不能者之形，何以异?”又是宣王问。孟子又设一个极浅显的譬喻来说明。挟，以手夹持之也。超，跃过也。太山，即泰山。“挟太山以超北海”，乃是当时通行的成语。《墨子》上也有“挈太山以超江河，生民以来，未尝有也”的话。“折枝”，有二说：赵岐《孟子注》，毛奇龄《四书剩言》以为折枝，是幼辈替长辈按摩，折手节，解疲枝，《四书辨疑》以为枝同肢，折肢，磬折腰枝，鞠躬作礼；陆善经以为折枝，乃是折草树之枝。长，上声。挟太山，超北海，喻非人力所能为；为长者折枝，喻轻而易举。二喻相形，则“不为”与“不能”之异显然矣。

老吾老，以及人之老；幼吾幼，以及人之幼。天下可运于掌。《诗》云：‘刑于寡妻，至于兄弟，以御于家邦。’言举斯心加诸彼而已。故推恩足以保四海，不推恩无以保妻子。古之人所以大过人者，无他焉，善推其所为而已矣。今恩足以及禽兽，而功不至于百姓者，独何与?[②]

此仍为孟子之辞，“老吾老”的上一个“老”，作奉养解。“幼吾幼”的上一个“幼”，作慈爱解。《广雅》云：“运，转也。”“天下可运于掌”，言其易也。“刑于寡妻，至于兄弟，以御于家邦，”见《诗经·大雅·思齐篇》。刑，今作型，就是典型，模范。“寡妻”，是国君自称其妻的谦词，

---

① 语，去声。为长之为，去声。长，上声。折，之舌反。〇形，状也。挟，以腋持物也。超，跃而过也。为长者折枝，以长者之命，折草木之枝，言不难也。是心固有，不待外求，扩而充之，在我而已，何难之有?

② 与，平声。〇老，以老事之也。吾老，谓我之父兄。人之老，谓人之父兄。幼，以幼畜之也。吾幼，谓我之子弟。人之幼，谓人之子弟。运于掌，言易也。《诗·大雅·思齐》之篇。刑，法也。寡妻，寡德之妻，谦辞也。御，治也。不能推恩，则众叛亲离，故无以保妻子。盖骨肉之亲，本同一气，又非但若人之同类而已。故古人必由亲亲推之，然后及于仁民；又推其余，然后及于爱物，皆由近以及远，自易以及难。今王反之，则必有故矣。故复推本而再问之。

犹之国君常自称为寡人。这是说国君能修身以为嫡妻之典型，再推而至于兄弟，更推及于国家，即《大学》由齐家而治国之意。御，是行的意思，和《易》“时乘六龙以御天”的“御”字同。一说御，音迓，迎也，合也。孟子引了《诗经》的句子，又解释这句话，就是说把这不忍之心，加之于别人身上罢了！这便是“推恩”，暗暗说明宣王之“不忍”是“仁术”，但未能推恩及于百姓耳。与，同欤。

权，然后知轻重；度，然后知长短。物皆然，心为甚。王请度之！[①]

权，是秤锤；度，是尺，此皆作动词。凡百事物，一定须权度而后知轻重长短，而人心更甚。禽兽，轻者，短者；百姓，重者，长者。所以恩及禽兽而功不至于百姓者，因未尝推度之也。故曰：“王请度之。”度，入声，量度也。

抑王兴甲兵，危士臣，构怨于诸侯，然后快于心与？”[②]

抑，转接连词，犹今语之还是。兴，动也。构怨，犹言结怨。与，同欤。这一节，是孟子推测宣王心理的话。

王曰：“否。吾何快于是？将以求吾所大欲也。”[③] **曰：“王之所大欲可得闻与？”**

---

① 度之之度，待洛反。○权，称锤也。度，丈尺也。度之，谓称量之也。言物之轻重长短，人所难齐，必以权度度之而后可见。若心之应物，则其轻重长短之难齐，而不可不度以本然之权度。又有甚于物者。今王恩及禽兽，而功不至于百姓。是其爱物之心重且长，而仁民之心轻且短，失其当然之序而不自知也。故上文既发其端，而于此请王度之也。

② 与，平声。○抑，发语辞。士，战士也。构，结也。孟子以王爱民之心所以轻且短者，必其以是三者为快也。然三事实非人心之所快，有甚于杀觳觫之牛者。故指以问王，欲其以此而度之也。

③ 不快于此者，心之正也；而必为此者，欲诱之也。欲之所诱者独在于是，是以其心尚明于他而独暗于此。此其爱民之心所以轻短，而功不至于百姓也。

大欲，是极大的欲望。“日”字以下，是孟子之辞，故意问他“大欲”是什么？

王笑而不言。曰：“为肥甘不足于口与，轻暖不足于体与？抑为采色不足视于目与？声音不足听于耳与？便嬖不足使令于前与？王之诸臣，皆足以供之，而王岂为是哉？”曰：“否。吾不为是也。”曰：“然则王之所大欲可知已。欲辟土地，朝秦、楚，莅中国而抚四夷也。以若所为，求若所欲，犹缘木而求鱼也。”①

与，皆同欤。便，此处读皮延反。嬖，音闭。朝，音潮。莅，音利。

孟子问宣王的大欲，宣王只笑而不说。孟子又故意问他。与，均同欤。肥甘，肥美之肉食。轻暖，轻暖之衣裘。便嬖，便佞宠幸之臣也。孟子故意举出这五种事物来问齐宣王。而又逗他说，王之诸臣皆足以供之，大欲怕不在此。于是得出了下列的结论。辟，同辟。朝，作动词用；“朝四夷”者，使四夷来朝也。莅，临也。抚，安抚也。这四句便是说统一天下，为帝王。若，如此也。一曰汝也。言以宣王所为，求此大欲，必不可得。缘木求鱼，谓上高木以求鱼，言其必不可得。

王曰：“若是其甚与？”曰：“殆有甚焉。缘木求鱼，虽不得鱼，无后灾。以若所为，求若所欲，尽心力而为之，后必有灾。”

孟子说宣王要统一天下，如缘木求鱼之难，故宣王惊问曰：“竟如此困难吗？”有，同又，殆又甚焉，就是说，比缘木求鱼更甚呢。

---

① 与，平声。为肥、抑为、岂为、不为之为，皆去声。便、令皆平声。辟，与闢同。朝，音潮。○便嬖，近习嬖幸之人也。已，语助辞。辟，开广也。朝，致其来朝也。秦、楚，皆大国。莅，临也。若，如此也。所为，指兴兵结怨之事。缘木求鱼，言必不可得。

曰："可得闻与？"曰："邹人与楚人战，则王以为孰胜？"曰："楚人胜。"曰："然则小固不可以敌大，寡固不可以敌众，弱固不可以敌强。海内之地方千里者九，齐集有其一，以一服八，何以异于邹敌楚哉？盖亦反其本矣。①

是宣王之问话。邹，是当时的小国，楚，是大国。这又是孟子假设来问宣王的话。孟子遂根据宣王"楚人胜"的话而加以说明。《王制》中说："凡四海之内九州，州方千里。""齐集有其一"者，齐国合并诸小国而得其一州也。盖亦反其本矣，意思是你既不能以武力统一中国，当反而求其根本之道；根本之道，即把政治的动向改变一下。走到仁政王道的路上去。盖，疑词。

今王发政施仁，使天下仕者皆欲立于王之朝，耕者皆欲耕于王之野，商贾皆欲藏于王之市，行旅皆欲出于王之涂，天下之欲疾其君者皆欲赴愬于王。其若是，孰能御之？"②

朝，朝廷。贾，读如古。行曰商，坐曰贾。疾，恨也，仇也。赴愬，往告也。天下之民皆归之如此，孰能止之哉？至此方说到孟子本旨。

王曰："吾惛，不能进于是矣。愿夫子辅吾志，明以教我。我虽不敏，请尝试之。"③ 曰："无恒产而有恒心者，惟士为能。若民，则无恒产，因

① 甚与、闻与之与，平声。○殆、盖，皆发语辞。邹，小国。楚，大国。齐集有其一，言集合齐地，其方千里，是有天下九分之一也。以一服八，必不能胜，所谓后灾也。反本，说见下文。

② 朝，音潮。贾，音古。愬与诉同。○行货曰商，居货曰贾。发政施仁，所以王天下之本也。近者悦，远者来，则大小强弱非所论矣。盖力求所欲，则所欲者反不可得；能反其本，则所欲者不求而至。与首章意同。

③ 惛，与昏同。

无恒心。苟无恒心，放辟邪侈，无不为已。及陷于罪，然后从而刑之，是罔民也。焉有仁人在位，罔民而可为也？[①]

惛，同昏。辟，今作僻。侈，音此。焉，音烟。惛，同昏，不明也，乱也。“曰”字以下，是孟子的话。恒者，久常也。恒产，是能永久保守的财产。恒心，是能永久不变的心志。读书明理的人，虽无恒产，尚可以有所自守，不变其恒心，故曰：“惟士为能。”一般没有知识不明事理的平常百姓，既没有永久的产业，为了生活，不得不另觅途径，所以没有恒心，不免要放僻邪侈，无所不为了。百姓做了种种恶事，陷在罪犯里面，然后加以刑罚，这种政治，实是欺罔百姓的举动。何以呢？百姓犯罪，由于作恶；而所以作恶，皆因为饥寒交迫，没有恒产的缘故。做人君的，能使百姓都有恒产，百姓自然不至于作恶犯罪了。现在做人君的，不知道推行仁政，使百姓增加产业，只知用刑罚禁制百姓犯罪，这就是欺罔了。一说，罔，与网同。罔民，谓以刑法陷民，犹以网罟捕禽鱼也。

是故明君制民之产，必使仰足以事父母，俯足以畜妻子，乐岁终身饱，凶年免于死亡。然后驱而之善，故民之从之也轻。[②] 今之制民之产，仰不足以事父母，俯不足以畜妻子，乐岁终身苦，凶年不免于死亡。此惟救死而恐不赡，奚暇治礼义哉？[③] 王欲行之，则盍反其本矣。[④]

乐，音洛。赡，音占。盍，音合。这段连接上文，仍为孟子之言。上

---

① 恒，胡登反。辟与僻同。焉，于虔反。○恒，常也。产，生业也。常产，可常生之业也。常心。人所常有之善心也。士尝学问，知义理，故虽无常产而有常心。民则不能然矣。罔，犹罗网。欺其不见而取之也。

② 畜，许六反，下同。○轻，犹易也。此言民有常产而有常心也。

③ 治，平声。凡治字为理物之义者，平声；为已理之义者，去声。后皆放此。○赡，足也。此所谓无常产而无常心者也。

④ 盍，何不也。使民有常产者，又发政施仁之本也。说具下文。

文说民之作恶犯罪，由于无恒产。故此段是说明贤明的国君，必先制定人民的财产。仰，对上。俯，对下。乐岁，丰熟之年。凶年，饥馑灾祸之年。赡，足也。奚，何也。盍，何不也。这段言先富后教，先解民生问题，然后可以谈到政治教育。《管子》云："仓廪实，知礼节；衣食足，知荣辱。"旨正相同。

五亩之宅，树之以桑，五十者可以衣帛矣。鸡豚狗彘之畜，无失其时，七十者可以食肉矣。百亩之田，勿夺其时，八口之家可以无饥矣。谨庠序之教，申之以孝弟之义，颁白者不负戴于道路矣。老者衣帛食肉，黎民不饥不寒，然而不王者，未之有也。"[①]

上段说明制民之必要；此段说明制民之产之办法，与上面对梁惠王的话，完全相同。

七

庄暴见孟子，曰："暴见于王，王语暴以好乐，暴未有以对也。"曰："好乐何如?"孟子曰："王之好乐甚，则齐国其庶几乎?"[②]

庄暴是齐国的一个臣子，庄暴所称之王，也是齐宣王。"见于"之见，音现，是被召见的意思。乐，音乐也。语，去声，是告语的意思。好，去

---

① 音见前章。○此言制民之产之法也。赵氏曰："八口之家，次上农夫也。此王政之本，常生之道，故孟子为齐、梁之君各陈之也。"杨氏曰："为天下者，举斯心加诸彼而已。然虽有仁心仁闻，而民不被其泽者，不行先王之道故也。故以制民之产告之。"○此章言人君当黜霸功，行王道。而王道之要，不过推其不忍之心，以行不忍之政而已。齐王非无此心，而夺于功利之私，不能扩充以行仁政。虽以孟子反复晓告，精切如此，而蔽固已深，终不能悟，是可叹也。

② 见于之见，音现，下见于同。语，去声，下同。好，去声。篇内并同。○庄暴，齐臣也。庶几，近辞也，言近于治。

声，喜欢也。“曰：‘好乐何如？’”是庄暴申述与宣王对话的事以后，又问孟子，宣王好乐，于政治上如何也。庶几，是相近的意思。因为礼和乐，是王道仁政中很重要的两件事，所以孟子说：“齐王果然喜欢音乐而喜欢到极点，那么，齐国就庶几有希望了！”

他日，见于王曰：“王尝语庄子以好乐，有诸？”王变乎色，曰：“寡人非能好先王之乐也，直好世俗之乐耳。”①

“见于王”者，是孟子。诸，同之乎，有诸，有之乎也。变乎色，有羞惭的意思，齐王因为好世俗之乐，而不懂古乐，所以羞惭。

曰：“王之好乐甚，则齐其庶几乎！今之乐犹古之乐也。”② 曰：“可得闻与？”曰：“独乐乐，与人乐乐，孰乐？”曰：“不若与人。”曰：“与少乐乐，与众乐乐，孰乐？”曰：“不若与众。”③

“好乐甚”，犹言“甚好乐”也。由，一本作犹。由、犹古同。“可得闻与”之“与”，同欤。“独乐乐”，第一“乐”字为音乐之乐；第二“乐”字为欢乐之乐；下同。意思是一人作乐快乐呢，还是和别人共同作乐快乐？

“臣请为王言乐：④ 今王鼓乐于此，百姓闻王钟鼓之声，管籥之音，举疾首蹙頞而相告曰：‘吾王之好鼓乐，夫何使我至于此极也？父子不相见，

---

① 变色者，惭其好之不正也。

② 今乐，世俗之乐。古乐，先王之乐。

③ 闻与之与，平声。乐乐，下字音洛。孰乐，亦音洛。○独乐不若与人，与少乐不若与众，亦人之常情也。

④ 为，去声。○此以下，皆孟子之言也。

兄弟妻子离散。’今王田猎于此，百姓闻王车马之音，见羽旄之美，举疾首蹙頞而相告曰：‘吾王之好田猎，夫何使我至于此极也？父子不相见，兄弟妻子离散。’此无他，不与民同乐也。[①]

鼓乐，弄音乐的意思。管籥，是箫笛等的乐器。举，皆也。疾首蹙頞，言其头痛而皱眉。极，因穷之至也。这都是王独乐而不与民同乐之故。

今王鼓乐于此，百姓闻王钟鼓之声、管籥之音，举欣欣然有喜色而相告曰：‘吾王庶几无疾病与，何以能鼓乐也？’今王田猎于此，百姓闻王车马之音，见羽旄之美，举欣欣然有喜色而相告曰：‘吾王庶几无疾病与？何以能田猎也？’此无他，与民同乐也。[②] 今王与百姓同乐，则王矣。”[③]

欣欣然，喜悦之貌。上段言独乐之害，此段言同乐之利，互相比较，所以辞句也差不多。儒家不言征伐，重教化，所以主张帝王当教化体恤百姓。此不过借好乐的问题，以引起仁政罢了。

八

齐宣王问曰：“文王之囿方七十里，有诸？”孟子对曰：“于传有

---

① 蹙，子六反。頞，音遏。夫，音扶。同乐之乐，音洛。○钟鼓管籥，皆乐器也。举，皆也。疾首，头痛也。蹙，聚也。頞，额也。人忧戚则蹙其额。极，穷也。羽旄，旌属。不与民同乐，谓独乐其身而不恤其民，使之穷困也。

② 病与之与，平声。同乐之乐，音洛。○与民同乐者，推好乐之心以行仁政，使民各得其所也。

③ 好乐而能与百姓同之，则天下之民归之矣，所谓齐其庶几者如此。○范氏曰：“战国之时，民穷财尽，人君独以南面之乐自奉其身。孟子切于救民，故因齐王之好乐，开导其善心，深劝其与民同乐，而谓今乐犹古乐。其实今乐、古乐，何可同也？但与民同乐之意，则无古今之异耳。若必欲以礼乐治天下，当如孔子之言，必用《韶》、《舞》，必放郑声。盖孔子之言。为邦之正道；孟子之言，救时之急务，所以不同。”杨氏曰：“乐以和为主，使人闻钟鼓管弦之音而疾首蹙頞，则虽奏以《咸》、《英》、《韶》、《濩》，无补于治也。故孟子告齐王以此，姑正其本而已。”

之。"[①] 曰："若是其大乎？"曰："民犹以为小也。"曰："寡人之囿方四十里，民犹以为大，何也？"曰："文王之囿方七十里，刍荛者往焉，雉兔者往焉，与民同之。民以为小，不亦宜乎？[②] 臣始至于境，问国之大禁，然后敢入。臣闻郊关之内，有囿方四十里，杀其麋鹿者如杀人之罪。则是方四十里，为阱于国中。民以为大，不亦宜乎？"[③]

文王，周文王也。囿，是畜养禽兽的园。方七十里，纵横七十里也。传，书传之文也。《说文》："刍，刈草也。荛，薪也。"刍，所以喂马牛，薪，所以举火。刍荛者，指牧与樵而言。雉兔者，指猎人而言。大禁，是最大的禁令。郊关，赵岐说："齐四境之郊皆有关。"阱，陷禽兽之陷阱也。齐国之囿，人民不敢轻易进去，杀麋鹿便得死刑，等于一个陷害人民的大阱，所以说"为阱于国中"。这两段相对照而言，也是注重帝王与人民同乐，与上章之旨同。

九

齐宣王问曰："交邻国有道乎？"孟子对曰："有。惟仁者为能以大事小，是故汤事葛，文王事昆夷；惟智者为能以小事大，故太王事獯鬻，句

---

① 囿，音又。传，直恋反。○囿者，蕃育鸟兽之所。古者四时之田，皆于农隙以讲武事，然不欲驰骛于稼穑场圃之中，故度闲旷之地以为囿。然文王七十里之囿。其亦三分天下有其二之后也与？传，谓古书。

② 刍，音初。荛，音饶。○刍，草也。荛，薪也。

③ 阱，才性反。○礼：入国而问禁。国外百里为郊，郊外有关。阱，坎地以陷兽者，言陷民于死也。

践事吴。[①] 以大事小者，乐天者也；以小事大者，畏天者也。乐天者保天下，畏天者保其国。[②]《诗》云：'畏天之威，于时保之。'"[③]

汤，是商朝第一世的王。葛，是夏末一个小国。文王，即周文王。昆夷，是文王时的一种夷狄。大，同太。太王，是文王之祖。那时周国的区域还很小。獯鬻，是西北戎狄所建的大国。勾践，是春秋时越国的国王。吴国，是春秋时的大国。越王勾践为吴王夫差所败，屈身事之。"乐天"一词，见于《易经·系辞传》。乐天，是乐于奉承天命的；其仁足以广被天下，不以残杀为能，所以孟子称以大事小者为"乐天"。天道又亏盈而益谦，不畏则盈满招咎，而害其国，智者知而畏之，故孟子称以小事大者为"畏天"。所引为《诗·周颂·我将》之篇的两句。言文王畏天之威，故能保其国家。

王曰："大哉言矣！寡人有疾，寡人好勇。"[④] 对曰："王请无好小勇。夫抚剑疾视曰，'彼恶敢当我哉！'此匹夫之勇，敌一人者也。王请大之！[⑤]《诗》云：'王赫斯怒，爰整其旅，以遏徂莒，以笃周祜，以对于天下。'此文王之勇也。文王一怒而安天下之民。[⑥]

---

① 獯，音熏。鬻，音育。句，音钩。〇仁人之心，宽洪恻怛，而无较计大小强弱之私。故小国虽或不恭，而吾所以字之之心自不能已。智者明义理，识时势。故大国虽见侵陵，而吾所以事之之礼尤不敢废。汤事见后篇。文王事见《诗·大雅》。大王事见后章。所谓狄人，即獯鬻也。勾践，越王名，事见《国语》、《史记》。

② 乐，音洛。〇天者，理而已矣。大之字小，小之事大，皆理之当然也。自然合理，故曰乐天。不敢违理，故曰畏天。包含遍覆，无不周遍，保天下之气象也。制节谨度，不敢纵逸，保一国之规模也。

③ 《诗·周颂·我将》之篇。时，是也。

④ 言以好勇，故不能事大而恤小也。

⑤ 夫抚之夫，音扶。恶，平声。〇疾视，怒目而视也。小勇，血气所为。大勇，义理所发。

⑥ 《诗·大雅·皇矣》篇。赫，赫然怒貌。爰，于也。旅，众也。遏，《诗》作按，止也。徂，往也。莒，《诗》作旅。徂旅，谓密人侵阮徂共之众也。笃，厚也。祜，福也。对，答也，以答天下仰望之心也。此文王之大勇也。

宣王赞孟子之言之大，而自承有好勇之缺点，故不能以大事小也。抚剑，即按剑。疾视，恶视也。即瞋然张目的意思。恶敢，即安敢。恶，平声。王请大之，就是“请王不要好小勇要好大勇”。“《诗》云”者，是孟子引《诗经·大雅·皇矣篇》赞叹周文王之大勇的句子。赫，发怒的状态。斯，语词。“王赫斯怒”者，是说文王赫然发动他的怒气。爰，犹于是也。整，整顿也。旅，军队也。遏，是遏止。文王时，有一个密国，屡次侵犯周国土地，文王因此发怒，带了兵去遏止密国的侵犯。徂，往也。莒，《诗经》里作旅，古时音同者多借用。以遏徂莒，是说发兵前往遏止密国来侵犯进攻的军队。笃，增厚也。祜，福也。“对”字之义有三说：郑玄说：“对，答也。”毛公说：“对，遂也。”赵岐则谓“对”是“扬”，此句的意思是“扬名于天下”。是孟子引《诗经》以证明文王的大勇。

《书》曰：‘天降下民，作之君，作之师。惟曰其助上帝，宠之四方，有罪无罪，惟我在，天下曷敢有越厥志?’一人衡行于天下，武王耻之。此武王之勇也。而武王亦一怒而安天下之民。[①] 今王亦一怒而安天下之民，民惟恐王之不好勇也。”[②]

此段又引《书经·泰誓篇》中称赞武王好勇之言。“天降下民，作之君，作之师”者，言上天降生百姓，特为设立君主，使他治理百姓；更立师长，使他教导百姓也。“惟曰”者，乃假设上天之词以明作君之旨。赵岐读作“惟曰其助上帝宠之”为一句，“四方有罪无罪惟我在”为一句。

---

① 衡，与横同。《书·周书·泰誓》之篇也。然所引与今《书》文小异，今且依此解之。宠之四方，宠异之于四方也。有罪者，我得而诛之；无罪者，我得而安之。我既在此，则天下何敢有过越其心志而作乱者乎？衡行，谓作乱也。孟子释《书》意如此，而言武王亦大勇也。

② 王若能如文武之为，则天下之民望其一怒以除暴乱，而拯己于水火之中，惟恐王之不好勇耳。○此章言人君能惩小忿，则能恤小事大，以交邻国；能养大勇，则能除暴救民，以安天下。张敬夫曰：“小勇者，血气之怒也。大勇者，理义之怒也。血气之怒不可有，理义之怒不可无。知此，则可以见性情之正，而识天理、人欲之分矣。”

在，察也。意思是有罪者我去诛灭他；无罪者我去安抚他也。曷，何也，谁也。厥，其也。越其志，即反其道也。“一人”，犹云“一夫”，“独夫”。衡，同横。周武王未即天子位以前，商朝的纣王，横行天下，暴虐百姓，武王乃起兵诛纣，故曰“一怒而安天下之民”也。这是孟子引书注以明武王之勇大。今王如能好大勇，亦一怒而安天下之民，则天下之民，唯恐王之不好勇矣。朱注云：“此章言人君能惩小忿，则能恤小事大，以交邻国；能养大勇，则能除暴救民，以安天下。”又引张敬夫云：“小勇者，血气之怒也，大勇者，义理之怒也。血气之怒不可有，义理之怒不可无。”

十

齐宣王见孟子于雪宫。王曰：“贤者亦有此乐乎?”孟子对曰：“有。人不得，则非其上矣。[①] 不得而非其上者，非也；为民上而不与民同乐者，亦非也。[②] 乐民之乐者，民亦乐其乐；忧民之忧者，民亦忧其忧。乐以天下，忧以天下，然而不王者，未之有也。[③]

雪宫，齐国离宫之一。贤者，指孟子。乐，欢乐之乐。何异孙谓“有”是一句，“人不得则非其上矣”为一句。或曰“有人”当作“人有”，韩愈文引作“人有不得志，则非其上者众矣”。“不得”者，指不得其乐而言。言人民不得其乐，因而非议其上者，固非；君王不与民同乐者亦非。盖君王以百姓的欢乐为欢乐，百姓自然也将君王的欢乐，视同自己的欢乐了；君王以百姓的忧患为忧患，百姓自然也将君王的忧患，视同自

① 乐，音洛，下同。○雪宫，离宫名。言人君能与民同乐，则人皆有此乐。不然，则下之不得此乐者，必有非其君上之心。明人君当与民同乐，不可使人有不得者，非但当与贤者共之而已也。

② 下不安分，上不恤民，皆非理也。

③ 乐民之乐而民乐其乐，则乐以天下矣；忧民之忧而民忧其忧，则忧以天下矣。

己的忧患了。乐则与天下同乐，忧则与天下同忧，上下一心，未有不王者矣。

昔者齐景公问于晏子曰：‘吾欲观于转附、朝儛。遵海而南，放于琅邪。吾何修而可以比于先王观也？’①

以下是孟子引齐景公的故事来说明君王应行之道。齐景公，是齐国的君主。晏子，名婴，字平仲，是齐景公时的名臣。转附、朝儛，是齐国东北近海的两座山名。琅邪，是齐国东南境的地名。遵，循也。放，至也。“吾何修而可以比于先王观”，修，修养。景公欲优游四方，询晏子以修何德行，方可比于先王之游观。

晏子对曰：‘善哉问也！天子适诸侯曰巡狩，巡狩者，巡所守也。诸侯朝于天子曰述职，述职者，述所职也。无非事者。春省耕而补不足，秋省敛而助不给。夏谚曰：“吾王不游，吾何以休？吾王不豫，吾何以助？”一游一豫，为诸侯度。② 今也不然：师行而粮食，饥者弗食，劳者弗息。睊睊胥谗，民乃作慝。方命虐民，饮食若流。流连荒亡，为诸侯忧。③ 从流下而忘反谓之流，从流上而忘反谓之连，从兽无厌谓之荒，乐酒无厌谓

---

① 朝，音潮。放，上声。○晏子，齐臣，名婴。转附、朝儛，皆山名也。遵，循也。放，至也。琅邪，齐东南境上邑名。观，游也。

② 狩，舒救反。省，悉井反。○述，陈也。省，视也。敛，收获也。给，亦足也。夏谚，夏时之俗语也。豫，乐也。巡所守，巡行诸侯所守之土也。述所职，陈其所受之职也。皆无有无事而空行者。而又春秋循行郊野，察民之所不足而补助之。故夏谚以为王者一游一豫，皆有恩惠以及民，而诸侯皆取法焉，不敢无事慢游以病其民也。

③ 睊，古县反。○今，谓晏子时也。师，众也，二千五百人为师。《春秋传》曰：“君行师从。”粮，谓糗糒之属。睊睊，侧目貌。胥，相也。谗，谤也。慝，怨恶也，言民不胜其劳而起谤怨也。方，逆也。命，王命也。若流，如水之流，无穷极也。流连荒亡，解见下文。诸侯，谓附庸之国，县邑之长。

之亡。[1] 先王无流连之乐，荒亡之行。[2] 惟君所行也。’[3]

此系当时晏子回答齐景公之语。无非事者，是说从没有无事而出行的。省，察视也。敛，收也。春耕，未耜不足者补之，秋收，收获不足者助之。夏谚，是夏朝的谣谚民歌，夏谚云云，乃晏子举以证明君王之出游与农事的关系。度，即法度，是晏子说明夏谚的意思，圣王的一游一豫，都是各国诸侯所应当取法的。今也，指景公时。“师行而粮食”，是食粮为国君所带的军队吃了。睊睊，是侧着眼睛看人。胥谗，是都有一种谤恨的意思。慝，隐恶也。这两句是说百姓愤恨的态度。方，违背也；命即天子的命令。诸侯本应奉天子的命令去安抚百姓，现在变成违背命令而虐待百姓了。饮食若流，言其饮食之无穷竭也。流连荒亡，解见正文。晏子之意，谓先王出行，专为农事，非游乐也。惟君所行也，就是“任君所择耳”的意思。

景公说，大戒于国，出舍于郊。于是始兴发补不足。召太师曰：‘为我作君臣相说之乐！’盖《徵招》、《角招》是也。其诗曰：‘畜君何尤？’畜君者，好君也。”[4]

说。同悦。景公听了晏子的话，非常欢喜，故出示告诫全国。“出舍

① 厌，平声。○此释上文之义也。从流下，谓放舟随水而下。从流上，谓挽舟逆水而上。从兽，田猎也。荒，废也。乐酒，以饮酒为乐也。亡，犹失也，言废时失事也。

② 行，去声。

③ 言先王之法，今时之弊，二者惟在君所行耳。

④ 说，音悦。为，去声。乐，如字。徵，陟里反。招，与韶同。畜，敕六反。○戒，告命也。出舍，自责以省民也。兴发，发仓廪也。大师，乐官也。君臣，己与晏子也。乐有五声，三曰角为民，四曰徵为事。《招》，舜乐也。其诗，《微》、《招》、《角招》之诗也。尤，过也。言晏子能畜止其君之欲，宜为君之所尤，然其心则何过哉？孟子释之，以为臣能畜止其君之欲，乃是爱其君者也。○尹氏曰：“君之与民，贵贱虽不同，然其心未始有异也。孟子之言，可谓深切矣。齐王不能推而用之，惜哉！”

于郊”者，不敢安居宫内，搬到郊外去住也。这是表示接近平民的意思。“兴”、“发”意同。兴，举也；发，开也，于是始，是开了仓库，把米谷发给不足的农民。太师，是乐官。徵，音止。招，音韶。《徵招》、《角招》，两种乐歌，即当时太师所作。“畜君何尤”，这乐歌中的一句。尤，过也。“畜君者，好君也。”是孟子解释“畜君”二字之义。

十一

齐宣王问曰：“人皆谓我毁明堂。毁诸？已乎？”① 孟子对曰：“夫明堂者，王者之堂也。王欲行王政，则勿毁之矣。”②

明堂者。据赵岐注：“泰山下明堂，本周天子东巡狩朝诸侯之处也。”或曰：“明堂本在鲁境，”此时朝狩之礼已废，故当时人劝宣王毁明堂。因明堂系周天子之堂，故孟子称为“王者之堂”。夫，音扶。

王曰：“王政可得闻与？”对曰：“昔者文王之治岐也，耕者九一，仕者世禄，关市讥而不征，泽梁无禁，罪人不孥。老而无妻曰鳏，老而无夫曰寡，老而无子曰独，幼而无父曰孤。此四者，天下之穷民而无告者。文

---

① 赵氏曰：“明堂，太山明堂。周天子东巡守朝诸侯之处，汉时遗址尚在。人欲毁之者，盖以天子不复巡守，诸侯又不当居之也。王问当毁之乎？且止乎？”

② 夫，音扶。○明堂，王者所居以出政令之所也。能行王政，则亦可以王矣，何必毁哉？

王发政施仁，必先斯四者。《诗》云：‘哿矣富人，哀此茕独。’”[①]

与，同欤。岐，即岐山，地名。此举周文王治岐之政以为例。周行井田制。田九百亩，画作井形，家各耕百亩，其中百亩为公田及庐井，公田所入，即为田赋，故曰“耕者九”。做官的人，世世有禄米可得，故曰：“仕者世禄。”讥，同稽，稽查也。一说问也。对于关里市里，只稽查出入而并不征商民的税，故曰：“关市讥而不征。”泽者，有水的地方。梁者，堰水捕鱼的场所。有水的地方，听民养鱼捕鱼，没有禁令，故曰：“泽梁无禁。”孥，妻子也，罪人不孥，罪不及妻子也。且发政施仁，必先及于鳏寡孤独四种无可诉苦的穷民。又引《诗经·小雅·正月篇》中的二句为证。《毛传》云：“哿，可也。”茕独，即上文所说鳏寡孤独之人。言富人犹可，惟哀此茕独之人耳。

王曰：“善哉言乎！”曰：“王如善之，则何为不行？”王曰：“寡人有疾，寡人好货。”对曰：“昔者公刘好货，《诗》云：‘乃积乃仓。乃裹糇粮，于橐于囊。思戢用光。弓矢斯张，干戈戚扬，爰方启行。’故居者有积仓，行者有裹粮也，然后可以爰方启行。王如好货，与百姓同之，于王何有？”[②]

---

① 与，平声。孥，音奴。鳏，姑顽反。哿，工可反。茕，音琼。○岐，周之旧国也。九一者，井田之制也。方一里为一井，其田九百亩。中画井字，界为九区。一区之中。为田百亩。中百亩为公田。外八百亩为私田。八家各受私田百亩，而同养公田，是九分而税其一也。世禄者，先王之世，仕者之子孙皆教之，教之而成材则官之。如不足用，亦使之不失其禄。盖其先世尝有功德于民，故报之如此，忠厚之至也。关，谓道路之关。市，谓都邑之市。讥，察也。征，税也。关市之吏，察异服异言之人，而不征商贾之税也。泽，谓潴水。梁，谓鱼梁。与民同利，不设禁也。孥，妻子也。恶恶止其身，不及妻子也。先王养民之政：导其妻子，使之养其老而恤其幼。不幸而有鳏寡孤独之人，无父母妻子之养，则尤宜怜恤，故必以为先也。《诗·小雅·正月》之篇。哿，可也。茕，困悴貌。

② 糇，音侯。橐，音托。戢，《诗》作辑，音集。○王自以为好货，故取民无制，而不能行此王政。公刘，后稷之曾孙也。《诗·大雅·公刘》之篇。积，露积也。糇，干粮也。无底曰橐，有底曰囊，皆所以盛糇粮也。戢，安集也。言思安集其民人，以光大其国家也。戚。斧也。扬，钺也。爰，于也。启行，言往迁于豳也。何有，言不难也。孟子言公刘之民富足如此，是公刘好货，而能推已之心以及民也。今王好货，亦能如此，则其于王天下也，何难之有？

货，货财也。孟子以宣王自承好货，乃引公刘之事以说之。公刘，是周代的祖先，夏朝的一个诸侯，其事迹见于《诗经》。孟子所引，是《诗经·大雅·公刘篇》的第一章。乃，发语辞。乃积乃仓，是说居者把米谷堆积在仓库里。糇粮，即干粮，出行的人常包裹带在身边的。橐与囊，都是盛粮食的袋。此言行者裹干粮于囊橐也。戢，集也。光，大也。“思戢用光”者，言思安集人民以光大其国也。弓矢，干戈，戚扬，皆兵器。戚，即斧；扬，即钺，大斧也。爰，于是也，启行，犹言起程。此三句，是孟子更说明所引诗句的意义。故“居者”以下，是孟子的话。于王何有，言无妨于王天下也。

王曰：“寡人有疾，寡人好色。”对曰：“昔者大王好色，爱厥妃。《诗》云：‘古公亶甫，来朝走马，率西水浒，至于岐下。爰及姜女，聿来胥宇。’当是时也，内无怨女，外无旷夫。王如好色，与百姓同之，于王何有？”①

大，同太。太王，是公刘之孙，周文王之祖。那时候，周还是一个小国诸侯，故称古公。亶甫，是太公的名号。孟子又引《诗经·大雅·绵篇》的话。以证太王之好色，明好色也只须与民同之。来朝，翌晨也。走

① 大，音泰。○王又言此者，好色则心志蛊惑，用度奢侈，而不能行王政也。大王，公刘九世孙。《诗·大雅·绵》之篇也。古公，大王之本号，后乃追尊为大王也。亶甫，大王名也。来朝走马，避狄人之难也。率，循也。浒，水厓也。岐下，岐山之下也。姜女，大王之妃也。胥，相也。宇，居也。旷，空也。无怨旷者，是大王好色，而能推己之心以及民也。○杨氏曰：“孟子与人君言，皆所以扩充其善心而格其非心，不止就事论事。若使为人臣者论事每如此，岂不能尧、舜其君乎？”愚谓此篇自首章至此，大意皆同。盖钟鼓、苑囿、游观之乐，与夫好勇、好货、好色之心，皆天理之所有，而人情之所不能无者。然天理人欲，同行异情。循理而公于天下者，圣贤之所以尽其性也；纵欲而私于一己者，众人之所以灭其天也。二者之间，不能以发，而其是非得失之归，相去远矣。故孟子因时君之问，而剖析于几微之际，皆所以遏人欲而存天理。其法似疏而实密，其事似易而实难。学者以身体之，则有以识其非曲学阿世之言，而知所以克己复礼之端矣。

马，跃马疾驰也。率，循也。浒，水边之地。爰及，犹言乃与，聿，自也。胥，相也；宇，房宅。聿来胥宇，言自来看房宅，与古公亶甫同居也。太王好色，自爱其妃，而能与民同之，故人民婚嫁皆得完满，无怨女旷夫也。怨女，是无夫之女。旷夫，是无妇之夫。

十二

孟子谓齐宣王曰："王之臣有托其妻子于其友，而之楚游者。比其反也，则冻馁其妻子，则如之何？"王曰："弃之。"[①] 曰："士师不能治士，则如之何？"王曰："已之。"[②] 曰："四境之内不治，则如之何？"王顾左右而言他。[③]

此系孟子设喻以问齐宣王也。之楚，往楚也。比，及也。馁，饿也。孟子设问说有这样一个朋友，试设身处其地，应当如何对付他？宣王答道："弃之。""弃之"者，与之断绝交往也。"曰"者，孟子又问也。士师，掌管监狱的官，士，士师之属员。"已之"者，罢免之也。治四境是君王的责任，所以孟子以四境之内不治当如何来问他，宣王窘而无可答，乃顾左右而说别的事也。

十三

孟子见齐宣王，曰："所谓故国者，非谓有乔木之谓也，有世臣之谓

① 比，必二反。○托，寄也。比，及也。弃，绝也。

② 士师，狱官也。其属有乡士、遂士之官，士师皆当治之。已，罢去也。

③ 治，去声。○孟子将问此而先设上二事以发之，及此而王不能答也。其惮于自责，耻于下问如此，不足与有为可知矣。○赵氏曰："言君臣上下各勤其任，无堕其职，乃安其身。"

也。王无亲臣矣，昔者所进，今日不知其亡也。”[①] 王曰：“吾何以识其不才而舍之?”[②] 曰：“国君进贤，如不得已。将使卑逾尊，疏逾戚，可不慎与?[③] 左右皆曰贤，未可也；诸大夫皆曰贤，未可也；国人皆曰贤，然后察之；见贤焉，然后用之。左右皆曰不可，勿听；诸大夫皆曰不可，勿听；国人皆曰不可，然后察之；见不可焉，然后去之。[④] 左右皆曰可杀，勿听；诸大夫皆曰可杀，勿听；国人皆曰可杀；然后察之，见可杀焉，然后杀之。故曰，国人杀之也。[⑤] 如此，然后可以为民父母。”

故国，是传世久远的国家。乔木，是高大的树木。世臣，是世代做官与国家极有关系的臣子。王，指宣王。亲臣者，亲任之臣。进，引也，登也。亡，丧弃也。孟子谓宣王用人不明，始则不待详察而用，之后又恶而弃之。昔者，前日。前日进，今日亡，甚言之耳。宣王听了孟子的话，反问孟子言吾何以预知其不才而舍之不用呢？“曰”字以下，为孟子的话。言如不得已，而欲特加拔擢，使卑贱者逾尊贵者，疏远者逾亲近者，不可不慎也。孟子接着又说明选贤去奸的方法。左右，是在王左右的人。诸大夫，是朝中的职官。国人，是国内的百姓。孟子就选贤去奸二件事说明，着重在“然后察之”四字。所谓“察”，便是选贤弃奸的要诀。但也得听左右诸侯国人的公论，而其中尤重国人，所谓重民意也，故曰“国人杀

---

① 世臣，累世勋旧之臣，与国同休戚者也。亲臣，君所亲信之臣，与君同休戚者也。此言乔木、世臣，皆故国所宜有。然所以为故国者，则在此而不在彼也。昨日所选用之人，今日有亡去而不知者，则无亲臣矣。况世臣乎?

② 舍，上声。〇王意以为此亡去者，皆不才之人。我初不知而误用之。故今不以其去为意耳。因问何以先识其不才而舍之邪?

③ 与，平声。〇如不得已，言谨之至也。盖尊亲亲，礼之常也。然或尊者亲者未必贤，则必进疏远之贤而用之。是使卑者逾尊，疏者逾戚。非礼之常，故不可不谨也。

④ 去，上声。左右近臣，其言固未可信。诸大夫之言，宜可信矣，然犹恐其蔽于私也。至于国人，则其论公矣，然犹必察之者，盖人有同俗而为众所悦者，亦有特立而为俗所憎者。故必自察之，而亲见其贤否之实，然后从而用舍之，则于贤者知之深，任之重，而不才者不得以幸进矣。所谓进贤如不得已者如此。

⑤ 此言非独以此进退人才，至于用刑，亦以此道。盖所谓天命天讨，皆非人君之所得私也。传曰：“民之所好好之，民之所恶恶之，此之谓民之父母。”

之”者，言非出于王之私意也。

十四

齐宣王问曰：“汤放桀，武王伐纣，有诸?”孟子对曰：“于传有之。”① 曰：“臣弑其君，可乎?”② 曰：“贼仁者谓之贼，贼义者谓之残，残贼之人谓之一夫。闻诛一夫纣矣，未闻弑君也。”③

桀，是夏朝末代的王。因桀暴虐百姓，成汤举兵讨伐，驱桀于南巢。故曰：“汤放桀。”纣，是商朝末代的王。纣暴虐百姓，周武王举兵去讨伐，纣自焚死，故曰：“武王伐纣。”有诸，即有之乎？宣王问孟子果有此二事否也。臣杀君称为弑。在古代，弑的罪名，是非常重的。汤、武在当时都是诸侯，是臣；桀与纣是天子，是君。故宣王以此来责问孟子。“曰”字以下，孟子答。贼，作动词用，伤害也。“一夫”者，即《书经》中所说的“独夫”，其众叛亲离，故有此称。

十五

孟子见齐宣王，曰：“为巨室，则必使工师求大木。工师得大木，则王喜，以为能胜其任也。匠人斫而小之，则王怒，以为不胜其任矣。夫人

① 传，直恋反。〇放，置也。《书》元：“成汤放桀于南巢。”

② 桀、纣，天子；汤武，诸侯。

③ 贼，害也。残，伤也。害仁者，凶暴淫虐，灭绝天理，故谓之贼。害义者，颠倒错乱，伤败彝伦，故谓之残。一夫，言众叛亲离，不复以为君也。《书》曰：“独夫纣。”盖四海归之，则为天子；天下叛之，则为独夫。所以深警齐王，垂戒后世也。〇王勉曰：“斯言也，惟在下者有汤、武之仁，而在上者有桀、纣之暴则可。不然，是未免于篡弑之罪也。”

幼而学之。壮而欲行之，王曰‘姑舍女所学而从我’，则何如?[①] 今有璞玉于此，虽万镒，必使玉人雕琢之。至于治国家，则曰，‘姑舍女所学而从我’，则何以异于教玉人雕琢玉哉?”[②]

巨室，大屋也。工师，主工匠之吏。匠人，工人也。斫，以斧削之也。这是孟子以匠人来作比喻的话。夫，音扶，语辞。壮，壮年也。姑，且也。女，同汝。匠人不胜其任，王怒之，可也；如欲使匠人弃其所学而从王之命，则非矣。此孟子自言所学者为仲尼之术，仁政王道，不能舍其所学，以徇宣王也。璞，玉之未琢者。一镒为二十两。万镒，言此璞价值之贵。玉人，专治玉器之匠。教玉人琢玉，是以不懂琢玉的人，依自己的主意教玉人琢玉。其玉必毁矣。盖古之贤者，常患人君不能行其所学，而世之庸君，亦常患贤者不能从其所好，故孟子言之。

十六

齐人伐燕，胜之。[③] 宣王问曰：“或谓寡人勿取，或谓寡人取之。以万乘之国伐万乘之国，五旬而举之，人力不至于此。不取，必有天殃。取之，何如?”[④] 孟子对曰：“取之而燕民悦，则取之。古之人有行之者，武

---

① 胜，平声。夫，音扶。舍，上声。女。音汝，下同。○巨室，大宫也。工师，匠人之长。匠人，众工人也。姑，且也。言贤人所学者大，而王欲小之也。

② 镒，音溢。○璞，玉之在石中者。镒，二十两也。玉人，玉工也。不敢自治而付之能者，爱之甚也。治国家则徇私欲而不任贤，是爱国家不如爱玉也。○范氏曰：“古之贤者，常患人君不能行其所学；而世之庸君，亦常患贤者不能从其所好。是以君臣相遇，自古以为难。孔孟终身而不遇，盖以此耳。”

③ 按《史记》，燕王哙让国于其相子之，而国大乱。齐因伐之。燕士卒不战，城门不闭，遂大胜燕。

④ 乘，去声，下同。○以伐燕为宣王事，与《史记》诸书不同，已见《序说》。

王是也。取之而燕民不悦，则勿取，古之人有行之者，文王是也。[1] 以万乘之国伐万乘之国，箪食壶浆，以迎王师，岂有他哉？避水火也。如水益深，如火益热，亦运而已矣。”[2]

《史记》载燕王哙让国于其相子之，而国大乱，齐伐之，燕兵不战，遂大胜燕。殃，即祸害。旬，十日也。举之，言灭燕全国。宣王以为伐燕而胜，必有天助，故曰：“人力不至于此。不取必有天祸。”武王伐纣，而殷民喜，成来迎师。故孟子以武王为“取之”之例。文王为殷诸侯，三分天下有其二，而尚未伐殷，以三仁尚在，恐殷民不悦也，故孟子以文王为“不取”之例。箪，竹器；食，音嗣，饭也。言人民以箪盛饭，以壶盛浆，欢迎王师也。水火，均以喻灾祸。如水益深，如火益热，言灾祸愈甚也。运，转也，避也。“亦运而已矣”者，言“亦只有转望别的人再来拯救也”。一说，“运”即命运之“运”。言此亦燕民之劫运耳。

十七

齐人伐燕，取之。诸侯将谋救燕。宣王曰：“诸侯多谋伐寡人者，何以待之？”孟子对曰：“臣闻七十里为政于天下者，汤是也。未闻以千里畏人者也。[3]

宣王不听孟子之言，而取燕国的土地，于是诸侯共谋救燕伐齐。宣王

---

① 商纣之世，文王三分天下有其二，以服事商。至武王十三年，乃伐纣而有天下。张子曰：“此事间不容发。一日之间。天命未绝，则是君臣。当日命绝，则为独夫。然命之绝否，何以知之？人情而已。诸侯不期而会者八百，武王安得而止之哉？”

② 箪，音丹。食，音嗣。○箪，竹器。食，饭也。运，转也。言齐若更为暴虐。则民将转而望救于他人矣。○赵氏曰：“征伐之道，当顺民心。民心悦，则天意得矣。”

③ 千里畏人，指齐王也。

恐惧而问孟子。千里畏人，即指齐王。

《书》曰：‘汤一征，自葛始。’天下信之。‘东面而征，西夷怨；南面而征，北狄怨。’曰：‘奚为后我？’民望之，若大旱之望云霓也。归市者不止，耕者不变。诛其君而吊其民，若时雨降，民大悦。《书》曰：‘徯我后，后来其苏。’①

霓，音泥。徯，音以。孟子又引《尚书·仲虺之诰》的话，以证明汤以七十里为政于天下的事实。葛，是当时的一个小国。汤初次出兵，先伐葛国，汤征葛的时候，天下的人，都相信汤是个仁君，故曰：“天下信之。”“奚为后我”，就是“为什么不先来伐我国呢”？意思是盼望汤师的早日到来。霓，虹也；虹出而雨，故大旱时望之。“归市者不止，耕者不变”，言商贾农夫依旧营业工作。下文所引，也是《尚书·仲虺之诰》的两句。徯，等待的意思。后，作人君讲。徯我后，即待我君。“苏”者，已死而复醒也。言人民都说我君一到，我们便能脱离苦难了。

今燕虐其民，王往而征之，民以为将拯己于水火之中也，箪食壶浆，以迎王师。若杀其兄父，系累其子弟，毁其宗庙，迁其重器，如之何其可也？天下固畏齐之强也，今又倍地而不行仁政，是动天下之兵也。② 王速

---

① 霓，五稽反。徯，胡礼反。〇两引《书》，皆《商书·仲虺之诰》文也。与今《书》文亦小异。一征，初征也。天下信之，信其志在救民，不为暴也。奚为后我，言汤何为不先来征我之国也。霓，虹也。云合则雨，虹见则止。变，动也。徯，待也。后，君也。苏，复生也。他国之民，皆以汤为我君，而待其来，使己得苏息也。此言汤之所以七十里而为政于天下也。

② 累，力追反。〇拯，救也。系累，絷缚也。重器，宝器也。畏，忌也。倍地，并燕而增一倍之地也。齐之取燕，若能如汤之征葛，则燕人悦之，而齐可为政于天下矣。今乃不行仁政而肆为残虐，则无以慰燕民之望，而服诸侯之心，是以不免乎以千里而畏人也。

出令，反其旄倪，止其重器，谋于燕众，置君而后去之，则犹可及止也。”①

此段仍为孟子所说。拯，救也。系，同击。系累，捆缚也。迁，运也。重器，即宝器。迁其重器，犹言将他们的宝器运回齐国。固，久也。倍地，谓并吞燕国，齐地倍广。反，放回去。旄，同耄，老人也。倪，小儿也。“止其重器”者，止其宝器，不迁移也。“犹可及止”，言尚来得及止诸侯之兵。

十八

邹与鲁閧。穆公问曰：“吾有司死者三十三人，而民莫之死也。诛之，则不可胜诛；不诛，则疾视其长上之死而不救，如之何则可也？”② 孟子对曰：“凶年饥岁，君之民老弱转乎沟壑，壮者散而之四方者，几千人矣；而君之仓廪实，府库充，有司莫以告，是上慢而残下也。曾子曰：‘戒之戒之！出乎尔者。反乎尔者也。’夫民今而后得反之也。君无尤焉！③ 君行仁政，斯民亲其上、死其长矣。”④

---

① 旄与耄同。倪，五稽反。〇反，还也。旄，老人也。倪，小儿也。谓所虏略之老小也。犹，尚也。及止，及其未发而止之也。〇范氏曰：“孟子事齐、梁之君，论道德则必称尧舜，论征伐则必称汤武。盖治民不法尧、舜，则是为暴；行师不法汤、武，则是为乱。岂可谓吾君不能，而舍所学以徇之哉？”

② 閧，胡弄反。胜，平声。长，上声，下同。〇閧，斗声也。穆公，邹君也。不可胜诛，言人众不可尽诛也。长上，谓有司也。民怨其上，故疾视其死而不救也。

③ 几，上声。夫，音扶。〇转，饥饿辗转而死也。充，满也。上，谓君及有司也。尤，过也。

④ 君不仁而求富，是以有司知重敛而不知恤民。故君行仁政，则有司皆爱其民，而民亦爱之矣。〇范氏曰：“《书》曰：‘民惟邦本，本固邦宁。’有仓廪府库，所以为民也。丰年则敛之，凶年则散之，恤其饥寒，救其疾苦。是以民亲爱其上，有危难则赴救之，如子弟之卫父兄，手足之捍头目也。穆公不能反己，犹欲归罪于民，岂不误哉？”

邹国鲁国，都是当时的小国。鬨，战斗。穆公是邹国的国君。有司，官吏也。疾视，仇视也。穆公因人民战时不勇，致官吏死了三十三人，而百姓却不肯拼死去救官吏。这种百姓，杀之，则诛不胜诛；不杀，则坐视长官之死而不救，罪又无可报，故问孟子也。转，饥饿辗转而死也。沟壑，田中沟，山中涧也。民死者多，不胜葬，故曰："转乎沟壑。"仓廪，储粟；府库，贮财。扰，怠忽也。残，伤害也。言上慢君命，下残民命。曾子，孔子弟子曾参。"出乎尔，反乎尔"，言自己所作，必致自食其报。尤，过也。谓穆公不必责备百姓。长，去声，即指官吏。

十九

滕文公问曰："滕，小国也，间于齐、楚。事齐乎？事楚乎？"① 孟子对曰："是谋非吾所能及也。无已，则有一焉：凿斯池也，筑斯城也，与民守之，效死而民弗去，则是可为也。"②

滕亦当时一小国。齐，楚，皆大国。滕在齐楚之间，联齐则楚怒，联楚则齐恨，所以滕文公以此问孟子。是谋，即事齐事楚之谋也。无已，解见第一章。效，犹致也。致死以守国，而民亦肯效死以守，故尚可为也。

二十

滕文公问曰："齐人将筑薛，吾甚恐。如之何则可？"③ 孟子对曰：

---

① 间，去声。○滕，国名。

② 无已见前篇。一，谓一说也。效，犹致也。国君死社稷，故致死以守国。至于民亦为之死守而不去，则非有以深得其心者不能也。○此章言有国者当守义而爱民，不可侥幸而苟免。

③ 薛，国名，近滕。齐取其地而城之，故文公以其逼己而恐也。

“昔者大王居邠，狄人侵之。去之岐山之下居焉。非择而取之，不得已也。[①] 苟为善。后世子孙必有王者矣。君子创业垂统，为可继也。若夫成功，则天也。君如彼何哉？强为善而已矣。”[②]

薛，也是当时的小国，为齐国所灭。齐灭薛后，又在薛地筑城。文公以其逼近滕国，恐齐又来灭滕，所以甚为恐惧。邠，地名。狄，北狄也。太王事详见下章。创业者，创立事业也。垂统者，把君位相继不断，传于后世子孙也。孟子的意思是以齐国比狄人，叫滕文公也学太王。强，上声，勉强也。

二十一

滕文公问曰：“滕，小国也。竭力以事大国，则不得免焉。如之何则可？”孟子对曰：“昔者大王居邠，狄人侵之。事之以皮币，不得免焉；事之以犬马，不得免焉；事之以珠玉，不得免焉。乃属其耆老而告之曰：‘狄人之所欲者，吾土地也。吾闻之也：君子不以其所以养人者害人。二三子何患乎无君？我将去之。’去邠，逾梁山，邑于岐山之下居焉。邠人曰：‘仁人也，不可失也。’从之者如归市。[③] 或曰：‘世守也，非身之所

---

① 邠，与豳同。〇邠，地名。言大王非以岐下为善，择取而居之也。详见下章。

② 夫，音扶。强，上声。〇创，造。统。绪也。言能为善，则如大王虽失其地，而其后世遂有天下，乃天理也。然君子造基业于前，而垂统绪于后，但能不失其正，令后世可继续而行耳。若夫成功，则岂可必乎？彼，齐也。君之力既无如之何，则但强于为善，使其可继而俟命于天耳。〇此章言人君但当竭力于其所当为，不可徼幸于其所难必。

③ 属，音烛。〇皮，谓虎、豹、麋、鹿之皮也。币，帛也。属，会集也。土地本生物以养人，今争地而杀人，是以其所以养人者害人也。邑，作邑也。归市，人众而争先也。

能为也。效死勿去。'[①] 君请择于斯二者。"[②]

此章与上章同意。文公因自已国小力弱。问孟子以外交之道。皮，狐貂之裘；币，缯帛之货也。犬马，古时玩物。免者，免其侵略也。属，同嘱。耆老，长老也。土地生五谷，所以养人。狄人因欲土地而来侵，若与之战，则是"以所养人者害人"矣。二三子，即指耆老。"如归市"者，言从之者众也。或曰，云云，亦孟子之言，乃另一办法，即前章"效死弗去"之旨。身，我也。言国土为世传之基业，非可由己意弃之也。

二十二

鲁平公将出，嬖人臧仓者请曰："他日君出，则必命有司所之。今乘舆已驾矣，有司未知所之，敢请。"公曰："将见孟子。"曰："何哉？君所为轻身以先于匹夫者，以为贤乎？礼义由贤者出，而孟子之后丧逾前丧。君无见焉！"公曰："诺。"[③]

鲁平公，鲁君。将出者，将出外也。嬖人，是君王左右极宠幸的小人。臧仓，姓臧，名仓。请曰，请问平公也。有司，执事之吏。言平公常时将出，一定先以所要去地方，告诉执事的官吏。乘舆已驾，言平公所乘的车子已预备好。"敢请"者，敢请问你往何处去也。平公为千乘之国君，

---

① 又言：或谓土地乃先人所受而世守之者，非己所能专。但当致死守之，不可舍去。此国君死社稷之常法。传所谓"国灭，君死之，正也"，正谓此也。

② 能如大王则避之，不能则谨守常法。盖迁国以图存者，权也；守正而俟死者，义也。审己量力，择而处之可也。○杨氏曰："孟子之于文公，始告之以效死而已，礼之正也。至其甚恐，则以大王之事告之，非得已也。然无大王之德而去，则民或不从，而遂至于亡，则又不若效死之为愈。故又请择于斯二者。"又曰："孟子所论，自世俗观之，则可谓无谋矣。然理之可为者，不过如此。舍此则必为仪、秦之为矣。凡事求可，功求成。取必于智谋之末而不循天理之正者，非圣贤之道也。"

③ 乘，去声。○乘舆，君车也。驾，驾马也。孟子前丧父，后丧母。逾，过也，言其厚母薄父也。诺，应辞也。

孟子不过一平民，故臧仓有"轻身"以先于匹夫的话。"先"者，孟子未谒平公，平公先往见之也。孟子先丧父。丧礼很俭约；后丧母，丧礼很丰盛；故臧仓以这一点来责备孟子，说孟子不是贤者。"公曰诺"者，平公答应臧氏，不去访孟子也。

乐正子入见，曰："君奚为不见孟轲也？"曰："或告寡人曰：'孟子之后丧逾前丧'，是以不往见也。"曰："何哉，君所谓逾者？前以士，后以大夫；前以三鼎，而后以五鼎与？"曰："否。谓棺椁衣衾之美也。"曰："非所谓逾也，贫富不同也。"①

乐正，复姓。乐正子，是孟子的弟子。时为鲁臣。孟轲，即孟子，名轲也。鼎，是丧祭时用以盛食物的器皿。与，同欤。乐正子为孟子辩护，言君所谓后丧逾前丧者，前以士礼，后以大夫之礼；前以三鼎祭，后以五鼎祭吗？那是因孟子前后官职的不同，故丧礼各异也，乃是贫富的关系。鲁平公答说："我所指的是棺槨衣衾之美。"乐正子又说："这也不能说'逾'，是贫富不同之故。"

乐正子见孟子，曰："克告于君，君为来见也。嬖人有臧仓者沮君，君是以不果来也。"曰："行，或使之，止或尼之。行止非人所能也。吾之不遇鲁侯。天也，臧氏之子焉能使予不遇哉？"②

克，是乐正子的名。沮，阻住也。尼，亦是阻止的意思。鲁侯即指平

---

① 入见之见，音现。与，平声。○乐正子，孟子弟子也，仕于鲁。三鼎，士祭礼。五鼎，大夫祭礼。

② 为，去声。沮，慈吕反。尼，女乙反。焉，于虔反。○克，乐正子名。沮尼，皆止之之意也。言人之行，必有人使之者。其止，必有人尼之者。然其所以行所以止，则固有天命，而非此人所能使，亦非此人所能尼也。然则我之不遇，岂臧仓之所能为哉？○此章言圣贤之出处，关时运之盛衰。乃天命之所为，非人力之可及。"

公。“君为来见”者，言君将为我而来见也。“曰”字以下，是孟子的话。鲁平公因乐正子之言而欲来见孟子，又因臧仓之言而不来，是其行止皆非出于自动，故曰“或使之”。但鲁君之行止，亦非乐正子与臧仓所能为；因孟子之不遇鲁侯，不得行其道，乃天未欲平治天下耳。臧氏之子，岂能使孟子不遇乎？一说“行”、“止”是指行仁义而言。欲行仁义，非人力所能为。故孟子叹曰：“仁义不行，乃是天意，臧仓焉能阻我行仁义乎？”

［问题］

（一）孟子见梁惠王，首开言“利”，其故何在？

（二）本篇孟子屡言“同乐”，屡辟“独乐”，试举其说。

（三）孟子论仁政王道。首重民生问题，试申其说。

（四）孟子谓“仁者无敌”，其说如何？

（五）孟子谓“不嗜杀人者能一天下”。其说然否？

（六）何谓“保民而王”？

（七）齐宣王之恩，及于牛而不及于百姓，何故？

（八）“不为”与“不能”，有何分别？

（九）孟子谓齐宣王“好乐”、“好勇”、“好货”、“好色”均不害于王天下，其说如何？

（十）孟子论任贤去奸之法如何？

（十一）孟子对滕文公处国家危急时之道如何？

（十二）鲁平公何以欲往见孟子而又中止？

公孙丑篇第二

一

公孙丑问曰："夫子当路于齐，管仲、晏子之功，可复许乎？"① 孟子曰："子诚齐人也，知管仲、晏子而已矣。② 或问乎曾西曰：'吾子与子路孰贤？'曾西蹵然曰：'吾先子之所畏也。'曰：'然则吾子与管仲孰贤？'曾西艴然不悦，曰：'尔何曾比予于管仲？管仲得君，如彼其专也；行乎国政，如彼其久也；功烈，如彼其卑也。尔何曾比予于是？'"③ 曰："管仲，曾西之所不为也，而子为我愿之乎？"④

公孙丑，姓公孙，名丑，孟子弟子，齐人也。当路者，居重要地位，如在当道，系指掌握国家政权而言。管仲名夷吾，相齐桓公；晏子，名婴

① 复，扶又反。○公孙丑，孟子弟子，齐人也。当路，居要地也。管仲，齐大夫，名夷吾，相桓公，霸诸侯。许，犹期也。孟子未尝得政，丑盖设辞以问也。

② 齐人但知其国有二子而已，不复知有圣贤之事。

③ 蹵，子六反。艴，音拂。又音勃。曾，并音增。○孟子引曾西与或人问答如此。曾西，曾子之孙。蹵，不安貌。先子，曾子也。艴，怒色也。曾之言则也。烈，犹光也。桓公独任管仲四十余年，是专且久也。管仲不知王道而行霸术，故言功烈之卑也。○杨氏曰："孔子言子路之才，曰：'千乘之国，可使治其赋也。'使其见于施为，如是而已。其于九合诸侯，一正天下，固有所不逮也。然则曾西推尊子路如此，而羞比管仲者何哉？譬之御者，子路则范我驰驱而不获者也；管仲之功，诡遇而获禽耳。曾西，仲尼之徒也，故不道管仲之事。"

④ 子为之为，去声。○曰，孟子言也。愿，望也。

字平仲，相齐景公，均春秋时齐之名臣。复，扶又反。许，进也，兴也。朱注云："许，期也。"言可再见管仲、晏子之功业否也。子，称人之词。诚，真也。言"你真是齐人，只知道管晏二人"。曾西，孔子弟子曾参之子。吾子，亦称人之词。子路，孔子弟子仲由字。蹵然，不安之貌。先子，曾西称其父，犹云"先父"。畏，敬也。佛然，即勃然，忿怒变色之貌。曾乃也。桓公信任管仲，国政一以委之，故曰"得君，如彼其专"。管仲相齐，凡四十余年，故曰"行乎国政，如彼其久"。但不能以王道佐齐桓公，故曰"功烈，如彼其卑"。孟子引曾西之言，以明己之不屑管仲、晏子，故复加"曰"字以别之。"而子为我"之"为"，同谓，见王引之《经传释词》。

曰："管仲以其君霸，晏子以其君显。管仲、晏子犹不足为与？"[①] 曰："以齐王，由反手也。"[②]

此节是公孙丑又问，孟子又答。与，同欤。由，同犹。反手，犹言反掌，言其易也。

曰："若是，则弟子之惑滋甚。且以文王之德，百年而后崩，犹未洽于天下；武王、周公继之，然后大行。今言王若易然，则文王不足法与"？[③]

此节又是公孙丑问孟子的话。惑，疑也。滋，益也。洽，遍也。言文公德行甚佳，尚不能及身而王。待武王起，方灭纣而得天下，周公继之，

---

① 与，平声。○显，显名也。

② 王，去声。由，犹通。○反手，言易也。

③ 易，去声，下同。与，平声。○滋，益也。文王九十七而崩，言百年，举成数也。文王三分天下才有其二；武王克商，乃有天下；周公相成王，制礼作乐，然后教化大行。

相成王制礼作乐，然后教化大行。若，如此也。“以齐王犹反掌”，其易如此，则文王不足效法欤？“然”字用作“易”字之语尾。

曰：“文王何可当也？由汤至于武丁，贤圣之君六七作。天下归殷久矣，久则难变也。武丁朝诸侯，有天下，犹运之掌也。纣之去武丁未久也，其故家遗俗，流风善政，犹有存者；又有微子、微仲、王子比干、箕子、胶鬲，皆贤人也。相与辅相之，故久而后失之也。尺地莫非其有也，一民莫非其臣也，然而文王犹方百里起，是以难也。[①] 齐人有言曰：‘虽有智慧，不如乘势；虽有镃基，不如待时。’今时则易然也。[②] 夏后、殷、周之盛，地未有过千里者也，而齐有其地矣；鸡鸣狗吠相闻，而达乎四境，而齐有其民矣。地不改辟矣，民不改聚矣，行仁政而王，莫之能御也。[③] 且王者之不作，未有疏于此时者也：民之憔悴于虐政，未有甚于此时者也。饥者易为食，渴者易为饮。[④] 孔子曰：‘德之流行，速于置邮而传命。’[⑤] 当今之时，万乘之国行仁政，民之悦之，犹解倒悬也。故事半古之人，功必倍之，惟此时为然。”[⑥]

武丁，即高宗，是殷朝的贤君。作，兴也。犹运之掌，喻其易。自武丁至纣凡九世。故家，旧臣之家。微子、微仲、王子比干、箕子、胶鬲等，都是殷朝纣王时候的贤臣。“犹方百里起”之“犹”，同由。是时商德

---

① 朝，音潮。鬲，音隔，又音历。辅相之相，去声。犹方之犹与由通。○当，犹敌也。商自成汤至于武丁，中间大甲、太戊、祖乙、盘庚皆贤圣之君。作，起也。自武丁至纣凡九世。故家，旧臣之家也。

② 镃，音兹。○镃基，田器也。时，谓耕种之时。

③ 辟与阔同。○此言其势之易也。三代盛时，王畿不过千里。今齐已有之，异于文王之百里。又鸡犬之声相闻，自国都以至于四境，言民居稠密也。

④ 此言其时之易也。自文、武至此七百余年，异于商之贤圣继作；民苦虐政之甚，异于纣之犹有善政。易为饮食，言饥渴之甚，不待甘美也。

⑤ 邮，音尤。○置，驿也。邮，馹也。所以传命也。孟子引孔子之言如此。

⑥ 乘，去声。○倒悬，喻困苦也。所施之事，半于古人，而功倍于古人，由时势易而德行速也。

未甚衰，而文王仅为百里之侯，故文王王天下难也。镃基，是种田的器具。待时，待农时也。所引两句，是齐人的俗语。鸡鸣狗吠相闻，用以形容人烟之稠密，人口之众多。《说文》：“改，更也。”地大民多。故不必更辟地，更聚民，能行仁政，即足以王天下。作，起也。疏，稀也。憔悴，是说人脸黄肌瘦，形容极困苦的样子。虐政，是虐待人民的政治。易，去声。饥渴之人，不论其饮食之优劣，得之便足。以喻民久困于虐政，行仁政，易使民归向。邮，驿也。古代置驿以传命令，极为捷速。德之流行，则更速于置邮传命。人被倒悬，有解救之者，必甚喜悦。民之憔悴于虐政，其苦亦犹倒悬耳。故行仁政可以收事半功倍之效。以凭借论，则已有广土众民；以时势论，又正当事半功倍；故不能与文王相提并论也。

二

公孙丑问曰：“夫子加齐之卿相，得行道焉，虽由此霸王，不异矣。如此，则动心否乎？”孟子曰：“否。我四十不动心。”①

加，犹居也。“异”字有二解：一为异同之异，“由此霸王不异”者，谓不异于古之霸王也；一为怪异之异，谓“从此成霸王之业亦不足怪异”。动心者，是说担了重大责任，心中有所疑惧而不安定也。顾炎武《日知录》解释“动心”道：“‘我四十不动心’者，不动其‘行一不义，杀一不辜，而得天下有不为也’之心。”

---

① 相，去声。〇此承上章，又设问孟子，若得位而行道，则虽由此而成霸王之业，亦不足怪。任大责重如此，亦有所恐惧疑惑而动其心乎？四十强仕，君子道明德立之时。孔子四十而不惑，亦不动心之谓。

曰："若是，则夫子过孟贲远矣。"曰："是不难，告子先我不动心。"①

孟贲，是古时候的勇士，卫人。水行不避蛟龙，陆行不避兕虎。告子，赵岐《注告子篇》曰："名不害。尝学于孟子。"盖即以为浩生不害。阎若璩云："浩生复氏，不害其名，与见公孙丑之告子及告子题篇者，自各一人。"毛奇龄亦以赵岐为误。但其生平已不可考。

曰："不动心有道乎？"曰："有。② 北宫黝之养勇也，不肤桡，不目逃，思以一豪挫于人，若挞之于市朝，不受于褐宽博，亦不受于万乘之君。视刺万乘之君，若刺褐夫。无严诸侯。恶声至，必反之。③ 孟施舍之所养勇也，曰：'视不胜犹胜也。量敌而后进，虑胜而后会，是畏三军者也。舍岂能为必胜哉？能无惧而已矣。'④ 孟施舍似曾子，北宫黝似子夏。夫二子之勇，未知其孰贤，然而孟施舍守约也。⑤ 昔者曾子谓子襄曰：'子好勇乎？吾尝闻大勇于夫子矣：自反而不缩，虽褐宽博，吾不惴焉；自反而缩，虽千万人，吾往矣。'⑥ 孟施舍之守气，又不如曾子之守约也。"⑦

---

① 贲，音奔。○孟贲，勇士。告子，名不害。孟贲血气之勇，丑盖借之以赞孟子"不动心"之难。孟子言告子未为知道，乃能先我不动心，则此亦未足为难也。

② 程子曰："心有主，则能不动矣。"

③ 黝，伊纠反。挠，奴效反。朝，音潮。乘，去声。○北宫，姓，黝名。肤挠，肌肤被刺而挠屈也。目逃，目被刺而转睛逃避也。挫，犹辱也。褐，毛布。宽博，宽大之衣，贱者之服也。不受者，不受其挫也。刺，杀也。严，畏惮也。言无可畏惮之诸侯也。黝盖刺客之流，以必胜为主，而不动心者也。

④ 舍，去声，下同。○孟，姓。施，发语声。舍，名也。会，合战也。舍自言其战虽不胜，亦无所惧。若量敌虑胜而后进战，则是无勇而畏三军矣。舍盖力战之士，以无惧为主，而不动心者也。

⑤ 夫，音扶。○黝务敌人，舍专守己。子夏笃信圣人，曾子反求诸己。故二子之与曾子、子夏虽非等伦，然论其气象，则各有所似。贤，犹胜也。约，要也。言论二子之勇，则未知谁胜；论其所守，则舍比于黝为得其要也。

⑥ 好，去声。惴，之瑞反。○此言曾子之勇也。子襄，曾子弟子也。夫子，孔子也。缩，直也。《檀弓》曰："古者冠缩缝，今也衡缝。"又曰："棺束缩二衡三。"惴，恐惧之也。往，往而敌之也。

⑦ 言孟施舍虽似曾子，然其所守乃一身之气，又不如曾子之反身循理，所守尤得其要也。孟子之不动心，其原盖出于此，下文详之。

“不动心有道乎”，公孙丑又问。“曰有……”以下，孟子又答也。北宫，是姓。黝，是名。据高诱《淮南子》注，也是齐国人。养，是修养。挠者，屈也。“不肤挠”者，有人刺他的肌肤，他也不缩做一团的。“不目逃”者，有人刺他的眼睛，他也不逃避的。挫，辱也。言所受挫辱，虽细至一毫，如被挞于市朝，引以为奇辱大耻也。市朝，普通解为市场与朝廷。顾炎武谓市朝者，市之有行列如朝也，非朝廷之谓。阎若璩谓市朝，乃杀人陈尸之所。俞樾曰：“‘朝市’，双言，朝也市也；‘市朝’，单言，市之朝也。若挞之于市朝，正是司市之朝耳。古之朝名，通行上下，并非朝廷也。”按：如俞说，则市朝犹今之公安局，警察署耳。“褐宽博”者，穿粗布衣的穷人仅一衣，故宽大。万乘之君，是大国的诸侯。“不受于褐宽博”云云。意思是“无论一个平常的穷人，或大国的国君把他羞辱时，他都不愿意承受的。褐夫，同“褐宽博”，贱夫也。严，畏敬也，无严，犹言不怕。恶声，叱骂之声。人以恶声加之，必以恶声报之也，赵岐云：“孟姓，舍名，施，发音也。”因为下文孟施舍自称作舍，故赵岐以“施”为发音。与介之推、孟之反之“之”字同，阎若璩及翟氏灏云：古人双名可以称一字，赵岐说非。“曰”字以下，引孟施舍之言。曾子，即曾参。子夏，孔子弟子卜商字。夫，音扶。二子指孟施舍及北宫黝。约，简要也。子夏博学切问，得六经之传；曾子反己三省，闻一贯之道。故子夏所得者博，曾子所守者约。北宫黝之勇，在视万乘之君如褐夫。孟施舍之勇，在不复量敌虑胜，且视不胜犹胜，其所守在己，故似曾子，而较北宫黝为简要也。子襄，曾子的弟子。缩，直也。自反，自己反省。“不惴”旧有三解：（一）“不惴”谓不恐惧之（朱注及焦循《正义》）。（二）“不惴”，惴也；不，发语词，无义（王引之《经传释词》）。（三）“不惴”，岂不惴也（阎若璩《四书释地》）。又一说，惴，当作遄，往也。“不遄”正与下“往矣”相对。孟施舍之所守在“气”，曾子之所守则在“义”。

故孟施舍之所守，又不如曾子之简要矣。

曰：“敢问夫子之不动心，与告子之不动心，可得闻与?”“告子曰：‘不得于言，勿求于心；不得于心，勿求于气。’不得于心，勿求于气，可；不得于言，勿求于心，不可。夫志，气之帅也；气，体之充也。夫志，至焉，气，次焉；故曰：‘持其志，无暴其气。”①

上文公孙丑以孟贲为比，故孟子引北宫黝、孟施舍二勇士，及曾子，论大勇之言，以明不动心之道。此则公孙丑又问孟子的不动心，和告子之不动心也。孟子先说明告子的不动心。“不得于言，勿求于心；不得于心，勿来于气。”是告子之言，孟子引之。“不得于心，勿求于气，可；不得于言，勿求于心，不可。”是孟子批评告子之言。“夫志，气之帅也”以下，是孟子批评告子之说，又自己加以申说。朱注云：“告子谓于言有所未达，则当舍置其言，而不必反求其理于心；于心有所不安，则当力制其心，而不必更求其助于气；此所以固守其心而不动之速也。”按：“不得于言”，正由告子未能“知言”，能知言，则于诐淫邪遁之辞，皆有以得之矣。告子云：“不得于言，勿求于心”，不过如道家之心若死灰，佛家之离心意识参而已，故孟子以为不可。心是理智的主宰；气是情感的作用。若不得于心而求之于气，则理智不明，情感妄动，徒然发生盲目的冲动，故孟子以为“不可”。心之所之，谓之“志”。志者，即是心的理智作用所定的行为的动向。故当以“志”为“气”之帅。但徒有“志”而无充乎体之

---

① 闻与之与，平声。夫志之夫，音扶。○此一节，公孙丑之问，孟子诵告子之言。又断以已意而告之也。告子谓：于言有所不达，则当舍置其言，而不必反求其理于心；于心有所不安，则当力制其心，而不必更求其助于气，此所以固守其心而不动之速也。孟子既诵其言而断之曰，彼谓不得于心而勿求诸气者，急于本而缓其末，犹之可也；谓不得于言而不求诸心，则既失于外而遂遗其内，其不可也必矣。然凡曰可者，亦仅可而有所未尽之词耳。若论其极，则志固心之所之，而为气之将帅；然气亦人之所以充满于身，而为志之卒徒者也。故志固为至极，而气即次之。人固当敬守其志，然亦不可不致养其气。盖其内外本末，交相培养。此则孟子之心所以未尝必其不动，而自然不动之大略也。

“气”，则又因循退缩，无进取之勇。“气”充乎体，则不馁矣。朱子释“志至气次”云：“志为至极，而气次之。”似与孟子崇“养气”之旨未合。“次”当训为“次舍”之次（见陈组绶《近圣居燃犀》解）。盖“志”为气之帅。则志之所至，气即随之也。“持其志”者，使趋向正而不可移易也：“无暴其气”者，使能听命于志也。

“既曰：‘志至焉，气次焉。’又曰：‘持其志，无暴其气’者何也？”曰：“志壹则动气，气壹则动志也，今夫蹶者趋者，是气也，而反动其心。”①

蹶音厥。“既日”以下，是公孙丑又问也。公孙丑之意，以为既云志之所到，气即随之，则气已听命于志，何必又云“持其志无暴其气”呢？一，专一也。一个人志向专一，去做一件事，气必随之而动。“志一则动气”者，即上文所云“志至焉，气次焉”也。但在气专一的时候，志也会随之而动的。这就是“气壹则动志”也。蹶，是倾跌。趋，是向前急走。赵氏以“行而蹶者”解之，是“蹶者趋者”即“趋而蹶者”也。一个人因趋走而倾跌，是气的作用；然而因此就动心了。这是气壹则动志的一个实例。因为气一可以动志，故又须“持其志，无暴其气”。

“敢问夫子恶乎长？”曰：“我知言，我善养吾浩然之气。”②

---

① 夫，音扶。○公孙丑见孟子言志至而气次，故问：如此，则专持其志可矣，又言无暴其气，何也？壹，专一也。蹶，颠踬也。趋，走也。孟子言志之所向专一，则气固从之；然气之所在专一，则志亦反为之动。如人颠踬趋走，则气专在是而反动其心焉。所以既持其志，而又必无暴其气也。○程子曰：“志动气者什九，气动志者什一。”

② 恶，平声。○公孙丑复问孟子之不动心所以异于告子如此者，有何所长而能然，而孟子又详告之以其故也。知言者，尽心知性，于凡天下之言，无不有以究极其理，而识其是非得失之所以然也。浩然，盛大流行之貌。气，即所谓体之充者。本自浩然，失养故馁，惟孟子为善养之以复其初也。盖惟知言，则有以明夫道义，而于天下之事无所疑；养气，则有以配夫道义，而于天下之事无所惧，此其所以当大任而不动心也。告子之学，与此正相反。其不动心，殆亦冥然无觉，悍然不顾而已尔。

恶，音乌，何也。公孙丑又问孟子也。“曰”字以下，为孟子答语。浩然，正大之貌。

“敢问何谓浩然之气？”曰：“难言也。[1] 其为气也。至大至刚，以直养而无害，则塞于天地之间。[2] 其为气也，配义与道；无是，馁也。[3] 是集义所生者，非义袭而取之也。行有不慊于心，则馁矣。我故曰，告子未尝知义，以其外之也。[4] 必有事焉而勿正，心勿忘，勿助长也。无若宋人然。宋人有闵其苗之不长而揠之者，芒芒然归。谓其人曰：‘今日病矣，予助苗长矣。’其子趋而往视之，苗则槁矣。天下之不助苗长者寡矣。以为无益而舍之者，不耘苗者也；助之长者，揠苗者也。非徒无益，而又害之。”[5]

---

① 孟子先言知言，而丑先问气者，承上文方论志气而言也。难言者，盖其心所独得，而无形声之验，有未易以言语形容者。故程子曰：“观此一言，则孟子之实有是气可知矣。”

② 至大，初无限量。至刚，不可屈挠。盖天地之正气，而人得以生者，其体段本如是也。惟其自反而缩，则得其所养，而又无所作为以害之，则其本体不亏而充塞无间矣。○程子曰：“天人一也，更不分别。浩然之气，乃吾气也。养而无害，则塞乎天地。一为私意所蔽，则欿然而馁，知其小也。”○谢氏曰：“浩然之气，须于心得其正时识取。”又曰：“浩然，是无亏欠时。”

③ 馁，奴罪反。○配者，合而有助之意。义者，人心之裁制。道者，天理之自然。馁，饥乏而气不充体也。言人能养成此气，则其气合乎道义而为之助，使其行之勇决，无所疑惮。若无此气，则其一时所为虽未必不出于道义，然其体有所不充，则亦不免于疑惧，而不足以有为矣。

④ 慊，口簟反，又口劫反。○集义，犹言积善，盖欲事事皆合于义也。袭，掩取也，如齐侯袭莒之袭。言气虽可以配乎道义，而其养之之始，乃由事皆合义，自反常直，是以无所愧怍，而此气自然发生于中，非由只行一事偶合于义，便可掩袭于外而得之也。慊，快也，足也。言所行一有不合于义，而自反不直，则不足于心，而其体有所不充矣。然则义岂在外哉？告子不知此理，乃曰仁内义外，而不复以义为事，则必不能集义以生浩然之气矣。上文不得于言，勿求于心，即外义之意，详见《告子上篇》。

⑤ 长，上声。揠，乌八反。舍，上声。○必有事焉而勿正，赵氏、程子以七字为句。近世或并下文“心”字读之者，亦通。必有事焉，有所事也，如有事于颛臾之有事。正，预期也。《春秋传》曰“战不正胜”，是也。如作正心义亦同。此与《大学》之所谓正心者语意自不同也。此言养气者，必以集义为事，而勿预期其效。其或未充，则但当勿忘其所有事，而不可作为以助其长，乃集义养气之节度也。闵，忧也。揠，拔也。芒芒，无知之貌。其人，家人也。病，疲倦也。舍之不耘者，忘其所有事。揠而助之长者，正之不得而妄有作为者也。然不耘则失养而已，揠则反以害之。无是二者，则气得其养而无所害矣。如告子不能集义，而欲强制其心，则必不能免于正助之病。其于所谓浩然者，盖不惟不善养，而又反害之矣。

公孙丑又问："什么叫做浩然之气？"孟子道："这是很难说明的。""曰"字以下，又为孟子之答辞。"气"为抽象之词，故难言。至大，故没有限量；至刚，故不可屈挠。以直养。谓以直道好好地蓄养他。直，即义也。下文以苗为喻，耘苗，即是养；揠苗则是害。以直养而无害，则此浩然之气，日滋月长，充其量可以充塞于天地之间。这一种气，是配合义与道的。养者，人心之当然；道者，天理之自然也。无是。朱注谓"无此气"；毛奇龄《四书逸讲笺》谓"无是道义"。按无道义，即不能有浩然之正义；无浩然之气，则馁矣。此浩然之气，乃由平时集义所生者。朱注曰："'集义'者，犹言积善。盖欲事事皆合于义也。"集，合也。平时所为，事事皆合于义，则集合此义自能生浩然之气；此即所谓"以直养"也。朱注又曰："'袭'如'齐侯袭莒'之袭。"并不是所做的事偶然合义，就能袭取于外而得到这浩然之气的。慊，口劫反。朱注："快也，足也。"一个人行事，自己觉得有所不足，那就心中惧怯，气也馁了。告子尝谓："仁内义外。"（见《告子篇》）外义，故不知义，亦不能集义以生浩然之气。其不动心，不过是"勿求于气"，而非能善养其浩然之气也。疑告子主义外之说，以孟子之集义为袭取于外，故孟子辨之如此。朱注曰："必有事焉，有所事也。如'有事于颛臾'（见《论语季氏》）之'有事'。正，预期也。《春秋传》曰：'战不正胜'，是也。……此言养气者，必以集义为事，而勿预期其效。其或未充，则但当勿忘其所有事，而不可作为以助其长，用集义养气之季度也。"焦循《正义》训"正"为"止"，（《诗·终风》郑笺云："正，犹止也。"）"必有事焉而勿正"者，言必有事于集义而勿止也。何以不止？心勿忘也。时时以不得于言不得于心者，求诸心，则心勿忘而义集也。俞樾《古书疑义举例》则谓"正心"二字为"忘"字之误。此文当作"必有事焉而勿忘；勿忘，勿助长也"。言必有事于集义而勿忘；但虽勿忘，亦勿助长。按下文不耘苗者，即是"忘"，揠苗则是助长。忘，则不“以直养”矣；助长，则非“无害”矣。无，同毋，禁之之词。闵，同悯，忧也。长，上声。揠，读如挖，拔也。芒芒，赵注云“疲倦之貌”；朱注云“无知之貌”。其人，指宋人之家人。病，疲倦也。槁，枯萎也。“舍”，弃置也。

“何谓知言?”曰：“诐辞知其所蔽，淫辞知其所陷，邪辞知其所离，遁辞知其所穷。生于其心，害于其政；发于其政，害于其事。圣人复起，必从五言矣。”①

上节所说。单是说明“养浩然之气”。故公孙丑又问“何谓知言”也。朱注云：“诐，偏陂也；淫放荡也；邪，邪僻也；遁，逃遁也。四者相因，言之病也。蔽，遮隔也；陷，沉溺也；离，叛去也；穷，困屈也。四者亦相因，则心之失也。”按：“诐辞”为偏于一隅，执其一端之辞。《荀子·解蔽篇》云：“墨子蔽于欲而不知得，慎子蔽于法而不知贤，申子蔽于执而不知知，惠子蔽于辞而不知实，庄子蔽于天而不知人。”是皆“蔽于一曲而暗于大理”，故其言皆有所偏执也。淫辞，犹放言，所谓汪洋自恣之议论也。此皆有所陷溺，不能复出者也。邪辞，即邪说。春秋战国时弑父弑君之“暴行”，亦必有邪说为之辩护，如卫辄拒父，而借口于王父之命之类。盖其心叛离道义，故有此等邪辞耳。遁辞者，隐曲之言，其本意则隐而不明，其言辞则妄而不实，苏秦、张仪之言，大多如此。若能知其辞之所穷，则其奸不能售矣。以上四句，释“知言”。以下则推论四种言辞

---

① 诐，彼寄反。复，扶又反。○此公孙丑复问而孟子答之也。诐，偏陂也。淫，放荡也。邪，邪僻也。遁，逃避也。四者相因，言之病也。蔽，遮隔也。陷，沉溺也。离，叛去也。穷，困屈也。四者亦相因，则心之失也。人之有言，皆本于心。其心明乎正理而无蔽，然后其言平正通达而无病；苟为不然，则必有是四者之病矣。即其言之病，而知其心之失，又知其害于政事之决然而不可易者如此。非心通于道，而无疑于天下之理，其孰能之？彼告子者，不得于言而不肯求之于心，至为义外之说，则自不免于四者之病，其何以知天下之言而无所疑哉？○程子曰：“心通乎道，然后能辨是非，如持权衡以较轻重，孟子所谓知言是也。”又曰：“孟子知言，正如人在堂上，方能辨堂下人曲直。若犹未免杂于堂下众人之中，则不能辨决矣。

之害。盖言为心声，所以言有被淫邪遁之辞者，皆由心有蔽陷离穷之病。下《滕文公篇》云“邪说者不得作。作于其心，害于其事；作于其事，害于其政。圣人复起，不易吾言矣”与此略同。吾言，是指“生于其心……”四句。

“宰我、子贡善为说辞，冉牛、闵子、颜渊善言德行。孔子兼之，曰：‘我于辞命，则不能也。’然则夫子既圣矣乎？”①

朱注云：“此一节，林氏以为皆公孙丑之问，是也。”公孙丑听孟子说“我知言，我善养吾浩然之气”，故有此问。宰我，名予；子贡，姓端木，名赐；冉牛，名耕，字伯牛；闵子，名损，字子骞；颜渊，名回，皆孔子弟子。《论语·先进篇》云：“德行，颜渊、闵子骞、冉伯牛、仲弓；言语，宰我、子贡。”公孙丑盖以长于言语者指“知言”，长于德行者指“养气”也。孔门弟子各有所长，孔子兼而有之，但犹自谦为不能辞命：今孟子自谓善知言，又善养气，是已成圣人矣。

曰：“恶！是何言也？昔者子贡问于孔子曰：‘夫子圣矣乎？’孔子曰：‘圣则吾不能，我学不厌而教不倦也。’子贡曰：‘学不厌，智也；教不倦，仁也。仁且智，夫子既圣矣！’夫圣，孔子不居，是何言也？”②

此段是孟子回答的话。恶，音乌，叹词。公孙丑以为孟子已经是圣

---

① 行，去声。○此一节，林氏以为皆公孙丑之问是也。说辞，言语也。德行，得于心而见于行事者也。三子善言德行者，身有之，故言之亲切而有味也。公孙丑言数子各有所长，而孔子兼之，然犹自谓不能于辞命。今孟子乃自谓我能知言，又善养气，则是兼言语、德行而有之，然则岂不既圣矣乎？此夫子，指孟子也。○程子曰：“孔子自谓不能于辞命者，欲使学者务本而已。”

② 恶，平声。夫圣之夫，音扶。○恶，惊叹辞也。昔者以下，孟子不敢当丑之言，而引孔子、子贡问答之辞以告之也。此夫子，指孔子也。学不厌者，智之所以自明；教不倦者，仁之所以及物。再言是何言也，以深拒之。

人，所以孟子答道：“唉！这是什么话呢？”乃引子贡与孔子的一段谈话为证，并道：“这个‘圣’字，孔子尚且不敢自居：如今说我是圣人，这是什么话呢！”

“昔者窃闻之：子夏、子游、子张皆有圣人之一体，冉牛、闵子、颜渊则具体而微。敢问所安。”① 曰：“姑舍是。”②

此段又是公孙丑所问。因为孟子既不敢自比于孔子，所以又把孔子的弟子，提出来请教。子夏，卜商字；子游，言偃字；子张，颛孙师字；皆孔子弟子。有一体者，有圣人一部分的长处；具体而微者，有圣人全部分的长处，不过比圣人规模小一点。所安，谓愿自处于那一等也。“曰。姑舍是”者，孟子不欲与孔子弟子度长絜短，故有此答。姑，姑且；舍，丢开不谈也。

曰：“伯夷、伊尹何如？”曰：“不同道。非其君不事，非其民不使，治则进，乱则退，伯夷也。何事非君，何使非民，治亦进，乱亦进，伊尹也。可以仕则仕，可以止则止，可以久则久，可以速则速，孔子也。皆古圣人也。吾未能有行焉，乃所愿，则学孔子也。”③

此段仍是公孙丑问的话。伯夷，殷末孤竹君的长子。与弟叔齐让国而逃，避纣居北海之滨。周武王伐纣，得了天下，伯夷情愿在首阳山饿死，不食周朝的粟米。伊尹，夏末时人，助汤伐桀，后来做了商朝的宰相。伯

---

① 此一节，林氏亦以为皆公孙丑之问，是也。一体，犹一肢也。具体而微，谓有其全体但未广大耳。安，处也。公孙丑复问孟子，既不敢比孔子，则于此数子欲何所处也？

② 舍，上声。〇孟子言且置是者，不欲以数子所至者自处也。

③ 治，去声。〇伯夷，孤竹君之长子。兄弟逊国，避纣隐居，闻文王之德而归之。及武王伐纣，去而饿死。伊尹，有莘之处士。汤聘而用之，使之就桀。桀不能用，复归于汤。如是者五，乃相汤而伐桀也。三圣人事，详见此篇之末及《万章下篇》。

夷为圣之清者，近于有所不为之狷；伊尹为圣之任者，近于进取之狂：故二人不同道。孟子说明了二人的不同道，接下去说到孔子的为人。则孔子是圣之时者，故仕止久速。各以其时之宜。孟子于三人，虽皆自谦曰“吾未能有行焉”，而又云愿学孔子，盖以时中之圣为鹄者也。

“伯夷、伊尹于孔子，若是班乎?”曰：“否。自有生民以来，未有孔子也。”①

公孙丑又问：“伯夷、伊尹对于孔子，是同等的吗”？孟子道：“并不！自从天地间有人民以来，没有一个能及得孔子的！”

曰：“然则有同与?”曰：“有。得百里之地而君之，皆能以朝诸侯、有天下。行一不义，杀一不辜而得天下，皆不为也。是则同。”②

与，同欤。公孙丑又问：“然则这三个人，亦有相同的地方吗?”“得百里之地而君之”者，言假使得到百里的地方，使这三个人做君主也。朝诸侯有天下，即是王天下。不辜，即是无罪。假如使他们行一件不义的事体，杀一个无罪的人民而取得天下，这三个人都是不肯做的。这就是他们相同的地方。

曰：“敢问其所以异。”曰：“宰我、子贡、有若，智足以知圣人，汙

---

① 班，齐等之貌。公孙丑问，而孟子答之以不问也。

② 与，平声。朝，音潮。○有，言有同也。以百里而王天下，德之盛也。行一不义、杀一不辜而得天下，有所不为，心之正也。圣人之所以为圣人，其本根节目之大者，惟在于此。于此不同，则亦不足以为圣人矣。

不至阿其所好。[①] 宰我曰：‘以予观于夫子，贤于尧、舜远矣。’[②] 子贡曰：‘见其礼而知其政，闻其乐而知其德。由百世之后，等百世之王，莫之能违也。自生民以来，未有夫子也。’[③] 有若曰：‘岂惟民哉？麒麟之于走兽，凤凰之于飞鸟，太山之于丘垤，河海之于行潦，类也。圣人之于民，亦类也。出乎其类，拔乎其萃，自生民以来，未有盛于孔子也。’”[④]

公孙丑又问：“那么，三个人的不同在那里？”“曰”字以下，又是孟子答语。有若，也是孔子的弟子。朱注以“汙下”释“汙”字，非。当从焦循《正义》作“洿”，是夸大之“夸”的假借字。阿者，是私心爱好的意思。孟子说：“像宰我、子贡、有若，其才智，都足以知道圣人；即使说话夸大一点，也不至于阿私于心所爱好的人。故即引三人称赞孔子之言，以示伯夷、伊尹之不及孔子。古先圣王，去今久远，已人亡政息矣。然孔子观其所遗之礼（包典章制度言），而可推知其政；闻其所遗之乐（如舜之《韶》，武王之《武》），而可以推知其德。等，差等也。从百世之后，上溯百世之前王，虽有差等，皆不违离孔子之道，此即所谓“集大成”，故为生民以来未有之大圣也。古以麒麟为兽之长，凤凰为鸟之长，太山为山之最高者，黄河及海为水之最大者，故以喻人中之圣人。丘垤，小山；行潦，是道旁沟中之水。出，高出；拔，特起；萃，聚也。出类，拔萃，言与众不同也。

---

① 污，音蛙。好，去声。○污，下也。三子智足以知夫子之道。假使污下，必不阿私所好而空誉之，明其言之可信也。

② 程子曰：“语圣则不异，事功则有异。夫子贤于尧、舜，语事功也。盖尧、舜治天下，夫子又推其道以垂教万世。尧、舜之道。非得孔子，则后世亦何所据哉？

③ 言大凡见人之礼，则可以知其政；闻人之乐，则可以知其德。是以我从百世之后，差等百世之王，无有能遁其情者，而见其皆莫若夫子之盛也。

④ 垤，大结反。潦，音老。○麒麟，毛虫之长。凤凰，羽虫之长。垤，蚁封也。行潦，道上无源之水也。出，高出也。拔，特起也。萃，聚也。言自古圣人，固皆异于众人，然未有如孔子之尤盛者也。○程子曰：“《孟子》此章，扩前圣所未发，学者所宜潜心而玩索也。”

三

孟子曰："以力假仁者霸，霸必有大国。以德行仁者王，王不待大。汤以七十里，文王以百里。[①] 以力服人者，非心服也，力不赡也；以德服人者，中心悦而诚服也，如七十子之服孔子也。《诗》云：'自西自东，自南自北，无思不服。'此之谓也。"[②]

此章说明"王"与"霸"的分别。力，兵力也。假，假托也。必有大国，必大国而后能霸也。德者，道德也。不待大，不必待大国也。赡，足也。所引《诗·大雅·文王有声篇》。无思不服，犹云无不心服。

四

孟子曰："仁则荣，不仁则辱。今恶辱而居不仁，是犹恶湿而居下也。[③] 如恶之，莫如贵德而尊士，贤者在位，能者在职。国家闲暇，及是时明其政刑。虽大国，必畏之矣。[④] 《诗》云：'迨天之未阴雨，彻彼桑土，绸缪牖户。今此下民，或敢侮予？'孔子曰：'为此诗者，其知道乎！

---

① 力，谓土地甲兵之力。假仁者，本无是心，而借其事以为功者也。霸，若齐威晋文是也。以德行仁，则自吾之得于心者推之，无适而非仁也。

② 赡，足也。《诗·大雅·文王有声》之篇。王霸之心，诚伪不同，故人所以应之者，其不同亦如此。〇邹氏曰："以力服人者，有意于服人，而人不敢不服；以德服人者，无意于服人，而人不能不服。从古以来，论王霸者多矣，未有若此章之深切而著明也。"

③ 恶，去声，下同。〇好荣恶辱，人之常情。然徒恶之而不去其德得之之道，不能免也。

④ 閒，音闲。〇此因其恶辱之情，而进之以强仁之事也。贵德，犹尚德也。士，则指其人而言之。贤，有德者，使之在位，则足以正君而善俗。能，有才者，使之在职，则足以修政而立事。国家闲暇，可以有为之时也。详味"及"字，则惟日不足之意可见矣。

能治其国家，谁敢侮之？'[①]

恶，去声，厌也。卑下则近水，故湿。职，官职。闲暇，言无外患内祸之时。明，察也。所引《诗经》，见《幽风·鸱鸮篇》，是诗人假托鸟的口气而说的。迨，及也。彻，取也。桑土，桑树的皮和泥土也。《毛诗释文》云："土，音杜。《韩诗》作社。"《方言》："东齐谓根曰杜。"是桑土即桑根。缪，音谋。绸缪，缠结也。牖，即户。言鸟取桑根以结巢也。"今此下民"，今《毛诗》作"今女下民"。女，同汝。或敢，即谁敢也。

今国家闲暇，及是时般乐怠敖，是自求祸也。[②] 祸福无不自己求之者。[③]《诗》云：'永言配命，自求多福。'《太甲》曰：'天作孽，犹可违；自作孽，不可活。'此之谓也。"[④]

般，音盘，大也。乐，欢乐之乐。怠，懒惰也。敖。骄傲也。上文说国家当闲暇之时，应先修明其政刑。此段说现今的国家，在闲暇时候，国君只知道大大地享乐，懒惰骄傲，这是自求祸殃。所引《诗经》，见《大雅·文王篇》的句子，用以证明祸福自求的道理。永言配命，朱注云："永，长也。言，犹念也。配，合也。命，天命也。"言当永念所配受之天命，以自求多福也。太甲，商王。今《尚书》有《太甲篇》，系东晋伪古文。此引《诗》以明自己求福。引太甲之言以明自己求祸。

---

① 彻，直列反。土，音杜。绸，音稠。缪，武彪反。○《诗·豳风·鸱鸮》之篇，周公之所作也。迨，及也。彻，取也。桑土，桑根之皮也。绸缪，缠绵补葺也。牖户，巢之通气出入处也。予，鸟自谓也。言我之备患详密如此，今此在下之人，或敢有侮予者乎？周公以鸟之为巢如此，比君之为国，亦当思患而预防之。孔子读而赞之，以为知道也。

② 般、音盘。乐，音洛。敖，音傲。○言其纵欲偷安，亦惟日不足也。

③ 结上文之意。孽，鱼列反。○《诗·大雅·文王》之篇。永，长也。言，犹念也。配，合也。命，天命也。此言福之自己求者。《太甲》，《商书》篇名。

④ 孽，祸也。违，避也。活，生也，《书》作逭。逭，犹缓也。此言祸之自己求者。

五

孟子曰："尊贤使能，俊杰在位，则天下之士皆悦而愿立于其朝矣。[①] 市廛而不征，法而不廛，则天下之商，皆悦而愿藏于其市矣。[②] 关讥而不征，则天下之旅皆悦而愿出于其路矣。[③] 耕者助而不税，则天下之农皆悦而愿耕于其野矣。[④] 廛无夫里之布，则天下之民皆悦而愿为之氓矣。[⑤] 信能行此五者，则邻国之民仰之若父母矣。率其子弟，攻其父母，自生民以来，未有能济者也。如此，则无敌于天下。无敌于天下者，天吏也。然而不王者，未之有也。"[⑥]

有道德的人曰"贤"，有才干的人曰"能"，才德出众者曰"俊杰"。廛，是市场上的房屋，此指市屋之税而言。征是征税。"廛而不征"，乃税其舍而不税其物。或曰，商贾居此屋，不征其税。赵岐曰："'法而不廛'者，当以什一之法征其地耳，不当征其廛宅也。"朱注引张子曰："或赋其市地之廛而不征其货；或治之以市官之法而不赋其廛。"焦循《正义》引郑玄谓"市廛而不征"者，言货物储藏于市中者不取租税；"法而不廛"者，言有货物久滞于廛者，官以法为居取之。（郑说见《礼记王制》"市廛而不税"句注）关，境上之门也。讥，犹言稽察。言但稽察而不取税。

---

① 朝，音潮。○俊杰，才德之异于众者。

② 廛，市宅也。张子曰："或赋其市地之廛，而不征其货；或治之以市官之法，而不赋其廛。盖逐末者多则廛以抑之，少则不必廛也。"

③ 解见前篇。

④ 但使出力以助耕公田，而不税其私田也。

⑤ 氓，音盲。○《周礼》："宅不毛者有里布。民无职事者，出夫家之征。"郑氏谓："宅不种桑麻者，罚之使出一里二十五家之布。民无常业者，罚之使出一夫百亩之税，一家力役之征也。"今战国时，一切取之。市宅之民，已赋其廛，又令出此夫里之布，非先王之法也。氓。民也。

⑥ 吕氏曰："奉行天命，谓之天吏。废兴存亡，惟天所命，不敢不从，若汤、武是也。'○此章言能行王政，则寇戎为父子；不行王政，则赤子为仇雠。

旅，行旅之人。征，亦税也。助，是古代井田制度借民力助耕公田的一种方法。廛无夫里之布，赵岐注曰："里，居也。布，钱也。夫，一夫也。"朱注云："《周礼》'宅不毛者有里布。民无职业者，出夫家之征。'"郑氏谓宅不种桑麻者，罚之，使出一里二十五家之布；民无常业者，罚之，使出一夫百亩之税，一家力役之征也。今战国时一切取之；市宅之民，已赋其廛，又令出此夫里之布，非先王之法也。"江永《群经补义》则谓上"廛而不征法而不廛"之"廛"，是市；此"廛"字，则指民居。布，泉也，钱也，非"布帛"之布。夫布，见《周礼·闾师》："凡无职者出夫布。"谓闲民为人佣力者，不能赴公家旬三日之役，使出一夫力役之泉，犹后世之佣役钱。里布，见《周礼·载师》："凡宅不毛者有里布。"谓不种桑麻之荒地，或为台榭游观者，仍使出地税也。战国时，则非闲民，已有力役之征者，仍使出夫布；宅种桑麻，已有布缕之征者，仍使出里布；故孟子主废除之。其说最为明白。氓，民也。一声之转。信，诚也。五者，即指上文所说五事。仰仰望也。济，成也。天吏，天使也。为天诛伐无道，故曰"天吏"。

六

孟子曰："人皆有不忍人之心。[①] 先王有不忍人之心，斯有不忍人之政矣。以不忍人之心，行不忍人之政，治天下可运之掌上。[②] 所以谓人皆有不忍人之心者，今人乍见孺子将入于井，皆有怵惕恻隐之心，非所以内交

① 天地以生物为心，而所生之物，因各得夫天地生物之心以为心。所以人皆有不忍人之心也。

② 言众人虽有不忍人之心，然物欲害之，存焉者寡，故不能察识而推之政事之间。惟圣人全体此心，随感而应，故其所行无非不忍人之政也。

于孺子之父母也，非所以要誉于乡党朋友也，非恶其声而然也。[①]

“不忍人之心”为“仁心”；“不忍人之政”为“仁政”；“仁政”以“仁心”为本。以“仁心”行“仁政”，则仁可以覆天下。“可运之掌上”者，言其易也。下乃举事实以证“人皆有不忍人之心”。乍，犹忽然也。孺子，即小孩。怵惕，受惊的样子。恻，伤悯也。隐，隐痛。内，今作纳，内交，犹说结交。要誉，求以很好的名誉。恶，去声。恶其声，厌恶小儿哭喊的声音也。今人忽见小孩子将入于井，都会引起惊惶恻隐之心：此乃纯粹由于内心的同情，并非由于外力有所为而出此：故可证明“不忍人之心”是人类同具的天性。

由是观之，无恻隐之心，非人也；无羞恶之心，非人也；无辞让之心，非人也；无是非之心，非人也。[②]

恻隐之心，即不忍人之心。此心既为人所同具，则无此心者，即非人矣。因而推论及于“羞恶”、“辞让”、“是非”之心。恶，去声。是非之心，谓辨别是非之心。

恻隐之心，仁之端也；羞恶之心，义之端也；辞让之心，礼之端也；

---

① 怵，音黜。内，读为纳。要，平声。恶，去声，下同。○乍，犹忽也。怵惕，惊动貌。恻，伤之切也。隐，痛之深也。此即所谓不忍人之心也。内，结。要，求。声，名也。言乍见之时，便有此心，随见而发，非由此三者而然也。○程子曰：“满腔子是恻隐之心。”○谢氏曰：“人须是识其真心。方乍见孺子入井之时，其心怵惕，乃真心也。非思而得，非勉而中，天理之自然也。内交、要誉、恶其声而然，即人欲之私矣。”

② 恶，去声，下同。○羞，耻己之不善也。恶，憎人之不善也。辞，解使去己也。让，推以与人也。是，知其善而以为是也。非，知其恶而以为非也。人之所以为心，不外乎是四者，故因论恻隐而悉数之。言人若无此，则不得谓之人，所以明其必有也。

是非之心，智之端也。[①] 人之有是四端也。犹其有四体也。有是四端而自谓不能者，自贼者也；谓其君不能者，贼其君者也。[②]

端，是一件事物的起头。仁，是爱人无私的心，也就是“推己及人”。恻隐，既由于是纯粹的同情，故是“仁”的起头。义，是做应该做的事。人做了错事，总觉得自己惭愧，见人做了错事，就要厌恶他，这是人的本性，也是“义”的起头。人家给我东西，我总要推辞，与人同在一处，总要谦让，这是礼的起头。是非之心，所以辨别一切，故是智的起头。四体，就是四肢。人的心中有仁义礼智四端，犹之身上有手足四肢，都是生来俱有的。不能，言不能有此四端。贼，害也。

凡有四端于我者，知皆扩而充之矣。若火之始然，泉之始达。苟能充之，足以保四海；苟不充之，不足以事父母。”[③]

扩，推广也。充，满也。然，同燃。泉流出去叫做达。星星之火，可以燎原；涓涓之流，可成江河；故以此四端之扩充。保四海，保天下也。古先圣王能以仁心行仁政，故可以保四海之民，皆扩充此四端之效。

---

① 恻隐、羞恶、辞让、是非，情也。仁、义、礼、智，性也。心，统性情者也。端，绪也。因其情之发，而性之本然可得而见，犹有物在中而绪见于外也。

② 四体，四支，人之所必有者也。自谓不能者，物欲蔽之耳。

③ 扩，音廓。○扩，推广之意。充，满也。四端在我，随处发见。知皆即此推广，而充满其本然之量，则其日新又新，将有不能自已者矣。能由此而遂充之，则四海虽远，亦吾度内，无难保者；不能充之，则虽事之至近而不能矣。○此章所论人之性情，心之体用，本然全具，而各有条理如此。学者于此，反求默识而扩充之，则天之所以与我者，可以无不尽矣。○程子曰：“人皆有是心，惟君子为能扩而充之。不能然者，皆自弃也。然其充与不充，亦在我而已矣。”又曰：“四端不言信者，既有诚心为四端，则信在其中矣。”愚按：四端之信，犹五行之土。无定位，无成名，无专气，而水、火、金、木，无不待是以生者。故土于四行无不在，于四时则寄王焉，其理亦犹是也。

七

孟子曰：“矢人岂不仁于函人哉？矢人唯恐不伤人，函人唯恐伤人。巫、匠亦然。故术不可不慎也。[①] 孔子曰：‘里仁为美。择不处仁，焉得智？’夫仁，天之尊爵也，人之安宅也。莫之御而不仁，是不智也。[②] 不仁、不智，无礼、无义，人役也。人役而耻为役，由弓人而耻为弓，矢人而耻为矢也。[③] 如耻之，莫如为仁。仁者如射，射者正己而后发。发而不中，不怨胜己者，反求诸己而已矣。”

矢，是箭；矢人，是造箭的人。函，是甲；函人，是造甲的人。造箭的人，惟恐所造的箭，不能伤被射的人。造甲的人，惟恐所造的甲，被箭射透，以至伤披甲的人。巫，是代人祈祷禳疾的。匠，即梓匠，是代人制造棺木的。这两种人，与矢人、函人正相同。孟子以为矢人与函人。巫与匠，其本性是相同的，而所操的职业不同，致使他们一则有惟恐不伤人，一则惟恐伤人；一则惟求人之生，一则以利人之死；故选择技术职业不可不慎。这还是譬喻之辞，下面方说到本旨。所引孔子语见《论语·里仁篇》。里，居也。里仁，即处仁也。焉，平声，副词。“夫仁”以下，是孟子解释之辞。“天之尊爵”者，言是上天所认为最尊重的爵位。安宅，谓

---

① 函，音含。○函，甲也。恻隐之心，人皆有之，是矢人之心，本非不如函人之仁也。巫者为人祈祝，利人之生。匠者作为棺椁，利人之死。

② 焉，于虔反。夫，音扶。○里有仁厚之俗者，犹以为美。人择所以自处而不于仁，安得为智乎？此孔子之言也。仁、义、礼、智，皆天所与之良贵。而仁者天地生物之心，得之最先，而兼统四者，所谓元者善之长也，故曰尊爵。在人则为本心全体之德，有天理自然之安，无人欲陷溺之危。人当常在其中，而不可须臾离者也，故曰安宅。此又孟子释孔子之意，以为仁道之大如此，而自不为之，岂非不智之甚乎？

③ 由，与犹通。○以不仁，故不智。不智，故不知礼义之所在。此亦因人愧耻之心而引之，使志于仁也。不言智、礼、义者，仁该全体。能为仁，则三者在其中矣。中，去声。○为仁由己，而由人乎哉？

可以安居之处。御，止也，“莫之御”，“无止之者”也。莫之御而不仁者是不智；不仁不智之人，必无礼无义：此等人只能为“人役”耳。人役，是受人役使之人，奴仆之属。既是“人役”，必为人所役使，犹弓人必为弓，矢人必为矢也。如果耻为“人役”，则莫如为仁。仁者必先正己；行有不得，则反求诸己；故以射为喻。《中庸》云：“射有似乎君子。失诸正鹄，反求诸其身。”与此同义。

八

孟子曰：“子路，人告之以有过，则喜①。禹闻善言，则拜②。大舜有大焉，善与人同，舍己从人，乐取于人以为善③。自耕、稼、陶、渔，以至为帝，无非取于人者④。取诸人以为善，是与人为善者也。故君子莫大乎与人为善。⑤”

此章系孟子说子路、禹、舜三人的美德。言子路乐闻自己的过失。禹，即夏禹。《尚书·皋陶谟》曰：“禹拜昌言。”昌言，即善言也。大舜，是虞代的圣君。有，同又，谓舜之德更大也。“善与人同”者，视人家的善，犹自己的善也。善与人同，故能“舍己从人，乐取于人以为善”。朱注云：“舜之侧微，耕于历山，陶于河滨，渔于雷泽。”陶，制造瓦器也。

---

① 喜其得闻而改之，其勇于自修如此。周子曰：“仲由喜闻过，令名无穷焉。令人有过。不喜人规，如讳疾而忌医，宁灭其身而无悟也。噫！”○程子曰：“子路，人告之以有过则喜，亦可谓百世之师矣。

② 书曰：“禹拜昌言。”盖不待有过，而能屈己以受天下之善也。

③ 舍，上声。乐，音洛。○言舜之所为，又有大于禹与子路者。善与人同，公天下之善而不为私也。己未善，则无所系吝而舍以从人；人有善，则不待勉强而取之于己，此善与人同之目也。

④ 舜之侧微，耕于历山，陶于河滨，渔于雷泽。

⑤ 与，犹许也，助也。取彼之善而为之于我，则彼益劝于为善矣，是我助其为善也。能使天下之人皆劝于为善，君子之善，孰大于此？○此章言圣贤乐善之诚，初无彼此之间。故其在人者有以裕于己，在己者有以及于人。

后受尧禅为帝。言舜一生之善，无非取于人者。诸，之于也。“与人为善”之“与”，许也，助也。取人之善，则人益劝，故曰：“与人为善。”此朱子说。焦氏《正义》则谓“与人为善”即“善与人同”，言与人同为善也。说亦可通。

九

孟子曰：“伯夷，非其君不事，非其友不友，不立于恶人之朝，不与恶人言。立于恶人之朝，与恶人言，如以朝衣朝冠坐于涂炭。推恶恶之心。思与乡人立，其冠不正，望望然去之，若将浼焉。是故诸侯虽有善其辞命而至者，不受也。不受也者，是亦不屑就已。①

伯夷见前《不动心》章注。“非其君不事”，故“不立于恶人之朝”；“非其友不友”，“不与恶人言”。朝衣朝冠，整洁之礼服。涂，泥也。涂炭，污秽之处。恶恶，上恶字去声，厌恶恶人也。把这种厌恶恶人的心思推而广之，可以想象他与乡人立，见他的冠戴得不正时，就向他看看，便走开了，要沾染着污秽似的。赵注云：“望望然，惭愧之貌。”朱注云：“望望，去而不顾之貌。”二解俱未安。《礼记·问丧》云：“其送往也，望望然，汲汲然，如有追而弗及也。”注云：“望望，瞻望之貌。”其说较长。浼，音莫罪反，漫也，污也。是沾染污秽的意思。辞命，谓来致聘之言辞。屑，洁也。不屑说，言不以就为洁，赵朱二注同。按：不屑，不肯也，不愿也。心有所不愿，不肯屈己意以为之，曰“不屑”。《庄子·则阳篇》：“而心不屑与之俱。”《释文》：“屑，本亦作肯。”

---

① 朝，音潮。恶恶，上去声，下如字。浼，莫罪反。○涂，泥也。乡人，乡里之常人也。望望，去而不顾之貌。浼，污也。屑，赵氏曰：“洁也。”《说文》曰：“动作切切也。”不屑就，言不以就之为洁，而切切于是也。已，语助辞。

柳下惠，不羞污君，不卑小官。进不隐贤，必以其道。遗佚而不怨，阨穷而不悯。故曰：'尔为尔，我为我，虽袒裼裸裎于我侧，尔焉能浼我哉?'故由由然与之偕而不自失焉，援而止之而止。援而止之而止者，是亦不屑去已。"①

柳下惠，鲁公族大夫也，姓展名禽，字季，居于柳下，惠其谥也。他的性质，恰与伯夷相反。"不羞污君，不卑小官"者，不以事污君为羞，不以小官为卑也。"进不隐贤，必以其道"者，进身做官，不隐己之贤能，而必以其道也。遗佚，即遗弃，谓被君主所弃也。阨，困也。悯，忧也。"故曰"以下，是柳下惠所说。袒裼，音但锡，即露臂。裸，音鲁果反，裎，音程，即露体。由由然，自得之貌。不自失，即自得也。"援而止之而止"，言虽欲去，仍可攀留之也。

孟子曰："伯夷隘，柳下惠不恭。隘与不恭，君子不由也。"②

隘，意买反。孟子既述伯夷柳下惠之为人，复批评之，故加"孟子曰"三字。隘，犹狭陋也。伯夷斤斤自守，惧人污己，故孟子评之曰"隘"。柳下惠放浪形骸，故孟子评之曰"不恭"。其性质相反，而各趋极端，虽为"圣之清"，"圣之和"，而亦各有所偏，各有其弊。故孟子称君子不由。不由，犹云不从。盖孟子所愿学者，孔子之"圣之时"耳。

---

① 佚，音逸。袒，音但。裼，音锡。裸，鲁果反。裎，音程。焉能之焉，于虔反。○柳下惠，鲁大夫展禽，居柳下而谥惠也。不隐贤，不枉道也。遗佚，放弃也。阨，困也。悯，忧也。尔为尔至焉能浼我哉，惠之言也。袒裼，露臂也。裸裎，露身也。由由，自得之貌。偕，并处也。不自失，不失其止也。援而止之而止者，言欲去而可留也。

② 隘，狭窄也。不恭，简慢也。夷、惠之行，固皆造乎至极之地，然既有所偏，则不能无弊，故不可由也。

十

孟子曰：“天时不如地利，地利不如人和。[1] 三里之城，七里之郭，环而攻之而不胜。夫环而攻之，必有得天时者矣，然而不胜者，是天时不如地利也。[2] 城非不高也，池非不深也，兵革非不坚利也，米粟非不多也，委而去之，是地利不如人和也。[3] 故曰：域民不以封疆之界，固国不以山溪之险，威天下不以兵革之利。得道者多助，失道者寡助。寡助之至，亲戚畔之；多助之至，天下顺之。[4] 以天下之所顺，攻亲戚之所畔，故君子有不战，战必胜矣。”[5]

天时，古时预备战争，都先用占卜方法，选定一出兵的吉日。地利，指城池山川之固而言。人和，谓人民与国君上下一心。郭，外城也。三里、七里，言其城郭之小。环，围也。池，即城外的护城河。兵，兵器；革，甲也。坚指甲，利指兵。委，弃也。孟子以“天时”、“地利”、“人和”三者相比，明“人和”为最重要也。朱注云：“域，界限也。”时君以封疆之界。域民，禁往他国；然民实非封疆之界所能域。“故曰……”三句，承上文“地利不如人和”而言。畔，同叛。

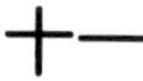

十一

孟子将朝王，王使人来曰：“寡人如就见者也，有寒疾，不可以风。

---

① 天时，谓时日支干、孤虚王相之属也。地利，险阻、城池之固也。人和，得民心之和也。

② 夫，音扶。○三里，七里，城郭之小者。郭，外城。环，围也。言四面攻围，旷日持久，必有值天时之善者。

③ 革，甲也。粟，谷也。委，弃也，言不得民心，民不为守也。

④ 域，界限也。

⑤ 言不战则已，战则必胜。○尹氏曰：“言得天下者，凡以得民心而已。”

朝将视朝，不识可使寡人得见乎？”对曰：“不幸而有疾，不能造朝。”①

朝，音潮。就见，齐王往见孟子也。寒疾，感冒风寒之疾。不可以风，谓有寒疾，当避风也。朝将视朝，朱注读前“朝”字如字，早也。后“朝”字音潮。言翌晨将视朝也。赵注前“朝”字亦音潮，一字作一读，言如孟子果来朝也。此言孟子本将朝见齐王。王使人来谓孟子，言有寒疾，当避风；但如孟子能来朝，仍将力疾视朝，不知孟子能否来朝，可使寡人得见，如亲来孟子馆中就见，否也。造，音七到反，赴也。

明日，出吊于东郭氏。公孙丑曰：“昔者辞以病，今日吊，或者不可乎”？曰：“昔者疾，今日愈，如之何不吊？”②

东郭氏，是齐国的大夫。孟子前去吊东郭氏之丧也。昔者，昨日也。公孙丑见孟子昨天以病辞齐王，不往朝，而今天去吊东郭氏之丧，疑其不可。“曰”字以下，为孟子答语。

王使人问疾，医来。孟仲子对曰：“昔者有王命，有采薪之忧，不能造朝。今病小愈，趋造于朝，我不识能至否乎？”使数人要于路，曰：“请必无归，而造于朝！”③

孟仲子，据赵岐注，是孟子从弟，在孟子身边就学的。这时候，孟子已往东郭氏去吊丧，所以由孟仲子答复齐王的使者。采薪之忧，谓病也。

---

① 章内朝并音潮，惟朝将之朝如字。造，七到反，下同。〇王，齐王也。孟子本将朝王，王不知而托疾以召孟子，故孟子亦以疾辞也。

② 东郭氏，齐大夫家也。昔者，昨日也。或者，疑辞。辞疾而出吊，与孔子不见孺悲取瑟而歌同意。

③ 要，平声。〇孟仲子，赵氏以为孟子之从昆弟，学于孟子者也。采薪之忧，言病不能采薪，谦辞也。仲子权辞以对，又使人要孟子，令勿归而造朝，以实己言。

言因病不能采薪也，自谦之辞。《曲礼》云：“君使士射，不能，则辞以疾，曰：‘某有负薪之忧。’”要，平声，同邀。使人邀孟子于路中也。

不得已而之景丑氏宿焉。景子曰：“内则父子，外则君臣，人之大伦也。父子主恩，君臣主敬。丑见王之敬子也，未见所以敬王也。”曰：“恶！是何言也！齐人无以仁义与王言者，岂以仁义为不美也？其心曰‘是何足与言仁义也’云尔，则不敬莫大乎是。我非尧、舜之道不敢以陈于王前，故齐人莫如我敬王也。”①

之，往也。景子名丑，亦齐大夫。孟子刚从东郭氏吊丧回来，被孟仲子所派的人拦住，要孟子去朝见齐王。孟子不愿去朝，不得已到景丑家里去宿夜。“主恩”、“主敬”者，为以恩为主，以敬为主也。“曰”字以下，为孟子答语。恶，平声，叹词。“岂以仁义为不美也”，是反诘语。“是何足与言仁义”之“是”，即指齐王。云尔，语词，言齐人心中，如此云云也。

景子曰：“否，非此之谓也。《礼》曰，‘父召，无诺。君命召，不俟驾。’固将朝也，闻王命而遂不果，宜与夫礼若不相似然。”②

《礼记·曲礼》曰：“父召无诺，先生召无诺，唯而起。”《玉藻》曰：“父命呼，唯而不诺。”《曲礼》注云：“应辞，唯恭于诺。”《玉藻》曰：“君召……在官不俟屦，在外不俟车。”《论语·乡党》曰：“君命召，不俟驾行矣。”言急赴君命，不及俟驾车而先行也。宜，殆也。本书《滕文

---

① 恶，平声，下同。○景丑氏，齐大夫家也。景子，景丑也。恶，叹辞也。景丑所言，敬之小者也；孟子所言，敬之大者也。

② 夫，音扶，下同。○《礼》曰：“父命呼，唯而不诺。”又曰：“君命召，在官不俟屦，在外不俟车。”言孟子本欲朝王，而闻命中止，似与此礼之意不同也。

公》，“不见诸侯，宜若小然”；又“枉尺而直寻，宜若可为也”；《离娄》，“宜若无罪焉”；《尽心》“宜若登天然”：“宜”字均当训“殆”。见王引之《经传释词》言孟子之不朝王，殆与礼所谓“君命召不俟驾”者，若不相似也。夫，音扶，指示形容词。

曰：“岂谓是与？曾子曰：‘晋、楚之富，不可及也。彼以其富，我以吾仁；彼以其爵，我以吾义，吾何慊乎哉？’夫岂不义而曾子言之？是或一道也。天下有达尊三：爵一，齿一，德一。朝廷莫如爵，乡党莫如齿，辅世长民莫如德。恶得有其一以慢其二哉？①

与，今作欤。此又为孟子答辨景丑的话。慊，少也。心有所不足也。言晋楚之君虽富贵，而吾之仁义足以当之也。以下是孟子解释曾子之言。夫，音扶。言曾子所言，岂为不义？而曾子言之，这或许是一种道理也。达，通也。齿，年龄；爵，官禄；德，道德。三者人所共尊，故曰“达尊”。辅，助也；长，上声，动词，长养之也。孟子自以为有齿德二尊，而齐王仅有“爵”之一尊；今齐王命孟子去朝，是以其一慢其二也。恶，音乌，安也。慢，即怠慢。

故将大有为之君，必有所不召之臣。欲有谋焉，则就之。其尊德乐道，不如是不足与有为也。② 故汤之于伊尹，学焉而后臣之，故不劳而王；桓公之于管仲，学焉而后臣之，故不劳而霸③。今天下地丑德齐，莫能相

---

① 与，平声。慊，口簟反。长，上声。○慊，恨也，少也。或作嗛，字书以为口衔物也。然则慊亦但为心有所衔之义，其为快、为足、为恨、为少，则因其事而所衔有不同耳。孟子言我之意，非如景子之所言者。因引曾子之言，而云夫此岂是不义，而曾子肯以为言，是或别有一种道理也。达，通也。盖通天下之所尊，有此三者。曾子之说，盖以德言之也。今齐王但有爵耳，安得以此慢于齿、德乎？

② 乐，音洛。○大有为之君，大有作为，非常之君也。程子曰：“古之人所以必待人君致敬尽礼而后往者，非欲自为尊大也，为是故耳。

③ 先从受学，师之也。后以为臣，任之也。

尚，无他，好臣其所教，而不好臣其所受教[①]。汤之于伊尹，桓公之于管仲，则不敢召。管仲且犹不可召，而况不为管仲者乎？”[②]

大有为，即大有作为。不召，谓不当以命令召见，当就而谋议者。谋，即商量。就是自己到他那里去。汤即商汤，伊尹，是商朝的贤相。桓公，即齐桓公。管仲，是齐桓公时的贤相。学焉而后臣，是先到他那里去请教，然后再任用他做官。丑，相类也。齐，相等也。尚，是胜过的意思。好，去声，喜也。所教，是才德不如我而能听我命令，受我指挥之人：所受教，是才德胜我，我须听他教导之人。臣其所教者。则可召；臣其所受教，则不敢召也。“不为管仲者”，孟子自谓也。“不为管仲”，见本篇第一章。按本章所记，孟子对齐王的态度似乎太傲。其实孟子在齐，此时尚处宾师之位，非当仕有官职之人不以奉命趋走为恭，而以责难陈善为敬，故与孔子之君命召不俟驾而行不同。

十二

陈臻问曰：“前日于齐，王馈兼金一百而不受；于宋，馈七十镒而受；于薛，馈五十镒而受。前日之不受是，则今日之受非也；今日之受是，则前日之不受非也。夫子必居一于此矣。”[③] 孟子曰：“皆是也[④]。当在宋也，予将有远行。行者必以赆，辞曰：‘馈赆。’予何为不受？[⑤] 当在薛也，予

---

① 好，去声。○丑，类也。尚，过也。所教，谓听从于己，可役使者也。所受教，谓己之所从学者也。

② 不为管仲，孟子自谓也。○范氏曰“孟子之于齐，处宾师之位，非当仕有官职者，故其言如此。”○此章见宾师不以趋走承顺为恭，而以责难陈善为敬；人君不以崇高富贵为重，而以贵德尊士为贤，则上下交而德业成矣。

③ 陈臻，孟子弟子。兼金，好金也，其价兼倍于常者。一百，百镒也。

④ 皆适于义也。

⑤ 赆，徐刃反。○赆，送行者之礼也。

有戒心。辞曰：‘闻戒。’故为兵馈之，予何为不受？[①] 若于齐，则未有处也。无处而馈之，是货之也。焉有君子而可以货取乎”？[②]

陈臻，孟子弟子。馈，赠送也。金，指社会上通用的银子。古时金、银、铜都称金，兼金者，最好的银子。镒，古时衡名。一镒，为二十四两。辞，指馈金时的言辞。赆，或作费，音习印切，送行者所赠的旅费的叫做“赆”。馈赆，犹今云送程仪也。戒，备戒也。孟子在薛，有人欲害之。兵，所以戒不虞。薛馈金时云：“闻有戒备，故馈金为设兵备之用也。”处，即“于义未有所处”的意思。货之，谓以金钱收买之也。焉，平声，副词。言君子岂可以金钱收买而得之也。

十三

孟子之平陆，谓其大夫曰：“子之持戟之士，一日而三失伍，则去之否乎？”曰：“不待三。”[③] “然则子之失伍也亦多矣。凶年饥岁，子之民，老羸转于沟壑，壮者散而之四方者，几千人矣。”曰：“此非距心之所得为也。”[④]

之，往也。平陆，齐国的边邑。大夫，邑宰也。持戟之士，执兵器的卫士也。失伍，谓值班守卫时无故不到也。去之，罢免之也。此阎若璩

---

① 为兵之为，去声。○时人有欲害孟子者，孟子设兵以戒备之。薛君以金馈孟子，为兵备，辞曰“闻子之有戒心也”。

② 焉，于虔反。○无远行、戒心之事，是未有所处也。取，犹致也。○尹氏曰：“言君子之辞受取予，惟当于理而已。”

③ 去，上声。○平陆，齐下邑也。大夫，邑宰也。戟，有枝兵也。士，战士也。伍，行列也。去之，杀之也。

④ 几，上声。○子之失伍，言其失职，犹士之失伍也。距心，大夫名。对言此乃王之失政使然，非我所得专为也。

说。赵朱均以“士”为战士，“伍”为行列，“去之”为杀之，不如阎说为合情理。不待三，言不到第三次，便令出伍也。羸，弱也。距心，姓孔，是平陆的大夫。言此乃齐王之政，非大夫所得擅，故曰：“非距心所得为。”

曰：“今有受人之牛羊而为之牧之者，则必为之求牧与刍矣。求牧与刍而不得，则反诸其人乎？抑亦立而视其死与”？曰：“此则距心之罪也。”①

此孟子又设譬对孔距心言也。“牧之”之“牧”，即畜牧。“求牧”之“牧”，牧地也。刍，喂羊之草。反诸其人，以羊还主人也。抑，转折连词，犹今云还是。与，同欤。

他日，见于王曰：“王之为都者，臣知五人焉。知其罪者，惟孔距心。”为王诵之。王曰：“此则寡人之罪也。”②

见于王，孟子见齐王也。为都者，即治理一邑的大夫。诵之，传述与孔距心问答之言也。

十四

孟子谓蚳鼃曰：“子之辞灵丘而请士师，似也，为其可以言也。今既

---

① 为，去声。死与之与，平声。○牧之，养之也。牧，牧地也。刍。草也。孟子言若不得自专，何不致其事而去。

② 见，音现。为王之为，去声。○为都，治邑也。邑有先君之庙曰都。孔，大夫姓也。为王诵其语，欲以风晓王也。○陈氏曰：“孟子一言而齐之君臣举知其罪，固足以兴邦矣。然而齐卒不得为善国者，岂非说而不绎，从而不改故耶？”

数月矣，未可以言与?”①

为，去声，同谓。蚳，音池，鼃，同蛙。蚳鼃，人名，齐国的大夫。灵丘，齐邑。士师，刑官之属，在都中，故刑罚不中，可以进谏。一说，古有两种士师：一种是管狱员，如《论语》“柳下惠为士师”是也；一种是谏官，等于汉朝的谏议大夫，清朝的御史之类，此章所说的士师是也。言蚳蛙之辞灵丘大夫。而请改任为士师，似乎合理，因其可以进谏也。今为士师，已数月之久，而无进谏之言，岂未可以言与？与，同欤。

蚳鼃谏于王而不用，致为臣而去。② 齐人曰：“所以为蚳鼃，则善矣；所以自为，则吾不知也。”③

致为臣，即致仕，辞职也。齐人因此批评孟子，言所以为蚳鼃计者，则善，所以自为计者如何，则吾辈不知；盖议孟子之不去也。

公都子以告。④ 曰：“吾闻之也：有官守者，不得其职则去；有言责者，不得其言则去。我无官守，我无言责也，则吾进退，岂不绰绰然有余裕哉?”⑤

公都子，孟子弟子。以告者，把齐人说的话来告诉孟子也。“曰”字以下，孟子对公都子之话。做地方官的有应守的职务，叫“官守”；做谏

① 蚳，音迟。鼃，乌花反。为，去声。与，平声。○蚳鼃，齐大夫也。灵丘，齐下邑。似也，言所为近似有理。可以言，谓士师近王，得以谏刑罚之不中者。

② 致，犹还也。

③ 为，去声。○讥孟子道不行而不能去也。

④ 公都子，孟子弟子也。

⑤ 官守，以官为守者。言责，以言为责者。绰绰，宽貌。裕，宽意也。孟子居宾师之位，未尝受禄。故其进退之际，宽裕如此。○尹氏曰：“进退久速，当于理而已。”

官的负进谏的责任，叫“言责”。绰绰。是很宽的样子。余裕，是很有余地的意思。孟子在齐，不居官职故进退绰然也。

十五

孟子为卿于齐，出吊于滕，王使盖大夫王驩为辅行。王驩朝暮见，反齐、滕之路，未尝与之言行事也。[①] 公孙丑曰：“齐卿之位，不为小矣；齐、滕之路。不为近矣。反之而未尝与言行事，何也？”曰：“夫既或治之，予何言哉？”[②]

卿，是客卿，位在大夫之上，但没有一定的职务与责任。孟子出吊于滕，盖奉齐王之命。盖，音古盍反，是齐国的地名。王驩，时为盖邑大夫，是一个小人。辅行，副使也。反齐滕之路，言由齐之滕又由滕反齐也。行事，使事也。孟子既为正使，一切使事，驩宜听命于孟子，驩既自专，而孟子又未尝与言，故公孙丑疑而问也。“齐卿之位不为小矣”。指孟子而言。朱注谓指王驩，岂公孙丑以驩位不小，故应与之言乎？当从陈组绶《燃犀解》说。孟子答公孙丑之言，是隐约之辞。言：“彼既或治之，我又说什么呢？”夫，音扶，彼也，指王驩。或，疑词。治之，谓治使事。

十六

孟子自齐葬于鲁，反于齐，止于嬴。充虞请曰：“前日不知虞之不肖，

---

① 盖。古盍反。见，音现。〇盖，齐下邑也。王驩，王嬖臣也。辅行，副使也。反，往而还也。行事，使事也。

② 夫，音扶。〇王驩盖摄卿以行，故曰齐卿。夫既或治之，言有司已治之矣。孟子之待小人，不恶而严如此。

使虞敦匠事。严，虞不敢请。今愿窃有请也：木若以美然。”[①] 曰：“古者棺椁无度，中古棺七寸，椁称之。自天子达于庶人。非直为观美也，然后尽于人心。[②] 不得，不可以为悦；无财，不可以为悦。得之为有财，古之人皆用之，吾何为独不然？[③] 且比化者，无使土亲肤，于人心独无恔乎？[④] 吾闻之：君子不以天下俭其亲。”[⑤]

顾炎武《日知录》云：“言葬而不言丧，此改葬也。礼，改葬，缌，事毕而除。故反于齐，止于嬴，而充虞乃得承间而问。”按：赵朱二注均谓孟子丧母，归葬鲁。则是营葬方毕，即反于齐，有背丧礼矣。若谓终丧而反则充虞何以至三年后而始问于逆旅之中？且何以云“前日”乎？充虞，孟子弟子。敦匠事，监督制造棺材的事也。此句或读于“匠”字句绝。“事”字属下误，作“事严”。事严，事急也，故无暇请问。以，通已，太也。木若以美然，言棺木似乎太好也。无度，言没有一定的尺寸也。中古，大概指周朝初年。七寸，指棺之厚。称，相当也。椁，是加在棺外的。“棺称之”者，言与棺的厚薄相当也。非直，即不但。观美，外观形式之美。言葬父母的棺椁，用较好的木材，不但是为了外表上的美观，如此然后尽人子的心。不得，不得好木也。“得之为有财”，为，与也。言即可得之，又有财足以购之也。朱注曰：“比，犹为也。化者，死者也。恔，快也。”是说为了使已死者的尸体不被泥土沾在皮肤上，这在人子的心里，难道不是很快慰的吗？“不以天下俭其亲”，言不为天下之故而俭于其亲也。

---

① 孟子仕于齐，丧母，归葬于鲁。嬴，齐南邑。充虞，孟子弟子，尝董治作棺之事者也。严，急也。木，棺木也。以、已通。以美，太美也。

② 称，去声。○度，厚薄尺寸也。中古，周公制礼时也。椁称之，与棺相称也。欲其坚厚久远，非特为人观视之美而已。

③ 不得，谓法制所不当得。得之为有财，言得之而又为有财也。或曰：“为当作而。”

④ 比，必二反。恔，音效。○比，犹为也。化者，死者也。恔，快也。言为死者不使土近其肌肤，于人子之心，岂不快然无所恨乎？

⑤ 送终之礼，所当得为而不自尽，是为天下爱惜此物，而薄于吾亲也。

十七

沈同以其私问曰："燕可伐与？"孟子曰："可。子哙不得与人燕，子之不得受燕于子哙。有仕于此，而子悦之，不告于王而私与之吾子之禄爵。夫士也，亦无王命而私受之于子，则可乎？何以异于是？"①

沈同，齐国的大臣。"以其私问"，以他私人的资格问孟子也。"伐与"之"与"，今作"欤"。这时燕国的国君名叫子哙，让位与子之。子之遂为燕王。孟子以此时尚有周天子在，诸侯之授受，必须王命；今私相授受，是不合法的。

齐人伐燕。或问曰："劝齐伐燕，有诸？"曰："未也。沈同问'燕可伐与'？吾应之曰，'可'，彼然而伐之也。彼如曰'孰可以伐之'？则将应之曰'为天吏，则可以伐之'。今有杀人者，或问之曰'人可杀与'？则将应之曰'可'。彼如曰'孰可以杀之'？则将应之曰'为士师，则可以杀之'。今以燕伐燕，何为劝之哉？"②

"诸"即"之乎"。"与"，同"欤"。"天吏"，指受天命之王者。士师，是审理讼狱的官，能判定人罪而将人杀戮的。以"燕伐燕"者，是说齐国与燕国同一无道，以齐伐燕，等于以燕国伐燕国也。

---

① 伐与之与，平声；下伐与、杀与同。夫，音扶。〇沈同，齐臣。以私问，非王命也。子哙、子之，事见前篇。诸侯、土地、人民，受之天子，传之先君。私以与人，则与者、受者皆有罪也。仕，为官也。士，即从仕之人也。

② 天吏，解见上篇。言齐无道，与燕无异，如以燕伐燕也。《史记》亦谓孟子劝齐伐燕，盖传闻此说之误。〇杨氏曰："燕固可伐矣，故孟子曰可。使齐王能诛其君，吊其民，何不可之有？乃杀其父兄，虏其子弟，而后燕人畔之。乃以是归咎孟子之言，则误矣。"

十八

燕人畔。王曰："吾甚惭于孟子。"① 陈贾曰："王无患焉。王自以为与周公孰仁且智？"王曰："恶！是何言也？"曰："周公使管叔监殷，管叔以殷畔。知而使之，是不仁也；不知而使之，是不智也。仁、智，周公未之尽也，而况于王乎？贾请见而解之。"②

畔，同叛。齐国伐燕，五旬而举之。齐王问孟子，孟子告以置君而返，事已见上篇。齐王因不听孟子的话，燕人果然叛齐，故齐王自觉惭愧。陈贾，是齐国的大夫。周武王灭纣后，将纣子武庚仍封在殷的地方做诸侯。管叔，武王之弟，周公之兄。当时因恐殷朝的后代反叛，所以周公使管叔去监视殷人的行动。不料武王死后，管叔反助殷人反叛。陈贾思以周公之事来安慰齐王也。无患，犹言无忧。请见，请见孟子；"解之"者，解说王的过失也。

见孟子，问曰："周公何人也？"曰："古圣人也。"曰："使管叔监殷，管叔以殷畔也，有诸？"曰："然。"曰："周公知其将畔而使之与？"曰："不知也。""然则圣人且有过与？"曰："周公，弟也；管叔，兄也。周公之过，不亦宜乎？③ 且古之君子，过则改之；今之君子，过则顺之。

---

① 齐破燕后二年，燕人共立太子平为王。

② 恶、监，皆平声。○陈贾，齐大夫也。管叔，名鲜，武王弟，周公兄也。武王胜商杀纣，立纣子武庚，而使管叔与弟蔡叔、霍叔监其国。武王崩，成王幼，周公摄政。管叔与武庚畔，周公讨而诛之。

③ 与，平声。○言周公乃管叔之弟，管叔乃周公之兄，然则周公不知管叔之将畔而使之，其过有所不免矣。或曰："周公之处管叔，不如舜之处象，何也？"游氏曰："象之恶已著，而其志不过富贵而已，故舜得以是而全之。若管叔之恶则未著，而其志其才皆非象比也，周公讵忍逆探其兄之恶而弃之耶？周公爱兄，宜无不尽者。管叔之事，圣人之不幸也。舜诚信而喜象，周公诚信而任管叔，此天理人伦之至，其用心一也。"

古之君子，其过也。如日月之食，民皆见之；及其更也，民皆仰之。今之君子，岂徒顺之，又从为之辞。”①

此陈贾见孟子而问也。诸，之乎也。与，同欤。孟子以周公为管叔之弟，故信任管叔。周公之过，是在情理之中的。古之君子，指真正的君子如周公者而言。“顺”者。顺遂其过，不肯改也。日月之食，即日食、月食。更，改也。仰者，仰望之也。“为之辞”者，不但不能改过，又从而解说之，以文饰其过也。

十九

孟子致为臣而归。② 王就见孟子，曰：“前日愿见而不可得，得侍同朝，甚喜。今又弃寡人而归，不识可以继此而得见乎？”对曰：“不敢请耳，固所愿也。”③ 他日，王谓时子曰：“我欲中国而授孟子室，养弟子以万钟，使诸大夫国人皆有所矜式。子盍为我言之？”④

孟子在齐国做客卿，因齐王不能行其道，故致仕而归。“前日……”云云，赵注谓指孟子未来齐时。得侍同朝，王之谦辞，言得孟子在朝为臣，指来齐后而言。时子，是齐国的大夫。中国谓在国之中央。授孟子

① 更，平声。〇顺。犹遂也。更，改也。辞，辩也。更之则无损于明，故民仰之。顺而为之辞，则其过愈深矣。责贾不能勉其君以迁善改过，而教之以遂非文过也。〇林氏曰：“齐王惭于孟子。盖羞恶之心，有不能自已者。使其臣有能因是心而将顺之，则义不可胜用矣。而陈贾鄙夫，方且为之曲为辩说，而沮其迁善改过之心，长其饰非拒谏之恶，故孟子深责之。然此书记事，散出而无先后之次，故其说必参考而后通。若以第二篇十章，十一章，置于前章之后、此章之前，则孟子之意，不待论说而自明矣。”

② 孟子久于齐而道不行，故去也。

③ 朝，音潮。

④ 为，去声。〇时子，齐臣也。中国，当国之中也。万钟，谷禄之数也。钟，量名，受六斛四斗。矜，敬也。式，法也。盍，何不也。

室，赐孟子以宅第也。钟，古时量名。古时俸禄以粟，以钟为单位。弟子，孟子之弟子。矜，敬也。式，法也。盍，何不也。

时子因陈子而以告孟子，陈子以时子之言告孟子。[①] 孟子曰："然，夫时子恶知其不可也？如使予欲富，辞十万而受万，是为欲富乎？[②]

因，托也。时子以齐王之言托陈子转告孟子，陈子，即陈臻。孟子为齐卿，禄富十万钟，孟子不受其禄，故曰"辞十万"。今若受齐王万钟之养，是"受万"矣。

季孙曰：'异哉子叔疑！使己为政，不用，则亦已矣，又使其子弟为卿。人亦孰不欲富贵？而独于富贵之中，有私龙断焉。'[③] 古之为市也，以其所有，易其所无者，有司者治之耳。有贱丈夫焉，必求龙断而登之，以左右望而罔市利。人皆以为贱，故从而征之。征商，自此贱丈夫始矣。"[④]

此章分段有两说，一谓季孙、子叔，均孟子弟子。季孙说"异哉"，子叔亦疑也。以下均为孟子解说之词。一谓季孙之言"自异"哉起，至"断焉"为止。子叔疑为人名。龙，同垄，亦作陇。土山高起而四面削落的，叫做"龙断"，一个人登在土山上面，左望，右望，看见市场上有那

---

① 陈子，即陈臻也。

② 夫，音扶。恶，平声。〇孟子既以道不行而去，则其义不可以复留；而时子不知，则又有难显言者。故但言设使我欲富，则我前日为卿，尝辞十万之禄，今乃受此万钟之馈。是我虽欲富，亦不为此也。

③ 龙，音垄。〇此孟子引季孙之语也。季孙、子叔疑，不知何时人。龙断，冈垄之断而高也，义见下文。盖子叔疑者尝不用，而使其子弟为卿。季孙讥其既不得于此，而又欲求得于彼，如下文贱丈夫登龙断者之所为也。孟子引此以明道既不行，复受其禄，则无以异此矣。

④ 孟子释龙断之说如此。治之，谓治其争讼。左右望者，欲得此而又取彼也。罔，谓罔罗取之也。从而征之，谓人恶其专利，故就征其税，后世缘此遂征商人也。〇程子曰："齐王所以处孟子者，未为不可，孟子亦非不肯为国人矜式者。但齐王实非欲尊孟子，乃欲以利诱之，故孟子拒而不受。"

一种货物，可所赚钱的，就用贱价把这货物买来。等到市场上这种货物少了，价钱贵起来，他就把这货物出卖掉。罔，同网。罔市利，谓独占市利，一网打尽也。征，收税也。

二十

孟子去齐，宿于昼。① 有欲为王留行者，坐而言。不应，隐几而卧。② 客不悦，曰："弟子齐宿而后敢言，夫子卧而不听，请勿复敢见矣。"曰："坐！我明语子。昔者鲁缪公无人乎子思之侧，则不能安子思；泄柳、申详无人乎缪公之侧，则不能安其身。③ 子为长者虑，而不及子思；子绝长者乎？长者绝子乎？"④

昼，地名，齐国西南邑。应，去声。隐，依也，凭也。孟子不与客言，凭几而假寐也。齐，同斋，即斋戒，是竭诚恭敬的意思。缪，同穆。鲁缪公是鲁国的国君。子思，孔子孙，名伋。泄柳、申详，都是鲁缪公手下的贤臣。子思以道不行欲去，缪公常使贤人往留，以诚意达于子思，子思乃安而留之。泄柳、申详，亦是贤人，惟缪公尊之不如子思，然二子义不苟容，非有贤者在缪公之侧，亦不能自安其身。孟子学子思，今留行的人，不在王前宣扬孟子之道，使之改悔，又不奉王命，自来相留，是为孟子计，以为不及子思也。长，上声。长者，孟子自谓。

---

① 昼，如字，或曰："当作画，音获。"下同。○昼，齐西南近邑也。

② 为，去声，下同。隐，于靳反。○隐，凭也。客坐而言，孟子不应而卧也。

③ 齐，侧皆反。复，扶又反。语，去声。○齐宿，齐戒越宿也。缪公尊礼子思，常使人候伺道达诚意于其侧，乃能安而留之也。泄柳，鲁人。申详，子张之子也。缪公尊之不如子思，然二子义不苟容，非有贤者在其君之左右维持调护之，则亦不能安其身矣。

④ 长，上声。○长者，孟子自称也。言齐王不使子来，而子自欲为王留我，是所以为我谋者，不及缪公留子思之事，而先绝我也。我之卧而不应，岂为先绝子乎？

二十一

孟子去齐。尹士语人曰："不识王之不可以为汤、武，则是不明也；识其不可，然且至，则是干泽也。千里而见王，不遇故去，三宿而后出昼，是何濡滞也？士则兹不悦。"①

尹士，亦是齐人。干，求取也。泽，恩泽也。干泽，求取恩泽，即"干禄"也。濡滞，行迟迟也。尹士批评孟子，以为如不知齐王不可行王道，则是他不明；如知齐王不能行王道而贸贸然来，乃是求官。遇，合也。既以不合而去，过了三宿，方才出昼，则尚有希望齐王挽留之意。士，尹士自称其名。兹，此也。言己对此不满意也。

高子以告。② 曰："夫尹士恶知予哉？千里而见王，是予所欲也。不遇故去，岂予所欲哉？予不得已也。③ 予三宿而后出昼，于予心犹以为速。王庶几改之。王如改诸，则必反予。④ 夫出昼而王不予追也，予然后浩然有归志。予虽然，岂舍王哉？王由足用为善。王如用予，则岂徒齐民安，天下之民举安。王庶几改之，予日望之，⑤ 予岂若是小丈夫然哉？谏于其君而不受，则怒，悻悻然见于其面，去则穷日之力而后宿哉？"⑥ 尹士闻

---

① 语，去声。○尹士，齐人也。干，求也。泽，恩泽也。濡滞，迟留也。

② 高子，亦齐人，孟子弟子也。

③ 夫，音扶，下同。恶，平声。○见王，欲以行道也。今道不行，故不得已而去，非本欲如此也。

④ 所改，必指一事而言，然今不可考矣。

⑤ 浩然，如水之流不可止也。○杨氏曰："齐王天资朴实，如好勇、好货、好色、好世俗之乐，皆以直告而不隐于孟子，故足以为善。若乃其心不然，而谬为大言以欺人，是人终不可与入尧、舜之道矣，何善之能为？"

⑥ 悻，形顶反。见。音现。○悻悻，怒意也。穷，尽也。

之，曰："士诚小人也。"①

高子，亦齐人，系孟子弟子。以告者，以尹士所说的话，告诉孟子也。"曰"字以下，孟子答高子也。夫，音扶。恶，平声，何也。诸，同之乎，拟度之词。反，招之还也。"不予追"，犹言"不追予"。朱注曰："浩然，如水之流，不可止也。"由，同犹。用，以也，举皆也。小丈夫，犹言小人。"悻悻然"，忿忿不平之貌。见，同现。穷竭也。"穷日之力"，犹言"尽一日之力以行"。尹士闻孟子之言，自知其谬，故曰"士诚小人也"。

二十二

孟子去齐。充虞路问曰："夫子若有不豫色然。前日虞闻诸夫子曰：'君子不怨天，不尤人。'"② 曰："彼一时，此一时也。③ 五百年必有王者兴，其间必有名世者。④ 由周而来，七百有余岁矣。以其数则过矣，以其时考之则可矣。⑤ 夫天未欲平治天下也。如欲平治天下，当今之世，舍我其谁也？吾何为不豫哉？"⑥

---

① 此章见圣贤行道济时，汲汲之本心；爱君泽民，惓惓之余意。李氏曰："于此见君子忧则违之之情，而荷蒉者所以为果也。"

② 路问，于路中问也。豫，悦也。尤，过也。此二句实孔子之言，盖孟子尝称之以教人耳。

③ 彼，前日。此，今日。

④ 自尧、舜至汤，自汤至文、武，皆五百余年而圣人出。名世，谓其人德业闻望可名于一世者，为之辅佐，若皋陶、稷、契、伊尹、莱朱、太公望、散宜生之属。

⑤ 周，谓文、武之间。数，谓五百年之期。时，谓乱极思治可以有为之日。于是而不得一有所为，此孟子所以不能无不豫也。

⑥ 夫，音扶。舍，上声。○言当此之时，而使我不遇于齐，是天未欲平治天下也。然天意未可知，而其具又在我，我何为不豫哉？然则孟子虽若有不豫然者，而实未尝不豫也。盖圣贤忧世之志，乐天之诚，有并行而不悖者，于此见矣。

充虞，是孟子弟子，路问者，在路上问孟子也。不豫色，是不愉快的面色。“君子不怨天，不尤人”，本是孔子之言。名世，谓王者之佐，德业声名，为世所重者。以其数则过矣，言周已来已有七百余岁，则已超过五百岁之期矣。夫，音扶。言如天意欲平治天下，则当今之世，名世之人，非己莫属也。

二十三

孟子去齐，居休。公孙丑问曰：“仕而不受禄，古之道乎？”① 曰：“非也。于崇，吾得见王，退而有去志，不欲变，故不受也。② 继而有师命，不可以请。久于齐，非我志也。”③

休，崇，皆地名。孟子在齐做客卿，并不受齐王的俸禄，故公孙丑以为问也。孟子言见王于崇，即知齐王不能行仁政，故怀去志。不欲变，不欲改变去志也。以不欲久处齐，故不受其禄。有师命，指齐伐燕事。方有军旅之事，故“不可以请”。“请”者，请辞去也。

［问题］

（一）孟子言以齐王犹反手，何故？

（二）北宫黝、孟施舍养勇之法，与曾子所论大勇，有何不同？

（三）告子不动心之道如何？

（四）孟子养气之说如何？

（五）何谓“勿忘”，“勿助长”？

---

① 休，地名。

② 崇，亦地名。孟子始见齐王，必有所不合，故有去志。变，谓变其去志。

③ 师命，师旅之命也。国既被兵，难请去也。○孔氏曰：“仕而受禄，礼也；不受齐禄，义也。义之所在，礼有时而变。公孙丑欲以一端裁之，不亦误乎？”

（六）何谓“知言”？

（七）伯夷、伊尹、孔子之异同何在？

（八）王与霸，有何分别？

（九）何谓“四端”？何以知为人所同具？

（十）伯夷、柳下惠有何不同？孟子对二人之批评如何？

（十一）“地利”何以不如“人和”？

（十二）孟子本将朝王，何以闻王命来召。反而不去？

（十三）孟子受宋薛所馈之金，而独不受齐馈。何故？

（十四）孔子去齐接淅而行；孟子去齐。三宿出昼；何以迟速不同？

滕文公篇第三

一

滕文公为世子，将之楚，过宋而见孟子。[①] 孟子道性善，言必称尧、舜。[②]

天子之子称太子，诸侯之子称世子。滕文公在做世子的时候，将到楚国去，路过宋国；这时孟子刚在宋国，故来见也。孟子言人心皆善，人皆可以为尧舜，滕文公来见，即以此勉之。朱注云：“道，言也。性者，人所禀于天以生之理也。”按《中庸》云：“天命之谓性；率性之谓道。”是子思亦主性善也。孟子道性善之言，散见本书各篇。《告子篇》论性语尤多。荀子书有《性恶篇》，首云：“人之性恶，其善者伪也。”伪，即人为。故又云：“不学而能，不事而成之在天者，谓之‘性’；可学而能可事而成之在人者，谓之‘伪’。虽孟子之旨欲人之尽性而乐于善，荀子之旨欲人

---

① 世子，太子也。

② 道，言也。性者，人所禀于天以生之理也，浑然至善，未尝有恶。人与尧、舜初无少异，但众人汩于私欲而失之，尧、舜则无私欲之蔽，而能充其性尔。故孟子与世子言，每道性善，而必称尧、舜以实之。欲其知仁义不假外求，圣人可学而至，而不懈于用力也。门人不能悉记其辞，而撮其大旨如此。○程子曰：“性即理也。天下之理，原其所自，未有不善。喜怒哀乐未发，何尝不善。发而中节，即无往而不善；发不中节，然后为不善。故凡言善恶，皆先善而后恶；言吉凶，皆先吉而后凶；言是非，皆先是而后非。

之化性而勉于善，亦可谓为殊途而同归；但终成为儒家中对峙的两派。”《中庸》称仲尼祖述尧舜。孟子言必称尧舜，与孔子之旨正同。《荀子·非十二子篇》讥子思、孟子，“略法先王而不知其统”，故主张“法后王”。此亦孟荀学说不同之点。

世子自楚反，复见孟子。孟子曰：“世子疑吾言乎？夫道一而已矣。[①] 成覸谓齐景公曰：‘彼丈夫也，我丈夫也，吾何畏彼哉？’颜渊曰：‘舜何人也？予何人也？有为者亦若是。’公明仪曰：‘文王我师也。周公岂欺我哉？’[②] 今滕，绝长补短，将五十里也，犹可以为善国。《书》曰：‘若药不瞑眩，厥疾不瘳。’”[③]

世子，仍指滕文公。“夫道，一而已矣”者，言别无卑浅易行之道也。盖人之才质容有不齐，故或“生知”、“安行”，或“学知”、“利行”，或“困知”、“勉行”；但及其知之，及其成功，则一也。（见《中庸》）世子之意，殆亦如公孙丑之羡道之高且美，而又疑其不可几及，欲降而求其次；孟子此答，亦不能为拙工改绳墨，为拙射变彀率之意。成覸，古之勇士，《淮南子·齐俗训》及《史记·范雎传》作“成荆”，《汉书·广川王传》作“成庆”。谓齐景公者，与人言齐景公也。彼，即指景公。成覸所云，即北宫黝“无严诸侯”之意。孟子引之，亦与上篇论“不动心”引北

---

① 复，扶又反。夫，音扶。〇时人不知性之本善，而以圣贤为不可企及。故世子于孟子之言不能无疑，而复来求见，盖恐别有卑近易行之说也。孟子知之，故但告之如此，以明古今圣愚本同一性，前言已尽，无复有它说也。

② 覸，古苋反。〇成覸，人姓名。彼，谓圣贤也。有为者亦若是，言人能有为，则皆如舜也。公明，姓；仪，名；鲁贤人也。“文王我师也”，盖周公之言。公明仪亦以文王为必可师，故诵周公之言，而叹其不我欺也。孟子既告世子以道无二致，而复引此三言以明之，欲世子笃信力行，以师圣贤，不当复求他说也。

③ 瞑，莫甸反。眩，音县。〇绝，犹截也。《书·商书·说命》篇。瞑眩，愦乱。言滕国虽小，犹足为治，但恐安于卑近，不能自克，则不足以去恶而为善也。〇愚按：孟子之言性善，始见于此，而详具于《告子》之篇。然默识而旁通之，则七篇之中，无非此理。其所以扩前圣之未发，而有功于圣人之门，程子之言信矣。

官黜、孟施舍二人同。朱注谓“彼”指圣贤，未是。颜渊，孔子弟子。公明仪，亦见《礼记·檀弓》及《祭义·祭义注》，以为曾子弟子。朱注云：“‘文王我师也’，盖周公之言。公明仪盖亦以文王为必可师，故诵周公之言，而叹其不我欺也。”绝，同截。就滕国地形，截其长以补其短，约可方五十里，言其国之小也。但虽小国，尚可以为善国。“若药……”二句，见《伪古文尚书·说命篇》，《国语·楚语》亦以为武丁命传说语而引之。瞑眩，目眩晕视不明也。瘳，音抽，病愈也。药力大者，服之则瞑眩，但非此不能愈病。盖以病者不惮服药为喻，戒文公勿以尧舜之道为难能而行之也。

二

滕定公薨。世子谓然友曰：“昔者孟子尝与我言于宋，于心终不忘。今也不幸至于大故，吾欲使子问于孟子，然后行事。”① 然友之邹，问于孟子。孟子曰：“不亦善乎！亲丧固所自尽也。曾子曰：‘生，事之以礼；死，葬之以礼，祭之以礼，可谓孝矣。’诸侯之礼，吾未之学也；虽然，吾尝闻之矣。三年之丧，齐疏之服，飦粥之食，自天子达于庶人，三代共之。”②

滕定公是滕文公之父。古时天子死曰崩，诸侯死曰薨。然友，滕人，世子之傅。大故，大丧也，指父母丧而言。行事，办丧事也。这时候，孟

① 定公，文公父也。然友，世子之傅也。大故，大丧也。事，谓丧礼。

② 齐，音资。疏，所居反。飦，诸延反。○当时诸侯莫能行古丧礼，而文公独能以此为问，故孟子善之。又言父母之丧，固人子之心所自尽者，盖悲哀之情，痛疾之意，非自外至，宜乎文公于此有所不能自已也。但所引曾子之言，本孔子告樊迟者，岂曾子尝诵之以告其门人欤？三年之丧者，子生三年，然后免于父母之怀。故父母之丧，必以三年也。齐，衣下缝也。不缉曰斩衰，缉之曰齐衰。疏，粗也，粗布也。飦，糜也。丧礼：三日始食粥。既葬，乃疏食。此古今贵贱通行之礼也。

子已回邹国，所以然友就至邹国去问孟子。不亦善乎！是孟子赞美世子之来问，能郑重丧礼。父母的丧事，做人子的本应该尽自己的心也。下引曾子的话，表示父母生时，奉事固然要尽礼；父母死了，安葬祭祀，也要尽礼。这样，方可说是个孝子也。诸侯丧父母的礼，虽没有学过；但也曾经听人讲过，父母三年之丧应穿下端缝边（齐）的粗布（疏）衣服（齐疏，粗布也），吃些稀烂粥（饣）,从天子到小百姓是一律的，这是三代以来共同遵行的。礼制。齐，本作齐，音资，衣下缝也。疏，粗也。丧服以粗麻布为之，不缉曰斩衰，缉之曰齐衰。父丧当服斩衰，此言齐者，包斩衰而言。饣，同饘，读若专，粥也。居丧当食粥。按此所引曾子语，亦见《论语·为政篇》，为孔子告樊迟语。殆曾子当述之以告门人也。

然友反命，定为三年之丧。父兄百官皆不欲，曰："吾宗国鲁先君莫之行，吾先君亦莫之行也，至于子之身而反之，不可。且《志》曰：'丧祭从先祖。'"曰："吾有所受之也。"①

反命，然友回到滕国，把孟子的话，转告世子也。世子遵从孟子之说，乃决定实行三年之丧。父兄，是世子的长辈。百官，是国中所有的官。滕君亦姬姓，文王子叔绣所封；与鲁君同出文王，故以鲁为宗国。言鲁国前代的国君，与滕国前代的国君，皆未行三年之丧。今欲行三年之丧，是反之也。志，古时传记之书。曰："吾有所受之也。"是世子答父兄百官之言。说不是我要违反祖宗，是向人请教过的。

谓然友曰："吾他日未尝学问，好驰马试剑。今也父兄百官不我足也，

① 父兄，同姓老臣也。滕与鲁俱文王之后，而鲁祖周公为长，兄弟宗之，故滕谓鲁为宗国也。然谓二国不行三年之丧者，乃其后世之失，非周公之法本然也。《志》，记也，引《志》之言而释其意。以为所以如此者，盖为上世以来，有所传受，虽或不同，不可改也。然《志》所言，本谓先王之世，旧俗所传礼文小异而可以通行者耳，不谓后世失礼之甚者也。

恐其不能尽于大事，子为我问孟子”然友复之邹，问孟子。孟子曰：“然。不可以他求者也。孔子曰：‘君薨，听于冢宰。歠粥，面深墨。即位而哭，百官有司，莫敢不哀，先之也。’上有好者，下必有甚焉者矣。‘君子之德，风也；小人之德，草也。草尚之风必偃。’是在世子。”①

世子又向然友说道：“我在从前没有请求过学问，只喜跑马射箭。现父兄百官，对我都不满意，我也深恐我于这件丧葬大事，有所未尽，你替我再去问问孟子。”然友奉了世子的命令，再到邹国去问孟子。“不可以他求”者，即下云“是在世子”也。所引孔子语，见《论语·宪问篇》。是佐国君总理政务之上卿。君薨，世子须守丧礼，故委仟于冢宰，令代听治之也。歠，音川悦反，饮也。歠粥，即上粥之食。深墨，深黑色也。居丧哀戚，形于面，故晦黑也。即位，就丧位也。世子如此，到百官有司执事之人，自为所感，而莫敢不哀矣。好，去声。尚，加也；偃，仆也。言草如加之以风，则草必偃仆。“君子之德……”云云，亦见《论语·颜渊篇》。

然友反命。世子曰：“然。是诚在我。”五月居庐，未有命戒。百官族人，可谓曰知。及至葬，四方来观之，颜色之戚，哭泣之哀，吊者大悦。②

---

① 好、为，皆去声。复，扶又反。歠，川悦反。〇不我足，谓不以我满足其意也。然者，然其“不我足”之言。不可他求者，言当责之于己。冢宰，六卿之长也。歠，饮也。深墨，甚黑色也。即，就也。尚，加也。《论语》作上，古字通也。偃，伏也。孟子言但在世子自尽其哀而已。

② 诸侯五月而葬。未葬，居倚庐于中门之外。居丧不言，故未有命令教戒也。可谓曰知，疑有阙误。或曰“皆谓世子之知礼也。”〇林氏曰：“孟子之时，丧礼既坏，然三年之丧，恻隐之心，痛疾之意，出于人心之所固有者，初未尝亡也。惟其溺于流俗之弊，是以丧其良心而不自知耳。文公见孟子而闻性善、尧、舜之说，则固有以启发其良心矣，是以至此而哀痛之诚心发焉。及其父兄百官皆不欲行，则亦反躬自责，悼其前行之不足以取信，而不敢有非其父兄百官之心。虽其资质有过人者，而学问之力，亦不可诬也。及其断然行之，而远近见闻无不悦服，则以人心之所同然者，自我发之，而彼之心悦诚服，亦有所不期然而然者。人性之善，岂不信哉？”

然友回国复命。世子道："不错！确乎在我自己！"庐，居丧之倚庐。诸侯五月而葬；未葬，孝子居中门外之倚庐中也。听于冢宰，故没有发布命令或告诫。百官和同族的人，都说他可谓知礼了。到了安葬的时候，四方来送葬的人，看见世子颜色悲戚，哭泣哀恸，都非常满意，都称赞世子真是个孝子。

三

滕文公问为国。[①] 孟子曰："民事不可缓也。《诗》云：'昼尔于茅，宵尔索绹。亟其乘屋，其始播百谷。'[②] 民之为道也，有恒产者有恒心，无恒产者无恒心。苟无恒心，放辟邪侈，无不为已。及陷乎罪，然后从而刑之，是罔民也。焉有仁人在位，罔民而可为也？[③]

为治，治国也。时孟子已到滕国。民事不可缓也，是说治国之道，先要讲求百姓的事，不可迟缓。所引《诗经》见《豳风·七月篇》。于，往取也。茅，茅草也。索绹，用草绞成绳索也。意思是说，日间你去割茅草；夜间你去绞绳索。亟，同急。乘，升也。取茅索绹，所以修理茅屋。言急急地升到屋顶上去修理好，整治好吧！就要开始播种百谷了。"民之为道也"以下，是孟子说明民事所以不可缓之理。与《梁惠王篇》告齐宣王语同。

---

① 文公以礼聘孟子，故孟子至滕，而文公问之。

② 绹，音陶。亟，纪力反。〇民事，谓农事。《诗·豳风·七月》之篇。于，往取也。绹，绞也。亟，绞也。亟，急也。乘，升也。播，布也。言农事至重，人君不可以为缓而忽之。故引《诗》言治屋之急如此者，盖以来春将复始播百谷，而不暇为此也。

③ 音义并见前篇。

“是故贤君必恭俭礼下，取于民有制。[①] 阳虎曰：‘为富不仁矣，为仁不富矣。’[②] 夏后氏五十而贡，殷人七十而助，周人百亩而彻，其实皆什一也。彻者，彻也。助者，藉也。[③] 龙子曰：‘治地莫善于助，莫不善于贡。’贡者，校数岁之中以为常。乐岁，粒米狼戾，多取之而不为虐，则寡取之；凶年，粪其田而不足，则必取盈焉。为民父母，使民盻盻然，将终岁勤动，不得以养其父母，又称贷而益之，使老稚转乎沟壑，恶在其为民父母也？[④] 夫世禄，滕固行之矣。[⑤]《诗》云：‘雨我公田，遂及我私。’惟助为有公田。由此观之，虽周亦助也。[⑥]

恭，是恭敬。俭，是俭省。礼下，是待臣以礼。取于民有制，是征取赋税，有一定的制度，不额外加增。这都是贤君为国之道。阳虎，是春秋时鲁季孙氏之家臣，《论语》作阳货。阳虎之言，盖主张为富，所以顾不到仁；孟子虽然引用阳虎之言，意思却正与阳虎相反，孟子论仁政。以解决民生问题为前提，其意侧重在“取于民有制”一语，故先引阳虎之言，

---

① 恭则能以礼接下，俭则能取民以制。

② 阳虎，阳货，鲁季氏家臣也。天理人欲，不容并立。虎之言此，恐为仁之害于富也；孟子引之，恐为富之害于仁也。君子小人每相反而已矣。

③ 彻，敕列反。藉，子夜反。〇此以下，乃言制民常产与其取之之制也。夏时一夫受田五十亩，而每夫计其五亩之入以为贡。商人始为井田之制，以六百三十亩之地，画为九区，区七十亩。中为公田，其外八家各授一区，但借其力以助耕公田，而不复税其私田。周时一夫授田百亩。乡遂用贡法，十夫有沟；都鄙用助法，八家同井。耕则通力而作，收则计亩而分，故谓之彻。其实皆什一者，贡法固以十分之一为常数，惟助法乃是九一，而商制不可考。周制则公田百亩，中以二十亩为庐舍，一夫所耕公田实计十亩。通私田百亩，为十一分而取其一，盖又轻于十一矣。窃料商制亦当如此，而以十四亩为庐舍，一夫实耕公田七亩，是亦不过什一也。彻，通也，均也。藉，借也。

④ 乐，音洛。盻，五礼反，从目从兮。或音普苋反者，非。养，去声。恶，平声。〇龙子，古贤人。狼戾，犹狼藉，言多也。粪，拥也。盈，满也。盻，恨视也。勤动，劳苦也。称，举也。贷，借也。取物于人，而出息以偿之也。益之，以足取盈之数也。稚，幼子也。

⑤ 夫，音扶。〇孟子尝言文王治岐，耕者九一，仕者世禄，二者王政之本也。今世禄滕已行之，惟助法未行，故取于民者无制耳。盖世禄者，授之土田，使之食其公田之入，实与助法相为表里，所以使君子、野人各有定业，而上下相安者也，故下文遂言助法。雨，于付反。〇《诗·小雅·大田》之篇。

⑥ 雨，降雨也。言愿天雨于公田，而遂及私田，先公而后私也。当时助法尽废，典籍不存，惟有此诗，可见周亦用助，故引之也。

次论三代取民之制也。夏称“夏后氏”，殷周称“人”者，赵注云：“禹禅于君，故夏称后；殷周顺人心而征伐，故言人也。”按《论语·八佾篇》宰我答哀公问社，亦称“夏后氏”、“殷人”、“周人”。疑当时习用语如此。“贡”、“助”、“彻”，三代税制之名。朱注谓夏时一夫授田五十亩，每夫计其五亩之入以为贡；商人始为井田，六百三十亩画为九区，每区七十亩，中为公田，八家各授七亩，借其力以助耕公田；周时一夫授田百亩，乡遂用贡法，都鄙用助法，耕则通力而作，收则计亩而分，故谓之彻。又谓贡法以十分之一为常数；助法乃是九一；周制公田百亩中二十亩为庐舍，通私田计之，为十一分而取其一云云。顾炎武《日知录》钱塘《溉堂考古录》则谓“五十”、“七十”、“百亩”，非授田有多少，乃三代丈尺不同之故。丈尺虽异，而所授之田实同，故曰：“其实皆什一也。”若授田多少相差如此，则一王之兴，必改畛涂沟洫矣。其说甚通。“彻者彻也”者，朱注云：“彻，通也，均也。”按《论语·颜渊篇》，有若答哀公云：“盖彻乎。”郑玄注云：“周法什一而税，谓之彻。彻者，通也，为天下之通法。”姚文田《求自斋稿》据《周礼》司稼云：“巡野观稼，以年之上下出敛法。”谓彻无常额，惟视年之丰歉；故无贡法乐岁少取，凶年必取盈之弊，亦无助法不尽力于公田之弊。至其取之之额，仍是什一。谓之“彻”者，直是通盘核算，犹“彻上彻下”之谓也。说较朱子为详。藉，亦作耤，谓借民力以耕公田也。殷助周彻，孟子先释彻，后释助者，孟子主行助法，彻为宾，助为主也。不及贡法者，以下引龙子语已详之也。此倪思宽《读书记》说。龙子，古时的贤人，焦循《正义》疑即《列子仲尼篇》之龙叔。治地，就是整理土地。龙子以殷人之助法为完善，夏人之贡法为不完善也。挍，本作校。从手，比较也。以数岁之秋收为比较，而得一平均数。即以此“中数”为标准，每年向耕田的人，征收若干米谷也。此与现今田主收田租，不论丰年凶年，总是收租米若干，正是同样的。乐，音洛。狼戾。即狼藉。丰年农民米谷多了，往往不甚贵重。甚至狼藉于地而不顾也。《淮南子·览冥训》云:“流涕狼戾不可止。”亦谓涕之零落于也。粪,治田施肥也。凶年收入薄,以抵偿治田施肥的工本还不够。取盈者,谓取税必满其所定之额也。盻,音兮,恨视貌。称,举也;贷,借也。称贷,犹今云举债。恶,音乌,何也。夫,音扶。《梁惠王篇》,孟子说文王治岐云:“耕者九一。仕者世禄。”本章所以仅论税法,不及世禄者,因滕国本已实行世禄了也。故仅提及一语,下文仍续论税法。所引《诗经》见《小雅·大田篇》。只有助法,中央有一方公田:从这两句诗看来,则周朝虽说是行彻法,仍有公田,仍旧是井田的制度,故曰:“虽周亦助也。”以上是论取民制产之法,即《论语》所谓“富之”;以下是论庠序学校之教,即《论语》所谓“教之”。先富后教,与《梁惠王篇》所说仍同。

设为庠序学校以教之。庠者,养也;校者,教也;序者,射也。夏曰校,殷曰序,周曰庠,学则三代共之。皆所以明人伦也。人伦明于上,小民亲于下。[①] 有王者起,必来取法,是为王者师也。[②]《诗》云:‘周虽旧邦,其命维新。’文王之谓也。子力行之,亦以新子之国。”[③]

“庠”、“序”、“校”,都是乡校的名称;学是国立的学校。庠以养老为重,校以教人为重,序以习练射箭为重,各举其所重为名也。至于国立学校,三代的名称是相同的。设学的宗旨不过讲明人所应知的君臣、父子、夫妇、兄弟、朋友等各种伦常之理。人伦既由在上者详细讲明,那些

---

① 庠以养老为义,校以教民为义,序以习射为义,皆乡学也。学,国学也。共之,无异名也。伦,序也。父子有亲,君乐有义,夫妇有别,长幼有序,朋友有信,此人之大伦也。庠、序、学、校,皆以明此而已。

② 滕国褊小。虽行仁政,未必能兴王业。然为王者师,则虽不有天下,而其泽亦足以及天下矣。圣贤至公无我之心,于此可见。

③《诗·大雅·文王》之篇。言周虽后稷以来,旧为诸侯,其受天命而有天下,则自文王始也。子,指文公,诸侯未逾年之称也。

小百姓就都知亲爱了；不但父子、夫妇、兄弟、朋友之间互相亲爱。对于国君亦知亲爱，所谓“人人亲其上，长其长”也。为国之道，虽千头万绪，举其重要者，不过民生、教育二大问题。滕国如能推行井田学校之制，将来有王天下的人出来，必定要来采用，那么，就成了王者之师了。所引《诗经》，见《大雅·文王篇》。这二句是说周朝虽然是前代传下来的一个旧国。到了文王，发政施仁，就受了天命，而造成一个新的国家。子，指滕文公，言但能尽力施行起来，也可以把你的国建设成一个新国家也。

使毕战问井地。孟子曰：“子之君将行仁政，选择而使子，子必勉之！夫仁政，必自经界始。经界不正，井地不钧，谷禄不平，是故暴君污吏必慢其经界。经界既正，分田制禄可坐而定也。①

毕战，滕文公臣。滕文公使毕战到孟子前请问井田土地的办法也。子，指毕战，夫，音扶。经界，即沟洫畛涂，所以画分井田的界限。故经界不能整理清楚，井田就不能均匀；井田不能均匀，则豪强贪污得以兼并多取，故谷禄不均也。暴虐的君主，贪污的官吏，对于土地的界限，所以混乱之不肯注意厘正者，以便于舞弊也。若是经界一正，分配田亩，制定俸禄的办法，只要坐着就可规定了。故行仁政必自经界始也。

夫滕，壤地褊小，将为君子焉，将为野人焉。无君子莫治野人，无野

---

① 夫，音扶。○毕战，滕臣。文公因孟子之言，而使毕战主为井地之事，故又使之来问其详也。井地，即井田也。经界，谓治地分田，经画其沟涂封植之界也。此法不修，则田无定分，而豪强得以兼并，故井地有不钧；赋无定法，而贪暴得以多取，故谷禄有不平。此欲行仁政者之所以必从此始，而暴君污吏则必欲慢而废之也。有以正之，则分田制禄，可不劳而定矣。

人莫养君子。[1] 请野九一而助，国中什一使自赋。[2] 卿以下必有圭田，圭田五十亩。[3] 余夫二十五亩。[4] 死徙无出乡，乡田同井，出入相友，守望相助，疾病相扶持，则百姓亲睦。方里而井，井九百亩，其中为公田。八家皆私百亩，同养公田。公事毕，然后敢治私事，所以别野人也。此其大略也。若夫润泽之，则在君与子矣。”

本篇第一章言“滕绝长补短将五十里”，故云“壤地褊小”。壤地。土地；褊小；狭小也。为，有也。《梁惠王篇》：“善推其所为而已矣”。《说苑》引，“为”作“有”，是“为”、“有”古通之证。言滕国的土地虽小亦须有做官的君子。在乡野耕田的小人；因为没有君子，无人管治野人，没有野人，无人耕种田地，养活君子也。野，指国都以外四郊的地方。九一而助者，九家为井，中为公田，行助法也。国中，指城中，谓郊门以内，势不能划分井田。故以“什一”为标准。叫百姓自己来缴纳赋税。“野九一”，“国中什一”。轻重不同者，国中役多，野役少也。（见《周礼·载师》郑众《注》）。圭，洁也。用以供虔洁的祭祀，故称“圭田”，圭田，即《周礼·载师》之“士田”，士者，仕也。凡卿以下的官，必给他圭田五十亩，使他们作奉养祭祀的费用。这就是上面所说的世禄。孙阑《舆地隅说》则以此“圭田”即《九章》中之“圭田”，系指零星不井之

---

① 夫，音扶。养，去声。○言滕地虽小，然其闲亦必有为君子而仕者，亦必有为野人而耕者，是以分田制禄之法，不可偏废也。

② 此分田制禄之常法，所以治野人使养君子也。野，郊外都鄙之地也。九一而助，为公田而行助法也。国中，郊门之内，乡遂之地也。田不井授，但为沟洫，使什而自赋其一，盖用贡法也。周所谓彻法者盖如此。以此推之，当时非惟助法不行，其贡亦不止什一矣。

③ 此世禄常制之外，又有圭田，所以厚君子也。圭，洁也，所以奉祭祀也。不言世禄者，滕已行之，但此未备耳。

④ 程子曰：“一夫上父母，下妻子，以五口、八口为率，受田百亩。如有弟，是余夫也。年十六，别受田二十五亩。俟其壮而有室，然后更受百亩之田。”愚按：此百亩常制之外，又有余夫之田，以厚野人也。

田。其说较长。朱注引程子注曰：“一夫上父母，下妻子，以五口八口为率，受田百亩。如有弟，是余夫也。年十六，别受田二十五亩，俟其壮而有室，然后更受百亩之田。”此以“余夫二十五亩”与圭田并提。亦明在井田之外也。百姓既均有恒产，则安土重迁，故死亡的安葬，生存的迁居，都不会远离故乡。在一乡中，其田同井者，那些农民，出来耕田，回家休息，常常作伴，彼此就非常友善；守望盗贼，也能大家相助；有了疾病。大家更互相扶持帮助；则百姓自然亲爱而和睦了。“方里而井”者，是说把一里见方的地画成井形，而成为九区：每一井形之地，共田九亩。中央一方百亩为公田，傍边八方为八家私人的田。公田由这八家农民共同耕种；要等公田的农事完毕，然后去做各家私田的农事。“所以别野人也”，赵朱均谓所以分别野人与君子。按上面所说，是皆就“野人”（即农民）而言，与君子无涉；“别野人”者，谓使家受私田，各有恒产耳。这是井田之法的大略情形，至于要如何因时制宜，详加规定，使合于人情，宜于土俗①②③，那是在乎你们的国君和你了。

---

① 死，谓葬也。徒，谓徒其居也。同井者，八家也。友，犹伴也。守望，防寇盗也。

② 养，去声。别，彼列反。○此详言井田形体之制，乃周之助法也。公田以为君子之禄，而私田野人之所受。先公后私，所以别君子、野人之分也。不言君子，据野人而言，省文耳。上言野及国中二法，此独详于治野者，国中贡法，当时已行，但取之过于什一尔。

③ 夫。音扶。○井地之法，诸侯皆去其籍，此特其大略而已。润泽，谓因时制宜，使合于人情，宜于土俗，而不失乎先王之意也。○吕氏曰：“子张子慨然有意三代之治。论治人先务，未始不以经界为急，讲求法制，粲然备具。要之可以行于今，如有用我者，举而措之耳。尝曰：‘仁政必自经界始。贫富不均，教养无法；虽欲言治，皆苟而已。世之痛难行者，未始不以亟夺富人之田为辞。然兹法之行，悦之者众。苟处之有术，期以数年，不刑一人而可复。所痛者，特上之未行耳。’乃言曰：‘纵不能行之天下，犹可验之一乡。’方与学者议古之法，买田一方，画为数井。上不失公家之赋役，退以其私，正经界，分宅里，立敛法，广储蓄，兴学校，成礼俗，救灾恤患，厚本抑末。足以推先王之遗法，明当今之可行。有志未就而卒。”○愚按：丧礼、经界两章，见孟子之学，识其大者。是以虽当礼法废坏之后，制度节文不可复考，而能因略以致详，推旧而为新，不屑屑于既往之迹，而能合乎先王之意，真可谓命世亚圣之才矣。

四

有为神农之言者许行，自楚之滕，踵门而告文公曰："远方之人，闻君行仁政，愿受一廛而为氓。"文公与之处，其徒数十人，皆衣褐，捆屦织席以为食。①

为，治也，犹今云研究。许行为农家，治神农之言。神农，上古之帝王。《汉书·艺文志》农家有《神农》二十篇。班固自注云："六国时，诸子疾时怠于农业，道耕农事，托之神农。"盖当时农家多依托神农，不但许行为然也。《商子·画策篇》云："神农之世，公耕而食，妇织而衣，不用刑政而治。"《北堂书钞》引《尸子》云："神农氏并耕而食。"《吕氏春秋·爱类篇》述神农之教，亦言身亲耕，妻亲绩。许行主张君臣并耕，而托之神农之言，盖因当时本有此种传说耳。周秦诸子各创学说，皆欲以改制救世。但孔孟言尧舜，墨子宗夏禹，道家祖黄帝，所以必托之古人者，以世俗之入，多贵古贱今，非如此不能动人也。（说见《韩非子·显学篇》）许行，楚人，故自楚往滕，踵门，亲至门也。廛，民宅。氓，即民也。"与之处"者，给以住宅也。褐，粗毛布，贱者所服。衣，去声，穿也。捆，织也。（见《说文》）屦，麻鞋。朱注从赵注训"捆"为"扣有"，谓织屦欲其坚，故扣之。言其徒以织屦席为业，卖以供食也。

陈良之徒陈相与其弟辛，负耒耜而自宋之滕，曰："闻君行圣人之政，

① 衣，去声。捆，音阃。○神农，炎帝神农氏，始为来耜，教民稼穑者也。为其言者，史迁所谓农家者流也。许，姓；行，名也。踵门，足至门也。仁政，上章所言井地之法也。廛，民所居也。氓，野人之称。褐，毛布，贱者之服也。捆，扣椓之，欲其坚也。以为食，卖以供食也。○程子曰："许行所谓神农之言，乃后世称述上古之事，失其义理者耳，犹阴阳、医方称黄帝之说也。"

是亦圣人也，愿为圣人氓。”①

陈相，为陈良之弟子，陈辛则陈相之弟也。耒耜，农具。从宋国来到滕国，愿为滕君之民。观许行、陈相之至自楚宋，可以推想当时文公初行仁政，便有四方之人皆悦而愿为之氓之效。

陈相见许行而大悦，尽弃其学而学焉。陈相见孟子。道许行之言曰：“滕君，则诚贤君也。虽然，未闻道也。贤者与民并耕而食，饔飧而治。今也滕有仓廪府库，则是厉民而以自养也，恶得贤？”②

饔，音雍，飧，音孙。陈相见了许行，非常悦服，把从前受于其师陈良的学说都弃掉了，去学许行的学说，故来见孟子时，即述许行之言也。朝饭叫“饔”，夜饭叫“飧”。“并耕而食，饔飧而治”，言当与民并耕，自己炊爨而食，兼治民事也。积米谷的曰仓廪；藏银钱的曰府库。厉，害也。言在滕国仍有积满米谷的仓库，积满钱财的府库，这就是害民以奉养自己，哪里算得贤呢？恶，平声，安也。

孟子曰：“许子必种粟而后食乎？”曰：“然。”“许子必织布而后衣乎？”曰：“否。许子衣褐。”“许子冠乎？”曰：“冠。”曰：“奚冠？”曰：“冠素。”曰：“自织之与？”曰：“否。以粟易之。”曰：“许子奚为不自织？”曰：“害于耕。”

许子，孟子称许行也。言许子必自己种粟，而后食之乎？必自己织布，而后衣之乎？“衣褐”者，言许子所穿的是毛布，不是普通的布也。

---

① 陈良，楚之儒者。耜，所以起土。耒，其柄也。

② 饔，音雍。飧，音孙。恶，平声。○饔飧，熟食也。朝曰饔，夕曰飧。言当自炊爨以为食，而兼治民事也。厉，病也。许行此言，盖欲阴坏孟子分别君子、野人之法。

素，白色生绢也。“冠素”者，以生绢制冠也。与，同欤。孟子问许子所衣之褐，与制冠之素，都是自己织的吗？奚，何也。孟子又问：“许子为什么不自己织也。”

曰：“许子以釜甑爨，以铁耕乎？”曰：“然。”“自为之与？”曰：“否。以粟易之。”①

釜，是铁制的烹饪器具，即今之镬或锅。甑，是陶制的烹饪器具，即今之瓦罐。爨，煮饭烧菜也。铁，指用铁制的农器。与，同欤。孟子又问：“许子煮食的釜甑和耕田的农器，是自己制成的吗？”

“以粟易械器者，不为厉陶冶。陶冶亦以其械器易粟者，岂为厉农夫哉？且许子何不为陶冶，舍皆取诸其宫中而用之？何为纷纷然与百工交易？何许子之不惮烦？”曰：“百工之事，固不可耕且为也。”②

孟子因陈相言许子之褐、素、釜、甑、农具之类，皆不自制而以粟易之，乃驳之也。陶，制造瓦器者；冶，制造铁器者。械器，指釜甑耒耜等物。朱注云：“舍，止也。或读句属上，‘舍’谓作陶冶之处也。”按：朱注所举二解均未安。钱玄同先生谓“舍”即今浙江绍兴方言之“啥”，意即“什么”；言无论什么都可取之于他的家中而用之也。其说甚精。古时凡居室皆可称“宫”。秦始皇以后，“宫”字始专指帝王所居。不惮烦，犹说不怕厌烦。以上孟子向陈相问许子的生活情形，所以絮絮不休者，全在逼出“百工之事不可耕且为”一语。下文便以此语为根据，说出一番大道

① 衣，去声。与，平声。○釜，所以煮。甑，所以炊。爨，然火也。铁，耜属也。此语八反，皆盖子问而陈相对也。

② 舍，去声。○此孟子言而陈相对也。械器，釜甑之属也。陶，为甑者。冶，为釜铁者。舍，止也，或读属上句。舍，谓作陶冶之处也。

理来。

“然则治天下独可耕且为与？有大人之事，有小民之事。且一人之身，而百工之所为备，如必自为而后用之，是率天下而路也。故曰：或劳心。或劳力。劳心者治人，劳力者治于人。治于人者食人，治人者食于人。天下之通义也。①

此节仍是孟子之言。与，同欤。百工之事既不可耕且为，则治天下独可耕且为乎？大人，即上章所谓君子，治人者也；小人，即上章所谓野人，治于人者也。治天下，大人之事也；耕稼，小人之事也。一人之身，衣食住行各方面，备具百工之所为；如必一切自为而后用之，则是率天下之人而路也。赵注云：“是率导天下之人以羸路也。”路。与露通。羸露，谓瘦瘠暴露。朱注云：“路，谓奔走道路。无时休息也。”与赵说异。《管子·四时篇》云：“不知五谷之故，国家乃路。”房注云：“路，谓失其常居。”失其常居者，言日常生活亦不得安也。一人既不能兼为百工之事，故分工互助，为人类生活之原则。耕织陶冶之类，为体力的劳动；政治教育之类，为精神的劳动，其为人类社会工作则一也。《左传》襄公九年记知武子语，《国语·鲁语》记公父文伯之母语，皆云：“君子劳心，小人劳力，先王之制也。”是“劳心劳力”，古有此语，故加“故曰”。食，音嗣。食人。谓耕稼以养人；食于人，谓为人所养。此就理论上驳许行君民并耕之说也。

当尧之时，天下犹未平，洪水横流，泛滥于天下。草木畅茂，禽兽繁

① 与，平声。食，音嗣。○此以下皆孟子言也。路，谓奔走道路，无时休息也。治于人者，见治于人也。食人者，出赋税以给公上也。食于人者，见食于人也。此四句皆古语，而孟子引之也。君子无小人则饥，小人无君子则乱。以此相易，正犹农夫、陶冶以粟与械器相易，乃所以相济而非所以相病也。治天下者，岂必耕且为哉？

殖，五谷不登，禽兽逼人，兽蹄鸟迹之道，交于中国。尧独忧之，举舜而敷治焉。舜使益掌火，益烈山泽而焚之，禽兽逃匿。禹疏九河，瀹济、漯，而注诸海，决汝汉，排淮、泗，而注之江，然后中国可得而食也。当是时也，禹八年于外，三过其门而不入，虽欲耕，得乎？①

尧的时候，有洪水之灾。洪水，水大；横流，不由其道；泛滥，陆上到处都是水也。畅茂，长盛也；繁殖，生殖繁多也。登，成熟也。印着禽兽的蹄迹的道路，纵横于中国，言禽兽的，且逼人也。帝尧独以此为忧，遂举了舜出来，叫他敷治。敷，分也。尧一人独忧之，不能一人独治之，故举舜而分治焉。下文益掌火、禹治水、后稷教民稼穑、契司教育，即分治也。烈，炽也。烈而焚之，犹云燃火以烧之。烧去山泽中之草木驱禽兽也。疏，分导也。疏九河，即《禹贡》之播为九河。九河者，徒骇、太史、马颊、覆釜、胡苏、简、洁、钩盘、鬲津也。盖分黄河下游为九道，一以杀水势；一则每年可以濬一河之淤，周而复始，使不致壅塞也。瀹，亦疏通之意。漯，音塔。决，排，皆濬于导水也。济漯入海。汝汉入长江，朱子谓据《禹贡》，及今水路入江者仅汉水；汝泗皆入淮，则淮自入海；此云四水皆入江，乃记者之误。按《禹贡》无汝水，《汉书·地理志》言汝水入淮，孙兰《舆地隅说》，孙星衍《分江导淮论》则谓淮泗合流之后，有由庐州巢湖胭脂河入江者，有由天长六合入江者；其本流则至清江浦入海。“排”者，通其上游支流以杀水势也。可以证《孟子》之非误。洪水既平，中国之地然后可耕而食。

① 瀹，音药。济，子礼反。漯，他合反。〇天下犹未平者，洪荒之世，生民之害多矣，圣人迭兴，渐次除治，至此尚未尽平也。洪，大也。横流，不由其道而散溢妄行也。泛滥，横流之貌。畅茂，长盛也。繁殖，众多也。五谷，稻、黍、稷、麦、菽也。登，成熟也。道，路也。兽蹄鸟迹交于中国，言禽兽多也。敷，布也。益，舜臣名。烈，炽也。禽兽逃匿，然后禹得施治水之功。疏，通也，分也。九河：曰徒骇，曰太史，曰马颊，曰覆釜，曰胡苏，曰简，曰洁，曰钩盘，曰鬲津。瀹，亦疏通之意。济漯，二水名。决、排，皆去其壅塞也。汝、汉、淮、泗，亦皆水名也。据《禹贡》及今水路，惟汉水入江耳。汝、泗则入淮，而淮自入海。此谓四水皆入于江，记者之误也。

后稷教民稼穑，树艺五谷，五谷熟而民人育。人之有道也，饱食、暖衣、逸居而无教，则近于禽兽。圣人有忧之，使契为司徒，教以人伦：父子有亲，君臣有义，夫妇有别，长幼有序，朋友有信。放勋曰：‘劳之来之，匡之直之，辅之翼之，使自得之，又从而振德之。’圣人之忧民如此，而暇耕乎？①

后稷，是管农事的官名，按《尚书·尧典》，那时候做后稷的人名弃，是周朝的始祖。稼穑，农艺也。树艺，种植也。育，养也。“人之有道也”，与本篇第三章“民之为道也”同。“有”、“为”古通用。“有忧之”者，“又忧之”也。上云“尧独忧之”。故此云“又忧之”。契，音薛，人名，商朝的始祖。司徒，掌教育之官。契为司徒，亦见《尧典》。放勋，尧之号。曰，一作日，言尧日日劳来匡直辅翼之（见焦循《正义》，据孙奭《孟子音义》）。来，亦作勑。《尔雅》：“劳来，勤也。”劳之来之，谓勉之以勤；匡之直之，谓正之以义；辅之翼之，谓助之以教化；使能自得其本善之性也。振，救也。振德，谓加惠穷民，救其困乏也。朱注则云：“又从而提撕警觉以加惠焉。”盖以“提撕”训“振”，“加惠”训“德”，以“放勋日”以下云云，为命契之辞也。

尧以不得舜为己忧，舜以不得禹、皋陶为己忧。夫以百亩之不易为己

---

① 契，音薛。别，彼列反。长、放，皆上声。劳、来，皆去声。○言水土平，然后得以教稼穑；衣食足，然后得以施教化。后稷，官名，弃为之。然言教民，则亦非并耕矣。树，亦种也。艺，殖也。契，亦舜臣名也。司徒，官名也。人之有道，言其皆有秉彝之性也。然无教。则亦放逸怠惰而失之，故圣人设官而教以人伦，亦因其固有者而道之耳。《书》曰：“天叙有典，敕我五典五惇哉。”此之谓也。放勋，本史臣赞尧之辞，孟子因以为尧号也。德，犹惠也。尧言，劳者劳之，来者来之，邪者正之，枉者直之，辅以立之，翼以行之，使自得其性矣，又从而提撕警觉以加惠焉，不使其放逸怠惰而或失之。盖命契之辞也。

忧者，农夫也。[①] 分人以财谓之惠，教人以善谓之忠，为天下得人者谓之仁。是故以天下与人易，为天下得人难。[②] 孔子曰：‘大哉尧之为君！惟天为大，惟尧则之，荡荡乎民无能名焉！君哉舜也！巍巍乎有天下而不与焉！’尧舜之治天下，岂无所用其心哉？亦不用于耕耳。[③]

皋，音高。陶，读如遥。皋陶为士，掌司法，亦见《尧典》。“不易”之“易”，去声，即“易其田畴”之易，治也。“与人易”之“易”，“易”亦去声，为“难易”之易。“为天下”之“为”，去声。则，效法也。言尧能取法乎天。荡荡，大貌。“民无能名”者，言民不能指其德而名之也。君哉，言其能尽人君之道的也。巍巍，高貌。不与，犹言不相关。言舜虽然得了天下，却像毫不相关，只以救民为心，并不以天子的地位自足也。所引孔子语，与《论语·泰伯篇》所记略异。此又引历史事实以驳许行君民并耕之说也。

吾闻用夏变夷者，未闻变于夷者也。陈良，楚产也，悦周公、仲尼之道，北学于中国。北方之学者，未能或之先也。彼所谓豪杰之士也。子之兄弟事之数十年，师死而遂倍之。[④] 昔者孔子没，三年之外，门人治任将归，入揖于子贡，相向而哭，皆失声，然后归。子贡反，筑室于场，独居三年，然后归。他日，子夏、子张、子游以有若似圣人，欲以所事孔子事

---

① 夫，音扶。易，去声。○易，治也。尧、舜之忧民，非事事而忧之也，急先务而已。所以忧民者其大如此，则不惟不暇耕，而亦不必耕矣。

② 为、易，并去声。○分人以财，小惠而已。教人以善，虽有爱民之实，然其所及亦有限而难久。惟若尧之得舜，舜之得禹、皋陶，及所谓为天下得人者，而其恩惠广大，教化无穷矣，此其所以为仁也。

③ 与，去声。○则，法也。荡荡，广大之貌。君哉，言尽君道也。巍巍，高大之貌。不与，犹曰不相关，言其不以位为乐也。

④ 此以下，责陈相倍师而学许行也。夏，诸夏礼义之教也。变夷，变化蛮夷之人也。变于夷。反见变化于蛮夷之人也。产，生也。陈良生于楚，在中国之南，故北游而学于中国也。先，过也。豪杰，才德出众之称，言其能自拔于流俗也。倍，与背同。言陈良用夏变夷，陈相变于夷也。

之，强曾子。曾子曰：‘不可。江、汉以濯之，秋阳以暴之，皜皜乎不可尚已。’① 今也南蛮鴃舌之人，非先王之道，子倍子之师而学之，亦异于曾子矣。② 吾闻出于幽谷迁于乔木者，未闻下乔木而入于幽谷者。③《鲁颂》曰：‘戎狄是膺，荆、舒是惩。’周公方且膺之，子是之学，亦为不善变矣。”④

孟子驳许行君民并耕之说既竟，乃复责陈相背其师陈良而去学许行也。夏，指中国，夷，指蛮夷。夏是文明的民族，应该用文化去启导野蛮民族，使他也变成文明：从不曾听说文明民族，反愿变成野蛮的。故曰："吾闻用夏变夷者，未闻变于夷者也。"产，生也。楚产，即是生长于楚国。周公孔子之道，儒家之道也。那时候，楚国称荆蛮，尚无文化，故陈相特地到中国来求学。北方的学人，没有一个赶得上他。不为地方习俗所囿，力求上进，故称之为豪杰之士。子之兄弟，指陈相、陈辛两人。倍，同背。任，担也。治任，整治行李也。子贡主办孔子丧事，故门人入揖告辞。响，今亦作向。相响，相对也。失声，悲极、哭不成声也。反者，子贡送别了众人回来。场，冢旁空地。子贡筑室于孔子墓旁，独住三年然后去也。子夏、子张、子游以有若似圣人者，如《檀弓》所记，子游谓有若之言似夫子，《史记·仲尼弟子传》谓有若状似夫子之类。强，上声，勉强也。濯，音浊，洗涤也。周正建子，其七八月，即夏正建寅之五六月：其秋，即夏正之夏。秋阳，夏日也。暴，同曝。朱注云："皜皜，洁白貌。

---

① 任，平声。强，上声。暴，蒲木反。皜，音杲。〇三年，古者为师心丧三年，若丧父而无服也。任，担也。场，冢上之坛场也。有若似圣人，盖其言行气象有似之者，如《檀弓》所记子游谓有若之言似夫子之类是也。所事孔子，所以事夫子之礼也。江、汉水多，言濯之洁也。秋日燥烈，言暴之干也。皜皜，洁白貌。尚，加也。言夫子道德明著，光辉洁白，非有若所能仿佛也。或曰："此三语者，孟子赞美曾子之辞也。"

② 鴃，亦作鵙，古役反。〇鴃，博劳也，恶声之鸟。南蛮之声似之，指许行也。

③ 《小雅·伐木》之诗云："伐木丁丁，鸟鸣嘤嘤。出自幽谷，迁于乔木。

④ 《鲁颂·閟宫》之篇也。膺，击也。荆，楚本号也。舒，国名，近楚者也。惩，艾也。按：今此诗为僖公之颂，而孟子以周公言之，亦断章取义也。

尚，加也。”朱意盖谓濯以江汉曝以秋阳，故洁白无以复加。焦氏《正义》则谓“皜”通“颢”，言孔子德如天之元气颢颢也。尚，上也。不可上，即子贡所谓“如天之不可阶而升”。江汉非池沼可拟，秋阳非燔燎之伦：盖以江汉、秋阳及天比孔子云。说亦可通。鴃音决。是一种小鸟。鴃舌之人，谓口音特别，讲话像鸟声的人。南蛮，指楚南蛮鴃舌之人，指许行。其并耕之说，亦非先王之道也。幽谷，即很深的山谷，指黑暗低下的地方。乔木，即高大的树木，指光明高大的地方。《诗经·小雅·伐木篇》云：“出自幽谷，迁于乔木。”孟子用其意为喻《鲁颂》，是鲁国中的颂诗。所引，见《鲁颂·閟宫篇》。膺，击也，伐也。荆，即楚。舒，古国名，近楚者也。惩，犹今云惩戒。言周公所伐者戎狄，所惩者荆舒。朱子谓《閟宫》本颂僖公孟子以指周公，是断章取义，翟颢《孟子考异》则谓《閟宫》一诗，第七第八二章，方颂僖公，此在第四章，确指周公。

“从许子之道，则市贾不贰，国中无伪。虽使五尺之童适市，莫之或欺。布帛长短同，则贾相若；麻缕丝絮轻重同，则贾相若；五谷多寡同，则贾相若；屦大小同，则贾相若。”① 曰：“夫物之不齐，物之情也，或相倍蓰，或相什伯，或相千万。子比而同之，是乱天下也。巨屦、小屦同贾，人岂为之哉？从许子之道，相率而为伪者也，恶能治国家？”②

此陈相又称赞许子之道以答孟子也。贾，今作价。贰，同二。陈相以为推行许子的学说，能使市价划一不贰，国中的人都不敢作伪，虽使五尺

① 贾，音价，下同。○陈相又言许子之道如此。盖神农始为市井，故许行又托于神农而有是说也。五尺之童，言幼小无知也。许行欲使市中所粥之物，皆不论精粗美恶，但以长短、轻重、多寡、大小为价也。

② 夫，音扶。蓰，音师，又山绮反。比，必二反。恶，平声。倍，一倍也。蓰，五倍也。什、伯、千、万，皆倍数也。比，次也。孟子言物之不齐，乃其自然之理，其有精粗，犹其有大小也。若大屦、小屦同价，则人岂肯为其大者哉？今不论精粗，使之同价，是使天下之人皆不肯为其精者，而竞为滥恶之物以相欺耳。

长的童子到市上去买东西，决没有人会欺骗他。许子的主张，对于货物，只问量的多寡，而不管质的好坏。故布与帛，长短相同，价钱就一样；麻缕丝絮，轻重相同，价钱就一样；连五谷也不问他是米是麦，只要容量的多少相同，价钱也是一样。至于所穿的鞋，也只须大小相同，价钱也是一样。“曰”字以下，又孟子驳陈相之辞。夫，音扶。物之不齐，物之情也，是说货物的不能划一：正是货物的实在情形。所以在价值也自然不同了。倍，是一倍，蓰，是五倍，什，是十倍，伯，是百倍，千万，是千倍万倍。比，音必二反，次也。现在你们要把他画成同一的价钱。是反使天下扰乱了。大的鞋如小的鞋卖同一价钱，制鞋的人还肯做他吗？质料相同的，大小不同，价尚不能划一；何况质量本有高低呢？你以为从许子之道，可以国中无伪，我却以为从许子之道，正是使国人相率为伪，怎能治国家呢？恶，平声，何也。

五

墨者夷之，因徐辟而求见孟子。孟子曰：“吾固愿见，今吾尚病，病愈，我且往见。”夷子不来！[①] 他日又求见孟子。孟子曰：“吾今则可以见矣。不直，则道不见，我且直之。吾闻夷子墨者，墨之治丧也，以薄为其道也。夷子思以易天下，岂以为非是而不贵也？然而夷子葬其亲厚，则是以所贱事亲也。”[②]

《汉书·艺文志》有墨家，以墨翟为始祖。墨者，是宗墨子学说的人。

---

① 辟，音壁，又音闢。○墨者，治墨翟之道者。夷，姓；之，名。徐辟，孟子弟子。孟子称病，疑亦托辞以观其意之诚否。

② 不见之见，音现。○又求见，则其意已诚矣，故因徐辟以质之如此。直，尽言以相正也。庄子曰：“墨子生不歌，死无服，桐棺三寸而无椁。”是墨之治丧，以薄为道也。易天下，谓移易天下之风俗也。夷子学于墨氏而不从其教，其心必有所不安者，故孟子因以诘之。

夷之，姓夷名之，是当时的一位墨者。徐辟。’孟子弟子。夷子，即夷之。直者，直言以相质也。见，音现。言不直言以质之，则无以现示儒家之道。故我且直言以质之也。墨子书有《节葬篇》，以为儒家厚葬靡财病民，久服丧生害事。《庄子·天下篇》亦言墨子“死无服。桐棺三寸而无椁”。夷子既宗墨子，故思以薄葬改变天下之风气，是以薄葬为贵，而所贱为厚葬；今夷子厚葬其亲，则是以所贱事亲矣。此即孟子直言质问夷子之辞。

徐子以告夷子。夷子曰：“儒者之道，古之人‘若保赤子’，此言何谓也？之则以为爱无差等，施由亲始。”徐子以告孟子。孟子曰：“夫夷子信以为人之亲其兄之子，为若亲其邻之赤子乎？彼有取尔也。赤子匍匐将入井，非赤子之罪也。且天之生物也，使之一本，而夷子二本故也。①盖上世尝有不葬其亲者，其亲死，则举而委之于壑。他日过之。狐狸食之，蝇蚋姑嘬之。其颡有泚，睨而不视。夫泚也，非为人泚，中心达于面目。盖归反虆梩而掩之。掩之诚是也，则孝子仁人之掩其亲，亦必有道矣。”② 徐子以告夷子。夷子怃然为间，曰：“命之矣。”③

---

① 夫，音扶，下同。匍，音蒲，匐，蒲北反。〇“若保赤子”，《周书·康诰》篇文。此儒者之言也。夷子引之，盖欲援儒而入于墨，以拒孟子之非已。又曰：“爱无差等，施由亲始”，则推墨而附于儒，以释己所以厚葬其亲之意，皆所谓遁辞也。孟子言人之爱其兄子与邻之子，本有差等。《书》之取譬，本为小民无知而犯法，如赤子无知而入井耳。且人物之生，必各本于父母而无二，乃自然之理，若天使之然也。故其爱由此立，而推以及人，自有差等。今如夷子之言，则是视其父母本无异于路人，但其施之之序，姑自此始耳。非二本而何哉？然其于先后之间，犹知所择，则又其本心之明有终不得而息者，此其所以卒能受命而自觉其非也。

② 蚋，音汭。嘬，楚怪反。泚，此礼反。睨，音诣。为，去声。虆，力追反。梩，力知反。〇因夷子厚葬其亲而言此，以深明一本之意。上世，谓太古也。委，弃也。壑，山水所趋也。蚋，蚊属。姑，语助声，或曰蝼蛄也。嘬，攒共食之也。颡。额也。泚，泚然汗出之貌。睨，邪视也。视，正视也。不能不视，而又不忍正视，哀痛迫切，不能为心之甚也。非为人泚，言非为他人见之而然也。所谓一本者，于此见之，尤为亲切。盖惟至亲故如此，在他人，则虽有不忍之心，而其哀痛迫切，不至若此之甚矣。反，覆也。虆，土笼也。梩，土轝也。于是归而掩覆其亲之尸，此葬埋之礼所由起也。此掩其亲者，若所当然，则孝子仁人所以将其亲者，必有其道，而不以薄为贵矣。

③ 怃，音武。间，如字。〇怃然，茫然自失之貌。为间者，有顷之间也。命，犹教也。言孟子已教我矣。盖因其本心之明，以攻其所学之蔽，是以吾之言易入，而彼之惑易解也。

徐子即徐辟，把孟子的话，转告夷子也。道，言也。孟子为儒家，故夷子引儒者之言以反质孟子。赤子，是初生的婴儿。因初生婴儿皮肤色红，故曰“赤子”。“若保赤子”，见《周书·康诰篇》言古之圣王爱民如保赤子也。之，夷之自称其名。墨子主“兼爱”，以为“爱人之父若其父，爱人之子若其子”，故曰“爱无差等”。但施爱由亲始耳。盖夷之以为儒者之言“若保赤子”，即是墨家兼爱之意：但爱虽无差等，而施爱则始于亲，故不妨厚葬其亲也。夫，音扶。孟子以为人之亲其兄之子，与亲其邻之赤子，是有差等的。“彼有取尔也”之“彼”，指“若保赤子”之言。所谓“若保赤子”者，盖别有取意也。匍匐，手足着地爬行也。赤子无知，在地上匍匐将入于井，犹愚民无知而陷于罪，皆非其罪。故今之人保民若赤子也。人物之生，各有其唯一之父母，故曰“一本”。今夷子以为爱无差等，则视路人如父母。是有二父母矣，故曰“二本”。此就夷之之言驳之也。上世，太古之世。委，抛弃也。壑，山间涧谷也。蝇，苍蝇。蚋，小虫名，蚊的一类。姑，古通蛄，也是一种小虫。嘬者，攒聚在一处吮吸之也。颡，前额。泚，出汗的样子。睨者，斜着眼也。蔂，盛土之草具；梩，掘土的器械。掩，盖也。言上古之世，也曾有不葬其亲之人。其父母死，则抬到山中，弃之于壑。过了几天，偶然重经弃尸之地，见狐狸在那里吃他，蝇蚋蝼蛄在攒集着吮吸他，不觉爱亲之念油然而生，既不忍，又惭愧，额上汗也出来了，斜着眼不忍再看。他出汗，并不是为了别人，乃是爱亲之念，发于内心，在颜面上表现出来。于是回到家里，取了蔂梩转去，用泥土把他掩埋起来。这便是葬礼的起源。由此可见孝子仁人之葬其亲，也本于爱亲之心，厚葬之礼，即因于此。其不当以薄葬为贵可知。此孟子因夷之厚葬其亲，以启发其本心，而解其蔽也。怃然，茫然如有所失的样子。“为闲”即“有间”，间，顷也。“命之”，犹云“教之”。夷之闻孟子之言，大为感动，故怃然有间，曰：“孟子已教我矣。”

六

陈代曰："不见诸侯，宜若小然；今一见之，大则以王，小则以霸。且《志》曰：'枉尺而直寻'，宜若可为也。"① 孟子曰："昔齐景公田，招虞人以旌，不至，将杀之。'志士不忘在沟壑，勇士不忘丧其元。'孔子奚取焉？取非其招不往也。如不待其招而往，何哉？② 且夫枉尺而直寻者，以利言也。如以利，则枉寻直尺而利，亦可为与？③

陈代，孟子弟子。宜，殆也。宜若小然，殆若褊小也；宜若可为，殆若可为也。八尺曰寻。枉，屈也，曲也；直，伸也，正也。枉尺直寻，言所屈者小，所伸者大。代欲孟子去见诸侯，屈己伸道，故有此言。田，打猎。虞人。是专管山泽苑囿的小官。旌，是一种旗。按古礼：国君招大夫用旌，招虞人用皮冠。齐景公招虞人用旌，是失礼的。虞人因守礼而不肯至。景公以为违抗命令，将要杀他。"在沟壑"者，死于冻馁，无棺椁，委尸沟壑中也。丧，去声，亡失也。元，头也。丧其元，谓被杀也。这两句，是孔子当时赞美虞人的话。按齐景公事亦见《左传》昭公十二年，所记与此不同。奚取焉，言孔子对于虞人何所取也。孔子所取，即在这个虞人对于齐景公用旌去招他，决定不去，虽死不顾耳。如不待诸侯来招，我先去见他们，那是什么道理呢？夫，音扶。而且你所说的"枉尺直寻"，

① 王，去声。○陈代，孟子弟子也。小，谓小节也。枉，屈也。直，伸也。八尺曰寻。枉尺直寻，犹屈己一见诸侯，而可以致王霸，所屈者小，所伸者大也。

② 丧，去声。○田，猎也。虞人，守苑囿之吏也。招大夫以旌，招虞人以皮冠。元，首也。志士固穷，常念死无棺椁，弃沟壑而不恨。勇士轻生，常念战斗而死，丧其首而不顾也。此二句，乃孔子叹美虞人之言。夫虞人招之不以其物，尚守死而不往，况君子，岂可不待其招而自往见之邪？此以上，告之以不可往见之意。

③ 夫，音扶。与。平声。○此以下，正其所称枉尺直寻之非。夫所谓枉小而所伸者大则为之者，计其利耳。一有计利之心，则虽枉多伸少而有利，亦将为之邪？甚言其不可也。

无非在利益上计算。如果单以利益为标准；那么如所屈的有一寻，所伸的只有一尺，难道也可以做的吗？与，今作欤。

昔者赵简子使王良与嬖奚乘，终日而不获一禽。嬖奚反命曰：‘天下之贱工也。’或以告王良。良曰：‘请复之。’强而后可，一朝而获十禽。嬖奚反命曰：‘天下之良工也。’简子曰：‘我使掌与女乘。’谓王良。良不可，曰：‘吾为之范我驰驱，终日不获一；为之诡遇，一朝而获十。《诗》云：“不失其驰。舍矢如破。”我不贯与小人乘，请辞。’① 御者且羞与射者比。比而得禽兽，虽若丘陵，弗为也。如枉道而从彼，何也？且子过矣，枉己者，未有能直人者也。”②

赵简子，晋大夫赵鞅也；简是谥。嬖，是宠爱的意思。奚，是人名。王良，是当时善于驾马的人。《左传》哀公二年作邮无恤，字子良；《国语·晋语》作邮无正，即邮良，伯乐。乘，去声，御车也。与，为也。使王良为嬖人奚驾车去打猎也。反命，复命于简子。“请复之”者，请再为奚驾车出猎也。强，上声，勉强也。奚不肯，故强之。朝，犹云上午。女，同汝。“使掌与汝乘”者，使王良掌为嬖奚御车之职也。范，法也。为，去声。“范我驰驱”者，按御车之法驰驱也。诡遇，不按御车之法，使与禽遇也。所引《诗经》，见《小雅·车攻篇》“不失其驰”，谓不失其驰驱之法，即“范我驰驱”也。舍，舍矢，发箭也。如破，言发箭必中，贯禽

① 乘，去声。强，上声。女，音汝。为，去声。舍，上声。○赵简子，晋大夫赵鞅也。王良，善御者也。嬖奚，简子幸臣。与之乘，为之御也。复之，再乘也。强而后可，嬖奚不肯，强之而后肯也一朝，自晨至食时也。掌，专主也。范，法度也。诡遇，不正而与禽遇也。言奚不善射，以法驰驱则不获，废法诡遇而后中也。《诗·小雅·车攻》之篇。言御者不失其驰驱之法，而射者发矢皆中而力，今嬖奚不能也。贯，习也。

② 比，必二反。○比，阿党也。若丘陵，言多也。○或曰：“居今之世，出处去就不必一一中节，欲其一一中节，则道不得行矣。”杨氏曰：“何其不自重也？枉己其能直人乎？古之人宁道之不行，而不轻其去就，是以孔、孟虽在春秋、战国之时，而进必以正，以至终不得行而死也。使不恤其去就而可以行道，孔、孟当先为之矣。孔、孟岂不欲道之行哉？”

而杀之也。贯，同惯。言为此等小人驾车，我是不惯的，故请辞也。孟子引王良不肯给嬖奚驾车的故事，意在说明自己不肯屈己从人的道理。故述故事完毕后，再加断语。御者，指王良。射者，指嬖奚。比，阿私也。言驾车的人，尚且以与射箭的人阿私为羞耻，因阿比而可以多获禽兽，虽堆积着像山陵般高，也不肯做。如要我枉屈了自己所守之道，去依附那些无道的诸侯，这是什么道理呢？矫枉当以直：己已枉曲，岂能正人。此直指陈代“枉尺直寻”之言之误。

七

景春曰：“公孙衍、张仪岂不诚大丈夫哉？一怒而诸侯惧，安居而天下熄。”① 孟子曰：“是焉得为大丈夫乎？子未学礼乎？丈夫之冠也，父命之。女子之嫁也，母命之，往送之门，戒之曰：‘往之女家，必敬必戒，无违夫子！’以顺为正者，妾妇之道也。② 居天下之广居，立天下之正位，行天下之大道。得志与民由之，不得志独行其道。富贵不能淫，贫贱不能移，威武不能屈。此之谓大丈夫。”③

景春，人名姓。公孙衍，即犀首，衍与张仪，都是魏国人，为纵横家的主要人物，见《史记·张仪传》。怒则游说诸侯，使相攻伐，故诸侯惧；安居则各国战争之事也就消灭，故曰“安居而天下熄”也。是，指衍仪等

① 景春，人姓名。公孙衍、张仪，皆魏人。怒则说诸侯使相攻伐，故诸侯惧也。

② 焉，于虔反。冠，去声。女家之女，音汝。○加冠于首曰冠。女家，夫家也。妇人内夫家，以嫁为归也。夫子，夫也。女子从人，以顺为正道也。盖言二子阿谀苟容，窃取权势，乃妾妇顺从之道耳，非丈夫之事也。

③ 广居，仁也。正位，礼也。大道，义也。与民由之，推其所得于人也。独行其道，守其所得于己也。淫，荡其心也。移，变其节也。屈，挫其志也。○何叔京曰：“战国之时，圣贤道否，天下不复见其德业之盛。但见奸巧之徒，得志横行，气焰可畏，遂以为大丈夫。不知由君子观之，是乃妾妇之道耳，何足道哉！”

人。焉，平声，安也。丈夫，指男子。冠，去声，行冠礼也。古礼男子二十而冠，始为成人。“父命之”者，男子冠，父主其事也。此是喻中之宾。“母命之”者，女子出嫁，母主其事也。女，同汝。女子以夫家为家，故曰汝家。夫子，女之婿也。言女子嫁人，在临去的时候，母亲送她到门口，告诫她道：“到你夫家去，必要恭敬，必要谨戒，不可违反丈夫的话。”此是喻中之主。由此可见以顺从为正当的，那是做妾妇之道。这是说：公孙衍、张仪这种人，只知奉承国王，好像妻妾之奉承丈夫一样。朱注云：“广居，仁也；正位，礼也；大道，义也。”“与民由之”，使人民共由此道也。独行其道，安贫乐道，守之不失也。朱注又云：“淫，荡其心也；移，变其节也；屈，挫其志也。”盖大丈夫于其道，能笃信死守，达不离道，故富贵不能淫；穷不失义，故贫贱不能移；有杀身以成仁，无求生以害义，故威武不能屈；必如此，方可谓之大丈夫也。

八

周霄问曰：“古之君子仕乎？”孟子曰：“仕。传曰：‘孔子三月无君，则皇皇如也，出疆必载质。’公明仪曰：‘古之人，三月无君则吊。”①

周霄，魏国人，亦见《战国·策魏策》。传者，指前代所遗留的传记。无君，谓不得仕而无君可事也。皇皇，是求取不到心中不安的样子。《礼记·檀弓篇》云：“皇皇焉如有求而弗得也。”《问丧》云：“皇皇然如有求而弗得也。”皇皇如，即皇皇焉、皇皇然也。出疆，谓失官去国。疆，境也。质，同贽，亦作挚，臣所执以见君者，如士用雉之类。出疆载质而

① 传，直恋反。质与贽同，下同。○周霄，魏人。无君，谓不得仕而事君也。皇皇如，有求而弗得之意。出疆，谓失位而去国也。质，所执以见人者，如士则执雉也。出疆载之者，将以见所适国之君而事之也。

行，以备见所适之国之君也。三月，虚数，言其久也（用汪中《述学释三九》说）。言久不得仕，则吊之。

“三月无君则吊，不以急乎？”① 曰：“士之失位也，犹诸侯之失国家也。《礼》曰：‘诸侯耕助，以供粢盛。夫人蚕缫，以为衣服。牺牲不成，粢盛不洁，衣服不备，不敢以祭。惟士无田，则亦不祭。’牲杀、器皿、衣服不备，不敢以祭，则不敢以宴，亦不足吊乎？”②

以急，太急也。此句为周霄又问。“曰”字以下，孟子又答也。古者天子诸侯皆亲耕以供粢盛，王后夫人皆亲蚕以供祭服；见《礼记·祭统篇》。盛，音成。助，借田也。天子诸侯所耕曰借田。借者，助也，借百姓的助力，故名。粢盛，是祭祖时上供的稷稻。蚕缫，饲蚕缫丝也。诸侯夫人饲蚕缫丝，是用以制成祭祀所穿的礼服的。牺牲是祭祀所用的牛羊豕；不成，没有长成。田，即本篇第三章的“圭田”。无田，没有圭田也。失位不仕，则无圭田，故不祭也。《礼记·曲礼篇》云：“无田禄者，不设祭器。”《王制》云：“有田则祭，无田则荐。”并无田不祭之证。牲杀，指祭祀时特杀的牺牲皿，所以覆器者，器皿，指祭器；衣服，指祭祀的礼服；三者不备，不敢以祭。不祭，则不宴也。

“出疆必载质，何也？”③ 曰：“士之仕也，犹农夫之耕也。农夫岂为出疆舍其耒耜哉？”④ 曰：“晋国亦仕国也，未尝闻仕如此其急。仕如此其

---

① 周霄问也。以、已通，太也。后章放此。

② 盛，音成。缫，素刀反。皿，武永反。○《礼》曰：“诸侯为藉百亩，冕而青纮，躬秉耒以耕，而庶人助以终亩。收而藏之御廪，以供宗庙之粢盛。使世妇蚕于公桑蚕室，奉茧以示于君，遂献于夫人。夫人副袆受之，缫三盆手，遂布于三宫世妇，使缫以为黼黻文章，而服以祀先王先公。”又曰：“士有田则祭，无田则荐。”黍稷曰粢，在器曰盛。牲杀，牲必特杀也。皿，所以覆器者。

③ 周霄问也。

④ 为，去声。舍，上声。

急也，君子之难仕，何也？”曰：“丈夫生而愿为之有室，女子生而愿为之有家。父母之心，人皆有之。不待父母之命、媒妁之言，钻穴隙相窥，逾墙相从，则父母、国人皆贱之。古之人未尝不欲仕也，又恶不由其道。不由其道而往者，与钻穴隙之类也。”①

“出疆必载质，何也？”周霄又问。“曰士之仕也……”孟子又答也。孟子以仕为士之职业，故曰犹农夫之耕。舍，弃置也。“曰晋国亦仕国……”，周霄又问。周霄，魏人，魏为三晋之一，故据晋为问。难仕，谓不轻易出仕。“曰丈夫生……”孟子又答。男以女为室，女以男为家。妁，音酌，亦媒也。此言凡为父母者，皆愿为子女婚嫁；若不待父母之命，媒妁之言，而私通淫奔，是不为婚姻之正道，则父母国人皆贱之；以喻归君子未尝不欲仕，但不由其道而仕，则亦为人所贱也。恶，去声，厌恶也。焦氏《正义》谓末句无“之”字，言与钻穴隙相类。孔广森《经学卮言》谓与，同欤，属上句。”王引之《经传释词》谓：与，语助词，无义。”

九

彭更问曰：“后车数十乘，从者数百人，以传食于诸侯，不以泰乎？”孟子曰：“非其道，则一箪食不可受于人；如其道，则舜受尧之天下，不以为泰。子以为泰乎？”②

---

① 为，去声。妁，音酌。隙，去逆反。恶，去声。○晋国，解见首篇。仕国，谓君子游宦之国。霄意以孟子不见诸侯为难仕，故先问古之君子仕否，然后言此以风切之也。男以女为室，女以男为家。妁，亦媒也。言为父母者，非不愿其男女之有室家，而亦恶其不由道。盖君子虽不洁身以乱伦，而亦不徇利而忘义也。

② 更，平声。乘、从，皆去声。传，直恋反。箪，音丹。食，音嗣。○彭更，孟子弟子也。泰，侈也。

彭更，孟子弟子。彭更此问，疑孟子无功受禄也。后车。弟子所乘以随孟子者。数十乘，数十辆也。从者，从孟子之弟子。“乘”、“从”皆去声。以，同已，太也。泰，侈也，甚也。箪，盛饭之竹器。

曰：“否。士无事而食，不可也。”[①] 曰：“子不通功易事，以羡补不足，则农有余粟，女有余布；子如通之，则梓匠轮舆，皆得食于子。于此有人焉，入则孝，出则悌，守先王之道，以待后之学者，而不得食于子。子何尊梓匠轮舆，而轻为仁义者哉”？[②]

“曰否……”彭更又问也。易，音亦。羡，有余也。农耕女织，各尽所能；余粟余布，互相交换，各取所需；即所谓“通功易事，以羡补不足”也。此分功互助之法，为人类社会生活之原则。梓人、匠人，皆木工；轮人、舆人，皆车工。弟，今作悌。入孝出弟，守先王之道以待后之学者，即儒者，亦即“为仁义者”。

曰：“梓匠轮舆，其志将以求食也。君子之为道也，其志亦将以求食与？”曰：“子何以其志为哉？其有功于子，可食而食之矣。且子食志乎？食功乎？”

与，同欤。此彭更又问也。“曰”字以下，孟子又答。四“食”字皆音嗣，子之食也。食志，因其志在求食而子之食也；食功，因其有功于我而子之食也。

---

① 言不以舜为泰，但谓今之士无功而食人之食，则不可也。

② 羡，延面反。○通功易事。谓通人之功而交易其事。羡，余也。有余，言无所贸易而积于无用也。梓人、匠人，木工也。轮人、舆人，车工也。

曰："食志。"[①] 曰："有人于此，毁瓦画墁，其志将以求食也，则子食之乎?"曰："否。"曰："然则子非食志也，食功也。"[②]

彭更又答也。"曰"字以下，孟子又设一个譬喻答他。毁瓦者，把屋上的瓦毁坏；尽墁者，把粉饰好的洁白的墙壁涂污也。假定有个人在这里，毁坏屋瓦，涂污墙壁，而他的志愿，是要向你求饭吃的，那么，你也给他饭吃吗？彭更听了这话，回答道："否。"孟子因又说道："然则子非食志也，食功也。"

十

万章问曰："宋，小国也，今将行王政，齐、楚恶而伐之，则如之何?"[③] 孟子曰："汤居亳，与葛为邻，葛伯放而不祀。汤使人问之曰：'何为不祀?，曰：'无以供牺牲也。'汤使遗之牛羊。葛伯食之，又不以祀。汤又使人问之曰：'何为不祀?'曰：'无以供粢盛也。'汤使亳众往为之耕，老弱馈食。葛伯率其民，要其有酒食黍稻者夺之，不授者杀之。有童子以黍肉饷，杀而夺之。《书》曰：'葛伯仇饷。'此之谓也。[④] 为其杀是童子而征之，四海之内皆曰：'非富天下也，为匹夫匹妇复仇也。'[⑤] '汤始征，自葛载'。十一征而无敌于天下。东面而征，西夷怨；南面而

① 与，平声。可食而食、食志、食功之食，皆音嗣，下同。孟子言：自我而言，固不求食；自彼而言，凡有功者则当食之。

② 墁，武安反。子食之食，亦音嗣。〇墁，墙壁之饰也。毁瓦画墁，言无功而有害也。既曰食功，则以士为无事而食者，真尊梓匠轮舆而轻为仁义者矣。

③ 恶，去声。〇万章，孟子弟子。宋王偃尝灭滕伐薛，败齐、楚、魏之兵，欲霸天下，疑即此时也。

④ 遗，唯季反。盛，音成。往为之为，去声。馈食、酒食之食，音嗣。要，平声。饷，式亮反。〇葛，国名。伯，爵也。放而不祀，放纵无道，不祀先祖也。亳众，汤之民。其民，葛民也。授，与也。饷，亦馈也。《书·商书·仲虺之诰》也。仇饷，言与饷者为仇也。

⑤ 为，去声。〇非富天下，言汤之心非以天下为富而欲得之也。

征，北狄怨，曰：‘奚为后我?’民之望之，若大旱之望雨也。归市者弗止，芸者不变，诛其君，吊其民，如时雨降。民大悦。《书》曰：‘徯我后，后来其无罚。’①

万章，孟子弟子。周广业《孟子出处时地考》谓孟子去齐，居休，归邹，闻宋王偃将行仁政，往游焉。万章之问，当在此时。殆其初政有足观者。《史记·宋世家》乃谓偃射天，淫于酒色，杀谏者，诸侯谓之“桀宋”。盖晚节不终者。恶，去声，厌恶也。亳，音仆，汤都也。葛，国名。葛伯，国之君。放，放纵无道；不祀，不祭祀也。遗，同馈，赠送也。粢盛，供祭祀之稷稻。要，同邀。亳人老弱馈食于耕者，葛伯率其民邀截而夺其所馈之食也。两“食”字皆音嗣。“葛伯仇饷”，见伪古文《尚书·仲虺之诰》。王鸣盛《尚书后案》据《书序》：“葛伯不祀，汤始征之，作《汤征》。”以为此句当在《汤征篇》中。《汤征篇》今逸。仇饷者，谓葛伯如以馈饷者为仇也。为，去声。非富天下，言汤非以天下为富而欲得之，载，亦始也。十一征，言征伐十一次。奚为后我，言何为不先伐我国也。芸，同耘。吊，哀而抚慰之也。徯，待也。后，君也。按：《梁惠王篇》述汤征葛事，与此大同小异。引《书》语，作“后来其苏”。

‘有攸不惟臣，东征，绥厥士女，匪厥玄黄，绍我周王见休，惟臣附于大邑周。’其君子实玄黄于匪以迎其君子，其小人箪食壶浆以迎其小人。救民于水火之中。取其残而已矣。②

---

① 载，亦始也。十一征，所征十一国也。余已见前篇。

② 食，音嗣。○按：《周书·武成篇》栽武王之言，孟子约其文如此。然其辞时与今《书》文不类。今姑依此文解之。有所不惟臣，谓助纣为恶，而不为周臣者。匪，与篚同。玄黄，币也。绍，继也，犹言事也。言其士女以匪盛玄黄之币，迎武王而事之也。商人而曰我周王，犹《商书》所谓我后也。休，美也。言武王能顺天休命，而事之者皆见休也。臣附，归服也。孟子又释其意，言商人闻周师之来，各以其类相迎者，以武王能救民于水火之中，取其残民者诛之，而不为暴虐耳。君子，谓在位之人，小人，谓细民也。

此节自“有攸不为臣”，至“惟臣附于大邑周”。是引《尚书》中记周武王伐纣的事。伪古文《尚书·武成篇》中所记，与此大同小异。攸，所也。有攸不为臣，朱注以为指那时尚有助纣为虐，不愿为周武王的臣子者。焦氏《正义》以为“不从”即“惟”，惟，念也。有攸，即有所；有攸不惟，即有所念；所念惟执臣子之节耳。与朱子说异。东征，武王东征伐纣也。绥厥士女，抚慰纣的男女子民也。匪，同篚，竹编的器具。玄黄，黑色黄色的币帛。言用竹编的器具，盛黑色黄色的币帛也。朱注又云：“绍，继也，犹言事也。”焦氏则谓“绍”者，绍介见周王，亦与朱子不同。休，美也，善也。周王，指武王。“我”者，亲之之辞；“大邑”者，尊之之辞也。以上孟子引《尚书》之言。君子，指有爵位者；小人，指百姓。箪食壶浆，以箪盛饭，以壶盛浆也。食，音嗣。取其残，谓取其残民之独夫而诛之。

太誓曰：‘我武惟扬，侵于之疆，则取于残，杀伐用张，于汤有光。’①不行王政云尔；苟行王政，四海之内皆举首而望之，欲以为君。齐、楚虽大，何畏焉？”②

《大誓》，《尚书》的一篇，是记武王伐纣的文字。今《泰誓》后得，非伏胜所传，（见惠栋《古文尚书考》）无此文。“侵于”、“取于”二“于”字，皆句中助词，无义。言武王奋威扬武，侵纣之疆土，取残民之独夫，以张残伐。继汤而行吊民伐罪之事，故曰“于汤有光”也。孟子既引汤武往事以告万章，乃以己意断之。言所虑者宋王未必能真行仁政耳。

---

① 《太誓》，《周书》也。今《书》文亦小异。言武王威武备扬，侵彼纣之疆界，取其残贼，而杀伐之功因以张大，比于汤之伐桀，又有光焉。引此以证上文取其残之义。

② 宋实不能行王政，后果为齐所灭，王偃走死。○尹氏曰：“为国者能自治而得民心，则天下皆将归往之，恨其征伐之不早也。尚何强国之足畏哉？苟不自治，而以强弱之势言之，是可畏而已矣。”

苟真行仁政，则天下之民皆欲归之，齐楚又何足畏哉！

十一

孟子谓戴不胜曰："子欲子之王之善与？我明告子。有楚大夫于此，欲其子之齐语也，则使齐人傅诸？使楚人傅诸？"曰："使齐人傅之。"曰："一齐人傅之，众楚人咻之，虽日挞而求其齐也，不可得矣；引而置之庄岳之间数年，虽日挞而求其楚，亦不可得矣。[①] 子谓薛居州，善士也，使之居于王所。在于王所者，长幼卑尊，皆薛居州也，王谁与为不善？在王所者，长幼卑尊皆非薛居州也，王谁与为善？一薛居州，独如宋王何？"[②]

戴不胜，宋大夫。子，指戴不胜；子之王，指宋王。与，同欤。齐语，是齐国的方言。传，教也。诸，之乎也。挞，责打也。咻，喧扰也。庄、岳，街里名，是齐国繁盛的地方。此以学习方言为喻。薛居州，也是宋国人。所，处也。居于王所，在宋王左右也。长，上声。皆薛居州，言皆如薛居州为善士也；皆非薛居州，言皆非善士，不像薛居州也。盖环境移人，其力最大，故近朱者赤，近墨者黑；所谓蓬生麻中，不扶自直；白沙在涅，不染自黑也。

十二

公孙丑问曰："不见诸侯，何义"？孟子曰："古者不为臣不见。[③] 段

---

① 与，平声。咻，音休。○戴不胜，宋臣也。齐语，齐人语也。傅，教也。咻，讙也。齐，齐语也。庄岳，齐街里名也。楚，楚语也。此先设譬以晓之也。

② 长，上声。○居州，亦宋臣。言小人众而君子独，无以成正君之功。

③ 不为臣，谓未仕于其国者也，此不见诸侯之义也。

干木逾垣而辟之，泄柳闭门而不内，是皆已甚。迫，斯可以见矣。[①] 阳货欲见孔子而恶无礼，大夫有赐于士，不得受于其家，则往拜其门。阳货瞰孔子之亡也，而馈孔子蒸豚；孔子亦瞰其亡也，而往拜之。当是时，阳货先，岂得不见?[②] 曾子曰：‘胁肩谄笑，病于夏畦。’子路曰：‘未同而言，观其色赧赧然，非由之所知也。’由是观之，则君子之所养可知已矣。”[③]

不在这个国内做官，则和这国的国君没有君臣之义。所以不见也。段干，复姓；木，名，魏人，与文侯同时。泄柳，鲁人，与缪公同时。按《史记·魏世家》言文侯客段干木，过其间，未尝不轼；《吕氏春秋·下贤篇》言文侯见段干木，立倦而不敢息；本书《公孙丑篇》言泄柳、申详无人乎缪公之侧，则不能安其身；则初虽逾垣闭门，其后仍见之矣。辟。同避。内，同纳。已甚，太过也。迫切也。言诸侯求见之意甚迫切也。阳货，即阳虎，鲁大夫。恶，去声。瞰，伺也。亡，不在家也。馈，赠送也。蒸豚，蒸熟的小猪也。此事亦见《论语·阳货篇》。胁肩，是耸着的肩。谄笑，是奉承人家的笑。夏畦，夏天治畦灌田也。夏天治畦灌田是很劳苦的工作；而胁肩谄笑，其精神上苦痛，实在比夏畦尤其厉害。未同而言，谓与他人意见并不相同，因为要奉承他，勉强和他谈话，所以看他的面色，总是涨红了的。赧，赤也；中心惭愧。故色赧赧然也。“非由之所知”者，子路言这种人，究竟是什么心理，真是我孟子引了曾子子路的

---

① 辟，去声。内，与纳同。○段干木，魏文侯时人。泄柳，鲁缪公时人。文侯、缪公欲见此二人，而二人不肯见之，盖未为臣也。已甚，过甚也。迫，谓求见之切也。

② 欲见之见，音现。恶，去声。瞰，音勘。○此又引孔子之事，以明可见之节也。欲见孔子，欲召孔子来见己也。恶无礼，畏人以己为无礼也。受于其家，对使人拜受于家也。其门，大夫之门也。瞰，窥也。阳货于鲁为大夫，孔子为士，故以此物及其不在而馈之，欲其来拜而见之也。先，谓先来加礼也。

③ 胁，虚业反。赧，奴简反。○胁肩，竦体。谄笑，强笑。皆小人侧媚之态也。病，劳也。夏畦，夏月治畦之人也。言为此者，其劳过于夏畦之人也。未同而言，与人未合而强与之言也。赧赧，惭而面赤之貌。由，子路名。言非己所知。甚恶之之辞也。孟子言由此二言观之，则二子之所养可知，必不肯不俟其礼之至，而辄往见之也。○此章言圣人礼义之中正，过之者伤于迫切而不洪，不及者沦于污贱而可耻。

话，又说道：君子平日之所养，已可知了。君子所养者廉耻，若奔走诸侯之门，以求富贵，则廉耻丧尽矣。

十三

戴盈之曰："什一，去关市之征，今兹未能。请轻之，以待来年，然后已，何如？"[①] 孟子曰："今有人日攘其邻之鸡者，或告之曰：'是非君子之道。'曰：'请损之，月攘一鸡，以待来年，然后已。'[②] 如知其非义。斯速已矣，何待来年？"[③]

戴盈之，也是宋国的大夫。什一，十分之一也。征，征税。田赋收十分之一，阛市讥而不征，是孟子的主张。今兹，今年。《左传》僖公十六年，"今兹鲁多大丧，明年齐有乱"。亦以"今兹"与明年对举。已，免除之也。攘，偷也。是非君子之道，言偷鸡不是君子之道。损，减少也。孟子以攘鸡为喻，明非义之事，当立即革除，不必有所待也。

十四

公都子曰："外人皆称夫子好辩，敢问何也？"孟子曰："予岂好辩哉？予不得已也。[④] 天下之生久矣。一治一乱。[⑤] 当尧之时，水逆行，泛滥于中国，蛇龙居之，民无所定。下者为巢，上者为营窟。《书》曰：'洚水警

---

① 去，上声。○盈之，亦宋大夫也。什一，井田之法也。关市之征，商贾之税也。已，止也。
② 攘，如羊反。○攘，物自来而取之也。损，减也。
③ 知义理之不可而不能速改，与月攘一鸡何以异哉？
④ 好，去声，下同。
⑤ 治，去声。○生，谓生民也。一治一乱，气化盛衰，人事得失，反复相寻，理之常也。

余。’洚水者，洪水也。[①] 使禹治之。禹掘地而注之海，驱蛇龙而放之菹。水由地中行，江、淮、河、汉是也。险阻既远，鸟兽之害人者消，然后人得平土而居之。[②]

好，去声。好辩，喜欢和人家辩论也。天下之生久矣，言天地间自生有人民以来，已经长久了。“水逆行”者，洪水不循河道，冲到陆地上来也。水既泛滥于大陆，于是水族中蛇龙等物，都跟着大水住到陆地上来了。百姓奔避灾害。没有了一定住所；低下的地方，只好架木为巢，躲在树上：较高的地方，便在泥土上掘了洞，住在里面。“洚水警余”，见伪古文《尚书·大禹谟》。洚水，是时候的话，洪水是孟子时通行的话，故以洪水释洚水。掘地，去壅塞以疏导之也。放，逐也。菹，低洼有水草之泽。“水由地中行”者，行于两岸之中，各循其道也。那就是长江、淮河、黄河、汉水，这几条大川。险阻，即指洪水。远，去也；消，除也。然后一般人民，得到平地而可以安居。此一乱而一治也。

尧、舜既没，圣人之道衰。暴君代作，坏宫室以为污池，民无所安息；弃田以为园囿，使民不得衣食。邪说暴行又作，园囿、污池、沛泽多而禽兽至。及纣之身，天下又大乱。[③] 周公相武王，诛纣伐奄，三年讨其君，驱飞廉于海隅而戮之。灭国者五十，驱虎、豹、犀、象而远之。天下大悦。《书》曰：‘丕显哉，文王谟！丕承哉，武王烈！佑启我后人，咸以

---

① 洚，音降，又胡贡、胡工二反。○水逆行，下流壅塞，故水倒流而旁溢也。下，下地。上，高地也。营窟，穴处也。《书·虞书·大禹谟》也。洚水，洚洞无涯之水也。警，戒也。此一乱也。

② 菹，侧鱼反。○掘地，掘去壅塞也。菹，泽生草者也。地中，两涯之间也。险阻，谓水之泛滥也。远，去也。消，除也。此一治也。

③ 坏，音怪。行，去声，下同。沛，蒲内反。○暴君，谓夏太康、孔甲、履癸、商武乙之类也。宫室，民居也。沛，草木之所生也。泽，水所钟也。自尧、舜没至此，治乱非一，及纣而又一大乱也。

正无缺。'[1]

宫室，指民居。污池，是蓄水的大池。沛泽，水草盛处。暴君弃民田以为园囿，坏民居以为污池，故沛泽多也。奄，是东方国名，是助纣为虐的。飞廉，纣臣，也是助纣为虐的。所引《尚书》见伪古文《君牙篇》丕，大也。显，明也。谟，谋也。承，继也。烈，功也。佑，助也。启，开也。咸，皆也。言文王武王，皆以正道佑助开导我后人而无缺失。此又一乱而一治也。

世衰道微，邪说暴行有作，臣弑其君者有之，子弑其父者有之。[2] **孔子惧，作《春秋》。《春秋》，天子之事也。是故孔子曰：'知我者其惟《春秋》乎！罪我者其惟《春秋》乎！'**[3]

有作，又作也。到了孔子时，天下又一乱。孔子见了这种情形，很觉得忧惧，所以做了一部《春秋》，《春秋》本是鲁国的史书。因为是编年体，故取四季之二以为名。孔子依鲁史作《春秋》，旨在纠正乱臣贼子，以笔削褒贬寓王法，此天子之事也。所以孔子说："后世晓得我的，只在这部《春秋》责我不应行天子的赏罚的，也只在这部《春秋》。"

圣王不作，诸侯放恣，处士横议，杨朱、墨翟之言盈天下。天下之言，不归杨，则归墨。杨氏为我，是无君也；墨氏兼爱，是无父也。无父

---

① 相，去声。〇奄，平声。奄，东方之国，助纣为虐者也。飞廉，纣幸臣也。五十国，皆纣党虐民者也《书·周书·君牙》之篇。丕，大也。显，明也。谟，谋也。承，继也。烈，光也。佑，助也。启，开也。缺，坏也。此一治也。

② 有作之有，读为又，古字通用。〇此周室东迁之后，又一乱也。

③ 胡氏曰："仲尼作《春秋》以寓王法。厚典、庸礼、命德、讨罪，其大要皆天子之事也。知孔子者，谓此书之作，遏人欲于横流，存天理于既灭，为后世虑，至深远也。罪孔子者，以谓无其位而托二百四十二年南面之权。使乱臣贼子禁其欲而不得肆，则戚矣。"愚谓孔子作《春秋》以讨乱贼，则致治之法垂于万世，是亦一治也。

无君，是禽兽也。公明仪曰：‘庖有肥肉，厩有肥马，民有饥色，野有饿莩，此率禽兽而食人也。’杨、墨之道不息，孔子之道不著，是邪说诬民，充塞仁义也。仁义充塞，则率兽食人，人将相食。[①] 吾为此惧，闲先圣之道，距杨、墨，放淫辞，邪说者不得作。作于其心，害于其事；作于其事，害于其政。圣人复起，不易吾言矣。[②]

作，兴也。放恣，犹云放纵。横，逆也，肆也。杨朱、墨翟，是孟子以前、孔子以后的人。杨朱之书不传，今惟《伪列子》有《杨朱篇》。墨翟有《墨子》，今存，但亦残缺。孟子又言："杨氏，取为我，拔一毛而利天下，不为也。墨子兼爱，磨顶放踵，利天下为之。"盖杨朱为极端的个人主义，不欲为社会国家尽力；此云"无君"，犹今言无国家观念也。墨子主兼爱，以为爱无差等，爱人之父若其父，故谓之"无父"。儒家之道是"人道"。无父无君，非儒家之道，故以为"非人之道"，而斥之曰"是禽兽也"。所引公明仪语，与《梁惠王篇》第三章对梁惠王所说同。息，灭也。著，明也。诬，欺罔也。充塞，犹阻塞也。闲，防卫也。距，排抵也。放，驱而远之也。此孟子自言所以与人辩论，是在息灭邪说，使不至深入人心，害及政事，是出不得已，非好辩也。

昔者禹抑洪水而天下平，周公兼夷狄、驱猛兽而百姓宁，孔子成《春秋》而乱臣贼子惧。[③]《诗》云：‘戎狄是膺，荆、舒是惩，则莫我敢承。’

---

① 横、为，皆去声。莩，皮表反。○杨朱但知爱身，而不复知有致身之义，故无君。墨子爱无差等，而视其至亲无异众人，故无父。无父无君，则人道灭绝，是亦禽兽而已。公明仪之言，义见首篇。充塞仁义，谓邪说遍满，妨于仁义也。孟子引仪之言，以明杨、墨道行，则人皆无父无君，以陷于禽兽，而大乱将起，是亦率兽食人而人又相食也。此又一乱也。

② 为，去声。复，扶又反。○闲，卫也。放，驱而远之也。作，起也。事，所行。政，大体也。孟子虽不得志于时，然杨、墨之害，自是灭息，而君臣父子之道，赖以不坠。是亦一治也。○程子曰："杨、墨之害，甚于申、韩；佛氏之害，甚于杨、墨。盖杨氏为我疑于义，墨氏兼爱疑于仁，申、韩则浅陋易见。故孟子止辟杨、墨，为其惑世之甚也。佛氏之言近理，又非杨、墨之比，所以为害尤甚。

③ 抑，止也。兼，并之也，总结上文也。

无父无君，是周公所膺也。[①] 我亦欲正人心，息邪说，距诐行，放淫辞，以承三圣者。岂好辩哉？予不得已也。[②] 能言距杨、墨者，圣人之徒也。"[③]

抑，遏止也。兼，并也。"戎狄是膺，荆舒是惩"，解见《许行》章。承，当也。莫我敢承，言无人敢当我也。无父无君。夷狄之俗，故曰："是周公所膺也。"诐行，偏诐不正之行，淫辞，放荡之言。三圣，指禹、周公、孔子，此节总结上文，而以己距杨墨为继三圣之功。末句又谓凡能以言论排斥杨墨等学说的，都是圣人的信徒；则不仅己欲辞而辟之，且望入亦能距之矣。

十五

匡章曰："陈仲子岂不诚廉士哉？居於陵，三日不食，耳无闻，目无见也。井上有李，螬食实者过半矣。匍匐往将食之，三咽，然后耳有闻、目有见。"[④] 孟子曰："于齐国之士，吾必以仲子为巨擘焉。虽然，仲子恶

---

① 说见上篇。承，当也。

② 行、好，皆去声。○诐、淫，解见前篇。辞者，说之详也。承，继也。三圣，禹、周公、孔子也。盖邪说横流，坏人心术，甚于洪水猛兽之灾，惨于夷狄篡弑之祸，故孟子深惧而力救之。再言岂好辩哉，予不得已也，所以深致意焉。然非知道之君子，孰能真知其所以不得已之故哉？

③ 言苟有能为此距杨、墨之说者，则其所趋正矣，虽未必知道，是亦圣人之徒也。孟子既答公都子之问，而意有未尽，故复言此。盖邪说害正，人人得而攻之，不必圣贤；如《春秋》之法，乱臣贼子，人人得而讨之，不必士师也。圣人救世立法之意，其切如此。若以此意推之，则不能攻讨，而又唱为不必攻讨之说者，其为邪诐之徒，乱贼之党可知矣。○尹氏曰："学者于是非之原，毫厘有差，则害流于生民，祸及于后世，故孟子辨邪说如是之严，而自以为承三圣之功也。当是时，方且以好辩目之，是以常人之心而度圣贤之心也。"

④ 於，音乌，下於陵同。螬，音曹。咽，音宴。○匡章、陈仲子，皆齐人。廉，有分辨，不苟取。也于陵，地名。螬，蛴螬虫也。匍匐，言无力不能行也。咽，吞也。

能廉？充仲子之操，则蚓而后可者也。[1] 夫蚓，上食槁壤，下饮黄泉。仲子所居之室，伯夷之所筑与？抑亦盗跖之所筑与？所食之粟，伯夷之所树与？抑亦盗跖之所树与？是未可知也。”[2]

匡章，齐人，为齐宣王将，见《战国策·齐策》及《燕策吕氏春秋·不屈篇》。高诱注，则以为孟子弟子。陈仲子，亦齐人，即《战国策·齐策》赵威后问齐使所云於陵仲子，《荀子·非十二子》所云陈仲，《韩非子·外储说》所云田仲。诚，真也。於，音乌。於陵，齐国地名。螬，是一种小虫。实，即李之果实。饿极，故耳不能听，目不能视，足不能行，乃匍匐伏地爬行而往。将食之，取此螬食过半之李子而食之也。咽，音宴，吞也，擘，薄厄反，巨擘，是大拇指。恶，平声，何也。充，是推而极之之意；操，操守也。蚓，是蚯蚓，俗名曲蟮，是一种圆体细长的虫。槁壤，即干燥的泥土。黄泉，地下的泉水。言就仲子之操守，推而极之，必如蚯蚓之食槁壤，饮黄泉方可也。盗跖，是古时大盗，名跖，树种也。与。均同欤。

曰：“是何伤哉？彼身织屦，妻辟纑，以易之也。”[3] 曰：“仲子，齐之世家也。兄载，盖禄万钟，以兄之禄为不义之禄而不食也，以兄之室为不义之室而不居也，辟兄离母，处于於陵。他日归，则有馈其兄生鹅者，己频顑曰：‘恶用是鶂鶂者为哉？’他日，其母杀是鹅也，与之食之。其兄自

---

① 擘，薄厄反。恶，平声。蚓，音引。〇巨擘，大指也。言齐人中有仲子，如众小指中有大指也。充，推而满之也。操。所守也。蚓，丘蚓也。言仲子未得为廉也，必若满其所守之志，则惟丘蚓之无求于世，然后可以为廉耳。

② 夫，音扶。与，平声。〇槁壤，干土也。黄泉，浊水也。抑，发语辞也。言蚓无求于人而自足，而仲子未免居室食粟，若所从来或有非义。则是未能如蚓之廉也。

③ 辟，音壁。纑，音卢。〇辟，绩也。纑，练麻也。

外至，曰：‘是鶂鶂之肉也。’出而哇之。[1] 以母则不食，以妻则食之；以兄之室则弗居，以於陵则居之，是尚为能充其类也乎？若仲子者，蚓而后充其操者也。”[2]

此又是匡章之言。是何伤哉，言这有什么妨害也。身织屦，仲子亲自编织麻鞋也。妻辟纑，他的妻亲自纺织练麻也。辟，绩麻也。纑，练麻也。易之，去换取食住所需的物品。元李治《古今黈》谓世家，世禄之家。他的兄名戴。盖，地名，其兄之采邑。每年得禄米一万钟也。戴盖，犹云乘轩，为大夫也。是谓“盖”为车盖，“戴”非兄名。与通解异。仲子以不肯食兄之禄，住兄之室，故避兄离母，去住在於陵的地方。已，指仲子，频顣，眉皱也。频，额也。顣，同蹙。恶，平声，何也。鶂鶂，音鱼一切，鹅鸣声。哇，音蛙，吐也。充类，犹云类推。言不能以母食之不食推及于妻。以兄室弗居推及于於陵所居之室。然若必欲就仲子之操守推而极之，则必蚯蚓而后可，非人之所能为矣。

［问题］

（一）何谓“道性善。称尧舜”？

（二）滕文公行三年之丧，父兄初则反对，后乃悦服。何故？

（三）何谓“贡”、“助”、“彻”？何以助法为最善？

（四）何谓“庠、序、学、校”？

---

① 盖，音閤。辟，音避。频与颦同。顣，与蹙同，子六反。恶，乎声。鶂，魚一反。哇，音蛙。〇世家，世卿之家。兄名戴，食采于盖，其入万钟也。归。自于陵归也。己，仲子也。鶂鶂，鹅声也。频顣而言，以其兄受馈为不义也。哇，吐之也。

② 言仲子以母之食、兄之室为不义而不食不居，其操守如此。至于妻所易之粟、於陵所居之室，既未必伯夷之所为，则亦不义之类耳。今仲子于此则不食不居，于彼则食之居之，岂为能充满其操守之类者乎？必其无求自足如丘蚓然，乃为能满其志而得为廉耳，然岂人之所可为哉？〇范氏曰：“天之所生，地之所养，惟人为大。人之所以为大者，以其有人伦也。仲子避兄离母，无亲戚，君臣、上下，是无人伦也。岂有无人伦而可以为廉哉？”

（五）井田制度，大致如何？

（六）许行君民并耕之说，其缺点何在？孟子驳之，其说如何？

（七）孟子质夷之之言，其要点何在？

（八）何谓“枉尺直寻”？

（九）何谓“大丈夫”？

（十）君子急于求仕，而又不肯轻易出任。何故？

（十一）何谓“食志”、“食功”？

（十二）何谓“月攘一鸡”？

（十三）杨墨之说，何以与儒家不同？

（十四）孟子对陈仲子之批语如何？

高娄篇第四

一

孟子曰："离娄之明，公输子之巧，不以规矩。不能成方员；师旷之聪，不以六律，不能正五音：尧、舜之道，不以仁政，不能平治天下。[1]今有仁心仁闻而民不被其泽，不可法于后世者，不行先王之道也。[2] 故曰：徒善不足以为政，徒法不能以自行。[3]《诗》云：'不愆不忘，率由旧章。'遵先王之法而过者，未之有也。[4]

离娄，是古时最有眼力的人。即《庄子・天地篇》《骈拇篇》之离朱。

① 离娄，古之明目者。公输子，名班，鲁之巧人也。规，所以为员之器也。矩，所以为方之器也。师旷，晋之乐师，知音者也。六律，截竹为筒，阴阳各六，以节五音之上下。黄钟、太蔟、姑洗、蕤宾、夷则、无射，为阳；大吕、夹钟、仲吕、林钟、南吕、应钟，为阴也。五音：宫、商、角、徵、羽也。范氏曰："此言治天下不可无法度，仁政者，治天下之法度也。"

② 闻，去声。〇仁心，爱人之心也。仁闻者，有爱人之声闻于人也。先王之道，仁政是也。范氏曰："齐宣王不忍一牛之死，以羊易之，可谓有仁心。梁武帝终日一食蔬素，宗庙以面为牺牲，断死刑必为之涕泣，天下知其慈仁，可谓有仁闻。然而宣王之时，齐国不治；武帝之末，江南大乱。其故何哉？有仁心仁闻而不行先王之道故也。"

③ 徒，犹空也。有其心，无其政，是谓徒善；有其政，无其心，是为徒法。程子尝言："为政须要有纲纪文章，谨权、审量、读法、平价，皆不可阙。"而又曰："必有《关雎》、《麟趾》之意，然后可以行《周官》之法度。"正谓此也。

④ 《诗》，《大雅・假乐》之篇。愆，过也。率，循也。章，典法也。所行不过差、不遗忘者，以其循用旧典故也。

《经典释文》引司马彪云："黄帝时人，百步见秋毫之末。"公输子，名般，亦作班，春秋末鲁人，能造机器，见《墨子·鲁问篇》及《战国策·宋策》。师旷，是春秋晋平公时最精音乐的一个乐师，见《左传》及《吕氏春秋》诸书。规，是画圆的器械；矩，是制方的器械。员，同圆。六律是以竹为筩，分六阴六阳，（黄钟、太簇、姑洗、蕤宾、夷则、无射，六律为阳；大吕、夹钟、仲吕、林钟、南吕、应钟，六吕为阴：是谓十二律。此云六律，以阳兼阴）调节五音高下的一种器具。五音，宫、商、角、徵、羽也。此以技巧聪明喻尧舜之道，以各种工具喻仁政；仁政者，谓行仁之政治制度，如井田学校等，皆政治上的工具也。仁心，即不忍人之心：仁闻，仁爱之声誉闻于远方者也。泽，恩泽。不可法于后世，言不可为后世之法则。先王之道，即先王所定之政治制度。徒善，谓仅有仁心而无仁政；徒法，谓仅有仁政而无仁心。所引《诗经》见《大雅·假乐篇》。愆，就是过失。忘，就是遗忘。率，循也。章，就是法律制度。意思是：为政之道，不要有过失，不要遗忘了，须遵守着前代圣王的法度。能遵守前代圣王法度而还有过错的，那是决不会有的。

圣人既竭目力焉，继之以规矩准绳，以为方员平直，不可胜用也；既竭耳力焉，继之以六律，正五音，不可胜用也；既竭心思焉，继之以不忍人之政，而仁覆天下矣。[①] 故曰：为高必因丘陵，为下必因川泽。为政不因先王之道，可谓智乎？[②] 是以惟仁者宜在高位。不仁而在高位，是播其恶于众也。[③]

---

① 胜，平声。○准，所以为平。绳，所以为直。覆，被也。此言古之圣人，既竭耳目心思之力，然犹以为未足以遍天下、及后世，故制为法度以继续之，则其用不穷而仁之所被者广矣。

② 丘陵本高，川泽本下，为高下者因之，则用力少而成功多矣。邹氏曰："自章首至此，论以仁心仁闻行先王之道。"

③ 仁者，有仁心仁闻而能扩而充之，以行先王之道者也。播恶于众，谓贻患于下也。

竭，尽也。准，是求平面准确的水准器。绳，是求直线准确的墨线。胜，平声。不可胜用，言其用无穷也。不忍人之政，即上所云“仁政”。覆，被也。言其仁可以遍被天下也。此节仍承上节之意而申说之。又引两句成句，以明为政当因先王之道，则如因丘陵以为高，因川泽以为下，事半而功倍也。但惟“仁者”能行“仁政”，所谓“有不忍人之心，斯有不忍人之政”也。故惟仁者当在高位。若不仁者而在高位，徒播其恶于众耳。此又“徒法不能以自行”之意。

上无道揆也，下无法守也，朝不信道，工不信度，君子犯义，小人犯刑，国之所存者幸也。[①] **故曰，城郭不完，兵甲不多，非国之灾也；田野不辟，货财不聚，非国之害也。上无礼，下无学，贼民兴，丧无日矣。**[②]

此节从反面说明不遵先王之道之害。揆，度也。不遵先王之道，则君上无可揆度之道；臣下无可遵守之法。朝廷不信先王之道，百工不信先王之度。不信道，故犯义；不信度，故犯刑。此种国家，政治制度既荡然无存，其能存者，幸也。所，或也；国之所存者，“即国之或存者”。见王引之《经传释词》。“古曰”以下，是断语。完备也。“礼”字本可包典章制度而言。下无学，谓无教化及于民众。如此，则奸宄寇贼并作，而国家之丧亡无日矣。

---

① 朝，音潮。○此言不仁而在高位之祸也。道，义理也。揆，度也。法，制度也。道揆，谓以义理度量事物而制其宜。法守，谓以法度自守。工，官也。度，即法也。君子、小人，以位而言也。由上无道揆，故下无法守。无道揆，则朝不信道而君子犯义；无法守，则工不信度而小人犯刑。有此六者，其国必亡。其不亡者，侥幸而已。

② 辟与**闢**同。丧，去声。○上不知礼，则无以教民；下不知学，则易与为乱。邹氏曰：“自是以惟仁者至此，所以责其君。”

《诗》曰：‘天之方蹶，无然泄泄。’① 泄泄，犹沓沓也。② 事君无义，进退无礼，言则非先王之道者，犹沓沓也。③ 故曰：责难于君谓之恭，陈善闭邪谓之敬，吾君不能谓之贼。”④

所引《诗经》，见《大雅·板篇》，蹶，是颠跌的意思。“天之方蹶”，是说天意刚要把这个国家倾覆。朱注云：“泄泄，怠缓悦从之貌。”焦氏《正义》则以“多言”训“泄”、“沓”。《说文》口部：“呭，多言也。”言部：“詍，多言也。”均引《诗》此句。是“泄”为“呭”或“詍”之通借字。又曰部：“沓，语多沓沓也。”字亦作“誻”，见言部。“泄泄”，古语；“沓沓”，孟子时语。此以“沓沓”释“泄泄”，犹以“洪水”释“洚水”也。“泄泄”、“沓沓”指“言则非先王之道”而说，所谓言多而失者也。“无然泄泄”者，犹云：“不要这样地乱说了。”“吾君不能谓之贼”者，即“谓其君不能者。贼其君者也”之意。孟子自谓“我非尧舜之道不敢以陈于王前。”故以“言则非先王之道”为“泄泄沓沓”，而深戒之也。此章要旨，在治国须有“仁心”（即“不忍人之心”），并须有“仁政”。（即“不忍人之政”，亦即“先王之道”）孟子对梁惠王、齐宣王所说制产教民之法，对滕文公所说井田学校之制，皆所谓“仁政”也。

二

孟子曰：“规矩，方员之至也；圣人，人伦之至也。⑤ 欲为君尽君道，

---

① 蹶，居卫反。泄，弋制反。○《诗·大雅·板》之篇。蹶，颠覆之意。泄泄，怠缓悦从之貌。言天欲颠覆周室，群臣无得泄泄然不急救正之。

② 沓，徒合反。○沓沓，即泄泄之意。盖孟子时人语如此。

③ 非，诋毁也。

④ 范氏曰：“人臣以难事责于君，使其君为尧、舜之君者，尊君之大也。开陈善道以禁闭君之邪心，唯恐其君或陷于有过之地者，敬君之至也。谓其君不能行善道而不以告者，贼害其君之甚也。”邹氏曰：“自《诗》云‘天之方蹶’至此，所以责其臣。”○邹氏曰：“此章言为治者，当有仁心仁闻以行先王之政，而君臣又当各任其责也。”

⑤ 至，极也。人伦，说见前篇。规矩尽所以为方员之理，犹圣人尽所以为人之道。

欲为臣尽臣道，二者皆法尧、舜而已矣。不以舜之所以事尧事君，不敬其君者也；不以尧之所以治民治民，贼其民者也。[①] 孔子曰：‘道二仁与不仁而已矣。’[②] 暴其民甚，则身弑国亡；不甚，则身危国削。名之曰‘幽’、‘厉’，虽孝子慈孙，百世不能改也。[③] 《诗》云‘殷鉴不远，在夏后之世’，此之谓也。”[④]

“至也”者，是到了极点的意思，也就是标准的意思。规矩是方圆的标准，圣人是人伦的标准，尧舜是君道臣道的标准。幽、厉，是残暴君主死后的谥。《周书·谥法解》云：“壅遏不通曰幽，杀戮无辜曰厉。”所引《诗经》，见《大雅·荡篇》。监，同鉴，镜也，所以自照。这两句的意思，是说商朝的明镜不远，就在夏桀之世。孟子引此说后来的人君，也应把这些暴君作为自照的明镜而知所警戒也。

三

孟子曰：“三代之得天下也以仁。其失天下也以不仁。[⑤] 国之所以废兴存亡者亦然。[⑥] 天子不仁，不保四海；诸侯不仁，不保社稷；卿大夫不仁，不保宗庙；士庶人不仁，不保四体。[⑦] 今恶死亡而乐不仁，是犹恶醉而强

---

① 法尧、舜以尽君臣之道，犹用规矩以尽方员之极，此孟子所以道性善而称尧、舜也。

② 法尧、舜，则尽君臣之道而仁矣；不法尧、舜，则慢君贼民而不仁矣。二端之外，更无他道。出乎此，则入乎彼矣，可不谨哉？

③ 幽，暗。厉，虐。皆恶谥也。苟得其实，则虽有孝子慈孙，爱其祖考之甚者，亦不得废公义而改之。言不仁之祸必至于此，可惧之甚也。

④ 《诗·大雅·荡》之篇。言商纣之所当鉴者，近在夏桀之世。而孟子引之，又欲后人以幽、厉为鉴也。

⑤ 三代，谓夏、商、周也。禹、汤、文、武，以仁得之；桀、纣、幽、厉，以不仁失之。

⑥ 国，谓诸侯之国。

⑦ 言必死亡。

酒。”①

四海，犹说四海之内，即指天子所有的天下。社稷者，诸侯所祭的土神与谷神，即指诸侯所有的国土。宗庙，是卿大夫的家祠。四体，指身体生命而言。恶，去声。乐，喜乐之乐。强，上声。强酒，勉强饮酒也。论不仁的害处，自天子至庶人，是一律的。

四

孟子曰：“爱人不亲，反其仁；治人不治，反其智；礼人不答，反其敬。② 行有不得者，皆反求诸己，其身正而天下归之。③《诗》云：‘永言配命，自求多福。’”④

反者，反求诸己也。“治人”之“治”，平声；“不治”之“治”，去声。不得，不能达其目的也，如爱人而人不亲我，治人而人仍不治，礼人而人不答我。能反求诸己，则责己严而身可正；其身既正，则天下人皆归向之矣。所引《诗经》，见《大雅·文王篇》。解见《公孙丑篇·仁则荣章》。

五

孟子曰：“人有恒言，皆曰‘天下国家’。天下之本在国，国之本在

---

① 恶，去声。乐音洛。强，上声。○此承上章之意而推言之也。

② 治人之治，平声。不治之治，去声。○我爱人而人不亲我，则反求诸己，恐我之仁未至也。智、敬放此。

③ 不得，谓不得其所欲，如不亲、不治、不答是也。反求诸己，谓反其仁、反其智、反其敬也。如此，则其自治益详，而身无不正矣。天下归之，极言其效也。

④ 解见前篇。○亦承上章而言。

家，家之本在身。”①

恒言，是常说的话。天下国家，为人所常言也。此章与《大学》以修身为齐家、治国、平天下之本同旨。

六

孟子曰：“为政不难，不得罪于巨室。巨室之所慕，一国慕之；一国之所慕，天下慕之，故沛然德教溢乎四海。”②

巨室，世臣大家也。这种人家，在国内很有声望，一般人民大都仰望而以为表率的。所以孟子说，施行政治是不难的，但不可开始就得罪这些有声望的大家。须先用诚意去感化，使这些有声望的大家都心悦诚服，则全国的人自然也都仰慕了。再推开去，就能使天下的人都来仰慕。德。道德；教，教化也。溢，充满也。沛然，是广大普遍的样子。为治而为天下人所仰慕，则他的道德教化，就能广大普遍而充满四海以内了。

---

① 恒，胡登反。○恒，常也。虽常言之，而未必知其言之有序也。故推言之，而又以家本乎身也。此亦承上章而言之，《大学》所谓“自天子至于庶人，壹是皆以修身为本”，为是故也。

② 巨室，世臣大家也。得罪，谓身不正而取怨怒也。麦丘邑人祝齐威公曰：“愿主君无得罪于群臣百姓。”意盖如此。慕，向也，心悦诚服之谓也。沛然，盛大流行之貌。溢，充满也。盖巨室之心，难以力服，而国人素所取信；今既悦服，则国人皆服，而吾德教之所施，可以无远而不至矣。此亦承上章而言。盖君子不患人心之不服，而患吾身之不修。吾身既修，则人心之难服者先服，而无一人之不服矣。○林氏曰：“战国之世，诸侯失德，巨室擅权，为患甚矣。然或者不修其本而遽欲胜之，则未必能胜而适以取祸。故孟子推本而言，惟务修德以服其心。彼既悦服，则吾之德教无所留碍，可以及乎天下矣。裴度所谓‘韩洪舆疾讨贼，承宗敛手削地，非朝廷之力能制其死命，特以处置得宜，能服其心故尔’，政此类也。”

七

孟子曰："天下有道，小德役大德，小贤役大贤。天下无道，小役大，弱役强。斯二者天也，顺天者存，逆天者亡。[①] 齐景公曰：'既不能令，又不受命，是绝物也。'涕出而女于吴。[②]

天下有道的时世，不论国之大小，而以道德贤能的大小相役。天下无道的时世，那就成为小国服役于大国，弱国服役于强国了。这两种情况都是一定的天理。能够顺这天理，国家就可以存在。逆这天理，国家就必至灭亡。"齐景公曰"以下。是引齐景公当时说的话。不能令，谓齐已衰弱，不能命令诸侯。不受命，谓不肯受吴之命令。"绝物"者，自绝于人也。女，去声，动词，谓以女嫁之也。《说苑·权谋篇》载齐景公以女妻阖闾，送诸郊，泣曰："吾死不见汝矣。"《吴越春秋》则云嫁吴王阖闾之太子波。

今也小国师大国而耻受命焉，是犹弟子而耻受命于先师也。[③] 如耻之，莫若师文王。师文王，大国五年，小国七年，必为政于天下矣。[④]

小国师大国，言效大国之般乐怠傲，而不修德政也。既师大国之所为，又以接受大国的命令为羞耻，这好像做了学生，以听受先生的命令为

---

① 有道之世，人皆修德，而位必称其德之大小。天下无道，人不修德，则但以力相役而已。天者，理势之当然也。

② 女，去声。○引此以言小役大、弱役强之事也。令，出令以使人也。受命，听命于人也。物，犹人也。女，以女与人也。吴，蛮夷之国也。景公羞与为昏而畏其强，故涕泣而以女与之。

③ 言小国不修德以自强，其般乐怠敖，皆若效大国之所为者。而独耻受其教命，不可得也。

④ 此因其愧耻之心而勉以修德也。文王之政，布在方策，举而行之，所谓师文王也。五年、七年，以其所乘之势不同为差。盖天下虽无道，然修德之至，则道自我行，而大国反为吾役矣。○程子曰："五年、七年，圣人度其时则可矣。然凡此类，学者皆当思其作为如何，乃有益耳。

耻。如果真知道羞耻，不如师周文王，行仁政；那么，大的国家不出五年，小的国家不出七年，必定能为政于天下了。“为政于天下”，犹言宰天下，主天下之政，即王天下也。

《诗》云：‘商之孙子，其丽不亿。上帝既命，侯于周服。侯服于周，天命靡常。殷士肤敏，祼将于京。’

所引诗经，见《大雅·文王篇》。丽，数目也。亿，十万也。言商朝的子子孙孙，数目之多，不止十万也。“上帝既命，侯于周服”者，言上帝既然命周文王做天子，则商的子孙，皆当为诸侯而臣服于周也。“天命靡常”者，天命没有一定，言有德的人，都可以做天子也。肤，伟大也；敏，敏捷也。祼，音灌，祭祀时把酒洒在地上以迎神也。将，助也。言殷的士人，伟大与敏捷的，都来助祭于周京也。孟子引此诗，明周文王修德行仁，能受天命，而使殷的子孙，殷的士人，都来归向，以申说上文，师文王可以为政于天下之意。

孔子曰：‘仁不可为众也。夫国君好仁，天下无敌。’① 今也欲无敌于天下而不以仁，是犹执热而不以濯也。《诗》云：‘谁能执热，逝不以濯？’”②

---

① 祼，音灌。夫，音扶。好，去声。○《诗·大雅·文王》之篇。孟子引此诗及孔子之言，以言文王之事。丽，数也。十万曰亿。侯，维也。商士，商孙子之臣也。肤，大也。敏，达也。祼，宗庙之祭，以郁鬯之酒灌地而降神也。将，助也。言商之孙子众多，其数不但十万而已。上帝既命周以天下，则凡此商之孙子，皆臣服于周矣。所以然者，以天命不常，归于有德故也。是以商士之肤大而敏达者。皆执祼献之礼，助王祭事于周之京师也。孔子因读此诗，而言有仁者则虽有十万之众。不能当之。故国君好仁，则必无敌于天下也。不可为众，犹所谓难为兄，难为弟云尔。

② 耻受命于大国，是欲无敌于天下也；乃师大国而不师文王，是不以仁也。《诗·大雅·桑柔》之篇。逝，语辞也。言谁能执持热物，而不以水自濯其手乎？○此章言不能自强，则听天所命；修德行仁，则天命在我。

朱注云："'人不可为众'，犹所谓'难为兄，难为弟'云尔。"言有仁者，则虽有十万之众，不能当之。疑孔子之言，因读《诗》而发，仅"仁不可为众也"一句。"夫"字以下，孟子推言之。热，热物。濯，以水濯手也。所引《诗经》，见《大雅·桑柔篇》。

八

孟子曰："不仁者可与言哉？安其危而利其菑，乐其所以亡者。不仁而可与言，则何亡国败家之有？[①] 有孺子歌曰：'沧浪之水清兮，可以濯我缨；沧浪之水浊兮，可以濯我足。'[②] 孔子曰：'小子听之！清斯濯缨，浊斯濯足矣。自取之也。'[③] 夫人必自侮，然后人侮之；家必自毁，而后人毁之；国必自伐，而后人伐之。[④]《太甲》曰：'天作孽，犹可违；自作孽，不可活。'此之谓也。"[⑤]

菑，同灾。不仁的人，逢到危难，尚以为安；逢到灾祸，尚以为有利：荒淫暴虐，明明是所以亡国之道，而尚且自以为快乐。其颠倒昏乱，自取灭亡如死，故不可复以忠言告之也。孺子，小孩也。沧浪，或以为水名，即今之夏水：或以为地名，即武当县汉水中之沧浪洲，或谓沧浪，青色，水之色也。并见焦氏《正义》。缨，是帽上结的丝带。《沧浪之歌》，亦见《楚辞·渔父篇》。孟子引沧浪之歌，及孔子语，旨在喻人之荣辱无

---

① 菑与灾同。乐，音洛。○安其危、利其菑者，不知其为危菑而反以为安利也。所以亡者，谓荒淫暴虐，所以致亡之道也。不仁之人，私欲固蔽，失其本心，故其颠倒错乱至于如此，所以不可告以忠言，而卒至于败亡也。

② 浪，音郎。○沧浪，水名。缨，冠系也。

③ 言水之清浊，有以自取之也。圣人声入心通，无非至理，此类可见。

④ 夫，音扶。○所谓自取之者。

⑤ 解见前篇。○此章言心存则有以审夫得失之几，不存则无以辨于存亡之著。祸福之来，皆其自取。

非自取。故断之以“人必自侮然后人侮之”云云。所引太甲语，与《公孙丑·仁则荣》章同。

九

孟子曰：“桀、纣之失天下也，失其民也；失其民者，失其心也。得天下有道，得其民，斯得天下矣；得其民有道，得其心，斯得民矣；得其心有道，所欲与之聚之，所恶勿施尔也。[①] 民之归仁也，犹水之就下、兽之走圹也。[②] 故为渊敺鱼者，獭也；为丛敺爵者，鹯也；为汤、武敺民者，桀与纣也。[③] 今天下之君有好仁者，则诸侯皆为之驱矣。虽欲无王，不可得已。[④] 今之欲王者，犹七年之病求三年之艾也。苟为不畜，终身不得。苟不志于仁，终身忧辱，以陷于死亡。[⑤] 《诗》云：‘其何能淑，载胥及溺。’此之谓也。”[⑥]

“与之”，之“与”，为也。为，去声。言民之所欲，则为民聚之也。见王引之《经传释词》。恶，去声。尔，语助，犹云“而已”。言得民之心有道，为聚其所欲，勿施其所恶而已。圹，旷野也。敺，即驱逐之驱。獭，水獭，兽名，喜食鱼类。丛，即丛林。爵，同雀。鹯，猛鸟，喜食

① 恶，去声。〇民之所欲，皆为致之，如聚敛然。民之所恶，则勿施于民。晁错所謂“人情莫不欲寿，三王生之而不伤；人情莫不欲富，三王厚之而不困；人情莫不欲安，三王扶之而不危；人情莫不欲逸，三王节其力而不尽”，此类之谓也。

② 走，音奏。〇圹，广野也。言民之所以归乎此，以其所欲之在乎此也。

③ 为，去声。敺，与驱同。獭，音闼。爵与雀同。鹯，诸延反。渊，深水也。獭，食鱼者也。丛，茂林也。鹯，食雀者也。言民之所以去此，以其所欲在彼而所畏在此也。

④ 好、为、王，皆去声。

⑤ 王，去声。〇艾，草名，所以灸者，乾久益善。夫病已深而欲求乾久之艾，固难卒办，然自今畜之，则犹或可及。不然，则病日益深，死日益迫，而艾终不可得矣。

⑥ 《诗·大雅·桑柔》之篇。淑，善也。载，则也。胥，相也。言今之所为，其何能善，则相引以陷于乱亡而已。

雀。鱼为獭所驱则潜于渊，雀为鹯所驱，则匿于林；民为桀纣所驱，则归于汤武矣。“好”、“为”、“王”皆去声。言今之诸侯，皆桀纣之类；故有好仁之君，则诸侯皆为之驱民来归，虽欲不王天下而不可得也。艾，草木植物，其叶可用以灸，以陈者为佳。生了七年的病，方去求三年陈的艾叶，已是太晚了；假使不畜藏艾叶，则三年之艾终身不得矣。“苟为”之“为”，使也，亦假设之词。见王引之《经传释词》。此以求艾喻“志仁”，言及今而志于仁。犹未为晚；苟不志于仁，则将终身受辱以陷于身死国亡矣。所引《诗经》，见《大雅·桑柔篇》。淑善也。载，则也。胥，相也，皆也。溺，陷也。言如今之诸侯，其何能为善乎，则相偕陷于乱亡而已。

十

孟子曰：“自暴者，不可与有言也；自弃者，不可与有为也。言非礼义，谓之自暴也；吾身不能居仁由义，谓之自弃也。[①] 仁，人之安宅也；义，人之正路也。[②] 旷安宅而弗居，舍正路而不由，哀哉！”[③]

暴，犹害也。自暴，犹言自己害自己。弃，抛弃也。自弃，犹言自己抛弃自己。一个人，说出来的话，不合礼，不合义的，叫做自暴。自己以为不能居仁由义的，叫做自弃。仁是人的安稳的房屋。义是人的正大的道路。故仁谓之居，义谓之由。旷，空也。舍，弃置也。

---

① 暴，犹害也。非，犹毁也。自害其身者，不知礼义之为美而非毁之，虽与之言，必不见信也。自弃其身者，犹知仁义之为美，但溺于怠隋，自谓必不能行，与之有为必不能勉也。○程子曰：“人苟以善自治，则无不可移者，虽昏愚之至，皆可渐磨而进也。惟自暴者拒之以不信，自弃者绝之以不为，虽圣人与居，不能化而入也。此所谓下愚之不移也。”

② 仁宅已见前篇。义者，宜也，乃天理之当行，无人欲之邪曲，故曰正路。

③ 舍，上声。○旷，空也。由，行也。○此章言道本固有而人自绝之，是可哀也。此圣贤之深戒，学者所当猛省也。

十一

孟子曰："道在尔而求诸远，事在易而求诸难。人人亲其亲、长其长而天下平。"①

尔、迩，古通用。易，去声，难易之易。长，上声。上"亲"字、"长"字皆动词。"亲其亲"，"长其长"，此道之近而易者，而平治天下之基在是，不必他求也。故曰："尧舜之道，孝弟而已矣。"

十二

孟子曰："居下位而不获于上，民不可得而治也。获于上有道，不信于友，弗获于上矣；信于友有道，事亲弗悦，弗信于友矣；悦亲有道，反身不诚，不悦于亲矣；诚身有道，不明乎善，不诚其身矣。② 是故诚者，天之道也；思诚者，人之道也。③ 至诚而不动者，未之有也；不诚，未有能动者也。"④

---

① 尔、迩，古字通用。易，去声。长，上声。〇亲、长，在人为甚迩；亲之、长之，在人为甚易，而道初不外是也。舍此而它求，则远且难而反失之。但人人各亲其亲、各长其长，则天下自平矣。

② 获于上，得其上之信任也。诚，实也。反身不诚，反求诸身而其所以为善之心有不实也。不明乎善，不能即事以穷理。无以真知善之所在也。〇游氏曰："欲诚其意，先致其知，不明乎善，不诚乎身矣。学至于诚身，则安往而不致其极哉？以内则顺乎亲，以外则信乎友，以上则可以得君，以下则可以得民矣。"

③ 诚者，理之在我者皆实而无伪，天道之本然也。思诚者，欲此理之在我者皆实而无伪，人道之当然也。

④ 至，极也。〇杨氏曰："动，便是验处，若获乎上、信乎友、悦于亲之类是也。"〇此章述《中庸》孔子之言，见思诚为修身之本，而明善又为思诚之本。乃子思所闻于曾子，而孟子所受乎子思者，亦与《大学》相表里，学者宜潜心焉。

此章自“人之道也”以上，与《中庸》同。获于上，谓得在上者之信任。不能得在上者之信任，则凡事掣肘，不能治民矣。信于友，谓使朋友信任。朋友且不信任，更无怪乎在上者之不信任了。事亲弗悦，谓不能孝亲，使亲心悦也。反身不诚，即自己反省，诸事皆出于虚伪也。“诚身”之“诚”，是动词，谓使自己诚实也。诚身先须明善，即《大学》所谓“欲诚其意者先致其知”也。“诚”是天道；天道不二，天道不息，即至诚之道也。“思诚”者，思有以诚之，此人之道也。《中庸》作“诚之者，人之道也”。动，谓感动他人。诚之至，未有不能感动他人者；不诚，则未有能感动他人者矣。此章以“诚”为治民之本，与《大学》、《中庸》相同。

十三

孟子曰：“伯夷辟纣，居北海之滨，闻文王作，兴曰：‘盍归乎来！吾闻西伯善养老者。’太公辟纣，居东海之滨，闻文王作，兴曰：‘盍归乎来！吾闻西伯善养老者。’① 二老者，天下之大老也，而归之，是天下之父归之也。天下之父归之，其子焉往?② 诸侯有行文王之政者，七年之内，必为政于天下矣。”③

辟，同避。作，起也。兴也，是起来的意思。盍，何不也。来，语末助词，无义。见《经传释词》。纣命文王为西方诸侯之长，故号曰“西

① 辟，去声。○作、兴，皆起也。盍，何不也。西伯，即文王也。纣命为西方诸侯之长，得专征伐，故称西伯。太公，姜姓。吕氏，名尚。文王发政，必先鳏寡孤独，庶人之老，皆无冻馁。故伯夷、太公来就其养，非求仕也。

② 焉，于虔反。○二老，伯夷、太公也。大老，言非常人之老者。天下之父，言齿德皆尊，如众父然。既得其心，则天下之心不能外矣。萧何所谓“养民致贤，以图天下”者，暗与此合，但其意则有公私之辨，学者又不可以不察也。

③ 七年，以小国而言也。大国五年在其中矣。

伯”。太公，即姜太公，吕尚。姜是姓，吕是氏，尚是名。初遇文王时，尝曰：“太公望子久矣。”因号曰太公望。大老，父老之领袖也。焉，平声，何也。

十四

孟子曰：“求也为季氏宰，无能改于其德，而赋粟倍他日。孔子曰：‘求非我徒也，小子鸣鼓而攻之可也。’① 由此观之，君不行仁政而富之，皆弃于孔子者也。况于为之强战？争地以战，杀人盈野；争城以战，杀人盈城。此所谓率土地而食人肉，罪不容于死。② 故善战者服上刑，连诸侯者次之，辟草莱、任土地者次之。”③

求，是孔子弟子，冉求。季氏，是鲁国的大臣，季孙氏。宰，家臣也。冉求尝在季氏家中做家臣。不能把季氏的道德改好，而征收的钱粮，却比从前加增了一倍。孔子大不以为然，所以不愿认他为弟子，命其余的学生，声罪致讨。此事见《论语·先进篇》。按：鲁哀公十二年，季康子用田赋，见《左传》。赋粟倍他日，正指此事。鲁本用“丘赋”，今更加以“田赋”，是于人民一丘所出之赋以外，复以其田之所收为标准而赋之也。孟子引孔子的话，意在为下文作根据。凡是国君不行仁政，而为之增加财富者，都是见弃于孔子的人。况且为他们强战，牺牲人民，争地争城，这真率土地去吃人民的肉了。这种人的罪恶，是死有余辜的！故善于打仗的

---

① 求，孔子弟子冉求。季氏，鲁卿。宰，家臣。赋，犹取也，取民之粟倍于他日也。小子。弟子也。鸣鼓而攻之，声其罪而责之也。

② 为，去声。○林氏曰：“富其君者，夺民之财耳，而夫子犹恶之。况为土地之故而杀人，使其肝脑涂地，则是率土地而食人之肉。其罪之大，虽至于死，犹不足以容之也。”

③ 辟与阔同。○善战，如孙膑、吴起之徒。连结诸侯，如苏秦、张仪之类。辟，开垦也。任土地，谓分土授民，使任耕稼之责，如李悝尽地力、商鞅开阡陌之类也。

人，应该受最重的刑罚。约从连横的人，辟草莱，任土地的人，受更次等的刑罚。善战者，指孙膑吴起等兵家。连诸侯，即苏秦张仪等之纵横家。辟，同闢。井田之法有“莱田”。辟草莱，即商鞅之开阡陌。废井田，《吕氏春秋》有《任地篇》，专讲耕耨蓄藏之术，即李悝尽地力之法也。

十五

孟子曰：“存乎人者，莫良于眸子。眸子不能掩其恶。胸中正，则眸子瞭焉；胸中不正，则眸子眊焉。[①] 听其言也，观其眸人，人焉廋哉？”[②]

《尔雅·释训》云：“存，在也。”《礼记·文王世子》“必在视寒暖之节”句注云：“在，察也。”存乎人，察乎人也。眸子。就是眼中的瞳神。莫良于眸子，莫好于眸子也。瞭，是明亮。眊，是糊涂。“人焉”之“焉”，平声，何也。廋，是隐藏的意思。按《大戴礼记·曾子立事》云：“目者，心之浮也。”人心的诚伪，善恶，邪正，往往都从眼光中流露出来，所谓“传神正在阿堵中”。故听其言，察其眸子，确是观人的妙法。

十六

孟子曰：“恭者不侮人，俭者不夺人。侮夺人之君，惟恐不顺焉，恶得为恭俭？恭俭岂可以声音笑貌为哉？”[③]

---

① 眸，音牟。瞭，音了。眊，音耄。○良，善也。眸子，目瞳子也。瞭，明也。眊者，蒙蒙目不明之貌。盖人与物接之时，其神在目，故胸中正则神精而明，不正则神散而昏。

② 焉，於虔反。○廋，青搜。廋，匿也。言亦心之所发，故并此以观，则人之邪正不可匿矣。然言犹可以伪为，眸子则有不容伪者。

③ 恶，平声。○惟恐不顺，言恐人之不顺己。声音笑貌，伪为于外也。

恭敬的人主，不肯欺侮怠慢他人；俭朴的人主，不肯夺取他人的东西。那些欺侮人，夺人东西的君主，只恐怕人民不顺着自己的欲望。这种君主，那里能算他是恭俭呢？恭敬俭朴的行为，岂可以说话的声音，对人的笑脸，假装出来的呢？恶，平声。

十七

淳于髡曰："男女授受不亲，礼与?"孟子曰："礼也。"曰："嫂溺，则援之以手乎?"曰："嫂溺不援，是豺狼也。男女授受不亲，礼也；嫂溺，援之以手者，权也。"[①] 曰："今天下溺矣，夫子之不援，何也?"[②] 曰："天下溺，援之以道；嫂溺，援之以手。子欲手援天下乎?"[③]

淳于髡，齐人，与孟子同时人。尝仕齐及魏，见于《史记·滑稽传》。"男女授受不亲"，见《礼记·坊记》。与同欤。溺者，失足坠水中也。援者，牵持之也。男子和女子不把物件亲手授受，是正经的礼节。嫂跌入水里，用手去拉救，那是权宜的办法。淳于髡之问是譬喻，以"男女授受不亲"喻君子出处之大节，以"嫂溺"喻人民之陷于水火；其意盖欲孟子行权，稍自贬损。以救民于水火之中，与《滕文公篇》陈代"枉尺直寻"之言同旨。不知天下溺当援之以道；如枉道以求合，则如救溺者己亦溺矣，故不可也。

---

① 与，平声。援，音爰。〇淳于，姓；髡，名；齐之辩士。授，与也。受，取也。古礼，男女不亲授受，以远别也。援，救之也。权，称锤也，称物轻重而往来以取中者也。权而得中，是乃礼也。

② 言今天下大乱，民遭陷溺，亦当从权以援之，不可守先王之正道也。

③ 言天下溺，惟道可以捄之，非若嫂溺可手援也。今子欲援天下，乃欲使我枉道求合，则先失其所以援之之具矣。是欲使我以手援天下乎？〇此章言直己守道，所以济时；枉道徇人，徒为失己。

十八

公孙丑曰：“君子之不教子，何也？”① 孟子曰：“势不行也。教者必以正；以正不行，继之以怒；继之以怒，则反夷矣。‘夫子教我以正，夫子未出于正也。’则是父子相夷也。父子相夷，则恶矣。② 古者易子而教之。③ 父子之间不责善。责善则离，离则不祥莫大焉。”④

势，指事实上的情势而言。夷，伤也。见《易序·卦传》。伤者，谓伤父子间的情感。夫子、先生，古时为对父兄之通称。“夫子教我以正……”二语，是述其子反唇相讥之言。父责其子，子讥其父，则父子之间，互伤情感，这是最不好的事体。责善，朋友之道也。父子责善，因而伤了情感，致有脱离亲子关系等事，世间不祥的事，没有此这个更大了。

十九

孟子曰：“事孰为大？事亲为大；守孰为大？守身为大。不失其身而能事其亲者，吾闻之矣；失其身而能事其亲者，吾未之闻也。⑤ 孰不为事？事亲，事之本也；孰不为守？守身，守之本也。⑥

---

① 不亲教也。

② 夷，伤也。教子者，本为爱其子也，继之以怒，则反伤其子矣。父既伤其子，子之心又责其父曰：“夫子教我以正道，而夫子之身未必自行正道。”则是子又伤其父也。

③ 易子而教，所以全父子之恩，而亦不失其为教。

④ 责善，朋友之道也。”〇王氏曰：“父有争子，何也？所谓争者，非责善也，当不义则争之而已矣。父之于子也如何？曰，当不义，则亦戒之而已矣。”

⑤ 守身，持守其身，使不陷于不义也。一失其身，则亏体辱亲，虽日用三牲之养，亦不足以为孝矣。

⑥ 事亲孝，则忠可移于君，顺可移于长。身正，则家齐国治而天下平。

事亲者，奉事父母也。守身者，守住自己的身子，不做坏事也。‘失其身，则辱及其亲，奉养虽厚，亦非孝矣。故事亲为事之本，守身为守之本，而事亲与守身，其关系也极密切。此节以“事亲”“守身”并举；下节则专论“事亲”。

曾子养曾晰，必有酒肉。将彻，必请所与。问有余，必曰‘有’。曾晰死，曾元养曾子，必有酒肉。将彻，不请所与。问有余，曰‘亡矣。’将以复进也。此所谓养口体者也。若曾子，则可谓养志也。[①] 事亲若曾子者，可也。”[②]

曾子，名参；曾晳，名点，曾子之父；皆孔子弟子。曾元，是曾子的儿子。彻者，饭毕，将所剩的酒肉取去也。“必请所与”者，必定请问他父亲，将所余的酒肉给哪个人吃也。亡，同无。朱注云：“曾元不请所与，虽有言无，其意将以复进于亲，不欲其与人也。”按曾元但不及曾子能养志耳，何至啬饮食之费，而讳有曰无，以欺其父，且既曰无矣，而后复进之，不使曾子知其欺而怒乎？盖曾子之“必曰有”者，难实无而仍曰有，此其不拂亲意，所谓“养志”也。若曾元，则据实答曰无矣。“将以复进”者，言如需此，将再烹饪以复进耳。果如朱注所云：则于曾元当云“必曰亡”；事亲如此，非但不能“养志”，且并不能养口体矣。

---

① 养，去声。复，扶又反。〇此承上文事亲言之。曾晰，名点，曾子父也。曾元，曾子子也。曾子养其父，每食必有酒肉。食毕将彻去，必请于父曰：“此余者与谁？”或父问：“此物尚有余否？”必曰：“有”。恐亲意更欲与人也。曾元不请所与，虽有言无。其意将以复进于亲。不欲其与人也。此但能养父母之口体而已。曾子则能承顺父母之志，而不忍伤之也。

② 言当如曾子之养志，不可如曾元但养口体。〇程子曰：“子之身所能为者，皆所当为，无过分之事也。故事亲若曾子可谓至矣，而孟子止曰可也，岂以曾子之孝为有余哉？”

二十

孟子曰："人不足于适也，政不足间也，惟大人为能格君心之非。君仁莫不仁，君义莫不义，君正莫不正。一正君而国定矣。"①

适，同谪。责也，过也。间，去声，读如谏，非，尤也。格，正也。人，指君所用之人。与，以也。不足与适，即不足以责。政，指君所行之政。言君之用人行政，虽不当，皆不足非责；只有大才大德的人，才能用感化的法子，把君主的心改正。因为君心既仁，则用人行政，无有不仁；君心既义，则用人行政，无有不义，君心既正，则用人行政，无有不正。所以只要把君主的心纠正，全国就可以安定了。

二十一

孟子曰："有不虞之誉，有求全之毁。"②

虞，意料所及也。行不足以致誉，而偶然得誉，出于意料，叫做"不虞之誉"。不虞之誉，在己得之，不足喜；在人得之，不足贵也。行本无

---

① 适，音谪。间，去声。○赵氏曰："适，过也。间，非也。格，正也。"徐氏曰："格者，物之所取正也。《书》曰：'格其非心。'"愚谓"间"字上亦当有"与"字。言人君用人之非，不足过谪；行政之失，不足非间。惟有夫人之德，则能格其君心之不正以归于正，而国无不治矣。大人者，大德之人，正己而物正者也。○程子曰："天下之治乱，系乎人君之仁与不仁耳。心之非，即害于政，不待乎发之于外也。昔者孟子三见齐王而不言事，门人疑之，孟子曰：'我先攻其邪心，心既正，而后天下之事可从而理也。'夫政事之失，用人之非，知者能更之，直者能谏之。然非心存焉，则事事而更之，后复有其事，将不胜其更矣；人人而去之，后复用其人，将不胜其去矣。是以辅相之职，必在乎格君心之非，然后无所不正。而欲格君心之非者，非有大人之德，则亦莫之能也。"

② 虞，度也。○吕氏曰："行不足以致誉而偶得誉，是谓不虞之誉。求免于毁而反致毁，是谓求全之毁。言毁誉之言，未必皆实，修己者不可以是遽为忧喜，观人者不可以是轻为进退。"

可訾议，而以求全责备之故，仍加以不好的批语，叫做“求全之毁”。求全之毁，如出于善意者，则是望之切，故责之详，在己得之，反可喜；在人得之，亦未可以是轻之，若出于恶意，则是吹毛求疵而已，更无足措意也。

二十二

孟子曰：“人之易其言也，无责耳矣。”①

易，去声，难易之易。易其言者，随口讲话，不知轻重也。孟子说：凡是不顾事实，轻易发言的，是不负责任的缘故。如当局的人，往往大言不惭，是“易其言”也；将来能否做到，他是不负责任的。如旁观的人，往往喜唱高调，说风凉话，是“易其言”也；事实上能否做到，他是不负责任的。孟子此言。可谓切中今人之病。朱注以“未遭失言之责”释“无责”，以为此系孟子有为而言，于义似有未安。

二十三

孟子曰：“人之患在好为人师。”②

好，去声。朱注引王勉云：“好为人师，则自足而不复有进，此人之大患也。”按《扬子法言》云：“师者，人之模范。”为人师，非易事也。

---

① 易，去声。○人之所以轻易其言者，以其未遭失言之责故耳。盖常人之情，无所惩于前，则无所警于后。非以为君子之学，必俟有责而后不敢易其言也。然此岂亦有为而言之与？

② 好，去声。○王勉曰：“学问有余，人资于己，不得已而应之可也。若好为人师，则自足而不复有进矣，此人之大患也。”

故孟子以好为人师为人之大患。

二十四

乐正子从于子敖之齐。[①] 乐正子见孟子。孟子曰:“子亦来见我乎?”曰:“先生何为出此言也?”曰:“子来几日矣?”曰:“昔者。”曰:“昔者,则我出此言也。不亦宜乎?”曰:“舍馆未定。”曰:“子闻之也,舍馆定,然后求见长者乎?”[②] 曰:“克有罪。”[③]

子敖,王驩字,即孟子和他同行出吊于滕,而不与谈话的人。之,往也。时孟子在齐,乐正子与王驩同来齐也。昔者,前日也。舍馆,所住之客舍。长,上声。克,乐正子名。孟子痛责乐正子,疑另有他故,否则,舍馆定后,再见长者,亦不为大过也。

二十五

孟子谓乐正子曰:“子之从于子敖来,徒餔啜也。我不意子学古之道,而以餔啜也!”[④]

此章与上章相接,乐正子与子敖同行之故,而责之。再责乐正子也。

---

① 子敖,王欢字。

② 长,上声。○昔者,前日也。馆,客舍也。王欢,孟子所不与言者,则其人可知矣。乐正子乃从之行,其失身之罪大矣。又不早见长者,则其罪又有甚者焉。故孟子姑以此责之。

③ 陈氏曰:“乐正子固不能无罪矣。然其勇于受责如此,非好善而笃信之,其能若是乎?世有强辨饰非,闻谏愈甚者,又乐正子之罪人也。”

④ 餔,博孤反。啜,昌悦反。○徒,但也。餔,食也。啜,饮也。言其不择所从,但求食耳。此乃正其罪而切责之。

徒，但也。哺，食也。啜，饮也。“徒哺啜”，言但为饮食计。不意，料不到也。乐正子与王驩同行，决不是真的为了饮食，孟子不过借此责问地罢了。

二十六

孟子曰：“不孝有三，无后为大。[①] 舜不告而娶，为无后也，君子以为犹告也。”[②]

赵岐注云：“于礼，有不孝者三事：阿意曲从，陷亲不义，一也；家贫亲老，不为禄仕，二也；不娶无子，绝先祖祀，三也。三者之中，无后为大也。”舜娶帝尧的女为妻，并没有禀告父母，因为舜虽是个孝子，但他的父亲瞽瞍，非常顽劣，舜若禀告，一定不能允许。所以孟子推论舜的不告而娶，因为是恐怕绝了后代。故君子，以为舜的不告，犹之禀告，不能说他是错的。

二十七

孟子曰：“仁之实，事亲是也；义之实，从兄是也；[③] 智之实，知斯二者弗去是也；礼之实，节文斯二者是也；乐之实，乐斯二者，乐则生矣；

---

① 赵氏曰：“于礼有不孝者三事，谓阿意曲从，陷亲不义，一也；家贫亲老，不为禄仕，二也；不娶无子，绝先祖祀，三也。三者之中，无后为大。”

② 为无之为，去声。〇舜告焉则不得娶，而终于无后矣。告者礼也。不告者权也。犹告，言与告同也。盖权而得中，则不离于正矣。〇范氏曰：“天下之道，有正有权。正者万世之常，权者一时之用。常道人皆可守，权非体道者不能用也。盖权出于不得已者也，若父非瞽瞍，子非大舜，而欲不告而娶，则天下之罪人也。”

③ 仁主于爱，而爱莫切于事亲；义主于敬，而敬莫先于从兄。故仁义之道，其用至广，而其实不越于事亲从兄之间。盖良心之发，最为切近而精实者。有子以孝弟为为仁之本，其意亦犹此也。

生则恶可已也？恶可已，则不知足之蹈之、手之舞之。”[①]

事亲，孝也；从兄，弟也。孝弟为仁义之本质，故以“事亲”为“仁”之实，“从兄”为“义”之实。“斯二者”，事亲与从兄也，即孝弟也。能知此二者而不离去之；是“智”也。至于“礼”，亦自“事亲”、“从兄”起。节，品节之也；文，加以种种仪式也。就事亲从兄二事而品节之，加以种种仪式，如《礼记·内则·少仪》诸篇所记，此即礼之本质。第一“乐”字是音乐之乐，后二“乐”字是欢乐之乐。于事亲从兄二者，能雍容和乐，无所勉强，孝弟之心，天伦之乐，自油然而牛。恶，平声。欢情快感既已发生，必有不能自已，且不自知其手舞足蹈者，此乐之所自起也。此章言仁义智礼乐五者，皆起于事亲从兄；“尧舜之道，孝弟而已矣。”

二十八

孟子曰：“天下大悦而将归己。视天下悦而归己犹草芥也，惟舜为然。不得乎亲，不可以为人；不顺乎亲，不可以为子。[②] 舜尽事亲之道而瞽瞍

---

① 乐斯、乐则之乐，音洛。恶，平声。○斯二者，指事亲、从兄而言。知而弗去，则见之明而守之固矣。节文，谓品节文章。乐则生矣，谓和顺从容，无所勉强，事亲、从兄之意油然自生，如草木之有生意也。既有生意，则其畅茂条达，自有不可遏者，所谓恶可已也。其又盛，则至于手舞足蹈而不自知矣。○此章言事亲、从兄，良心真切，天下之道，皆原于此。然必知之明而守之固，然后节之密而乐之深也。

② 言舜视天下之归己如草芥，而惟欲得其亲而顺之也。得者，曲为承顺以得其心之悦而已，顺则有以谕之于道，心与之一而未始有违，尤人所难也。为人盖泛言之，为子则愈密矣。

底豫，瞽瞍底豫而天下化，瞽瞍底豫而天下之为父子者定，此之谓大孝。”①

视犹草芥，言轻之也。“不得乎亲”，不能得亲之欢心也。“不顺乎亲”，不能顺亲之志，使之欢乐也。瞽瞍，舜父。厎与“致”，音义并同。豫，乐也。“厎豫”者，由不乐而使之至于乐也。舜能尽子道，使瞽瞍亦受其感化而乐悦，故天下亦化之，天下之为父子者，亦从此定矣。此《诗》所谓“孝子不匮，永锡尔类”者也，故谓之“大孝”。

二十九

孟子曰：“舜生于诸冯，迁于负夏，卒于鸣条，东夷之人也。② 文王生于岐周，卒于毕郢，西夷之人也。③ 地之相去也，千有余里；世之相后也，千有余岁。得志行乎中国，若合符节。④ 先圣后圣，其揆一也。”④

诸冯、负夏、鸣条，皆地名。岐周，岐山下周之旧都。毕郢，也是地名。郢，亦作程，《吕氏春秋·具备篇》所谓“武王尝穷于毕程”也。“东夷四夷”之“夷”，指“夷服”而言。夷服为九服之一，见《周礼》

---

① 厎，之尔反，○瞽瞍，舜父名。厎，致也。豫，悦乐也。瞽瞍至顽，尝欲杀舜，至是而厎豫焉。《书》所谓“不格奸，亦允若”是也。盖舜至此而有以顺乎亲矣。是以天下之为子者，知天下无不可事之亲，顾吾所以事之者未若舜耳。于是莫不勉而为孝，至于其亲亦厎豫焉，则天下之为父者，亦莫不慈，所谓化也。子孝父慈，各止其所，而无不安其位之意，所谓定也。为法于天下，可传于后世，非止一身一家之孝而已，此所以为大孝也。○李氏曰：“舜之所以能使瞽瞍厎豫者，尽事亲之道，共为子职，不见父母之非而已。昔罗仲素语此云：‘只为天下无不是底父母。’了翁闻而善之曰：‘惟如此而后，天下之为父子者定。彼臣弑其君、子弑其父者，常始于见其有不是处耳。’”

② 诸冯、负夏、鸣条，皆地名，在东方夷服之地。

③ 岐周，岐山下，周旧邑，近畎夷。毕郢，近丰、镐，今有文王墓。

④ 得志行乎中国，谓舜为天子，文王为方伯，得行其道于天下也。符节，以玉为之，篆刻文字而中分之，彼此各藏其半，有故则左右相合以为信也。若合符节，言其同也。揆，度也。其揆一者，言度之而其道无不同也。○范氏曰：“言圣人之生，虽有先后远近之不同，然其道则一也。”

职方氏。符节，以竹或玉或金属为之，篆刻文字而中分之，彼此各藏一半，合之以为信。“若合符节”，言其相同。揆，度也。言其道不二。

三十

子产听郑国之政，以其乘舆济人于溱、洧。[①] 孟子曰：“惠而不知为政。[②] 岁十一月徒杠成，十二月舆梁成，民未病涉也。[③] 君子平其政，行辟人可也，焉得人人而济之？[④] 故为政者，每人而悦之，日亦不足矣。”[⑤]

子产，春秋时郑国的贤大夫，公孙侨也。听，治也。溱洧，郑国的两条水名。乘舆，所坐的车子也。济，渡也。杠，桥也。徒杠，可通徒步之桥。梁，也是桥。舆梁，可行车子的桥也。冬日水涸，可以造桥，有桥则不必涉水，故民不以涉水为病。子产在郑国执政时，把他所坐的车子，在溱水洧水地方，渡来往的人。孟子说他只知道以恩惠待百姓，不知道真正办理政治的道理，故曰：“惠而不知为政。”辟人，辟除行人，使之避己也。焉，平声。为政者在能平其政，而不在以小惠待人民。郑国之水，不仅溱洧，如不治桥政，则病涉者众，安得人人以乘舆济之？故为政者，若欲使人人悦其小惠，则虽日日为之，亦不足也。

---

① 乘，去声。溱，音臻。洧，荣美反。○子产，郑大夫公孙侨也。溱、洧，二水名也。子产见人有徒涉此水者，以其所乘之车载而度之。

② 惠，谓私恩小利。政，则有公平正大之体，纲纪法度之施焉。

③ 杠，音江。杠，方桥也。徒杠，可通徒行者。梁，亦桥也。舆梁，可通车舆者。周十一月，夏九月也。周十二月。夏十月也。《夏令》曰：“十月成梁。”盖农功已毕，可用民力，又时将寒冱，水有桥梁，则民不患于徒涉，亦王政之一事也。

④ 辟与闢同。焉，於虔反。○辟，辟除也，如《周礼》《阍人》为之辟之辟。言能平其政，则出行之际，辟除行人，使之避己，亦不为过。况国中之水，当涉者众，岂能悉以乘舆济之哉？

⑤ 言每人皆欲致私恩以悦其意，则人多日少，亦不足于用矣。诸葛武侯尝言“治世以大德，不以小惠”，得孟子之意矣。

三十一

孟子告齐宣王曰："君之视臣如手足，则臣视君如腹心；君之视臣如犬马，则臣视君如国人；君之视臣如土芥，则臣视君如寇仇。"[①] 王曰："礼，为旧君有服，何如斯可为服矣？"[②] 曰："谏行言听，膏泽下于民；有故而去，则君使人导之出疆，又先于其所往；去三年不反，然后收其田里。此之谓三有礼焉。如此，则为之服矣。[③] 今也为臣，谏则不行，言则不听，膏泽不下于民；有故而去，则君搏执之，又极之于其所往；去之日，遂收其田里。此之谓寇仇。寇仇何服之有？"[④]

君之于臣，视如手足，恩礼之至也。视如犬马，只供玩好骑乘，已贱之矣，但尚有豢养之恩。视如土芥，则蹂躏斩艾，毫不顾恤矣。臣之于君，视如腹心，亲爱之至也。国人，犹路人；视如国人，则休戚不相关矣。如寇仇，则仇恨之至也。服，丧服。《仪礼》曰："以道去君而未绝者，服齐衰三月。"是为旧君有服也。王意为旧君，尚有丧服，岂可以寇仇视其君子乎，故有此问。"膏泽下于民"，言恩泽下及于人民。故，事故。导之出己国之境，又于其所适之国，预为先容也。田里，谓在己国时

---

① 孔氏曰："宣王之遇臣下，恩礼衰薄，至于昔者所进，今日不知其亡，则其于群臣，可谓邈然无敬矣。故孟子告之以此。手足腹心，相待一体，恩义之至也。如犬马，则轻贱之，然犹有豢养之恩焉。国人，犹言路人，言无怨无德也。土芥，则践踏之而已矣，斩艾之而已矣，其贱恶之又甚矣。寇仇之报，不亦宜乎？"

② 为，去声，下为之同。○《仪礼》曰："以道去君而未绝者，服齐衰三月。"王疑孟子之言太甚，故以此礼为问。

③ 导之出疆，防剽掠也。先于其所往，称道其贤，欲其收用之也。三年而后收其田禄里居，前此犹望其归也。

④ 极，穷也。穷之于其所往之国，如晋锢栾盈也。潘兴嗣曰："孟子告齐王之言，犹孔子对定公之意也，而其言有迹，不若孔子之浑然也。盖圣贤之别如此。"○杨氏曰："君臣以义合者也。故孟子为齐王深言报施之道，使知为君者不可不以礼遇其臣耳。若君子之自处，则岂处其薄乎？孟子曰'王庶几改之，予日望之'，君子之言盖如此。"

所授之圭田里宅。此于在位、去国、及去国以后，君之待臣，三次皆有礼也。搏执。逮捕之也。“极之于其所往”者，设法使其所往之国，皆不收容之，使穷无所之也。孟子所说，二事适相反。明有服无服，当以旧君待其臣如何而定。此章论君臣相互的待遇，至为平等。后世腐儒，乃倡为“臣罪当诛，天王圣明”之谬说，于是专制君主之淫威，遂比虎狼还厉害了。明太祖读《孟子》此章，竟不许孔庙中祭祀孟子，可笑亦复可恨。难怪黄黎洲《明夷待访录》要痛斥小儒的无识而肇祸了。

三十二

孟子曰：“无罪而杀士，则大夫可以去；无罪而戮民，则士可以徙。”①

此章言明哲保身，须见机而作。易曰，“履霜坚冰至”，其所由来者渐也。

三十三

孟子曰：“君仁莫不仁，君义莫不义。”②

朱注引张氏说，以为重出；然本篇第二十章重在能格君心之非，此章则直诫人君，语虽相同，旨则有异。

---

① 言君子当见几而作，祸已迫，则不能去矣。
② 张氏曰：“此章重出。然上篇主言人臣当以正君为急，此章直戒人君，义亦小异耳。”

三十四

孟子曰："非礼之礼，非义之义，大人弗为。"①

察礼不精，则其所谓礼者非礼，所谓义者非义矣；此大人所弗为也。

三十五

孟子曰："中也养不中，才也养不才，故人乐有贤父兄也。如中也弃不中，才也弃不才，则贤不肖之相去，其间不能以寸。"②

中者，无过与不及，恰到好处也。养，谓涵育薰陶之也。乐，音洛。言人之所以乐有贤父兄者，以其能教育之也；若为父兄者，以其子弟为不中不才而遽弃之，则所谓贤父兄者，与不肖之父兄，相去能有多少？"不能以寸"，极言其相去之少也。

三十六

孟子曰："人有不为也，而后可以有为。"③

---

① 察理不精，故有二者之蔽。大人则随事而顺理，因时而处宜，岂为是哉？

② 乐，音洛。○无过不及之谓中，足以有为之谓才。养，谓涵育薰陶，俟其自化也。贤，谓中而才者也。乐有贤父兄者，乐其终能成已也。为父兄者，若以子弟之不贤，遂遽绝之而不能教，则吾亦过中而不才矣。其相去之间，能几何哉？

③ 程子曰："有不为，知所择也。惟能有不为，是以可以有为。无所不为者，安能有所为邪？"

有所不为者。行己有耻，以廉隅自饬者也。必如此，方可以有为。若寡廉鲜耻，无所不为之人，则败事有余，成事不足。决不能有所作为。今世往往视有所不为者为迂执，为消极，以为不足有为；奔走钻营，非但恬不知耻，且群目为干练之才。此国事之所以不可为也！

三十七

孟子曰："言人之不善，当如后患何？"①

自命能干的人。最喜欢说人家的不好；不知其有后患，故孟子有此叹。

三十八

孟子曰："仲尼不为已甚者。"②

已甚。就是太过。做人做事，都要适中，只有孔子能够如此，故孟子称之。

三十九

孟子曰："大人者，言不必信，行不必果，惟义所在。"③

---

① 此亦有为而言。

② 已，犹太也。○杨氏曰："言圣人所为，本分之外，不加毫末。非孟子真知孔子，不能以是称之。"

③ 行，去声。○必，犹期也。大人言行，不先期于信果，但义之所在，则必从之，卒亦未尝不信果也。○尹氏曰："主于义，则信果在其中矣；主于信果，则未必合义。"○王勉曰："若不合于义而不信不果，则妄人尔。"

此章重在“惟义所在”一句。言义之所在，则言不必信，行不必果耳。若必求其言之信，行之果，而不问是义之所在与否，则为硁硁之小人而已。

四十

孟子曰：“大人者，不失其赤子之心者也。”①

赤子，初生的婴孩也。婴孩的心，诚实无妄，纯然天理。大人之心，也是如此，故曰：“不失其赤子之心。”按赵岐注云：“大人谓君。国君视民当如赤子；不失其民心之谓也。”此别一解。

四十一

孟子曰：“养生者不足以当大事，惟送死可以当大事。”②

养生送死，指人子事亲而言。养生固当竭力；至送死，则为人子，自尽其心之最后的机会，不能尽心，将抱恨终身矣。故孟子云然。

① 大人之心，通达万变。赤子之心，则纯一无伪而已，然大人之所以为大人，正以其不为物诱，而有以全其纯一无伪之本然。是以扩而充之，则无所不知，无所不能，而极其大也。

② 养，去声。事生固当爱敬，然亦人道之常耳；至于送死，则人道之大变。孝子之事亲，舍是无以用其力矣。故尤以为大事，而必诚必信，不使少有后日之悔也。

四十二

孟子曰："君子深造之以道，欲其自得之也。自得之，则居之安；居之安，则资之深；资之深，则取之左右逢其原，故君子欲其自得之也。"①

此章论教学之法。造，诣也，致也。深造之者，致其极也。博学而不深造，则不能精而有所得。《学记》云："人不学，不知道。"又云："虽有至道，弗学，不知其善也。"是学以知道为目的也。故曰："深造之以道。"《学记》又云："君子之教，喻也；道而弗牵，强而弗抑，开而弗达。"又云："力不能问，然后语之；语之而弗知，虽舍之可也。"《论语》记孔子之教人，亦曰："不愤，不启；不悱，不发；举一隅，不以三隅反，则不复也。"此皆"欲其自得之也"。自得之，则默识心通，如其性之所自有，而所以处之者安矣。处之既安，则不至见异思迁，浅尝自画，非浅袭于口耳之间，非强拟于形似之迹，而资之深矣。资，犹借也。所资借者既深，则日用之间，取之无尽，不待远求，无不逢其本原矣。自得之，得此道也；居之，居此道也；资之，资此道；取之，取此道也。此章所论，与现代教育学说重自学辅导的原理，不谋而合。

四十三

孟子曰："博学而详说之，将以反说约也。"②

---

① 造，七到反。○造，诣也。深造之者，进而不已之意。道，则其进为之方也。资，犹藉也。左右，身之两旁，言至近而非一处也。逢，犹值也。原，本也，水之来处也。言君子务于深造而必以其道者，欲其有所持循，以俟夫默识心通，自然而得之于己也。自得于己，则所以处之者安固而不摇；处之安固，则所藉者深远而无尽；所藉者深，则日用之间取之至近，无所往而不值其所资之本也。○程子曰"学不言而自得者，乃自得也。有安排布置者，皆非自得也。然必潜心积虑，优游厌饫于其间，然后可以有得。若急迫求之，则是私己而已，终不足以得之也。"

② 言所以博学于文，而详说其理者，非欲以夸多而斗靡也；欲其融会贯通，有以反而说到至约之地耳。盖承上章之意而言，学非欲其徒博，而亦不可以径约也。

此章论研究学问的方法。《中庸》言博学审问慎思明辨，即博学而详说之也。学不博，则孤陋寡闻；说不详，则不能尽解。然博学详说，非欲以夸多斗靡也，欲其融会贯通，能反而说到至约之地，得其至要之旨耳。约，即简要的意思。若徒事博学详说，而不能反乎约，其学文则博而寡要，其说必芜杂支离矣。“多学而识”，博而详也；“一以贯之”，反乎约也。“博学切问”，博学详说也；“笃志近思”，反乎约也。此章所说，与现代研究科学的归纳法，同一原理。

四十四

孟子曰：“以善服人者，未有能服人者也；以善养人，然后能服天下。天下不心服而王者，未之有也。”①

此章言以善去服人，是不能叫人心服的。只有以善去教养人，天下的人才能心服。也可以说空口说善，是无益的；必须有实惠及人，然后人能服他。现在一班人，最喜发表议论，虽所说的都是所谓“善”，但人家是不会服从他的。要把所说的善，实实在在地做出来，加惠于人，然后才能服天下的人也。天下的人不心服，是断不会王天下的。

四十五

孟子曰：“言无实不祥。不祥之实，蔽贤者当之。”②

---

① 王，去声。○服人者，欲以取胜于人；养人者，欲其同归于善。盖心之公私小异，而人之向背顿殊。学者于此不可以不审也。

② 或曰：“天下之言无有实不祥者，惟蔽贤为不祥之实。”或曰：“言而无实者不祥，故蔽贤为不祥之实。”二说不同，未知孰是，疑或有阙文焉。

此章朱注列举二解：(一)“天下之言，无有实不祥者。惟蔽贤为不祥之实。”此以“实不祥”三字相连，“实”字为形容“不祥”二字之副词。(二)“言而无实者不祥，故蔽贤为不祥之实。”则以“无实”二字相连：“实”字为“无”字之止词。朱子又云：“二说未知孰是，疑或有阙文焉。”按《晏子·春秋谏》下云：“国有三不祥：有贤而不知，一不祥；知而不用，二不祥；用而不任，三不祥也。”与此以“蔽贤”为“不祥之实”同旨。蔽贤者之言，往往无实，故曰“言无实不祥”也。似以第二说为长。

四十六

徐子曰：“仲尼亟称于水，曰：‘水哉，水哉！’何取于水也？”① 孟子曰：“原泉混混，不舍昼夜，盈科而后进，放乎四海。有本者如是，是之取尔。② 苟为无本，七八月之间雨集，沟浍皆盈；其涸也，可立而待也。故声闻过情，君子耻之。”③

徐子，赵注谓即徐辟，介绍夷之见孟子者。仲尼，孔子的字。亟，音去吏反，屡次也。原，同源，混混，古音读如衮，俗作滚滚，水涌出不断之貌。舍，止也。科，坎也，坑也。放，至也，达也。本谓水源。“是之

① 亟，去吏反。○亟，数也。水哉水哉，叹美之辞。

② 舍、放，皆上声。○原泉，有原之水也。混混，涌出之貌。不舍昼夜，言常出不竭也。盈，满也。科，坎也。言其进以渐也。放，至也。言水有原本，不已而渐进以至于海，如人有实行，则亦不已而渐进以至于极也。

③ 浍，古外反。涸，下各反。闻，去声。○集，聚也。浍，田间水道也。涸，干也。如人无实行，而暴得虚誉，不能长久也。声闻，名誉也。情，实也。耻者，耻其无实而将不继也。○林氏曰：“徐子之为人，必有躐等干誉之病，故孟子以是答之。”○邹氏曰：“孔子之称水，其旨微矣。孟子独取此者，自徐子之所急者言之也。孔子尝以闻达告子张矣，达者有本之谓也，闻则无本之谓也。然则学者其可以不务本乎？”

取尔”，言孔子之取于水者此耳。集，聚也。沟浍，田间路旁行水之沟。涸，水干也。声闻，声名闻望也。情，实也。按《论语·子罕篇》《子在川上章》即记孔子称水之语。此云“亟称”，当不仅一次矣。水流昼夜不止，似君子之自强不息。盈科后进，似君子之循序渐进，而不躐等。放乎四海，似君子之欲罢不能，必求至道。故孔子取之也。若纯盗虚声，而实不足以副之，则如大雨之后，沟浍中一时充满的水；虽亦有泛滥之势，终是无源之水，不久即干，故君子耻之也。

四十七

孟子曰：“人之所以异于禽兽者，几希庶民去之，君子存之。[①] 舜明于庶物，察于人伦，由仁义行，非行仁义也。”[②]

“人之所以异于禽兽者几希”者，言人与禽兽所异的地方，只有这一些也。寻常的庶民，不知道这所异的一些，把他丢掉了。只有君子，才把这一些保存着。庶物，种种事物也。舜明白这种种事物的道理，体察人伦之所以然，一切的动作，就都自然合于仁义，不是晓得了仁义的好处，特地照着仁义去行的。“行仁义”者，“利而行之”者也。“由仁义行”者，“安而行之”者也。

---

① 几希，少也。庶，众也。人物之生，同得天地之理以为性，同得天地之气以为形。其不同者，独人于其间得形气之正，而能有以全其性，为少异耳。虽曰少异，然人物之所以分，实在于此。众人不知此而去之，则名虽为人，而实无以异于禽兽。君子知此而存之，是以战兢惕厉，而卒能有以全其所受之理也。物，事物也。明，则有以识其理也。人伦，说见前篇。

② 察，则有以尽其理之详也。物理固非度外，而人伦尤切于身，故其知之有详略之异。在舜则皆生而知之也。由仁义行，非行仁义，则仁义已根于心，而所行皆从此出。非以仁义为美，而后勉强行之，所谓安而行之也。此则圣人之事，不待存之而无不存矣。○尹氏曰：“存之者，君子也。存者，圣人也。君子所存，存天理也。由仁义行，存者能之。”

四十八

孟子曰："禹恶旨酒而好善言。[①] 汤执中，立贤无方。[②] 文王视民如伤，望道而未之见。[③] 武王不泄迩，不忘远。[④] 周公思兼三王，以施四事，其有不合者，仰而思之，夜以继日，幸而得之，坐以待旦。"[⑤]

恶，去声。旨，味好的意思。禹厌恶味好的酒，而喜欢听善的言语。仪狄作酒而甘，进之禹。禹饮而美之，遂疏仪狄，绝旨酒曰："后世必有以酒亡其国者！"见《战国策·魏策》。《尚书·皋陶谟》曰："禹拜昌言。"昌言即善言。《论语》亦云："禹闻善言则拜。""中"者，做事刚刚合着要处，没有过头或不及的毛病。执中，即《论语·尧曰篇》所谓"允执厥中"也。方，法也，"立贤无方"，言用贤人，没有一定办法，不拘资格阶级也。"视民如伤"者，是看得百姓，总像还有伤害，必定要把他医好。"而"亦"如"也，古通用。"望道而未之见"者，言文王虽然已经知"道"行"道"，但他自己还像没有看见道的一般。泄者，狎也。"不泄迩，不忘远"者，言武王对于近者不狎，对于远者不忘也。三王三代圣王，禹、汤、文、武也。四事，即上面所说禹、汤、文、武的四件事体。

---

① 恶、好，皆去声。○《战国策》曰："仪狄作酒，禹饮而甘之，曰'后世必有以酒亡其国者。'遂疏仪狄而绝旨酒。"《书》曰："禹拜昌言。"

② 执，谓守而不失。中者，无过不及之名。方，犹类也。立贤无方，惟贤则立之于位，不问其类也。

③ 而，读为如，古字通用。○民已安矣，而视之犹若有伤；道已至矣，而望之犹若未见。圣人之爱民深而求道切如此。不自满足，终日乾乾之心也。

④ 泄，狎也。迩者，人所易狎而不泄；远者，人所易忘而不忘，德之盛，仁之至也。

⑤ 三王，禹也，汤也，文武也。四事，上四条之事也。时异势殊，故其事或有所不合。思而得之。则其理初不异矣。坐以待旦，急于行也。此承上章言舜，因历叙群圣以继之，而各举其一事，以见其忧勤惕厉之意。盖天理之所以常存，而人心之所以不死也。○程子曰："孟子所称，各因其一事而言，非谓武王不能执中立贤，汤却泄迩忘远也。人谓各举其盛，亦非也，圣人亦无不盛。"

自己有不合的地方，仰着头想，日里想不通，夜里继续想下去。如果想到了，那么，就夜里坐着，再也不睡，一直等到天亮，连忙就去做。

四十九

孟子曰："王者之迹熄而《诗》亡，《诗》亡，然后《春秋》作。[①] 晋之乘，楚之《梼杌》，鲁之《春秋》，一也。[②] 其事则齐桓、晋文，其文则史。孔子曰：'其义则丘窃取之矣'。"[③]

熄，灭也。王者之迹熄，言周自平王东迁，文、武、成、康王业的遗迹，都像火一般的熄灭了。朱注云："《诗》亡者，谓《黍离》降为国风，而雅亡也。"《黍离》为《诗·王风篇》名。《王风》所采本周都之王城之《诗》今降而列入国风，则王都之雅亡，而颂扬文、武、成、康等诗从此无人再咏。故曰：《诗》亡也。按周室盛时，有采诗之官，叫做"輶轩使者"，故各国风诗，均得上之太师。及平王东迁以后，政令不行于诸侯，故采诗之官亦废，于是各国之诗无人采辑，故《诗经》之诗，至春秋中世以前为止，所谓"诗亡"，当即指此。采诗之制既废，则各国之政治风俗如何，不得而知。于是孔子作《春秋》，记各国之事，寓王者褒贬之意，故曰"《诗》亡，然后《春秋》作"也。晋之史，名曰《乘》，乘，载也。

---

① 王者之迹熄，谓平王东迁，而政教号令不及于天下也。《诗》亡，谓《黍离》降为《国风》而《雅》亡也。《春秋》，鲁史记之名，孔子因而笔削之。始于鲁隐公之元年，实平王之四十九年也。

② 乘，去声。梼，音逃。杌，音兀。○《乘》，义未详，赵氏以为兴于田赋乘马之事。或曰："取记载当时行事而名之也。"《梼杌》，恶兽名，古者因以为凶人之号，取记恶垂戒之义也。《春秋》者，记事者必表年以首事。年有四时，故错举以为所记之名也。古者列国皆有史官，掌记时事。此三者皆其所记册书之名也。

③ 春秋之时，五霸迭兴，而桓、文为盛。史，史官也。窃取者，谦辞也。《公羊传》作"其辞则丘有罪焉尔"，意亦如此。盖言断之在己，所谓"笔则笔，削则削，游、夏不能赞一辞"者也。○尹氏曰："言孔子作《春狄》，亦以史之文载当时之事也，而其义则定天下之邪正，为百王之大法，"○此又承上章历叙群圣，因以孔子之事继之。而孔子之事莫大于《春秋》，故特言之。

史所以记载事实，故名。楚之史，名曰《梼杌》，梼杌本恶兽，史所以记恶人之事以重戒，故名。鲁之史，名曰《春秋》，因为是编年史，故于四季错举其二以为名。孔子作《春秋》以鲁史为根据；其事，无非齐桓公晋文公等的事；其文，则鲁史之旧文；但孔子笔则笔，削则削，褒则褒，贬则贬，自己有一种义法在内，故曰：“其义，则丘窃取之矣。”窃取，是孔子自谦之辞。

五十

孟子曰：“君子之泽，五世而斩。小人之泽，五世而斩。[①] 予未得为孔子徒也，予私淑诸人也。”[②]

泽，一个人的事业、学术，或此人所造之风尚，遗留于后人者也。斩，绝也。孟子言无论君子或小人，他的事业学术，或风尚之传于后人者，到了五世，都断绝了。父子相继为一世，师生相传亦为一世。孟子去孔子的年代已远，不能亲受业为孔子的弟子，而受业于子思之门人。自孔子而曾子，而子思，而子思之门人，传至孟子，恰好五世。故虽未得为孔子之徒，而尚得私淑于人也。淑，善也。私淑者。间接地私下受其好处也。

---

① 泽，犹言流风余韵也。父子相继为一世，三十年亦为一世。斩，绝也。大约君子、小人之泽，五世而绝也。○杨氏曰：“四世而缌，服之穷也；五世袒免，杀同姓也；六世亲属竭矣。服穷则遗泽寖微，故五世而斩。”

② 私，犹窃也。淑，善也。李氏以为方言是也。人，谓子思之徒也。自孔子卒，至孟子游梁时，方百四十余年，而孟子已老。然则孟子之生，去孔子未百年也。故孟子言，予虽未得亲受业于孔子之门，然圣人之泽尚存，犹有能传其学者。故我得闻孔子之道于人，而私窃以善其身，盖推尊孔子而自谦之辞也。○此又承上三章，历叙舜、禹，至于周、孔，而以是终之。其辞虽谦，然其所以自任之重，亦有不得而辞者矣。

五十一

孟子曰："可以取，可以无取，取伤廉；可以与，可以无与，与伤惠；可以死，可以无死，死伤勇。"①

廉是不苟取于人；惠是有利益给人；勇是对于应该做的事，毫不退缩。"可以取，可以无取"者，言某项利益，在可以取，可以不取之间的，我若把这利益取来，是反有伤于廉的。"可以与，可以无与"者，言某项利益，在可以给人，可以不给人之间的，我为要见好于人，竟给了人，这是给得没有什么道理的，是反有伤于惠的。"可以死，可以无死"者，言遇着一件生死关头的事体，但是在可以死可以不死之间的，我若不顾一切，竟以死殉了，这是反有伤于勇的。如公西华为孔子使齐，而取冉求五秉之粟。则在公西华为伤廉，在冉求为伤惠。（事见《论语》）子路死卫孔悝之难，是为伤勇。（事见《史记·弟子传》）

五十二

逢蒙学射于羿，尽羿之道，思天下惟羿为愈己，于是杀羿。孟子曰："是亦羿有罪焉。"公明仪曰："宜若无罪焉。"曰："薄乎云尔，恶得无罪？②

① 先言可以者，略见而自许之辞也。后言可以无者，深察而自疑之辞也。过取固害于廉，然过与亦反害其惠，过死亦反害其勇，盖过犹不及之意也。○林氏曰："公西华受五秉之粟，是伤廉也。冉子与之，是伤惠也。子路之死于卫，是伤勇也。"

② 逢，薄江反。恶，平声。羿，有穷后羿也。逢蒙，羿之家众也。羿善射，篡夏自立，后为家众所杀。愈，犹胜也。薄，言其罪差薄耳。

羿，夏少康时有穷国君，为夏之诸侯，善射，百发百中。逢，音庞。逢蒙，《荀子·王霸篇》作蠭门，《吕氏春秋·具备篇》作蠭蒙，《淮南原道训》作逢蒙子，羿之弟子。愈，胜也。逢蒙既尽得羿之射法，以为天下能胜己者惟羿一人，于是杀之。《楚辞·离骚》王逸注言羿田猎将归，寒从使其家臣逢蒙射而杀之。这是一个传说的故事。“是亦羿有罪焉”，是孟子对于此事的批评。宜若，殆也。公明仪，见《滕文公篇》第一章，是孟子以前的人。此非与孟子对语，特因仪有此言，故孟子引之。“曰”字以下，乃复申说己意。“薄乎云尔”者，言羿罪但较逢蒙为薄而已。恶，平声，何也。

“郑人使子濯孺子侵卫，卫使庾公之斯追之。子濯孺子曰：‘今日我疾作，不可以执弓，吾死矣夫！’问其仆曰：‘追我者谁也？’其仆曰：‘庾公之斯也。’曰：‘吾生矣。’其仆曰：‘庾公之斯，卫之善射者也，夫子曰吾生，何谓也？’曰：‘庾公之斯学射于尹公之他，尹公之他学射于我。夫尹公之他，端人也，其取友必端矣。’庾公之斯至，曰：‘夫子何为不执弓？’曰：‘今日我疾作，不可以执弓。’曰：‘小人学射于尹公之他，尹公之他学射于夫子。我不忍以夫子之道反害夫子。虽然，今日之事，君事也，我不敢废。’抽矢扣轮，去其金，发乘矢而后反。”①

郑，卫，二国名。子濯孺子，庾公之斯，尹公之他，都是人名，此孟子引另一故事，以明羿之不得无罪也。“之”字是助词。古人姓与名字间，往往加“之”字，如孟子之反、介之推之类。侵，袭也。疾作，病发也。

---

① 他，徒河反。矣夫、夫尹之夫，并音扶。去，上声。乘，去声。○之，语助也。仆，御也。尹公他，亦卫人也。端，正也。孺子以尹公正人，知其取友必正，故度庾公必不害己。小人，庾公自称也。金，镞也。扣轮出镞，令不害人，乃以射也。乘矢，四矢也。孟子言使羿如子濯孺子，得尹公他而教之，则必无逢蒙之祸。然夷羿篡弒之贼，蒙乃逆俦；庾斯虽全私恩，亦废公义。其事皆无足论者，孟子盖特以取友而言耳。

病，故不能执弓而射。夫，音扶，同“吧”。仆，御者也。夫子，御者及庾公之斯，称子濯孺子也。端，正也。小人，庾公之斯自称。金，箭头的镞。去其镞，则不至伤人。乘矢，四枝箭也。乘，去声。按《左传》襄公四年，载卫献公奔齐，公孙丁御。初，尹公佗学射于庾公差，庾公差学射于公孙丁，二子追公。庾公差曰：“射为背师，不射为戮。”射两軥而还。尹公佗曰：“子为师，我则远矣。”公孙丁乃授公辔而射之，贯其臂。所载姓名大同小异，而行事适与此反。此章之旨，重在“取友必端”一语，羿之罪，正以不能取端人而授以射法也。

五十三

孟子曰：“西子蒙不洁，则人皆掩鼻而过之。[①] 虽有恶人，斋戒沐浴，则可以祀上帝。”[②]

西子，即世所称春秋时越国美女西施，按《管子》言毛嫱西施天下之美人，《庄子》亦言厉与西施，疑西施为古美女之名，而越人以号其美女。犹善射者皆称羿。大盗皆称跖也。蒙，被也。不洁，污秽有臭气的东西。西子虽美，而身上蒙被着污秽之物，人家见了她，也都把鼻头掩住走过去，不要看她了。恶人，貌丑之人。只要斋戒沐浴，也可以去祭祀上帝。此章全是譬喻之辞。西子，比本质良善的人；恶人，比本质不好的人。言本质恶的人，只要能改过自新，则君子亦许其为善也。

① 西子，美妇人。蒙，犹冒也。不洁，污秽之物也。掩鼻，恶其臭也。

② 斋，侧皆反。○恶人，丑貌者也。○尹氏曰：“此章戒人之丧善，而勉人以自新也。”

五十四

孟子曰："天下之言性也，则故而已矣。故者以利为本。[①] 所恶于智者，为其凿也。如智者，若禹之行水也，则无恶于智矣。禹之行水也，行其所无事也。如智者亦行其所无事，则智亦大矣。[②] 天之高也，星辰之远也，苟求其故，千岁之日至，可坐而致也。"[③]

此章，自来注家多以为是孟子论性之言；其实是孟子批评当时言性者之言。孟子之时，言性者甚多；或谓性恶，或谓性有善有不善，或谓性无善无不善，或谓性可以为善可以为不善，要皆持之有故。故曰："天下之言性也，则故而已矣。"故者，即《荀子》所谓"持之有故"之"故"，《墨子》所谓"故，所若而然也"，"故者，有之必然"之"故"，为议论之根据，断定之前提者也。则，是效法，根据之意。《墨子·小取》云："故中效，则是也；不中效，则非也。" "中效"之"故"，方可以为"则"。例如《墨子·经》云："圆，一中同长也。"（即直径）"一中同长"即"圆"之"故"。凡以"一中同长"，画成者，皆是圆形，故"一中同长"之"故"为"中效"者。而可以为画圆之"则"。"以利为本"之"利"，顺也，宜也。孟子所谓"利"，即《墨子》所谓"中效"。此谓

---

① 性者，人物所得以生之理也。故者，其已然之迹，若所谓天下之故者也。利，犹顺也，语其自然之势也。言事物之理，虽若无形而难知，然其发见之已然，则必有迹而易见。故天下之言性者，但言其故而理自明，犹所谓善言天者必有验于人也。然其所谓故者，又必本其自然之势，如人之善、水之下，非有所矫揉造作而然者也。若人之为恶、水之在山，则非自然之故矣。

② 恶、为，皆去声。〇天下之理，本皆顺利，小智之人，务为穿凿，所以失之。禹之行水，则因其自然之势而导之，未尝以私智穿凿而有所事，是以水得其润下之性而不为害也。

③ 天虽高，星辰虽远，然求其已然之迹，则其运有常。虽千岁之久，其日至之度，可坐而得。况于事物之近，若因其故而求之，岂有不得其理者，而何以穿凿为哉？必言日至者，造历者以上古十一月甲子朔夜半冬至为历元也。〇程子曰："此章专为智而发。"愚谓事物之理，莫非自然。顺而循之，则为大智。若用小智而凿以自私，则害于性而反为不智。程子之言，可谓深得此章之旨矣。

天下之言性者。皆各有其所据为论证之“故”；但所谓“故”者，当以“利”为本。若所依据之“故”为不“利”者，则其言为穿凿之论，而不合于自然矣。但喜为穿凿之论者，皆自命为智者；人以其持之有故，言之成理，亦群誉为智者。故又曰：“所恶于智者，为其凿也”。凿，即穿凿，谓诡辩者奋其私智臆说，取不足据或并非事实之论证，牵强附会，发为架空之言论也。恶，去声，厌恶也。行水，即治水。禹之治水，因势利导，纯任自然，绝无奋其私智，师心自用之事，故能行所无事。如此谓“智者”，亦能绝不矫揉造作，附会穿凿，如禹之行所无事，则方可谓为真智，故曰：“则智亦大矣。”此以禹之治水为喻也。日至，即冬至之日。致者，推算而得之。言虽以天之高，星辰之远，苟能求其“故”，则善历法者，能推算得千年之冬至。天文历法，尚可以其“故”推算之，况水之“性”乎？

五十五

公行子有子之丧。右师往吊，入门，有进而与右师言者，有就右师之位而与右师言者。[①] 孟子不与右师言，右师不悦，曰：“诸君子皆与欢言，孟子独不与欢言，是简欢也。”[②] 孟子闻之，曰：“礼，朝廷不历位而相与言，不逾阶而相揖也。我欲行礼，子敖以我为简，不亦异乎？”[③]

行，音杭。公行子，齐大夫。右师，官名，即王欢，字子敖者也。

---

① 公行子，齐大夫。右师，王欢也。

② 简，略也。

③ 朝，音潮。是时齐卿大夫以君命吊，各有位次。若《周礼》，凡有爵者之丧礼，则职丧莅其禁令，序其事，故云朝廷也。历，更涉也。位，他人之位也。右师未就位而进与之言，则右师历己之位矣；右师已就位而就与之言，则已历右师之位矣。孟子、右师之位又不同阶，孟子不敢失此礼，故不与右师言也。

简，慢也。历，涉也。历位，谓历过他人之位。逾阶相揖，谓彼此不同阶而遥相揖。今右师后至，入门，即进与之言；及就位，又历位以就之而与之言，皆非礼也。王欢是齐王的宠臣，所以'班官员'见他来，就赶过去奉承。孟子不肯做这种献媚权贵的事，所以老是不理他。他一责问，孟子就引用两句礼为根据，说"我欲行礼"，使他再无话说。原来孟子是心恶王欢，并看不起一班没有骨气的官员，却用礼来解释自己的行动，不明白地斥责他人，这是孟子善于措辞处。

五十六

孟子曰："君子所以异于人者，以其存心也。君子以仁存心，以礼存心。[①] 仁者爱人，有礼者敬人。[②] 爱人者人恒爱之，敬人者人恒敬之。[③]

此章言君子所以不同于寻常的一般人者，因他的存心，是以仁待人，以礼律己。因为以仁存心，所以爱人，因为以礼存心，所以对人恭敬。又因为爱人之故，所以人也回转来爱他：因为敬人之故，所以人也回转来敬他。

有人于此，其待我以横逆，则君子必自反也：我必不仁也，必无礼也，此物奚宜至哉?[④] 其自反而仁矣，自反而有礼矣，其横逆由是也，君子必自反也，我必不忠。[⑤] 自反而忠矣，其横逆由是也，君子曰：'此亦妄

---

① 以仁礼存心，言以是存于心而不忘也。
② 此仁礼之施。
③ 恒，胡登反。○此仁礼之验。
④ 横，去声，下同。横逆，谓强暴不顺理也。物，事也。
⑤ 由，与犹同，下放此。忠者，尽己之谓。我必不忠，恐所以爱敬人者，有所不尽其心也。

人也已矣。如此，则与禽兽奚择哉？于禽兽又何难焉？’[①] 是故君子有终身之忧，无一朝之患也。乃若所忧则有之：舜，人也，我亦人也。舜为法于天下，可传于后世，我由未免为乡人也。是则可忧也。忧之如何？如舜而已矣。若夫君子所患则亡矣。非仁无为也，非礼无行也。如有一朝之患，则君子不患矣。”[②]

有人于此，是假设之辞。横逆者，强横不讲理也。自反，自己反省也。我必不仁也，必无礼也，即自己反省之语。物，事也。此物，指“以横逆待我”之事而言。由，同犹，言其待我之横逆仍如此也。忠者，尽己之心以待人也。若两次反省，于仁，于礼、于忠，皆内省不疚，而此人之横逆仍如此，则其为妄人也可知。择，别也。言与禽兽有何分别也。难，去声，责难也。又何难焉，言不足责也。朝，如字读。一朝之患，谓意外无妄之灾，突如其来者。他人无故以横逆待我，我如忿而与妄人争执斗很，亦一朝之患也。所谓“终身之忧”，即下文所言“忧不如舜”也。“我由”之“由”，同犹。“若夫”之“夫”，音扶。“亡矣”之“亡”，同无。此章言做人只要自己做得不错，至于横逆之来，只要问心无愧，都可置之不顾。所宜忧的，就是恐怕自己不能像做到舜那样好。此为人处世之道，最宜玩味也。

五十七

禹、稷当平世，三过其门而不入，孔子贤之。[③] 颜子当乱世，居于陋巷，一箪食，一瓢饮，人不堪其忧，颜子不改其乐，孔子贤之。[④] 孟子曰：

---

① 难，去声。奚择，何异也。又何难焉，言不足与之校也。
② 夫，音扶。乡人，乡里之常人也。君子存心不苟，故无后忧。
③ 事见前篇。
④ 食，音嗣。乐，音洛。

“禹、稷、颜回同道。[①] 禹思天下有溺者，由己溺之也；稷思天下有饥者，由己饥之也，是以如是其急也。[②] 禹、稷、颜子，易地则皆然。[③] 今有同室之人斗者，救之，虽被发缨冠而救之，可也。[④] 乡邻有斗者，被发缨冠而往救之，则惑也，虽闭户可也。”[⑤]

平世，有道之世。乱世，无道之世。三过其门而不入，是禹治水时的事。此言禹、稷，是连类及之。古人作文。不讲逻辑，此类甚多，不独孟子也。颜子，即孔子弟子颜回，字渊。颜子事，见《论语》。“由己”之“由”，同犹。“被发缨冠而往救之”，言不及束发，即结冠而往排解也。此章先述禹、稷、颜回之事，然后加以评论。盖圣贤所抱之道皆同，只因所处的境遇不同，故所做的事亦异。又以同室之人与乡邻有斗者为喻，申明其义。

五十八

公都子曰：“匡章，通国皆称不孝焉。夫子与之游，又从而礼貌之，敢问何也？”[⑥] 孟子曰：“世俗所谓有不孝者五：惰其四支，不顾父母之养，一不孝也；博弈好饮酒，不顾父母之养，二不孝也；好货财，私妻子，不顾父母之养，三不孝也：从耳目之欲，以为父母戮，四不孝也；好勇斗很，以危父母，五不孝也。章子有一于是乎？[⑦] 夫章子，子父责善而不相

① 圣贤之道，进则救民，退则修己，其心一而已矣。

② 由与犹同。○禹、稷身任其职，故以为己责而救之急也。

③ 圣贤之心无所偏倚，随感而应，各尽其道。故使禹、稷居颜子之地，则亦能乐颜子之乐；使颜子居禹、稷之任，亦能忧禹、稷之忧也。

④ 不暇束发而结缨往救，言急也。以喻禹、稷。

⑤ 喻颜子也。○此章言圣贤心无不同，事则所遭或异，然处之各当其理，是乃所以为同也。○尹氏曰：“当其可之谓时，前圣后圣，其心一也，故所遇皆尽善。”

⑥ 匡章，齐人。通国，尽一国之人也。礼貌，敬之也。

⑦ 好、养、从，皆去声。很，胡恳反。○戮，羞辱也。很，忿戾也。

遇也。[①] 责善，朋友之道也；父子责善，贼恩之大者。[②] 夫章子，岂不欲有夫妻子母之属哉？为得罪于父，不得近，出妻屏子，终身不养焉。其设心以为不若是，是则罪之大者。是则章子已矣。”[③]

匡章，齐人。见《滕文公篇》末章。礼貌之者，用礼节待他也。惰其四支，手足懒惰，不肯做事也。不顾父母之养者，不管奉养父母的衣食也。养，去声。好，亦去声。从，放纵；言放纵着耳目对于声色的嗜欲。戮，辱也。斗很者，因意气忿戾而与人斗争也。上言匡章，此言章子，是于名下加一“子”字，古有此称，夫，音扶。不相遇，不相合也。父子责善，贼恩之大者，即前答公孙丑问所谓“责善则离，离则不祥莫大焉”之意。贼，害也。为，去声，因为也。屏，必井反。不养，匡章不受其妻子之奉养也。此章所说，是“众恶必察”之意。孟子以为匡章因为得罪于父，而知自责，其人非全无心肝者，并且这也不是不孝，故不与之绝交也。

五十九

曾子居武城，有越寇。或曰：“寇至，盍去诸?”曰：“无寓人于我室，毁伤其薪木。”寇退，则曰：“修我墙屋，我将反。”寇退，曾子反。左右曰：“待先生如此其忠且敬也，寇至则先去以为民望，寇退则反，殆于不可。”沈犹行曰：“是非汝所知也。昔沈犹有负刍之祸，从先生者七十人，

---

① 夫，音扶。○遇，合也。相责以善而不相合，故为父所逐也。

② 贼，害也。朋友当相责以善，父子行之，则害天性之恩也。

③ 夫章之夫，音扶。为，去声。屏，必井反。养，去声。○言章子非不欲身有夫妻之配、子有子母之属，但为身不得近于父，故不敢受妻子之养，以自责罚。其心以为不如此，则其罪益大也。○此章之旨，于众所恶而必察焉，可以见圣贤至公至仁之心矣。○杨氏曰：“章子之行，孟子非取之也，特哀其志而不与之绝耳。”

未有与焉。”① 子思居于卫，有齐寇。或曰：“寇至，盍去诸？”子思曰：“如伋去，君谁与守？”② 孟子曰：“曾子、子思同道。曾子，师也，父兄也；子思臣也，微也。曾子、子思易地则皆然。”③

武城，鲁国县名。越寇，越国的兵来攻鲁也。盍，何不也。诸，之乎也。薪木，树木。左右，曾子之门人。以为民望，使民望而效之也。沈犹行，曾子弟子。负刍之祸，挑柴的人暴动也。一云，负刍，人名。与，去声。言曾子舍于沈犹氏，适有负刍之祸，曾子亦率其弟子去之，未预其难也。齐寇，齐兵来攻卫也。伋，子思名。师也，父兄也，言曾子居师的地位，和父兄的地位相等，是没有守城的责任的。臣也，微也，言子思在卫国，是居臣的地位，其身分是微贱的。此章着重“师”和“臣”的分别。言君子处世，其道本同；只因为地位不同，所以有时行止会不同。

六十

储子曰：“王使人瞯夫子，果有以异于人乎？”孟子曰：“何以异于人哉？尧、舜与人同耳。”④

瞯，音谏。储子，齐国人。瞯，一作瞷，窥视的意思。一说使人“瞯”之者，使善相人者相孟子之形貌也。《荀子·非相》篇言姑布子卿及

① 与，去声。○武城，鲁邑名。盍，何不也。左右，曾子之门人也。忠敬，言武城之大夫事曾子忠诚恭敬也。为民望，言使民望而效之。沈犹行，弟子姓名也。言曾子尝舍于沈犹氏，时有负刍者作乱，来攻沈犹氏，曾子率其弟子去之，不与其难。言师宾不与臣同。

② 言所以不去之意如此。

③ 微，犹贱也。○尹氏曰：“或远害，或死难，其事不同者，所处之地不同也。君子之心，不系于利害，惟其是而已，故易地则皆能为之。”○孔氏曰：“古之圣贤，言行不同，事业亦异，而其道未始不同也。学者知此，则因所遇而应之，若权衡之称物，低昂屡变，而不害其为同也。”

④ 瞯，古苋反。○储子，齐人也。瞯，窃视也。圣人亦人耳，岂有异于人哉？

唐举能相人之形状颜色而知其吉凶妖祥。则孟子时已有相人之法矣。故孟子答以尧舜之相。亦与人同。

六十一

齐人有一妻一妾而处室者，其良人出，则必餍酒肉而后反。其妻问所与饮食者，则尽富贵也。其妻告其妾曰："良人出，则必餍酒肉而后反；问其与饮食者，尽富贵也，而未尝有显者来。吾将瞷良人之所之也。"蚤起，施从良人之所之，遍国中无与立谈者。卒之东郭墦间，之祭者，乞其余；不足，又顾而之他，此其为餍足之道也。其妻归，告其妾曰："良人者，所仰望而终身也。今若此！"与其妾讪其良人，而相泣于中庭。而良人未之知也，施施从外来，骄其妻妾。[①] 由君子观之，则人之所以求富贵利达者，其妻妾不羞也，而不相泣者，几希矣。[②]

良人，妇人称丈夫也。古称"良人"，后世称"郎"，良、郎一声之转。餍，吃饱也。瞷，窥伺之也。蚤起，即早晨起来。蚤早，古通用。施，音迤，斜行也。不欲使其良人觉之。遍国中，就是走遍城中的意思。卒，终也；之，往也。东郭，东方城门外也。墦，音藩，塚也。墦间之祭者，谓扫墓者。讪，讥骂也。施施，俨然自得之貌；犹今人言"煞有介事"也。朱注谓此章章首当有"孟子曰"三字。今无之者，阙文也。按本章为求富贵利达者乞怜昏夜，骄人白日而发。齐人之事，为孟子之寓言。

---

① 施，音迤，又音易。墦，音墦。施施，如字。章首当有"孟子曰"字，阙文也。良人，夫也。餍，饱也。显者，富贵人也。施，邪施而行，不使良人知也。墦，冢也。顾，望也。讪，怨詈也。施施，喜悦自得之貌。

② 孟子言自君子而观，今之求富贵者，皆若此人耳。使其妻妾见之，不羞而泣者少矣。言可羞之甚也。○赵氏曰："言今之求富贵者，皆以枉曲之道，昏夜乞哀以求之，而以骄人于白日，与斯人何以异哉？"

［问题］

（一）何谓“徒善不足以为政，徒法不能以自行”？

（二）何谓“泄泄沓沓”？

（三）孔孟于孺子沧浪之歌。何所取义？

（四）何谓“自暴自弃”？

（五）古人何易子而教？

（六）孟子论君臣关系如何？

（七）孟子论教学之道如何？

（八）何谓“王者之迹熄而诗亡”？

（九）何谓“私淑”？

（十）何谓“端人取友必端”？

（十一）孟子谓禹、稷、颜子、曾子、子思易地则皆然，其义如何？

（十二）何谓“播间乞余”？

万章篇第五

一

万章问曰："舜往于田，号泣于旻天，何为其号泣也？"孟子曰："怨慕也。"[①] 万章曰："父母爱之，喜而不忘；父母恶之，劳而不怨。然则舜怨乎？"曰："长息问于公明高曰：'舜往于田，则吾既得闻命矣；号泣于旻天，于父母，则吾不知也。'公明高曰：'是非尔所知也。'夫公明高以孝子之心，为不若是恝，我竭力耕田，共为子职而已矣，父母之不我爱，于我何哉？[②]

万章，齐人，孟子弟子。号泣，且诉且泣也。旻，音闵。朱注云："仁覆闵下，谓之旻天。"为古《尚书》说，见《说文》日部引。《尔雅·释天》云："秋为旻天。"刘熙《释名》云："旻，闵也。物就枯落，可闵伤也。"恶，去声。公明高，曾子弟子。长息，公明高弟子，恝，音苦八

---

① 号，平声。○舜往于田，耕历山时也。仁覆闵下，谓之旻天。号泣于旻天。呼天而泣也。事见《虞书·大禹谟篇》。怨慕，怨己之不得其亲而思慕也。

② 恶，去声。夫，音扶。恝，苦八反。共，平声。○长息，公明高弟子。公明高，曾子弟子。于父母，亦《书》辞，言呼父母而泣也。恝，无愁之貌。于我何哉，自责不知己有何罪耳，非怨父母也。○杨氏曰："非孟子深知舜之心，不能为此言。盖舜惟恐不顺于父母，未尝自以为孝也。若自以为孝，则非孝矣。"

反，同忿，忽忘也。故赵朱均以“无愁之貌”释之。共，平声，同恭。“我竭力耕田”至“于我何哉”。为设身处地代舜设想之辞。言我竭力耕田，恭为人子之职而已；父母之不爱我，不知我有何罪。此舜自怨自责之辞，非怨父母也。

帝使其子九男二女，百官牛羊仓廪备，以事舜于畎亩之中。天下之士多就之者，帝将胥天下而迁之焉。为不顺于父母，如穷人无所归。①

畎亩，即田亩。帝，尧也。《史记·五帝本纪》言尧以二女妻之，以观其内；九男事之，以观其外。二女，长娥皇，次女英。尧使子女事舜，又命百官致牛羊仓库，甚完备也。亩，田间水道。畎亩，田亩也。《史记》又云：“一年所居成聚，二年成邑，三年成都。”即此所谓“天下之士多就之者”也。胥，皆也。迁，移以与之也。

天下之士悦之，人之所欲也，而不足以解忧；好色，人之所欲，妻帝之二女，而不足以解忧；富，人之所欲，富有天下，而不足以解忧；贵，人之所欲，贵为天子，而不足以解忧。人悦之、好色、富贵，无足以解忧者，惟顺于父母，可以解忧。② 人少，则慕父母；知好色，则慕少艾；有妻子，则慕妻子；仕则慕君，不得于君则热中。大孝终身慕父母。五十而慕者，予于大舜见之矣。”③

---

① 为，去声。○帝，尧也。《史记》云：“二女妻之，以观其内；九男事之，以观其外。”又言：“一年所居成聚，二年成邑，三年成都。”是天下之士就之也。胥，相视也。迁之，移以与之也。如穷人之无所归，言其怨慕迫切之甚也。

② 孟子推舜之心如此，以解上文之意。极天下之欲，不足以解忧，而惟顺于父母，可以解忧。孟子真知舜之心哉！

③ 少、好，皆去声。○言常人之情，因物有迁。惟圣人为能不失其本心也。艾，美好也。《楚辞》、《战国策》所谓幼艾，义与此同。不得，失意也。热中，躁急心热也。言五十者，舜摄政时年五十也。五十而慕，则其终身慕可知矣。○此章言舜不以得众人之所欲为已乐，而以不顺乎亲之心为己忧。非圣人之尽性，其孰能之？

“人少”之“少”，去声。少年时也。“知好色”之“好”，去声。少艾，年青女子也。热中，心中焦急也。此章言舜之所以为大孝，因一切幸福，都不在意，惟以得父母的欢心为遂愿；故年五十而犹如孺子之思念父母也。

二

万章问曰：“《诗》云：‘娶妻如之何？必告父母。’信斯言也，宜莫如舜。舜之不告而娶，何也？”孟子曰：“告则不得娶。男女居室，人之大伦也。如告，则废人之大伦，以怼父母，是以不告也。”[①] 万章曰：“舜之不告而娶，则吾既得闻命矣。帝之妻舜而不告，何也？”曰：“帝亦知告焉则不得妻也。”[②]

所引《诗经》，见《齐风·南山篇》。言一个人娶妻，必须告知父母也。“信斯言也”，言真如这句话。“男女居室，人之大伦也”，言男婚女嫁，是做人最大的伦理。舜如告知瞽瞍，则婚事必不成，故曰“如告，则废人之大伦”也。怼，音特禄反，仇怨也。因父母不许，而废了人的大伦，便怨怼父母了。妻，去声，以女儿嫁人，亦叫做妻。

万章曰：“父母使舜完廪，捐阶，瞽瞍焚廪。使浚井，出，从而掩之。象曰：‘谟盖都君，咸我绩，牛羊，父母；仓廪，父母。干戈，朕；琴，朕；弤朕。二嫂使治朕栖。’象往入舜宫，舜在床琴。象曰：‘郁陶思君

① 怼，直类反。《诗·齐国风·南山》之篇也。信，诚也，诚如此诗之言也。怼，仇怨也。舜父顽母嚚，常欲害舜。告则不听其娶，是废人之大伦，以雠怨于父母也。

② 妻。去声。〇以女为人妻曰妻。〇程子曰：“尧妻舜而不告者，以君治之而已，如今之官府治民之私者亦多。”

尔。’忸怩。舜曰：‘惟兹臣庶，汝其于予治。’不识舜不知象之将杀己与？”曰：“奚而不知也？象忧亦忧，象喜亦喜。”①

廪，藏米的屋子。完廪，修治仓廪也。捐阶，把走上廪去的梯子拿掉也。浚井，把井底的泥掘出也。掩者，从井上投下土石，将井堵塞也。象，瞽瞍后妻所生之子。谟，谋也。都君者，因舜所住的地方，附从的人甚多，三年成都，故称舜为“都君”。咸，都也。绩，功劳也。咸我绩，言都是我的功劳。干戈，舜用的兵器。弤，舜的弓。栖，寝也。朕，古人自己的通称，言象欲以二嫂为妻也。宫，舜所住之屋。在床琴，在床上弹琴也。郁陶，烦闷得很的意思。忸怩，极惭愧的神色。兹，此，此也。臣庶，官及百姓也。于，为也。助也。舜谓象“汝其助我治之”。以上述舜故事。末句是万章问语。与，同欤。奚而不知，何为不知也。按《史记》焚廪时，舜以两顶笠帽，当作两翼，自廪上跳下。掘井时，舜从井旁另一洞穿出。

曰：“然则舜伪喜者与？”曰：“否。昔者有馈生鱼于郑子产，子产使校人畜之池。校人烹之，反命曰：‘始舍之，圉圉焉，少则洋洋焉；攸然而逝。’子产曰：‘得其所哉！得其所哉！’校人出，曰：‘孰谓子产智？予既烹而食之，曰得其所哉，得其所哉。’故君子可欺以其方，难罔以非其

① 弤，都礼反。忸。女六反。怩，音尼。与，平声。○完，治也。捐，去也。阶，梯也。掩，盖也。按《史记》曰：“使舜上涂廪，瞽瞍从下纵火焚廪，舜乃以两笠自捍而下，去，得不死。后又使舜穿井，舜穿井为匿空旁出。舜既入深，瞽瞍与象共下土实井，舜从匿空出，去。”即其事也。象，舜异母弟也。谟，谋也。盖，盖井也。舜所居三年成都，故谓之都君。咸，皆也。绩，功也。舜既入井，象不知舜已出，欲以杀舜为己功也。干，盾也。戈，戟也。琴，舜所弹五弦琴也。弤，琱弓也。象欲以舜之牛羊、仓廪与父母，而自取此物也。二嫂，尧二女也。栖，床也，象欲使为己妻也。象往舜宫，欲分取所有，见舜坐在床弹琴，盖既出即潜归其宫也。郁陶，思之甚而气不得伸也。象言己思君之甚，故来见尔。忸怩，惭色也。臣庶，谓其百官也。象素憎舜，不至其宫，故舜见其来而喜，使之治其臣庶也。孟子言舜非不知其将杀己，但见其忧则忧，见其喜则喜，兄弟之情，自有所不能已耳。万章所言，其有无不可知，然舜之心，则孟子有以知之矣，它亦不足辨也。○程子曰：“象忧亦忧。象喜亦喜，人情天理，于是为至。”

道。彼以爱兄之道来，故诚信而喜之，奚伪焉?”①

此节万章又问，孟子引子产故事以释之。与，今作欤。校人，管池沼的小吏。圉圉，困而未舒之貌。洋洋，舒缓摇尾之貌。攸然，自得其乐之貌。逝，往也，去也。一云，攸，同悠。悠，远也。“攸然而逝”，迅走水深处也。欺罔义同“可欺以其方”者，言可以情理之所常有者欺之也。“难罔以非其道”者，言不可以情理之所必无者欺之也。象以爱兄之道来，所谓“以其方”也，故舜真信而喜之耳。

三

万章问曰：“象日以杀舜为事。立为天子，则放之，何也?”孟子曰：“封之也，或曰放焉。”②

放者，把人驱逐到远地方，派人把他管束起来也。万章以为是“放”，孟子以为是“封”。

万章曰：“舜流共工于幽州，放欢兜于崇山，杀三苗于三危，殛鲧于羽山，四罪而天下咸服，诛不仁也。象至不仁，封之有庳。有庳之人奚罪焉？仁人固如是乎？在他人则诛之，在弟则封之?”曰：“仁人之于弟也，

---

① 与，平声。校，音效，又音教。畜，许六反。〇校人，主池沼小吏也。圉圉，因而未纾之貌。洋洋，则稍纵矣。攸然而逝者，自得而远去也。方，亦道也。罔，蒙蔽也。欺以其方，谓诳之以理之所有。罔以非其道，谓昧之以理之所无。象以爱兄之道来，所谓欺之以其方也。舜本不知其伪，故实喜之，何伪之有？〇此章又言舜遭人伦之变，而不失天理之常也。

② 放，犹置也，置之于此，使不得去也。万章疑舜何不诛之，孟子言舜实封之，而或者误以为放也。

不藏怒焉，不宿怨焉，亲爱之而已矣。亲之欲其贵也，爱之欲其富也。封之有庳，富贵之也。身为天子，弟为匹夫，可谓亲爱之乎？”①

流，就是放逐。共，音恭，共工，是官名。舜所流放之人，时为共工之官也。幽州，地名。欢兜，人名。崇山，地名。三苗，是国名，即今南方山洞中的苗人。三危，地名。朱注云：“杀，杀其君也。”按《尚书·尧典》“作窜三苗”。焦氏《正义》引段玉裁《说文》注谓，“窜”字本作“寂”。《孟子》作“杀”，即《左传》“谷蔡叔”之“谷”。寇，塞也，谓塞之使不得通中国；殁，谓放之令自匿；与言“流”言“放”一例。窜，杀，皆假借字。朱注又云：“殛，诛也。鲧，禹父名。”羽山，地名。焦氏谓“殛”为“极”之借字，《周礼注》“舜极鲧于羽山”，字正作“极”，《尚书·洪范》“鲧则殛死”，《左传》昭七年，“昔尧殛鲧于羽山”，《释文》本亦均作“极”。极亦放也。极死者，被放逐而死，非谓杀之也。诛，谓罚其罪。万章问舜放象事，故举舜流放四凶，以例之云。说较朱注为长。有庳，地名。朱注云：“藏怒，谓藏匿其怒；宿怨，谓留蓄其怨。”

“敢问或曰放者，何谓也？”曰：“象不得有为于其国，天子使吏治其国，而纳其贡税焉，故谓之放。岂得暴彼民哉？虽然，欲常常而见之，故源源而来。‘不及贡，以政接于有庳’，此之谓也。”②

---

① 庳，音鼻。○流，徙也。共工，官名。欢兜，人名。二人比周，相与为党。三苗，国名，负固不服。杀，杀其君也。殛，诛也。鲧，禹父名，方命圮族，治水无功，皆不仁之人也。幽州、崇山、三危、羽山、有庳，皆地名也。或曰：“今道州鼻亭，即有庳之地也。”未知是否？万章疑舜不当封象，使彼有庳之民无罪而遭象之虐，非仁人之心也。藏怒，谓藏匿其怒。宿怨，谓留蓄其怨。

② 孟子言象虽封为有庳之君，然不得治其国，天子使吏代之治，而纳其所收之贡税于象。有似于放，故或者以为放也。盖象至不仁，处之如此，则既不失吾亲爱之心，而彼亦不得虐有庳之民也。源源，若水之相继也。来，谓来朝覲也。不及贡，以政接于有庳，谓不待及诸侯朝贡之期，而以政事接见有庳之君。盖古书之辞，而孟子引以证源源而来之意，见其亲爱之无已如此也。○吴氏曰：“言圣人不以公义废私恩，亦不以私恩害公义。舜之于象，仁之至，义之尽也。”

此万章又问也。孟子答以象虽在有庳国内为君，舜另行派官，代他治理国政，而纳其贡税于象，所以人家说他是“放”。象虽暴虐，亦不得暴虐那一方的百姓。舜因为象是兄弟，要常常和他见面，所以使象源源不绝地到都城里来。“不及贡。以政接于有庳”，言等不到诸侯朝贡的时期，日以政事，接见有庳的君主也。下云“此之谓也”，则这句话当是古书所载。而孟子引之。

四

咸丘蒙问曰：“语云：‘盛德之士，君不得而臣，父不得而子。’舜南面而立，尧帅诸侯北面而朝之，瞽瞍亦北面而朝之。舜见瞽瞍，其容有蹙。孔子曰：‘于斯时也，天下殆哉，岌岌乎！’不识此语诚然乎哉?”孟子曰：“否。此非君子之言，齐东野人之语也。尧老而舜摄也。《尧典》曰：‘二十有八载，放勋乃徂落。百姓如丧考妣。三年，四海遏密八音。’孔子曰：‘天无二日，民无二王。’舜既为天子矣，又帅天下诸侯以为尧三年丧，是二天子矣。”①

咸丘蒙，孟子弟子。语，传说的古语也。君南面，臣北面。帅，今作率。朝，音潮，朝见也。蹙，皱眉蹙额，心有不安之貌。殆，危也。岌岌，危殆之状。齐东野人，是齐国东部的乡下人。赵注谓东野人，即东作田野之人。是以“东野”二字连读。（东作，谓春日力田）摄，代也。

---

① 朝。音潮。岌，鱼及反。〇咸丘蒙，孟子弟子。语者，古语也。蹙，颦蹙不自安也。岌岌，不安貌也。言人伦乖乱，天下将危也。齐东，齐国之东鄙也。孟子言尧但老不治事，而舜摄天子之事耳。尧在时，舜未尝即天子位，尧何由北面而朝乎？又引《书》及孔子之言以明之。《尧典》，《虞书》篇名。今此文乃见于《舜典》，盖古书二篇。或合为一耳。言舜摄位二十八年而尧死也。徂，升也。落，降也。人死则魂升而魄降，故古者谓死为徂落。遏，止也。密。静也。八音，金、石、丝、竹、匏、土、革、木，乐器之音也。

《尧典》，《尚书》首篇。放勋，尧帝之号。徂落，死也。徂，同殂。一无“落”字。朱注云：“徂，升也；落，降也。人死则魂升而魄降，故古者谓死为徂落。”遏，止也；密，寂静也。金石丝竹匏土革木八种乐器的声音。叫做八音。父母死后称为考妣，今日犹如此。

咸丘蒙曰：“舜之不臣尧，则吾既得闻命矣。《诗》云：‘普天之下，莫非王土；率土之滨，莫非王臣。’而舜既为天子矣，敢问瞽瞍之非臣，如何?”曰：“是诗也，非是之谓也。劳于王事，而不得养父母也。曰：‘此莫非王事，我独贤劳也。’故说诗者，不以文害辞，不以辞害志。以意逆志，是为得之。如以辞而已矣，《云汉》之诗曰：‘周余黎民，靡有孑遗。’信斯言也，是周无遗民也。①

“舜之不臣尧”者，言舜并不以尧为臣也。所引《诗经》，见《小雅·北山篇》。普，遍也。遍天之下，莫非王之土。率，循也。滨，水边。率土之滨，犹云四海之内，莫非王臣也。孟子答道：“这首诗，不是这样说的。做此诗者，是劳于王家之事，而不得养父母；所以说大家都是王家的臣子，为什么我一个人，为了有贤才而独辛苦勤劳呢?”说《诗》是解说诗句。文，字也。辞，语也。志，作者之意也。逆，迎也。《诗》是纯文学的作品。读诗者不可拘于文字。反把诗中的辞句看错；不可拘于辞句，反把作者的意思误会。须以我之意去推度迎合作者言外之意，方能得着真正的理解。这是孟子的读诗方法。《云汉》，《大雅》之一篇。此诗写

① 不臣尧，不以尧为臣，使北面而朝也。《诗·小雅·北山》之篇也。普，遍也。率，循也。此诗今毛氏序云：“役使不均，已劳于王事而不得养其父母焉。”其诗下文亦云：“大夫不均，我从事独贤。”乃作诗者自言，天下皆王臣，何为独使我以贤才而劳苦乎？非谓天子可臣其父也。文，字也。辞，语也。逆，迎也。《云汉》，《大雅》篇名也。孑，独立之貌。遗，脱也。言说诗之法，不可以一字而害一句之义，不可以一句而害设辞之志，当以己意迎取作者之志，乃可得之。若但以其辞而已，则如《云汉》所言，是周之民真无遗种矣。惟以意逆之，则知作诗者之志在于忧旱，而非真无遗民也。

当时大旱情形。黎民，庶民。孑，孤独也。遗，留存也。如以辞害志，以为这句诗是真的，则周真无一个遗留下来的人民了。

孝子之至，莫大乎尊亲；尊亲之至，莫大乎以天下养。为天子父，尊之至也；以天下养，养之至也。《诗》曰：‘永言孝思，孝思维则。’此之谓也。[①]《书》曰：‘祗载见瞽瞍，夔夔齐栗，瞽瞍亦允若。’是为父不得而子也？”[②]

孟子既说明咸丘蒙引《诗》之误，又接下去说明孝子的道理。至，是极顶的意思。言孝之极，莫大于尊敬他的父母。尊敬他父母之极，莫大于以天下来供养父母。养，去声。现在舜使瞽瞍为天子之父，是尊敬父母之极了；以天下去奉养瞽瞍，是奉养父母之极了。所引《诗经》，见《大雅·下武篇》。言人当永久说着孝思而不忘记；这种孝思，可以做天下的法则。所引《书经》，见伪古文《舜典》。只，敬也。载，事也。齐，同斋，戒也。栗，同慄，惧也。“夔夔齐栗”者，敬谨恐惧的状貌。允，信也。若，顺也。言舜敬事瞽瞍，露着敬谨恐惧的状貌，就是瞽瞍，也相信舜是真孝顺的。“是为父不得而子也”者，《朱子集注》说：“瞽瞍不能以不善及其子，而反见化于其子，即是所谓父不得而子也。”按王引之《经传释词》，此句“也”字同“乎”，表反诘语。言“如此者，尚为父不得而子乎”？

---

① 养，去声。〇言瞽瞍既为天子之父，则当享天下之养，此舜之所以为尊亲养亲之至也。岂有使之北面而朝之理乎？《诗·大雅·下武》之篇。言人能长言孝思而不忘，则可以为天下法则也。

② 见，音现。齐，侧皆反。〇《书·大禹谟》篇也。祗，敬也。载，事也。夔夔齐栗，敬谨恐惧之貌。允，信也。若，顺也。言舜敬事瞽瞍，往而见之，敬谨如此，瞽瞍亦信而顺之也。孟子引此而言瞽瞍不能以不善及其子，而反见化于其子，则是所谓父不得而子者，而非如咸丘蒙之说也。

五

万章曰："尧以天下与舜，有诸？"孟子曰："否，天子不能以天下与人。"[①]"然则舜有天下也，孰与之？"曰："天与之。"[②]"天与之者，谆谆然命之乎？"[③]曰："否。天不言，以行与事示之而已矣。"[④]

与，给予也。诸，即之乎。谆谆然，是说话很诚恳的样子。万章因孟子说舜的天下，是天给与的，因反诘道："天把天下给与舜，是很诚恳地对舜说的吗？"孟子道："不是的。天不会说话的。只用人的行为和事情表示出天意而已。"

曰："以行与事示之者，如之何？"曰："天子能荐人于天，不能使天与之天下；诸侯能荐人于天子，不能使天子与之诸侯；大夫能荐人于诸侯，不能使诸侯与之大夫。昔者尧荐舜于天而天受之。暴之于民，而民受之，故曰：'天不言，以行与事示之而已矣。'"[⑤]

此万章再问，孟子再答也。暴，同曝，宣示也。

曰："敢问荐之于天而天受之，暴之于民而民受之，如何？"曰："使之主祭而百神享之，是天受之；使之主事而事治，百姓安之，是民受之

---

① 天下者，天下之天下，非一人之私有故也。

② 万章问而孟子答也。

③ 谆，之淳反。〇万章问也。谆谆，详语之貌。

④ 行，去声，下同。〇行之于身谓之行，措诸天下谓之事。言但因舜之行事，而示以与之之意耳。

⑤ 暴，步卜反，下同。〇暴，显也。言下能荐人于上，不能令上必用之。舜为天人所受，是因舜之行与事，而示之以与之之意也。

也。天与之，人与之，故曰：天子不能以天下与人。[①] 舜相尧二十有八载，非人之所能为也，天也。尧崩，三年之丧毕，舜避尧之子于南河之南。天下诸侯朝觐者，不之尧之子而之舜；讼狱者，不之尧之子而之舜；讴歌者，不讴歌尧之子而讴歌舜，故曰：天也。夫然后之中国，践天子位焉。而居尧之宫，逼尧之子，是篡也，非天与也。[②]《泰誓》曰'天视自我民视，天听自我民听'，此之谓也。"[③]

此万章又问，孟子又答也。"天与之"，谓天意欲与之；"人与之"，谓民意欲与之。相，去声，辅佐也。舜之相尧，如此之久，这是天意，非人所能为力。南河，水名。"不之"及"之舜"之"之"，往也。讴歌，以讴歌颂扬也。夫，音扶。"之中国"，从南河之南，复往国都也。践位，即位也。而，如也。言舜如居尧之宫，逼尧之子，则是篡夺，不是天给与之矣。《泰誓》，《尚书》篇名。言天不能视听，天之视听，从我民之视听表现出来。

六

万章问曰："人有言：'至于禹而德衰，不传于贤而传于子。'有诸?"孟子曰："否，不然也。天与贤，则与贤；天与子，则与子。昔者舜荐禹于天，十有七年，舜崩。三年之丧毕，禹避舜之子于阳城，天下之民从之。若尧崩之后，不从尧之子而从舜也。禹荐益于天，七年，禹崩。三年之丧毕，益避禹之子于箕山之阴。朝觐讼狱者不之益而之启，曰：'吾君

① 治，去声。

② 相，去声。朝，音潮。夫，音扶。○南河，在冀州之南，其南即豫州也。讼狱，谓狱不决而讼之也。

③ 自，从也。天无形，其视听皆从于民之视听。民之归舜如此，则天与之可知矣。

之子也。’讴歌者不讴歌益而讴歌启，曰：‘吾君之子也。’[①] 丹朱之不肖，舜之子亦不肖。舜之相尧、禹之相舜也，历年多，施泽于民久。启贤，能够承继禹之道。益之相禹也，历年少，施泽于民未久。舜、禹、益，相去久远，其子之贤不肖，皆天也，非人之所能为也。莫之为而为者，天也；莫之致而至者。命也。[②]

有诸，即有之乎。阳城，地名。箕山，山名。启，禹子名。朱，尧子名；丹，所封国。《史记·五帝本记》，舜之子曰商均，“舜、禹、益、相去久远”，谓舜相尧二十八年，禹相舜十七年，而益相禹仅七年，所历之年，相差甚多。致，求而得之也。“莫之致而至”，言不求而自至也。

匹夫而有天下者，德必若舜、禹而又有天子荐之者，故仲尼不有天下。[③] 继世以有天下，天之所废，必若桀、纣者也，故益、伊尹、周公不有天下。[④] 伊尹相汤以王于天下。汤崩，大丁未立，外丙二年，仲壬四年。太甲颠覆汤之典刑，伊尹放之于桐。三年，太甲悔过，自怨自艾，于桐处仁迁义。三年，以听伊尹之训己也，复归于亳。[⑤] 周公之不有天下，犹益

---

① 朝，音潮。〇阳城，箕山之阴，皆嵩山下深谷中可藏处也。启，禹之子也。〇杨氏曰：“此语孟子必有所受，然不可考矣。但云天与贤则与贤，天与子则与子，可以见尧、舜、禹之心，皆无一毫私意也。”

② 之相之相，去声。相去之相，如字。〇尧、舜之子皆不肖，而舜、禹之为相久，此尧、舜之子所以不有天下，而舜、禹有天下也。禹之子贤，而益相不久，此启所以有天下而益不有天下也。然此皆非人力所为而自为，非人力所致而自至者。盖以理言之谓之天，自人言之谓之命，其实则一而已。

③ 孟子因禹、益之事，历举此下两条以推明之。言仲尼之德，虽无愧于舜、禹，而无天子荐之者，故不有天下。

④ 继世而有天下者，其先世皆有大功德于民，故必有大恶如桀，纣，则天乃废之。如启及太甲，成王虽不及益、伊尹、周公之贤圣，但能嗣守先业，则天亦不废之。故益、伊尹、周公，虽有舜、禹之德，而亦不有天下。

⑤ 相、王，皆去声。艾，音乂、〇此承上文言伊尹不有天下之事。赵氏曰：“太丁，汤之太子，未立而死。外丙立二年，仲壬立四年，皆太丁弟也。太甲，太丁子也。”程子曰：“古人谓岁为年。汤崩时，外丙方二岁，仲壬方四岁，惟太甲差长，故立之也。”二说未知孰是。颠覆，坏乱也。典刑，常法也。桐，汤墓所在。艾，治也；《说文》云“芟草也”；盖斩绝自新之意。亳，商所都也。

之于夏，伊尹之于殷也。[①] 孔子曰：‘唐、虞禅，夏后、殷、周继，其义一也。’”[②]

匹夫，犹言平民。仲尼之德，虽过舜禹，而无天子荐之，故不有天下也。启继禹，太甲继汤，成王继武王皆贤主，天不废之，故益、伊尹、周公不有天下也。相，王，皆去声。赵岐云：“太丁，汤之太子未立而死。外丙立二年，仲壬立四年，皆太丁弟也。太甲，太丁子也。”“太甲颠覆汤之典刑”者，言太甲立后，把汤的旧规矩，一切废掉也。那时伊尹为相，就把太甲安置在桐的地方。过了三年，太甲懊悔，自己改过，自己怨自已不好，自己责治自己。住在桐的地方，以仁自处，见义则迁，这三年里头，一切听受伊尹的教训，所以伊尹仍旧把他迎回亳来。亳，音薄，汤都。禅，谓让国于贤者。继，谓子孙相继为天子。

七

万章问曰：“人有言‘伊尹以割烹要汤’，有诸？”[③] 孟子曰：“否，不然。伊尹耕于有莘之野，而乐尧、舜之道焉。非其义也，非其道也，禄之以天下，弗顾也；系马千驷，弗视也。非其义也，非其道也，一介不以与人，一介不以取诸人。[④] 汤使人以币聘之，嚣嚣然曰：‘我何以汤之聘币为哉？我岂若处畎亩之中，由是以乐尧、舜之道哉？’[⑤] 汤三使往聘之，既而

① 此复言周公所以不有天下之意。

② 禅，音擅。○禅，授也。或禅或继，皆天命也。圣人岂有私意于其间哉？○尹氏曰：“孔子曰：‘唐、虞禅，夏后、商、周继，其义一也。’孟子曰：‘天与贤则与贤，天与子则与子。’知前圣之心者，无如孔子。继孔子者，孟子而已矣。”

③ 要，平声，下同。○要，求也。按《史记》，伊尹欲行道以致君而无由，“乃为有莘氏之媵臣，负鼎俎，以滋味说汤，致于王道”。盖战国时有为此说者。

④ 乐，音洛。○莘，国名。乐尧、舜之道者，诵其诗，读其书，而欣慕爱乐之也。驷，四匹也。介，与草芥之芥同。言其辞受取与，无大无细，一以道义而不苟也。

⑤ 嚣，五高反，又户骄反。○嚣嚣，无欲自得之貌。

幡然改曰：“与我处畎亩之中，由是以乐尧、舜之道，吾岂若使是君为尧、舜之君哉？吾岂若使是民为尧舜之民哉？[①] 吾岂若于吾身亲见之哉？天之生此民也，使先知觉后知，使先觉觉后觉也。予，天民之先觉者也，予将以斯道觉斯民也。非予觉之而谁也？’[②]

要，平声，求也，干也。割烹，割肉烹羹，为庖人也。伊尹以割烹要汤，见《墨子·尚贤篇》，《庄子·庚桑楚篇》，《史记·殷本纪篇》，《吕氏春秋·本味篇》言之甚详。有莘，国名。乐，音洛。四马曰驷，千驷，四千匹马也。介，同芥，草也。一介不与不取，极言其取与之不苟。嚣嚣然，闲暇自得之貌。幡，同翻。幡然，改变之貌。以下是引伊尹之言。

思天下之民匹夫匹妇有不被尧、舜之泽者。若已推而内之沟中。其自任天下之重如此，故就汤而说之以伐夏救民。[③] 吾未闻枉己而正人者也，况辱己以正天下者乎？圣人之行不同也，或远或近，或去或不去，归洁其身而已矣。[④] 吾闻其以尧、舜之道要汤，未闻以割烹也。[⑤] 《伊训》曰：‘天诛造攻自牧宫，朕载自亳。’”[⑥]

---

① 幡然，变动之貌。于吾身亲见之，言于我之身亲见其道之行，不徒诵说向慕之而已也。’

② 此亦伊尹之言也。知，谓识其事之所当然。觉，谓悟其理之所以然。觉后知后觉。如呼寐者而使之寤也。言天使者，天理当然，若使之也。○程子曰：“予天民之先觉，谓我乃天生此民中，尽得民道而先觉者也。既为先觉之民，岂可不觉其未觉者？及彼之觉，亦非分我所有以予之也，皆彼自有此理，我但能觉之而已。”

③ 推，吐回反。内，音纳。说，音税。○《书》曰：“昔先正保衡，作我先王，曰：‘予弗克俾厥后为尧、舜，其心愧耻，若挞于市’。一夫不获。则曰‘时予之辜’。”孟子之言盖取诸此。是时夏桀无道，暴虐其民，故欲使汤伐夏以救之。○徐氏曰：“伊尹乐尧、舜之道。尧、舜揖逊，而伊尹说汤以伐夏者，时之不同，义则一也。”

④ 行，去声。○辱己甚于枉己，正天下难于正人。若伊尹以割烹要汤，辱己甚矣，何以正天下乎？远，谓隐遁也。近，谓仕近君也。言圣人之行虽不必同，然其要归，在洁其身而已。伊尹岂肯以割烹要汤哉？

⑤ 林氏曰：“以尧、舜之道要汤者，非实以是要之也，道在此而汤之聘自来耳。犹子贡言夫子之求之，异乎人之求之也。”愚谓此语亦犹前章所论父不得而子之意。

⑥ 《伊训》，《商书》篇名。孟子引以证伐夏救民之事也。令《书》牧宫作鸣条。造、载，皆始也。伊尹言始攻桀无道，由我始其事于亳也。

“思天下之民……”是孟子推想伊尹的意思。匹夫，匹妇，男女百姓也。内，今作纳。说，音税。远，隐遁。近，仕，近君也。《伊训》，古文《尚书》篇名。朱注云：“今《书》‘牧宫’作‘鸣条。’”造，载，皆始也。按朱云“今书”即伪古文《尚书》。赵注“造”训“造作”，言“造作可攻讨之罪者，从牧宫桀起，自取之也。故以“牧宫”为桀宫。江声《尚书注音疏》，朕，是伊尹自称。

八

万章问曰：“或谓孔子于卫主痈疽，于齐主侍人瘠环，有诸乎?”孟子曰：“否，不然也。好事者为之也。① 于卫主颜雠由。弥子之妻与子路之妻，兄弟也。弥子谓子路曰：‘孔子主我，卫卿可得也。’子路以告。孔子曰：‘有命。’孔子进以礼，退以义，得之不得曰：‘有命’。而主痈疽与侍人瘠环，是无义无命也。② 孔子不悦于鲁、卫。遭宋桓司马将要而杀之，微服而过宋。是时孔子当厄，主司城贞子，为陈侯周臣。③ 吾闻观近臣，以其所为主；观远臣，以其所主。若孔子主痈疽与侍人瘠环，何以为孔子?”④

---

① 痈，于容反。疽，七余反。好，去声。○主，谓舍于其家，以之为主人也。痈疽，疡医也。侍人，奄人也。瘠，姓；环，名。皆时君所近狎之人也。好事，谓喜造言生事之人也

② 雠，如字，又音犨。○颜雠由，卫之贤大夫也，《史记》作颜浊邹。弥子，卫灵公幸臣弥子瑕也。徐氏曰：“礼主于辞逊，故进以礼；义主于制断，故退以义。难进而易退者也。在我者，有礼义而已，得之不得，则有命存焉。”

③ 要，平声。○不悦，不乐居其国也。桓司马，宋大夫向魋也。司城贞子，亦宋大夫之贤者也。陈侯，名周。按《史记》：“孔子为鲁司寇，齐人馈女乐以间之，孔子遂行。适卫月余，去卫适宋。司马魋欲杀孔子，孔子去至陈，主于司城贞子。”孟子言孔子虽当厄难，当犹择所主，况在齐、卫无事之时，岂有主痈疽、侍人之事乎?

④ 近臣，在朝之臣。远臣，远方来仕者。君子小人，各从其类，故观其所为主，与其所主者，而其人可知。

朱注云："主，谓舍于其家，以之为主人也。痈疽，疡医也。侍人，奄人也。瘠姓，环名。皆时君所近狎之人也。"按《史记·孔子世家》："卫灵公与夫人同车，宦者雍渠骖乘，出，使孔子为次乘。"《报任安书》云："卫灵公与雍渠同载。"痈疽，即雍渠，因为声音相同，所以写法各别。侍，亦作寺。侍人，俗称太监。好，去声。好事者，是喜欢造谣生事的人。颜雠由，卫国的大夫。全祖望《经史问答》谓即颜浊邹，为子路的妻兄。孔子在卫，住在颜雠由家里。弥子，是卫君的宠臣。叫弥子瑕。弥子之妻，与子路之妻，是姊妹。兄弟，即姊妹也。弥子见孔子住在妻兄家里，所以对子路说："孔子若肯来住在我家里，我对卫君说一声，他就可得卿相的位子。"子路把这话告知了孔子。孔子说"有命"者，意言得不得卫卿有命，不必去投奔弥子也。而，如也。如孔子住在痈疽与瘠环家里，是没有道义。不知天命了。宋桓司马，宋国的司马桓魋也。孔子过宋与弟子习礼大树下，桓魋欲杀之，事见《论语》及《史记·孔子世家》。孔子不得已，乃改装微服，逃过了宋国。这时候，孔子遇了患难，并没有乱投人家。司城贞子，赵注朱注均以为宋大夫，因宋名司空之官为司城也。焦氏《正义》则以贞子为陈大夫，司城是以官为氏，其先本宋人，后奔陈，因以司城为氏者。周，陈君之名。为陈侯周臣者，言孔子在陈为羁旅之臣。按《史记·孔子世家》亦云："孔子遂至陈，主于司城贞子家。"是为焦说之证。"为陈侯周臣"，疑指司城贞子言。正因司城为宋官名，上文又牵涉宋事，故加此句，免人误会贞子乃宋人耳。"所为主"是他所留的家人；"所主"是他所住的主人。

九

万章问曰："或曰：'百里奚自鬻于秦养牲者，五羊之皮，食牛以要秦穆公。'信乎?"孟子曰:"否,不然。好事者为之也。[①] 百里奚,虞人也。晋人以垂棘之璧与屈产之乘,假道于虞以伐虢,宫之奇谏,百里奚不谏。[②] 知虞公之不可谏而去,之秦,年已七十矣,曾不知以食牛干秦穆公之为污也,可谓智乎?不可谏而不谏,可谓不智乎?知虞公之将亡而先去之,不可谓不智也。时举于秦,知穆公之可与有行也而相之,可谓不智乎?相秦而显其君于天下,可传于后世,不贤而能之乎?自鬻以成其君,乡党自好者不为,而谓贤者为之乎?"[③]

百里,复姓;奚,名。百里奚事,见《左传》、《史记》各书者甚多,秦人号之为五羖大夫。奚因虞公不听宫之奇之谏而许晋假道,知虞之将亡,乃先亡之秦后又亡秦至宛。秦穆公知其贤,乃托言为晋之媵,以五羊皮赎之楚人,而使为相。其实媵晋伯姬者是虞大夫井伯,非奚也。详见焦氏《正义》。鬻,卖也。食,同饲,万章所引传说,谓奚自卖于秦之养牲者而为之食牛。五羊之皮,即奚卖身之值。言以此干求秦穆公也。垂棘,地名,其地产美玉。屈,亦地名,其地产良马。假道,借路也。宫之奇,亦虞大夫。晋献公因荀息之计,借道于虞以伐虢,灭虢后,并灭虞。事见《左传》。有行,有所作为也。自好,谓知自爱者。

---

① 食,音嗣。好,去声,下同。〇百里奚,虞之贤臣。人言其自卖于秦养牲者之家,得五羊之皮而为之食牛,因以干秦穆公也。

② 屈,求勿反。乘,去声。〇虞虢,皆国名。垂棘之璧,垂棘之地所出之璧也。屈产之乘,屈地所生之良马也。乘,四匹也。晋欲伐虢,道经于虞,故以此物借道,其实欲并取虞。宫之奇,亦虞之贤臣。谏虞公令勿许,虞公不用,遂为晋所灭。百里奚知其不可谏,故不谏而去,之秦。

③ 相,去声。〇自好,自爱其身之人也。孟子言百里奚之智如此,必知食牛以干主之为污。其贤又如此,必不肯自鬻以成其君也。然此事当孟子时,已无所据。孟子直以事理反覆推之,而知其必不然耳。〇范氏曰:"古之圣贤未遇之时,鄙贱之事,不耻为之。如百里奚为人养牛,无足怪也。惟是人君不致敬尽礼,则不可得而见。岂有先自污辱以要其君哉?庄周曰:'百里奚爵禄不入于心,故饭牛而牛肥,使穆公忘其贱而与之政。'亦可谓知百里奚矣。伊尹、百里奚之事,皆圣贤出处之大节,故孟子不得不辩。"〇尹氏曰:"当时好事者之论,大率类此。盖以其不正之心度圣贤也。"

十

孟子曰：“伯夷，目不视恶色，耳不听恶声。非其君不事，非其民不使。治则进，乱则退。横政之所出，横民之所止，不忍居也。思与乡人处，如以朝衣朝冠坐于涂炭也。当纣之时，居北海之滨，以待天下之清也。故闻伯夷之风者，顽夫廉，懦夫有立志。①

横，不循法度也，横政，暴政；横民，乱民也。顽，无知而贪也。廉，洁也。懦，柔弱也。立志，自立之志。余均已见前篇。

伊尹曰：‘何事非君？何使非民？’治亦进。乱亦进。曰：‘天之生斯民也，使先知觉后知，使先觉觉后觉。予，天民之先觉者也，予将以此道觉此民也。’思天下之民匹夫匹妇有不与被尧、舜之泽者，若己推而内之沟中，其自任以天下之重也。②

伊尹的思想与伯夷正相反。“何事非君，何使非民”者，凡我所事者即是我之君，凡我所使者即是我之民也。内，今作纳。“自任以天下之重”，即“以天下之重自任”也。余均已见前篇。

柳下惠，不羞污君，不辞小官。进不隐贤，必以其道。遗佚而不怨，厄穷而不悯。与乡人处，由由然不忍去也。‘尔为尔，我为我，虽袒裼裸

---

① 治，去声，下同。横，去声。朝，音潮。○横，谓不循法度。顽者，无知觉。廉者，有分辨。懦，柔弱也。余并见前篇。

② 与，音预。○何事非君，言所事即君。何使非民，言所使即民。无不可事之君。无不可使之民也。余见前篇。

袒裼裸裎于我侧，尔焉能浼我哉?’故闻柳下惠之风者，鄙夫宽，薄夫敦。①

柳下惠又是另一种性情。鄙夫，胸襟狭隘之人；薄夫，性情刻薄之人。宽，大也。敦，笃也，厚也。余均已见前篇。

孔子之去齐，接淅而行；去鲁，曰：‘迟迟吾行也，去父母国之道也。’可以速而速，可以久而久，可以处而处，可以仕而仕，孔子也。②

接，承也。淅，渍米也。接淅，是说米已淘浸，将下锅造饭。为了要走，来不及炊，就将米捞了起来，用手承着，立刻动身。“接淅而行”，是极言其动身之快。至于离开鲁国，则说“迟迟吾行”，这是因为鲁是父母之国，不忍即别也。孔子做人，看时局，看环境，随机应付。如去齐，可速即速。去鲁。可久则久。不做官，即可隐处则隐处。做官，即可仕则仕。不像前三人之固执不移也。

孟子曰：“伯夷，圣之清者也；伊尹，圣之任者也；柳下惠，圣之和者也；孔子，圣之时者也。③ 孔子之谓集大成。集大成也者，金声而玉振之也。金声也者，始条理也；玉振之也者，终条理也，始条理者，智之事

---

① 鄙，狭陋也。敦，厚也。余见前篇。

② 淅，先历反。○接，犹承也。淅，渍米水也。渍米将炊，而欲去之速，故以手承水取米而行，不及炊也。举此一端，以见其久、速、仕、止，各当其可也。○或曰：“孔子去鲁，不税冕而行，岂得为迟?”杨氏曰：“孔子欲去之意久矣，不欲苟去，故迟迟其行也。膰肉不至，则得以微罪行矣，故不税冕而行，非速也。”

③ 张子曰：“无所杂者清之极，无所异者和之极。勉而清，非圣人之清；勉而和，非圣人之和。所谓圣者，不勉不思而至焉者也。”孔氏曰：“任者，以天下为己责也。”愚谓孔子仕、止、久、速，各当其可，盖兼三子之所以圣者而时出之，非如三子之可以一德名也。○或疑伊尹出处，舍乎孔子，而不得为圣之时，何也?程子曰：“终是任底意思在。”

也；终条理者，圣之事也。智，譬则巧也；圣，譬则力也。[①] 由射于百步之外也，其至，尔力也；其中，非尔力也。”[②]

此段与上文是一章，特加“孟子曰”三字者，因上文都是孟子叙述四人的话。以下则是孟子的批评也。集大成者，言集先圣之长以成一己之德也。《尚书》言“箫韶九成”。众乐合奏完成曰“一成”。故下文即以音乐为喻。金，镈钟。声，发声也。玉，特磬。振，收也。凡奏乐，先击镈钟以发其声，终击特磬以收其音。条理，指众乐合奏之节奏言。言以镈钟始之，以特磬终之也。凡做人，始用修养工夫，是智之事，《中庸》所谓“诚身”必先“明善”也。智者始能“择善”，而“固执”以底于成，则有赖乎毅力，能始终如一，则为圣矣。下文又以射为喻。由，同犹。能射到百步之外，这是“力”；其射中正鹄，则是巧也。中，去声。

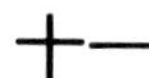

十一

北宫锜问曰：“周室班爵禄也，如之何？”[③] 孟子曰：“其详不可得闻

---

① 此言孔子集三圣之事，而为一大圣之事，犹作乐者，集众音之小成，而为一大成也。成者。乐之一终，《书》所谓“箫《韶》九成”是也。金，钟属。声，宣也，如声罪致讨之声。玉，磬也。振，收也，如振河海而不泄之振。始，始之也。终，终之也。条理，犹言脉络，指众音而言也。智者，知之所及。圣者，德之所就也。盖乐有八音：金、石、丝、竹、匏、土、革、木。若独奏一音，则其一音自为始终，而为一小成。犹三子之所知偏于一，而其所就亦偏于一也。八音之中，金、石为重，故特为众音之纲纪。又金始震而玉终诎然也，故并奏八音，则于其未作，而先击镈钟以宣其声；俟其既阕，而后击特磬以收其韵。宣以始之，收以终之。二者之间，脉络通贯，无所不备，则合众小成而为一大成，犹孔子之知无不尽而德无不全也。“金声玉振，始终条理”，疑古《乐经》之言。故儿宽云：“惟天子建中和之极，兼总条贯，金声而玉振之。”亦此意也。

② 中，去声。○此复以射之巧、力，发明智、圣二字之义。见孔子巧、力俱全，而圣、智兼备。三子则力有余而巧不足，是以一节虽至于圣，而智不足以及乎时中也。○此章言三子之行，各极其一偏；孔子之道，兼全于众理。所以偏者，由其蔽于始，是以缺于终；所以全者，由其知之至，是以行之尽。三子犹春夏秋冬之各一其时，孔子则大和元气之流行于四时也。

③ 锜，鱼绮反。○北宫，姓；锜，名；卫人。班，列也。

也。诸侯恶其害己也，而皆去其籍。然而轲也，尝闻其略也。① 天子一位，公一位，侯一位，伯一位，子、男同一位，凡五等也。君一位，卿一位，大夫一位，上士一位，中士一位，下士一位，凡六等。② 天子之制，地方千里，公、侯皆方百里，伯七十里，子、男五十里，凡四等。不能五十里，不达于天子，附于诸侯，曰附庸。③ 天子之卿受地视侯，大夫受地视伯，元士受地视子、男。④ 大国地方百里，君十卿禄，卿禄四大夫，大夫倍上士，上士倍中士，中士倍下士，下士与庶人在官者同禄，禄足以代其耕也。⑤ 次国地方七十里，君十卿禄，卿禄三大夫，大夫倍上士，上士倍中士，中士倍下士，下士与庶人在官者同禄，禄足以代其耕也。⑥ 小国地方五十里，君十卿禄，卿禄二大夫，大夫倍上士，上士倍中士，中士倍下士，下士与庶人在官者同禄，禄足以代其耕也。⑦ 耕者之所获，一夫百亩。百亩之粪，上农夫食九人，上次食八人，中食七人，中次食六人，下食五人。庶人在官者，其禄以是为差。"⑧

---

① 恶，去声。去，上声。○当时诸侯兼并僭窃，故恶周制妨害己之所为也。

② 此班爵之制也。五等通于天下，六等施于国中。

③ 此以下，班禄之制也。不能，犹不足也。小国之地不足五十里者，不能自达于天子，因大国以姓名通，谓之附庸，若春秋郳仪父之类是也。

④ 视，比也。○徐氏曰："王畿之内，亦制都鄙受地也。"元士，上士也。

⑤ 十，十倍之也。四，四倍之也。倍，加一倍也。○徐氏曰："大国君田三万二千亩，其入可食二千八百八十人。卿田三千二百亩，可食二百八十八人。大夫田八百亩，可食七十二人。上士田四百亩，可食三十六人。中士田二百亩，可食十八人。下士与庶人在官者田百亩，可食九人至五人。庶人在官，府史胥徒也。"愚按：君以下所食之禄，皆助法之公田，借农夫之力以耕而收其租。士之无田与庶人在官者，则但受禄于官，如田之入而已。

⑥ 三，谓三倍之也。○徐氏曰："次国君田二万四千亩，可食二千一百六十人。卿田二千四百亩，可食二百十六人。"

⑦ 二，即倍也。○徐氏曰："小国君田一万六千亩，可食千四百四十人。卿田一千六百亩，可食百四十四人。"

⑧ 食，音嗣。○获，得也。一夫一妇，佃田百亩。加之以粪，粪多而力勤者为上农，其所收可供九人。其次用力不齐，故有此五等。○庶人在官者，其受禄不同，亦有此五等也。○愚按：此章之说与《周礼》、《王制》不同，盖不可考，阙之可也。○程子曰："孟子之时，去先王未远，载籍未经秦火，然而班爵禄之制已不闻其详。今之礼书，皆掇拾于煨烬之余，而多出于汉儒一时之傅会，奈何欲尽信而句为之解乎？然则其事固不可一二追复矣。""二"原作"三"，据清仿宋大字本改。

北宫，姓锜，名，卫人。锜，鱼倚反。班，列也。一说北宫锜问孟子，周代所定的爵位俸禄之制是如何的。恶，去声。籍，典册也。诸侯强大僭越，皆背周初之制，故恶其有害于已，而毁灭其典籍也。天子、公、侯、伯、子、男，是五等的封爵。君、卿、大夫、上士、中士、下士，是六等的职位。一千方里，一百方里，七十方里，五十方里，是四等的国土。比五十方里更小的国家，不能直达于天子，只能附在诸侯下面，称为“附庸”。视者，以此为标准也。大的诸侯，国土一百方里。国君之俸禄，十倍于卿。卿之禄，四倍于大夫。大夫，比上士加倍。上士倍中士，中士倍下士。下士，则与百姓在官办差的人，受一样的俸禄。这种俸禄，适足以代替他耕田的收入。次国是伯爵的国土，小国是子男的国土。算法都可类推。耕田的人，一夫可以受田百亩。粪，治田也，加肥种田也，肥料多而力勤者为上农，其所收可供九人之食；以下，则用力不齐，所收能供给的人数也不同，共有五等。庶人在官者，其受禄的多少，也以这个为标准，而有所相差，为五等也。食，音嗣，以食养人也。

十二

万章问曰：“敢问友。”孟子曰：“不挟长，不挟贵，不挟兄弟而友。友也者，友其德也，不可以有挟也。①

长，此处读如掌。

此章记万章问交友之道也。挟者，有所挟持而自恃也。赵注谓“不挟贵”者，不挟恃自己之贵。“不挟兄弟而友”者，不挟恃兄弟之富贵。江永《群经补义》则谓“兄弟”即婚姻，如中张载与程颢程颐为中表兄弟

① 挟者，兼有而恃之之称。

之类。赵佑《温故录》则谓兄弟为等夷之称，言必其人与己等夷，始友之也。与赵说异，亦均可通。

孟献子，百乘之家也，有友五人焉：乐正裘、牧仲，其三人，则予忘之矣。献子之与此五人者友也，无献子之家者也。此五人者，亦有献子之家，则不与之友矣。①

孟献子，仲孙蔑也，鲁国之贤大夫。百乘之家，大夫之家也。他有朋友五人，孟子只记得乐正裘、牧仲二人的姓名，其余三人，则已忘记。献子对于这五人。完全以友道相待，并不挟恃着自己的家世；而这五人所以肯和献子为友，也是不将献子的家世放在心中的。假使这五人的心中，也有献子是贵族的观念，献子也就不与他们为友了。此言大夫的不挟贵。

非惟百乘之家为然也，虽小国之君亦有之。费惠公曰：'吾于子思，则师之矣；吾于颜般，则友之矣；王顺、长息则事我者也。'②

费，音秘，小国名；惠公，费国的君主也。他曾说过，对于有道德学问的子思，则师事之。于次一等的颜般，则友事之。若王顺长息，道德学问不及自己，就当事我了。此言小国之君的不挟贵。

非惟小国之君为然也，虽大国之君亦有之。晋平公之于亥唐也，入云则入，坐云则坐，食云则食。虽疏食菜羹，未尝不饱，盖不敢不饱也。然终于此而已矣。弗与共天位也，弗与治天职也，弗与食天禄也，士之尊贤

---

① 乘，去声，下同。○孟献子，鲁之贤大夫仲孙蔑也。张子曰："献子忘其势，五人者忘人之势。不资其势而利其有，然后能忘人之势。若五人者有献子之家，则反为献子之所贱矣。"

② 费，音祕。般，音班。○惠公，费邑之君也。师，所尊也。友，所敬也。事我者，所使也。

者也，非王公之尊贤也。[1]

晋平公名彪，悼公子，亥唐，晋之隐士，事见皇甫谧《高士传》，疏，粗也；食，音嗣。平公对于亥唐，无不听命。亥唐叫他进内则进内，叫他坐则坐，叫他吃则吃，亥唐和他同吃饭，虽然是粗饭和菜羹，也未尝不吃饱，因为他在亥唐的面前不敢不吃饱。然平公之待遇亥唐，终于以此为止。位，职，禄，皆天所授；故位曰天位，职曰天职，禄曰天禄，此三者，平公弗能与亥唐共有也。故平公的交友，是和士人的尊贤一般，不是用王公的身份来尊贤的。此言大国之君的不挟贵。

舜尚见帝，帝馆甥于贰室，亦飨舜，迭为宾主，是天子而友匹夫也。[2]

帝，尧帝也。尚，上也。"舜尚见帝"者，舜上朝去见尧也。馆，房舍也。《礼》妻之父曰外舅。舅之相对待者为甥，所以壻可以称甥。贰室，副官也。言尧帝请舜，住在副官里也。时时到舜的地方去吃饭，故曰，"亦飨舜"，"迭为宾主"，互相为宾主也。因尧馆舜于贰室，是尧为主，尧亦往舜处吃饭，是又尧为宾了。此言尧以天子而友匹夫，是天子的不挟贵。

用下敬上，谓之贵贵；用上敬下，谓之尊贤。贵贵、尊贤，其义一也。"[3]

---

① 疏食之食，音嗣。平公、王公下，诸本多无"之"字。疑阙文也。○亥唐，晋贤人也。平公造之。唐言入，公乃入；言坐，乃坐；言食，乃食也。疏食，粝饭也。不敢不饱，敬贤者之命也。○范氏曰："位曰天位，职曰天职，禄曰天禄。言天所以待贤人。使治天民，非人君所得专者也。"

② 尚，上也。舜上而见于帝尧也。馆，舍也。礼，妻父曰外舅。谓我舅者，吾谓之甥。尧以女妻舜，故谓之甥。贰室，副宫也。尧舍舜于副宫，而就飨其食。

③ 贵贵、尊贤，皆事之宜者。然当时但知贵贵，而不知尊贤，故孟子曰"其义一也"。○此言朋友人伦之一，所以辅仁，故以天子友匹夫而不为诎，以匹夫友天子而不为僭。此尧、舜所以为人伦之至，而孟子言必称之也。

以下在位的人，敬重上位的人，叫做“贵贵”；以在上位的人，敬重在下位的人，叫做“尊贤”。贵贵尊贤，皆事理之当然，故曰“其义一也”。当时只知贵贵，不知尊贤，故孟子云然。

十三

万章问曰：“敢问交际何心也？”孟子曰：“恭也。”[①] 曰：“却之却之为不恭，何哉？”曰：“尊者赐之，曰：‘其所取之者，义乎？不义乎？’而后受之，以是为不恭，故弗却也。”[②] 曰：“请无以辞却之，以心却之，曰：‘其取诸民之不义也’，而以他辞无受，不可乎？”曰：“其交也以道，其接也以礼，斯孔子受之矣。”[③]

交际者，指以礼仪币帛相交接而言。却之，谓人以币帛来，不受之也。“曰其所取之者，义乎？不义乎”，言长者以物赐我，假使我心里想一想道：他所得来的东西，是合义的还是不合义的也。经过考虑之后，合义的才收他，这样就是不恭敬了。所以不要推却不受。“以辞却之”，言不显然用说话来推却；“以心却之”，谓只在自己的心里来推却。“曰其取诸民之不义也”，即是心中的猜想。知道他送来的是不义之物，另外用一种婉转的言词来推却，这样，难道不可以吗？孟子说：“只要他的交接是以道以礼的，送来的东西，就是孔子也受他了。”

---

① 际，接也。交际，谓人以礼仪币帛相交接也。

② 却，不受而还之也。再言之，未详。

③ 万章疑交际之间有所却者，人便以为不恭，何哉？孟子言尊者之赐，而心窃计其所以得此物者，未知合义与否，必其合义，然后可受，不然则却之矣，所以却之为不恭也。万章以为彼既得之不义，则其馈不可受。但无以言语问而却之，直以心度其不义，而托于他辞以却之，如此可否耶？交以道，如馈赆、闻戒、周其饥饿之类。接以礼，谓辞命恭敬之节。孔子受之，如受阳货烝豚之类也。

万章曰："今有御人于国门之外者，其交也以道，其馈也以礼，斯可受御与？"曰："不可。《康诰》曰：'杀越人于货，闵不畏死，凡民罔不譈。'是不待教而诛者也。殷受夏，周受殷，所不辞也。于今为烈，如之何其受之？"①

朱注云："御，止也。止人而杀之，且夺其货也。国门之外，无人之处也。"按：御，强御也，谓以暴力加入，而夺其货物也。"受御"之"御"，则指御人而得之物而言。与，同欤。万章以为苟不问他货物的来历，假使有人在国门之外，抢夺了他人的货物，也用道理来和我交际，用礼貌来馈送我，那么，可收受他这御得之物吗？孟子说不可。乃引《尚书》中《康诰》篇的话来作证。越，颠越也。于，取也。"杀越人于货"者，言杀了他的人，取了他的货物。闵，本作暋，强也。言闵然不怕死也。罔，无也。譈，怨恨也。可以不必教训他，即把他诛戮。"殷受夏……于今为烈"十四字，朱子以为衍文。赵注以"不待教"为不待教命，即可讨之；以"不辞"为"不须辞问"；以"于今为烈"为于今犹为烈烈明法。按：辞问，即审讯也。此言杀人劫物之盗匪现行犯，可以格杀勿论，不必再加教训，不必加以审问，三代皆然，至战国时犹厉行此种法律也。怎么可以受他抢来的赃物呢？

曰："今之诸侯取之于民也，犹御也。苟善其礼际矣，斯君子受之，敢问何说也？"曰："子以为有王者作，将比今之诸侯而诛之乎？其教之不改而后诛之乎？夫谓非其有而取之者盗也，充类至义之尽也。孔子之仕于

---

① 与，平声。譈，《书》作憝，徒对反。○御，止也。止人而杀之，且夺其货也。国门之外，无人之处也。万章以为苟不问其物之所从来，而但观其交接之礼，则设有御人者，用其御得之货以礼馈我，则可受之乎？《康诰》，《周书》篇名。越，颠越也。今《书》闵作愍，无凡民二字。譈，怨也。言杀人而颠越之，因取其货，闵然不知畏死，凡民无不怨之。孟子言此乃不待教戒而当即诛者也。如何而可受之乎？"商受"至"为烈"十四字，语意不伦。李氏以为此必有断简或阙文者，近之。而愚意其直为衍字耳。然不可考，姑阙之可也。

鲁也，鲁人猎较，孔子亦猎较。猎较犹可，而况受其赐乎？”①

此万章又问，孟子又答也。比，连也。“比而诛之”。犹云一律杀了他们。夫，音扶。言“非其有而取之者盗也”这句话，是就其类而扩充之，推其意而至于尽，极言之耳；非便以为真盗也。故杀人劫货之真盗，则不待教而诛；今之诸侯，则虽有王者起，亦必教之不改而后诛也。朱注不详“猎较”。赵氏云：“猎较者，田猎相较夺禽兽，得之以祭，时俗所尚以为吉祥。孔子不违而从之，所以小同于世也。”按古时诸侯将祭则田猎。猎毕，除取供君祭者外，余与士，众习射于射宫。射而中者，虽田猎不得禽，亦可得之。不中者，虽田猎得禽，亦不得也。猎较，则惟于猎毕较其所得之禽之多且异，不复习射矣。及三家僭礼，于其祭时亦行猎较之礼，以夸其祭品之丰富，且多异物矣。曰猎较所获之禽，自互相攫夺，此古礼变坏之一端也。

曰：“然则孔子之仕也，非事道与？”曰：“事道也。”“事道奚猎较也？”曰：“孔子先簿正祭器，不以四方之食供簿正。”曰：“奚不去也？”曰：“为之兆也。兆足以行矣，而不行，而后去，是以未尝有所终三年淹也。②

① 比，去声。夫，音扶。较，音角。○比，连也。言今诸侯之取于民，固多不义，然有王者起，必不连合而尽诛之。必教之不改而后诛之，则其与御人之盗，不待教而诛者不同矣。夫御人于国门之外。与非其有而取之，二者固皆不义之类，然必御人，乃为真盗。其谓非有而取为盗者，乃推其类，至于义之至精互密之处而极言之耳，非便以为真盗也。然则今之诸侯，虽曰取非其有，而岂可遽以同于御人之盗也哉？又引孔子之事，以明世俗所尚，犹或可从，况受其赐，何为不可乎？猎较，未详。赵氏以为田猎相较，夺禽兽之祭。孔子不违，所以小同于俗也。张氏以为猎而较所获之多少也。二说未知孰是。

② 与，平声。○此因孔子事而反复辩论也。事道者，以行道为事也。事道奚猎较也，万章问也。先簿正祭器，未详。徐氏曰：“先以簿书正其祭器，使有定数，不以四方难继之物实之。夫器有常数、实有常品，则其本正矣，彼猎较者，将久而自废矣。”未知是否也。兆，犹卜之兆，盖事之端也。孔子所以不去者，亦欲小试行道之端，以示于人，使知吾道之果可行也。若其端既可行，而人不能遂行之，然后不得已而必去之。盖其去虽不轻，而亦未尝不决，是以未尝终三年留于一国也。

与，今作欤。事道，以行道为事也。孟子说，孔子所以猎较者，因为孔子仕于衰世，不能立刻尽变一切习俗，所以先立簿书，而正宗庙之祭器；祭器一正，则祭品均有规定，不必以四方的珍食供簿中所规定的正式祭品了：这样猎较之俗，也就可以渐渐废止了。“奚不去也”者，言孔子如此委曲周全，终于行不通为什么不就走也。“为之兆”者，小试其道，示人以成绩，使人知其道之可行也。兆足以行，而道终不行，于是去之。所以孔子虽没有立刻就走，也没有作三年之久的淹留的。

孔子有见行可之仕，有际可之仕，有公养之仕。于季桓子，见行可之仕也；于卫灵公，际可之仕也；于卫孝公，公养之仕也。”①

此节仍为孟子之言。“见行可”者，见其道之可行也。“际可”者，交际上有礼也。“公养”者，国君能养贤也。季桓子，鲁大夫季孙斯也。孔子在鲁为司寇。正季桓子秉政之时。卫灵公尝郊迎孔子，所以谓之“际可之仕”。所以谓之“见行可之仕”。按《史记》，卫并无孝公，恐即出公辄。辄尝致粟于孔子，所以谓之“公养之仕”。

十四

孟子曰：“仕非为贫也，而有时乎为贫；娶妻非为养也，而有时乎为

① 见行可，见其道之可行也。际可，接遇以礼也。公养，国君养贤之礼也。季桓子，鲁卿季孙斯也。卫灵公，卫候元也。孝公，《春秋》、《史记》皆无之，疑出公辄也。因孔子仕鲁，而言其仕有此三者。故于鲁，则兆足以行矣，而不行然后去，而于卫之事，则又受其交际问馈而不却之一验也。○尹氏曰：“不闻孟子之义，则自好者为于陵仲子而已。圣贤辞受进退，惟义所在。”愚按：此章文义多不可晓，不必强为之说。

养。[1] 为贫者，辞尊居卑，辞富居贫。[2] 辞尊居卑，辞富居贫，恶乎宜乎？抱关击柝。[3] 孔子尝为委吏矣，曰‘会计当而已矣。’尝为乘田矣，曰‘牛羊茁壮，长而已矣。’[4] 位卑而言高，罪也；立乎人之本朝，而道不行，耻也。”[5]

养，去声。恶，音乌。朝，音潮。长，上声。做官本为行道不是为了家贫，但有时候确是为了家贫而谋禄。娶妻本为嗣续，不是为了奉养，但有时候，却也为了奉养而取妻。如果为贫而做官，当辞尊位而居小官，辞重禄而受薄俸。抱关，管城门也。击柝，敲更也。极言其位之卑，禄之薄。孟子又引孔子来证明他的话。委吏，管仓廪的小吏；乘田，主苑囿刍牧的小吏。孔子做委吏的时候说，只要会计不错就罢了。做乘田的时候说，只要牛羊肥壮长大就罢了。因为孔子深知道，位子卑的人而高谈朝政，是有罪的。若位子高了，立在人的朝廷上而其道不能行，也是可羞耻的事情。

十五

万章曰：“士之不托诸侯，何也？”孟子曰：“不敢也。诸侯失国，而

---

① 为、养，并去声，下同。○仕本为行道，而亦有家贫亲老，或道与时违，而但为禄仕者。如娶妻本为继嗣，而亦有为不能亲操井臼，而欲资其馈养者。

② 贫富，谓禄之厚薄。盖仕不为道，已非出处之正，故其所处但当如此。

③ 恶，平声。柝，音托。○柝，行夜所击木也。盖为贫者虽不主于行道，而亦不可以苟禄。故惟抱关击柝之吏，位卑禄薄，其职易称，为所宜居也。○李氏曰：“道不行矣，为贫而仕者，此其律令也。若不能然，则是贪位慕禄而已矣。”

④ 委，乌伪反。会，工外反。当，丁浪反。乘，去声。茁，阻刮反。长。上声。○此孔子之为贫而仕者也。委吏，主委积之吏也。乘田，主苑囿刍牧之吏也。茁，肥貌。言以孔子大圣，而尝为贱官，不以为辱者，所谓为贫而仕，官卑禄薄，而职易称也。

⑤ 朝，音潮。○以出位为罪，则无行道之责；以废道为耻，则非窃禄之官，此为贫者之所以必辞尊富而宁处贫贱也。○尹氏曰：“言为贫者不可以居尊。居尊者必欲以行道。”

后托于诸侯，礼也；士之托于诸侯，非礼也。”① 万章曰：“君馈之粟，则受之乎”？曰：“受之。”“受之何义也？”曰：“君之于氓也，固周之。”② 曰：“周之则受，赐之则不受，何也？”曰：“不敢也。”曰：“敢问其不敢何也？”曰：“抱关击柝者，皆有常职以食于上。无常职而赐于上者，以为不恭也。”③ 曰：“君馈之则受之，不识可常继乎？”曰：“缪公之于子思也，亟问，亟馈鼎肉。子思不悦。于卒也，摽使者出诸大门之外，北面稽首再拜而不受，曰：‘今而后知君之犬成畜伋。’盖自是台无馈也。悦贤不能举，又不能养也，可谓悦贤乎？”④

《孟子》中所用的“士”字，有两种意义；与卿大夫同提及的，例如《北宫锜章》所云，是有位的士；此章所云，则是无位的士，指读书明道而未入仕的人。托，寄也，谓若寓公，寄食于所居之国也。失国之君，寄食邻国。叫做“寓公”。士若比于寓公，托于诸侯，则为非礼，故曰“不敢”。氓，民也。周，赒济也。士虽不得托于诸侯，若所居之国之君以粟馈之，则亦可受；因君之于民，固可以粟米周济之也。“周”是济急，“赐”是不问其贫窘与否而赐予之。周之则受，赐之则不受者，因士有常职，方可食君上之禄，即抱关击柝者，亦有其常职；若无常职而受其赐，则不恭也。孟子复引子思事以答万章可否常继之问。亟，音器，屡次也。鼎肉，《礼记·少仪注》云：“谓牲体已解，可升于鼎。”卒，终也。摽，麾也。稽首，叩头也。伋，子思名。“犬马畜伋”，言畜己如犬马也。台，亦作佁主使令之贱吏。《左传》昭公七年，言人有十等，王、公、大夫、

① 托，寄也，谓不仕而食其禄也。古者诸侯出奔他国，食其廪饩，谓之寄公。士无爵土，不得比诸侯。不仕而食禄，则非礼也。

② 周，救也。视其空之，则周恤之，无常数，君待民之礼也。

③ 赐，谓予之禄，有常数，君所以待臣之礼也。

④ 亟，去声，下同。摽，音杓。使，去声。○亟，数也。鼎肉，熟肉也。卒，末也。摽，麾也。数以君命来馈，当拜受之，非养贤之礼，故不悦。而于其末后复来馈时，麾使者出，拜而辞之。犬马畜急，言不以人礼待已也。台，贱官，主使令者。盖缪公愧悟，自此不复令台来致馈也。举，用也。能养者未必能用也，况又不能养乎？

士、早、舆、隶、僚、仆、台。言鲁缪公悦子思之贤，而不能举用之，又不能终养之也。

曰：“敢问国君欲养君子，如何斯可谓养矣？”曰：“以君命将之，再拜稽首而受。其后廪人继粟，庖人继肉，不以君命将之。子思以为鼎肉使己仆仆尔亟拜也，非养君子之道也。[①] 尧之于舜也，使其子九男事之，二女女焉，百官牛羊仓廪备，以养舜于畎亩之中，后举而加诸上位，故曰：王公之尊贤者也。”[②]

孟子议鲁缪公不能养贤，故万章又问：国君要养君子，应当怎样。将，送也。言第一次以国君的命令送东西去，君子则再拜叩头而受。以后国君只须叫管谷仓的廪人，继续送米，管庖厨的庖人，继续送肉，不必再用国君的命令送去，以免其拜赐之劳。子思那时不高兴，是因为缪公时常差人用君命送鼎肉去，使他仆仆不休地屡次下拜，这便不是尊养君子之道。“仆仆尔”，犹仆仆然。烦劳猥顿之貌。此下又引尧帝之待虞舜为例。“二女女焉”，把两个女儿嫁他也。下“女”字去声，作动词用。百官牛羊仓廪，无不完备，以养舜于田亩之间。后来举他起来，登了上位。像这样，才可以说是王公之尊养贤人也。

十六

万章曰：“敢问不见诸侯，何义也？”孟子曰：“在国曰市井之臣，在

---

① 初以君命来馈，则当拜受。其后有司各以其职继续所无，不以君命来馈，不使贤者有亟拜之劳也。仆仆，烦猥貌。

② 女，下字去声。○能养能举，悦贤之至也，惟尧舜为能尽之，而后世之所当法也。

野曰草莽之臣，皆谓庶人。庶人有传质为臣，不敢见于诸侯，礼也。”①

万章“不见诸侯”之问，与陈代同。而答之较详。两章可以参看。国，都邑也。野，乡里田间也。所谓“市井之臣”、“草莽之臣”，都是庶人百姓。质，同贽。这种庶人，在不曾执始见时的贽，自通于诸侯，而正式为诸侯之臣，就不敢进见诸侯，这是合乎礼的。

万章曰：“庶人，召之役，则往役；君欲见之，召之，则不往见之，何也？”曰：“往役，义也；往见，不义也。② 且君之欲见之也，何为也哉？”

万章又道：“君主用命令召庶人充工役。则庶人去做工役。君主平时要见庶人，特地召他，却不去见君主，是何意义呢？”孟子道：“去做工役，是应该的。去见君主，是不应该的。而且君主要召见庶人，究竟为了什么呢？”

曰：“为其多闻也，为其贤也。”曰：“为其多闻也，则天子不召师，而况诸侯乎？为其贤也，则吾未闻欲见贤而召之也。③ 缪公亟见于子思，曰：‘古千乘之国以友士，何如？’子思不悦，曰：‘古之人有言：曰事之云乎，岂曰友之云乎？’子思之不悦也，岂不曰：‘以位，则子君也，我，臣也，何敢与君友也？以德，则子事我者也，奚可以与我友？’千乘之君，求与之友而不可得也，而况可召与？④ 齐景公田，招虞人以旌，不至，将

---

① 质，与贽同。○传，通也。质者，士执雉，庶人执鹜，相见以自通者也。国内莫非君臣，但未仕者与执贽在位之臣不同，故不敢见也。

② 往役者，庶人之职；不往见者，士之礼。

③ 为，并去声。

④ 亟、乘，皆去声。召与之与，平声。○孟子引子思之言而释之，以明不可召之意。

杀之。志士不忘在沟壑，勇士不忘丧其元。孔子奚取焉？取非其招不往也。”①

万章答孟子道：“君主要见庶人，因为他博学多闻，因为他有贤德。”孟子道：“既是为他多闻，是要请教他了。那么天子尚且不敢召师，何况是诸侯呢？若是为他有贤德，那么，我没有听见过要见贤德的人，而用命令去召他来的。”亟，音器。从前鲁缪公屡次去见子思，他对子思道：“古时候有千乘国家的君主而和士人做朋友的，你以为怎样呢？”子思就不喜欢起来。子思的话是说：人君之于贤士，古之人有言，说事他咯！难道说友他吗？“岂不曰”以下，是孟子解释子思的意思。子，指缪公；我，子思自称。由子思之事看来，国君求与贤人，尚且不可得，何况召他呢？与，同欤。下又引齐景公招虞人事，解已见前。

曰：“敢问招虞人何以？”曰：“以皮冠。庶人以旃，士以旂，大夫以旌。② 以大夫之招招虞人，虞人死不敢往。以士之招招庶人，庶人岂敢往哉？况乎以不贤人之招招贤人乎？③ 欲见贤人而不以其道，犹欲其入而闭之门也。夫义，路也；礼，门也。”惟君子能由是路，出入是门也。《诗》云：‘周道如底，其直如矢。君子所履，小人所视。’”④

万章又问，国君招虞人，该用什么东西也。孟子道：“国君招虞人当用皮冠，招庶人当用旃，招士则用旂，招大夫则用旌。当时齐景公以招大

---

① 丧，息浪反。说见前篇。

② 皮冠，田猎之冠也。事见《春秋传》。然则皮冠者，虞人之所有事也，故以是招之。庶人，未仕之臣。通帛曰旃。士，谓已仕者。交龙为旂，析羽而注于旂干之首曰旌。

③ 欲见而召之，是不贤人之招也。以士之招招庶人，则不敢往。以不贤人之招招贤人，则不可往矣。

④ 夫，音扶。底，《诗》作砥，之履反。○《诗·小雅·大东》之篇。底与砥同，砺石也。言其平也。矢，言其直也。视，视以为法也。引此以证上文能由是路之义。

夫的旌，去招虞人，虞人就是死也不敢去的。若以招士的东西去招庶人，庶人岂敢去呢？何况用招不贤人的方法去招贤人呢！国君要见贤人，而不用延见贤人之道，犹之乎要他进房屋里来，却把门关闭起来也。”夫，音扶。义，是一条路；礼，是一扇门。只有君子能走这条路，进出这扇门。所引《诗经》，见《小雅·大东篇》。周道，通行的大道，底，同砥，音纸，磨东西的石头；如底，喻其平也。矢，箭也；如矢，喻其直也。履，践行也。引此《诗》以惟君子能践行此平直之道喻惟君子能由义之路，出入礼之门。

万章曰：“孔子，君命召，不俟驾而行。然则孔子非与？”曰：“孔子当仕有官职，而以其官召之也。”①

此万章又问也。“孔子君命召，不俟驾而行”，见《论语·乡党篇》。今言君召亦不往见，则孔子非与？与，欤。孟子答道：“孔子那时候正在做官，有他的职务，鲁君以他的官召之，故不俟驾而行也。”

十七

孟子谓万章曰：“一乡之善士，斯友一乡之善士；一国之善士，斯友一国之善士；天下之善士，斯友天下之善士。② 以友天下之善士为未足，又尚论古之人。颂其诗，读其书，不知其人，可乎？是以论其世也，是尚友也。”③

---

① 与，平声。〇孔子方仕而任职，君以其官名召之，故不俟驾而行。〇徐氏曰：“孔子、孟子，易地则皆然。”〇此章言不见诸侯之义，最为详悉，更合陈代、公孙丑所问者而观之，其说乃尽。

② 言己之善盖于一乡，然后能尽友一乡之善士。推而至于一国、天下皆然，随其高下以为广狭也。

③ 尚，上同。言进而上也。颂，诵通。论其世，论其当世行事之迹也。言既观其言，则不可以不知其为人之实，是以又考其行也。夫能友天下之善士，其所友众矣，犹以为未足，又进而取于古人，是能进其取友之道，而非止为一世之士矣。

此章言自己为如何人，才可以与如何人为友，自一乡推至一国天下，都是一样。友了天下之善士，尚以为不足，又须上论古之人，诵古人之诗，读古人之书，而不知古人的生平行事，岂可乎？所以又要考论他的时代。这样，就是上友古之人了。尚，同上。颂，同诵。

十八

齐宣王问卿。孟子曰："王何卿之问也？"王曰："卿不同乎？"曰："不同。有贵戚之卿，有异姓之卿。"王曰："请问贵戚之卿。"曰："君有大过则谏；反复之而不听，则易位。"[①] 王勃然变乎色。[②] 曰："王勿异也。王问臣，臣不敢不以正对。"[③] 王色定，然后请问异姓之卿。曰："君有过则谏，反复之而不听，则去。"[④]

"问卿"者，问为卿之道应该怎样也。与国君有亲族关系的。叫"贵戚之卿"。与国君不同姓的，叫"异姓之卿"。贵戚之卿与国君关系密切，国君有大过，反复地谏他而不听，则将危及国家，故易置其君也。异姓之卿，则与国君关系既疏且无易君之权，故君有过失，则谏，反复地谏他而仍旧不听，惟有离去这个国而已。勃然，变色之貌。

---

① 大过，谓足以亡其国者。易位，易君之位，更立亲戚之贤者。盖与君有亲亲之恩，无可去之义。以宗庙为重，不忍坐视其亡，故不得已而至于此也。

② 勃然，变色貌。

③ 孟子言也。

④ 君臣义合，不合则去。此章言大臣之义，亲疏不同，守经行权，各有其分。贵戚之卿，小过非不谏也，但必大过而不听。乃可易位。异姓之卿，大过非不谏也，虽小过而不听，已可去矣。然三仁贵戚，不能行之于纣；而霍光异姓，乃能行之于昌邑。此又委任权力之不同，不可以执一论也。

告子篇第六

一

告子曰："性，犹杞柳也；义，犹桮棬也。以人性为仁义，犹以杞柳为桮棬。"① 孟子曰："子能顺杞柳之性而以为桮棬乎？将戕贼杞柳而后以桮棬也？如将戕贼杞柳而以为桮棬，则亦将戕贼人以为仁义与？率天下之人而祸仁义者，必子之言夫！"②

戕，音墙。与，作欤。夫，音扶。告子，见《公孙丑篇》注。杞柳，是一种落叶灌木，山东河北等处产生尤多。桮，音杯。棬，音圈。桮棬，是一种屈木所制的器具，有如卮匜之类。告子言人的性质，自然生成，犹如杞柳，也是自然生成的。而义，则有如桮棬，是人工制成的。若要以人性为仁义，有如把杞柳制成桮棬，非加人工不可。告子盖以"善"为由于"人为"，非天性本然，故有此喻。孟子主性善，以仁义为性所固有。而非出于"人为"，故就告子之喻以驳之。戕贼，犹言残害。用杞柳制桮棬，

① 桮，音杯。棬，丘圆反。○性者，人生所禀之天理也。杞柳，柜柳。桮棬，屈木所为，若卮匜之属。告子言人性本无仁义，必待矫揉而后成，如荀子性恶之说也。

② 戕，音墙。与，平声。夫，音扶。○言如此，则天下之人皆以仁义为害性而不肯为，是因子之言而为仁义之祸也。

须用刀斧劈之、斫之，故曰“将戕贼杞柳，而后以为桮棬。”既不能顺杞柳之性以制成桮棬，而须加以戕贼，则亦将戕贼了人去做仁义吗？率天下的人，以仁义为祸害的，必定是这句话了！

二

告子曰：“性犹湍水也，决诸东方则东流，决诸西方则西流。人性之无分于善不善也，犹水之无分于东西也。”① 孟子曰：“水信无分于东西，无分于上下乎？人性之善也，犹水之就下也。人无有不善，水无有不下。②今夫水，搏而跃之，可使过颡；激而行之，可使在山。是岂水之性哉？其势则然也。人之可使为不善，其性亦犹是也。”③

湍，他端反。湍水，波流击洄的水也。告子又说：“人的性，犹如湍水，决他向东则东流，决他向西则西流。人性的分不出什么善和不善，犹水之分不出向东或向西也。”孟子道：“水，的确是分不出向东向西的；难道分不出向上向下吗？人的性是善的，犹水的性是向下流的。所以人性无有不善，水性无有不向下的。水，把他打着，可使他跳起来，高过人的额头；把他壅激起来，可使他反而流到山上去。这难道是水的本性吗？他是迫于势而这样的。一个人之可使他为不善，也如水的过颡在山一样，被迫而然，并非本性也。”

---

① 湍，他端反。○湍，波流潆回之貌也。告子因前说而小变之，近于扬子善恶混之说。

② 言水诚不分东西矣，然岂不分上下乎？性即天理，未有不善者也。

③ 夫，音扶。○搏，补各反。搏，击也。跃，跳也。颡，额也。水之过额、在山，皆不就下也。然其本性未尝不就下，但为博激所使而逆其性耳。○此章言性本善，故顺之而无不善；本无恶，故反之而后为恶。非本无定体，而可以无所不为也。

三

告子曰："生之谓性。"① 孟子曰："生之谓性也，犹白之谓白与？"曰："然。""白羽之白也。犹白雪之白，白雪之白，犹白玉之白与？"曰："然。"②"然则犬之性犹牛之性，牛之性犹人之性与？"③

朱注云："生，指人物之所以知觉运动者而言。"又云："与近世佛氏所谓'作用是性'者略相似。"按《白虎通·性情篇》云："性者，生也。""性"字从"心"，"生"声：以"声"释"性"亦音训也。生，即生活、生命。"生之读性"，是谓凡有生命的皆有此性，即赵州和尚所谓"狗子亦有佛性"也。故孟子以"生之谓性犹白之谓白与"反问之。盖以凡白色之物皆有谓之白，比凡有生命之物皆此性也。故告子径应之曰"然"。孟子又询以白羽之"白"，白雪之"白"，白玉之"白"，是否无别。告子又应之曰"然"。犬、牛、人，皆是有生命的动物，如告子所言，则犬之"性"、牛之"性"，与人之"性"同矣。知人之性与犬、牛之性不同，则"生之谓性"之说自破。孟子之意，以为人之所以异于犬牛者，正以其性之善也。

---

① 生，指人物之所以知觉运动者而言。告子论性，前后四章，语虽不同，然其大指不外乎此，与近世佛氏所谓作用是性者略相似。

② 与，平声。下同。○白之谓白，犹言凡物之白者同谓之白，更无差别也。白羽以下，孟子再问，而告子曰然，则是谓凡有生者同是一性矣。

③ 孟子又言，若果如此，则犬牛与人皆有知觉，皆能运动，其性皆无以异矣。于是告子自知其说之非而不能对也。○愚按：性者，人之所得于天之理也；生者，人之所得于天之气也。性，形而上者也；气，形而下者也。人物之生，莫不有是性，亦莫不有是气。然以气言之，则知觉运动，人与物若不异也；以理言之，则仁义礼智之禀，岂物之所得而全哉？此人之性所以无不善，而为万物之灵也。告子不知性之为理，而以所谓气者当之，是以杞柳湍水之喻，食色无善无不善之说，纵横缪戾，纷纭舛错，而此章之误乃其本根。所以然者，盖徒知知觉运动之蠢然者，人与物同；而不知仁义礼智之粹然者，人与物异也。孟子以是折之，其义精矣。

四

告子曰："食色，性也。仁，内也，非外也；义，外也，非内也。"①孟子曰："何以谓仁内义外也？"曰："彼长而我长之，非有长于我也，犹彼白而我白之，从其白于外也，故谓之外也。"② 曰："异于白马之白也，无以异于白人之白也。不识长马之长也，无以异于长人之长与？且谓长者义乎？长之者义乎？"③

饮食男女，人之大欲存焉，故食欲性欲，为人之本能。因谓之性也。仁爱之心亦出于人的本性，从内里发出，故告子以为是"内"非"外"者，宜也。事之宜不宜，似乎在事的本身，故告子以为是"外"非"内"。孟子是主张人性皆善的，仁义都是人性所固有，故反问之曰："何以谓仁内义外也？"长，上声。"彼长"，彼年长也。"我长之"，我以彼为长也。"彼白"，彼色白也。"我白之"，我以为白也。彼色白而我以为白，"白"不在我；彼长而我长之。"长"亦不在我而在彼，故告子以为是"外"而非"内"。"长长"，即是"义"。告子以此释其"义外"之说也。"曰异于白……"以下，孟子又答也。朱注谓"异于"二字为衍文，当删去。"白马之白也，无以异于白人之白也"，是承告子以"白"喻"长"之说而言。赵注则"异于白"三字为一句。言"长"与"白"不同也。白马之白，与白人之白同；长马之长，则与长人之长异；故曰"异于白"也。

---

① 告子以人之知觉运动者为性，故言人之甘食悦色者即其性。故仁爱之心生于内，而事物之宜由乎外。学者但当用力于仁，而不必求合于义也。

② 长，上声，下同。○我长之，我以彼为长也。我白之，我以彼为白也。

③ 与，平声，下同。○张氏曰："上异于二字宜衍。"李氏曰："或有阙文焉。"愚按：白马、白人。所谓彼白而我白之也。长马、长人，所谓彼长而我长之也。白马、白人不异，而长马、长人不同，是乃所谓义也。义不在彼之长，而在我长之之心，则义之非外明矣。

“长马”，以马为老也。以马为老，并无敬此老马之意；“长人”，则有敬长之心，故不同也。且所谓“义”者，不是指他的年长而言，是指“我以为长而尊敬之”之意而言。此则发于我之内心者也。故“义”亦是“内”而非“外”。按《公孙丑》篇，孟子尝云：“告子未尝知义，以其外之也。”即指此。

曰：“吾弟则爱之，秦人之弟则不爱也，是以我为悦者也，故谓之内。长楚人之长，亦长吾之长，是以长为悦者也，故谓之外也。”[①] 曰：“耆秦人之炙，无以异于耆吾炙。夫物则亦有然者也，然则耆炙亦有外与?”[②]

耆，今作嗜，音自。炙，音双。夫，音扶。与，作欤。此告子又辩也。爱我之弟而不爱秦人之弟，则爱与不爱，完全以“我”为主，故谓之“内”。此即“仁内”之说。楚国人的长辈，我亦长之敬之；我自己的长辈，我亦长之敬之；则长之与否，完全以“彼”之是否年长为主，故谓之“外”。此即“外义”之说。孟子又以耆炙为喻驳之。耆，同嗜，是喜欢吃的意思。炙，是烧好的肉。秦人烧的肉我喜欢吃，我自己烧的肉也喜欢吃，这和告子所说“长楚人之长亦长吾之长”正同。若以此为长长之义是“外”非“内”之证，则此嗜炙之心情亦是“外”非“内”矣。但告子明云“食色性也”：嗜炙，即是“食欲”，决不是在“外”的，是发自内心的。“嗜炙”既是在内的，则“长长”也是在内的了。

按本篇记告子论性之言，四章相连，而其说不同。第一章，以杞柳桮棬为喻，是疑仁义出于人为的造作也：此与荀子“人之性恶，其善者伪也”之说相近。第二章，以湍水为喻，是疑人性无善不善之分也；此即性

---

① 言爱主于我，故仁在内；敬主于长，故义在外。

② 耆与嗜同。夫，音扶。○言长之耆之，皆出于心也。○林氏曰：“告子以食色为性，故因其所明者而通之。”○自篇首至此四章，告子之辩屡屈，而屡变其说以求胜，卒不闻其能自反而有所疑也。此正其所谓不得于言，勿求于心者，所以卒于卤莽而不得其正也。

可以为善可以为恶之说也。第三章，言“生之谓性”，此即佛氏“作用是性”之旨也。第四章，则又主“仁内义外”之说。曰仁内。则已承认“性善”说矣；但犹以“义”为“外”耳。“仁内义外”之说，见《管子·戒篇》及《墨子·经上篇》。是告子屡问孟子而屡变其旨，盖举所闻当时论性之说，向孟子质疑问难，为请益之辞，非自立一说，以与孟子抗衡也。孟子之不惮烦渎，反复辩证，亦因其问难而启发之，非如距杨墨之言之辞而辟之也。赵岐谓告子是孟子弟子，或亦因此乎？

五

孟季子问公都子曰：“何以谓义内也？”① 曰：“行吾敬，故谓之内也。”② “乡人长于伯兄一岁，则谁敬？”曰：“敬兄。”“酌则谁先？”曰：“先酌乡人。”“所敬在此，所长在彼，果在外，非由内也。”③ 公都子不能答，以告孟子。孟子曰：“敬叔父乎？敬弟乎？彼将曰：‘敬叔父。’曰：‘弟为尸，则谁敬？’彼将曰：‘敬弟。’子曰：‘恶在其敬叔父也？’彼将曰：‘在位故也。’子亦曰：‘在位故也。庸敬在兄，斯须之敬在乡人。”④ 季子闻之曰：“敬叔父则敬，敬弟则敬，果在外，非由内也。”公都子曰：“冬日则饮汤，夏日则饮水，然则饮食亦在外也？”⑤

朱注疑孟季子，即孟仲子之弟。赵氏无注，疏则以季任当之。翟颢

---

① 孟季子，疑孟仲子之弟也。盖闻孟子之言而未达，故私论之。

② 所敬之人虽在外，然知其当敬，而行吾心之敬以敬之，则不在外也。

③ 长，上声。○伯，长也。酌，酌酒也。此皆季子问、公都子答。而季子又言，如此则敬长之心，果不由中出也。

④ 恶，平声。○尸，祭祀所主以象神，虽子弟为之，然敬之当如祖考也。在位，弟在尸位，乡人在宾客之位也。庸，常也。斯须，暂时也。言因时制宜，皆由中出也。

⑤ 此亦上章耆炙之意。○范氏曰：“二章问答，大指略同，皆反覆譬喻以晓当世，使明仁义之在内，则知人之性善，而皆可以为尧、舜矣。”

《考异》谓经文未有“孟”字，赵佑《温故录》亦云非孟子从弟。他听了告子仁内义外之说，也以告子为是，所以问公都子道：“何以说义是内的？”公都子答道：“因为行我的恭敬，所以说他是内。”孟季子又道：“假如一个同乡的人，他大于长兄一岁，则应该敬重哪一个？”公都子道：“应该敬长兄。”孟季子道：“请他们两人吃酒，先酌那一个？”公都子道：“这应该先酌乡人。”孟季子驳道：“所敬的是兄，年长的都是乡人；照此看来，所谓义者，果然是在外而不是在内的了。”公都子听了这话，不能对答，只得去告诉孟子。孟子道：“你只问他：‘一个人敬叔父呢？还是敬弟呢？’他将说道：‘敬叔父。’你再问他：‘弟在祭祀时作代表神的尸，那么在弟和叔父之间，你将敬谁呢？’他将说道：‘敬弟。’你再问他：‘这样，怎么能说敬叔父呢？’他将说道：‘为了在尸位的缘故。’你也就可说：‘所以敬乡人的缘故，也是为了在位的缘故。’平时的敬重，是在兄；暂时的敬重，是在乡人。”孟季子听了这句话，又说道：“敬叔父则这样敬，敬弟则那样敬，这样看来，则所谓义者，果然是在外，不是在内的了！”公都子道：“冬日则饮热汤，夏日则饮冷水。照你这样说，则饮食也是在外的了！”“恶在”之“恶”，音乌，何也。

六

公都子曰：“告子曰：‘性无善无不善也。[①] 或曰：‘性可以为善，可以为不善。是故文、武兴，则民好善；幽、厉兴，则民好暴。’[②] 或曰：‘有性善，有性不善。是故以尧为君而有象；以瞽瞍为父而有舜；以纣为兄之子，且以为君，而有微子启、王子比干。’[③] 今曰‘性善’，然则彼皆

---

① 此亦生之谓性、食色性也之意，近世苏氏、胡氏之说盖如此。

② 好，去声。此即湍水之说也。

③ 韩子性有三品之说盖如此。按此文，则微子、比干皆纣之叔父，而《书》称微子为商王元子，疑此或有误字。

非与?”[①]

公都子引告子的话道:“一个人的性,无所谓善,亦无所谓不善。”又引或入的话道:“人的性,是可以使他为善,也可以使他为不善的;所以文王、武王兴起来了,则百姓都跟着好善。幽王、厉王兴起来了,则百姓都跟着好暴。”又引另一个或人的话道:“人的性,有生来是善的,也有生来是不善的。故以尧帝为君,而有暴戾的象;以瞽瞍为父,而有纯孝的舜;以纣王为其兄的儿子,而且是人君,而有微子启,王子比干这些善人。”如今说人性是善的,那么,上面诸人所说的话,都不对吗?按:微子是纣王的庶兄,比干才是纣王的叔父。此处并在一处言,是因行文的便利。此顾炎武说,见《日知录》。翟颢《考异》据陆九渊《答周元忠书》:以为微子启与王子比干皆纣父帝乙之弟。《孟子》与《史记》不同,不当因《史记》而疑《孟子》,其说亦可通。好,去声。与,同欤。

孟子曰:“乃若其情,则可以为善矣,乃所谓善也。[②] 若夫为不善,非才之罪也。[③] 恻隐之心,人皆有之:羞恶之心,人皆有之;恭敬之心,人皆有之;是非之心,人皆有之。恻隐之心,仁也;羞恶之心,义也;恭敬之心,礼也;是非之心,智也。仁、义、礼、智,非由外铄我也,我固有之也,弗思耳矣。故曰:‘求则得之,舍则失之。’或相倍蓰而无算者,不能尽其才者也。[④]

---

① 与,平声。

② 乃若,发语辞。情者,性之动也。人之情,本但可以为善而不可以为恶,则性之本善可知矣。

③ 夫,音扶。〇才,犹材质,人之能也。人有是性,则有是才,性既善则才亦善。人之为不善,乃物欲陷溺而然,非其才之罪也。

④ 恶,去声。舍,上声。蓰,音师。〇恭者,敬之发于外者也;敬者,恭之主于中者也。铄,以火消金之名,自外以至内也。算,数也。言四者之心人所固有,但人自不思而求之耳,所以善恶相去之远,由不思不求而不能扩充以尽其才也。前篇言是四者为仁义礼智之端,而此不言端者,彼欲其扩而充之,此直因用以著其本体,故言有不同耳。

程瑶田《通艺录》谓“乃若”为转语词；其情，谓为不善者之情；恻隐、羞恶、恭敬、是非之心，即情也。为不善者之情，本亦可以为善，此乃我所谓“善”也。若夫成为不善，则非才之罪；才，质也，材也。戴震《孟子字义疏证》则谓“情”，犹素也，实也，非性情之情；才，以体质言；性，以本始言。焦氏《正义》则谓人“性”同具神明之德，故“情”可旁通，而可以为善；运旋乎情，使能旁通，以致穷理尽性之功者，则为“才”。才不才，既智愚之别。三说实小异而大同。铄。以火销金属也，从外面热进去，故曰外铄。倍是一倍，蓰是五倍，四端为我内心所固有，求则得之，舍则失之，有得有失。以致人的善不善相差一倍或五倍，甚而至于无数倍，都是不能尽其天生的材质之故也。夫，音扶。恶，去声。舍，去声。蓰，音徙。

《诗》曰：‘天生蒸民，有物有则。民之秉夷，好是懿德。’孔子曰：‘为此诗者，其知道乎！故有物必则，民之秉夷也，故好是懿德。’”①

所引《诗经》，见《大雅·烝民篇》。蒸，众也。《诗》作烝。物，事也。则，法也。秉，执也。夷，常也。好，去声。懿，美也。言天生众民，有事物必有法则，众民所秉的常性，都是喜好懿美的道德的。孟子引此诗，又引见孔子之言，并加以说明也。

---

① 好，去声。《诗·大雅烝民》之篇。蒸，《诗》作烝，众也。物，事也。则，法也。夷，《诗》作彝，常也。懿，美也。有物必有法，如有耳目则有聪明之德，有父子则有慈孝之心，是民所秉执之常性也，故人之情无不好此懿德者。以此观之，则人性之善可见，而公都子所问之三说，皆不辩而自明矣。〇程子曰：“性即理也，理则尧舜至于涂人一也。才禀于气，气有清浊，禀其清者为贤，禀其浊者为愚，学而知之，则气无清浊，皆可至于善而复性之本，汤武身之是也。孔子所言下愚不移者，则自暴自弃之人也。”又曰：“论性不论气，不备；论气不论性，不明，二之则不是。”张子曰：“形而后有气质之性，善反之则天地之性存焉。故气质之性，君子有弗性者焉。”愚按：程子此说才字，与孟子本文小异。盖孟子专以其发于性者言之，故以为才无不善；程子兼指其禀于气者言之，则人之才固有昏明强弱之不同矣，张子所谓气质之性是也。二说虽殊，各有所当，然以事理考之，程子为密。盖气质所禀虽有不善，而不害性之本善；性虽本善，而不可以无省察矫揉之功，学者所当深玩也。

七

孟子曰："富岁，子弟多赖；凶岁，子弟多暴。非天之降才尔殊也，其所以陷溺其心者然也。[①] 今夫麰麦，播种而耰之，其地同，树之时又同，浡然而生，至于日至之时，皆孰矣。虽有不同，则地有肥硗，雨露之养，人事之不齐也。[②] 故凡同类者，举相似也，何独至于人而疑之？圣人与我同类者。[③] 故龙子曰：'不知足而为屦，我知其不为蒉也。'屦之相似，天下之足同也。[④]

富岁，丰年也。赵岐以"善"训"赖"。朱注云："赖，借也。丰年衣食饶足，故有所借而为善。"与赵说略异。阮元谓"赖"即"嬾"，懈也。言富岁粒米狼戾，民多懈怠。较赵朱二注为长。盖年丰，则生活裕如，故青年子弟多懈嬾；年凶，则生活窘迫，故青年子弟多暴戾。尔。如此也。言非天生之材质如此不同；所以陷溺其心之环境如此也。夫，音扶。麰麦，大麦。凡麦，下种之后，当覆以土，故曰："播种而耰之。"树，种也。"浡然"，犹云蓬蓬勃勃地。"日至之时"，当成熟之期也。孔广森赵佑谓"日至"指夏至。夏至，则麦之迟者亦熟。《管子·轻重篇》篇亦云："夏至而麦熟。"肥，沃也；硗，苦交切，薄也。此以麰麦喻人性，以地之肥硗，雨露人事之不齐，喻后天环境之不同。屦，麻鞋。蒉，草器。织屦者虽不知人足之大小，但必似足形，不至做成蒉的形状；因为天

① 富岁，丰年也。赖，籍也。丰年衣食饶足，故有所顾藉而为善；凶年衣食不足，故有以陷溺其心而为暴。

② 夫，音扶。麰，音牟。耰，音忧。硗，苦交反。○麰，大麦也。耰，覆种也。日至之时，谓当成熟之期也。硗，瘠薄也。

③ 圣人亦人耳，其性之善，无不同也。

④ 蒉，音匮。○蒉，草器也。不知人足之大小而为之屦，虽未必适中，然必似足形，不至成蒉也。

下之足，形状是同的。

口之于味，有同耆也。易牙先得我口之所耆者也。如使口之于味也，其性与人殊，若犬马之与我不同类也，则天下何耆皆从易牙之于味也？至于味，天下期于易牙，是天下之口相似也。[①] 惟耳亦然。至于声，天下期于师旷，是天下之耳相似也。[②] 惟目亦然。至于子都，天下莫不知其姣也。不知子都之姣者，无目者也。[③] 故曰：口之于味也，有同耆焉；耳之于声也，有同听焉；目之于色也，有同美焉，至于心，独无所同然乎？心之所同然者何也？谓理也，义也。圣人先得我心之所同然耳。故理义之悦我心，犹刍豢之悦我口？”[④]

耆，同嗜。易牙，春秋时齐桓公之饔人，最善烹调，名巫，字易牙。师旷，晋平公乐师，善音乐。子都，古之美貌者。《诗·郑风·山有扶苏》云：“不见子都，乃见狂且。”按《左传》隐公十一年杜预注云：“子都，郑大夫公孙阏。”姣，美也。同然者，皆以为是者也。牛羊食草，草即刍，所以即称牛羊为刍；犬豕食谷，豢饲于人，所以即称犬豕为豢。此刍豢，指牛羊犬豕之肉。此章以理义为人心之所同然，明人性之皆善。

八

孟子曰：“牛山之木尝美矣，以其郊于大国也，斧斤伐之，可以为美

① 耆，与嗜同，下同。○易牙，古之知味者。言易牙所调之味，则天下皆以为美也。

② 师旷，能审音者也。言师旷所和之音，则天下皆以为美也。

③ 姣，古卯反。○子都，古之美人也。姣，好也。

④ 然，犹可也。草食曰刍，牛羊是也。谷食曰豢，犬豕是也。○程子曰：“在物为理，处物为义，体用之谓也。孟子言人心无不悦理义者，但圣人则先知先觉乎此耳，非有以异于人也。”程子又曰：“理义之悦我心，犹刍豢之悦我口。”此语亲切有味。须实体察得理义之悦心，真犹刍豢之悦口，始得。

乎？是其日夜之所息，雨露之所润，非无萌蘖之生焉，牛羊又从而牧之，是以若彼濯濯也。人见其濯濯也，以为未尝有材焉。此岂山之性也哉？①

牛山，齐国城外的一座大山。他的树木，本来是极其盛美的。因为他在大国的近郊，人人拿斧头去砍伐他，可以保全他的盛美么？甚，滋生也。日日夜夜之所生息，雨露之所滋润不是没有萌芽生出来；无奈牧童又把牛羊驱上去嚼吃，去践踏，所以一座草木盛美的山，弄得一无所有了。人们见他没有草木，就以为这座山未尝有过材木，这个，岂是这座山的本性吗？萌，芽也。蘖，芽之旁出者也。濯濯，光洁之貌。

“虽存乎人者，岂无仁义之心哉？其所以放其良心者，亦犹斧斤之于木也，旦旦而伐之，可以为美乎？其日夜之所息，平旦之气，其好恶与人相近也者几希，则其旦昼之所为，有梏亡之矣。梏之反覆，则其夜气不足以存；夜气不足以存，则其违禽兽不远矣。人见其禽兽也，而以为未尝有才焉者，是岂人之情也哉？②

上节说山，实是以山比人，此节就说到人了。存乎人心的仁义，也是和山上固有的草木一样。仁义之心，就是人的良心。人们之所以放失其良心，亦犹斧头的伐木一样，一天一天地把树木砍伐，怎么还能够盛美呢？

---

① 蘖，五割反。〇牛山，齐之东南山也。邑外谓之郊，言牛山之木。前此固尝美矣，今为大国之郊，伐之者众，故失其美耳。息，生长也。日夜之所息，谓气化流行未尝间断，故日夜之间，凡物皆有所生长也。萌，芽也。蘖，芽之旁出者也。濯濯，光洁之貌。材，材木也。言山木虽伐，犹有萌蘖，而牛羊又从而害之，是以至于光洁而无草木也。

② 好、恶，并去声。〇良心者，本然之善心，即所谓仁义之心也。平旦之气，谓未与物接之时清明之气也。好恶与人相近，言得人心之所同然也。几希，不多也。梏，械也。反覆，展转也。言人之良心虽已放失，然其日夜之间，亦必有所生长。故平旦未与物接，其气清明之际，良心必犹有发见者。但其发见至微，而旦昼所为之不善，又已随而梏亡之，如山木既伐，犹有萌蘖，而牛羊又牧之也。昼之所为，既有以害其夜之所息；又不能胜其昼之所为，是以展转相害。至于夜气之生，日以寖薄，而不足以存其仁义之良心，则平旦之气亦不能清，而所好恶遂与人远矣。

不过良心，仍时有滋息，也如牛山，日日夜夜地生息草木。当天初明时，神气清明，良心时一发现，这叫做“平旦之气”。他心中的所好或所恶，与一般人只有几希相近者，因为他白天里所作所为，又将他的良心扰乱（牿）了，亡失了也。反反复复地搅乱，所以弄到后来，良心发现的夜气，也一点不足以保存；夜气一点都不存在，那么他和禽兽也相去不远了。人家见他是与禽兽一样了，便以为他未尝有可以为善的材质，这岂是人的实情吗？平旦，平明，天初晓的时候。“好”，“恶”，皆去声。有，同又。牿，同搰，搅也。情，诚也，实也。

“故苟得其养，无物不长；苟失其养，无物不消。[①] 孔子曰：‘操则存，舍则亡；出入无时，莫知其乡。’惟心之谓与？”[②]

此是上两节的总结。言良心与草木，得其养，则长；失其养，则消也。下又引孔子的话来作证。操，持也；操持之，即得其养；舍，舍弃之，即失其养。操则存，即“求则得之”；舍则亡，即“舍则失之”。入，谓心存于内而不亡失；出；谓心放于外而不知求。出入无时，故所以操之求之者，无刻之可懈；少懈，则放心难求，而莫知其所向矣。乡。同向，今作向。与，同欤。此章言人之所以不善，由于不知操持，而放失牿亡其良心。

---

① 长，上声。○山木人心。其理一也。

② 舍，音舍。与，平声。○孔子言心，操之则在此，舍之则失去，其出入无定时，亦无定处如此。孟子引之，以明心之神明不测，得失之易，而保守之难，不可顷刻失其养。学者当无时而不用其力，使神清气定，常如平旦之时，则此心常存，无适而非仁义也。○程子曰：“心岂有出入？亦以操舍而言耳。操之之道，敬以直内而已。”○愚闻之师曰：“人，理义之心未尝无，惟持守之即在尔。若于旦昼之间不至梏亡，则夜气愈清。夜气清，则平旦未与物接之时，湛然虚明气象自可见矣。”孟子发此夜气之说，于学者极有力，宜熟玩而深省之也。

九

孟子曰："无或乎王之不智也。[①] 虽有天下易生之物也，一日暴之，十日寒之，未有能生者也。吾见亦罕矣，吾退而寒之者至矣，吾如有萌焉何哉？[②] 今夫弈之为数，小数也；不专心致志，则不得也。弈秋，通国之善弈者也。使弈秋诲二人弈，其一人专心致志，惟弈秋之为听。一人虽听之，一心以为有鸿鹄将至，思援弓缴而射之，虽与之俱学，弗若之矣，为是其智弗若与？曰：非然也。"[③]

或，同惑。暴，作曝。王，疑指齐宣王。大概那时有人怪王不智，而孟子又不帮他的忙，所以孟子说这一番话。凡物之生长，皆需要日光暖气。所以即使天下最易生长的东西，在太阳下晒了一日，就要使他冷十日，当然是不会生长的了。意思是以晒太阳比喻人君近贤人。"吾见亦罕矣"者，孟子自言见王甚少也。"我退而寒之者至矣"者，言我退而王又与小人接近也。则虽有善心之萌，吾亦无如之何矣。弈，就是著围棋。弈秋是古时候一个最能著围棋的人，名秋。数，术也。着棋，本来是一件小技艺，可是若不专心致志，就得不到著法的诀窍。假定使弈秋去教诲两个人学棋。其中一人，专心致志，只听弈秋的话。其中另一人，虽然也听着弈秋的话，心里却以为有一只鸿鹄将要飞来了，想拿了弓，将绳系了箭

---

① 或，与惑同，疑怪也。王，疑指齐王。

② 易，去声。暴，步卜反。见，音现。〇暴，温之也。我见王之时少，犹一日暴之也；我退则谄谀杂进之日多，是十日寒之也。虽有萌蘖之生，我亦安能如之何哉？

③ 夫，音扶。缴，音灼。射，食亦反。为之为，去声。若与之与，平声。〇弈，围棋也。数，技也。〇程子为讲官，言于上曰："人主一日之间，接贤士大夫之时多，亲宦官宫妾之时少，则可以涵养气质而薰陶德性。"时不能用，识者恨之。〇范氏曰："人君之心，惟在所养。君子养之以善则智，小人养之以恶则愚。然贤人易疏，小人易亲，是以寡不能胜众，正不能胜邪，自古国家治日常少，而乱日常多，盖以此也。"

（缴）去射鸿鹄，心思一分，学棋的成绩，必定不及专心致志那一个人了。难道因为他的聪明不及那一人吗？这当然可以说不是的。“今夫”之“夫”，音扶。缴，音灼，以绳击矢而射也。射，入声，食亦反。与，同欤。

十

孟子曰：“鱼，我所欲也；熊掌，亦我所欲也。二者不可得兼，舍鱼而取熊掌者也。生，亦我所欲也；义，亦我所欲也。二者不可得兼，舍生而取义者也。[①] 生亦我所欲，所欲有甚于生者，故不为苟得也。死亦我所恶，所恶有甚于死者，故患有所不辟也。[②]

舍，弃也。此以鱼与熊掌喻生与义，明虽同为我之所欲，但如得生而有害于义，宁舍生而取义也。所欲之甚于生者，即指“义”。不为苟得，不苟得生也。所恶之甚于死者，即指“不义”。不避患，言虽死亦所不避也。恶，去声。辟，同避。

“如使人之所欲莫甚于生，则凡可以得生者，何不用也？使人之所恶莫甚于死者，则凡可以辟患者，何不为也？[③] 由是则生而有不用也，由是则可以辟患而有不为也。[④] 是故所欲有甚于生者，所恶有甚于死者。非独贤者有是心也，人皆有之，贤者能勿丧耳。[⑤]

---

① 舍，上声。○鱼与熊掌皆美味，而熊掌尤美也。

② 恶、辟，皆去声，下同。○释所以舍生取义之意。得，得生也。欲生恶死者，虽众人利害之常情，而欲恶有甚于生死者，乃秉彝义理之良心，是以欲生而不为苟得，恶死而有所不避也。

③ 设使人无秉彝之良心，而但有利害之私情，则凡可以偷生免死者，皆将不顾礼义而为之矣。

④ 由其必有秉彝之良心，是以其能舍生取义如此。

⑤ 丧，去声。○羞恶之心，人皆有之，但众人汩于利欲而忘之，惟贤者能存之而不丧耳。

此节承上节而言。以“由是则生而有不用”，“由是则可以避患而有不为”为据，以明人之所欲有甚于生，所恶有甚于死；且不独贤者有此心，人人皆有此心，不过贤者能勿丧失而已。丧，去声。

“一箪食，一豆羹，得之则生，弗得则死，嘑尔而与之，行道之人弗受；蹴尔而与之，乞人不屑也。[①] 万钟则不辨礼义而受之。万钟于我何加焉？为宫室之美、妻妾之奉、所识穷乏者得我与？[②] 乡为身死而不受，今为宫室之美为之；乡为身死而不受，今为妻妾之奉为之；乡为身死而不受，今为所识穷乏者得我而为之，是亦不可以已乎？此之谓失其本心。”[③]

食，音嗣。嘑，今作呼。蹴，音促，以足踢之也。与，同欤。乡，作向，亦作向。为，去声。一箪食，一筲箕的饭：一豆羹，一木碗的羹。饥饿的人对于这些儿东西，是得之则生，弗得则死的。假使拿着这饭这羹，大声呼叱：“来吃这些东西罢！”这样，就是路过的陌生人，也是不愿意领受的。假使更进一步，把这些东西放在地下，蹬着脚，表示给他吃，就是叫化子，也不屑意领受了。可见人皆有羞恶之心，宁可饿死，不肯受辱。这一段是证明上文所谓“所欲有甚于生，所恶有甚于死”的心，是人皆有之的。但是万钟的厚禄，则世人往往不辨礼义而受之。万钟之禄虽厚，于我有什么益处呢？为了所住的房屋的华美，三妻四妾的奉事，我所素识的

---

① 食，音嗣。嘑，呼故反。蹴，子六反。○豆，木器也。嘑，咄啐之貌。行道之人，路中凡人也。蹴，践踏也。乞人，丐乞之人也。不屑，不以为洁也。言虽欲食之急而犹恶无礼，有宁死而不食者。是其羞恶之本心，欲恶有甚于生死者，人皆有之也。

② 为，去声。与，平声。○万钟于我何加，言于我身无所增益也。所识穷乏者得我。谓所知识之穷乏者感我之惠也。上言人皆有羞恶之心，此言众人所以丧之由此三者。盖理义之心虽曰固有，而物欲之蔽，亦人所易昏也。

③ 乡、为，并去声。为之之为，并如字。言三者身外之物，其得失比生死为甚轻。乡为身死犹不肯受嘑蹴之食，今乃为此三者而受无礼义之万钟，是岂不可以止乎？本心，谓羞恶之心。○此章言羞恶之心，人所固有。或能决死生于危迫之际，而不免计丰约于宴安之时，是以君子不可顷刻而不省察于斯焉。

穷乏朋友，可以得我些恩惠吗？从前情愿忍着冻饿，不肯为免死而受人的箪食豆羹，现在则为了房屋的华美，妻妾的奉事，所识的穷乏朋友可以得我些恩惠，而竟受万钟之禄。这不是可以罢休的事吗？这个，可以说是失了他的本心了。

十一

孟子曰："仁，人心也；义，人路也。[①] 舍其路而弗由，放其心而不知求，哀哉！[②] 人有鸡犬放，则知求之；有放心，而不知求。[③] 学问之道无他，求其放心而已矣。"[④]

仁，是人人固有的爱人之心，故曰"人心也"。义，是应该做的事，是人人应该走的大路，故曰"人路也"。由，从也。舍其路而弗由，谓弃义也。放其心而不知求，谓弃仁也。人有鸡犬放到外面去，则晓得去求他们回来，放了心出去，倒不晓得去求他回来。所以学问之道，没有其他的方法，只要把放心求回来就好了！

十二

孟子曰："今有无名之指，屈而不信，非疾痛害事也，如有能信[⑤]之

① 仁者，心之德，程子所谓心如谷种，仁则其生之性是也。然但谓之仁，则人不知其切于己，故反而名之曰人心，则可以见其为此身酬酢万变之主，而不可须臾失矣。义者。行事之宜，谓之人路。则可以见其为出入往来必由之道，而不可须臾舍矣。

② 舍，上声。○"哀哉"二字，最宜详味，令人惕然有深省处。

③ 程子曰："心至重，鸡犬至轻。鸡犬放则知求之，心放而不知求，岂爱其至轻而忘其至重哉？弗思而已矣。"愚谓上兼言仁义，而此下专论求放心者，能求放心，则不违于仁而义在其中矣。

④ 学问之事，固非一端，然其道则在于求其放心而已。盖能如是，则志气清明，义理昭著，而可以上达；不然则昏昧放逸，虽曰从事于学，而终不能有所发明矣。故程子曰："圣贤千言万语，只是欲人将已放之心约之，使反复入身来，自能寻向上去，下学而上达也。"此乃孟子开示切要之言，程子又发明之，曲尽其指，学者宜服膺而勿失也。

⑤ 信，与伸同。为，去声。○无名指，手之第四指也。

者，同不远秦、楚之路，为指之不若人也。指不若人，则知恶之；心不若人，则不知恶，此之谓不知类也。”①

信，今作伸。恶，音汙。无名指，左右手第四指也。信，同伸。无名指弯曲着不会伸直，既没有病痛，也不害于做事。可是如果有人能把这无名指伸直的，那么这个人一定会不怕秦国楚国的远路，而去求治的。这是为了无名指的不如人咯。为了一个手指不如人，心里便很厌恶；自己的心不如人，则不知道厌恶。这个就可以叫做“不知类”，“不知类”就是不知轻重之别。

十三

孟子曰：“拱把之桐、梓，人苟欲生之，皆知所以养之者。至于身，而不知所以养之者，岂爱身不若桐梓哉？弗思甚也！”②

两只手围拢来叫做“拱”，一只手握拢来叫做“把”。一拱一把大的桐树梓树，人们苟要他长大起来。都晓得所以培养他的方法。只有自己的身子，倒不晓得培养他的道理。难道是爱身子不及爱桐梓吗？实在是太不可思议了。

十四

孟子曰：“人之于身也，兼所爱。兼所爱，则兼所养也。无尺寸之肤不爱焉，则无尺寸之肤不养也。所以考其善不善者，岂有他哉？于己取之

---

① 恶，去声。○不知类，言其不知轻重之等也。

② 拱，两手所围也。把，一手所握也。桐、梓，二木名。

而已矣。[①] 体有贵贱，有小大。无以小害大，无以贱害贵。养其小者为小人，养其大者为大人。[②] 今有场师，舍其梧槚，养其樲棘，则为贱场师焉。[③] 养其一指而失其肩背，而不知也，则为狼疾人也。[④] 饮食之人，则人贱之矣，为其养小以失大也。[⑤] 饮食之人无有失也，则口腹岂适为尺寸之肤哉？"[⑥]

此言人于自己的一身，无有尺寸的体肤是不爱的，所以也无有尺寸的体肤是不养的。考察一个人所养的善不善，没有其他的法子，只有反求诸己罢了。人体，也有贵贱小大的分别，如心脑，为一体中之贵者大者，口腹，则为贱者小者。人既爱养其身体，不可只爱养其贱者小者，以害其贵者大者。若只养其小者，则将自己养成小人：养其大者，方能把自己养成大人。场师，管理场圃之师。梧，梧桐：槚，梓树，是有用的大木。樲棘，是一种小枣树，无材料可取的。假使有个场师，对于树木，舍弃梧槚有用之树，而培养小枣无用之树，则为下贱的场师了。假使一个人对于自己的身体，只养了一指，失了肩背，而自己尚不知道，这样，就成为狼疾的人了。只知饮食专顾口腹的人，大家都看轻他，因为他养了小的而失了大的也。如果养小而不失大，喜欢饮食的人，于心脑的修养并不忘记，那么口腹本来也是重要的。岂但是尺寸之肤而已。按朱注云："狼善顾，疾则不能，故以为失肩背之喻。"赵氏则训"狼疾"为"狼藉"。狼藉，纷乱也。"养其一指，失其肩背"，似即用上章"无名之指屈而不伸"之喻。盖一指之屈而不伸，病根在于肩背。今只知医养一指，而反失其肩背，则

---

① 人于一身，固当兼养，然欲考其所养之善否者，惟在反之于身，以审其轻重而已矣。

② 贱而小者，口腹也。贵而大者，心志也。

③ 舍，上声。槚，音贾。樲，音贰。○场师，治场圃者。梧，桐也。槚，梓也。皆美材也。樲棘，小棗，非美材也。

④ 狼善顾，疾则不能，故以为失肩背之喻。

⑤ 为，去声。○饮食之人，专养口腹者也。

⑥ 此言若使专养口腹，而能不失其大体，专口腹之养，躯命所关，不但为尺寸之肤而已。但养小之人，无不失其大者，故口腹虽所当养，而终不可以小害大、贱害贵也。

此人为昏乱不知轻重之人也。故赵氏云："此为狼藉乱不知治疾之人也。"适、啻古通。《国策·秦策》："疑臣者不适之人。"亦以"适"为"啻"。啻，但也。

十五

公都子问曰："钧是人也，或为大人，或为小人，何也？"孟子曰："从其大体为大人，从其小体为小人。"① 曰："钧是人也，或从其大体，或从其小体，何也？"曰："耳目之官不思，而蔽于物。物交物，则引之而已矣。心之官则思，思则得之，不思则不得也。此天之所与我者，先立乎其大者，则其小者不能夺也。此为大人而已矣。"②

钧，今作均。大体，心也。小体，耳目口腹之类。官，犹今云"器官"。人身上耳目，这些器官，是不会思想的，易为外物所蔽的；所以也只能算是物。以此物与外来之事物相接，自然被外来之事物引去了。只有心这器官，是能思想的；但须能思想，则能得其理；不思想，也不能得其理。耳目与心，都是天所给与我的。我只要先把大的心立定了，则小的耳目，就不能夺心的主宰之权。这样就是大人物了！"此天"之"此"，按赵注当作"比"。今从朱注作"此"。

---

① 钧，同也。从，随也。大体，心也。小体，耳目之类也。

② 官之为言司也。耳司听，目司视，各有所职而不能思，是以蔽于外物。既不能思而蔽于外物，则亦一物而已。又以外物交于此物，其引之而去不难矣。心则能思，而以思为职。凡事物之来，心得其职，则得其理，而物不能蔽；失其职，则不得其理，而物来蔽之。此三者，皆天之所以与我者，而心为大。若能有以立之，则事无不思，而耳目之欲不能夺之矣，此所以为大人也。然此天之此。旧本多作比，而赵《注》亦以比方释之。今本既多作此，而注亦作此，乃未详孰是。但作比字，于义为短，故且从今本云。○范浚《心箴》曰："茫茫堪舆，俯仰无垠。人于其间，眇然有身。是身之微，大仓稊米，参为三才，曰惟心耳。往古来今，孰无此心？心为形役，乃兽乃禽。惟口耳目，手足动静，投间抵隙，为厥心痛。一心之微，众欲攻之。其与存者，呜呼几希！君子存诚，克念克敬。天君泰然，百体从令。"

十六

孟子曰："有天爵者，有人爵者。仁义忠信，乐善不倦，此天爵也。公卿大夫，此人爵也。[①] 古之人修其天爵，而人爵从之。[②] 今之人修其天爵，以要人爵；即得人爵，而弃其天爵，则惑之甚者也，终亦必亡而已矣。"[③]

乐，音洛。仁义忠信，乐善不倦，自然为人所尊，叫做"天爵"。由人给予的官职，如公卿大夫，叫做"人爵"。"人爵从之"者，不待求之而自至也。要，音邀，求也。言现今的人，修养道德的目的只在要求做官，等到做了官，就把道德丢掉了；这样做人，真是糊涂透顶。终必并其所得之人爵而亡失之也。

十七

孟子曰："欲贵者，人之同心也。人人有贵于己者，弗思耳。[④] 人之所贵者，非良贵也。赵孟之所贵，赵孟能贱之。[⑤]《诗》云：'既醉以酒，既饱以德。'言饱乎仁义也，所以不愿人之膏粱之味也；令闻广誉施于身，

① 乐，音洛。〇天爵者，德义可尊，自然之贵也。

② 修其天爵，以为吾分之所当然者耳。人爵从之，盖不待求之而自至也。

③ 要，音邀。〇要，求也。修天爵以要人爵，其心固已惑矣；得人爵而弃天爵，则其惑又甚焉，终必并其所得之人爵而亡之也。

④ 贵于已者，谓天爵也。

⑤ 人之所贵，谓人以爵位加己而后贵也。良者，本然之善也。赵孟，晋卿也。能以爵禄与人而使之贵，则亦能夺之而使之贱矣。若良贵，则人安得而贱之哉？

所以不愿人之文绣也。”①

闻，去声。“人人有贵于己者”，即天爵也。良，犹“良知良能”之良。言别人所给的贵，不是真正本来的贵也。晋卿赵文子名武，赵简子名鞅，赵襄子名无恤，皆称赵孟。焦氏《正义》引吴斗南云：“赵盾字孟！故其子孙皆称赵孟。”赵孟，是晋国有势力的贵族；他能给人做官，使之贵，也能夺人的官，使之贱。所引《诗经》，见《大雅·既醉篇》。膏，肉之肥者；粱，米之精者。令闻，美名。广誉，大名。文绣，华美的衣服。言仁义胜于膏粱之味，令名胜于文绣之美。

十八

孟子曰：“仁之胜不仁也，犹水之胜火。今之为仁者，犹以一杯水救一车薪之火也；不熄。则谓之水不胜火，此又与于不仁之甚者也。② 亦终必亡而已矣。”③

此以水必灭火喻仁必胜不仁。但一杯之水，则不能灭一车柴薪之火，水少而火大也。今之为仁者，为之不力；其所谓“仁”者。亦仅如一杯之水而已，故不能胜不仁。但不当因此而谓仁不能胜不仁也。朱注云：“与，犹助也。”“与于不仁之甚者”，谓“有以深助于不仁者也。”孟子之意盖言此种仁不胜不仁之言，适足助长不仁；犹本篇首章所谓“率天下之人而

① 闻，去声。○《诗·大雅·既醉》之篇。饱，充足也。愿，欲也。膏，肥肉。粱，美谷。令，善也、闻，亦誉也。文绣，衣之美者也。仁义充足而闻誉彰著，皆所谓良贵也。○尹氏曰：“言在我者重，则外物轻。”

② 与，犹助也。仁之能胜不仁，必然之理也。但为之不力，则无以胜不仁，而人遂以为真不能胜，是我之所为，有以深助于不仁者也。

③ 言此人之心，亦且自怠于为仁，终必并与其所为而亡之，○赵氏曰：“言为仁不至，而不反诸己也。”

祸仁义者必子之言”也。焦氏《正义》引《仪礼·士昏礼记》注云：“与，犹兼也。”又引《广雅释诂》云：“兼，同也”“此又与于不仁之甚者也”，即“此又同于不仁之甚者也”。其说亦通。亡，朱如字读，故曰：“终必并其所为而亡之。”赵注云：“亡，无也。终亦必无仁矣。”

十九

孟子曰：“五谷者，种之美者也，苟为不熟，不如荑稗。夫仁，亦在乎熟之而已矣。”①

荑，音蹄。稗，音蒲卖反。荑稗，像五谷的二种野草，其实亦可食。言五谷虽然是美种，然必须成熟，乃有益于人。倘若不成熟，反不如野草之成熟者尚有用处也。所以为仁，必须成熟方好，不可功亏一篑。夫，音扶。

二十

孟子曰：“羿之教人射，必志于彀；学者亦必志于彀。② 大匠诲人，必以规矩；学者亦必以规矩。”③

羿，古时善于射箭的人。彀者，弓开满也。言羿教人射箭，必须专心

① 荑，音蹄。稗，蒲卖反。夫，音扶。○荑稗，草之似谷者，其实亦可食，然不能如五谷之美也。但五谷不熟，则反不如荑稗之熟；犹为仁而不热，则反不如为他道之有成。是以为仁必贵乎熟，而不可徒恃其种之美，又不可以仁之难熟，而甘为他道之有成也。○尹氏曰：“日新而不已，则熟。”

② 彀，古候反。○羿，善射者也。志，犹期也。彀，弓满也，满而后发，射之法也。学，谓学射。

③ 大匠，工师也。规矩，匠之法也。○此章言事必有法，然后可成，师舍是则无以教，弟子舍是则无以学、曲艺且然，况圣人之道乎？

致志，把弓开满了再射；学的人亦然。大匠教人制器，必须要用制圆的规，制方的矩；学的人亦然。此以喻教人及为学。

二十一

任人有问屋庐子曰："礼与食孰重？"曰："礼重。"[①]"色与礼孰重？"[②]曰："礼重。"曰："以礼食，则饥而死；不以礼食，则得食，必以礼乎？亲迎，则不得妻；不亲迎，则得妻，必亲迎乎？"[③]屋庐子不能对，明日之邹，以告孟子。孟子曰："于答是也，何有？[④]不揣其本而齐其末，方寸之木可使高于岑楼。[⑤]金重于羽者，岂谓一钩金与一舆羽之谓哉？[⑥]取食之重者同与礼之轻者而比之，奚翅食重？取色之重者，与礼之轻者而比之，奚翅色重？[⑦]

翅与啻同，式义切。任，国名。任人者，一个任国的人。屋庐子，名连。孟子弟子。屋庐子既以礼重于食于色为答，任人又驳道："假使一个人按礼而吃饭，则必饥饿而死；若不按礼而吃饭，就有饭吃。在这生死关头，难道一定要按礼而食吗？古时娶妻，以新郎须住女家行亲迎之礼。假使一个人想按礼亲迎，就不能得妻；不按礼亲迎，倒可以得妻。难道一定要行新迎的礼吗？"屋庐子不能对答，第二日到邹国，便将这话请教孟子。

---

① 任，平声。○任，国名，屋庐子，名连，孟子弟子也。

② 任人复问也。

③ 迎，去声。

④ 于，如字。○何有，不难也。

⑤ 揣，初委反。○本，谓下。末，谓上。方寸之木，至卑，喻食色。岑楼，楼之高锐似山者，至高，喻礼。若不取其下之平，而升寸木于岑楼之上，则寸木反高，岑楼反卑矣。

⑥ 钩，带钩也。金本重，而带钩小，故轻，喻礼有轻于食色者。羽本轻，而一舆多，故重，喻食色有重于礼者。

⑦ 翅，与啻同，古字通用，施智反。○礼食亲迎，礼之轻者也。饥而死以灭其性，不得妻而废人伦，食色之重者也。奚翅，犹言何但。言其相去悬绝，不但有轻重之差而已。

“于答是也何有”与《论语》“于从政乎何有”为同一句法，言对答这句话，有什么难呢？赵注云：“岑楼，山之锐岭者。”按《尔雅》：“山小而高，岑。”楼同塿。培塿，邱山也。朱注云：“岑楼，楼之高锐似山者。”方寸之木，其高亦仅一寸。如不揣其本使其下相平。而从齐其在上之末则置方寸之木于岑楼之上，亦可使高于岑楼也。钩，带钩。金重于羽，物理之当然。若以一带钩之金与一舆之羽相比，则羽重于金矣。翅、啻，古通。奚翅，犹云何但。不得食则死，是食之重者；男女居室，人之大伦，则娶妻为色之重者。食时之礼与新迎之礼，乃礼之轻者也。二者相比，何但食重色重而已，言其相去悬绝也。

“往应之曰：‘紾兄之臂而夺之食，则得食；不紾，则不得食，则将紾之乎？逾东家墙而搂其处子，则得妻；不搂，则不得妻，则将搂之乎？”①

“往应之曰”以下，是孟子教屋庐子回答任人的说法。紾，音轸，扭转也。言扭转了兄的臂膀，把兄手里的食物，夺了来自己吃，这样，才能得食；否则就不得食。那么就扭转兄的臂膀去夺食吗？逾，越过去也。东家墙，东边人家的墙壁也。搂，强力抱住也。处子，即处女。言跳过东边人家的墙上，用强力去抱牢他家的处女，如此，就可以得妻；不这样，就不能得妻；那么就去强抱她吗？夺食而紾兄臂，逾墙而搂处子，背礼极矣。故以与得食得妻较，礼就重得多了。

二十二

曹交问曰：“人皆可以为尧、舜，有诸？”孟子曰：“然。”② “交闻文

---

① 紾，音轸。搂，音娄。紾，戾也。搂，牵也。处子，处女也。此二者，礼与食色皆其重者，而以之相较，则礼为尤重也。○此章言义理事物，其轻重固有大分，然于其中又各自有轻重之别。圣贤于此，错综斟酌，毫发不差，固不肯枉尺而直寻，亦未尝胶柱而调瑟，所以断之，一视于理之当然而已矣。

② 越氏曰：“曹交，曹君之弟也。”人皆可以为尧、舜，疑古语，或孟子所尝言也。

王十尺，汤九尺，今交九尺四寸以长，食粟而已，如何则可？”[①] 曰：“奚有于是？亦为之而已矣。有人于此，力不能胜一匹雏，则为无力人矣：今曰举百钧，则为有力人矣。然则举乌获之任，是亦为乌获而已矣。夫人岂以不胜为患哉？弗为耳。[②]

曹交，曹国君主之弟。名交。有诸，即有之乎。食粟而已，言只能吃饭，没有别的才德也。奚有于是，即于此何有，言这有什么呢？“亦为之而已矣”者，言要做尧舜那样的人，只要去做就好了！胜，平声。朱注云：“匹字本作鳴，鸭也，省作匹。《礼记》说匹为鹜是也。”按：《礼记》说见《曲礼》注。则“匹”字当音木，匹雏，小鸭也。赵注以“小雏”释“匹雏”。按上《方言》：“尐，小也。”音节。“尐”误作“疋”，又误作“匹”耳。王念孙《广雅疏证》谓“尐”同“尐”。《玉篇》，“尐小鸡也。”“是赵以匹雏为小鸡。一钧，三十斤。百钧，三千斤也。乌获，古之力士，《史记·秦本纪》。举乌获之任，言乌获之力所能任者，亦能举之也。按此章与首篇《齐桓晋文之事章》以“为长者折枝”喻“不为”，以“挟太山超北海”喻“不能”同，盖以“胜一匹雏”喻“不为”，以“举百钧”喻“不能”。“力不能胜一匹雏”者，自谓不能胜，非真不能胜也。“曰举百钧”者，自谓能举百钧，未必果能举也。故必能举乌获之任，始可为乌获；此不可强而致者也。若夫尧舜则人皆可为，而所以为之之道，不外孝弟；如尚自谓不能，则犹自谓“力不能胜一匹雏”，不为耳，非不能也。夫，音扶。

“徐行后长者谓之弟，疾行先长者谓之不弟。夫徐行者。岂人所不能

---

① 曹交问也。食粟而已，言无他材能也。

② 胜，平声。○匹字本作鳴，鸭也，从省作匹。《礼记》说“匹为鹜”是也。乌获，古之有力人也，能举移千钧。

哉？所不为也。尧、舜之道，孝弟而已矣。[1] 子服尧之服，诵尧之言，行尧之行，是尧而已矣。子服桀之服，诵桀之言，行桀之行，是桀而已矣。"[2]

徐，慢也；疾，快也。弟，今作悌。夫，音扶，下同。"之行"之"行"，去声，行为也。此言做人的道理，从孝悌做起。孝悌之事，并没有难处。故为尧为桀，在乎人之自择而已。

曰："交得见于邹君，可以假馆，愿留而受业于门。"[3] 曰："夫道，若大路然，岂难知哉？人病不求耳。子归而求之，有余师。"[4]

曹交听了孟子的说话，大为佩服，因此说，要去见邹国的君主，他若肯借一间馆屋，情愿留在这里做个弟子也。孟子答道："做人的道理，如大路一样。并没有什么难知的。一个人只患不肯自己去探求罢了。你回去求之于事亲敬长之间，则仁义礼智，本为吾心所固有，随处发见，无不可师，不必住在这里也。

二十三

公孙丑问曰："高子曰：'《小弁》，小人之诗也。'"孟子曰："何以言

---

① 后，去声，长，上声。先，去声。夫，音扶。〇陈氏曰："孝弟者，人之良知良能，自然之性也。尧、舜人伦之至，亦率是性而已。岂能加毫末于是哉？"〇杨氏曰："尧、舜之道大矣，而所以为之，乃在夫行止疾徐之间，非有甚高难行之事也。百姓盖日用而不知耳。"

② 之行之行，并去声。〇言为善为恶，皆在我而已。详曹交之问。浅陋粗率，必其进见之时，礼貌衣冠言动之间，多不循理，故孟子告之如此两节云。

③ 见，音现。〇假馆而后受业。又可见其求道之不笃。

④ 夫，音扶。言道不难知。若归而求之事亲敬长之间，则性分之内，万理皆备，随处发见，无不可师，不必留此而受业也。〇曹交事长之礼既不至，求道之心又不笃，故孟子教之以孝弟，而不容其受业。盖孔子余力学文之意，亦不屑之教诲也。

之?”曰：“怨。”[1] 曰：“固哉，高叟之为诗也！有人于此，越人关弓而射之，则己谈笑而道之，无他，疏之也。其兄关弓而射之，则己垂涕泣而道之，无他，戚之也。《小弁》之怨，亲亲也。亲亲，仁也。固矣夫，高叟之为诗也!”[2]

赵朱并云：“高子，齐人。”按高子，亦见前《公孙丑篇》《尹士章》及后《尽心篇》《追蠡章》《尹士章》。赵注以为齐人，孟子弟子。此章孟子以“叟”称之疑非弟子，或各为一人。为诗，治诗也。《小弁》是《诗经·小雅》里的一篇诗名。弁，音盘。《诗》小《序》及《毛传》以为作者是周幽王太子宜臼（即平王）的先生。因为幽王得了褒姒，黜申后废太子宜臼。所以作此诗以叙其哀痛迫切之情。朱注从此说。赵注则以为伯奇之诗。伯奇尹吉甫之子伯奇母死，吉甫娶后妻，生伯邦。信后妻之谗，逐伯奇。伯奇以荷芰为衣，椁花为食，清晨履霜而行，自伤见逐，作《履霜操》。事见《琴操》。按：下云，“《小弁》，亲之过大者”，似以从《毛诗》说为长。固，陋也，固执而不逊也。关，同弯。射，音食亦反。道，说也。戚，亲也。疏之反。夫，音扶。其兄弯弓射人，弟与兄有密切关系，故垂涕泣而道之。这是比喻。幽王宠褒姒，废申后及宜臼，势将然及国家，故《小弁》之诗，陈其哀怨之情。此正是亲亲之仁。这是孟子正意。

曰：“《凯风》何以不怨?”[3] 曰：“《凯风》，亲之过小者也；《小弁》，亲之过大者也。亲之过大而不怨，是愈疏也；亲之过小而怨，是不可矶

---

① 弁，音盘。○高子，齐人也。《小弁》，《小雅》篇名。周幽王娶申后，生太子宜臼。又得褒姒，生伯服，而黜申后、废宜臼。于是宜臼之傅为作此诗，以叙其哀痛迫切之情也。

② 关与弯同。射，食亦反。夫，音扶。○固，谓执滞不通也。为，犹治也。越，蛮夷国名。道，语也。亲亲之心，仁之发也。

③ 《凯风》，《邶风》篇名。卫有七子之母，不能安其室，七子作此以自责也。

也。愈疏，不孝也；不可矶，亦不孝也。[①] 孔子曰：‘舜其至孝矣，五十而慕。’”[②]

《凯风》，《诗经》里《邶风》中的一篇诗名。朱注云：“卫有七子之母，不能安其室，七子作此以自责也。采郑玄笺说。焦氏《正义》据《诗序》言“孝子能尽其孝道以慰其母心而成其志”，孔颖达疏有“母遂不嫁”之说，谓七子之母仅有欲嫁之心，后为七子所感，而不复嫁，故孟子以为过之小者。愈，益也。矶，激也。言亲仅有小过，微激之而遽怒也。末引孔子舜五十而慕之言，明舜犹怨慕，则《小弁》之怨，不为不孝矣。

二十四

宋牼将之楚，孟子遇于石丘。[③] 曰：“先生将何之？”[④] 曰：“吾闻秦、楚构兵，我将见楚王说而罢之。楚王不悦，我将见秦王说而罢之。二王我将有所遇焉。”[⑤]

宋牼，姓宋名牼，即《庄子·天下篇》《荀子·非十二子篇》之宋钘。牼，音铿。之，往也。石丘，地名。构兵，交战也。说，音税，言将先见楚王，说之罢战；如楚王不悦，将再见秦王，说之罢战也。遇，合也。

---

① 矶，音机。○矶，水激石也。不可矶，言微激之而遽怒也。

② 言舜犹怨慕，《小弁》之怨，不为不孝也。○赵氏曰：“生之膝下，一体而分，喘息呼吸，气通于亲。当亲而疏，怨慕号天。是以《小弁》之怨，未足为愆也。”

③ 牼，口茎反。○宋，姓；牼，名。石丘，地名。

④ 赵氏曰：“学士年长者，故谓之先生。”

⑤ 说，音税。○时宋牼方欲见楚王，恐其不悦，则将见秦王也。遇，合也。按《庄子书》：“有宋钘者，禁攻寝兵，救世之战。上说下教，强聒不舍。”《疏》云：“齐宣王时人。”以事考之，疑即此人也。

曰："轲也请无问其详，愿闻其指。说之将何如？"曰："我将言其不利也。"曰："先生之志则大矣，先生之号则不可。[①] 先生以利说秦、楚之王，秦、楚之王悦于利，以罢三军之师，是三军之士乐罢而悦于利也。为人臣者怀利以事其君，为人子者怀利以事其父，为人弟者怀利以事其兄，是君臣、父子、兄弟终去仁义，怀利以相接，然而不亡者，未之有也。[②] 先生以仁义说秦、楚之王，秦、楚之王悦于仁义，而罢三军之师，是三军之士乐罢而悦于仁义也。为人臣者怀仁义以事其君，为人子者怀仁义以事其父，为人弟者怀仁义以事其兄，是君臣、父子，兄弟去利，怀仁义以相接也。然而不王者，未之有也。何必曰利？"[③]

指。大指。问宋轻说秦楚罢兵，大指如何也。号，用以号召之主张名义也。乐，音洛。王，去声。此论说秦楚罢兵，不当以"利"为号，而当以"仁义"为号。以"利"为主，未有不亡；以仁义为主，未有不王。与首篇第一章告梁惠王之旨相同。

二十五

孟子居邹，季任为任处守，以币交，受之而不报。处于平陆，储子为相，以币交，受之而不报。[④] 他日由邹之任，见季子；由平陆之齐，不见储子。屋庐子喜曰："连得间矣。"[⑤] 问曰："夫人之任见季子，之齐不见

---

① 徐氏曰："能于战国扰攘之中，而以罢兵息民为说，其志可谓大矣。然以利为名，则不可也。"

② 乐，音洛，下同。

③ 王，去声。〇此章言休兵息民，为事则一，然其心有义利之殊，而其效有兴亡之异，学者所当深察而明辨之也。

④ 任，平声。相，去声，下同。〇赵氏曰："季任，任君之弟。任君朝会于邻国，季任为之居守其国也。储子，齐相也。不报者，来见则当报之，但以币交，则不必报也。"

⑤ 屋庐子知孟子之处此必有义理，故喜得其间隙而问之。

储子，为其为相与？”[①] 曰：“非也。《书》曰：‘享多仪，仪不及物曰不享，惟不役志于享。’[②] 为其不成享也。”[③] 屋庐子悦。或问之，屋庐子曰：“季子不得之邹，储子得之平陆。”[④]

季任，任君之弟。任，小国，风姓。焦氏《正义》据《春秋》称蔡君之弟为蔡季，纪君之弟为纪季，谓此当作任季，传写误倒。储子，齐相也。处，上声。处守，留守也。孟子住在邹国的时候，任君往邻国朝会，季任为留守，以币帛来交结孟子，孟子受了他的币帛，不去答他。孟子住在平陆的时候。储子时为齐相，也以币帛来交结孟子，孟子也受了不去报他。后来孟子从邹到任，去见季子。又一次，从平陆到齐，却不去见储子，屋庐子见了这情形，喜得乘间去问他一见一不见的道理也。“为其为相与”，上“为”字去声。与，同欤。言因为储子为相的缘故吗？孟子道：“不是的。”“享多仪，仪不及物曰不享，惟不役志于享”，见《书经·洛诰》之篇。享，献也。多，动词，重也。仪，礼也。物，指币帛。役，用也。言献享以礼仪为重；礼薄而币多，便是“仪不及物”，叫做“不享”；以其不用志于享故也。“为其不成享也”，是孟子解释《书经》的话。屋庐子听见了这道理很喜悦。别人却还不懂，因此有人来问屋庐子。屋庐子道：“季子不得之邹，储子得之平陆。”因季子为君居守，不得往他国见孟子，则以币交而礼意已备。储子为齐相，可以至齐之境内，而不来见，则虽以币交，而礼意不及其物也。所以孟子到任去见季子，到齐却不去见储子也。

---

① 为其之为，去声，下同。与，平声。○言储子但为齐相，不若季子摄守君位，故轻之耶？

② 《书·周书·洛诰》之篇。享，奉上也。仪，礼也。物，币也。役，用也。言虽享而礼意不及其币，则是不享矣，以其不用志于享故也。

③ 孟子释《书》意如此。

④ 徐氏曰：“季子为君居守，不得往他国以见孟子，则以币交而礼意已备。储子为齐相，可以至齐之境内而不来见，则虽以币交，而礼意不及其物也。”

二十六

淳于髡曰："先名实者，为人也；后名实者，自为也。夫子在三卿之中，名实未加于上下而去之，仁者固如此乎？"① 孟子曰："居下位，不以贤事不肖者，伯夷也；五就汤，五就桀者，伊尹也；不恶污君，不辞小官者，柳下惠也。三子者不同道，其趋一也。一者何也？曰：仁也。君子亦仁而已矣，何必同？"②

名，指道德之令名。实，指治国惠民之事功。言以令名事功为先者，志在兼善，故曰"为人"，以令名事功为后者，志在独善，故曰"为己"。为，去声。夫子，称孟子。在三卿之中，言为卿于齐也。名实未加于上下者，言未能上匡其君，下泽其民也。仁者志在救人，故以为不当如此，言未可遽去也。伯夷，伊尹，柳下惠，已见前。伊尹五就汤，五就桀，亦见《鬼谷子·忤合篇》。伊尹之五就桀，盖汤进之，欲桀用之。五就而不见用，乃佐汤以伐桀也。恶，去声。趋，去声。言其旨趣则一，仁而已矣。

曰："鲁缪公之时，公仪子为政，子柳、子思为臣，鲁之削也滋甚。若是乎贤者之无益于国也！"③ 曰："虞不用百里奚而亡，秦穆公用之而霸。不用贤则亡，削何可得与？"④

---

① 先、后、为，皆去声。○名，声誉也。实，事功也。言以名实为先而为之者，是有志于救民也；以名实为后而不为者，是欲独善其身者也。名实未加于上下，言上未能正其君，下未能济其民也。

② 恶、趋，并去声。○仁者，无私心而合天理之谓。○杨氏曰："伊尹之就汤，以三聘之勤也。其就桀也，汤进之也。汤岂有伐桀之意哉？其进伊尹以事之也，欲其悔过迁善而已。伊尹既就汤，则以汤之心为心矣。及其终也，人归之，天命之，不得已而伐之耳。若汤初求伊尹，即有伐桀之心，而伊尹遂相之以伐桀，是以取天下为心也。以取天下为心，岂圣人之心哉？"

③ 公仪子，名休，为鲁相。子柳，泄柳也。削，地见侵夺也。髡讥孟子虽不去，亦未必能有为也。

④ 与，平声。○百里奚，事见前篇。

公仪子名休，鲁缪公之相。子柳就是泄柳，削，国境被侵夺也。髡此问，意在讥孟子。故孟子引虞国因不用百里奚而亡，秦穆公用了他而霸，不用贤人，就要亡国，并削亦不可得以答之。

曰："昔者王豹处于淇，而河西善讴。绵驹处于高唐，而齐右善歌。华周、杞梁之妻善哭其夫，而变国俗。有诸内，必形诸外。为其事而无其功者，髡未尝睹之也。是故无贤者也，有则髡必识之。"① 曰："孔子为鲁司寇，不用，从而祭，燔肉不至，不税冕而行。不知者以为为肉也，其知者以为为无礼也。乃孔子则欲以微罪行，不欲为苟去。君子之所为，众人固不识也。"②

王豹，卫国人。淇，水名。讴，歌唱也。河西，指卫。绵驹，齐国人。高唐，地名，在今山东禹城县西南。齐右，齐国西边的地方。华周名还，杞梁名殖，皆齐国的大夫，庄公伐莒时，二人同时战死。事见《左传》襄公二十三年及《列女传》。髡举此三事以明苟有所长，必能移风易俗，所谓"有诸内必形诸外"也。此直讥孟子仕齐无功，不足称贤者矣。孟子又引孔子去鲁事以答之。燔，炙也。燔肉，谓胙肉。据《史记》，鲁君受齐女乐，三日不朝。及郊，又不以胙肉分给大夫，孔子乃去。税，同脱。冕，与祭时所戴礼冠。"不脱冕而行"，极言其去之速，非真戴冕而去

① 华，去声。○王豹，卫人，善讴。淇，水名。绵驹，齐人，善歌。高唐，齐西邑。华周、杞梁，二人皆齐臣，战死于莒。其妻哭之哀，国俗化之，皆善哭。髡以此讥孟子仕齐无功，未足为贤也。

② 税，音脱。为肉、为无之为，并去声。○按《史记》："孔子为鲁司寇，摄行相事。齐人闻而惧，于是以女乐遗鲁君。季桓子与鲁君往观之，怠于政事。子路曰：'夫子可以行矣。'孔子曰：'鲁今且郊，如致膰于大夫，则吾犹可以止。'桓子卒受齐女乐，郊又不致膰俎于大夫，孔子遂行。"孟子言以为为肉者，固不足道；以为为无礼，则亦未为深知孔子者。盖圣人于父母之国，不欲显其君相之失，又不欲为无故而苟去，故不以女乐去，而以膰肉行。其见几明决，而用意忠厚，固非众人所能识也。然则孟子之所为，岂髡之所能识哉？○尹氏曰："淳于髡未尝知仁，亦未尝识贤也，宜乎其言若是。"

也。“为肉”，“为无礼”，二“为”字皆去声。言在不知孔子者。以为孔子为不得肉而去；即在知孔子者，亦以孔子为无礼而去；不知孔子的真意，不欲彰鲁君之过，又不欲无故而苟去，故借此微罪而行。则君子之所为，庸众人固不识之此句针对淳于髡“髡必识之”语而发。

二十七

孟子曰：“五霸者，三王之罪人也；今之诸侯，五霸之罪人也；今之大夫，今之诸侯之罪人也。[①] 天子适诸侯曰巡狩，诸侯朝于天子曰述职。春省耕而补不足，秋省敛而助不给。入其疆，土地辟，田野治，养老尊贤，俊杰在位，则有庆，庆以地。入其疆，土地荒芜，遗老失贤，掊克在位，则有让。一不朝，则贬其爵；再不朝，则削其地；三不朝，则六师移之。是故天子讨而不伐，诸侯伐而不讨。五霸者，搂诸侯以伐诸侯者也，故曰：五霸者，三王之罪人也。[②]

五霸，春秋时的五个霸主；齐桓公，晋文公，秦穆公，宋襄公，楚庄王也。三王，三代之王者，夏禹，商汤，周文武也。此章先下断定，然后逐句说明。“天子适诸侯”者，言天子每过十二年到诸侯的国里去考察一次，叫做“巡狩”。诸侯照礼，每过五年去朝一次天子，称述自己的职务，叫做“述职”。治国的要务，全在教养人民，故春则省察百姓的耕种而补充他们的不足。秋则去省察百姓的收成而资助他们的不足。所以天子巡狩

---

① 赵氏曰：“五霸：齐桓、晋文、秦穆、宋襄、楚庄也，三王，夏禹、商汤、周文武也。”丁氏曰：“夏昆吾，商大彭、豕韦，周齐桓、晋文，谓之五霸。”

② 朝，音潮。辟与闢同。治，去声。〇庆，赏也，益其地以赏之也。掊克，聚敛也。让，责也。移之者，诛其人而变置之也。讨者，出命以讨其罪，而使方伯连帅帅诸侯以伐之也。伐者，奉天子之命，声其罪而伐之也。搂，牵也。五霸牵诸侯以伐诸侯，不用天子之命也。自入其疆至则有让，言巡狩之事；自一不朝至六师移之，言述职之事。

入诸侯之国境，见他土地开辟，田野整理得很好，能够养老尊贤，有才能的俊杰在位做官，就与以奖赏庆贺，加封土地。如果天子入了诸侯的国境，见土地荒芜不治，把老人遗弃不养，贤人失掉不用，只有掊克聚敛的人在位做官，就要加以责罚。让，责也。诸侯一次不入朝，把他的官爵贬一级；再不入朝，则削他所封的土地；三次不朝，则起了天子的六军去征讨他，而另立别人。移者，易置一诸侯也。所以天子只是讨有罪而不是伐人国；诸侯对诸侯的争战，是不应该的，所以只是伐而不是讨。像五霸诸人，他是牵率了各国诸侯，去伐别个诸侯的，所以说他们是三王的罪人。搂，牵也。

“五霸，桓公为盛。葵丘之会诸侯，束牲载书而不歃血。初命曰：‘诛不孝，无易树子，无以妾为妻。’再命曰：‘尊贤育才，以彰有德。’三命曰：‘敬老慈幼，无忘宾旅。’四命曰：‘士无世官，官事无摄，取士必得，无专杀大夫。’五命曰：‘无曲防，无遏籴，无有封而不告。’曰：‘凡我同盟之人，既盟之后。言归于好。’今之诸侯，皆犯此五禁，故曰：今之诸侯，五霸之罪人也。①

歃，音杀。籴，音狄。葵丘，春秋时宋国的地名，在现在河南省考城县。孟子说春秋时的五霸，以齐桓公为最盛。他在葵丘地方，会合诸侯，只把牲畜束缚，上载盟书并不杀那牲畜来歃血。一云“载书”即盟书。歃血，盟时杀牲而同饮其血也。那盟书的第一条是说：“诛不孝，无易树子，无以妾为妻。”树，立也。树子，已立之太子。第二条说：“尊贤育才，以

① 歃，所洽反。籴，音狄。好，去声。○按《春秋传》：“僖公九年，葵丘之会，陈牲而不杀，读书加于牲上，壹明天子之禁。”树，立也。已立世子，不得擅易。初命三事，所以修身正家之要也。宾，宾客也。旅，行旅也。皆当有以待之，不可忽忘也。士世禄而不世官，恐其未必贤也。官事无摄，当广求贤才以充之，不可以阙人废事也。取士必得，必得其人也。无专杀大夫，有罪则请命于天子而后杀之也。无曲防，不得曲为堤防，壅泉激水，以专小利，病邻国也。无遏籴，邻国凶荒，不得闭籴也。无有封而不告者，不得专封国邑而不告天子也。

彰有德。”彰者，显扬之也。第三条说：“敬老慈幼，无忘宾旅。”宾旅，他国人之在境内者，不要忘记他使他流落也。第四条说：“士无世官，官事无摄。取士必得，无专杀大夫。”摄，兼治也。言一官专治一事，不得兼职；取士必得其人；大夫有罪，诸侯不得擅杀，当请命于天子也。第五条说：“无曲防，无遏籴，无有封而不告。”曲防者，曲为提防，或壅之使不流入邻国，或决之以邻国为壑也。遏籴者，邻国凶歉，禁其来籴米谷也。封而不告者，诸侯私封大夫以食邑而不告诸天子也。以上五条，是齐桓公会诸侯的盟约。“凡我同盟之人，既盟之后，言归于好。”是盟后相约之辞。按葵丘之会，见《左传》僖公九年。孟子述了这事之后，又道：“现在的诸侯都犯这五条禁令，所以说，现在的诸侯。是五霸的罪人。”

“长君之恶其罪小，逢君之恶其罪大。今之大夫皆逢君之恶，故曰：今之大夫，今之诸侯之罪人也。”①

君有过，臣不能谏止，随他滋长，叫做“长君之恶”。长，上声。君的过处，还没有发现，为臣的先把这种坏事去引诱他，叫做“逢君之恶”。“长君之恶”，其罪还小；“逢君之恶”，其罪更大。现在的大夫，都是逢君之恶的，所以说如今的大夫，都是如今的诸侯的罪人。

二十八

鲁欲使慎子为将军。② 孟子曰：“不教民而用之，谓之殃民。殃民者，

---

① 长，上声。〇君有过不能谏，又顺之者，长君之恶也。君之过未萌，而先意导之者，逢君之恶也。〇林氏曰：“邵子有言：‘治《春秋》者，不先治五霸之功罪，则事无统理，而不得圣人之心。春秋之间，有功者未有大于五霸，有过者亦未有大于五霸。故五霸者，功之首、罪之魁也。’孟子此章之义，其若此也与？然五霸得罪于三王，今之诸侯得罪于五霸，皆出于异世，故得以逃其罪。至于今之大夫，宜得罪于今之诸侯，则同时矣。而诸侯非惟莫之罪也，乃反以为良臣而厚礼之。不以为罪，而反以为功，何其谬哉！”

② 慎子，鲁臣。

不容于尧、舜之世。[①] 一战胜齐，遂有南阳，然且不可？”[②] 慎子勃然不悦，曰：“此则滑釐所不识也。”[③]

滑，音骨。釐，音离。慎子，名滑釐。南阳，齐国地名。就是现在山东的邹县。这时鲁国想夺齐国的南阳地方，所以使慎子为将军。殃，害也。《论语》言：“以不教民战，是为弃之。”故孟子以为殃民。殃民之人，非尧舜之世所能容；就使打了一仗，就胜齐国，遂取得了南阳，还是不可也。慎子听了这话，突然变色说道：“你这种话，真是我慎滑釐所不懂的了。”

曰：“吾明告子：天子之地方千里，不千里，不足以待诸侯。诸侯之地方百里，不百里，不足以守宗庙之典籍。[④] 周公之封于鲁，为方百里也：地非不足，而俭于百里。太公之封于齐也，亦为方百里也；地非不足也，而俭于百里。[⑤] 今鲁方百里者五，子以为有王者作，则鲁在所损乎？在所益乎？[⑥] 徒取诸彼以与此，然且仁者不为，况于杀人以求之乎？[⑦] 君子之事君也，务引其君以当道，志于仁而已。”[⑧]

子，指慎子，周初定制，天子畿内之地，是一千方里；诸侯的地方是一百方里。周公之封于鲁。太公之封于齐也只各得一百方里；不是土地不足而只给他百里，实在为了定制的关系。现在鲁国的地方，已经有一百方里的五倍，是已背周之定制了。徒，空也；言不必战争杀人，把那南阳地

① 教民者，教之礼义，使知入事父兄、出事长上也。用之，使之战也。
② 是时鲁盖欲使慎子伐齐，取南阳也。故孟子言就使慎子善战有功如此，且犹不可。
③ 滑，音骨。○滑厘，慎子名。
④ 待诸侯，谓待其朝觐聘问之礼。宗庙典籍，祭祀会同之常制也。
⑤ 二公有大勋劳于天下，而其封国不过百里。俭，止而不过之意也。
⑥ 鲁地之大，皆并吞小国而得之。有王者作，则必在所损矣。
⑦ 徒，空也。言不杀人而取之也。
⑧ 当道，谓事合于理，志仁，谓心在于仁。

方，取来给与鲁国，有仁心的人尚且不肯为，何况还要杀了人去求这地方呢？君子的事他的君上，务须引导他的君上做合理的事，一心在于施行仁政而已。盖是时鲁弱齐强，今使慎子为将，欲攻取南阳，挑衅强邻，胜负不可知；即幸而取得南阳，兵连祸结，亦非鲁国之福，故孟子非之也。

二十九

孟子曰："今之事君者曰：'我能为君辟土地，充府库。'今之所谓良臣，古之所谓民贼也。君不乡道，不志于仁，而求富之，是富桀也。[①]'我能为君约与国，战必克。'今之所谓良臣，古之所谓民贼也。君不乡道，不志于仁，而求为之强战，是辅桀也。[②]由今之道，无变今之俗，虽与之天下，不能一朝居也。"[③]

辟土地，谓辟草莱，尽地力也。良臣，能干的臣子。民贼，残害百姓的盗贼。约与国者，连合和好相与的国家。乡，今作向。不向道不志仁之君，是暴君也，故以桀拟之。"由今之道"云云者，言照着现今所行之道做去，不改变现今这种人心风俗，虽然把天下给与了他，也是不能够一日住得稳的。

三十

白圭曰："吾欲二十而取一，何如？"[④]孟子曰："子之道，貉道也。[⑤]

---

① 为，去声。辟与闢同。乡与向同，下皆同。○辟，开垦也。

② 约，要结也。与国，和好相与之国也。

③ 言必争夺而至于危亡也。

④ 白圭，名丹，周人也。欲更税法，二十分而取其一分。○林氏曰："按《史记》：白圭能薄饮食，忍嗜欲，与童仆同苦乐。乐观时变，人弃我取，人取我与，以此居积致富，其为此论，盖欲以其术施之国家也。"

⑤ 貉，音陌。○貉，北方夷狄之国名也。

万室之国，一人陶，则可乎？”曰：“不可。器不足用也。”[①] 曰：“夫貉，五谷不生，惟黍生之。无城郭、宫室、宗庙、祭祀之礼，无诸侯币帛饔飧，无百官有司，故二十取一而足也。[②] 今居中国，去人伦，无君子，如之何其可也？[③] 陶以寡，且不可以为国，况无君子乎？[④] 欲轻之于尧、舜之道者，大貉、小貉也；欲重之于尧、舜之道者，大桀、小桀也。”[⑤]

白圭，名丹，周人。貉，音陌。是北方的一种夷狄。陶是烧窑。“万室之邑，一人陶”，是孟子的譬喻。貉人所居的地方，不生五谷，只生高粱。他们是未开化的游牧民族，所以没有城郭宫室宗庙，以及祭祀之礼，没有诸侯来往，要用币帛送礼，饔飧请客，也没有百官吏胥，一切用途都很省，所以二十分取一分，就够用也。现今居在中国，废去人伦，没有君子做官，怎样可以呢？以，同已，太也。烧窑的人太少了，尚且不可以成国家，何况没有主持政事的君子呢？要想轻于尧舜十分取一的制度的，是大小貉种那样的夷狄。要想重于尧舜十分取一的制度的，是大小桀王那样的暴君。

三十一

白圭曰：“丹之治水也，愈于禹。”[⑥] 孟子曰：“子过矣。禹之治水，水之道也。[⑦] 是故禹以四海为壑。今吾子以邻国为壑。[⑧] 水逆行，谓之洚

① 孟子设喻以诘圭，而圭亦知其不可也。
② 夫，音扶。○北方地寒，不生五谷，黍早熟，故生之。饔飧，以饮食馈客之礼也。
③ 无君臣、祭祀、交际之礼、是去人伦；无百官有司，是无君子。
④ 因其辞以折之。
⑤ 什一而税，尧、舜之道也。多则桀，寡则貉。今欲轻重之，则是小貉、小桀而已。
⑥ 越氏曰：“当时诸侯有小水，白圭为之筑堤，壅而注之他国。”
⑦ 顺水之性也。
⑧ 壑，受水处也。

水。洚水者，洪水也，仁人之所恶也。吾子过矣。”[①]

白圭自以为治水的才能胜过大禹。故孟子驳之。水之道，犹云水之路。言大禹之治水，是顺着水之故道而导之入海。白圭则把水挤到邻国去，以邻国为贮水的地方。水逆行，谓不顺其故道而泛滥于陆上也。恶，去声。洪水为仁人之所恶，而白圭把水挤到邻国，叫邻国的人去受祸害，故孟子斥之。

三十二

孟子曰：“君子不亮，恶乎执？”[②]

朱注云：“恶，平声。亮，信也，与谅同。恶乎执，言凡事苟且，无所执持也。”赵注同。何异孙《十三经问对》谓，恶，读去声。“君子不亮”，即《论语》“君子贞而不谅”之意。谅者，信而不通之谓。言君子所以不谅者，非恶乎信，恶乎执也。故孟子又曰：“所恶执一者，为其贼道也。”似较赵、朱为长。

三十三

鲁欲使乐正子为政。孟子曰：“吾闻之，喜而不寐。”[③] 公孙丑曰：“乐正子强乎？”曰：“否。”“有知虑乎？”曰：“否。”“多闻识乎？”曰：

---

① 恶，去声。〇水逆行者，下流壅塞，故水逆流。今乃壅水以害人，则与洪水之灾无异矣。

② 恶，平声。〇亮，信也，与谅同。恶乎执，言凡事苟旦，无所执持也。

③ 喜其道之得行。

“否。”[①]“然则奚为喜而不寐？”[②]“其为人也好善。”[③]“好善足乎？”[④]曰：“好善优于天下，而况鲁国乎？[⑤]夫苟好善，则四海之内，皆将轻千里而来告之以善。[⑥]夫苟不好善，则人将曰：‘訑訑，予既已知之矣。’訑訑之声音颜色，距人于千里之外。士止于千里之外，则谗谄面谀之人至矣。与谗谄面谀之人居，国欲治，可得乎？”[⑦]

孔子尝云，“由也果，赐也达，求也艺”，可以从政。（见《论语》）强，即果也；有知虑，即达也；多闻识，即艺也。知，同智。识，同志。好善之好，去声。优者，绰有余裕之谓。夫，音扶。轻，易也。“轻千里而来”，犹云“不远千里而来”。訑，音怡。訑訑，自足其智，不喜善言之貌。“人将曰訑訑”者，言人将说他訑訑也。“予既已知之矣”，述不好善者之言；自以为智，故人以“訑訑”目之也。此种訑訑之声音颜色，直可以拒人于千里之外。正士既远，则谗谄面谀之人至矣，此国之所以不得而治也。乐正子虽非强果达艺之才，而能好善，故孟子闻其将为政，喜而不寐也。

三十四

陈子曰：“古之君子何如则仕？”孟子曰：“所就三，所去三。[⑧]迎之

---

① 知，去声。○此三者，皆当世之所尚，而乐正子之所短，故丑疑而历问之。
② 丑问也。
③ 好，去声，下同。
④ 丑问也。
⑤ 优，有余裕也。言虽治天下，尚有余力也。
⑥ 夫，音扶，下同。○轻，易也，言不以千里为难也。
⑦ 訑，音移。治，去声。○訑訑，自足其智，不嗜善言之貌。君子小人，迭为消长。直谅多闻之士远，则谗谄面谀之人至，理势然也。○此章言为政，不在于用一己之长，而贵于有以来天下之善。
⑧ 其目在下。

致敬以有礼，言将行其言也，则就之；礼貌未衰，言弗行也，则去之。[①] 其次，虽未行其言也，迎之致敬以有礼，则就之；礼貌衰，则去之。[②] 其下，朝不食，夕不食，饥饿不能出门户，君闻之，曰：‘吾大者不能行其道，又不能从其言也，使饥饿于我土地，吾耻之。’周之，亦可受也，免死而已矣。”[③]

陈子，即陈臻。此章孟子言君子去就之道。致，尽也。言人君来迎接他，能尽恭敬之心，而有礼貌，又说将行他的言语，则可以就职做官。人君对他的礼貌，虽然还是如前，未尝衰薄，但他的言语，不肯照行，就可以去了。其次的，虽然未能照行他的言语，但来接他，能尽恭敬之心而有礼貌，则可以就职做官。礼貌衰薄了，就可去了。下等的，朝晚没有饭吃，饥饿得不能出门户，人君听得他这个情形，说道：“我，大之不能够行他之道，又不能从他的言语，使他饥饿在我的国境里面，我也觉得惭愧的。”因此，把俸禄周济他，这样，也还可以收受的；这不过是免死罢了。按：朱子于三就，言第一等为“见行可之仕”，第二等为“际可之仕”，第三等为“公养之仕”。

三十五

孟子曰：“舜发于畎亩之中，傅说举于版筑之间，胶鬲举于鱼盐之中，管夷吾举于士，孙叔敖举于海，百里奚举于市。[④] 故天将降大任于是人也，

---

① 所谓见行可之仕，若孔子于季桓子是也。受女乐而不朝，则去之矣。

② 所谓际可之仕，若孔子于卫灵公是也。故与公游于囿，公仰视蜚雁，而后去之。

③ 所谓公养之仕也。君之于民，固有周之之义，况此又有悔过之言，所以可受。然未至于饥饿不能出门户，则犹不受也。其曰免死而已，则其所受亦有节矣。

④ 说，音悦。○舜耕历山，三十登庸。说筑傅岩，武丁举之。胶鬲遭乱，鬻贩鱼盐，文王举之。管仲囚于士官，威公举以相国。孙叔敖隐处海滨，楚庄王举之为令尹。百里奚事见前篇。

必先苦其心志，劳其筋骨，饿其体肤，空乏其身，行拂乱其所为，所以动心忍性，曾益其所不能。① 人恒过，然后能改；困于心，衡于虑，而后作；征于色，发于声，而后喻。② 入则无法家拂士，出则无敌国外患者，国恒亡。③ 然后知生于忧患而死于安乐也。”④

按《尚书·尧典》《史记·五帝本纪》，舜尝耕于历山，是由畎亩之间起而为天子也。版筑，以版夹起，实土其中，舂之以筑墙也。傅说在傅岩做版筑的事，武丁举之以为相。见《尚书序》及《史记·殷本纪》。说，音悦。胶鬲，殷米贤人，亦见《公孙丑篇》，以为辅纣之人；但纣非能举贤人者，当是文王举而进之于纣，如汤聘伊尹，使之就桀耳。鱼盐，贩鱼盐为生也。管夷吾，即管仲，助公子纠，与齐桓公争国。子纠死，鲁囚管仲致之齐，桓公以鲍叔牙之荐举以为相。士，士师，狱官。事见《左传》及《史记·齐世家·管晏列传》。孙叔敖，楚蒍敖，字孙叔。（孙星衍有《孙叔敖名字考》）其父蒍贾被杀，乃窜处淮海之滨，而庄王举以为相也。（从毛奇龄说）百里奚见前篇。市，买卖也。奚尝为人养牲；养牲贩卖，故曰“市”。大任，重大的责任。饿则体羸肤瘠，故曰“饿其体肤”。空，即乏也，空乏谓匮乏。拂，逆也，戾也。动心，使其心竦动；忍性，使其性坚忍也。曾，同增。衡，同横，不顺也。作，奋发也。征，验也。喻，晓也。言常人不能独于几微未发之先，必事已暴著，验于人之颜色，发于人之声音言语，然后能警悟而通晓也。此皆中人之常，故曰“人恒……”

---

① 曾与增同。○降大任，使之任大事也，若舜以下是也。空，穷也。乏，绝也。拂，戾也，言使之所为不遂，多背戾也。动心忍性，谓竦动其心，坚忍其性也。然所谓性，亦指气禀食色而言耳。○程子曰：“若要熟，也须从这里过。”

② 衡与横同。○恒，常也。犹言大率也。横，不顺也。作，奋起也。征，验也。喻，晓也。此又言中人之性，常必有过，然后能改。盖不能谨于平日，故必事势穷蹙，以至困于心，横于虑，然后能奋发而兴起；不能烛于几微，故必事理暴著，以至验于人之色，发于人之声，然后能警悟而通晓也。

③ 拂与弼同。○此言国亦然也。法家，法度之世臣也。拂士，辅弼之贤士也。

④ 乐，音洛。○以上文观之，则知人之生全，出于忧患，而死亡由于安乐矣。○尹氏曰：“言困穷拂郁，能坚人之志，而熟人之仁，以安乐失之者多矣。”

云云。拂，同弼。入，谓国内，法家，有法度之世家；拂士，能辅弼之正士。出，指国外。乐，音洛。言由此可知人之生全，往往在忧患之中，而安乐反而可以致人于死亡也。此章最足激发青年人志气。稍遭挫折，即志气沮丧者中，读之尤当猛省。

三十六

孟子曰："教亦多术矣。予不屑之教诲也者，是亦教诲之而已矣。"①

术，方法也。"予不屑之教诲"，即"予不得教诲之"也。孟子言教人方法很多。有时我不教诲他，恰是一种教诲方法。按《论语》孔子托疾不见孺悲，取瑟而歌，使之闻之，就是"不屑教诲"的教诲。

［问题］

（一）告子论性，有杞柳之喻，有湍水之喻。有"生之谓性"之说，有"仁内义外"之论，何以主张屡变？孟子如何驳他？

（二）公都子论性，所举三说如何？孟子如何答他？

（三）孟子何以知理义为心之同然？

（四）何谓"夜气"、"平旦之气"？何以不能余存夜气？

（五）何谓"一暴十寒"？何谓"一心以为有鸿鹄将至"？

（六）何谓"舍生取义"？何谓"失其本心"？

（七）何谓"求放心"？

（八）何谓"先立乎其大者"？

---

① 多术，言非一端。屑，洁也。不以其人为洁而拒绝之，所谓不屑之教诲也。○其人若能感此，退自修省，则是亦我教诲之也。○尹氏曰："言或抑或扬，或与或不与，各因其材而笃之，无非教也。"

（九）何谓“天爵”，“人爵”？

（十）何谓“杯水车薪”？

（十一）孟子答曹交之言，与《梁惠王》篇何节相类？

（十二）孟子告宋牼之言，与《梁惠王》篇何章同旨？

（十三）孟子同受季任储子之币。何以见季任而不见储子。

（十四）孔子去鲁时。燔肉不至，即刻动身。其意安在？

（十五）何谓“长恶”，“逢恶”？

（十六）何谓“大貉小貉”，“大桀小桀”？

（十七）孟子论去就之道如何？

（十八）何谓“生于忧患。死于安乐”？

尽心篇第七

一

孟子曰："尽其心者，知其性也。知其性，则知天矣。[①] 存其心，养其性，所以事天也。[②] 夭寿不贰，修身以俟之，所以立命也。"[③]

心者，思虑之官。吾人所以能悟众理，应万事者，完全是心的作用。性者天之所命，心之所具，有仁义礼知四端者也。上篇云："心之官则思，思则得之，不思则不得也。"不能尽其心以思虑，则无以自知其本善之性，有是四端而自谓不具矣。惟能尽其心，则可以致知而知至，必能自知其心之本善矣。故曰："尽其心者，知其性也。"《中庸》云："天命之谓性。"

---

① 心者，人之神明，所以具众理而应万事者也。性则心之所具之理，而天又理之所从以出者也。人有是心，莫非全体，然不穷理，则有所蔽而无以尽乎此心之量。故能极其心之全体而无不尽者，必其能穷夫理而无不知者也。既知其理，则其所从出，亦不外是矣。以《大学》之序言之，知性则物格之谓，尽心则知至之谓也。

② 存，谓操而不舍。养，谓顺而不害。事，则奉承而不违也。

③ 夭寿，命之短长也。贰，疑也。不贰者，知天之至，修身以俟死，则事天以终身也。立命，谓全其天之所付，不以人为害之。〇程子曰："心也，性也，天也，一理也。自理而言谓之天，自禀受而言谓之性，自存诸人而言谓之心"张子曰："由太虚，有天之名；由气化，有道之名；合虚与气，有性之名；合性与知觉，有心之名。"愚谓尽心知性而知天，所以造其理也；存心养性以事天，所以履其事也。不知其理，固不能履其事，然徒造其理而不履其事，则亦无以有诸己矣。知天而不以夭寿贰其心，智之尽也；事天而能修身以俟死，仁之至也。智有不尽，固不知所以为仁，然智而不仁，则亦将流荡不法，而不足以为智矣。

既能知其性，则可以知天道与人道，天地之德与人性之德，理无二致。故曰："知其性，则知天矣。"存者，操而不舍之谓；养者，顺而不害之谓。存心即所以养性，养性亦即所以存心。性既为天之所赋，则存心养性即所以事天。事者，奉承而不遗之谓。父母生我之身，不敢毁伤己之身体，即所以事父母；天赋我以本善之性，则存心养性，以扩充我固有之四端，亦即所以事天。尽心知性似偏于"知"的方面，存心养性似偏于"行"的方面；然存养亦须求其"尽"，《大学》所谓"无所不用其极也；而所以尽其心者，亦不外乎存养，《大学》所谓慎独方能诚意也。此亦即知即行之义。夭，谓短命；寿，谓长寿。贰，疑也。命有夭寿。君子惟修身以俟之而已，此即《中庸》所谓"居易以俟命"也。存心养性，即修身之道。不贰，即《论语》所谓"不惑"，谓不以夭寿婴其心，而有所疑贰，致存养之功，有所怠忽也。盖能"知命"，故不惑；此即君子所以立命之道。此章言心性命，实开宋儒理学之端；理极微妙，学者当细心读之。

二

孟子曰："莫非命也，顺受其正。[①] 是故知命者，不立乎岩墙之下。[②] 尽其道而死者，正命也。桎梏死者，非正命也。"[③]

岩墙者，如山岩向外面倾斜的墙壁，易倒塌者。桎梏，是拘罪人的镣铐。此章承上章而言。"莫非命也，顺受其正"者，言人之夭寿，莫非命

① 人物之生，吉凶祸福，皆天所命。然惟莫之致而至者，乃为正命，故君子修身以俟之，所以顺受乎此也。

② 命，谓正，命。岩墙，墙之将覆者。知正命，则不处危地以取覆压之祸。尽其道，则所值之吉凶，皆莫之致而至者矣。

③ 桎梏，所以拘罪人者。言犯罪而死，与立岩墙之下者同，皆人所取，非天所为也。○此章与上章盖一时之言，所以发其末句未尽之意。

也，但当顺受其正命耳。能顺受正命，则夭寿不贰矣。立乎岩墙之下而压死，陷罪被刑，至桎梏而死，皆非正命。尽其道，谓能尽修身之道，尽存养之道。如此而死，无论或夭或寿，皆是顺受其正，故曰“正命”。就本章所言观之，则所谓“俟命”者，非如一般颓废的定命论者之委心任运；所谓“立命”者，亦非如一般反定命论者之行险侥幸；惟努力于己之存养工夫，以修其身，以尽其在我；至于或夭或寿，则命定自天，但顺受其正而已，此所谓“居易以俟命”也。若正命所遭非杀身无以成仁，非舍生无以取义，则患亦所不苟避也。难亦所不苟免也。盖虽杀身，亦是正命顺受之而已。此义亦不可不知。

三

孟子曰：“求则得之，舍则失之，是求有益于得也，求在我者也。[①] 求之有道，得之有命，是求无益于得也，求在外者也。”[②]

舍，上声。“在我”者，指吾心固有之仁义，所谓天爵是也。“在外”者，指富贵利达，所谓人爵也。天爵在我，求可必得，故“求”有益于“得”也。人爵在外，虽求之亦有其道，而得与不得则有命存焉，非可以人力强也，故“求”有益于“得”。“求之有道”者，赵云：“谓贤者修其天爵而人爵从之。”朱云：“有道，言不可妄求。”按如赵氏所云，则贤者之修天爵，志在求人爵矣；朱子虽曰“不妄求”，终有求之之心，似非孟子本旨。道，即方法也。孟子盖谓世之求富贵利达者，虽亦有其求之之道；但果能得富贵与否，终有命在，不能必也。圣贤惟知修其天爵而已；

---

① 舍，上声。〇在我者，谓仁义礼智，凡性之所有者。

② 有道，言不可妄求。有命，则不可必得。在外者，谓富贵利达，凡外物皆是。〇赵氏曰：“言为仁由己，富贵在天，如不可求，从吾所好。”

所以修其天爵，非欲以此为要求人爵之地也；所以不求人爵，亦非因其不可必得也。此章之旨，在醒世人之弃天爵而求人爵者。与《论语》孔子所云，“富而可求也，虽执鞭之士，吾亦为之；如不可求，从吾所好”同一用意。学者不可误会。

四

孟子曰：“万物皆备于我矣。[①] 反身而诚，乐莫大焉。[②] 强恕而行，求仁莫近焉。”[③]

乐，音洛。强，上声，即勉强之强。万物，指一切关于为人的事物。就是人伦物理。这本来是人人所有的，都备具在我的性分之中，故曰“万物皆备于我”也。诚者，真实无妄之谓。《大学》谓诚意在无自欺。不自欺，即反身而诚也。其实，反身而诚，即是“恕”。“有诸己而后求诸人，无诸己而后非诸人”，恕也，即反身而诚也。“所恶于上，无以使下，所恶于下，无以事上，……”即“施诸己而不愿，亦勿施于人”也，恕也，亦即反身而诚也。“所求乎子以事父，所求乎臣以事君，……”即以己所欲施之于人也，亦恕也。亦即反身而诚也。能反身而诚，则己立立人，己达达人，可以成己，可以成物，可以尽其性以尽物之性，可以参天地之化育矣，此所谓“仁”也，故曰：“乐莫大焉。”其未能至此者，则当强行恕道以求“仁”。反身而诚者，安而行之者也；强恕而行者，勉强而行之者也；

① 此言理之本然也。大则君臣父子，小则事物细微，其当然之理，无一不具于性分之内也。

② 乐，音洛。〇诚，实也。言反诸身，而所备之理，皆如恶恶臭、好好色之实然，则其行之不待勉强而无不利矣。其为乐孰大于是？

③ 强，上声。〇强，勉强也。恕，推己以及人也。反身而诚则仁矣，其有未诚，则是犹有私意之隔，而理未纯也。故当凡事勉强，推己及人，庶几心公理得而仁不远也。〇此章言万物之理具于吾身，体之而实，则道在我而乐有余；行之以恕，则私不容而仁可得。

及其成功，一也。“恕”者推己以及人。《论语》以“能近取譬”为“为仁之方”，即此所谓“强恕而行，求仁莫近”也。

五

孟子曰：“行之而不著焉，习矣而不察焉，终身由之而不知其道者，众也。”①

著者，知之明；察者，识之精。“由之”者，由此道也。“终身由之”，则既行之而且习之矣。而终不明不察，故不知其道也。道不远人，本为人人所共由而不可须臾离者，故虽夫妇之愚，可以能行。然人莫不饮食，鲜能知味，此亦行之不著，习矣不察之一例也。终身由之而不知其道者多，故孔子曰：“民可使由之，不可使知之。”

六

孟子曰：“人不可以无耻。无耻之耻，无耻矣。”②

做人不可以无耻，故《论语》曰：“行己有耻。”耻，即羞恶之心也。“无耻之耻，无耻矣”者，赵岐注曰：“人能耻己之无所耻，是为改行从善之人，终身无复有耻辱之累也。”按“无耻之耻”犹云“惟无耻是耻”言以无耻为可耻也。此句上“无耻”，即上句“人不可以无耻”之“无耻”，谓无羞耻之心。下“无耻”，谓无耻辱。

---

① 著者，知之明。察者，识之精。言方行之而不能明其所当然，既习矣而犹不识其所以然，所以终身由之而不知其道者多也。

② 赵氏曰：“人能耻己之无所耻，是能改行从善之人，终身无复有耻辱之累矣。”

七

孟子曰：“耻之于人大矣。[①] 为机变之巧者，无所用耻焉。[②] 不耻不若人，何若人有？”[③]

“耻之于人大矣”即上章“人不可以无耻”之意。有耻，则可进于圣贤；无耻，则将沦为禽兽。故所关极为重大。赵注“造机变阱陷之巧以攻战”即释“为机变之巧”。其实，以机心变诈之巧术欺人害人者，其无形之阱陷，反较有形者为阴险也。此种人直是无耻之尤，故无所用其羞耻之心。“不耻不若人”者，己不如人，不以为可耻也。不耻己之不如人，则必毫无进步，故曰“何若人有”，言必事事不如人也。盖无耻者非机变之小人，即甘为人下之懦夫，故曰：“耻之于人大矣。”

八

孟子曰：“古之贤王好善而忘势，古之贤士何独不然？乐其道而忘人之势。故王公不致敬尽礼，则不得亟见之。见且由不得亟，而况得而臣之乎？”[④]

好，去声。亟，音器。屡次也。古时候贤明的国王，好人之善而忘却

---

① 耻者，吾所固有羞恶之心也。存之则进于圣贤，失之则入于禽兽，故所系为甚大。

② 为机械变诈之巧者，所为之事皆人所深耻，而彼方且自以为得计，故无所用其愧耻之心也。

③ 但无耻一事不如人，则事事不如人矣。或曰：“不耻其不如人，则何能有如人之事？”其义亦通。○或问：“人有耻不能之心如何？”程子曰：“耻其不能而为之，可也；耻其不能而掩藏之，不可也。”

④ 好，去声。乐，音洛。亟，去吏反。○言君当屈己以下贤，士不枉道而求利，二者势若相反，而实则相成，盖亦各尽其道而已。

自己的权势。古时候贤明的士人，也是如此，乐自己所信之道，而忘却别人的权势。假使王公大人，对于贤士不致敬尽礼，就不能常常与之相见。常常相见，尚且不可得，何况要把贤士作臣下，听己使令呢？

九

孟子谓宋句践曰：“子好游乎？吾语子游。[①] 人知之，亦嚣嚣；人不知，亦嚣嚣。”[②] 曰：“何如斯可以嚣嚣矣？”曰：“尊德乐义，则可以嚣嚣矣。[③] 故士穷不失义，达不离道。[④] 穷不失义，故士得己焉。达不离道，故民不失望焉。[⑤] 古之人，得志泽加于民，不得志修身见于世。穷则独善其身，达则兼善天下。”[⑥]

句，音钩。宋句践，姓宋名句践，战国时人。游者。游说诸侯也。语，去声。嚣嚣，自得无欲之貌。孟子对宋句践道：“你喜欢游说吗？我告你游说的道理。人家晓得你这个人，你固然可以悠然自得，不必求人；人家不晓得你这个人，你也要悠然自得，不去求人。”言游说尽管游说，不必把得失放在心上也。宋句践因问：“怎样，方可以嚣嚣呢？”见，读若现。孟子道：“士能尊德乐义，那就可以嚣嚣了。”故士虽穷困，不可失义；即使显达，也不可离开素来所怀抱的道德。贫贱不能移，故穷不失义；富贵不能淫，故达不离道。得己者，不失自己的身份也。穷而失义，

---

① 句，音钩。好、语，皆去声。○宋，姓；句践，名。游，游说也。

② 赵氏曰：“嚣嚣，自得无欲之貌。”

③ 乐，音洛。○德，谓所得之善。尊之，则有以自重，而不慕乎人爵之荣。义，谓所守之正。乐之，则有以自安，而不徇乎外物之诱矣。

④ 离，力智反。○言不以贫贱而移，不以富贵而淫，此尊德乐义见于行事之实也。

⑤ 得己，言不失己也。民不失望，言人素望其兴道致治，而今果如所望也。

⑥ 见，音现。○见，谓名实之显著也。此又言士得己、民不失望之实。○此章言内重而外轻，则无往而不善。

则失自己的身份；达而离道，则人民对他都失望了。古时候的人，得志了，显达了，则行其道而加恩泽于人民，此即“兼善天下”也。不得志，则修身以自见于世，亦不至没世而名不称，此即“独善其身”也。战国时游说之士，皆戚戚于贫贱，汲汲于富贵，故穷则失义，而不能独善其身，达则离道，而不能兼善天下，故孟子以此语之。孔孟虽亦周游列国，而与游说之士绝不相同者，即在此。

十

孟子曰：“待文王而后兴者，凡民也。若夫豪杰之士，虽无文王犹兴。”①

凡民，指一般的平常凡庸之人。豪杰之士，有志之士也。兴，感动奋发也。凡民不能自奋，必待如文王者，鼓舞教导之，而始能奋发。有志之士，则能自奋，不为环境所囿，不为时势所抑，故虽无鼓舞教导之者，尚能奋发有为，日进于善也。夫，音扶。

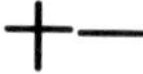

孟子曰：“附之以韩、魏之家，如其自视欿然，则过人远矣。”②

韩魏，晋国之卿，富贵之家也。附，加也，言以韩魏之家的富贵加诸

① 夫，音扶。○兴者，感动奋发之意。凡民，庸常之人也。豪杰，有过人之才知者也。盖降衷秉彝，人所同得，惟上智之资无物欲之蔽，为能无待于教，而自能感发以有为也。

② 欿，音坎。○附，益也。韩、魏，晋卿富家也。欿然，不自满之意。○尹氏曰：“言有过人之识，则不以富贵为事。”

其人也。如其能自视欿然，不自满足，可知他不以富贵为怀而志于道，故曰：“过人远矣。”

十二

孟子曰：“以佚道使民，虽劳不怨；以生道杀民，虽死不怨杀者。”①

“以佚道使民”者，言如教。民种田，本欲其收获米谷，有安佚的日子可过也，故虽劳苦而不怨。“以生道杀民”者，言如国君诛戮杀人的罪犯，本意是使社会间不复有杀人的凶手，而良民得以生活，不但其他人民决无怨者，即凶手亦以罪有应得，死而无怨矣。

十三

孟子曰：“霸者之民驩虞如也；王者之民，皞皞如也。② 杀之而不怨，利之而不庸，民日迁善而不知为之者。③ 夫君子所过者化，所存者神，上下与天地同流，岂曰小补之哉?”④

---

① 程子曰：“以佚道使民，谓本欲佚之也，播谷、乘屋之类是也。以生道杀民，谓本欲生之也，除害去恶之类是也。盖不得已而为其所当为，则虽咈民之欲而民不怨。其不然者反是。”

② 皞，胡老反。○驩虞，与欢娱同。皞皞，广大自得之貌。○程子曰：“驩虞，有所造为而然，岂能久也？耕田凿井，帝力何有于我？如天之自然，乃王者之政。”○杨氏曰：“所以致人驩虞，必有违道干誉之事。若王者，则如天，亦不令人喜，亦不令人怒。”

③ 此所谓皞皞如也。庸，功也。○丰氏曰：“因民之所恶而去之，非有心于杀之也，何怨之有？因民之所利而利之，非有心于利之也，何庸之有？辅其性之自然，使自得之，故民日迁善而不知谁之所为也。”

④ 夫，音扶。○君子，圣人之通称也。所过者化，身所经历之处，即人无不化，如舜之耕历山而田者逊畔，陶河滨而器不苦窳也。所存者神，心所存主处，便神妙不测，如孔子之立斯立、道斯行、绥斯来、动斯和，莫知其所以然而然也。是其德业之盛，乃与天地之化同运并行，举一世而甄陶之，非如霸者，但小小补塞其罅漏而已。此则王道之所以为大，而学者所当尽心也。

驩，同欢。虞，同娱。古字通借。“霸者之民，驩虞如也”，言霸国的百姓，好像欢乐愉快的样子。所以如此者，因霸者之治，有意为之，故民易知之而乐之也。皞。音浩。皞皞者，广大自得的态度，所谓“不识不知，顺帝之则”者也。“杀之而不怨”者，即前章所说，“以生道杀民，虽死不怨”也。庸，功也。“利之而不庸”者，言王者利民，民亦不知他的功劳，所谓“帝力何有于我”也。“民日迁善而不知为之者”，言百姓受了王者的教化，日迁于善，竟不知道是哪个使他这样的也。此三句即是“王者之民”的“皞皞如”也。君子，谓“王者”也。朱注谓“所过者化”，言身所经历之处，无人不化；如舜之耕于历山，田者让畔，陶于河滨，器不苦窳。“所存者神”，言心所存主处，便神妙不测，如孔子之立之斯立，导之斯行，绥之斯来，动之斯和，莫知其所以然而然。焦氏《正义》，“过”即行动之义。行动著于外，存者运于中。所行动者民即变化，由于所存者神也。又引《易系辞》云：“神而化之，使民宜之。”“所过者化，所存者神”，即神而化之也。按：上指天，下指地，“上下与天地同流”，言王者神化，与天地运行化育万物之功相同。故能神而化之，不但小补于民而已。神而化之，与天地之运行同，即所谓“唯天为大，唯尧则之”，故“荡荡乎民无能名”也。

十四

孟子曰：“仁言，不如仁声之入人深也。[①] 善政，不如善教之得民也。[②] 善政民畏之，善教民爱之；善政得民财，善教得民心。”[③]

---

① 程子曰：“仁言，谓以仁厚之言加于民。仁声，谓仁闻，谓有仁之实而为众所称道者也。此尤见仁德之昭著，故其感人尤深也。”

② 政，谓法度禁令，所以制其外也。教，谓道德齐礼，所以格其心也。

③ 得民财者，百姓足而君无不足也；得民心者，不遗其亲，不后其君也。

此章承上章而伸说王霸之不同也。“仁言”者，程子谓以仁爱之言加于民。“仁声”者，程子谓有仁之实而为众人所称道者也。则仁言者，是为政者口头所说的好听话，如同现在一般政府之宣言，无不仁至义尽者也。仁声，则不尚空谈，而将实惠施及民身，于是有了仁爱的名声。这种名声比空洞的好话，更能深入人心。故曰：“仁言不如仁声之入人深也。”善政，道之以政，齐之以刑也。善教，道之以德，齐之以礼也。霸国之政今虽善，不如王者之教化，更能得到人民的悦服。故曰：“善政不如善教之得民也。”霸国之善政，以整理财政为第一要务，故曰：“善政得民财。”王者之善教，则使人民心悦诚服，故曰：“善教得民心。”善政易，善教难，善政易见功效，但善政人亡政息，亦易消失。善教功效迟缓。善教既得民心，一时不易即失。故齐桓公为五霸之首，身死国即不振。汤武之王，传世数百年未易动摇也。

十五

孟子曰：“人之所不学而能者，其良能也；所不虑而知者，其良知也。[①] 孩提之童，无不知爱其亲者；及其长也，无不知敬其兄也。[②] 亲亲，仁也；敬长，义也。无他，达之天下也。”[③]

良能，本来自有的善的能力，良知，本来自有的善的知识；所以是不学而能不虑而知的。孩提，是二三岁的孩童。《说文》云：“咳，小儿笑也。孩，古文咳。”提，以一手提挈，初学步也。二三岁的孩童，没有不知道爱他父母亲的。等他稍长大些，没有不知道敬重其兄弟的。亲爱自己

① 良者，本然之善也。程子曰：“良知良能，皆无所由，乃出于天，不系于人。”

② 长，上声，下同。○孩提，二三岁之间，知孩笑、可提抱者也。爱亲敬长，所谓良知良能者也。

③ 言亲亲敬长，虽一人之私，然达之天下无不同者，所以为仁义也。

的父母亲就是仁；敬重自己的兄长就是义。则仁义本人人所固有之良知。能把这人人备具的亲亲敬兄之良知，扩而充之，推而远之于天下，则圣人之道，尽于此矣。亲亲即是“孝”，敬兄即是“弟”。此与上篇所云“尧舜之道，孝弟而已矣”同一意思。又按本章首以“不学而能，不虑而知”并提，下文于“爱其亲”、“敬其兄”俱只曰“无不知”，而不曰“无不能”者，盖“不虑而知”者，由于性之善，此人人所同然也。由“知之”而“能之”，则在常人必有待于“学”矣。由自己爱亲之孝，敬兄之弟而推之，固是所谓“达之天下”；由人人同具的爱亲敬兄之良知，以启导其天性之良能，使人人皆能孝弟，亦是所谓“达之天下”也。

十六

孟子曰：“舜之居深山之中，与木石居，与鹿豕游，其所以异于深山之野人者几希。及其闻一善言，见一善行，若决江河，沛然莫之能御也。”①

此章言舜微贱时，耕于历山，居于深山之中，和树木土石在一处，和麋鹿猪羊在一处，与深山里没有知识的农夫野人，相去没有多少。及其听到他人一句善言，见到他人一件善行，立刻去照做，好像长江大河决了口，浩浩荡荡的谁也阻挡不住。所以人只要存心向善，不管出身如何，环境如何，总可以成为圣贤。

---

① 行，去声。〇居深山，谓耕历山时也。盖圣人之心，至虚至明，浑然之中，万理毕具。一有感触，则其应甚速，而无所不通，非孟子造道之深，不能形容至此也。

十七

孟子曰："无为其所不为，无欲其所不欲，如此而已矣。"[①]

赵注云："无使人为己所不欲为者，无使人欲己之所不欲者，每以身况之，如此，则人道足矣。"按赵注似与孟子本旨未合。无，同毋。言不要"为"其所"不为"，不要"欲"其所"不欲"，为人之道，如此而已，墦间乞余，人人所"不为"；箪食豆羹，呼蹴而与，人人所"不欲"。苟能推而广之，毋为其所不为，毋欲其所不欲，则乞怜昏夜，以求富贵利达，亦我所不为；万钟之禄，不合礼义，亦我所不欲矣。有所不为，有所不欲者，羞恶之本心；其终至于无所不为，无所不欲者，由未能就此羞恶之心，扩而充之耳。

十八

孟子曰："人之有德慧术知者，恒存乎疢疾。[②] 独孤臣孽子，其操心也危，其虑患也深，故达。"[③]

知，去声，同智。疢，音趁，病也。此云疢疾，犹言患难，孤臣、孽子者，不见容于君父者也。孟子言人之有德行、智慧、道术、才智的，常

---

① 李氏曰："有所不为不欲，人皆有是心也。至于私意一萌，而不能以礼义制之，则为所不为、欲所不欲者多矣。能反是心，则所谓扩充其羞恶之心者，而义不可胜用矣，故曰如此而已矣。"

② 知，去声。疢，丑刃反。○德慧者，德之慧。术知者，术之知。疢疾，犹灾患也。言人必有疢疾，则能动心忍性，增益其所不能也。

③ 孤臣，远臣；孽子，庶子。皆不得于君亲，而常有疢疾者也。达，谓达于事理，即所谓德慧术知也。

常是在患难中磨炼出来的。所以只有在远的孤臣，和庶出的孽子，他所担着的心思很危险，所忧虑的患难很深刻，故能成一个明达事理的人。此与上篇《舜发于畎亩章》之旨相同。

十九

孟子曰："有事君人者，事是君则为容悦者也；[①] 有安社稷臣者，以安社稷为悦者也。有天民者，达可行于天下而后行之者也。[②] 有大人者，正己而物正者也。"[③]

"有事君人者"，言有一种事君的人也。朱注云："阿徇以为容。逢迎以为悦，此鄙夫之事，妾妇之道也。"按《吕氏春秋·似顺篇》高诱注云："容，悦也。"容悦二字双声，同义叠用。这是最下的一等。又有安社稷之臣，以安社稷为悦者，又是一等。"天民"者，是能全尽天理的人，一定要有机会可行他的道理于天下，才肯出来事君行道的。按前篇称伊尹为"天民之先觉者"，则此"天民"亦指伊尹之类。这又是一等。所谓"大人"者，是最高的一等，正己而人化之，即上章所云"所过者化，所存者神，上下与天地同流"者也。"正己而物正"，则"笃恭而天下平"矣。事君为容悦者，是佞臣；安社稷者，是一国之臣；天民，则非一国之士矣，然尚有待于作为；至于大人，则非尧舜不足以当之。

---

① 阿徇以为容，逢迎以为悦，此鄙夫之事、妾妇之道也。言大臣之计安社稷，如小人之务悦其君，眷眷于此而不忘也。

② 民者，无位之称。以其全尽天理，乃天之民，故谓之天民。必其道可行于天下，然后行之。不然，则宁没世不见知而不悔，不肯小用其道以徇于人也。张子曰："必功覆斯民然后出，如伊吕之徒。"

③ 大人，德盛而上下化之，所谓见龙在田，天下文明者。○此章言人品不同，略有四等。容悦佞臣不足言。安社稷则忠矣，然犹一国之士也。天民，则非一国之士矣，然犹有意也。无意无必，惟其所在而物无不化，惟圣者能之。

二十

孟子曰："君子有三乐，而王天下不与存焉。[①] 父母俱存。兄弟无故，一乐也。[②] 仰不愧于天，俯不怍于人，二乐也。[③] 得天下英才而教育之，三乐也。[④] 君子有三乐，而王天下不与存焉。"[⑤]

王。去声。与，去声。此言君子有三种快乐，王天下却不在其内。"父母俱存，兄弟无故"，是一乐。"无故"者，言兄弟和乐也。怍，亦愧也。仰起头来对天，低下头来对人，都没有惭愧，这也是一乐。得天下英才而教育之，使能成大材大器，亦是一乐。

二十一

孟子曰："广土众民，君子欲之，所乐不存焉。[⑥] 中天下而立，定四海之民，君子乐之，所性不存焉。[⑦] 君子所性，虽大行不加焉，虽穷居不损焉，分定故也。[⑧] 君子所性，仁、义、礼、智根于心。其生色也，睟然见

---

① 乐，音洛。王、与，皆去声，下并同。

② 此人所深愿而不可必得者，今既得之，其乐可知。

③ 程子曰："人能克己，则仰不愧，俯不怍，心广体胖，其乐可知，有息则馁矣。"

④ 尽得一世明睿之才，而以所乐乎己者教而养之，则斯道之传得之者众，而天下后世将无不被其泽矣。圣人之心所愿欲者，莫大于此，今既得之，其乐为何如哉！

⑤ 林氏曰："此三乐者，一系于天，一系于人。其可以自致者，惟不愧不怍而已，学者可不勉哉？"

⑥ 乐，音洛，下同。○地辟民众，泽可远施，故君子欲之，然未足以为乐也。

⑦ 其道大行。无一夫不被其泽，故君子乐之，然其所得于天者，则不在是也。

⑧ 分，去声。○分者，所得于天之全体，故不以穷这而有异。

于面，盎于背，施于四体。四体不言而喻。”①

广土众民。指为大国诸侯。地辟而民聚，可以行其道，施其泽，故君子欲之。但君子所乐者不在此。中天下而立，定四海之民，指王天下。其道大行，匹夫匹妇无不被其泽，故君子乐之。但君子所性者不在此。分，去声，分量之分。所性，谓所禀受之天性；“分定”者，性禀自天，其分量不可增损也。大行，指上文“中天下而立，定四海之民”而言。虽达而兼善天下，于性分无所增加；虽穷居独善其身，于性分无所灭损；故曰“所性不存”也。君子所禀受之天性，仁、义、礼、智四德，皆本于其心，不由外铄。诚于中，必形于外。故根于心之仁、义、礼、智，发而著见于容颜、仪态、动作者。睟然，有纯粹中正，清和润泽之貌也。睟，与粹同（见焦氏《正义》）。“睟然”，当依周广业《孟子逸文考》连上句读，兼下“见于面、盎于背，施于四体”而言。见，同现。盎，音乌浪反，丰厚盈溢之意。“盎于背”者，谓流露于仪容态度之间；“施于四体”者，谓流露于动作周旋之际也。俞樾谓下“四体”二字为衍文。其说甚是。喻，晓也。君子之盛德既形于容颜，仪态、动作之间，则自“不动而敬，不言而信”矣，故曰“不言而喻”。此即《中庸》所谓“诚则形，形则著，著则明，明则动，动则变，变则化；惟天下至诚为能化”也。

二十二

孟子曰：“伯夷辟纣，居北海之滨，闻文王作，兴，曰：‘盍归乎来！

---

① 睟，音粹。见，音现。盎，乌浪反。○上言所性之分，与所欲所乐不同，此乃言其蕴也。仁、义、礼、智，性之四德也。根，本也。生，发见也。睟然，清和润泽之貌。盎，丰厚盈溢之意。施于四体，谓见于动作威仪之间也。喻，晓也。四体不言而喻，言四体不待吾言，而自能晓吾意也。盖气禀清明，无物欲之累，则性之四德根本于心。其积之盛，则发而著见于外者，不待言而无不顺也。程子曰：“睟面盎背，皆积盛致然。四体不言而喻，惟有德者能之。”○北章言君子固欲其道之大行，然其所得于天者，则不以是而有所加损也。

吾闻西伯善养老者。’大公辟纣，居东海之滨，闻文王作兴，曰：‘盍归乎来！吾闻西伯善养老者。’天下有善养老，则仁人以为己归矣。[①]

“以为已归”者，以善养耆老的人，为自己之所归也。余已见《离娄篇》注。

“五亩之宅，树墙下以桑，匹妇蚕之，则老者足以衣帛矣。五母鸡，二母彘，无失其时，老者足以无失肉矣。百亩之田，匹夫耕之，八口之家足以无饥矣。[②]

此节亦与《梁惠王篇》告梁惠王、齐宣王者大致相同。此“蚕”字作动词用。

“所谓西伯善养老者，制其田里，教之树畜，导其妻子，使养其老。五十非帛不暖，七十非肉不饱。不暖不饱，谓之冻馁。文王之民，无冻馁之老者，此之谓也。”[③]

田，指百亩之田；里，指五亩之宅；树，指耕桑；畜，指鸡彘。无帛肉之不暖不饱，与无衣食之冻馁本不同；而亦谓之冻馁者，由文王笃念耆老也。此章言文王之善养老，在教导人民使各养其老非家赐而人益之也。

二十三

孟子曰：“易其田畴，薄其税敛，民可使富也。[④] 食之以时，用之以

① 辟，去声，下同。大，他盖反。○己归，谓已之所归。余见前篇。

② 衣，去声。○此文王之政也。一家养母鸡五、母彘二也。余见前篇。

③ 田，谓百亩之田。里，谓五亩之宅。树，谓耕桑。畜，谓鸡彘也。赵氏曰：“善养老者，教导之，使可以养其老耳，非家赐而人益之也。”

④ 易、敛，皆去声。○易，治也。畴，耕治之田也。

礼，财不可胜用也。[①] 民非水火不生活，昏暮叩人之门户，求水火，无弗与者，至足矣。圣人治天下，使有菽粟如水火。菽粟如水火，而民焉有不仁者乎？”[②]

易，去声，治也。畴，耕治之田也。敛，去声。税敛，即税收。在下者，易治其田畴，则地无遗利；在上者，又薄其赋敛，则国无横征；故民皆可令其富足也。食之以时，用之以礼，则食用舒，而财有余，故不可胜用也。水火为人民生活所必需，但昏暮之时，有敲人之门户而求水火者。没有不给他的。因为水火是顶多的东西，故不吝惜。圣人治理天下，一定要使百姓所有的菽粟如水火之多。这样，大家有饭吃了，百姓还有不仁爱的吗？盖百姓的不仁爱，或至于为盗，大都是为衣食所迫，铤而走险的也。按《管子》亦言：“衣食足，知荣辱；仓廪实，知礼节。”《韩非子》亦言：“丰岁则镶过客，而饥岁则不食幼弟。”盖人之为非作恶，大多由经济所迫，所谓饥寒生盗心也。故治国必先解决民生问题。先哲见到此义者多矣。

二十四

孟子曰：“孔子登东山而小鲁，登泰山而小天下，故观于海者难为水，游于圣人之门者难为言。[③] 观水有术，必观其澜。日月有明，容光必照

---

① 胜，音升。○教民节俭，则财用足也。

② 焉，於虔反。○水火，民之所急，宜其爱之而反不爱者，多故也。○尹氏曰：“言礼义生于富足，民无常产，则无常心矣。”

③ 此言圣人之道大也。东山，盖鲁城东之高山，而太山则又高矣。此言所处益高，则其视下益小；所见既大，则其小者不足观也。难为水，难为言，犹仁不可为众之意。

焉。[1] 流水之为物也，不盈科不行；君子之志于道也，不成章不达。”[2]

东山，鲁国境内之山。泰山，齐鲁两国共有之山。所登愈高，所望愈远，眼界亦愈大，故“登东山而小鲁，登泰山而小天下”也。所见愈广，所知愈多，眼界亦愈高，故“观于海者难为水。游于圣人之门者难为言”也。盖游于圣人之门者，见圣人之德高智广，名言谠论，层出不穷，就觉得难为言了。此以登山观海，喻游圣人之门；以“小鲁”、“小天下”及“难为水”，喻“难为言”。观水也有方法，见波澜之湍急，则知水来有源，所以滔滔不绝，故“必观其澜”也。日月亦然。日月的本体是有光明的，所以凡是容得光亮的地方，就无隙不照。此言以水与日月比道之有本。流水这样东西，不把坎陷的地方都满溢了，是不向前进的。君子志在学道，不先学成一个体段，是不躐等而进，由此达彼的。此以流水喻学道之必须循序渐进。此章言学道，当有识见；识广见高，不至故步自封；而求进步之法，尤须循序渐进。决不能一蹴而就。

二十五

孟子曰：“鸡鸣而起，孳孳为善者，舜之徒也。[3] 鸡鸣而起，孳孳为利者，跖之徒也。[4] 欲知舜与跖之分，无他，利与善之间也。”[5]

---

① 此言道之有本也。澜，水之湍急处也。明者，光之体；光者，明之用也。观水之澜，则知其源之有本矣。观日月于容光之隙无不照，则知其明之有本矣。

② 言学当以渐，乃能至也。成章，所积者厚，而文章外见也。达者，足于此而通于彼也。〇此章言圣人之道大而有本，学之者必以其渐，乃能至也。

③ 孳孳，勤勉之意。言虽未至于圣人，亦是圣人之徒也。

④ 跖，盗跖也。

⑤ 程子曰：“言间者，谓相去不远，所争毫末耳。善与利，公私而已矣。才出于善，便以利言也。”〇杨氏曰：“舜、跖之相去远矣，而其分乃在利善之间而已，是岂可以不谨？然讲之不熟，见之不明，未有不以利为义者，又学者所当深察也。”或问：“鸡鸣而起，若未接物，如何为善？”程子曰：“只主于敬，便是为善。”

孳孳，即孜孜，努力不倦之意。跖，古时候的大盗。舜与跖皆难鸣而起，孳孳不倦；其分别便在一是为善，一是为利而已。为善，便是舜之徒；为利，便是跖之徒了。此所谓“差以毫厘，失之千里”者也。

二十六

孟子曰，“杨子取为我，拔一毛而利天下，不为也。① 墨子兼爱，摩顶放踵利天下，为之。② 子莫执中。执中为近之。执中无权，犹执一也。③ 所恶执一者，为其贼道也，举一而废百也。”④

杨朱之书，今已不存。伪《列子》有《杨朱篇》。张湛注云：“或云字子居，战国时人，后于墨子。”此篇载朱之言曰：“古之人，损一毫利天下，不为也；悉天下奉一身，不取也。人人不损一毫，人人不利天下，天下治矣。”又云：“禽子（名滑釐，墨子弟子。）问杨朱曰：‘去子体之一毛，以济一世。汝为之乎？’杨子曰：‘世固非一毛所能济。’禽子曰：‘假济，为之乎？’杨子弗应。禽子出语孟孙阳。孟孙阳曰：‘子不达夫子之

① 为我之为，去声。〇杨子，名朱。取者，仅足之意。取为我者，仅足于为我而已，不及为人也。列子称其言曰“伯成子高不以一毫利物”是也。

② 放，上声。〇墨子，名翟。兼爱，无所不爱也。摩顶，摩突其顶也。放，至也。

③ 子莫，鲁之贤人也。知杨墨之失中也，故度于二者之间而执其中。近，近道也。权，称锤也，所以称物之轻重而取中也。执中而无权，则胶于一定之中而不知变，是亦执一而已矣。〇程子曰：“‘中’字最难识，须是默识心通。且试言一厅，则中央为中；一家，则厅非中而堂为中；一国，则堂非中而国之中为中，推此类可见矣。”又曰：“中不可执也。识得则事事物物皆有自然之中，不待安排，安排著则不中矣。”

④ 恶、为，皆去声。〇贼，害也。为我害仁，兼爱害义，执中者害于时中，皆举一而废百者也。〇此章言道之所贵者中。中之所贵者权。杨氏曰：“禹、稷三过其门而不入，苟不当其可，则与墨子无异。颜子在陋巷，不改其乐，苟不当其可，则与杨氏无异。子莫执为我兼爱之中而无权，乡邻有斗而不知闭户。同室有斗而不知救之，是亦犹执一耳，故孟子以为贼道。禹、稷、颜回，易地则皆然，以其有权也不然，则是亦杨、墨而已矣。”

心。吾请言之。有侵若肌肤获万金者，若为之乎?’曰：‘为之。’孟孙阳曰：‘有断若一节得一国者，子为之乎?’禽子默然有间，孟孙阳曰：‘一毛微于肌肤，肌肤微于一节，省矣。然则积一毛以成肌肤，积肌肤以成一节，一毛固一体万分中之一物，奈何轻之乎?’”此杨朱不肯拔一毛以利天下之理论也。墨子，名翟，鲁人，曾为宋大夫。为墨家之祖。其书今存，有《兼爱篇》。“摩顶”者，赵朱均云：“摩突其顶。”按：突，同秃。(《庄子·说剑》“蓬头突发”;《荀子·非相》,“叔敖突秃”。皆以“突”为“秃”。) 放，至也。摩顶放踵，犹云牺牲全身，对杨朱之不拔一毛而言。子莫，赵氏以为鲁之贤人。焦氏疑《庄子》“儒墨杨秉四”之“秉”，即指子莫执中一派，亦为确据。杨墨各趋极端，便是“执一”。子莫知“执中”，执中为近道矣。但执中而无权衡，对其所执仍是一定之中，而非“时中”，则犹之执一耳。恶，去声。贼，害也。执一而不知通，故举其一而废其百也。杨朱是极端的个人主义，只知“我”，不复知有社会国家。墨子反之，只知有社会国家。而不复知有个人之“我”。子莫自以为能执二者之中。此如一主衣葛，一主衣裘，各执一端，而子莫则主衣袷，以为执其中，而不知当视四时寒暑之变，故曰“无权”，故曰“犹执一也”。禹稷之己饥己溺，劳身苦思，有似墨子之兼爱；颜子之箪瓢陋巷，自乐其乐，有似杨朱之为我；其易地皆然者，因“有权”以度其所处之地位也。子思之居卫不去，不避越寇，有似墨子，曾子之寇至则去，寇退则反，有似杨朱；其易地皆然者，因“有权”以度其所处之地位也。子莫之“执中”，所以与舜汤之“执中”，孔子之“时中”不同在此。

二十七

孟子曰：“饥者甘食，渴者甘饮，是未得饮食之正也，饥渴害之也。

岂惟口腹有饥渴之害？人心亦皆有害。[①] 人能无以饥渴之害为心害，则不及人不为忧矣。”[②]

人在饥极渴极的时候，不论什么食，什么汤，只要有得吃喝，都觉得是甘甜的；这个是没有得着饮食的正当味道，是饥渴害他的。不但口腹有饥渴之害，人心也有同样的害处。人们能够不把饥渴害口腹般的事件去害着心，那么就是道德不及他人，也就不必忧虑了。盖不正当的行为，本非吾人心之所愿；有时因经济压迫，或其他不得已的缘故而为之，正如饥渴之人，不知滋味，饮食皆甘一样。人能把持己心，使心不受害，便不必以不及人为忧了。

二十八

孟子曰：“柳下惠不以三公易其介。”[③]

介者，自己坚定的操守也。柳下惠虽为圣之和，做了小官，又被三黜，但即以三公之高爵诱之，亦不肯失其操守，故曰“不以三公易其介”也。古以太师，太傅，太保为三公。

二十九

孟子曰：“有为者辟若掘井，掘井九轫而不及泉，犹为弃井也。”[④]

---

① 口腹为饥渴所害，故于饮食不暇择，而失其正味；人心为贫贱所害，故于富贵不暇择，而失其正理。

② 人能不以贫贱之故而动其心，则过人远矣。

③ 介，有分辨之意。柳下惠进不隐贤，必以其道，遗佚不怨，厄穷不悯，直道事人，至于三黜，是其介也。○此章言柳下惠和而不流，与孔子论夷、齐不念旧恶，意正相类，皆圣贤微显阐幽之意也。

④ 辟，读作譬。轫，音刃，与仞同。○八尺为仞。言凿井虽深，然未及泉而止，犹为自弃其井也。○吕侍讲曰：“仁不如尧，孝不如舜，学不如孔子，终未入于圣人之域，终未至于天道，未免为半涂而废、自弃前功也”

辟，今作譬。轫，音刃，与仞同。八尺为仞。此言有作为的人，必须把目的达到，不可功亏一篑。譬如掘一口井，虽已掘得九仞之深，而没有掘到泉水，如其停止不掘了。还是个无用的弃井也。此以喻半途而废，一无所成者，等于尽弃前功。

三十

孟子曰："尧、舜，性之也；汤、武，身之也；五霸，假之也。[①] 久假而不归，恶知其非有也？"[②]

"尧舜性之"者，言尧舜之仁，出于天性，是"安仁"者也。"汤武身之"者，言汤武能身体力行之，是"体仁"、"行仁"者也。"五霸假之"者，言五霸假借仁义，挟天子以令诸侯也。恶，平声。"久假而不归，恶知其非有也"，有三说：（一）赵注云："五霸若能久假仁义，譬如假物久而不归，安知其非真有也。"（二）"言窃其名以终身，而不自知其非真有。"（三）"盖叹世人莫觉其伪。"后二说，均见朱注。三说中以第二说为长。

三十一

公孙丑曰："伊尹曰：'予不狎于不顺。'放太甲于桐，民大悦。太甲

---

① 尧、舜天性浑全，不假修习。汤、武修身体道，以复其性。五霸则假借仁义之名，以求济其贪欲之私耳。

② 恶，平声。○归，还也。有，实有也。言窃其名以终身，而不自知其非真有。或曰："盖叹世人莫觉其伪者。"亦通。旧说，久假不归，即为真有，则误矣。○尹氏曰："性之者，与道一也；身之者，履之也，及其成功，则一也；五霸则假之而已，是以功烈如彼其卑也。"

贤，又反之，民大悦。[1] 贤者之为人臣也，其君不贤，则固可放与？”[2] 孟子曰：“有伊尹之志，则可；无伊尹之志，则篡也。”[3]

与，作欤。狎者，习见也。不顺者，不合理也。“予不狎于不顺”，是公孙丑引伊尹的话，言我看不惯不合理的行为也。伊尹把太甲放到桐的地方，百姓大为欢喜。后来太甲改过了，伊尹又把太甲迎归到京城，仍做天子，百姓又大欢喜。以上是引伊尹的事。“贤者之为人臣也，其君不贤，则固可放与？”是公孙丑问孟子的话。孟子曰“有伊尹之志，则可，无伊尹之志，则篡也”者，言有伊尹那样公正的志向，自己不贪天子之位，方可以如此做；否则，就是篡位了。伊尹放太甲，后世只霍光学之，废昌邑王，立汉宣帝，而不篡位。其余废君立君，无不为自己，或为子孙谋天子之位。皆所谓“无伊尹之志则篡”者也。

三十二

公孙丑曰：“《诗》曰：‘不素餐兮’，君子之不耕而食，何也？”孟子曰：“君子居是国也，其君用之，则安富尊荣；其子弟从之，则孝弟忠信。‘不素餐兮’，孰大于是？”[4]

“素餐”，犹今人言“吃白饭”，谓无功受禄也。“不素餐兮”，是《诗经·伐檀篇》里的一句诗。公孙丑引了这《诗》问孟子道：“今世的君子，

① 予不狎于不顺，《商书·太甲》篇文。狎，习见也。不顺，言太甲所为不顺义理也。余见前篇。

② 与，平声。

③ 伊尹之志，公天下以为心而无一毫之私者也。

④ 餐，七丹反。○《诗·魏国·风伐檀》之篇。素，空也。无功而食禄，谓之素餐，此与告陈相、彭更之意同。

多是不耕而食禄的，是何意义呢?”孟子道，君子住在这个国里，这国的君主用了他，就能安富尊荣；这国的青年子弟从了他，就能修着孝悌忠信的品行；这样看来，所谓“不吃白饭”者，还有谁能够比得过呢？这是说君子受人奉养，并不是吃白饭；他的功劳很大，谁也比不上也。若无君子之实，窃君子之名，而受人奉养，便是吃白饭了。

三十三

王子垫问曰：“士何事?”[①] 孟子曰：“尚志。”[②] 曰：“何谓尚志?”曰：“仁义而已矣。杀一无罪。非仁也；非其有而取之，非义也。居恶在？仁是也；路恶在？义是也。居仁由义，大人之事备矣。”[③]

垫，音店。恶，音乌。王子垫，齐王之子，名垫也。垫以为公卿大夫，有政治之事，农工商贾，亦各有其职业；独士则不作事而坐食，故有此问。“尚志”者，言做士的，既不得行公卿大夫之道，又不就农工商贾之业，只是怀抱着一种高尚的志向罢了。垫又问：“何谓尚志?”孟子答以“仁义而已矣”者，言所谓尚志者，即志在仁义也。“杀一无罪，非仁也；非其有而取之者，非义也。”这是释“仁义”二字。居者，所以处其身；路者，所遵由之道。恶，音乌，何也。士所自处者“仁”也；所由循行者义也。如能居仁，行义，则大人的事，已完备了。

---

① 垫，丁念反。○垫。齐王之子也。上则公、卿、大夫，下则农、工、商、贾，皆有所事，而士居其间，独无所事，故王子问之也。

② 尚，高尚也。志者，心之所之也。士既未得行公、卿、大夫之道，又不当为农、工、商、贾之业，则高尚其志而已。

③ 恶，平声。○非仁非义之事，虽小不为。而所居所由，无不在于仁义，此士所以尚其志也。大人，谓公、卿、大夫。言士虽未得大人之位，而其志如此，则大人之事体用已全。若小人之事，则固非所当为也。

三十四

孟子曰："仲子，不义与之齐国而弗受，人皆信之。是舍箪食豆羹之义也。人莫大焉亡亲戚、君臣、上下。以其小者信其大者，奚可哉？"①

仲子，即居於陵之陈仲子。如不合于义，即使把齐国给与仲子。他必定不肯受；这是大家都相信他的。孟子却批评道："是舍箪食豆羹之义也。"言其廉洁，不过守小义耳；未尝知大义也。焉，于也。（见《经传释词》）亡，同无。"人莫……"十一字当作一句读，言人莫大于无亲戚君臣上下也。陈仲子避兄离母，是无亲戚也；以兄戴之盖禄为不义，是无君臣上下也。以其小廉而信其大节，岂可乎？孟子此章，与《论语》子路责荷篠丈人知长幼之节之不可废，而废君臣之大伦，同一用意。

三十五

桃应问曰："舜为天子，皋陶为士，瞽瞍杀人，则如之何？"② 孟子曰："执之而已矣。"③ "然则舜不禁与？"④ 曰："夫舜恶得而禁之？夫有所受之也。"⑤ "然则舜如之何？"⑥ 曰："舜视弃天下，犹弃敝蹝也。窃负而逃，

---

① 舍，音捨。食，音嗣。○仲子，陈仲子也。言仲子设若非义而与之齐国，必不肯受。齐人皆信其贤，然此但小廉耳。其辟兄离母，不食君禄，无人道之大伦，罪莫大焉。岂可以小廉信其大节，而遂以为贤哉？

② 桃应，孟子弟子也。其意以为舜虽爱父，而不可以私害公；皋陶虽执法，而不可以刑天子之父。故设此问，以观圣贤用心之所极，非以为真有此事也。

③ 言皋陶之心，知有法而已，不知有天子之父也。

④ 与，平声。○桃应问也。

⑤ 夫，音扶。恶，平声。○言皋陶之法，有所传受，非所敢私，虽天子之命亦不得而废之也。

⑥ 桃应问也。

遵海滨而处，终身䜣然，乐而忘天下。”[①]

与，同欤。夫，音扶。屣，音徙。䜣，同欣。桃应，孟子弟子。士，即士师，法官也。敝屣，破草鞋也。䜣然，高兴的样子。桃应问道：“舜做天子，皋陶做士，这时候，倘若瞽瞍杀了人。则怎么样呢？”孟子道：“这时候的皋陶，只有把瞽瞍捉来罢了！”桃应又问道：“然则舜不去禁止他吗？”孟子道：“皋陶之执法捕人，是曾受舜的委任的。舜怎么可以禁止他呢！如禁止他捕人，则舜自坏其法矣。”桃应又道：“然则这时候的舜，将怎么样呢？”孟子道：“舜看得弃掉天下犹之乎丢掉一双破草鞋。他只好把天子丢掉不做，私下把父亲驮在背上逃走，沿着海边住下。这样也是他终身很高兴的，快活得把天下都忘记了。”此章本是孟子师生假设的问答。由此可见孟子把国法私情分得很明白，天子的父亲犯了法，亦不能禁司法官之拘捕，实具有近世法律平等之精神。

三十六

孟子自范之齐，望见齐王之子，喟然叹曰：“居移气，养移体，大哉居乎！夫非尽人之子与？”[②] 孟子曰：[③]“王子宫室、车马、衣服多与人同，而王子若彼者，其居使之然也，况居天下之广居者乎？[④] 鲁君之宋，呼于垤泽之门。守者曰：‘此非吾君也，何其声之似我君也？’此无他，居相似

---

① 蹝，音徙。䜣与欣同。乐，音洛。蹝，草履也。遵，循也。言舜之心。知有父而已，不知有天下也。孟子尝言，舜视天下犹草芥，而惟顺于父母可以解忧，与此意互相发。〇此章言为士者，但知有法，而不知天子父之为尊；为子者，但知有父，而不知天下之为大。盖其所以为心者，莫非天理之极、人伦之至。学者察此而有得焉，则不待较计论量，而天下无难处之事矣。

② 夫，音扶。与，平声。〇范，齐邑。居，谓所处之位。养，奉养也。言人之居处，所系甚大，王子亦人子耳，特以所居不同，故所养不同，而其气体有异也。

③ 张、邹皆云：“羡文也。”

④ 广居，见前篇。尹氏曰：“睟然见于面，盎于背，居天下之广居者然也。”

也。”①

范，是齐国的一邑。“自范之齐”，从范县到齐国都城去也。望见，望而见之。居，所处的地位与环境也。养，奉养也。地位环境不同，则气度因之而异；奉养不同，则身体因之而异：故曰“居移气，养移体”也。“大哉居乎”，言地位环境的力量之伟大也。夫，音扶，彼也，指王子。言王子亦人之子也。“孟子曰”三字，朱注以为衍文。盖此二节语意衔接，当合为一章也。王子的房屋车马衣服，多与人同，而王子的气体像那样的不与人同者，是他的地位环境使他这样的。何况居天下之广居的仁人呢？自然生色睟然，见于面，盎于背，施于四体，心广体胖了。垤泽，宋城门名。鲁君到宋国去，叫管垤泽城门的人开门。管城门的人说道：“这个人不是我们的国君，何以他的声音，这样像我们的国君呢！”这没有其他的缘故，因为鲁君与宋君的地位环境相像罢了。此章是说地位环境会变化人的气度，意思是说仁人居天下之广居。故其气度自然与众不同。王子，鲁君，不过用作说明此旨的比喻例证而已。

三十七

孟子曰：“食而弗爱，豕交之也；爱而不敬，兽畜之也。② 恭敬者，币之未将者也。③ 恭敬而无实，君子不可虚拘。”④

此章论诸侯对于士的交际。食，音嗣。但予以吃食而没有爱之之心，

---

① 呼，去声。○垤泽，宋城门名也。孟子又引此事为证。

② 食，音嗣。畜，许六反。○交，接也。畜，养也。兽，谓走犬马之属。

③ 将，犹奉也。《诗》曰：‘承筐是将。’程子曰：“恭敬虽因威仪币帛而后发见，然币之未将时，已有此恭敬之心，非因币帛而后有也。”

④ 此言当时诸侯之待贤者，特以币帛为恭敬，而无其实也。拘，留也。

则其交士像养猪一样。能爱之矣，而没有恭敬之心，则其养士，也和畜养犬马无异。币，指交际时所送的币帛而言。将，犹奉也。交际重在恭敬之心，不在币帛之丰。币帛者，不过以之表示恭敬而已。币帛是有形之物，是可以将奉的；恭敬是无形之心，是不能掬出来将奉的；故曰："恭敬者，币之未将者也。"但必须有恭敬之实。若仅将奉币帛，貌为恭敬，而实际上无此恭敬之心，则君子固不可以此虚伪之恭敬拘留之也。按孟子此言，虽为当时国君接待贤士而发，也可以引用于一般人的交际。与人交际，总要看他有无恭敬的诚心，不可贪一些礼物，就为人所牢笼也。

三十八

孟子曰："形色，天性也。惟圣人，然后可以践形。"①

形，指人的身体形状；色，指人的面貌颜色。形色即是天性。禽兽之形不同乎人，故禽兽之性亦不同乎人。践，犹"践言"之践。惟圣人能尽人之性，故惟圣人能践人之形。若徒有人之形，而不知努力以尽人之性，则陷溺梏亡，终且沦于禽兽，形虽犹人，性已非人矣，所谓"人面兽心"者是也。举形可以包色，故不曰"践形色"，而曰"践形"也。

---

① 人之有形有色，无不各有自然之理，所谓天性也。践，如践言之践。盖众人有是形，而不能尽其理，故无以践其形。惟圣人有是形，而又能尽其理，然后可以践其形而无歉也。○程子曰："此言圣人尽得人道而能充其形也。盖人得天地之正气而生，与万物不同。既为人，须尽得人理，然后称其名。众人有之而不知，贤人践之而未尽，能充其形，惟圣人也。"杨氏曰："天生烝民，有物有则。物者，形色也。则者，性也。各尽其则，则可以践形矣。"

三十九

齐宣王欲短丧。公孙丑曰:"为期之丧,犹愈于已乎?"① 孟子曰:"是犹或紾其兄之臂,子谓之姑徐徐云尔,亦教之孝弟而已矣。"②

齐宣王以为穿三年的丧服太长久,想把丧期减短。公孙丑听见了,就去问孟子。期,一年也。言能穿一年的丧服,总比不穿好些吧?已者,止也。言不穿丧服也。孟子答道:"你这个办法犹之乎有人捩转其兄的臂膊,你叫他且慢慢地捩转来。兄的臂,是不应该捩转的;捩转得慢些,难道就算敬兄吗?你只要教他孝弟好了。懂得孝弟,便不会紾兄之臂;和他说紾得慢些,终不是根本办法也。"

王子有其母死者,其傅为之请数月之丧。公孙丑曰:"若此者,何如也?"③ 曰:"是欲终之而不可得也。虽加一日愈于已,谓夫莫之禁而弗为者也。"④

这时候,刚巧有个王子的生母死了。他的生母是庶母;因为有嫡母在,不能穿长期丧服,照古礼,他的生母一落葬,就要把丧服除掉的。这

---

① 已,犹止也。

② 紾,之忍反。○紾,戾也。教之以孝弟之道,则彼当自知兄之不可戾,而丧之不可短矣。孔子曰:"子生三年,然后免于父母之怀,予也有三年之爱于其父母乎?"所谓教之以孝弟者如此。盖示之以至情之不能已者,非强之也。

③ 为,去声。○陈氏曰:"王子所生之母死,厌于嫡母而不敢终丧。其傅为请于王,欲使得行数月之丧也。时又适有此事,丑问如此者,是非何如?"按《仪礼》:"公子为其母练冠、麻衣、縓缘,既葬除之。"疑当时此礼已废,或既葬而未忍即除,故请之也。

④ 夫,音扶。○言王子欲终丧而不可得,其傅为请,虽止得加一日,犹胜不加。我前所讥,乃谓夫莫之禁而自不为者耳。○此章言三年通丧,天经地义,不容私意有所短长。示之至情。则不肖者有以企而及之矣。

王子的师傅，就为他向齐王请求，为生母服数个月的丧。公孙丑就引了这件事，问孟子道："像这件事何如呢?"孟子说："这王子是本来想要穿三年之丧而不可得的。不但数月，就是能够加一日，也比不加好些。我所以不赞成你'为期之丧，犹愈于已'的话，是对那些并没有谁禁止他，而自己不肯终丧的人说的。"为，去声。夫，音扶。

四十

孟子曰："君子之所以教者五:[①] 有如时雨化之者,[②] 有成德者，有达财者,[③] 有答问者，有私淑艾者。[④] 此五者，君子之所以教也。"[⑤]

此章言君子教人的法子有五种。第一种是"如时雨化之者"。时雨，及时之雨。言如时雨润化万物。使之发荣滋长也。第二种是"成德者"，言因他固有的德性。教之使有成就也。第三种是"达财者"，财，同材，言因他的材料。教之使通达而有用也。第四种是"答问者"，言就其所问而答之，以解他的疑惑也。第五种是"私淑艾者"，赵朱二注均云："淑，善也。艾，治也。"言虽未能直接教诲，而其人私慕其道，取以善治其身也。上篇孟子自言："予未得为孔子徒也，予私淑诸人也。"即无异孔子之教之也。焦氏《正义》谓"淑"同"叔"。叔，拾取也。见《说文》

---

① 下文五者，盖因人品高下，或相去远近先后之不同。

② 时雨，及时之雨也。草木之生，播种封植，人力已至而未能自化，所少者，雨露之滋耳。及此时而雨之，则其化速矣。教人之妙，亦由是也，若孔子之于颜、曾是已。

③ 财。与材同。此各因其所长而教之者也。成德，如孔子之于冉、闵；达财，如孔子之于由、赐。就所问而答之，若孔、孟之于樊迟、万章也。

④ 艾，音乂。〇私，窃也。淑，善也。艾，治也。人或不能及门受业，但闻君子之道于人，而窃以善治其身。是亦君子教诲之所及，若孔、孟之于陈亢、夷之是也。孟子亦曰："予未得为孔子徒也，予私淑诸人也。"

⑤ 圣贤施教，各因其材。小以成小，大以成大，无弃人也。

“艾”，音乂，通“刈”。刈，取也。见《诗·周南·葛覃》“是刈是濩”句《释文》引《韩诗》。是“淑艾”二字同义叠用，“私淑艾”，即“私淑”。言未亲受业，而间接地私取诸人。其说亦通。草木受时雨之化，勃然而兴；此喻圣人不言之教，化人至速，如孔子之于颜曾是也。成德，则如孔子之于冉闵；达材，则如孔子之于由赐，各因其材而笃之者也。答问，则如孔子之于樊迟，孟子之于万章，足以解其惑者也。私淑艾，则如孟子之于孔子是矣。

四十一

公孙丑曰：“道则高矣，美矣，宜若登天然，似不可及也。何不使彼为可几及而日孳孳也?”① 孟子曰：“大匠不为拙工改废绳墨，羿不为拙射变其彀率。② 君子引而不发，跃如也。中道而立，能者从之。”③

宜若，殆若也。几，平声，庶几也。“不为”之“为”，去声。率，音律。彀，张弓；彀率，张弓之度也。公孙丑对孟子说：“夫子之道，高极了，美极了，好像登天一样，似乎是不可以及到的。何不把你的道稍稍降低一点，使我庶几可以及得到，而日日孳孳不倦地去学呢?”孟子答道：“大匠不为了笨拙的徒弟而改变废弃他用绳墨的方法，羿不为了学射的人的笨拙而改变张弓的限度以求速效。君子的教人，如教人射箭，虽只张着弓而不发箭，发箭中的之势已活跃地在人的心目中。中道者，无过与不及

① 几，音机。

② 为，去声。彀，古候反。率，音律。○彀率，弯弓之限也。言教人者，皆有不可易之法，不容自贬以徇学者之不能也。

③ 引，引弓也。发，发矢也。跃如，如踊跃而出也。因上文彀率而言君子教人，但授以学之之法，而不告以得之之妙，如射者之引弓而不发矢，然其所不告者，已如踊跃而见于前矣。中者，无过不及之谓。中道而立，言其非难非易。能者从之，言学者当自勉也。○此章言道有定体，教有成法；卑不可抗，高不可贬；语不能显，默不能藏。

也。君子教人，不为过难，不为过易，中道而立，犹教射者之引而不发，让能够学的人都去跟他学习，不能为学者降低其“道”也。

四十二

孟子曰：“天下有道，以道殉身；天下无道，以身殉道。[①] 未闻以道殉乎人者也。”[②]

殉，同徇，从也。天下有道的时候，身见而道随之行，此以道殉身也。天下无道的时候，道既不行，当退隐守道，此以身殉道也。若枉道以迁就他，则是以道殉人矣。此古之君子所决不为，故曰“未闻”。

四十三

公都子曰：“滕更之在门也，若在所礼，而不答，何也？”[③] 孟子曰：“挟贵而问，挟贤而问，挟长而问，挟有勋劳而问，挟故而问，皆所不答也。滕更有二焉。”[④]

滕更，滕君之弟。在门，在门下为弟子也。“若在所礼”，言似亦在所礼待之列。挟者，有所挟持而自负也。挟贵，自负其贵；挟贤，自负其贤。长，上声。挟长，自负年长。挟有勋劳，自负有功。挟故，自负为师长之亲戚故旧。凡有所挟持而自负者，其来问也。往往望其师之答教，对

① 殉，如殉葬之殉，以死随物之名也。身出则道在必行，道屈则身在必退，以死相从而不离也。

② 以道从人，妾妇之道。

③ 更，平声。〇赵氏曰：“滕更，滕君之弟，来学者也。”

④ 长，上声。〇赵氏曰：“二，谓挟贵、挟贤也。”尹氏曰：“有所挟，则受道之心不专，所以不答也。”〇此言君子虽诲人不倦，又恶夫意之不诚者。

已特别巴结，其意已不诚敬，故不答也。滕更有二挟，赵氏以为是挟贵挟贤。按滕更有无贤名，已无可考；或系因滕文公与孟了的关系而挟故，亦未可知。

四十四

孟子曰：“于不可已而已者，无所不已；于所厚者薄，无所不薄也。①其进锐者，其退速。”②

已，止也。不可已，指不可止的事。不可止的事而竟止矣，则无论什么事，都可以停止了。故曰：“于不可已而已者，无所不已。”所厚，指关系密切，应该厚待的人，应厚待的人，尚且薄待，则无论什么人，都可以薄待了。故曰：“于所厚者薄，无所不薄。”吾人求学做事，易有欲速之心。欲速成者，当初或有很快的进步。但是其气易衰，其力难继，他的退下来，也一定是很快的。故曰“其进锐者，其退速”也。按赵氏以“已”为“弃”，指罢斥而言；以“进退”为用人之进退。今从朱注。

四十五

孟子曰：“君子之于物也，爱之而弗仁；于民也，仁之而弗亲。亲亲而仁民，仁民而爱物。”③

---

① 已，止也。不可止，谓所不得不为者也。所厚，所当厚者也。此言不及者之弊。

② 进锐者，用心太过，其气易衰，故退速。○三者之弊，理势必然，虽过不及之不同，然卒同归于废弛。

③ 物，谓禽兽草木。爱，谓取之有时，用之有节。○程子曰：“仁，推己及人，如老吾老，以及人之老，于民则可，于物则不可。统而言之则皆仁，分而言之则有序。”扬氏曰：“其分不同，故所施不能无差等，所谓理一而分殊者也。”尹氏曰：“何以有是差等？一本故也，无伪也。”

物，人类以外之物也。言君子于物，但当爱育之而弗当以仁加之。若牺牲，则不得不杀也。对于人民，当仁爱之而弗当亲之，以爱有差等也。能亲其亲，然后能仁民。所谓“老吾老，以及人之老；幼吾幼，以及人之幼”也。能仁民，然后能爱物。否则，恩足以及禽兽，而功不至于百姓矣。此章可以见儒家与墨家之异。墨家言无论何人何物，皆当兼而爱之。儒家之仁，虽亦训爱人，但须由亲而及疏，由近而及远也。

四十六

孟子曰：“知者无不知也，当务之为急；仁者无不爱也，急亲贤之为务。尧、舜之知而不遍物，急先务也；尧、舜之仁不遍爱人，急亲贤也。[①]不能三年之丧，而缌小功之察；放饭流歠，而问无齿决，是之谓不知务。”[②]

“知者”及“之知”之知，同“智”。言有智者，对于人情物理，无不通晓；但总拣应当用力干的事情先去做。仁者对人，无一不爱；但总先急急地亲爱贤者。故以尧舜之智，而不事事物物都去整治，因为他们是急急地办那些应该先办的事也。以尧舜之仁，而不遍爱一切人民，因为急于先要亲爱贤人也。这正是所谓“知所先后”。三年之丧，服之最重者。缌，是缌麻，是三个月的丧服；小功，是五个月的丧服；都是丧服之轻者。不

① 知者之知，并去声。知者固无不知，然常以所当务者为急，则事无不治，而其为知也大矣；仁者固无不爱，然常急于亲贤，则恩无不洽，而其为仁也博矣。

② 饭，扶晚反。歠，昌悦反。〇三年之丧，服之重者也。缌麻，三月；小功，五月，服之轻者也。察。致详也。放饭，大饭。流歠，长歠。不敬之大者也。齿决，啮断干肉，不敬之小者也。问，讲求之意。〇此章言君子之于道，识其全体，则心不狭；知所先后，则事有序。〇丰氏曰：“智不急于先务，虽遍知人之所知、遍能人之所能，徒弊精神，而无益于天下之治矣。仁不急于亲贤，虽有仁民爱物之心。小人在位，无由下达，聪明日蔽于上，而恶政日加于下，此孟子所谓不知务也。”

能服三年之丧。则是大不孝矣；乃偏偏注意细察三个月的缌麻服和五个月的小功服，这就是不知轻重缓急了。放饭，大吃而饭粒狼藉也。流歠，大喝而汤水从口角流溢也。齿决，牙齿咬断干肉也。问，讲究的意思。在尊长前面吃饭，狼吞虎咽地大吃大喝，这是大不敬了，乃偏偏讲究那不要用牙齿咬断干肉的小礼节，这又是不知轻重缓急了。这两层是举例以明事有轻重缓急；做事应知当务之急，先其重者急者，后其轻者缓者。上章言亲亲而后仁民，仁民而后爱物，亦是此旨。

四十七

孟子曰："不仁哉，梁惠王也！仁者以其所爱及其所不爱，不仁者以其所不爱及其所爱。"① 公孙丑问曰："何谓也？""梁惠王以土地之故，糜烂其民而战之，大败；将复之，恐不能胜，故驱其所爱子弟以殉之，是之谓以其所不爱及其所爱也。"②

"以其所爱，及其所不爱"者，即由亲亲推而仁民也。"以其所不爱，及其所爱"，则适得其反矣。孟子以此论梁惠王之不仁，公孙丑不解其意，所以问孟子。糜烂，烂如粥糜也。梁惠王为争夺土地之故，不管百姓身体的糜烂，迫百姓去打仗。打了一个大败仗，又想复仇；恐怕不能够得胜，所以又驱自己所爱的子弟，压着百姓去打。不料又打了一个大败仗，连自己的子弟，也死在里头。百姓是他所不爱的；子弟是他所爱的。故曰："以其所不爱，及其所爱。"

---

① 亲亲而仁民。仁民而爱物，所谓以其所爱及其所不爱也。

② 梁惠王以下，孟子答辞也。糜烂其民，使之战斗，糜烂其血肉也。复之，复战也。子弟，谓太子申也。以土地之故及其民，以民之故及其子，皆以其所不爱及其所爱也。○此承前篇之末三章之意，言仁人之恩，自内及外；不仁之祸，由疏逮亲。

四十八

孟子曰："春秋无义战。彼善于此，则有之矣。[①] 征者，上伐下也，敌国不相征也。"[②]

义战，是合理的战事。言春秋时没有合理的战事。交战的两方彼善于此的，则有之矣。征者，声罪致讨也。只有诸侯犯罪，天子下令讨伐，方可叫做"征"。征者，正也，正其不正者也。若彼此都是诸侯，是同等的国家，只能说是"战"，不能说是征也。按：此是就春秋战国的时局而言，读者不可以辞害意。如汤武的吊民伐罪，即是以下伐上，亦可叫做"征"。所以只要看这战争的义不义，就可以定他是不是"征"。如近代合理的革命，以武力推翻暴虐腐败的政府，抵抗侵略的战争，以武力维护国家民族的独立自由，便都是义战，便可以说是"征"也。

四十九

孟子曰："尽信《书》，则不如无《书》。[③] 吾于《武成》，取二三策而已矣。[④] 仁人无敌于天下，以至仁伐至不仁，而何其血之流杵也？"[⑤]

---

① 《春秋》每书诸侯战伐之事，必加讥贬，以著其擅兴之罪，无有以为合于义而许之者。但就中彼善于此者则有之，如召陵之师之类是也。

② 征，所以正人也。诸侯有罪，则天子讨而正之，此春秋所以无义战也。

③ 程子曰："载事之辞，容有重称而过其实者，学者当识其义而已。苟执于辞，则时或有害于义，不如无《书》之愈也。"

④ 《武成》，《周书》篇名，武王伐纣归而记事之书也。策，竹简也。取其二三策之言，其余不可尽信也。程子曰："取其奉天伐暴之意，反政施仁之法而已。"

⑤ 杵，舂杵也。或作卤，楯也。《武成》言武王伐纣，纣之"前徒倒戈，攻于后以北，血流漂杵。"孟子言此则其不可信者。然《书》本意，乃谓商人自相杀，非谓武王杀之也。孟子之设是言，惧后世之惑，且长不仁之心耳。

书，赵注以为《尚书》，太泥。此盖泛指古书而言。不过以《武成》为例耳。《武成》，《尚书》中之篇名，记周武王伐纣的战事，因武王武功告成，故名《武成》。策，竹简也。仅取二三策，言不可尽信也。《武成》里面有"血流漂杵"一句话，杵者，舂米的木杆。杵，一说作卤，楯也。楯即是藤牌。言杀人之多，流血成河，连杵都漂浮着也。仁人是无敌于天下的。以周武王之至仁去伐纣王之至不仁，决没有十分激烈的抵抗的。如此，则不必杀很多的人了。哪里会有血流漂杵的事呢？按文人之辞，往往形容过甚，前篇所引《云汉》之《诗》的"周余黎民，靡有孑遗"，也和"血流漂杵"相同。王充《论衡》的《艺增》，刘勰《文心雕龙》的《夸饰》，汪中《述》《学》《释三九》的论"词之形容"，论之甚详。

五十

孟子曰："有人曰：'我善为陈，我善为战。'大罪也。[①] 国君好仁，天下无敌焉。[②] 南面而征。北狄怨；东面而征，西夷怨。曰：'奚为后我？'[③] 武王之伐殷也，革车三百两，虎贲三千人。[④] 王曰：'无畏！宁尔也，非敌百姓也。'若崩厥角稽首。[⑤] 征之为言正也，各欲正己也，焉用战？"[⑥]

陈，今作阵。好，去声。两，今作辆。贲，音奔。焉，平声，安也，

---

① 陈，去声。○制行伍曰陈，交兵曰战。

② 好，去声。

③ 此引汤之事以明之，解见前篇。

④ 两，去声。贲，音奔。○又以武王之事明之也。两，车数，一车两轮也。千，《书序》作百。

⑤ 《书·太誓》文与此小异。孟子之意当云：王谓商人曰："无畏我也。我来伐纣，本为安宁汝，非敌商之百姓也。"于是，商人稽首至地，如角之崩也。

⑥ 焉，於虔反。○民为暴君所虐，皆欲仁者来正己之国也。

何也。孟子痛斥战事，故曰：“有人说：‘我善于摆阵，我善于作战。’这便是大罪。”国君好仁，就可以无敌于天下。“南面而征北狄怨，东面而征西夷怨，曰，奚为后我”是引用汤的事情，已见前篇，古时用车战，革车者，以皮革为帷的战车也。其数只有三百两。虎贲，犹言勇猛如虎的兵士也。《司马法》曰：“革车一乘，士十人，徒二十人。”虎贲，即士也。每车十人，故革车三百两，虎贲三千人也。王，指武王。武王对殷人说：你们不要怕，我是来安抚你们的。不是来和你们百姓做对敌的。厥，顿也。角，额角。厥角，即顿首也。稽首，磕头至地也。“若崩厥角稽首”，即“厥角稽首若崩”。言殷民听了武王的话，一起跪下顿首磕头，人多势骤，故如山之崩也。征字的意义，原是正其不正。各处受暴虐的百姓，都想有仁人来矫正他本国的不仁之政，对于仁人的军队，只有欢迎，没有抵抗，哪里用得着战争呢？

五十一

孟子曰：“梓匠轮舆能与人规矩，不能使人巧。”①

此章全是比喻之辞。梓人匠人轮人舆人之教学徒，只能以规矩法度传授之，不能使拙工巧也。盖法度可以言传，巧妙全在心悟。与《庄子》轮扁论斫轮之旨相同。一切技艺、文学、兵法、政治，以至道德之修养，莫不皆然。

① 尹氏曰：“规矩，法度可告者也。巧则在其人，虽大匠亦末如之何也已，盖下学可以言传。上达必由心悟，庄周所论斫轮之意盖如此。”

五十二

孟子曰："舜之饭糗茹草也，若将终身焉。及其为天子也，被袗衣，鼓琴，二女果，若固有之。"①

饭，上声，吃也。糗，去久反，干粮也。茹，音汝，亦吃也。被，音披，穿也。袗，音轸，赵朱二注皆曰"画衣也"。古者衣用绘，裳用绣。袗衣，黼黻之衣。又《说文》衣部云："袗，盛服也。"钱大昕《养新录》引梁同书说，谓《三国志·魏文帝纪》注"舜承尧禅，被袗裘，妻二女，若固有之"，当本《孟子》。袗衣，即珍裘，其说亦通。果，说文作婐，乌果反，侍也。袗衣及琴，皆尧所赐。二女，尧之二女，妻舜者也。"若将终身焉"者，言其安贫自得；"若固有之"者，言其行所无事。不改常态。

五十三

孟子曰："吾今而后知杀人亲之重也：杀人之父，人亦杀其父；杀人之兄，人亦杀其兄。然则非自杀之也，一间耳。"②

间，去声。一间者，言相去仅一间而已。杀人之父兄，致人亦杀其父兄。则己虽不杀父兄，父兄实由己而死。故杀人之亲，是一件极重大的事情。

---

① 饭，上声。糗，去久反。茹，音汝。袗，之忍反。果，《说文》作婐，乌果反。○饭，食也。糗。干糒也。茹，亦食也。袗，画衣也。二女，尧二女也。果，女侍也。言圣人之心，不以贫贱而有慕于外，不以富贵而有动于中，随遇而安，无预于己，所性分定故也。

② 间，去声。○言吾今然后知者，必有所为而感发也。一间者，我往彼来，间一人耳，其实与自害其亲无异也。○范氏曰："知此则爱敬人之亲，人亦爱敬其亲矣。"

五十四

孟子曰："古之为关也，将以御暴。[①] 今之为关也，将以为暴。"[②]

关者，关卡城门之类。古时候人的造关，是用以抵御盗贼或邻国的兵之残暴的。今时人的造关，只知征收捐款阻难行旅，暴虐人民，是"御暴"者，适所以"为暴"也。

五十五

孟子曰："身不行道，不行于妻子；使人不以道。不能行于妻子。"[③]

此言自身不行道，即不能使其道行于妻子；使令人而不以道，则其命令不能行于妻子。妻子且然，更不必论他人了。

五十六

孟子曰："周于利者，凶年不能杀，周于德者，邪世不能乱。"[④]

---

① 讥察非常。

② 征税出入。〇范氏曰："古之耕者什一，后世或收大半之税，此以赋敛为暴也。文王之囿，与民同之；齐宣王之囿，为阱国中，此以园囿为暴也。后世为暴，不止于关。若使孟子用于诸侯，必行文王之政，凡此之类，皆不终日而改也。"

③ 身不行道者，以行言之。不行者，道不行也。使人不以道者，以事言之。不能行者，令不行也。

④ 周，足也，言积之厚则用有余。

周者，足也。言积财足者，虽遇凶年，不至饿杀。积德足者，虽处邪世，不能乱他的志也。上二句是比喻，下二句是本旨。

五十七

孟子曰：“好名之人，能让千乘之国；苟非其人，箪食豆羹见于色。”①

此章言好名的人。矫情干誉，能让千乘的大国。然若本非真正能轻富贵的人，则有时为了一筲箕饭，一木碗羹，得失喜怒之情，反不知不觉地从脸色上流露出来了。所谓“观人必于其微”也。按此从朱注。赵氏以“诚非好名者”释“苟非其人”，与朱注异。

五十八

孟子曰：“不信仁贤，则国空虚。② 无礼义，则上下乱。③ 无政事，则财用不足。”④

空虚，言无人也。韩非子《亡征篇》云：“亡国之廷无人焉。”与此言“空虚”，是一样的意思。礼义者，所以辨上下，定民志，没有了礼义，上下当然大乱了。不知生财之道，取之无度，用之无节，就是无政事。这样，自然出多入少，财用不足了。

---

① 好、乘、食，皆去声。见，音现。○好名之人，矫情干誉，是以能逊千乘之国。然若本非能轻富贵之人，则于得失之小者，反不觉其真情之发见矣。盖观人不于其所勉，而于其所忽，然后可以见其所安之实也。

② 空虚，言若无人然。

③ 礼义，所以辨上下，定民志。

④ 生之无道，取之无度，用之无节故也。○尹氏曰：“三者以仁贤为本。无仁贤，则礼义政事，处之皆不以其道矣。”

五十九

孟子曰："不仁而得国者，有之矣；不仁而得天下者，未之有也。"①

得国，指为诸侯。得天下，指为天子。孟子时诸国之君未有能仁者，而皆有得天下之野心，故发此言。

六十

孟子曰："民为贵，社稷次之，君为轻。② 是故得乎丘民而为天子，得乎天子为诸侯，得乎诸侯为大夫。③ 诸侯危社稷，则变置。④ 牺牲既成，粢盛既洁，祭祀以时，然而旱干水溢，则变置社稷。"⑤

盛，音成。社，是土神，社坛设在东面，祭祀五土的。稷，是谷神。稷坛设在西面，祭祀五谷的。古时是神权政治，中国又是农业国，故各朝代建国时候必立社稷坛，且以社稷代表国家。凡国家的成立，以得民心为第一，以民为邦本也。故曰："民为贵。"社稷次之，犹云国家次之。因建国家以设制度，施政治，无非为民，故其重要次于人民。君者，不过办理

---

① 言不仁之人，骋其私智，可以盗千乘之国，而不可以得丘民之心。○邹氏曰："自秦以来，不仁而得天下者有矣，然皆一再传而失之，犹不得也。所谓得天下者，必如三代而后可。"

② 社，土神。稷，谷神。建国则立坛壝以祀之。盖国以民为本，社稷亦为民而立。而君之尊。又系于二者之存亡，故其轻重如此。

③ 丘民，田野之民，至微贱也。然得其心，则天下归之。天子，至尊贵也，而得其心者，不过为诸侯耳。是民为重也。

④ 诸侯无道，将使社稷为人所灭，则当更立贤君，是君轻于社稷也。

⑤ 盛，音成。○祭祀不失礼，而土谷之神不能为民御灾捍患，则毁其坛壝而更置之，亦年不顺成，八蜡不通之意。是社稷虽重于君而轻于民也。

国家政治的人罢了，故曰："君为轻。"朱注云："丘民，田野之民。"王念孙《广雅疏证》云："丘，众也。""丘民"，犹今言"民众"。能得民众的心，然后可为天子。这样推下去，则得了天子之心，天子可以封之为诸侯：得了诸侯之心，诸侯可以命之为大夫。这是说明"民为贵"的道理。"诸侯危社稷，则变置"者，言诸侯无道，危及国家者，就可以废掉他，另置贤君。这是说明"君为轻"的道理。牺牲是祭祀用的牲畜，粢盛是祭品，黍稷叫做粢，在器中的食物叫做盛。如果祭祀的牛羊已经肥硕齐备。祭祀的饭食已经清洁，祭祀是接着时候举行的，然而社稷之神，却不能保佑这国家，而有水旱之灾，那么就当毁坏旧的社稷坛，另置新社稷坛以奉祀之，以为神不能保护人民之惩罚。这是说明社稷轻于人民的道理。世界各国，都经过神权政治的阶段。只有中国古代，虽奉神权，然以人民为神的代表。如《尚书·皋陶谟》言："天工，人其代之。"《泰誓》言"天视自我民视，天听自我民听"，是天子虽尊贵，仍须受人民之监督也。孟子此言，固为当时视民如草芥的国君而发，然而正合近世民权的真谛。

六十一

孟子曰："圣人，百世之师也，伯夷、柳下惠是也。故闻伯夷之风者，顽夫廉，懦夫有立志：闻柳下惠之风者，薄夫敦，鄙夫宽，奋乎百世之上。百世之下，闻者莫不兴起也。非圣人而能若是乎？而况于亲炙之者乎？"①

伯夷、柳下惠之风云云，已见前篇。奋起乎百世之上，百世之下，闻其风者莫不兴起，要不是圣人，能够有这样的影响力么？亲炙者，言亲身

① 兴起，感动奋发也。亲炙，亲近而熏炙之也，余见前篇。

受过圣人的教化。好像被火薰炙过一样。百世以下的人，尚能仰慕圣人而以为师。何况亲身受过圣人的教化的呢？

六十二

孟子曰：“仁也者，人也。合而言之，道也。”①

儒家的中心学说，就是一个“仁”字。仁者，就是所以为人的道理。“合而言之”者，合仁与人言之；人而能仁，就是“道”也。按“仁”字古文为“忎，”从千从心会意，是说一千个人，都同此一心也。小篆为“仁”，从人从二。盖一人独处空山荒岛，无所谓人道；必与人相偶，由二人以上，至全体人类，人道乃见。故仁者，即做人之道也。

六十三

孟子曰：“孔子之去鲁，曰：‘迟迟吾行也。’去父母国之道也。去齐，接淅而行，去他国之道也。”②

此章已见《万章篇》，系重出。但无“去他国之道也”句。

---

① 仁者，人之所以为人之理也。然仁，理也；人，物也。以仁之理，合于人之身而言之，乃所谓道者也。○程子曰：“《中庸》所谓率性之谓道是也。”○或曰“外国本‘人也’之下，有‘义也者宜也，礼也者履也，智也者知也，信也者实也’凡二十字。”今按：如此，则理极分明，然未详其是否也。

② 重出。

六十四

孟子曰："君子之戹于陈、蔡之间，无上下之交也。"①

君子，指孔子。孔子之困厄于陈蔡之间，甚至绝粮，因为这两国的君臣，没有与他交往的也。

六十五

貉稽曰："稽大不理于口。"② 孟子曰："无伤也。士憎兹多口。③《诗》云：'忧心悄悄，愠于群小。'孔子也。'肆不殄厥愠，亦不陨厥问。'文王也。"④

貉，有二读，一音陌，为北方人种名；一音鹤，姓也。赵氏以为貉稽姓貉，名稽。焦氏引《纂文》以为貉人名稽，未知孰是。"不理于口"者，赵氏云："为众口所讪。理，赖也。"焦氏引《国语·晋语》韦昭注，"赖，利也"。谓"不理于口"，即"不利于众口"。意与赵氏同。孟子答以"无伤"者。言"不理于口"，是无妨的。赵氏以"益多口"释"憎兹多口"。朱注因谓"憎"为"增"字传写之误。按赵氏之意谓为士者益为

① 君子，孔子也。戹与厄同，君臣皆恶，无所与交也。

② 貉，音陌。○赵氏曰："貉，姓；稽，名，为众口所讪。"理，赖也。今按《汉书》无俚，《方言》亦训赖。

③ 赵氏曰："为士者，益多为众口所讪。"按：此则憎当从土，今本皆从心，盖传写之误。

④ 《诗》，《邶风·柏舟》，及《大雅·绵》之篇也。悄悄，忧貌。愠，怒也。本言卫之仁人见怒于群小。孟子以为孔子之事，可以当之。肆，发语辞。陨，坠也。问，声问也。本言太王事昆夷，虽不能殄绝其愠怒，亦不自坠其声问之美。孟子以为文王之事，可以当之。○尹氏曰："言人顾自处如何，尽其在我者而已。"

此众口所讪，盖以“憎”为“增”之通借字耳。翟灏《考异》则谓“理”字兼条分修治之义，“不理于口”者，稽自痛其言之无文。孟子答以“士憎兹多口”者，谓徒理于口，亦为士君子所憎恶；多口者，即《论语》所谓“御人以口给”也。惟能以文王孔子之道理其身心，即有憎其不理于口者，亦仅群小而已，已之声闻，无陨越也。求理于口，徒兹多口，反为有道之士所不取耳。翟氏之说，与赵氏异，且读“兹”为“滋”。但按之下引《诗》语，孟子之意，盖谓文王孔子亦不免为群小所愠，则多口之讪，圣人且不免，故曰“无伤”。翟氏之意，似不如赵注为长。“忧心悄悄，愠于群小”，是《诗经·邶风·柏舟篇》的两句诗。悄悄，忧貌。愠者，怨恨也。群小，一班小人也。此言为群小所愠也。诗本非为孔子而作，孟子引以况孔子耳。“肆不殄厥愠，亦不陨厥问”，是《诗经·大雅·绵篇》的句子。肆，是发语词，无义。殄，绝也。陨，失坠的意思。问，同闻，声闻也。此诗是咏文王，言虽不能殄绝小人的怨恨，然而也不至于丧失文王的令闻也。

六十六

孟子曰：“贤者以其昭昭，使人昭昭；今以其昏昏，使人昭昭。”①

昭昭，明也。昏昏，暗也。贤者，先自明其明德，然后以先知觉后知，以先觉觉后觉，教人也明白。今日在位的人，自己已是昏昏，不明义理，只知贪污自私，却要教人明白义理，奉公守法。岂可得乎？

---

① 昭昭，明也。昏昏，暗也。○尹氏曰：“《大学》之道，在自昭明德，而施于天下国家，其有不顺者寡矣。”

六十七

孟子谓高子曰："山径之蹊间，介然用之而成路。为间不用，则茅塞之矣。今茅塞子之心矣。"①

朱注谓"径"是小路；"蹊"是人行处；"介然"是倏然之顷；"用"，由也；"路"，大路也；为间，少顷也。朱子之意，山上小路人所行处，倏然之间有人走它，便成为一条大路；小顷没有人走了，便又有茅草生长，塞住了。按《礼记·月令》："孟冬塞徯径。"郑玄注："徯径，鸟兽之道也。""徯"，《淮南子》及《吕氏春秋》作"蹊"。《周易》郑玄注亦云："径路为山间鹿兔之蹊。"则"山径之蹊间"，谓山中兽蹄所经，非人行之处也。《汉书·历律志》云："介然有常。""介然用之而成路"者，言人专由此路，常常走它，则兽之所经，可以成行人之路也。《方言》云："用行也。"用之，即行之，言走此处也；不用，即不行，言不走此路也。此以山径之蹊间，常走则成路，不走则茅塞，喻为学不可中断。若一暴十寒，则亦茅塞其心矣。"为间"之"间"，去声。

六十八

高子曰："禹之声，尚文王之声。"② 孟子曰："何以言之？"曰："以

① 介，音戛。○径，小路也。蹊，人行处也。介然，倏然之顷也。用，由也。路，大路也。为间，少顷也。茅塞，茅草生而塞之也。言理义之心，不可少有间断也。

② 尚，加尚也。○丰氏曰："言禹之乐，过于文王之乐。"

追蠡。”[①] 曰：“是奚足哉？城门之轨。两马之力与？”[②]

尚，加也，过也。高子言禹之乐声，过于文王的乐声。追，音堆，钟纽也。蠡，音礼，虫啮过的样子。高子以为禹所用的钟，他的纽好像虫啮过的样子，就要断绝，可见他用得多。文王的钟纽，还没有这种将断绝的形状，可见他不大为人所用，以此为禹之声，胜于文王之声的证据。“是奚足哉”，孟子言这不足以为证据也。轨，车轮所经之迹。城门下面，不得并行，故车轮拉过的凹痕更显。这不是一车两马拉之力所能致，车子过得多，日子长了，所以如此。言禹王的钟纽将要断绝，也是历年长久的缘故。文王在禹之后千余年，所以他的钟纽，还不见将断的形状，这并不是禹之声胜过文王之声的证据也。与，同欤。

六十九

齐饥。陈臻曰：“国人皆以夫子将复为发棠，殆不可复。”[③] 孟子曰：“是为冯妇也。晋人有冯妇者，善搏虎，卒为善士。则之野，有众逐虎。虎负嵎，莫之敢撄。望见冯妇，趋而迎之。冯妇攘臂下车。众皆悦之，其为士者笑之。”[④]

---

① 追，音堆。蠡，音礼。○丰氏曰：“追，钟纽也。《周礼》所谓旋虫是也。蠡者，啮木虫也。言禹时钟在者，钟纽如虫啮而欲绝，盖用之者多，而文王之钟不然，是以知禹之乐过于文王之乐也。”

② 与，平声。○丰氏曰：“奚足，言此何足以知之也。轨，车辙迹也。两马，一车所驾也。城中之途容九轨，车可散行，故其辙迹浅。城门惟容一车，车皆由之，故其辙迹深。盖日久车多所致，非一车两马之力能使之然也。言禹在文王前千余年，故钟久而纽绝；文王之钟，则未久而纽全，不可以此而议优劣也。”○此章文义本不可晓，旧说相承如此，而丰氏差明白，故今存之，亦未知其是否也。

③ 复，扶又反。○先时齐国尝饥，孟子劝王发棠邑之仓，以振贫穷。至此又饥，陈臻问言齐人望孟子复劝王发棠，而又自言恐其不可也。

④ 手执曰搏。卒为善士，后能改行为善也。之，适也。负，依也。山曲曰嵎。撄，触也。笑之，笑其不知止也。疑此时齐王已不能用孟子，而孟子亦将去矣，故其言如此。

棠，齐邑名。发棠者。以前齐国饥荒，孟子曾请齐王发棠邑之仓，出谷米以赈济人民。这回齐国又饥荒了，所以陈臻来告诉孟子，国中的人，都以为孟子又将去请齐王发棠邑的谷米了。“殆不可复”者，陈臻自己猜想的话，言怕不可再请齐王发棠也。孟子就借一个故事，表明自己的意思。冯妇，冯姓妇名，是一个勇士。搏虎，空手打虎也。后来改从善行，终成了善士。之，往也。冯妇偶然到野外去也。嵎，山曲。负嵎者，在山曲处蹲着，背山向人，眈眈而视，张着嘴以待逐他的人也。撄，触犯也。逐虎的人见虎如此，没有人敢上前去触犯他。望见冯妇来了，大家跑过去迎接他。冯妇见猎心喜，好勇的故态复萌，所以揎袖伸臂，跳下车来。逐虎的众人见了，都很高兴；为士者则以冯妇既改行为善，忽又下车搏虎，故笑之也。孟子说这个故事，是表明自己不为冯妇，就是不复为发棠之意。盖发仓赈饥，本非齐王所愿，前次发棠之请，齐王原是勉强听从；此时已将去齐，若再请发棠，必如冯妇，为有识者所笑也。

七十

孟子曰：“口之于味也，目之于色也，耳之于声也，鼻之于臭也，四肢之于安佚也，性也。有命焉，君子不谓性也。[①] 仁之于父子也，义之于君臣也，礼之于宾主也，知之于贤者也，圣人之于天道也，命也。有性焉，君子不谓命也。”[②]

---

① 程子曰：“五者之欲，性也。然有分，不能皆如其愿，则是命也。不可谓我性之所有，而求必得之也。”愚按：不能皆如其愿，不止为贫贱。盖虽富贵之极，亦有品节限制，则是亦有命也。

② 程子曰：“仁、义、礼、智天道，在人则赋于命者，所禀有厚薄清浊。然而性善可学而尽，故不谓之命也。”张子曰：“晏婴智矣，而不知仲尼。是非命耶？”愚按：所禀者厚而清，则其仁之于父子也至，义之于君臣也尽，礼之于宾主也恭，智之于贤否也哲，圣人之于天道也，无不吻合而纯亦不已焉。薄而浊，则反是。是皆所谓命也。○或曰者当作否；人，衍字，更详之。○愚闻之师曰：“此二条者，皆性之所有而命于天者也。然世之人以前五者为性，虽有不得，而必欲求之；以后五者为命，一有不至，则不复致力，故孟子各就其重处言之，以伸此而抑彼也。张子所谓养则付命于天，道则责成于己。其言约而尽矣。”

味，谓美味；色，谓美色；声，谓美妙的声音；臭，香气也，即《易》“其臭如兰”之臭；四体即四肢。口之于美味，目之于美色，耳之于妙音，鼻之于香气，四肢之于安逸，是人人喜欢的，这是人的本来性质，故曰“性也”。但这五项虽为人人所喜欢，能否如愿，却有命在，君子不说他是天性而求必得之也。父子应行其“仁”，君臣应行其“义”，宾主应行其“礼”，贤者应行其“智”，圣人应行其“天道”，这原是理之当然。但以舜为子而有瞽瞍之父，以龙逢、比干为臣而有桀、纣之君，宾主之间未必能行礼，贤者未必能行其智，圣人未必能行其道，此则有命存焉。但仁义礼智天道，原在性分之中；君子不说他是命，而弃置之也。盖世人以前五者为性，虽有不得，必欲求之；以后五者为命，一有不至，不复致力。君子则于前五者之不可必得，不谓之性而诿之命，不汲汲以强求；于后者之或有所缺，不诿之命而谓之性，必孜孜而不倦也。

七十一

浩生不害问曰：“乐正子，何人也？”孟子曰：“善人也，信人也。”[①]“何谓善？何谓信？”[②] 曰：“可欲之谓善，[③] 有诸己之谓信，[④] 充实之谓美，[⑤] 充实而有光辉之谓大，[⑥] 大而化之之谓圣，[⑦] 圣而不可知之之谓神。[⑧]

---

① 赵氏曰：“浩生，姓；不害，名，齐人也。”

② 不害问也。

③ 天下之理，其善者必可欲，其恶者必可恶。其为人也，可欲而不可恶，则可谓善人矣。

④ 凡所谓善，皆实有之，如恶恶臭，如好好色，是则可谓信人矣。○张子曰：“志仁无恶之谓善，诚善于身之谓信。”

⑤ 力行其善，至于充满而积实，则美在其中而无待于外矣。

⑥ 和顺积中，而英华发外，美在其中，而畅于四支，发于事业，则德业至盛而不可加矣。

⑦ 大而能化，使其大者泯然无复可见之迹，则不思不勉，从容中道，而非人力之所能为矣。○张子曰：“大可为也，化不可为也，在熟之而已矣。”

⑧ 程子曰：“圣不可知，谓圣之至妙，人所不能测。非圣人之上，又有一等神人也。”

乐正子，二之中，四之下也。”①

浩生是姓，不害是名，齐国人。他问孟子乐正子是怎样的一个人？孟子答以乐正子是善人，又是信人。浩生不害又问何谓善？何谓信？孟子因详告之。“可欲之谓善”者，言人人都觉得他可爱而不可恶，这就叫做“善”。“有诸己之谓信”者，言凡是善的他都实在有的，这就叫做“信”。“充实之谓美”者，言力行他的善，至于充满而积实，这就叫做“美”。“充实而有光辉之谓大”者，言善既充满在身，又能发挥而光大之，这就叫做“大”。“大而化之之谓圣”者，言既是大了，又能加以变化，这就叫做“圣”。“圣而不可知之之谓神”者，言圣人的作为，如天地自然之变化，众人无从测度，这就叫做“神”了。孟子所说，共有六等，乐正子的为人，恰在“善”与“信”二者之中，而“美”、“大”、“圣”、“神”四者之下。

七十二

孟子曰：“逃墨必归于杨，逃杨必归于儒。归，斯受之而已矣。② 今之与杨、墨辩者，如追放豚，既入其苙，又从而招之。”③

---

① 盖在善，信之间，观其从于子敖，则其有诸己者或未实也。○张子曰：“颜渊、乐正子皆知好仁矣。乐正子志仁无恶而不致于学，所以但为善人、信人而已。颜子好学不倦，合仁与智，具体圣人，独未至圣人之止耳。”○程子曰：“士之所难者，在有诸己而已。能有诸已，则居之安，资之深，而美且大可以驯致矣。徒知可欲之善，而若存若亡而已，则能不受变于俗者鲜矣。”○尹氏曰：“自可欲之善，至于圣而不可知之神，上下一理。扩充以至于神，则不可得而名矣。”

② 墨氏务外而不情，杨氏太简而近实，故其反正之渐，大略如此。归斯受之者，闵其陷溺之久，而取其悔悟之新也。

③ 放豚，放逸之豕豚也。苙，阑也。招，罥也，羁其足也。言彼既来归，而又追咎其既往之失也。此章见圣贤之于异端，距之甚严，而于其来归，待之甚恕。距之严，故人知彼说之为邪；待之恕，故人知此道之可反，仁之至，义之尽也。

墨即墨翟，杨即杨朱。孟子时，墨翟、杨朱与孔孟的儒家，为三大派。按《伪列子·杨朱篇》禽滑釐谓杨朱弟子孟孙阳曰：“以子之言问老聃、关尹，则子言当矣。”是杨朱亦道家也。战国时九流十家纷然并起，其卓然有以自立者，儒、道、墨三家而已。曰逃曰归者，脱离这一派，去入那一派也。既来归，就接受他罢了。放豚者，逃出猎栏外的猪也。苙，即猪栏。招，音翘，罥也，羁其足也。赵朱注均谓孟子主张“归斯受之”，故以追放豚者，豚既归而入苙，又罥其足，喻今之与杨墨辨者，既归而又追咎其既往，未免过甚。按孟子与杨墨辨斥最力。今之与杨墨辩者，孟子自谓也。言我今之与杨墨辩者，如追放豚然，“既入其苙”，正以放豚为喻，谓入杨墨之苙而不知来归者；我之所以不惮辞费，与之辨者，欲从而招之，使弃杨墨而来归耳。此章所说，盖分二层：其自脱而来归者，斯受之；其迷而未反，入杨墨之苙者。则以辨说破其迷执而招之也。

七十三

孟子曰：“有布缕之征，粟米之征，力役之征。君子用其一，缓其二。用其二，而民有殍。用其三，而父子离。”①

征就是收税。古时向人民收税，有上述三种。布缕者，所织的布与所纺的丝缕也。粟米者，人民的粮食也。力役者，国家有什么工程建筑把人民招来，叫他们做工也。君子治国，只用一项而缓用其他的二项。如三项之中，用了二项，则人民就要成为饿殍。三项都一齐用起来，则必至人民父子离散，不能安居，而乱事起矣。

---

① 征赋之法，岁有常数，然布缕取之于夏，粟米取之于秋，力役取之于冬，当各以其时。若并取之，则民力有所不堪矣。今两税三限之法，亦此意也。○尹氏曰“言民为邦本，取之无度，则其国危矣。”

七十四

孟子曰：“诸侯之宝三：土地，人民，政事。宝珠玉者，殃必及身。”①

殃，即祸患也。言诸侯所宝贵的，是土地，人民，政事三项。若宝贵珠玉，祸患必及到他的身上也。

七十五

盆成括仕于齐。孟子曰：“死矣，盆成括！”盆成括见杀，门人问曰：“夫子何以知其将见杀?”曰：“其为人也小有才，未闻君子之大道也，则足以杀其躯而已矣。”②

盆成是姓，括是名。“死矣，盆成括”是倒装句，犹云“盆成括将死矣”。后来盆成括果然被杀。孟子的门人问孟子道：“夫子怎么会知道他将要被杀的呢?”孟子道：“他的做人，有些小小的才能，却还没有听见君子做人的大道理，这就足以招杀身之祸了。”即此可见自负才智，不知大道，胡作妄为，是取祸之道。

七十六

孟子之滕，馆于上宫。有业屦于牖上，馆人求之弗得。③ 或问之曰：

① 尹氏曰：“言宝得其宝者安，宝失其宝者危。”

② 盆成，姓；括，名也。恃才妄作，所以取祸。○徐氏曰：“君子道其常而已。括有死之道焉，设使幸而获免，孟子之言犹信也。”

③ 馆，舍也。上宫，别宫名。业屦，织之有次业而未成者，盖馆人所作，置之牖上而失之也。

“若是乎从者之廋也？”曰：“子以是为窃屦来与？”曰：“殆非也。夫子之设科也，往者不追，来者不拒。苟以是心至，斯受之而已矣。”①

屦，音句。廋，音廋。为，去声。与，作欤。赵氏云：“上宫，楼也。”朱子以为是滕君的别宫。按上宫犹云上舍，谓上等的馆舍耳。屦，麻鞋也。业屦者，正织着尚未完成的麻鞋也。牖，窗也。“有业屦于牖上，馆人求之弗得”者，言有人把未完工的麻鞋，放在窗上，忽而不见，馆里的人，寻找弗得也。“廋”，同“廋”，藏匿也。或人疑为孟子之从者所藏匿，故问之也。“若是乎”，疑而未决之辞。与，同欤。孟子道：“你以为我的学生是专为偷麻鞋来的吗？”那人道：“这总是不至于的。”设科者，设教科，授弟子也。是心，谓求学之心。“夫子之设科也往者不追，来者不拒，苟以是心至，斯受之而已矣。”这一段话，赵注以为是孟子自己说的；朱注以为仍是或人说的。如是孟子自己说的话，不当自称“夫子”。如是或人说的话，则仍含有讽刺孟子之意，孟子前既以“子以是为窃屦来欤”反诘之，何以或人再加讽刺，反默尔而息？按阮元《孟子校勘记》，宋、岳、廖、孔、韩诸本，“子”字均作“予”。赵注云：“夫我设教授之科。”则赵本“子”亦作“予”可知。“予”上之“夫”，当音扶。“往者不追”，即《论语》孔子所谓“不保其往”之意。

七十七

孟子曰：“人皆有所不忍，达之于其所忍，仁也；人皆有所不为，达

---

① 从、为，并去声。与，平声。夫子，如字，旧读为扶余者，非。○或问之者，问于孟子也。廋，匿也。言子之从者，乃匿人之物如此乎？孟子答之，而或人自悟其失，因言此从者固不为窃屦而来，但夫子设置科条以待学者，苟以向道之心而来，则受之耳，虽夫子亦不能保其往也。门人取其言，有合于圣贤之指，故记之。

之于其所为，义也。[①] 人能充无欲害人之心，而仁不可胜用也。人能充无穿窬之心，而义不可胜用也。[②] 人能充无受尔汝之实，无所往而不为义也。[③] 士未可以言而言，是以言餂之也；可以言而不言，是以不言餂之也，是皆穿窬之类也。”[④]

人皆有所不忍，有所不为者，因恻隐之心，羞恶之心，人皆有之也。不愿害人，即是有所不忍；不愿穿窬，即是有所不为。达者，推此心以通之彼也。其有所忍，有所为者，未能达此不忍不为之心而已。充，是扩大的意思。胜，平声。不可胜用，言仁义之心积而广大，用之不尽也。窬，窦也。穿窬，掘墙洞，做偷儿也。“窬”一作“逾”；则穿谓掘洞，逾谓跳墙矣。“尔”、“汝”，为对人轻贱之称。古时对人称“子”，称“夫子”；称“尔”、“汝”则轻贱之，非人所愿受。实，实情也。言人如能扩充不愿害人之心，即是“仁”：如能充不愿穿窬之心，不愿受人轻贱之情，即是“义”也。餂，音忝，餂，即以舌头舐物，试试味道而后吃也。有试探的意思。尚未可以说话时而说话，是要想用言语去试探别人；到了可以说话的时候，而不说话，是要想以不言去试探别人。这种行为，都是穿窬偷窃的一类。能充无穿窬之心者，决不肯做这类事情。

---

① 恻隐羞恶之心，人皆有之，故莫不有所不忍、不为，此仁义之端也。然以气质之偏、物欲之蔽，则于他事或有不能者。但推所能，达之于所不能，则无非仁义矣。

② 胜，平声。○充，满也。穿，穿穴；踰，踰墙，皆为盗之事也。能推所不忍，以达于所忍，则能满其无欲害人之心，而无不仁矣。能推其所不为，以达于所为，则能满其无穿踰之心，而无不义矣。

③ 此申说上文充无穿踰之心之意也。盖尔汝，人所轻贱之称，人虽或有所贪昧隐忍而甘受之者，然其中心必有惭忿而不肯受之之实。人能即此而推之，使其充满，无所亏缺，则无适而非义矣。

④ 餂，音忝。○餂，探取之也。令人以舌取物曰餂，即此意也。便佞隐默，皆有意探取于人，是亦穿踰之类。然其事隐微，人所易忽，故特举以见例。明必推无穿踰之心，以达于此而悉去之，然后为能充其无穿踰之心也。

七十八

孟子曰："言近而指远者，善言也；守约而施博者，善道也。君子之言也，不下带而道存焉。[①] 君子之守，修其身而天下平。[②] 人病舍其田而芸人之田。所求于人者重，而所以自任者轻。"[③]

言近指远者，所说的话虽极浅近，而所含的义指，极其远大，这是极好极有用的话，故曰"善言"。守约而施博者，言对于事事物物，所守的是最简约的原则，而其应用却处处可通，这是最好最有用的道理，故曰"善道"。带，腰带。古人视不下带，谓只视带之上，注意目前常见之事物而已。"君子之言也，不下带而道存焉"者，是说君子所说的话，都是常见之近事，而大道却存乎其间，即上文所谓"言近指远"之善言也。"君子之守，修其身而天下平"者，言君子所守之道，以修身为本，而治国平天下，皆在乎此，即上文所谓"守约施博"之善道也。病，患也。芸，同耘。言人之所患，在舍己之田而耘人之田；在所求于他人者重，而所以自引为责任者轻；此即不知自修其身者也。

七十九

孟子曰："尧、舜，性者也；汤、武，反之也。[④] 动容周旋中礼者，盛

---

① 施，去声。○古人视不下于带，则带之上乃目前常见至近之处也。举目前之近事，而至理存焉，所以为言近而指远也。

② 此所谓守约而施博也。

③ 舍，音舍。○此言不守约而务博施之病。

④ 性者，得全于天，无所污坏，不假修为，圣之至也。反之者，修为以复其性，而至于圣人也。○程子曰："性之、反之，古未有此语，盖自孟子发之。"○吕氏曰："无意而安行，性者也；有意利行，而至于无意，复性者也。尧、舜不失其性，汤、武善反其性，及其成功则一也。"

德之至也。哭死而哀，非为生者也。经德不回，非以干禄也；言语必信，非以正行也。[①] 君子行法，以俟命而已矣。”[②]

尧舜所行的善事仁政，都是从本心里自然流出的，故曰：“尧舜，性者也。”汤武修身求学，回反到本性上去，故曰：“反之也。”中，去声。“动容周旋中礼者”，谓一切动作仪容，以及来往应对，种种细微曲折，无不合于礼节。这是君子的盛德，好到极处了，故曰：“盛德之至也。”为，去声。“哭死而哀，非为生者也”者，言哭死人而很悲哀，全是对于死者而感发，不是为了哭给活的人看也。经，常也。回，曲也。“经德不回，非以干禄也”者，言守着常德，不肯邪曲，并非为了求官做也。“言语必信，非以正行也”者，言所说的话，必须信实，不是用以表示自己的品行端正也。法者，天理之当然者也。言君子做人，只要行天理当然之事，以俟正命而已，并非有所为而为也。为生者而哭死，为干禄而经德，为正行而信言，则或以纳交，或以求官，或以钓名，是为假饰，不由本性，便非盛德；有所干求，即存侥幸，便非俟命矣。

八十

孟子曰：“说大人，则藐之，勿视其巍巍然。[③] 堂高数仞，榱题数尺，我得志，弗为也。食前方丈，侍妾数百人，我得志，弗为也。般乐饮酒，驱骋田猎，后车千乘，我得志，弗为也。在彼者，皆我所不为也；在我

① 中、为、行，并去声。○细微曲折，无不中礼，乃其盛德之至。自然而中，而非有意于中也。经，常也。回，曲也。三者亦皆自然而然，非有意而为之也，皆圣人之事，性之之德也。

② 法者，天理之当然者也。君子行之，而吉凶祸福有所不计，盖虽未至于自然，而已非有所为而为矣。此反之之事，董子所谓“正其义不谋其利，明其道不计其功”，正此意也。○程子曰：“动容周旋中礼者，盛德之至。行法以俟命者，‘朝闻道，夕死可矣’之意也。”○吕氏曰：“法由此立，命由此出，圣人也。行法以俟命，君子也。圣人性之，君子所以复其性也。”

③ 说，音税。藐，音眇。○赵氏曰：“大人，当时尊贵者也。藐，轻之也。巍巍，富贵高显之貌。藐焉而不畏之，则志意舒展，言语得尽也。”

者，皆古之制也，吾何畏彼哉？”①

藐，音妙。榱，音衰。般，音盘。乐，音洛。乘云声。说，音税。大人，指有权势富贵之人。藐之者，看轻他也。巍巍者，权大势大之貌。言去说服有权势富贵的人，要存一个看轻他的心，勿要注意他的巍巍然的势派也。八尺为一仞。榱者，檐下椽子也。题者，头也。几丈高的堂，檐下数尺长的椽子头，是大人所住的华屋，我就是得志了，也不屑这样讲究的。“食前方丈”者，言吃食的案桌，排列碗碟甚多，占有一方丈的地方也。“侍妾数百人”，言侍奉的姬妾之多。“般乐饮酒”者，任性地狂欢喝酒也。“驱骋田猎”者。骑着马奔来奔去打猎也。“后车千乘”者，言随从的仆役众多也。我就是得志了，也不屑这样纵乐的。所以在他的种种，都是我所不为；在我的种种，都是合于古先圣王的法度的。这样两方面一比较，则我何必怕他呢！所以能“藐之”也。一般人和所谓大人说话，先存一怕惧他的心理，艳羡他的心理，于是谄媚奉承无所不至而所谓大人者，因此更看人不起了。故必如孟子所言，方能不失自己的身份。以此章与韩非《说难》一比，真有天渊之别了。

八十一

孟子曰：“养心莫善于寡欲。其为人也寡欲，虽有不存焉者，寡矣；其为人也多欲，虽有存焉者，寡矣。”②

---

① 榱，楚危反。般，音盘。乐，音洛。乘，去声。〇榱，桷也。题，头也。食前方丈，馔食列于前者，方一丈也。此皆其所谓巍巍然者，我虽得志，有所不为，而所守者皆古圣贤之法，则彼之巍巍者何足道哉！〇杨氏曰：“《孟子》此章，以己之长，方人之短，犹有此等气象，在孔子则无此矣。”

② 欲，如口鼻耳目四支之欲，虽人之所不能无，然多而不节，未有不失其本心者，学者所当深戒也。〇程子曰：“所欲不必沈溺，只有所向便是欲。”

欲，嗜欲也。要养心，最好是减少嗜欲。“存”、“不存”，指“心”。前篇云“操则存，舍则亡”，“亡”即“不存”也。心放，故不存。嗜欲多，则心为外物所诱，放而不存。嗜欲寡，则外物不能诱之，故心存而不放也。

八十二

曾晳嗜羊枣，而曾子不忍食羊枣。[①] 公孙丑问曰：“脍炙与羊枣孰美?”孟子曰：“脍炙哉!”公孙丑曰：“然则曾子何为食脍炙而不食羊枣?”曰：“脍炙所同也，羊枣所独也。讳名不讳姓，姓所同也，名所独也。”[②]

羊枣，形圆色黑的小枣，又叫羊矢枣。曾晳喜欢吃羊枣，后来曾晳死了，曾子不忍再吃羊枣，因为看见羊枣，就想到已死的父亲也。肉细切曰脍，烹炒曰炙。公孙丑问：“脍炙比羊枣，那一种的味道好?”孟子道：“自然是脍炙了!”公孙丑之意，以为脍炙既然味道比羊枣好，曾晳一定也是喜欢吃的，那么曾子为什么吃脍炙，不吃羊枣呢？孟子答道：“喜欢吃脍炙是人人所同的。喜欢吃羊枣是曾晳一人的口味。曾子因为羊枣是曾晳独自喜欢吃的东西，所以看见羊枣，就要想起父亲，因此不忍吃也。譬如避亲的讳姓是大家所同的，所以不必讳，至于名，只有一个人独有，所以要讳也。”

八十三

万章问曰：“孔子在陈，曰：‘盍归乎来！吾党之士狂简，进取，不忘

① 羊枣，实小黑而圆，又谓之羊矢枣。曾子以父嗜之，父没之后，食必思亲，故不忍食也。
② 肉聂而切之为脍。炙，炙肉也。

其初。’孔子在陈，何思鲁之狂士?”① 孟子曰：“孔子‘不得中道而与之，必也狂狷乎！狂者进取，狷者有所不为也’。孔子岂不欲中道哉？不可必得，故思其次也。”②

朱注云：“盍，何不也。狂简，谓志大而略于事。进取，谓求望高远。不忘其初，谓不能改其旧也。”赵注云：“不忘其初，孔子思故旧也。”按此事亦见《论语·公冶长篇》所记孔子之言，与此略异。孔子在陈而思其乡党及门之士，即是不忘故旧。《仪礼·觐礼注》云：“初，犹故也。”是“初”字有故旧之义。“盍归乎来……进取”，为孔子之言；“不忘其初，则述孔子之言者之辞。赵说较朱为长。下“孔子在陈”二句，则为万章问孟子之言。孟子答语，亦见《论语·子路篇》。“中道”，作“中行”，“獧”，作“狷”，义并同。《国语·晋语》，“小心狷介”。韦昭注云：“狷者守分，有所不为也。”盖狂者过，狷者不及。中道则中庸也。

“敢问何如斯可谓狂矣?”③ 曰：“如琴张、曾皙、牧皮者，孔子之所谓狂矣。”④“何以谓之狂也?”⑤ 曰：‘其志嘐嘐然’曰：‘古之人，古之人。’夷考其行，而不掩焉者也。⑥ 狂者又不可得，欲得不屑不洁之士而与

① 盍，何不也。狂简，谓志大而略于事。进取，谓求望高远。不忘其初，谓不能改其旧也。此语与《论语》小异。

② 狷，音绢。○不得中道至有所不为，据《论语》，亦孔子之言。然则“孔子”字下当有“曰”字。《论语》道作行，獧作狷。有所不为者，知耻自好，不为不善之人也。孔子岂不欲中道以下，孟子言也。

③ 万章问也。

④ 琴张，名牢，字子张。子桑户死，琴张临其丧而歌。事见《庄子》。虽未必尽然，要必有近似者。曾皙见前篇。季武子死，曾皙倚其门而歌。事见《檀弓》。又，言志异乎三子者之撰，事见《论语》。牧皮，未详。

⑤ 万章问。

⑥ 嘐，火交反。行，去声。○嘐嘐，志大言大也。重言古之人，见其动辄称之，不一称而已也。夷，平也。掩，覆也。言平考其行，则不能覆其言也。○程子曰：“曾皙言志，而夫子与之。盖与圣人之志同，便是尧舜气象也。特行有不掩焉耳，此所谓狂也。”

之，是狷也，是又其次也。[①] 孔子曰：‘过我门而不入我室，我不憾焉者，其惟乡原乎！乡原，德之贼也。’”

“敢问何如斯可谓狂矣？”万章问；“曰”字以下，孟子答。琴张，赵氏以为即颛孙师字子张者。朱子以为即琴牢，字子张。（即《论语·子罕》牢曰：“子云：‘吾不试，故艺’”之“牢”。见《论语注》）按《庄子·大宗师》言子琴张与子桑户孟子反友，子桑户死，二人编曲鼓琴，相和而歌。《檀弓》亦记季武子死，曾皙倚其门而歌。《论语·先进篇》记曾皙言志，与子路、冉有、公西华异。牧皮，未详。“何以谓之狂也？”万章又问。“曰：‘其志嘐嘐然。’”孟子又答。嘐，音火交反。嘐嘐，志大言大也。此句下，旧径接“曰古之人，古之人……”俞樾谓有错简。下节“何以是嘐嘐也……则曰古之人古之人”二十二字，当在此处“其志嘐嘐然”句之下。此处“曰古之人古之人”七字，乃脱烂之未尽者。“何以是嘐嘐也？”万章又问也。“言不顾行……”以下，孟子又答也。见《古书疑义举例》。今从俞说校正。盖狂者志大言大，言不顾行，行不顾言，“曰古之人古之人”，好评论古人也。但平时考察其行，不能掩覆其言者也。行不能掩其言，故曰“言不顾行，行不顾言”；其言夸大，故谓之“嘐嘐”也。不屑为污浊不洁之行者，即是獧。孟子之意，以中道为第一，狂次之，狷又次之。至于乡愿，则孔子以为德之贼，虽过门不入，亦不憾也。“原”，同“愿”。“乡愿，德之贼也”。孔子语，见《论语·阳货》篇。

曰：“何如斯可谓之乡原矣？”[②] 曰：“何以是嘐嘐也？言不顾行，行

---

① 此因上文所引，遂解所以思得狷者之意。狂，有志者也；狷，有守者也。有志者能进于道，有守者不失其身。屑，洁也。

② 乡人非有识者。原，与愿同。《荀子》“原悫”，字皆读作愿，谓谨愿之人也。故乡里所谓愿人，谓之乡原。孔子以其似德而非德，故以为德之贼。过门不入而不恨之，以其不见亲就为幸，深恶而痛绝之也。万章又引孔子之言而问也。

不顾言，则曰古之人，古之人。行何为踽踽凉凉？生斯世也，为斯世也，善斯可矣。’阉然媚于世也者，是乡原也。”①

“曰：何如斯可谓之乡原矣？”万章又问也。“何以是嘐嘐也……古之人”二十二字，错简，已依俞樾说，移在上节“其志嘐嘐然”句之下，此处当删。“曰行何为踽踽凉凉……”以下，孟子又答也。行，去声。踽，其禹反。朱注云：“踽踽，独行不进之貌。凉凉，薄也，不见亲厚于人也。”按《传唐风·杕杜》“独行踽踽”，《毛传》云：“踽踽，无所亲也。”《说文》云：“踽，疏也。”无所亲，故疏。凉训为薄，亦见《说文》薄者厚之反，亦疏而不亲之意。踽踽凉凉，即落落寡合也。“行何为踽踽凉凉……善可斯矣”四句，孟子述乡原之言。谓吾人之行，生于此世，即为此世之人；世俗以为善则可矣。何为落落与世寡合乎？乡原之主张如此，故阉然媚世也。《尔雅·释天》李巡注云：“阉，蔽也。”阉然，是遮遮掩掩的意思。

万子曰：“一乡皆称原人焉，无所往而不为原人，孔子以为德之贼，何哉？”② 曰：“非之无举也，刺之无刺也，同乎流俗，合乎污世，居之似忠信，行之似廉洁，众皆悦之，自以为是，而不可与入尧、舜之道，故曰德之贼也。③ 孔子曰：‘恶似而非者：恶莠，恐其乱苗也；恶佞，恐其乱义也；恶利口，恐其乱信也；恶郑声，恐其乱乐也；恶紫，恐其乱朱也；恶

---

① 行，去声。踽，其禹反。阉，音奄。○踽踽，独行不进之貌。凉凉，薄也，不见亲厚于人也。乡原讥狂者曰：何用如此嘐嘐然，行不掩其言，而徒每事必称古人耶？又讥狷者曰：何必如此踽踽凉凉，无所亲厚哉？人既生于此世，则当但为此世之人，使当世之人皆以为善则可矣。此乡原之志也。阉，如奄人之奄，闭藏之意也。媚，求悦于人也。孟子言此深自闭藏，以求亲媚于世，是乡原之行也。

② 原，亦谨厚之称，而孔子以为德之贼，故万章疑之。

③ 吕侍讲曰：“言此等之人，欲非之则无可举，欲刺之则无可刺也。”流俗者，风俗颓靡，如水之下流，众莫不然也。污，浊也。非忠信而似忠信，非廉洁而似廉洁。

乡原，恐其乱德也。’① 君子反经而已矣。经正，则庶民兴；庶民兴，斯无邪慝矣。”②

原，同愿。原人，犹现在所说的忠厚人。万章以为如乡原者，一乡的人，都称他是忠厚人，不论到什么地方，没有不说他是忠厚人的。独孔子以为他是“德之贼”，是何意义呢？“曰”字以下，是孟子的答辞。乡原是伪道学的一流人，遮遮掩掩地欺众媚世，故说他不是，则没有可举的事迹；讥刺他也没有可讥刺的地方也。流俗者，随风而靡之俗习，污世者，污浊的世界。“居之似忠信”者，实不是忠信而自处似乎忠信；“行之似廉洁”者。实不廉洁而行谊似乎廉洁。因此，一般人都喜欢他；他也自以为是，其实是不可以入尧舜之道的，所以孔子说是德之贼也。孟子解释了乡原为德之贼以后，又引孔子的话以证之。恶，去声，厌恨也。孔子所最厌恨的，为“似是而实非”者；莠与苗，佞与义，利口与信，郑声与雅乐，紫与朱，乡原与德，皆似是而非易相混乱者也。经，常也。真实的，可常行的常道，叫做“经”。“反经”者，回复到做人的常道也。中道，合乎经者也；狂与狷，虽不合乎经，而可以反乎经者也。反乎经，则经正矣。慝，隐恶也。经正，则庶民皆闻兴起，可以无邪慝，虽有乡原自不能媚世惑众也。

八十四

孟子曰：“由尧、舜至于汤，五百有余岁，若禹、皋陶，则见而知之；

① 恶，去声。莠，音有。〇孟子又引孔子之言以明之。莠，似苗之草也。佞，才智之称，其言似义而非义也。利口，多言而不实者也。郑声，淫乐也。乐，正乐也。紫，间色。朱，正色也。乡原，不狂不狷，人皆以为善，有似乎中道而实非也，故恐其乱德。

② 反，复也。经，常也，万世不易之常道也。兴，兴起于善也。邪慝，如乡原之属是也。世衰道微，大经不正。故人人得为异说以济其私，而邪慝并起，不可胜正，君子于此，亦复其常道而已。常道既复，则民兴于善，而是非明白，无所回互，虽有邪慝，不足以惑之矣。〇尹氏曰：“君子取夫狂狷者，盖以狂者志大而可与进道，狷者有所不为而可与有为也。所恶于乡原，而欲痛绝之者，为其似是而非，惑人之深也。绝之之术无他焉，亦曰反经而已矣。”

若汤，则闻而知之。[①] 由汤至于文王，五百有余岁，若伊尹、莱朱，则见而知之；若文王，则闻而知之。[②] 由文王至于孔子，五百有余岁，若太公望、散宜生，则见而知之；若孔子，则闻而知之。[③] 由孔子而来至于今，百有余岁，去圣人之世，若此其未远也；近圣人之居，若此其甚也，然而无有乎尔，则亦无有乎尔。”[④]

此章所举人名，前多见过。只莱朱、散宜生二人未见。赵注莱朱为汤贤臣，一云就是仲虺，按仲虺，《史记·殷本纪》作中䴊，“䴊”，读若“垒”，焦氏以为与“莱”字为一音之转。散宜生为文王贤臣。今，孟子之时。从孔子至孟子时，仅百余岁，则去圣人之世为未远也。邹鲁邻国，则去圣人之居，又如此其近也。然尧舜汤文，皆以圣人而在天子之位，其道行于天下，为人所共睹，故禹、皋陶、伊尹、莱朱、太公望、散宜生，得见而知之。若孔子，则有德无位，其道不行。即颜渊、曾子等高弟，亦仅能闻其讲述，不能见其实施。及孔子殁而微言绝，七十子丧而大义乖；至孟子之时，杨墨盛行，异端邪说，风行一时，孔子之道，衰而不著不但无见而知之者，且亦将无闻而知之者矣。“然而无有乎尔”，谓无见而知之者

---

① 赵氏曰：“五百岁而圣人出，天道之常。然亦有迟速，不能正五百年，故言有余也。”尹氏曰：“知，谓知其道也。”

② 赵氏曰：“莱朱，汤贤臣。”或曰：“即仲虺也，为汤左相。”

③ 散，素亶反。○散，氏；宜生，名；文王贤臣也。子贡曰：“文、武之道，未坠于地，在人。贤者识其大者，不贤者识其小者，莫不有文、武之道焉。夫子焉不学？”此所谓闻而知之也。

④ 林氏曰：“孟子言孔子至今时未远，邹，鲁相去又近，然而已无有见而知之者矣；则五百余岁之后，又岂复有闻而知之者乎？”愚按：此言虽若不敢自谓已得其传，而忧后世遂失其传，然乃所以自见其有不得辞者，而又以见夫天理民彝不可泯灭，百世之下，必将有神会而心得之者耳。故于篇终，历序群圣之统，而终之以此，所以明其传之有在，而又以俟后圣于无穷也，其指深哉！○有宋元丰八年，河南程颢伯淳卒。潞公文彦博题其墓曰：“明道先生。”而其弟颐正叔序之曰：“周公没，圣人之道不行；孟轲死，圣人之学不传。道不行，百世无善治；学不传，千载无真儒。无善治，士犹得以明夫善治之道，以淑诸人，以传诸后；无真儒，则天下贸贸焉莫知所之，人欲肆而天理灭矣。先生生乎千四百年之后，得不传之学于遗经，以兴起斯文为己任。辨异端，辟邪说，使圣人之道焕然复明于世。盖自孟子之后，一人而已。然学者于道不知所向，则孰知斯人之为功？不知所至，则孰知斯名之称情也哉？”

也。“则亦无有乎尔”，谓恐闻而知之者亦将无有也。孟子盖叹孔子之不得行其道，不能见之行事而徒托之空言；己之生也，幸而去圣人之世未远，离圣人之居又近，虽未得为孔子之徒，尚得私淑诸人，与乎闻知之列；而道终不行，则此闻而知之者，仍不得施之天下，见之行事也。朱注云云，谓孟子以道统之传自任，复引程颐之言，以确指所谓“道统”之传，惟程颢能上接孟子。此后学者，遂谓此章为道统之说之所由起。此则宋儒之言，非孟子之本旨矣。

[问题]

（一）何谓“尽心”、“知性”、“知天”、“立命”？

（二）何谓“正命”？

（三）何谓“万物皆备于我”？“反身而诚”？“强恕而行”？

（四）“耻”于人之关系如何？

（五）何谓“独善其身”？何谓“兼善天下”？

（六）何谓“以佚道使民”？“以生道杀民”？

（七）霸者之民与王者之民，有何不同？

（八）“仁言”与“仁声”，“善政”与“善教”，有何不同？

（九）何谓“良知”“良能”？

（十）何为“君子三乐”？

（十一）君子“所欲”、“所乐”、“所性”如何？

（十二）杨墨与子莫之道如何？孟子何以俱非之？

（十三）何谓“性之”、“身之”、“假之”？

（十四）何谓“尚志”？

（十五）何谓“居移气”？

（十六）何谓“践形”？

（十七）何谓君子五教？

（十八）何谓“有所挟而问”？

（十九）何谓“义战”？

（二十）何谓“尽信《书》不如无书”？

（二十一）孟子贵民轻君，其说如何？

（二十二）何谓“信、善、美、大、圣、神”？

（二十三）何谓“狂”、“獧”、“乡原”？

（二十四）《孟子》末章。其旨如何？

民国大师文库

（第七辑）

四书读本

（下）

蒋伯潜◎著

北京联合出版公司
Beijing United Publishing Co.,Ltd.

论语读本

读论语孟子法

朱　熹

程子曰："学者当以《论语》、《孟子》为本。《论语》、《孟子》既治，则《六经》可不治而明矣。读书者当观圣人所以作经之意，与圣人所以用心，圣人之所以至于圣人，而吾之所以未至者。所以未得者。句句而求之，昼诵而味之，中夜而思之，平其心，易其气，阙其疑，则圣人之意可见矣。"

程子曰："凡看文字，须先晓其文义，然后可以求其意。未有不晓文义而见意者也。"

程子曰："学者须将《论语》中诸弟子问处便作自己问，圣人答处便作今日耳闻，自然有得。虽孔、孟复生，不过以此教人。若能于《语》、《孟》中深求玩味，将来涵养成甚生气质！"

程子曰："凡看《语》、《孟》，且须熟读玩味。须将圣人言语切己，不可只作一场话说。人只看得二书切己，终身尽多也。"

程子曰："论孟只剩读，便自意足。学者须是玩味。若以语言解，意便不足。"

或问："且将论孟紧要处看，如何？"程子曰："固是好，但终是不浃洽耳。"

程子曰："孔子言语句句是自然，孟子言语句句是事实。"

程子曰："学者先读论语孟子，如尺度权衡相似，以此去量度事物，自然见得长短轻重。"

程子曰："读《论语》、《孟子》而不知道，所谓'虽多，亦奚以为'。"

论语序说

朱 熹

《史记·世家》曰："孔子名丘，字仲尼。其先宋人。父叔梁纥，母颜氏。以鲁襄公二十二年庚戌之岁，十一月庚子，生孔子于鲁昌平乡陬邑。为儿嬉戏，常陈俎豆，设礼容。及长，为委吏，料量平；委吏，本作季氏史。《索隐》云："一本作委吏，与《孟子》合。"今从之。为司职吏，畜蕃息。职，见《周礼·牛人》，读为杙，义与代同，盖系养牺牲之所。此官即《孟子》所谓乘田。适周。问礼于老子。既反，而弟子益进。昭公二十五年甲申，孔子年三十五，而昭公奔齐，鲁乱。于是适齐，为高昭子家臣，以通乎景公。有闻《韶》、问政二事。公欲封以尼谿之田，晏婴不可，公惑之。有季孟、吾老之语。孔子遂行，反乎鲁。定公元年壬辰，孔子年四十三，而季氏强僭，其臣阳虎作乱专政。故孔子不仕，而退修《诗》、《书》、《礼》、《乐》，弟子弥众。九年庚子。孔子年五十一。公山不狃以费畔季氏，召孔子，欲往，而卒不行。有答子路东周语。定公以孔子为中都宰，一年，四方则之，遂为司空，又为大司寇。十年辛丑，相定公会齐侯于夹谷，齐人归鲁侵地。十二年癸卯，使仲由为季氏宰，堕三都，收其甲兵。孟氏不肯堕成，围之不克。十四年乙巳，孔子年五十六，摄行相事，诛少正卯，与闻国政。三月，鲁国大治。齐人归女乐以沮之，季桓子受之。郊又不致膰俎于大夫，孔子行。《鲁世家》以此以上皆为十二年事。适卫，主于子路妻兄颜濁邹家。《孟子》作颜雠由。适陈，过匡，匡人以为阳虎而拘之。有颜渊后及文王既没之语。既解，还卫，主蘧伯玉家，见南子。有矢子路及未见好德之语。去，适宋，司马桓魋欲杀之。有天生德语及微服过宋事。又去，适陈，主司城贞子家。居三岁而反于卫。灵公不能用。有三年有成之语。晋赵氏家臣佛肸以中牟畔，召孔子，孔子欲往，亦不果。有答子路坚白语及荷蒉过门事。将西见赵简子，至河而反，又主蘧伯玉家。灵公问陈，不对而行，复如陈。据《论语》则绝粮当在此时。季桓子卒，遗言谓康子必召孔子，其臣止之，康子乃召冉求。《史记》以《论语》归与之叹为在此时，又以《孟子》所记叹词为主司城贞子时语，疑不然。盖《语》、《孟》所记，本皆此一时语，而所记有异同耳。孔子如蔡及叶。有叶公问答，子路不对，沮、溺耦耕，荷莜丈人等事。《史记》云："于是楚昭王使人聘孔子，孔子将往拜礼，而陈、蔡大夫发徒围之，故孔子绝粮于陈、蔡之间。"有愠见及告子贡一贯之语。按：是时陈、蔡臣服于楚，若楚王来聘孔子，陈、蔡大夫安敢围之？且据《论语》，绝粮当在去卫如陈之时。楚昭王将以书社地封孔子，令尹子西不可，乃止。《史记》云"书社地七百里"，恐无此理。时则有接舆之歌。又反乎卫，时灵公已卒，卫君辄欲得孔子为政。有鲁、卫兄弟及答子贡夷齐、子路正名之语。而冉求为季氏将，与齐战有功，康子乃召孔子，而孔子归鲁，实哀公之十一年丁巳，而孔子年六十八矣。有对哀公及康子语。然鲁终不能用孔子，孔子亦不求仕，乃敘《书传》、《礼记》，有杞宋、损益、从周等语。删《诗》正《乐》，有语太师及乐正等语。序《易》、《彖》、《系》、《象》、《说卦》、《文言》。有假我数年之语。弟子盖三千焉，身通六艺者七十二人。弟子颜回最贤，蚤死，后唯曾参得传孔子之道。十四年庚申，鲁西狩获麟，有莫我知之叹。孔子作《春秋》。有知我、罪我等语，《论语》请讨陈恒事亦在是年。明年辛酉，子路死于卫。十六年壬戌四月己丑，孔子卒，年七十三，葬鲁城北泗上。弟子皆服心丧三年而去，唯子贡庐于冢上，凡六年，孔子生鲤，字伯鱼，先卒。伯鱼生急，字子思，作《中庸》。”子思学于曾子，而孟子受业子思之门人。

何氏曰：“《鲁论语》二十篇。《齐论语》别有《问王》、《知道》，凡二十二篇，其二十篇中章句，颇多于《鲁论》。《古论》出孔氏壁中，分《尧日》下章子张问以为一篇，有两《子张》，凡二十一篇，篇次不与《齐》、《鲁论》同。”

程子曰：“《论语》之书，成于有子、曾子之门人，故其书独二子以子称。”

程子曰：“读《论语》，有读了全然无事者，有读了后其中得一两句喜者，有读了后知好之者，有读了后直有不知手之舞之足之蹈之者。”

程子曰：“今人不会读书。如读《论语》，未读时是此等人，读了后又只是此等人，便是不曾读。”

程子曰：“颐自十七八读《论语》，当时已晓文义。读之愈久，但觉意味深长。”

论　　语

学而第一

古人著书，皆先有文而后加题目。其题目，往往取首句中二三字，但作标题，别无他义。本篇第一章，第一句为“子曰学而时习之”，故取“学而”二字，作为本篇的题目。以下各篇同。

子曰：“学而时习之，不亦说乎？[①] 有朋自远方来，不亦乐乎？[②] 人不知而不愠，不亦君子乎？”[③]

说，同悦。乐，音洛。愠，音运。何晏《论语集解》：“马（融）曰：

① 说，悦同。○学之为言效也。人性皆善，而觉有先后，后觉者必效先觉之所为，乃可以明善而复其初也。习。鸟数飞也。学之不已，如鸟数飞也。悦，喜意也。既学而又时时习之，则所学者熟，而中心喜说，其进自不能已矣。○程子曰：“习，重习也。时复思绎，浃洽于中，则说也。”又曰：“学者，将以行之也。时习之，则所学者在我，故说。”○谢氏曰：“时习者，无时而不习。坐如尸，坐时习也；立如齐，立时习也。”

② 乐，音洛。○朋，同类也。自远方来，则近者可知。○程子曰：“以善及人，而信从者众，故可乐。”又曰：“悦在心，乐主发散在外。”

③ 愠，纡问反。○愠，含怒意。君子，成德之名。○尹氏曰：“学在已。知不知在人，何愠之有。”○程子曰：“虽乐于及人，不见是而无闷，乃所谓君子。”愚谓及人而乐者顺而易，不知而不愠者逆而难，故惟成德者能之。然德之所以成，亦曰学之正、习之熟、说之深而不已焉耳。○程子曰：“乐由说而后得，非乐不足以语君子。”

‘子者，男子之通称，谓孔子也。’”按：春秋时称卿大夫皆曰“子”、曰“夫子”，故马氏以为男子之通称。孔子曾为鲁大夫，故其弟子亦称之曰“子”、曰“夫子”。私人聚弟子讲学，以孔子为最早。故此后相沿，遂称师曰夫子。又《集解》王（肃）曰：“时者，学者以时诵习之。诵习以时，学无废业，所以为说怿。”王氏以诵习释习，似专指读书而言。朱注则曰：“学之为言效也。人性皆善，而觉有先后；后觉者，必效先觉之所为，乃可以明善而复其初也。习，鸟数飞也。学之不已，如鸟数飞也。既学而又时时习之，则所学者熟，而中心喜悦，其进自不能已矣。”朱子训“学”为“效”，“习”为“学之不已”，则可以兼包“知”（书本）、“行”（行为）两方面而言，较王说为精当。因为《论语》所说的“学”，皆是学做人；且偏重于行为方面的实践也。时习者，如朱注引谢氏云：“坐如尸，坐时习也；如立齐，立时习也。”无时不习，一也。如“春秋教礼乐，冬夏教《诗书》”；“柔日读经，刚日读史”；按时而习，二也。学是知新，习是温故；学是“日知其所亡，习是月无忘其所能”。能如此，则博学笃行，虽愚必明，虽柔必强，所以中心喜悦。颜回好学，虽贫困不改其乐，便是因此。

《集解》包（咸）曰：“同门日朋。”按《白虎通·辟雍篇》说师弟子之道有三，一为朋友之道，即引本篇此语为证。《孟子》子濯孺子曰：“其取友必端矣。”亦谓弟子曰友。《史记·孔子世家》云：“孔子不仕，退而修诗书礼乐；弟子弥众，至自远方。”此云“有朋自远方来”，即指弟子至自远方。《孟子》以“得天下英才而教育之”为君子三乐之一，与此“有朋自远方来，不亦乐乎”之意正同。

朱注：“愠，含怒意。君子，成德之名。尹氏曰：‘学在己，知不知在人，何愠之有?’程子曰：‘虽乐于及人，不见是而无闷，乃所谓君子。’此皆以‘人不知’为‘人不知我。’”《集解》云：“凡人有所不知，君子不怒。”焦循《论语补疏》引《魏略》记乐详为博士，五经并授，其或质难不解，详无愠色，牵譬引喻，至忘寝食为证。按“学而时习”，是“学不厌”；“人不知而不愠”，是“教不倦”；二者为孔子一生精神，故列之首章。

有子曰：“其为人也孝弟，而好犯上者，鲜矣；不好犯上，而好作乱者，未之有也。① 君子务本，本立而道生。孝弟也者，其为仁之本与！”②

有子，名若，孔子弟子。《史记·仲尼弟子传》裴骃《集解》引郑玄云：“鲁人。”按《论语》记孔子弟子皆称字，闵损、冉求二人各一称子，惟有若、曾参二人皆称子；编撰次第，又以有子、曾子之言为第二章、第三章：盖弟子门人尊此二人之故。弟，今作悌。朱注：“善事父母为孝，善事兄长为弟。”好，去声。鲜，上声，少也。与，今作欤。为仁，犹言行仁。“欲仁”而“志于仁”，“用力于仁”以“求仁”，是谓“为仁”。《孟子》云：“仁之实，事亲是也。”《中庸》云：“仁者，人也，亲亲为大。”故“为仁”以孝弟为本。务本，即致力于孝弟。本立道生，谓孝弟之行立，则仁道由此生。孔子之道，以仁为本。

子曰：“巧言令色，鲜矣仁！”③

---

① 弟、好，皆去声。鲜，上声，下同。○有子，孔子弟子，名若。善事父母为孝，善事兄长为弟。犯上，谓干犯在上之人。鲜，少也。作乱，则为悖逆争斗之事矣。此言人能孝弟，则其心和顺，少好犯上，必不好作乱也。

② 与，平声。○务，专力也。本，犹根也。仁者，爱之理，心之德也，为仁，犹曰行仁。与者，疑词，谦退不敢质言也。言君子凡事专用力于根本，根本既立，则其道自生。若上文所谓孝弟，乃是为仁之本，学者务此，则仁道自此而生也。○程子曰：“孝弟，顺德也，故不好犯上，岂复有逆理乱常之事？德有本，本立则其道充大，孝弟行于家，而后仁爱及于物，所谓亲亲而仁民也。故为仁以孝弟为本。论性，则以仁为孝弟之本。”或问：“孝弟为仁之本，此是由孝弟可以至仁否？”曰：“非也。谓行仁自孝弟始，孝弟是仁之一事。谓之行仁之本则可，谓是仁之本则不可。盖仁是性也，孝弟是用也，性中只有个仁、义、礼、智四者而已，曷尝有孝弟来？然仁主于爱，爱莫大于爱亲，故曰：“孝弟也者，其为仁之本与！”

③ 巧，好。令，善也。好其言，善其色，致饰于外，务以悦人，则人欲肆而本心之德亡矣。圣人词不迫切，专言鲜，则绝无可知，学者所当深戒也。○程子曰：“知巧言令色之非仁，则知仁矣。”

鲜，音险。巧言，是说话说得好听，其实都是骗人的话。令色，是专用一种媚人的态度，去奉承人家。《尚书·皋陶谟篇》云："何畏乎巧言令色？孔壬。"孔壬就是"甚佞"的意思。下《雍也篇》亦有"仁而不佞"之语。仁者诚实无伪，故适与"佞"相反。

曾子曰："吾日三省吾身：为人谋而不忠乎？与朋友交而不信乎？传不习乎？"①

《史记·弟子传》，曾子，名参，字子舆，南武城人，孔子弟子。省，音醒，察也。这是说每日以三事让自己反省。朱注云："尽己之谓忠；以实之为信；传，谓受之于师；习，谓熟之于己。曾子以此三者日省其身，有则改之，无则加勉。其自治诚切如此，可谓得为学之本矣。"又引尹氏曰："曾子守约，故动必求诸身。"按郑玄注云："鲁读'传'为'专'，今从古。"《说文解字》云："专，六寸簿也。"犹今之札记簿，所以记述师言。此别一说。

---

① 省，悉井反。为，去声。传，平声。○曾子，孔子弟子，名参，字子舆。尽己之谓忠。以实之谓信。传谓受之于师。习谓熟之于己。曾子以此三者日省其身，有则改之，无则加勉，其自治诚切如此，可谓得为学之本矣。而三者之序，则又以忠信为传习之本也。○尹氏曰："曾子守约，故动必求诸身。"○谢氏曰："诸子之学。皆出于圣人，其后愈远而愈失其真。独曾子之学，专用心于内，故传之无弊，观于子思、孟子可见矣。惜乎其嘉言善行，不尽传于世也。其幸存而未泯者，学者其可不尽心乎！"

子曰："道千乘之国，敬事而信，节用而爱人，使民以时。"①

道。去声，作治字解。乘，亦去声。千乘之国，指诸侯之国，可以出兵车一千乘的。敬，是谨慎、郑重的意思；事，指政事。不敬事，则朝令暮改，如何能"信"？"用"，指国家的财用。不节，则国用不足，必致横征暴敛，如何能"爱人"？古时候国家有大工程，都叫百姓来充工役。孔子以为国家要兴工程，须等到农事已过，百姓闲暇的时候，才使他来做工。就是《孟子》"不违农时"的意思。

子曰："弟子入则孝，出则弟，谨而信，泛爱众，而亲仁。行有余力，则以学文。"②

弟子，对兄父而言，指青年为弟为子者。故《仪礼·特牲馈·食礼》注云："弟子，后生也。""出则弟"之"弟"，今作悌。孝，专对父母言；弟则对兄及其他长于我者而言；故曰"入则孝"。专指在家；"出则弟"，兼指对外。又，《礼记·内则》云："异为孺子室于宫中。"入，指由已室

---

① 道、乘，皆去声。○道，治也。马氏云："八百家出车一乘。"千乘，诸侯之国，其地可出兵车千乘者也。敬者，主一无适之谓。敬事而信者，敬其事而信于民也。时，谓农隙之时。言治国之要，在此五者，亦务本之意也。○程子曰："此言至浅，然当时诸侯果能此，亦足以治其国矣。圣人言虽至近，上下皆通。此三言者，若推其极，尧、舜之治亦不过此。若常人之言近，则浅近而已矣。"○杨氏曰："上不敬则下慢，不信则下疑，下慢而疑，事不立矣。敬事而信，以身先之也。《易》曰：'节以制度，不伤财，不害民。'盖侈用则伤财，伤财必至于害民，故爱民必先于节用。然使之不以其时，则力本者不获自尽，虽有爱人之心，而人不被其泽矣。然此特论其所存而已，未及为政也。苟无是心，则虽有政，不行焉。"○胡氏曰："凡此数者，又皆以敬为主。"愚谓五者反复相因，各有次第，读者宜细推之。

② 弟子之弟，上声。则弟之弟，去声。谨者，行之有常也。信者，言之有实也，泛，广也。众，谓众人。亲，近也。仁，谓仁者。余力，犹言暇日。以，用也。文，谓《诗》、《书》六艺之文。○程子曰："为弟子之职，力有余则学文，不修其职而先文，非为己之学也。"○尹氏曰："德行，本也。文艺，末也。穷其本末，知所先后，可以入德矣。"○洪氏曰："未有余力而学文，则文灭其质；有余力而不学文，则质胜而野。"愚谓力行而不学文，则无以考圣贤之成法，识事理之当然，而所行或出于私意，非但失之于野而已。

入父母所居之室。又云："十年，出就外传。"出，指就传而言。说亦可通。朱注云："谨者，行之有常也；信者，言之有实也。"是谓"谨而信。句兼言行二方面说。窃疑孝弟指行，谨信指言。必慎言，乃能有信。谨而信，就是《中庸》的"庸言之谨"。泛，广博普遍的意思。《广雅释诂》："亲，近也。"仁，指有仁德之人。朱注："文指诗书六艺之文。"按："行"字统上孝弟谨信爱众亲仁而言。以余力学文，可见孔门之学，"行"重于"知"。

子夏曰："贤贤易色、事父母能竭其力，事君能致其身，与朋友交言而有信。虽曰未学，吾必谓之学矣。"①

子夏，姓卜，名商。孔子弟子。《史记，弟子传集解》引郑玄说是温人，温，卫邑，与《孔子家语》、《弟子解》云"卫人"者合。孔颖达《礼记·檀弓疏》云是魏人。"贤贤"，上一个"贤"字，作动词用，是敬重的意思；下一个"贤"字是名词，指贤人。朱注云："贤人之贤而易其好色之心。"则"易"误作"亦"，是替换的意思。《汉书·李寻传》引此语。颜师古注："易色，轻略于色，不贵之也。"则"易"字作轻易解，当读去声。又《广雅释》言："易，如也。"王念孙《疏证》云："《论语》'贤贤易色'。易者，如也。犹言好德如好色也。"义亦可通。三说虽不同，"贤"字皆泛指贤人。宋翔凤则谓贤贤易色，即《关雎》之义，是明夫妇之伦。（见《朴学斋礼记》）如宋氏说，则"贤贤易色"，明夫妇之伦；"事父母能竭其力"，明父子之伦；"事君能致其身"，明君臣之伦；"与朋

① 子夏，孔子弟子，姓卜，名商。贤人之贤。而易其好色之心，好善有诚也。致，犹委也。委致其身，谓不有其身也。四者皆人伦之大者，而行之必尽其诚，学求如是而已。故子夏言有能如是之人，苟非生质之美，必其务学之至。虽或以为未尝为学，我必谓之已学也。○游氏曰："三代之学，皆所以明人伦也。能是四者，则于人伦厚矣。学之为道。何以如此？子夏以文学名，而其言如此，则古人之所谓学者可知矣。故《学而》一篇，大抵皆在于务本。"○吴氏曰："子夏之言，其意善矣。然词气之间，抑扬太过，其流之弊，将或至于废学。必若上章夫子之言，然后为无弊也。"

友交言而有信”，明朋友之伦。《孟子》谓三代之学，“皆所以明人伦”。故末句云：“虽曰未学，吾必谓之学矣。”《中庸》云：“君子之道，造端乎夫妇。”故“贤贤易色”，列于首句。

子曰：“君子不重则不威，学则不固。[①] 主忠信。[②] 无友不如己者。[③] 过则勿惮改。”[④]

朱注云：“重，厚重；威，威严；固，坚固也。轻乎外者，必不能坚乎内；故不重，则无威严，而所学亦不坚固也。”按：不重，就是轻薄。威，指威仪。轻薄之人，必无威仪，必不能使人尊敬。故曰：“不重则不威。”《集解》引孔（安国）曰：“固，蔽也。”郑玄《曲礼注》云：“固，谓不达于理也。”亦蔽塞之义。下文孔子告子路曰：“好仁不好学，其蔽也愚；好知不好学，其蔽也荡；好信不好学，其蔽也贼；好直不好学，其蔽也绞；好勇不好学，其蔽也乱；好刚不好学，其蔽也狂。”可见固蔽皆由于不好学，学，则不至有所固蔽了。孔注较朱注为长。“主忠信”，言为人之道，以忠信为主。故上文曾子以不忠不信反省其身。《集解》引郑（玄）云：“主，亲也。”则谓“主忠信”，为亲近忠信之人，即上文“亲仁”之意，而与下句“无友不如己者”相连。无，同毋，禁止之词。朱注云：“友所以辅仁；不如己，则有益而无损。”惮，是畏难的意思。人非圣贤，孰能无过。常人有过，亦未常不知愧悔，但往往因苟安畏难之故，而不能

---

① 重，厚重。威，威严。固，坚固也。轻乎外者，必不能坚乎内，故不厚重则无威严，而所学亦不坚固也。

② 人不忠信，则事皆无实，为恶则易，为善则难，故学者必以是为主焉。○程子曰：“人道唯在忠信，不诚则无物，且出入无时，莫知其乡者，人心也。若无忠信，岂复有物乎？”

③ 无，毋通，禁止辞也。友所以辅仁，不如己，则无益而有损。

④ 勿，亦禁止之辞。惮，畏难也。自治不勇，则恶日长，故有过则当速改，不可畏难而苟安也。○程子曰：“学问之道无他也，知其不善，则速改以从善而已。”○程子曰：“君子自修之道当如是也。”○游氏曰：“君子之道，以威重为质，而学以成之。学之道，必以忠信为主，而以胜己者辅之。然或吝于改过，则终无以入德，而贤者亦未必乐告以善道，故以过勿惮改终焉。”

即改。故曰："过则勿惮改。"

曾子曰："慎终追远，民德归厚矣。"[①]

慎终，说父母的丧事，须办得谨慎。追：远，指祭祀祖先，虽时间久远，必须追祭，示不忘本也。丧葬祭祀，无非示民不忘本；故能易浇薄之风俗，使民俗道德，归于敦厚。这一章是说明儒家所以重丧葬祭祀之旨。墨子尝讥儒家不信鬼神而隆丧祭之礼，是犹无鱼而下网，无客而行客礼。盖未明此旨耳。

子禽问于子贡曰："夫子至于是邦也，必闻其政。求之与？抑与之与？"[②] **子贡曰："：夫子温、良、恭、俭、让以得之。夫子之求之也，其诸异乎人之求之与？"**[③]

子禽，姓陈，名亢，孔子弟子。即《史记·弟子传》之原亢籍。原氏出于陈，陈原同氏；亢，字籍，一字子禽。（见臧庸《拜经日记》）按《礼记·檀弓·郑注》为齐人。子贡，姓端木，名赐，亦孔子弟子，卫人。"之与"的"与"，都同欤。"与之"的"与"，是告语的意思；石经作

---

① 慎终者，丧尽其礼。追远者，祭尽其诚。民德归厚，谓下民化之，其德亦归于厚。盖终者，人之所易忽也，而能谨之；远者，人之所易忘也，而能追之，厚之道也。故以比自为，则己之德厚，下民化之，则其德亦归于厚也。

② 之与之与，平声，下同〇子禽，姓陈，名亢。子贡，姓端木，名赐。皆孔子弟子。或曰："亢。子贡弟子。"未知孰是。抑，反语辞。

③ 温，和厚也。良，易直也。恭，庄敬也。俭，节制也。让，谦逊也。五者，夫子之盛德光辉接于人者也。其诸，语辞也。人，他人也。言夫子未尝求之，但其德容如是，故时君敬信，自以其政就而问之耳，非若他人必求之而后得也。圣人过化存神之妙，未易窥测，然即此而观，则其德盛礼恭而不愿乎外，亦可见矣。学者所当潜心而勉学也。〇谢氏曰："学者观于圣人威仪之间，亦可以进德矣。若子贡亦可谓善观圣人矣，亦可谓善言德行矣。今去圣人千五百年，以此五者想见其形容，尚能使人兴起，而况于亲炙之者乎？"张敬夫曰："夫子至是邦必闻其政。而未有能委国而授之以政者。盖见圣人之仪形而乐告之者，秉彝好德之良心也，而私欲害之，是以终不能用耳。"

“子”。此章记子禽看见孔子每到一个国家，必定与闻这国家的政治，因问子贡道：“是夫子自己去求来的呢？还是人君自己情愿告诉他的呢？”

温，是和气，良，是易直，恭。是庄敬，俭，是节制，让，是谦逊。子贡说：“夫子有此五项美德，所以到一个国家，得与闻这国家的政治。夫子之得与闻政治，原不是求；即说是求，我想也是和他人之求不同罢。”

子曰：“父在，观其志；父没，观其行；三年无改于父之道，可谓孝矣。”①

一个人于父亲在的时候，家中事务，自然由父亲作主，为子者不得自专，所以这时只能看他的志向。若父亲一没。他就可以自专，这时应看他所行的事。倘若父亲死已有三年。还是照着父亲在时的老规矩行事，这个人可说是孝子了。所以说“三年”者，因为父死有三年之丧。这是《集解》所引孔安国说。汪中《释三九》云：“三年者，言其久也。何以不改也？为其为道也。若非道，虽朝没而夕改可也。”三年云者，虽终其身可也。（见《述学》）较孔说为长。

有子曰：“礼之用，和为贵。先王之道，斯为美，小大由之。② 有所不

---

① 行，去声。○父在，子不得自专，而志则可知。父没，然后其行可见。故观此足以知其人之善恶，然又必能三年无改于父之道，乃见其孝。不然，则所行虽善，亦不得为孝矣。○尹氏曰：“如其道，虽终身无改可也。如其非道，何待三年？然则三年无改者，孝子之心有所不忍故也。”○游氏曰：“三年无改，亦谓在所当改而可以未改者耳。”

② 礼者，天理之节文，人事之仪则也。和者，从容不迫之意。盖礼之为体虽严，而皆出于自然之理，故其为用，必从容而不迫，乃为可贵。先王之道，此其所以为美，而小事大事无不由之也。

行，知和而和，不以礼节之，亦不可行也。”①

《礼记·祭义》云：“礼者，履此者也。”《易系辞传》云：“履以和云。”虞翻注即引“礼之用和为贵”。语盖礼之体在敬，而其用则在和。礼主于让，故以和为用。先王，指古先圣王制礼者。斯，指礼。先王之道，礼为最美，故事无大小，人无大小，皆由礼而行。然知礼之用在和，而一味和气，不以礼节制之，亦不可行。必知礼之用以和为贵，而又节之以礼，则能如《中庸》所说“和而不流”矣。

有子曰：“信近于义，言可复也；恭近于礼，远耻辱也；因不失其亲，亦可宗也。”②

朱注云：“义者，事之宜也。复践言也。”信而不近于义，则其言必不能践。即勉强践之以全其信。亦尾生之信而已。《大戴礼记·曾子立事》云：“久而复之，可以知其信矣。”欲其言之久而可复，必近于义方可。《礼记·表记》云：“恭以远耻。”恭之所以能远耻辱者，必近礼方可。下文云：“恭而无礼则劳。”恭而背礼，不但过劳，旁人必窃笑他，轻侮他，如何能远耻辱？《诗·皇矣·毛传》云：“因，亲也。”因不失其亲，就是亲不失其所当亲。上文云“亲仁”，则所当亲者，即是仁人。宗，是尊敬

---

① 承上文而言，如此而复有所不行者，以其徒知和之为贵而一于和，不复以礼节之，则亦非复理之本然矣，所以流荡忘反，而亦不可行也。○程子曰：“礼胜则离，故礼之用和为贵。先王之道以斯为美，而小大由之。乐胜则流，故有所不行者，知和而和，不以礼节之，亦不可行。”○范氏曰：“凡礼之体主于敬，而其用则以和为贵。敬者，礼之所以立也；和者，乐之所由生也。若有子可谓达礼乐之本矣”愚谓严而泰，和而节，此理之自然，礼之全体也。毫厘有差，则失其中正，而各倚于一偏，其不可行均矣。

② 近、远，皆去声。○信，约信也。义者，事之宜也。复，践言也。恭，致敬也。礼，节文也。因，犹依也。宗，犹主也。言约信而合其宜，则言必可践矣。致恭而中其节，则能远耻辱矣。所依者不失其可亲之人，则亦可以宗而主之矣。此言人之言行交际，皆当谨之于始而虑其所终，不然，则因仍苟且之间，将有不胜其自失之悔者矣。

的意思。《曾子立事》云："亲其所爱亲，可以知其人矣。"《孟子》亦有"端人取友必端。之语。故所亲者不失其所当亲，则此人也可尊敬了。

子曰："君子食无求饱，居无求安，敏于事而慎于言，就有道而正焉，可谓好学也已。"①

好，去声。此章"饱"字，当作餍足肥鲜解；"安"字。当作逸居安乐解。"无求"者，谓不必强求之。颜回一箪食，一瓢饮，在陋巷，不改其乐，即是"君子食无求饱居无求安"的一个实例。君子安贫乐道，故不暇及此，敏，是勤敏，慎，是谨慎，下文云："君子欲讷于言而敏于行。"意与此同。就有道之人以正其是非。不敢自以为是，故能如此，可以说是"好学"了。

子贡曰："贫而无谄，富而无骄，何如？"子曰："可也。未若贫而乐，富而好礼者也。"② 子贡曰："《诗》云：'如切如磋，如琢如磨。'其斯之谓与？"③ 子曰："赐也，始可与言《诗》已矣！告诸往而知来者。"④

---

① 好，去声。○不求安饱者，志有在而不暇及也。敏于事者，勉其所不足。慎于言者，不敢尽其所有余也。然犹不敢自是，而必就有道之人，以正其是非，则可谓好学矣。凡言道者，皆谓事物当然之理，人之所共由者也。○尹氏曰："君子之学，能是四者，可谓笃志力行者矣。然不取正于有道，未免有差，如杨、墨学仁义而差者也，其流至于无父无君，谓之好学，可乎？"

② 乐，音洛。好。去声。○谄，卑屈也。骄，矜肆也。常人溺于贫富之中，而不知所以自守，故必有二者之病。无谄无骄，则知自守矣，而未能超乎贫富之外也。凡曰"可"者，仅可而有所未尽之辞也。乐则心广体胖而忘其贫，好礼则安处善，乐循理，亦不自知其富矣。子贡货殖，盖先贫后富，而尝用力于自守者，故以此为问。而夫子答之如此，盖许其所已能，而勉其所未至也。

③ 磋，七多反。与，平声。○《诗·卫风·淇澳》之篇，言治骨角者，既切之而复磋之；治玉石者，既琢之而复磨之；治之已精，而益求其精也。子贡自以无谄无骄为互矣，闻夫子之言，又知义理之无穷，虽有得焉，而未可遽自足也，故引是诗以明之。

④ 往者，其所已言者。来者，其所未言者。○愚按：此章问答，其浅深高下，固不待辩说而明矣。然不切则磋无所施，不琢则磨无所措。故学者虽不可安于小成而不求造道之极致，亦不可骛于虚远而不察切己之实病也。

乐，音洛。《古文论语》作“贫而乐道”。好，去声。与；今作欤。穷人看见富人，往往去谄媚他；富人看见穷人，往往要骄傲他。世俗之人，往往不能免此。故子贡问孔子道：“贫的人不谄，富的人不骄，怎么样?”孔子说：“好是好的，但还不及贫的人能悠然自乐，富的人能事事遵礼而行。”子贡听了此话，知道孔子所说的道理，比自己更高一层。因此把《诗经·卫风·淇澳篇》“如切如磋，如琢如磨”的两句话引来比喻，治骨角的匠人，把骨角切成片段，还要把它磋光；治玉的匠人，把玉雕琢好了，还要把它磨光；都是精益求精的道理。’做人如“贫而无谄，富而无骄”，也算好了；但还得更进一层做到孔子所说的“贫而乐，富而好礼”。孔子见子贡善解《诗》意，所以也深赞子贡曰：“赐也，始可与言《诗》已矣!”往，是其所已言的；来，是其所未言的。这是子贡“闻一以知二”的事实。

子曰：“不患人之不己知，患不知人也。”①

古代文法，凡否定语，用代词作止词，可以放在动词之前。此云“不己知”，即是“不知我”。好名之心，人所同有。自己有才学，有道德，就想人家知道我，称赞我。孔子的意思，却以为我虽有才学道德，人家不知我，于我无损，所以说：“不患人之不己知。”人虽不知我，我却不可不知人。例如：我知道某人有才学，有道德，我就应该敬重他，或者请教他；知道某人是个坏人，我就可以远避他，或者防备他；所以“知人”倒是一件很重要的事情。故曰：“患不知人也”

① 尹氏曰：“君子求在我者，故不患人之不己知。不知人，则是非邪正或不能辨，故以为患也。”

［问题］

（一）《论语》一书，性质如何？何人所撰？

（二）《论语》第一章的大旨如何？足以表现孔子何种精神？

（三）孔门论“学”，“行”重于“知”。试就《学而篇》中举例说明之。

（四）“为仁之本”是什么？

（五）本篇言治国之道如何？

（六）何谓“贤贤易色”？

（七）何谓“学则不固”？

（八）儒家重丧葬祭祀，其旨何在？

（九）何谓“三年无改于父之道”？

（十）居贫、居富，其道如何？

为政第二

子曰：“为政以德，譬如北辰，居其所而众星共之。”①

为政，是说人君施行政治。孔子重在德治，以身作则，以德感人，是曰：“为政以德。”北辰，北极，是天之中枢。共，同拱。北极在其位而不动，许多星都在周围绕着它，向着它。人君为政以德，则无为而治，天下归之，其象亦如此。此章可与下文“无为而治者，其舜也与”一章参看。

---

① 共，音拱，亦作拱。○政之为言正也，所以正人之不正也。德之为言得也，得于心而不失之谓也。北辰，北极，天之枢也。居其所，不动也。共，向也，言众星四面旋绕而归向之也。为政以德，则无为而天下归之，其象如此。○程子曰：“为政以德，然后无为。”○范氏曰：“为政以德，则不动而化、不言而信、无为而成。所守者至简而能御烦，所处者至静而能制动，所务者至寡而能服众。”

子曰："《诗》三百，一言以蔽之，日思无邪。"[①]

《诗》就是《诗经》。《诗》共三百十一篇，此云三百，举其大数。中有《笙诗》六篇，有目无辞，凡三百五篇。一言，就是一句话。蔽，是包括的意思。"思无邪"，见《诗经·鲁颂·駉篇》。朱注引程子曰："思无邪者，诚也。"《易文言》云："修辞立其诚。"诚即是真；文学以"真"为第一义，诗三百篇，大之美刺朝廷政治；小之人之抒写男女情感，皆能立其诚，故"思无邪"也。旧以"纯正"释"无邪"，则《诗经》中多写男女恋情之作，怎么可以说"思无邪"呢？

子曰："道之以政，齐之以刑，民免而无耻。[②] 道之以德，齐之以礼，有耻且格。"[③]

道，同导，谓教导之也。政，政令；刑，刑罚。齐，谓整饬之使归一律。以政令教导之，有不从者，以刑罚整饬之，则民但求避免刑罚，而无羞耻之心。以德教导之，以礼整饬之，则人民自知罪恶之可耻，而归于正。格，正也。就是《尚书·回命》"格其非心"之格。《礼记·缁衣》云："夫教之以德，齐之以官司，则民有格心；教之以政，齐之以刑，则

---

① 《诗》三百十一篇，言三百者，举大数也。蔽，犹盖也。思无邪，《鲁颂·駉》篇之辞。凡《诗》之言，善者可以感发人之善心，恶者可以惩创人之逸志，其用归于使人得其情性之正而已。然其言微婉，且或各因一事而发，求其直指全体，则未有若此之明且尽者。故夫子言《诗》三百篇，而惟此一言足以尽盖其义，其示人之意亦深切矣。○程子曰："思无邪者，诚也。"○范氏曰："学者必务知要，知要则能守约，守约则足以尽博矣。经礼三百，曲礼三千，亦可以一言以蔽之，曰毋不敬。"

② 道，音导，下同。○道，犹引导，谓先之也。政，谓法制禁令也。齐，所以一之也。道之而不从者，有刑以一之也。免而无耻，谓苟免刑罚而无所羞愧，盖虽不敢为恶，而为恶之心未尝忘也。

③ 礼，谓制度品节也。格，至也。言躬行以率之，则民固有所观感而兴起矣，而其浅深厚薄之不一者，又有礼以一之，则民耻于不善，而又有以至于善也。一说：格，正也。《书》曰："格其非心。"○愚谓政者为治之具，刑者辅治之法，德、礼则所以出治之本，而德又礼之本也。此其相为终始，虽不可以偏废，然政、刑能使民远罪而已，德、礼之效，则有以使民日迁善而不自知。故治民者不可徒恃其末，又当深探其本也。

民有遁心。”正与本章所说相同。“道之以政，齐之以刑”，是法家的“法治”；“道之以德，齐之以礼”，是儒家的“德治”。《大戴礼》孔子答卫将军文子云：“以礼齐民，譬之于御则峦也；以刑齐民，譬之于御则鞭也。”法家的政治手腕是鞭策，儒家的政治手腕是驾驭。

子曰：“吾十有五而志于学，[①] 三十而立，[②] 四十而不惑，[③] 五十而知天命，[④] 六十而耳顺，[⑤] 七十而从心所欲，不逾矩。”[⑥]

此章系孔子七十以后自己追述之言，可见圣人成德立身，始终本末；学者宜仔细体察之。“吾十有五而志于学”，朱注云：“古者十五而入大学。心之所之谓之志。此所谓学，即大学之道也。志乎此。则念念在此而为之不厌矣。”“三十而立”，朱注谓：“有以自立。”“四十而不惑”，朱注谓：“于事物之所当然，皆无所疑。”“五十而知天命”，朱注谓：“天命即天道之流行而赋于物者，用事物所以当然之故。”此犹近人之言天演。为宇宙间一切事物自然变化，自然进行之原理。“六十而耳顺”，《集解》引郑玄

① 古者十五而入大学。心之所之谓之志。此所谓学，即大学之道也。志乎此。则念念在此而为之不厌矣。

② 有以自立，则守之固而无所事志矣。

③ 于事物之所当然，皆无所疑，则知之明而无所事守矣。

④ 天命，即天道之流行而赋于物者，乃事物所以当然之故也。知此则知极其精，而不惑又不足言矣。

⑤ 声入心通，无所违逆，知之之至，不思而得也。

⑥ 从，如字。〇从，随也。矩，法度之器，所以为方者也。随其心之所欲，而自不过于法度，安而行之，不勉而中也。〇程子曰：“孔子生而知之也，言亦由学而至，所以勉进后人也。立，能自立于斯道也。不惑，则无所疑矣。知天命，穷理尽性也。耳顺，所闻皆通也。从心所欲，不踰矩，则不勉而中矣。”又曰：“孔子自言其进德之序如此者，圣人未必然，但为学者立法，使之盈科而后进，成章而后迭耳。”〇胡氏曰：“圣人之教亦多术，然其要，使人不失其本心而已。欲得此心者，惟志乎圣人所示之学，循其序而进焉。至于一疵不存、万理明尽之后，则其日用之间，本心莹然，随所意欲，莫非至理。盖心即体，欲即用，体即道，用即义，声为律而身为度矣。”又曰：“圣人言此，一以示学者当优游涵泳，不可躐等而进；二以示学者当日就月将，不可半途而废也。”愚谓圣人生知安行，固无积累之渐，然其心未尝自谓已至此也。是其日用之间，必有独觉其进而人不及知者。故因其近似以自名，欲学者以是为则而自勉，非心实自圣而姑为是退托也。后凡言谦词之属，意皆放此。

说："耳闻其声而知其微旨。"朱注谓："声入心通，无所违逆。"盖圣人对人，只要一闻其言，早已明白其言的真伪。其人胸中之是非。本书末章云："不知命，无以为君子也；不知礼。无以立也；不知言，无以知人也。"此言三十知礼，五十知命，六十知言。二章可以参看。"七十而从心所欲，不逾矩。"矩，所以为方，法度之器。此指做人之道而言。圣人到了此时，随便什么地方，凡一言一动，一视一听，不必注意，无不悉合乎道，故朱注以《中庸》"安而行之"，"不勉而中"释之。

孟懿子问孝。子曰："无违。"①樊迟御。子告之曰："孟孙问孝于我，我对曰无违。"②樊迟曰："何谓也？"子曰："生，事之以礼；死，葬之以礼，祭之以礼。"③

孟懿子，鲁大夫，姓仲孙，名何忌。懿，谥法。樊迟，名须，孔子弟子。郑玄《目录》云齐人，《孔子家语·弟子解》及《左传》杜预注并云鲁人。

此章记孟懿子问孝道于孔子，孔子只告以"无违"二字。于樊迟御车时，再以告之樊迟。樊迟不懂，所以问曰："何谓也？"孔子乃具体地对他说："生，事之以礼。死，葬之以礼，祭之以礼。""生，事之以礼"者，"冬温夏凊，昏定晨省"之属也；"死，葬之以礼"者，"为之棺椁及衾而举之，卜其宅兆而安厝之"之属也。"祭之以礼"者，"春秋祭祀，以时思之；陈簠簋而哀戚之"之属也。均见《刑昺疏》。

---

① 孟懿子，鲁大夫仲孙氏，名何忌。无违，谓不背于理。

② 樊迟，孔子弟子，名须。御，为孔子御车也。孟孙，即仲孙也。夫子以懿子未达而不能问，恐其失指，而以从亲之令为孝，故语樊迟以发之。

③ 生事葬祭，事亲之始终具矣。礼，即理之节文也。人之事亲，自始至终，一于礼而不苟，其尊亲也至矣。是时三家僭礼，故夫子以是警之。然语意浑然，又若不专为三家发者，所以为圣人之言也。○胡氏曰："人之欲孝其亲，心虽无穷，而分则有限。得为而不为，与不得为而为之，均于不孝。所谓以礼者，为其所得为者而已矣。"

按：冬温，夏清，是使亲冬得暖，夏得凉；昏定晨省，是夜间服事亲睡，晨起时问安。棺椁衣衾，宅兆安厝，是葬的事；簠簋哀戚，是祭的事；则所谓“无违”者，是不违礼的意思。皆为事亲之礼。

孟武伯问孝。子曰：“父母唯其疾之忧。”①

孟武伯，孟懿子之子，仲孙彘也。武，是谥。唯，通惟，独也。朱注云：“言父母爱子之心，无所不至，唯恐其有疾病，常以为忧也。人子体此，而以父母之心为心。则凡所以守其身者，不容不谨矣。”

又一说，谓“其”字，指父母而言。谓人子以忧父母之疾为孝。此说亦可通。但“父母”字当略读。《淮南子·说林》云：“忧父之疾者子，治之者医。”高诱注即引“父母唯其疾之忧”语以证之。《孝经·孝行》章云：“孝子之事亲也，病则致其忧。”皆以忧父母之疾为孝。

子游问孝。子曰：“今之孝者，是谓能养。至于犬马，皆能有养；不敬，何以别乎？”②

子游，孔子弟子，姓言，名偃。《史记·弟子传》说是吴人，《家语·弟子解》说是鲁人。养，谓饮食供奉。做人子的养亲，更须有恭恭敬敬的心思，才算是孝。若只知饮食供奉而无恭敬的心思，那么，与养犬马，没有分别了。朱注即如此解。又一说：犬能守宅，马能代人任劳，也可算是

---

① 武伯，懿子之子，名彘。言父母爱子之心，无所不至，惟恐其有疾病，常以为忧也。人子体此，而以父母之心为心，则凡所以守其身者，自不容于不谨矣，岂不可以为孝乎？旧说人子能使父母不以其陷于不义为忧，而独以其疾为忧，乃可谓孝。亦通。

② 养，去声。别，彼列反。○子游，孔子弟子，姓言，名偃。养，谓饮食供奉也。犬马待人而食，亦若养然。言人畜犬马，皆能有以养之，若能养其亲而敬不至，则与养犬马者何异？甚言不敬之罪，所以深警之也。○胡氏曰：“世俗事亲，能养足矣。狎恩恃爱，而不知其渐流于不敬，则非小失也。子游圣门高弟，未必至此，圣人直恐其爱逾于敬，故以是深警发之也。”

养人；但犬马是不知恭敬的。人子养亲而不知恭敬，与犬马养人，没有分别了。《集解》引包（咸）说，即如此解。

王引之《经传释词》说“是谓能养”之“是”字，作“只”解。言今世所谓孝者，只说能养父母而已。《礼记》、《坊记》云：“小人皆能养其亲，不敬，何以辨?”义与此章同，惟易“犬马”为小人。刘宝楠《论语正义》引《公羊传》何休注“大夫有疾称犬马”，《孟子》子思言“今而后知君之犬马畜伋”，谓犬马指卑贱之人，若臧获之类。此又一说。

上面三说都可通。总之，孔子的意思，以为人子孝亲，不仅能养，尤重在能敬。

子夏问孝。子曰：“色难。有事，弟子服其劳；有酒食，先生馔，曾是以为孝乎?”①

食，音俟。馔，音撰。色难，谓奉事父母，须和颜悦色，使父母欢喜；这种和颜悦色，是很难的。朱注即如此解。一说“色”是承顺父母的颜色。《集解》引包（咸）说如此。有事，弟子服其劳，谓家中有事，弟子出其劳力，给父兄去做。先生，谓父兄。馔，犹饮食。有酒食，先生馔，谓其酒食的时候，请父兄先吃。孔子的意思，说做子弟的，若只代父兄服劳做事，有酒食的时候，请父兄先吃，难道就可称孝吗?子弟事父兄，最要紧的是和颜悦色，使父兄欢喜。

---

① 食，音嗣。○色难，谓事亲之际，惟色为难也。食，饭也。先生，父兄也。馔，饮食之也。曾，犹尝也。盖孝子之有深爱者必有和气，有和气者必有愉色，有愉色者必有婉容。故事亲之际，惟色为难耳，服劳奉养，未足为孝也。旧说承顺父母之色为难，亦通。○程子曰：“告懿子，告众人者也。告武伯者，以其人多可忧之事。子游能养而或失于敬，子夏能直义而或少温润之色。各因其材之高下，与其所失而告之，故不同也。”

子曰："吾与回言终日，不违如愚。退而省其私，亦足以发。回也不愚。"①

回，姓颜，字子渊，（《论语》中多将"子"字省去，称颜渊）孔子弟子，鲁人。"不违如愚"者，颜回没有一句话违反孔子；孔子说如何，他也以为如何，似乎自己没有识见，像呆子一样。"退而省其私"者，等到他退出去以后，我去考察考察他私下的议论。"亦足以发"者，他私下的议论，识见很高，亦足发明义理的大体。故又说"回也不愚"。

子曰："视其所以，② 观其所由，③ 察其所安。④ 人焉廋哉？人焉廋哉？"⑤

《说文》云："视，瞻也。"《谷梁传》隐公五年云："常视曰视，非常曰观。"《尔雅·释诂》云："察，审也。"视、观、察，虽同是看的意思，而有浅深粗细之不同。朱注云："以，为也。"以，是所做的事，由，是做这件事的原因理由。安，是心之所安。意之所乐。先看他所做的事的善恶；更进一步，详观他做这件事的因由；再进一步，细察他做了这件事，是否安心乐意的。焉，平声，何也，安也。廋，隐匿也。用这三步方法观察人，则人之善恶，可以完全明了了。

---

① 回，孔子弟子，姓颜，字子渊。不违者，意不相背，有听受而无问难也。私，谓燕居独处，非进见请问之时。发，谓发明所言之理。愚闻之师曰："颜子深潜纯粹，其于圣人体段已具。其闻夫子之言，默识心融，触处洞然，自有条理。故终日言，但见其不违如愚人而已。及退省其私，则见其日用动静语默之间，皆足以发明夫子之道，坦然由之而无疑，然后知其不愚也。"

② 以，为也。为善者为君子，为恶者为小人。

③ 观，比视为详矣。由，从也。事虽为善，而意之所从来者有未善焉，则亦不得为君子矣。或曰："由，行也。谓所以行其所为者也。"

④ 察，则又加详矣。安，所乐也。所由虽善，而心之所乐者不在于是，则亦伪耳。岂能久而不变哉？

⑤ 焉，于虔反。廋所留反。○焉，何也。廋，匿也。重言以深明之。○程子曰："在己者能知言穷理，则能以此察人如圣人也。"

子曰："温故而知新，可以为师矣。"[①]

朱注云："温，寻绎也。故者，旧所闻；新者，今所得。言学能时习旧闻，而每有新得，则所学在我，而其应不穷，故可以为人师。"按：本书首章说"学而时习之"。学，是知新；习是温故。下文子夏曰："日知其所亡，月无忘其所能。"知其所亡是知新；无忘所能是温故。《论衡·谢短篇》云："知古不知今，谓之陆沉，知今不知古，谓之盲瞽。温故知新，可以为师；古今不知，称师如何？"则以古已有之者为"故"，今始有之者为"新"。在今日言之，则我国固有之文化道德为"故"，世界各国日新月异之事物哲理为"新"。"温故"，"知新"，不可偏废。且善"温故"者，常能收"知新"之效。天下未知之理，未有之物，皆从已知已有者发明之。能如此。则可以为人师。

子曰："君子不器。"[②]

君子，指成德之人。此云"君子不器"与《礼记·学记》之"大道不器"正同。下愚之人，不能成器；有一才一艺之人，各有所长，亦各有所短，如器之各适其用；至于成德之人，则体无不该，用无不适，是为不器之君子。下文记孔子答子贡曰："汝器也。"瑚琏虽是珍贵之器，但终没有到"君子不器"的程度。

---

① 温，寻绎也。故者，旧所闻。新者，今所得。言学能时习旧闻，而每有新得，则所学在我，而其应不穷，故可以为人师。若夫记问之学，则无得于心，而所知有限，故《学记》讥其"不足以为人师"，正与此意互相发也。

② 器者，各适其用而不能相通。成德之士，体无不具，故用无不周，非特为一才一艺而已。

子贡问君子。子曰："先行其言而后从之。"①

朱注引周氏曰："'先行其言'者，行之于未言之前；'而后从之'者，言之于已行之后。"按本书下文云："其言之不怍，则为之也难。"又云："古者言之不出，耻躬之不逮也。"《大戴记·曾子制言》云："君子先行后言。"又《曾子立事》云："君子微言而笃行之，行必先人，言必后人。"都可与此章所说互相印证。凡事，说时易，做时难；事情没有做，先发议论，这是世人的通病；子贡也未能免此。

子曰："君子周而不比，小人比而不周。"②

朱注云："周，普遍也；比，偏党也；皆与人亲厚之意。但周公而比私耳。"王引之《经义述闻》云："'周'、'比'皆训为亲、为密、为合。以义合者，周也；以利合者，比也。"可见君子小人之分，周、比之别，全在公私义利之间。

子曰："学而不思则罔，思而不学则殆。"③

《集解》包曰："学不寻思其义，则罔然无所得。不学而思，终卒不得，徒使人精神疲殆。"朱注云："不求诸心，故昏而无得；不习其事，故危而不安。"王引之《经义述闻》云："思而不学，则事无征验，疑而不能

---

① 周氏曰："先行其言者，行之于未言之前；而后从之者，言之于既行之后。"〇范氏曰："子贡之患，非言之艰而行之艰，故告之以此。"

② 周，普遍也。比，偏党也。皆与人亲厚之意，但周公而比私耳。〇君子小人所为不同，如阴阳昼夜，每每相反。然究其所以分，则在公私之际，毫厘之差耳。故圣人于周比、和同、骄泰之属，常对举而互言之，欲学者察乎两间，而审其取舍之几也。

③ 不求诸心，故昏而无得。不习其事，故危而不安。〇程子曰："博学、审问、慎思、明辨、笃行五者，废其一。非学也。"

定也。”以上三说，解“殆”字各不同。以王说为长。

《中庸》云：“博学之，审问之，慎思之，明辨之。”学问是“学”，思辨是“思”。本书下文子夏云：“博学而笃志，切问而近思。”博学切问是“学”；笃志近思是“思”。《荀子·劝学》云：“小人之学也，入乎耳，出乎口。”即指“学而不思”。《孟子》云：“心之官则思；思则得之，不思则不得也。”即谓学而不思，迷惘无所得。本书下文，子曰：“吾尝终日不食，终夜不寝，以思，无益，不如学也。”即说徒思之无益。皆可与本章参证。汉学家偏重训诂考据，其弊易流为“学而不思”；宋学家陆王一派空谈心性，其弊易流为“思而不学”。

子曰：“攻乎异端，斯害也已！”①

自来学者，解释此章，颇多异说。《集解》及朱注均训“攻”为“治”，如《考工记》“攻木”、“攻金”之攻。异端，如杨墨背圣人之道者；言治异端之道则有害。此一说也。孙奕《示儿编》训“攻”为“攻人之恶”之攻；训“已”为“止”：攻异端，如孟子之距杨墨，能攻之距之，则其害止。此又一说也。焦循《论语补疏》则以“攻”训“治”，训“错”。为切磨之意；“已”训“止”；攻乎异端能相切磨攻错而不执一，则其害自止，即《韩诗外传》所谓“别殊类，使不相害，序异端，使不相悖”之意。此又一说也。近人马一浮则云：“四书言‘端’者凡数见：一曰‘执其两端’；一曰‘我叩其两端’：一即‘攻乎异端’。盖‘端’必有两，若攻其异之一端，则有害。还须求其同之一端，则诸子百家，皆有同之一端。”马氏之意，即《易》所谓“天下一致而百虑，殊途而同归”，诸子之道术虽不同，而其旨则一。此又一说也。以上各说，当以《集解》、

① 范氏曰：“攻，专治也，故治木石金玉之工曰攻。异端，非圣人之道，而别为一端，如杨、墨是也。其率天下至于无父无君，专治而欲精之，为害甚矣！”○程子曰“佛氏之言，比之杨、墨，尤为近理，所以其害为尤甚。学者当如淫声美色以远之，不尔，则骎骎然入于其中矣。”

朱注为正解。

子曰："由！诲女知之乎！知之为知之，不知为不知，是知也。"①

由，孔子弟子，姓仲，字子路。《史记·弟子传》云卞人。女，即汝字。诲，是教诲。"是知也"之"知"，同智。孔子呼子路之名而告之曰："我教诲汝，汝知之否耶？""诲汝"二字一读。朱注云："夫子告之曰：'我教汝以知之道乎！'"则以"知之"为诲之之义矣。按：《荀子·子道》所记则此为子路初见孔子时事。孔子告子路有云："故君子知之曰知之，不知曰不知，言之要也；能之曰能之，不能曰不能，行之要也。"又《儒效篇》云："知之曰知之，不知曰不知；内不自以诬，外不自以欺。"又《非十二子篇》云："言而当，知也；默而当，亦知也。"并与此章同义。朱注谓子路好勇，盖有强不知以为知者，故夫子告之云云。

子张学干禄。② 子曰："多闻阙疑，慎言其余，则寡尤；多见阙殆，慎行其余，则寡悔。言寡尤，行寡悔，禄在其中矣。"③

子张，孔子弟子，姓颛孙，名师。《史记·弟子传》云陈人。《吕氏春秋·尊师》篇云：鲁人。按颛孙氏出陈公子颛孙昭公时颛孙奔鲁，见《通志氏族略》。干，求也。禄，禄位也。子张想学做官，孔子即和他谈禄。

---

① 女，音汝。○由，孔子弟子，姓仲，字子路。子路好勇，盖有强其所不知以为知者。故夫子告之曰：我教女以知之之道乎！但所知者则以为知，所不知者则以为不知。如此，则虽或不能尽知，而无自欺之蔽，亦不害其为知矣。况由此而求之，又有可知之理乎？

② 子张，孔子弟子，姓颛孙，名师。干，求也。禄，仕者之奉也。

③ 行寡之行，去声。○吕氏曰："疑者，所未信。殆者。所未安。"○程子曰："尤，罪自外至者也。悔，理自内出者也。"愚谓多闻见者学之博，阙疑殆者择之精，谨言行者守之约。凡言"在其中"者，皆不求而自至之辞。言此以救子张之失而进之也。○程子曰："修天爵则人爵至，君子言行能谨，得禄之道也。子张学干禄，故告之以此，使定其心而不为利禄动，若颜、闵则无此问矣。或疑如此亦有不得禄者，孔子盖曰'耕也馁在其中'，惟理可为者为之而已矣。"

朱注，引吕氏云："疑者。所未信；殆者，所未安。"又引程子云："尤，罪自外至者也：悔，理自内出者也。"又云："修天爵，则人爵至：君子言行能谨，得禄之道也。子张学干禄，故告之以此，使定其心，而不为利禄所动。若颜闵，则无此问矣。"孔子之意，谓多所闻，于其疑而未信者，则阙而不言；即其余无可疑者，亦谨慎言之，则言论可以少过尤。多所见，于其疑而未安者，阙之而不行；即其余无可疑者，亦谨慎行之，则行为可以少悔恨。如此谨慎言行，则如孟子所说"修其天爵，而人爵从之"，不待干求而自得。故曰："禄在其中矣。"

哀公问曰："何为则民服？"孔子对曰："举直错诸枉，则民服；举枉错诸直，则民不服。"①

哀公，鲁国的君主，名蒋，"哀"是死后之谥。"孔子对曰"者，凡对君上的话，都加一"对"字，表示尊敬的意思。举，用也。直，正直之人也。错，废置也。枉，邪枉，不正直之人也。此章言要民服从，只要举用正直之人，废置邪枉之人；若举用邪枉之人，废置正直之人，则民不服。

季康子问："使民敬、忠以劝，如之何？"子曰："临之以庄则敬，孝慈则忠，举善而教不能则劝。"②

季康子，鲁卿，季孙氏，名肥，康，是谥。

"使民敬忠以劝"者，说使人民能够恭恭敬敬，忠心服事君上，并且

---

① 哀公，鲁君，名蒋。凡君问，皆称"孔子对曰"者，尊君也。错，舍置也。诸，众也。〇程子曰："举错得义，则人心服。"〇谢氏曰："好直而恶枉，天下之至情也。顺之则服，逆之则去，必然之理也。然或无道以照之。则以直为枉、以枉为直者多矣，是以君子大居敬而贵穷理也。"

② 季康子，鲁大夫季孙氏，名肥。庄，谓容貌端严也。临民以庄，则民敬于己。孝于亲，慈于众，则民忠于己。善者举之而不能者教之，则民有所劝而乐于为善。〇张敬夫曰："此皆在我所当为，非为欲使民敬、忠以劝而为之也。然能如是，则其应盖有不期然而然者矣。"

互相劝勉。“以劝”之“以”连词。阎若璩《四书释地》云：“与也。”王引之《经传释词》云：“以劝者，而劝也。”临，居上临下。庄，庄重有威严也。孔子说：执政者临民能有庄重威严的态度，则人民自然会恭敬；能够孝顺他的父母，慈爱他的人民，则人民自然会忠；能举用善人，而教化未能为善的人，则人民自然能互相劝勉。

或谓孔子曰：“子奚不为政？”① 子曰：“《书》云：‘孝乎！惟孝，友于兄弟，施于有政。’是亦为政，奚其为为政？”②

朱注据伪古文《尚书·君陈篇》“惟孝友于兄弟，克施有政”，以为“孝乎”二字当连上读，故曰：“‘书云孝乎’者，言《书》之言孝如此也。”“惟孝”以下十字，乃引《书》语。按：古文《尚书》为东晋梅赜所献，乃王肃之伪书，不足据。《后汉书·郅恽传》郑敬云：“虽不从政，施之有政，是亦为政。”则“孝乎惟孝，友于兄弟”二语，乃逸《书》之文。“施于有政”之下，为孔子语。“孝乎惟孝”者，是赞孝之词，其句法与《礼记》之“礼乎礼”，《素问》之“形乎形，神乎神”同。“友于兄弟”者，兄友而弟弟也。孝弟所以齐家，推之治国，则孝者所以事君，弟者所以事长（见《大学》）。“施”者，推而行之之谓。孔子不仕，以孝弟教人。孝弟施于有政，是亦为政矣，何必以居位为“为政”呢？

子曰：“人而无信，不知其可也。大车无輗，小车无軏其何以行之哉”？③

---

① 定公初年，孔子不仕，故或人疑其不为政也。

② 《书·周书·君陈篇》。《书》云孝乎者，言《书》之言孝如此也。善兄弟曰友。书言君陈能孝于亲，友于兄弟，又能推广此心，以为一家之政。孔子引之，言如此则是亦为政矣，何必居住乃为为政乎？盖孔子之不仕，有难以语或人者，故托此以告之，要之至理亦不外是。

③ 輗，五兮反。軏，音月。〇大车，谓平地任载之车。輗，辕端横木。缚轭以驾牛者。小车，谓田车、兵车、乘车。軏，辕端上曲，钩衡以驾马者。车无此二者，则不可以行，人而无信，亦犹是也。

“信”字有二义：说话必须真实；说了话，必须有践言。人而无信，则他人对之，毫无信用，如何能行？故以车为喻。说人而无信，如大车无輗，小车无軏，不能行也。

輗，音倪，軏，音月。大车是载重之车，驾牛；小车是乘人之车，驾马。车前有“辕”就是车扛。辕的前端连着一根横木，叫做“衡”。衡下缚“轭”，则为曲形，以驾于牛马之项。辕端持衡之关键，则大车名“輗”，小车名“軏”。盖辕端与衡均凿圆孔，以辊軏直质而东之，则衡轭可以活动，可以转折，而车不致左右倾侧。详见刘宝楠《论语正义》引凌涣《古今车制图考》。

子张问：“十世可知也？”① 子曰：“殷因于夏礼，所损益，可知也；周因于殷礼，所损益，可知也；其或继周者，虽百世可知也。”②

世，谓易姓之世，十世，就是十代。古时候所谓“礼”，包括一切典章、制度、政令、仪式以及社会上之习俗而言。因，是沿袭，损，是灭除，益，是增加。子张问孔子道：“十世以后的事情，可预知吗？”孔子答以殷继夏，周继殷！大部分的礼是沿袭前代的；其所损所益，亦可考见。将来继周而兴者，其于周礼，亦必有所因袭损益，不难推想，虽百世亦可

---

① 陆氏曰：“也，一作乎。”○王者易姓受命为一世。子张问自此以后十世之事，可前知乎？

② 马氏曰：“所因，谓三纲五常。所损益，谓文质三统。”愚按：三纲，谓君为臣纲，父为子纲。夫为妻纲。五常，谓仁、义、礼、智、信。文质，谓：夏尚忠，商尚质，周尚文。三统，谓夏正建寅为人统，商正建丑为地统，周正建子为天统。三纲五常，礼之大体，三代相继，皆因之而不能变。其所损益，不过文章制度小过不及之间，而其已然之迹，今皆可见。则自今以往，或有继周而王者，虽百世之远，所因所革，亦不过此，岂但十世而已乎！圣人所以知来者盖如此，非若后世谶纬术数之学也。○胡氏曰“子张之问，盖欲知来，而圣人言其既往者以明之也。夫自修身以至于为天下，不可一日而无礼。天叙天秩，人所共由，礼之本也。商不能改乎夏，周不能改乎商，所谓天地之常经也。若乃制度文为，或太过则当损，或不足则当益，益之损之。与时宜之，而所西者不坏，是古今之通义也。因往推来，虽百世之远，不过如此而已矣。”

测知，何况十世呢？历史是人类社会的演化。其间自有因果关系可寻，故察往可以知来。

陈礼《东塾类稿》则谓子张所问，乃十世以后可知十世以前之事否。因孔子言夏殷之礼，杞宋已不足征，则十世以后，恐更不可知。孔子答以殷礼因夏，周礼因殷，其所损益，犹可考见。其后继周者，虽历百世，仍可考知。至今周礼尚存，即夏殷之礼，亦尚有可考者。则以载借已备，故百世可知也。此说亦通。

子曰："非其鬼而祭之，谄也。[①] 见义不为，无勇也。"

人死称鬼。非其鬼，是说不是自己祖先的鬼。谄，求媚也。义，就是应该做的事情。无勇，是没有勇气。非其鬼而祭之，是不当祭而祭；见义不为，是当为而不为。上二句是宾，下二句是主。

[问题]

（一）本篇哪几章是论"德治"的？其说如何？

（二）何谓"思无邪"？

（三）孔子自述修养之进程如何？

（四）孔子答人问"孝"，何以各有不同？试列举其说。

（五）孔子观人之法如何？

（六）何谓"温故而知新"？

（七）"学"与"思"何以用能偏么？

（八）本篇孔子"论君子之说如何"？

（九）何谓"攻乎异端，斯害也已"？

（十）本篇孔子论"言"、"行"之说如何？

---

① 非其鬼，谓非其所当祭之鬼。谄，求媚也。知而不为，是无勇也。

八佾第三

孔子谓季氏："八佾舞于庭，是可忍也，孰不可忍也？"①

朱注云："季氏，鲁大夫季孙氏也。"《集解》包成谓指桓子。八佾，天子之乐，以八人为一排，共八排，六十四人。诸侯之乐，则六六三十六人；卿大夫之乐，则四四十六人。士之乐，则二二四人。《文雅释诂》："谓，说也。"言孔子评论季氏此事；下二句，方是孔子之言。季氏，不过鲁国一大夫，照礼，只能用十六人的乐；今竟僭用八佾于家庙，是目无天子了。故孔子大不谓然，对人说道："像这样僭妄无礼的事，若可容忍，还有什么事不可容忍呢？"

三家者以《雍》彻。子曰："相维辟公，天子穆穆'，奚取于三家之堂？"②

朱注云：雍，平声。相，去声。辟，音必。三家，鲁大夫孟孙、叔孙、季孙之家也。《雍》，《周颂》篇名。彻，祭毕而收其俎也。天子宗庙

---

① 佾，音逸。○季氏，鲁大夫季孙氏也。佾，舞列也，天子八、诸侯六、大夫四、士二、每佾人数，如其佾数。或曰："每佾八人。"未详孰是。季氏以大夫而僭用天子之乐，孔子言其此事尚忍为之，则何事不可忍为。或曰："忍，容忍也。"盖深疾之之辞。○范氏曰："乐舞之数，自上而下，降杀以两而已，故两之间，不可以毫发僭差也。孔子为政，先正礼乐，则季氏之罪不容诛矣。"○谢氏曰："君子于其所不当为不敢须臾处，不忍故也。而季氏忍此矣，则虽弑父与君，亦何所惮而不为乎？"

② 彻，直列反。相，去声。○三家，鲁大夫孟孙、叔孙、季孙之家也。《雍》，《周颂》篇名。彻，祭毕而收其俎也。天子宗庙之祭，则歌《雍》以彻，是时三家僭而用之。相，助也。辟公，诸侯也。穆穆，深远之意，天子之容也。此《雍》诗之辞，孔子引之，言三家之堂非有此事，亦何取于此义而歌之乎？讥其无知妄作，以取僭窃之罪。○程子曰："周公之功固大矣，皆臣子之分所当为，鲁安得独用天子礼乐哉？成王之赐，伯禽之受，皆非也。其因袭之弊，遂使季氏僭八佾，三家僭《雍》彻，故仲尼讥之。"

之祭，则歌《雍》以彻。是时三家僭而用之。“相维辟公，天子穆穆”是《雍颂》里面的两句。相。助也。辟，公，诸侯也。穆穆，谓天子容貌之庄严。周代，天子祭祖先，诸侯都来助祭。《雍颂》有这两句。三家之堂，也歌《雍颂》，如这两句，又何所取义呢？

子曰：“人而不仁，如礼何？人而不仁，如乐何？”①

《礼记·儒行》云：“礼节者，仁之貌也；歌乐者，仁之和也。”故“人而不仁”，必不能行礼乐。所以孔子说，“如礼何？如乐何？”如，奈也。就是说：“人而不仁，奈此礼乐何？”孔子的感叹，亦为季氏等而发。季氏等以诸侯大夫，僭用天子的礼乐，把礼乐的根本意义，根本精神都失去了！

林放问礼之本。② 子曰：“大哉问！③ 礼，与其奢也，宁俭；丧，与其易也，宁戚。”④

《集解》郑玄曰：“林放，鲁人。”放是名，或是字，是否孔子弟子，诸注皆未言。林放问礼之本，是问礼的本原是怎样一个意义。“子曰：‘大

---

① 游氏曰“人而不仁，则人心亡矣，其如礼乐何哉？言虽欲用之，而礼乐不为之用也。”〇程子曰：“仁者，天下之正理。失正理，则无序而不和。”〇李氏曰：“礼乐待人而后行，苟非其人，则虽玉帛交错，钟鼓铿锵，亦将如之何哉？”然记者序此于八佾，《雍》彻之后，疑其为僭礼乐者发也。”

② 林放，鲁人。见世之为礼者专事繁文，而疑其本之不在是也，故以为问。

③ 孔子以时方逐末，而放独有志于本，故大其问。盖得其本，则礼之全体无不在其中矣。

④ 易，去声。〇易，治也。孟子曰：“易其田畴。”在丧礼，则节文习熟，而无哀痛惨怛之实者也。戚则一于哀，而文不足耳。礼贵得中，奢、易则过于文，俭、戚则不及而质，二者皆未合礼。然凡物之理，必先有质而后有文，则质乃礼之本也。〇范氏曰：“夫祭、与其敬不足而礼有余也，不若礼不足而敬有余也。丧、与其哀不足而礼有余也，不若礼不足而哀有余也。礼失之奢，丧失之易。皆不能反本而随其末故也。礼奢而备，不若俭而不备之愈也。丧易而文，不若戚而不文之愈也。俭者物之质，戚者心之诚，故为礼之本。”〇杨氏曰：“礼始诸饮食，故污尊而抔饮，为之簠簋笾豆罍爵之饰，所以文之也，则其本俭而已。丧不可以径情而直行，为之衰麻哭踊之数，所以节之也，则其本戚而已。周衰，世方以文灭质，而林放独能问礼之本，故夫子大之，而告之以此。”

哉问’”者，孔子见一般人之行礼，都不过是糊里糊涂，跟着大家去做，从来未有研究到礼的本原意义的；今见林放此问，能从大处着想，故赞美之，曰“大哉问”。奢，是侈陈种种排场；俭，是减省，连应该备的东西也不备；二者皆不合礼，但与其过奢，宁可过俭。《集解》包曰：“易，和易也。”朱注：“易，治也，……言丧礼节文习熟，而无哀痛惨怛之实也。戚则一于哀而文不足耳。”《礼记·檀弓》子路曰：“吾闻诸夫子，丧礼，与其哀不足而礼有余也，不若礼不足而哀有余也。”与此同义。人子居丧，“易”与“戚”都是不合礼的。但与其徒重节文，而无哀痛之实，宁可哀戚而礼文不备。孔子的意思是说种种仪式并不是“礼之本”；“礼之本”在质不在文。

子曰：“夷狄之有君，不如诸夏之亡也。”[①]

亡，同无。夷狄，谓蛮夷戎狄等野蛮部落也。诸夏，谓中国，诸侯各国也。邢《疏》云：“此章言中国礼义之盛而夷狄无也。……言夷狄虽有君长而无礼义；中国虽偶无君，若周召共和之年，而礼义不废，故曰‘夷狄之有君，不如诸夏之亡也’。”朱注引程子曰：“夷狄且有君长，不如诸夏之僭乱，反无上下之分也。”邢程二说适相反。按此章上下各章，皆叹僭礼之事，当以程说为长。

季氏旅于泰山。子谓冉有曰：“女弗能救与？”对曰：“不能。”子曰：

---

① 吴氏曰：“亡，古无字，通用。”○程子曰：“夷狄且有君长，不如诸夏之僭乱，反无上下之分也。”○尹氏曰：“孔子伤时之乱而叹之也。亡，非实亡也，虽有之，不能尽其道尔。”

"呜呼！曾谓泰山不如林放乎？"①

女，同汝。与，今作欤。旅，是古时候一种祭祀的名称。古代，天子祭天下的名山大川，诸侯祭自己国内的山川，大夫只能祭家庙。季氏旅于泰山，是大夫僭用诸侯的礼，目中无鲁君也。

冉有，名求，孔子弟子，郑玄《目录》云鲁人。时为季氏家臣，故孔子谓之曰："汝弗能救止乎？"冉有径答以"不能"，孔子乃叹曰："呜呼！曾谓泰山之神不如林放乎？"意言泰山之神，决不受此违礼之祭祀也。

子曰："君子无所争，必也射乎！揖让而升，下而饮，其争也君子。"②

君子重礼让。故无所争。射，是比试武艺。比试必想得胜：所以君子只有在比射的时候，不能无争。古礼，射箭的时候，人须走到堂上去射。上去的时候，还要对同队比试的人，谦逊一回，作一个揖，这就是"揖让而升"。箭射过以后，仍作一个揖，走出堂来。等到大家都射过下来，胜负已决，负者乃饮罚酒，这就是"下而饮"。君子在和人竞争的时候，还是这样雍容有礼，所以说："其争也君子！"

子夏问曰："'巧笑倩兮，美目盼兮，素以为绚兮'，何谓也？"③ 子

---

① 女，音汝。与，平声。○旅，祭名。泰山，山名，在鲁地。礼，诸侯祭封内山川，季氏祭之，僭也。冉有，孔子弟子，名求，时为季氏宰。救，谓救其陷于僭窃之罪。呜呼，叹辞。言神不享非礼，欲季氏知其无益而自止，又进林放以厉冉有也。○范氏曰："冉有从季氏，夫子岂不知其不可告也，然而圣人不轻绝人，尽己之心，安知冉有之不能救、季氏之不可谏也？既不能正，则美林放以明泰山之不可诬，是亦教诲之道也。"

② 饮，去声。○揖逊而升者，《大射》之礼，耦进三揖而后升堂也。下而饮，谓射毕揖降，以俟众耦皆降，胜者乃揖，不胜者升，取觯立饮也。言君子恭逊不与人争，惟于射而后有争。然其争也，雍容揖逊乃如此，则其争也君子，而非若小人之争矣。

③ 倩，七练反。盼，普苋反。绚，呼县反。○此逸诗也。倩，好口辅也。盼，目黑白分也。素，粉地，画之质也。绚，采色，画之饰也。言人有此倩盼之美质，而又加以华采之饰，如有素地而加采色也。子夏疑其反谓以素为饰，故问之。

曰："绘事后素。"[①] 曰："礼后乎？"子曰："起予者商也？始可与言《诗》已矣。"[②]

"巧笑倩兮，美目盼兮，素以为绚兮"，上二句，见《诗经·卫风·硕人》第二章；但无下一句，故朱子说是逸《诗毛传》云："倩，好口辅也。盼，目白黑分也。"《字林》云："盼，美目也。"按"口辅"就是"颊"。上两句是说美人笑的时候嫣然启齿，双颊微窝，秋波流盼之美。素，是绘画时用的粉；绚，是五彩的颜色。朱注云："素，粉地，画之质也，绚，彩色，画之饰也。"又云："绘事，绘画之事也。后素，后于素也。"《考工记》曰："绘画之事后素功。"谓先粉地为质而后施五彩。犹人有美质，然后可加文饰。礼必以忠信为质，犹绘事必以素粉为先。"《集解》引郑云："凡绘画，先布众色，然后以素分布其间，以成其文；喻美女虽有倩盼美质，亦须礼以成之。"适与朱说相反。按《论语》记孔子论礼，重在礼之本质，而不重在繁文缛节，当以朱注为长。子夏以《诗》上二句说美人之貌，下一句忽说绘事，故以为问。孔子以"绘事后素"答之者，言"美"在质而文饰次之；若本无巧笑美盼之姿，而徒以脂粉服装为饰，是益增其丑而已。此即上文诸章所说"人而不仁如礼何"，"礼与其奢也，宁俭；丧与其易也，宁戚"之意。子夏因此悟到礼之本在质不在文，礼之节文是后来所加的文饰，与美人之服饰，绘事之彩色相同。孔子嘉其能闻一知二，故赞为"起予"，赞为"可与言诗"！

---

① 绘，胡对反。○绘事，绘画之事也。后素，后于素也。《考工记》曰："绘画之事后素功。"谓先以粉地为质，而后施五采，犹人有美质，然后可加文饰。

② 礼必以忠信为质，犹绘事必以粉素为先。起，犹发也。起予，言能起发我之志意。○谢氏曰："子贡因论学而知《诗》，子夏因论《诗》而知学，故皆可与言《诗》。"○杨氏曰："'甘受和，白受采，忠信之人，可以学礼。苟无其质，礼不虚行'。此绘事后素之说也。孔子曰绘事后素，而子夏曰礼后乎，可谓能继其志矣。非得之言意之表者能之乎？商、赐可与言诗者以此。若夫玩心于章句之末，则其为《诗》也固而已矣。所谓起予，则亦相长之义也。"

子曰:“夏礼,吾能言之,杞不足征也;殷礼,吾能言之,宋不足征也。文献不足故也。足,则吾能征之矣。”①

杞,音起。周武王为天子后,封夏朝的后代为杞国。封殷朝的后代为宋国。上篇云:“殷因于夏礼,所损益可知也;周因于殷礼,所损益可知也。”故此于夏殷之礼,俱曰“吾能言之”。征,验也,证也。言杞宋二国均不足以为证验。文,指典册。《集解》引郑云:“献,犹贤也。”《尔雅释言》云:“献,圣也。”此言杞宋二国典册既亡佚,又无秉礼之遗贤,故不足为征验。如文献犹足以资考证,则我能征之矣。此章与《礼记·中庸》、《礼记·礼运》二篇所载,大旨相同。

子曰:“禘,自既灌而往者,吾不欲观之矣。”②

禘,音地。灌,音贯。古时五年一大祭;叫做禘。灌者,以酒洒地上,以迎所祭之祖也。(按现在俗礼,于祭祀完毕后,以酒洒地,称为“奠酒”,意思是送所祭之祖。与古时之“灌”,意思相同,不过先后异耳。)以酒洒地后,把祖宗的木主排列起来,然后致祭。鲁文公二年,举行禘祭,列僖公于闵公之上,《春秋》认为逆祀。本章所记,亦指此事。僖公是闵公的庶兄。在闵公的时候,僖公是臣。他弑了闵公,自即君位,是以兄继弟的君位。文公以为僖公是兄,闵公是弟,自己是僖公的儿子,

---

① 杞,夏之后。宋,殷之后。征,证也。文,典籍也。献,贤也。言二代之礼,我能言之,而二国不足取以为证,以其文献不足故也。文献若足,则我能取之以证君言矣。

② 禘,大计反。○赵伯循曰:“禘,王者之大祭也。王者既立始祖之庙,又推始祖所自出之帝,祀之于始祖之庙,而以始祖配之也。成王以周公有大勋劳,赐鲁重祭。故得禘于周公之庙,以文王为所出之帝,而周公配之,然非礼矣。”灌者,方祭之始,用郁鬯之酒灌地,以降神也。鲁之君臣,当此之时,诚意未散,犹有可观,自此以后,则浸以懈怠而无足观矣。盖鲁祭非礼,孔子本不欲观,至此而失礼之中又失礼焉,故发此叹也。○谢氏曰:“夫子尝曰:‘我欲观夏道,是故之杞,而不足征也:我欲观殷道,是故之宋,而不足征也。’又曰:‘我观周道,幽、厉伤之,吾舍鲁何适矣?鲁之郊禘非礼也,周公其衰矣!’考之杞、宋已如彼,考之当今又如此,孔子所以深叹也。”

所以把父亲的木主排在叔父的上面。孔子以为闵公为君在先，僖公为君在后，不应该把僖公的木主，反排在闵公的上面。但孔子自己是鲁臣，不便说鲁国上代君主失礼，而心中实大大不以为然，所以只得说："吾不欲观之矣!"按禘礼之说，学者聚讼纷纭；故对此章，亦解释不同。此从《集解》孔安国说。

或问禘之说。子曰："不知也。知其说者之于天下也，其如示诸斯乎!"指其掌。①

《集解》孔曰："答以不知者，为鲁讳。"则此章系按上章而言。或人闻孔子"吾不欲观之矣"之言，故问孔子耳。《中庸》云："明乎郊社之礼，禘尝之义，治国其如示诸掌乎!"仲尼燕居所记略同。皆可与此章参看。此云"示诸斯"，而又记其动作曰"指其掌"，斯，即指"掌"而言。

祭如在，祭神如神在。② 子曰："吾不与祭，如不祭。"③

祭，是祭祖先；祭神，是祭各种神道。祭时极诚极敬，如真有祖先或神在上一般。但一般人的"祭"，都不过儿戏了事，所以孔子说："吾不与祭，如不祭。"

此章大旨是说祭祀之礼，重在诚敬，重在祭品与仪式。

---

① 先王报本追远之意，莫深于禘。非仁孝诚敬之至，不足以与此，非或人之所及也。而不王不禘之法，又鲁之所当讳者，故以不知答之。示，与视同。指其掌。弟子记夫子言此而自指其掌，言其明且易也。盖知禘之说，则理无不明，诚无不格，而治天下不难矣。圣人于此，岂真有所不知也哉?

② 程子曰："祭，祭先祖也。祭神，祭外神也。祭先主于孝，祭神主于敬。"愚谓此门人记孔子祭祀之诚意。

③ 与，去声。○又记孔子之言以明之。言己当祭之时，或有故不得与，而使他人摄之，则不得致其如在之诚。故虽已祭，而此心缺然，如未尝祭也。○范氏曰："君子之祭，七日戒，三日斋，必见所祭者，诚之至也。是故郊则天神格，庙则人鬼享，皆由己以致之也。有其诚则有其神，无其诚则无其神，可不谨乎?吾不与祭，如不祭，诚为实，礼为虚也。"

王孙贾问曰："'与其媚于奥，宁媚于灶'，何谓也？"① 子曰："不然，获罪于天，无所祷也。"②

王孙贾，王孙氏，名贾，卫国大夫，即下文所记为卫灵公治军旅者。"与其媚于奥，宁媚于灶"二句，是那时候通行的俗语。奥，室之西南隅。《集解》云："奥，内也，以喻近臣；灶，以喻执政。贾，执政者，欲使孔子求昵之，故微以世俗之言感动之也。"按《孟子》记弥子瑕语子路曰："孔子主我，卫卿可得也。"弥子瑕为灵公之幸臣，贾为卫之执政，均欲与孔子接近。贾此语，殆即为弥子瑕之言而发。孔子答以"获罪于天，无所祷"者，明己不媚奥，亦不媚灶也。

朱注谓："灶为五祀之一；祀灶当设主于灶陉，祭毕，又设馔于奥以迎尸而祭于奥。"按上数章皆言祭祀，本章孔子复以"获罪于天无所祷也"为答，故朱子就祭祀之礼释之。

子曰："周监于二代，郁郁乎文哉！吾从周。"③

周，是周朝。二代，指夏、殷。监，有察看和比较的意思，言周因夏殷之礼，察其得失，较其长短，而损益之。郁郁，是文物丰盛的样子。文，是文物，指礼仪典制等，至周而更为完备。所以说："吾从周。"

---

① 王孙贾，卫大夫。媚，亲顺也。室西南隅为奥。灶者，五祀之一，夏所祭也。凡祭五祀，皆先设主而祭于其所，然后迎尸而祭于奥，略如祭宗庙之仪。如祀灶，则设主于灶陉，祭毕，而更设馔于奥，以迎尸也。故时俗之语，因以奥有常尊，而非祭之主；灶虽卑贱，而当时用事。喻自结于君，不如阿附权臣也。贾，卫之权臣。故以此讽孔子。

② 天，即理也，其尊无对，非奥、灶之可比也。逆理，则获罪于天矣，岂媚于奥、灶所能祷而免乎？言但当顺理，非特不当媚灶，亦不可媚于奥也。〇谢氏曰："圣人之言，逊而不迫。使王孙贾而知此意，不为无益；使其不知，亦非所以取祸。"

③ 郁，于六反。〇监，视也。二代，夏、商也。言其视二代之礼而损益之。郁郁，文盛貌。〇尹氏曰："三代之礼，至周大备，夫子美其文而从之。"

子入大庙，每事问。或曰："孰谓鄹人之子知礼乎？入大庙，每事问。"子闻之，曰："是礼也。"①

大庙，鲁国祀周公之庙。鄹是鲁国的一个县名，孔子父叔梁纥所治。鄹人之子，谓孔子也。孔子入大庙，每件事情都去问人，所以或人笑孔子道："哪个说鄹人之子知礼呢？"孔子答道："这些是礼吗？"盖以当时祭祀诸典均不合礼，故反诘之。按《集解》及朱注均谓孔子知而复问是谨慎之至，故谓"每事问"即是"礼"。今从庄述祖（《别记》）俞樾（《古书疑义举例》）说。

子曰："'射不主皮'，为力不同科，古之道也。"②

朱注谓"射不主皮"是《乡射礼》语，"为力不同科"是孔子解《礼》之意如此。皮，是射候之鹄，以皮为之。科，即是等。射主中，不主贯皮，因为射者之力不同等。又引《乐记》"武王克商，散军郊射，而贯革之射息"以明"射不主皮"为古之道。《集解》马融释"射不主皮"曰："言射者不但以中皮为善，亦兼取和容。"释"为力不同科"曰："为力，力役之事，亦有上中下设三科焉，故曰不同科。"是马以二者并为"古之道"，与朱说异。

---

① 大，音泰。鄹，侧留反。○大庙，鲁周公庙。此盖孔子始仕之时，入而助祭也。鄹，鲁邑名。孔子父叔梁纥尝为其邑大夫。孔子自少以知礼闻，故或人因此而讥之。孔子言是礼者，敬谨之至，乃所以为礼也。○尹氏曰："礼者，敬而已矣。虽知亦问，谨之至也，其为敬莫大于此。谓之不知礼者，岂足以知孔子哉？"

② 为，去声。○射不主皮，《乡射礼》文。为力不同科，孔子解礼之意如此也。皮，革也，布侯而栖革于其中以为的，所谓鹄也。科，等也。古者射以观德，但主于中，而不主于贯革，盖以人之力有强弱，不同等也。《记》曰："武王克商，散军郊射，而贯革之射息。"正谓此也。周衰礼废，列国兵争，复尚贯革，故孔子叹之。○杨氏曰："中可以学而能，力不可以强而至。圣人言古之道，所以正今之失。"

子贡欲去告朔之饩羊。[①] 子曰："赐也，尔爱其羊，我爱其礼。"[②]

告，音谷。饩，音戏。朱注云："告朔之礼，古者常以季冬颁来岁十二月之朔于诸侯，诸侯受而藏之祖庙，月朔则以牲羊告庙，请而行之。饩，生牲也。鲁自文公始不视朔，而有司犹供此羊。故子贡欲去之。"刘文淇《论语骈枝》则谓"告"读如字，告朔，是天子颁告朔于诸侯；饩羊，则待天子告朔之使者用之。周自幽王之后，不复告朔，而鲁之有司，尚循例供此饩羊，故子贡欲去之。按《周礼》太史云："颁告朔于邦国。"《孔子三朝记》曰："天子告朔于诸侯。"《谷梁传》文公六年曰："天子不以告朔。"皆为刘说之证，较朱注为长。子贡之欲去饩羊，非真惜此区区；但愤王政之不行，故有为而发。孔子之答，则以礼虽不行，而其迹尚存，后世尚可借以考见古制耳。

子曰："事君尽礼，人以为谄也。"[③]

当时君弱臣强，事君多简傲无礼，故反以事君尽礼者为谄。孔子此言，非因人以为谄而愤慨，特叹时人莫知事君之礼而已。

定公问："君使臣，臣事君，如之何？"孔子对曰："君使臣以礼，臣

---

① 去，起吕反。告，古笃反。饩，许气反。○告朔之礼：古者天子常以季冬颁来岁十二月之朔于诸侯，诸侯受而藏之祖庙。月朔，则以特羊告庙，请而行之。饩，生牲也。鲁自文公始不视朔，而有司犹供此羊，故子贡欲去之。

② 爱，犹惜也。子贡盖惜其无实而妄费。然礼虽废，羊存，犹得以识之而可复焉。若并去其羊，则此礼遂亡矣，孔子所以惜之。○杨氏曰："告朔，诸侯所以禀命于君亲，礼之大者。鲁不视朔矣，然羊存则告朔之名未泯，而其实因可举。此夫子所以惜之也。"

③ 黄氏曰："孔子于事君之礼，非有所加也，如是而后尽尔。时人不能，反以为谄，故孔子言之，以明礼之当然也。"○程子曰："圣人事君尽礼，当时以为谄。若他人言之，必曰我事君尽礼，小人以为谄，而孔子之言止于如此。圣人道大德宏，此亦可见。"

事君以忠。”[①]

鲁定公名宋，昭公弟，定是谥。昭公出奔，定公继立。公室卑弱，太阿倒持，故有此问。孔子答以“君使臣以礼，臣事君以忠”者，正因当时君既失礼，臣又不忠也。

子曰：“《关雎》，乐而不淫，哀而不伤。”[②]

雎，音居。《关雎》是《诗经》里第一篇诗的题目。这篇诗的第一句是“关关雎鸠”。（雎鸠，鸟名。关关，鸣声）取第一句中两字为题，所以称为《关雎》。此诗歌咏君子思得淑女为配；求之不得，则辗转反侧，寤寐思之；求之既得，则钟鼓乐之，琴瑟友之。然其得之也，虽乐而不至淫；其未得之也，虽哀而不至伤。这才是发于情而止于礼义，故孔子称之。

刘文淇《论语骈枝》谓此《关雎》为乐章名。古之乐章皆三篇为一章，故《关雎》、《葛覃》、《卷耳》乐章统名《关雎》。“乐而不淫”，指《关雎》、《葛覃》；“哀而不伤”，指《卷耳》。按《葛覃》咏归宁，《卷耳》则怀其夫行役远方。按本篇所记，多论礼乐，刘氏之说亦通。

哀公问社于宰我。宰我对曰：“夏后氏以松，殷人以柏，周人以栗，

---

① 定公，鲁君，名宋。二者皆理之当然，各欲自尽而已。○吕氏曰：“使臣不患其不忠，患礼之不至；事君不患其无礼，患忠之不足。”○尹氏曰：“君臣。以义合者也。故君使臣以礼，则臣事君以忠。”

② 乐，音洛。○《关雎》，《周南·国风》，《诗》之首篇也。淫者，乐之过而失其正者也。伤者，哀之过而害于和者也。《关雎》之诗，言后妃之德，宜配君子。求之未得，则不能无寤寐反侧之忧；求而得之，则宜其有琴瑟钟鼓之乐。盖其忧虽深而不害于和，其乐虽盛而不失其正，故夫子称之如此。欲学者玩其辞，审其音，而有以识其性情之正也。

曰使民战栗。”[①] 子闻之，曰：“成事不说，遂事不谏，既往不咎。”[②]

宰我，孔子弟子，名子，字子我，郑玄《目录》云：鲁人。社是祀后土的地方。古时一个国家成立，必立社以祀后土，又必因土地之宜，种一种树木于社。以明这个土地的性质，宜种何种树木。哀公不知社树的用意，所以问于宰我。“夏后氏以松，殷人以柏，周人以栗”者，宰我列举三代的社树以对哀公。“曰，‘使民战栗’”者，是接着又说周朝之以栗为社树，是使民慄慄危惧的意思。古时候慄慄危惧的“慄”字，就写作“栗”。他因当时鲁君对臣民毫无威严，所以特造这话，以告哀公，希望他能重振乾纲。宰我的话，固然有他的用意。但孔子听到了之后，大不谓然，就对宰我道：“事已成不可复解说，奉已遂不可复谏止，事已往不可复追咎。”历言三者，以责宰我，使他以后知道慎言。

按：“问社”，《鲁论》作“问主”，此从《古论》。主，是社主。宰我所答的“松”、“柏”、“栗”，是做社主所用之木材。

子曰：“管仲之器小哉！”[③] 或曰：“管仲俭乎？”曰：“管氏有三归，官事不摄，焉得俭？”[④]“然则管仲知礼乎？”曰：“邦君树塞门，管氏亦树

---

① 宰我，孔子弟子，名予。三代之社不同者，古者立社，各树其土之所宜木以为主也。战栗，恐惧貌。宰我又言周所以用栗之意如此。岂以古者戮人于社，故附会其说与？

② 遂事，谓事虽未成而势不能已者。孔子以宰我所对，非立社之本意，又启时君杀伐之心，而其言已出，不可复救，故历言此以深责之，欲使谨其后也。○尹氏曰：“古者各以所宜木名其社，非取义于木也。宰我不知而妄对，故夫子责之。”

③ 管仲，齐大夫，名夷吾，相桓公霸诸侯。器小，言其不知圣贤大学之道，故局量褊浅、规模卑狭，不能正身修德以致主于王道。

④ 焉，于虔反。○或人盖疑器小之为俭。三归，台名。事见《说苑》。摄，兼也。家臣不能具官，一人常兼数事。管仲不然，皆言其侈。

塞门；邦君为两君之好，有反坫，管氏亦有反坫。管氏而知礼，孰不知礼?”①

管仲，名夷吾，字仲，谥曰敬齐大夫，相齐桓公，齐国大强，为五霸之首。器小，言管仲的器量狭小也。或人听了孔子说管仲器小，误以为是俭省，故问曰:“管仲俭乎?”“曰:‘管氏有三归，官事不摄，焉得俭’”者，是孔子答或人之辞。三归，《集解》包咸说:“妇人谓嫁曰归。”管仲娶三姓女，故曰:“管氏有三归。”朱注云:“三归，台名，事见《说苑》。”按管仲筑三归之台，见《善说篇》。俞樾《群经评议》谓“三归”者，言管仲朝自而归，家有三处；一处有一处之官。不相兼摄，故下云“官事不摄”。包慎言《温故录》则训“归”为“馈”，谓家庙以三牲献，背大夫少牢只具羊豕二牲之礼。此外异解尚多，不备举。大夫家中有家臣。摄，是兼管各种事务。管仲家中，每一事派一人管理，与君主国家一般，故曰:“官事不摄。”排场阔绰如此，故曰“焉得俭”也。“然则管仲知礼乎?”是或人又问。因孔子说管仲并不俭省。乃又疑管仲为知礼也。“曰:‘邦君树塞门；管氏亦树塞门。邦君为两君之好，有反坫；管氏亦有反坫。管氏而知礼，孰不知礼?’”又是孔子答或人之言。邦君，谓一个国中的君主。“树塞门”者，所以隔内外，或用木屏风，或用土墙，或在门内，或在门外，古代只有国君可用。若大夫家中，只能用帘子，挂在庭阶

① 好，去声。坫，丁念反。○或人又疑不俭为知礼。屏，谓之树。塞，犹蔽也。设屏于门，以蔽内外也。好，谓好会。坫，在两楹之间，献酬饮毕，则反爵于其上。此皆诸侯之礼，而管仲僭之，不知礼也。○愚谓孔子讥管仲之器小，其旨深矣。或人不知而疑其俭，故斥其奢以明其非俭。或又疑其知礼，故又斥其僭以明其不知礼。盖虽不复明言小器之所以然，而其所以小者，于此亦可见矣。故程子曰:“奢而犯礼，其器之小可知。盖器大，则自知礼而无此失矣。”此言当深味也。○苏氏曰:“自修身正家以及于国，则其本深，其及者远，是谓大器。扬雄所谓‘大器犹规矩准绳，先自治而后治人’者是也。管仲三归、反坫，桓公内嬖六人，而霸天下，其本固已浅矣。管仲死，桓公薨，天下不复宗齐。”○杨氏曰:“夫子大管仲之功而小其器。盖非三佐之才，虽能合诸侯、正天下，其器不足称也。道学不明，而王霸之略混为一途。故闻管仲之器小，则疑其为俭，以不俭告之，则又疑其知礼。盖世方以诡遇为功，而不知为之范，则不悟其小，宜矣。”

前。今管仲家中，也树塞门，便是僭了。坫，筑土为之，在两楹之间。两国君主相会，应酬饮酒以后，把酒器还放坫上。坫为反爵之用，故曰“反坫”。这也只有君主可用。今管仲家中，也有这“反坫”之礼，亦是僭礼。故说：“管仲如知礼，还有哪一个人不知礼呢？”

按孟子尝谓管仲得君如彼之专，行乎国政如彼其久，而不能以齐王，故卑之而不屑为；可与本章孔子所云“器小”参看。管仲，相桓公，九合诸侯，不以兵车，孔子尝称之，其功烈亦未可谓卑。特以此自满，不能进其君于王，故又讥器小易盈耳。

子语鲁大师乐，曰：“乐其可知也：始作，翕如也，从之，纯如也，皦如也，绎如也，以成。”①

大，古与太通。大师是乐官。乐，音乐之乐。从，今作纵。此章记孔子对鲁太师论乐之语。始作，是说音乐初动手演奏的时候。翕，是合的意思，说各乐器的相合。从之，是说乐的声音扬开以后。纯，是和谐的意思。说音调的和谐。皦，是明白的意思，说音节的分明。绎，是相续不断的意思。说全套音乐之一气呵成。以成，是说音乐一套已经完全奏成。“如”字是状词的语尾。

仪封人请见，曰：“君子之至于斯也，吾未尝不得见也。”从者见之。

---

① 语，去声。大，音泰。从，音纵。○语，告也。大师，乐官名。时音乐废缺，故孔子教之。翕，合也。从，放也。纯，和也。皦，明也。绎，相续不绝也。成，乐之一终也。○谢氏曰：“五音六律不具，不足以为乐。翕如，言其合也。五音合矣，清浊高下，如五味之相济而后和，故曰纯如。合而和矣，欲其无相夺伦，故曰皦如，然岂宫自宫而商自商乎？不相反而相连，如贯珠可也，故曰绎如也，以成。”

出曰："二三子，何患于丧乎？天下之无道也久矣，天将以夫子为木铎。"①

仪，是卫国一个邑名。封人，是掌封疆之官。仪封人，就是仪县地方做封人的官的。孔子到卫国的时候，仪封人来求见孔子，说道："各国有名的人来到这道，我是未尝不得见的。"从者，是弟子从孔子者。见之，是引导仪封人见孔子。"二三子何患于丧乎"三句。是仪封人见了孔子以后，走出去对弟子们说的话。二三子，是对孔子许多弟子而言。丧，是指孔子去鲁失位。木铎，形如摇铃，金口木舌，古时，发布政教时，振之以告百姓。"天将以夫子为木铎"者，言天不久将使孔子得位以行其道。一说谓木铎徇于路，所以教人。言天使孔子失位，周游列国，将使垂教万世耳。亦通。

子谓《韶》："尽美矣，又尽善也。"谓《武》："尽美矣，未尽善也。"②

此章记孔子评论《韶》、《武》二种乐章之语。《韶》是虞舜的乐。《武》是武王的乐。古时候帝王功成治定以后，常造一种乐章以歌舞太平。尽美，是说这种乐的音调。舞的形状，都极其完美。尽善，是说这种乐章所含的道德意义也丝毫没有缺陷。舜受尧之禅，以揖让得天下，故舜的

---

① 请见、见之之见，贤遍反。从、丧，皆去声。○仪，卫邑。封人，掌封疆之官，盖贤而隐于下位者也。君子。谓当时贤者。至此皆得见之，自言其平日不见绝于贤者，而求以自通也。见之，谓通使得见。丧，谓失位去国，《礼》曰"丧欲速贫"是也。木铎，金口木舌，施政教时所振，以警众者也。言乱极当治，天必将使夫子得位设教，不久失位也。封人一见夫子而遽以是称之，其所得于观感之间者深矣。或曰："木铎所以徇于道路，言天使夫子失位，周流四方以行其教，如木铎之徇于道路也。"

② 《韶》，舜乐。《武》，武王乐。美者，声容之盛。善者，美之实也。舜绍尧致治，武王伐纣救民，其功一也，故其乐皆尽美。然舜之德，性之也，又以揖逊而有天下；武王之德，反之也，又以征诛而得天下，故其实有不同者。○程子曰："成汤放桀，惟有惭德，武王亦然，故未尽善。尧、舜、汤、武，其揆一也。征伐非其所欲，所遇之时然尔。"

乐，“尽美”而又“尽善”。武王伐纣征诛得天下，故武王的乐，虽“尽美”，而未“尽善”。

子曰：“居上不宽，为礼不敬，临丧不哀，吾何以观之哉？”①

居上，指在上位的人；居上位的人，要宽宏大度。为礼，指行礼的时候；行礼的时候，要恭恭敬敬。临丧，指到有丧事的人家；到有丧事的人家去，应有一种悲哀的情态。否则，其为人便不足观。

[问题]

（一）何谓“八佾”？
（二）何谓“以雍彻”？
（三）何谓“旅于泰山”？
（四）何谓“文献”？
（五）何谓“射不主皮”？
（六）何谓“告朔”？
（七）孔子所谓“礼之本”何在？
（八）孔子何以谓“管仲器小”？
（九）孔子论三代之礼。其说如何？
（十）本篇记孔子论乐语如何？

里仁第四

子曰：“里仁为美。择不处仁，焉得知？”②

---

① 居上主于爱人，故以宽为本。为礼以敬为本，临丧以哀为本。既无其本，则以何者而观其所行之得失哉？

② 处，上声。焉，於虔反。知，去声。○里有仁厚之俗为美。择里而不居于是焉，则失其是非之本心，而不得为知矣。

焉，平声，安也，此处用作副词。知，今作智。《集解》，郑曰："里者，民之所居。居于仁者之里，是为美；不处仁者之里，不得为知。"朱注云："里有仁厚之俗为美。择里而不处于是焉，则失其是非之本心，而不得为知矣。"郑谓"里仁"为"居仁者之里"，朱谓"里仁"为"里有仁厚之俗"，虽不无出入，然皆以此章所论，指卜居择邻而言。按《孟子》云："矢人岂不仁于函人哉？矢人惟恐不伤人，函人惟恐伤人；巫匠亦然；故术不可不慎也。孔子曰：'里仁为美。择不处仁，焉得智？'"似训"里"字为"处"，泛指立身处事而言。孟子以"仁为人之安宅"，故曰"旷安宅而弗居"，即此章所谓"择不处仁"也。此解亦通。

子曰："不仁者不可以久处约，不可以长处乐。仁者安仁，知者利仁。"①

乐，欢乐之乐。知，今作智。约，是窘困的意思。不仁之人，不可以长久处在窘困的境地。若长久处在窘困的境地，必定有为非作恶的事情做出来。但又不可长久处于富贵安乐的境地。若长久处在安乐的境地，也必骄奢淫佚，做出不好的事情来。仁者能素位而行，随遇而安，久处约而不为贫贱所移，长处乐而不为富贵所淫。知者知，仁是于己于人都有利的，所以也能行仁。此章所说"安仁"、"利仁"，即《中庸》之"安而行之"，"利而行之"。

---

① 乐，音洛。知，去声。〇约，穷困也。利，犹贪也，盖深知笃好而必欲得之也。不仁之人，失其本心，久约必滥，久乐必淫。惟仁者则安其仁而无适不然，知者则利于仁而不易所守，盖虽深浅之不同，然皆非外物所能夺矣。〇谢氏曰："仁者心无内外远近精粗之间，非有所存而自不亡，非有所理而自不乱，如目视而耳听，手持而足行也。知者谓之有所见则可，谓之有所得则未可。有所存斯不亡，有所理斯不乱，未能无意也。安仁则一，利仁则二。安仁者非颜、闵以上，去圣人为不远，不知此味也。诸子虽有卓越之才，谓之见道不惑则可，然未免于利之也。"

子曰：“唯仁者能好人，能恶人。”①

好、恶，皆去声。唯，独也。“仁者”大公无私，故能好人，能恶人。不是仁人，则往往发于自己情感之私了。《大学》言“惟仁人为能爱人，能恶人”，与本章同意。

子曰：“苟志于仁矣，无恶也。”②

朱注：“苟、诚也。志，心之所之也。其心，诚在于仁，则必无为恶之事矣。”按：下文有“观过知仁”语仁者亦未尝无过失，但决不至有心作恶耳。

子曰：“富与贵，是人之所欲也，不以其道得之，不处也。贫与贱，是人之所恶也，不以其道得之，不去也。③君子去仁，恶乎成名？④君子无终食之间违仁，造次必于是，颠沛必于是。”⑤

恶，去声。读以“得之”二字连上“不以其道”为句，误。此章言富贵为人所共欲，贫贱为人所共恶；君子岂不欲处富贵，去贫贱乎？惟不以

---

① 好、恶，皆去声。○唯之为言独也。盖无私心，然后好恶当于理，程子所谓得其公正是也。○游氏曰：“好善而恶恶，天下之同情，然人每失其正者，心有所系而不能自克也。惟仁者无私心，所以能好恶也。”

② 恶，如字。○苟，诚也。志者，心之所之也。其心诚在于仁，则必无为恶之事矣。○杨氏曰：“苟志于仁，未必无过举也，然而为恶则无矣。”

③ 恶，去声。○不以其道得之，谓不当得而得之。然于富贵则不处，于贫贱则不去，君子之审富贵而安贫贱也如此。

④ 恶，平声。○言君子所以为君子，以其仁也。若贪富贵而厌贫贱，则是自离其仁，而无君子之实矣，何所成其名乎？

⑤ 造，七到反。沛，音贝。○终食者，一饭之顷。造次，急遽苟且之时。颠沛，倾覆流离之际。盖君子之不去乎仁如此，不但富贵、贫贱取舍之间而已也。○言君子为仁，自富贵、贫贱取舍之间，以至于终食、造次、颠沛之顷，无时无处而不用其力也。然取舍之分明，然后存养之功密；存养之功密，则其取舍之分益明矣。

其道，则得富贵而不处，得贫贱而不去耳。如此讲解，方近人情。《吕氏春秋·有庆篇》高诱注：“不以其道，得之不居。”毕沅校，谓“得之”当连下读，是其证。

恶，音乌，平声。远，离也。朱注云：“终食，一饭之顷。造次，急遽苟且之时，颠沛，倾覆流离之际。”按：“造次”即“仓卒”之转音，“颠沛”即“颠仆”之转音。君子之所以成为君子者，以其仁也。若去仁，则何以成其为君子之名？故君子即在一饭之顷，仓卒忽遽之间，颠仆困顿之际，亦不离“仁”也。《中庸》云：“道也者，不可须臾离也；可离非道也。”仁，即是为人之道，故不可须臾离。此节与上节本为一章，分作两段讲，较易明白；但其意仍可连贯。盖君子所“处”者“仁”，苟不以其道，而处富贵，是处不仁矣；不以其道，而去贫贱，是去仁矣。

子曰：“我未见好仁者、恶不仁者。好仁者，无以尚之；恶不仁者，其为仁矣，不使不仁者加乎其身。[①] 有能一日用其力于仁矣乎？我未见力不足者。[②] 盖有之矣，我未之见也。”[③]

好、恶，皆去声。“好仁者”是一等，“恶不仁者”是一等，“用其力于仁者”又是一等，“好仁”是“仁”，是“安仁”，故曰：“无以尚之。”“恶不仁”是“智”，是“利仁”，则能不使不仁之事加诸其身。“用力于仁”是勇，是“强仁”。“用力于仁”即勉力以“为仁”。世人不肯“强

① 好、恶，皆去声。〇夫子自言未见好仁者、恶不仁者。盖好仁者真知仁之可好，故天下之物无以加之。恶不仁者真知不仁之可恶，故其所以为仁者，必能绝去不仁之事，而不使少有及于其身。此皆成德之事，故难得而见之也。

② 言好仁、恶不仁者，虽不可见，然或有人果能一旦奋然用力于仁，则我又未见其力有不足者。盖为仁在己，欲之则是，而志之所至，气必至焉。故仁虽难能，而至之亦易也。

③ 盖，疑词。有之，谓有用力而力不足者。盖人之气质不同，故疑亦容或有此昏弱之甚。欲进而不能者，但我偶未之见耳。盖不敢终以为易，而又叹人之莫肯用力于仁也。〇此章言仁之成德，虽难其人，然学者苟能实用其力，则亦无不可至之理。但用力而不至者，今亦未见其人焉，此夫子所以反复而叹惜之也。

仁”，往往诿为力不足：其实未有力不足者。盖，疑辞。末二句，包上三层说。言世或有此三等人，而我未尝见之。

子曰：“人之过也，各于其党。观过，斯知仁矣。”①

党，类也。朱注引程子曰：“君子常失于厚，小人常失于薄；君子过于爱，小人过于忍。”又引吴氏曰：“于此观之，则人之仁不仁可知矣。”按：毗刚毗柔，毗仁毗义，人之个性，各有不同，故过失亦各有其类。皇侃疏引殷仲堪之言曰：“直者以改邪为义，失在于寡恕；仁者以恻隐为诚，过在于容非。”故观其过，则可以知其仁。

子曰：“朝闻道，夕死可矣。”②

朝，音招，早也。朱注云：“朝夕，甚言其时之短。”按此章极言欲闻道之亟，虽朝闻而夕死，亦所甘心。《集解》云：“言将至死不闻世之有道。”误。

子曰：“士志于道，而耻恶衣恶食者，未足与议也。”③

恶，如字读。《礼记·学记》云：“士先志。”《孟子》云：“士尚志。”

---

① 党，类也。○程子曰：“人之过也，各于其类。君子常失于厚，小人常失于薄；君子过于爱，小人过于忍。”○尹氏曰：“于此观之，则人之仁不仁可知矣。”○吴氏曰：“后汉吴佑谓‘掾以亲故，受污辱之名，所谓观过知仁’是也。”愚按：此亦但言人虽有过，犹可即此而知其厚薄，非谓必俟其有过，而后贤否可知也。

② 道者，事物当然之理。苟得闻之，则生顺死安，无复遗恨矣。朝夕，所以甚言其时之近。○程子曰“言人不可以不知道，苟得闻道，虽死可也。”又曰：“皆实理也，人知而信者为难。死生亦大矣！非诚有所得，岂以夕死为可乎？”

③ 心欲求道，而以口体之奉不若人为耻，其识趣之卑陋甚矣，何足与议于道哉？○程子曰：“志于道而心役乎外，何足与议也？”

士之志；当在于道。若以恶衣恶食为耻，则其志在乎口体之养矣；“未足与议”者，言此等人非真志道者，故未足与之论道也。必如颜渊之箪食瓢饮，不改其乐；子路之衣敝组袍与衣狐貉者立而不耻，方可谓之“志道”，方足与之论道。

子曰：“君子之于天下也，无适也，无莫也，义之与比。”①

此章何氏《集解》无注。皇疏采范宁曰：“适，莫犹厚薄也。比，亲也。君子于人，无有偏颇厚薄，唯仁义是亲也。”朱注云：“适，丁历反。适，专主也。《春秋传》曰‘吾谁适从’是也。莫不肯也。比，从也。”又引谢氏曰：“适，可也。莫，不可也。……于无可无不可之间，有义存焉。”按：《经典释文》云：“适，郑作敌。莫，郑音慕，无所贪慕也。”《史记·范雎传》“攻适伐国”，《田单传》“适人开户”，皆以“适”为“敌”。莫，慕，一声之转。敌，即仇敌之“敌”，是反对的意思。慕，是向慕的意思。君子于天下之人之事，无敌莫之成见，惟“义之与比”。比，是接近的意思。

子曰：“君子怀德，小人怀土；君子怀刑，小人怀惠。”②

朱注云：“怀，思念也。怀德，谓存其固有之善；怀土，谓溺爱其所处之安；怀刑，谓畏法；怀惠，谓贪利。”按《孟子》言：“有恒产者有恒

① 适，丁历反。比，必二反。○适，专主也。《春秋》传曰“吾谁适从”是也。莫，不肯也。比，从也。○谢氏曰：“适，可也。莫，不可也。无可无不可，苟无道以主之，不几于猖狂自恣乎？此佛、老之学，所以自谓心无所住而能应变，而卒得罪于圣人也。圣人之学不然，于无可无不可之间，有义存焉。然则君子之心，果有所倚乎？”

② 怀，思念也。怀德，谓存其固有之善。怀土，谓溺其所处之安。怀刑，谓畏法。怀惠，谓贪利。君子小人趣向不同，公私之间而已。○尹氏曰“乐善恶不善，所以为君子；苟安务得，所以为小人。”

心，无恒产者无恒心。“怀土，正指其念念在于恒产，在于田宅。刑，当包礼法而言。畏礼法，故能自儆。《尚书·皋陶谟》云：“安民则惠，黎民怀之。”可见小人所思念者惟在恩惠。

子曰：“放于利而行，多怨。”①

放，依也。“放于利而行”，是说每事依利而行。“多怨”者，多招人家的怨也。朱注引程子曰：“欲利于己。必害于人，故多怨。”所以做事不当依利而行，当依义而行。

子曰：“能以礼让为国乎？何有？不能以礼让为国，如礼何？”②

为国，就是治国。何有，就是说有什么难处。礼，是让之文；让是礼之实。如不能以礼让为国，则礼之实已亡，则所谓“礼”者，只是形式而已，故曰“如礼何”也。

子曰：“不患无位，患所以立；不患莫己知，求为可知也。”③

位，指职位。所以立，指所以立乎此位之才德。“莫己知”，说无人知己；“可知”，说己有可以使人知之之实。《荀子·非十二子》云：“君子能为可贵，不能使人必贵：己能为可用，不能使人必用己；能为可信，不能使人必信己。故君子耻不修，不耻见污；耻不信，不耻不见信；耻不

① 放，上声。○孔氏曰：“放，依也。多怨。谓多取怨。”○程子曰：“欲利于己，必害于人，故多怨。”

② 逊者，礼之实也。何有，言不难也。言有礼之实以为国，则何难之有？不然，则其礼文虽具，亦且无如之何矣，而况于为国乎？

③ 所以立，谓所以立乎其位者。可知，谓可以见知之实。程子曰：“君子求其在己者而已矣。”

能，不耻不见用。”与本章之旨同。

子曰：“参乎！吾道一以贯之。”曾子曰：“唯。”① 子出，门人问曰：“何谓也？”曾子曰：“夫子之道，忠恕而已矣。”②

参，音森，曾子名。唯，曾子应之也。门人，弟子也。皇疏谓是曾子弟子；刘宝楠《正义》谓是孔子弟子：当以后说为是。“吾道一以贯之”，曾子已明白这个意思，故径应之曰“唯”。其余弟子不懂“一贯”的道理，等孔子走出去以后，问曾子道：“这是什么意义呢？”曾子因同学们不懂，而“一贯”二字的意义，一时不容易讲清楚，所以把孔子的道，总括成两个字道：“夫子之道，忠恕而已矣！”

朱注云：“尽己之谓忠；推己及人之谓恕。‘而已矣’者，竭尽而无余之辞也。”按《大学》论“挈矩之道”节“所恶于上无以使下……”云云。《中庸》“忠恕违道不远，施诸己而不愿，亦勿施于人”，并谓“君子之道”，当以所求乎子者事父，所求乎臣者事君，所求乎弟者事兄，所求乎朋友先施之；本书下文亦云，“己欲立而立人，己欲达而达人”：皆论忠恕之道。刘氏《正义》云：“己立己达，忠也；立人达人，恕也。二者相因，无偏用之势。”盖孔子之道，虽千端万绪，其实都是一贯的，不过

① 参，所金反。唯，上声。○参乎者，呼曾子之名而告之。贯，通也。唯者，应之速而无疑者也。圣人之心，浑然一理，而泛应曲当，用各不同。曾子于其用处，盖已随事精察而力行之，但未知其体之一尔。夫子知其真积力久，将有所得，是以呼而告之，曾子果能默契其指，即应之速而无疑也。

② 尽己之谓忠，推己之谓恕。而已矣者，竭尽而无余之辞也。夫子之一理浑然而泛应曲当，譬则天地之至诚无息，而万物各得其所也。自此之外，固无余法，而亦无待于推矣。曾子有见于此而难言之，故借学者尽己、推己之目以著明之，欲人之易晓也。盖至诚无息者，道之体也，万殊之所以一本也；万物各得其所者，道之用也，一本之所以万殊也。以此观之，一以贯之之实可见矣。或曰：“中心为忠，如心为恕。”于义亦通。○程子曰：“以己及物，仁也；推己及物，恕也，违道不远是也。忠恕一以贯之：忠者天道，恕者人道；忠者无妄，恕者所以行乎忠也；忠者体，恕者用，大本达道也。此与违道不远异者，动以天尔。”又曰：“‘维天之命，于穆不已’，忠也；‘乾道变化，各正性命’，恕也。”又曰：“圣人教人各因其才，‘吾道一以贯之’，惟曾子为能达此，孔子所以告之也。曾子告门人曰：‘夫子之道，忠恕而已矣’，亦犹夫子之告曾子也。《中庸》所谓‘忠恕违道不远’。斯乃下学上达之义。”

“忠恕”二字而已。

按，《广雅·释诂》云：“贯，行也。”王念孙《疏证》谓“一以贯之”，即“一以行之”，阮元谓“一”与“壹”同。“以贯之”者，言孔子之道，皆于行事见之，非徒以文学为教。下文问子贡云：“汝以予为多学而识之者与？”又告之曰：“予一以贯之。”盖恐子贡但以多学而识学圣人，而不于行事学圣人也。此别一解，说亦可通。

子曰：“君子喻于义，小人喻于利。”①

朱注云：“喻，犹晓也。义者，天理之所宜；利者，人情之所欲。”又引程子云：“君子之于义，犹小人之于利也。唯其深喻，是以笃好。”按陆九渊访朱子于南康，尝在白鹿洞书院讲此章。与程朱所说之旨同。包慎言《温故录》则谓君子小人以位言在位之君子，于己不当言利，而治小人则当因其所利而利之。此别一说。

子曰：“见贤思齐焉，见不贤而内自省也。”②

贤，是有贤德的人。思齐，想和他一样，没有高低也。内自省，自己反省，有没有像他不贤的行为。《荀子·修身篇》云：“见善，修然，必以自存也；见不善，愀然，必以自省也。”与本章同旨。

---

① 喻，犹晓也。义者，天理之所宜。利者，人情之所欲。○程子曰：“君子之于义，犹小人之于利也。唯其深喻，是以笃好。”杨氏曰：“君子有舍生而取义者。以利言之，则人之所欲无甚于生，所恶无甚于死，孰肯舍生而取义哉？其所喻者义而已，不知利之为利故也。小人反是。”

② 省，悉井反。○思齐者，冀己亦有是善。内自省者，恐己亦有是恶。○胡氏曰：“见人之善恶不同，而无不反诸身者，则不徒羡人而甘自弃，不徒责人而忘自责矣。”

子曰："事父母几谏，见志不从，又敬不违，劳而不怨。"①

几，《集解》，朱注皆曰："微也。"几谏者，以微言谏之；即《礼记·内则篇》所说："父母有过，下气怡色，柔声以谏也。"《檀弓》云："事亲有隐而无犯。"郑玄注："无犯，不犯颜而谏。"亦即本章"几谏"之意。"见志不从，又敬不违"者，谏了父母，见父母之志，不肯从我的话，我仍旧要恭恭敬敬，对待父母，不可违抗父母；即《内则》所说："谏若不入，起敬起孝，悦则复谏也。""劳而不怨"者，王引之《经义述闻》谓"劳"当训为"忧"，亦承上"见志不从"而言。《曲礼》："三谏而不听，则号泣而随之。"可谓忧矣。若如通解，谓服劳不怨，则与上文"几谏"无关，当从王说。

子曰："父母在，不远游，游必有方。"②

远游，即现在所谓出远门。方，是一定的地方。父母在的时候，不可出远门。因为父母有时思念儿子，或有疾病，离得路远，不容易回家看视父母，故曰"不远游"。"游必有方"者，出门去住在那里，必有一定的地方。如此，则父母有事，可通信，或派人到这地方来叫回去。《礼记·曲礼》云："所游必有常。"《玉藻》云："亲老，出不易方。"与本章同旨。

子曰："三年无改于父之道，可谓孝矣。"③

---

① 此章与《内则》之言相表里。几，微也。微谏，所谓"父母有过，下气怡色，柔声以谏"也。见志不从，又敬不违，所谓"谏若不入，起敬起孝，悦则复谏"也。劳而不怨，所谓"与其得罪于乡党州闾宁熟谏。父母怒不悦，而挞之流血，不敢疾怨，起敬起孝"也。

② 远游，则去亲远而为日久，定省旷而音问疏，不惟己之思亲不置，亦恐亲之念我不忘也。游必有方，如已告云之东，即不敢更适西，欲亲必知己之所在而无忧，召己则必至而无失也。范氏曰："子能以父母之心为心，则孝矣。"

③ 胡氏曰："已见首篇，此盖复出而逸其半也。"

此章已在《学而篇》见过，弟子于孔子之言，各以所闻记之；或编者偶有失校，故重出而逸其半。

子曰："父母之年，不可不知也。一则以喜，一则以惧。"①

父母之年。谓父母的年纪。见父母年纪大，已臻寿考，所以欢喜；见父母年纪老，将近衰亡，则又忧惧；故曰："一则以喜，一则以惧。"

子曰："古者言之不出，耻躬之不逮也。"②

古者言之不出，是说古人说话，不肯轻易出口。躬，身也。逮，及也。古人以话出了口而做不到，为一件可耻的事，故不肯随便说。此章所说，即"君子欲讷于言而敏于行"的意思。

子曰："以约失之者鲜矣。"③

"约"字，《集解》引孔说，作"俭约"讲。朱注引谢氏，则云："不侈然以自放之谓约。"又引尹氏云："非止谓俭约也。"其义较长。约，是泰之反，凡谨言，慎行，不浪费，皆是约。《礼记·曲礼》云："傲不可长，欲不可纵，志不可满，乐不可极。"皆言"约"之道。鲜，上声，少也。以约守身，而失之者少矣。

---

① 知，犹记忆也。常知父母之年，则既喜其寿，又惧其衰，而于爱日之诚，自有不能已者。

② 言古者，以见今之不然。逮，及也。行不及言，可耻之甚。古者所以不出其言，为此故也。○范氏曰："君子之于言也，不得已而后出之，非言之难，而行之难也。人唯其不行也，是以轻言之。言之如其所行，行之如其所言，则出诸其口必不易矣。"

③ 鲜，上声。○谢氏曰："不侈然以自放之谓约。"○尹氏曰："凡事约则鲜失，非止谓俭约也。"

子曰："君子欲讷于言而敏于行。"①

"讷于言"的意思，是说话慎重，不可轻易出口。"敏于行"的意思，是做事要捷速。与上文"敏于事而慎于言"这句话同义。

子曰："德不孤，必有邻。"②

《易文言》云："同声相应，同气相求。"故德立于己，则善言集，良朋来，如住家之有邻舍，不至于孤零零。

子游曰："事君数，斯辱矣；朋友数，斯疏矣。"③

数，音朔。朱注引程子曰："数，烦数也。"又引胡氏曰："事君谏，不行，则当去；导友善，不纳，则当止，至于烦渎，则言者轻，听者厌矣。是以求荣而反辱，求亲而反疏也。"吴嘉宾谓"数"与"疏"对；数者昵之至于密者也。君子之交淡如水，小人之交甘如醴；君子淡以成，小人甘以坏。事君交友，皆如此。足以补朱注之说。

郑玄说，"数"当训为数君友之过，即面相责让的意思。《曲礼》云："为人臣之礼，不显谏。"本书谓对于朋友，当忠告善道不可则止。并与本章同义。此别一解。

---

① 行，去声。○谢氏曰："放言易，故欲讷；力行难，故欲敏。"○胡氏曰："自吾道一贯至此十章，疑皆曾子门人所记也。"

② 邻，犹亲也。德不孤立，必以类应。故有德者，必有其类从之，如居之有邻也。

③ 数，色角反。○程子曰："数，烦数也。"○胡氏曰："事君，谏不行，则当去；导友，善不纳，则当止。至于烦渎，则言者轻。听者厌矣，是以求荣而反辱，求亲而反疏也。"○范氏曰："君臣朋友，皆以义合，故其事同也。"

［问题］

（一）不仁者何以不可久处约，长处乐？

（二）何谓“安仁”、“利仁”？

（三）何谓“观过知仁”？

（四）何谓“无适无莫”？

（五）何谓“一以贯之”？何谓“忠恕”？

（六）本篇论君子小人之别如何？

（七）本篇论事父母之道如何？

（八）本篇论言行之说如何？

公冶长第五

子谓公冶长：“可妻也。虽在缧绁之中，非其罪也！”以其子妻之。①子谓南容：“邦有道，不废；邦无道，免于刑戮。”以其兄之子妻之。②

公冶长，孔子弟子，公冶是姓，长是名。《史记·弟子传》云：齐人，《家语》云：鲁人。妻，去声，谓以女给他为妻。《集解》引孔子曰：“缧，黑索也。绁，挛也。所以拘罪人。”挛，是系的意思。“在缧绁之中”，谓被拘系狱中。孔子说公冶长这个人，可以把女儿给他为妻。虽曾

① 妻，去声，下同。缧，力造反。绁，息列反。○公冶长，孔子弟子。妻，为之妻也。缧，黑索也。绁。挛也。古者狱中以黑索拘挛罪人。长之为人无所考，而夫子称其可妻，其必有以取之矣。又言其人虽尝陷于缧绁之中，而非其罪，则固无害于可妻也。夫有罪无罪，在我而已，岂以自外至者为荣辱哉？

② 南容，孔子弟子，居南宫。名绍，又名括，字子容，谥敬叔。孟懿子之兄也。不废，言必见用也。以其谨于言行，故能见用于治朝，免祸于乱世也。事又见第十一篇。○或曰：“公冶长之贤不及南容，故圣人以其子妻长，而以兄子妻容，盖厚于兄而薄于已也。”程子曰：“此以己之私心窥圣人也，凡人避嫌者，皆内不足也，圣人自至公，何避嫌之有？况嫁女必量其才而求配，尤不当有所避也。若孔子之事，则其年之长幼、时之先后皆不可知，唯以为避嫌则大不可。避嫌之事、贤者且不为，况圣人乎？”

被拘系在监牢里，是一桩冤枉的事情，公冶长并没有犯什么罪，就以自己的女儿嫁给他。

南容，孔子弟子，鲁人，姓南宫，名绍，（《家语》作韬。）字子容。《史记·仲尼弟子传》谓南宫括，（括亦作适）字子容，朱注及刘宝楠《正义》，谓括、容，同是一人。朱注又云“谥敬叔”，则误以南容为南官说，非是。说，亦作阅。南宫敬叔反，必载宝而朝，孔子以为不如速贫，见《檀弓》。《汉书·古今人表》亦分列南宫敬叔、南容为二人。朱子因郑玄《礼记注》而误。孔子说南容这个人，国家有道的时候，政府必不废弃他；国家无道的时候，也不至于陷于刑戮，所以把侄女嫁给他。按《史记·孔子世家》，孔子有庶兄，字孟皮，病足。是时孟皮已卒，孔子为其女主婚。

子谓子贱，“君子哉若人！鲁无君子者，斯焉取斯？”①

子贱，孔子弟子，姓宓（音伏），名不齐，《家语》云：鲁人。若，此也。若人，犹言这个人，指子贱。说鲁国若没有君子，他何所取以成其君子之德呢？焉，平声，安也，作副词用：上一个“斯”字，指子贱，下一个“斯”字，指君子之德。

按：《新序·杂事篇》记子贱治单父，单父大治，末即引孔子赞语，与此同。《吕氏春秋·察贤篇》，言子贱治单父，鸣琴不下堂，而单父治以能任人，故逸。《韩诗外传》亦记子贱治单父而民附，答孔子云：“所父事者三人，所兄事者五人，所友事者十有二人，所师者一人。”正言鲁君子之多。惟君子乃能取君子为师友，故赞之曰：“君子哉若人。”则下“斯”字指子贱所交之人言，亦可通。

---

① 焉，于虔反。○子贱，孔子弟子，姓宓，名不齐。上斯斯此人，下斯斯此德。子贱盖能尊贤取友以成其德者，故夫子既叹其贤，而又言若鲁无君子，则此人何所取以成此德乎？因以见鲁之多贤也。○苏氏曰：“称人之善，必本其父兄师友，厚之至也。”

子贡问曰：“赐也何如？”子曰：“女，器也。”曰：“何器也？”曰：“瑚琏也。”①

子贡见孔子历评诸弟子，便问孔子：“赐也何如？”赐，是子贡的名。弟子对师，自己称名，是古礼。“子曰：‘女器也’”者。是孔子答子贡之问。女，即汝字。器是说成材的人。子贡听孔子说自己是个成材的人，又问是何种材器。“曰：‘瑚琏也。’”又是孔子答子贡之问。瑚琏是两种贵重的器，宗庙中用以盛黍稷，以玉为饰的。夏曰瑚，商曰琏。其制如何，已不可考。子贡虽未能为不器的君子，却是可贵重的宗庙之器。

或曰：“雍也仁而不佞。”② 子曰：“焉用佞？御人以口给，屡憎于人。不知其仁，焉用佞？”③

雍，孔子弟子，姓冉，字仲弓。郑玄《目录》云，鲁人。《论衡·自纪篇》以为是冉伯牛之子。《曲礼·释文》云：“口材曰佞。”时人以佞为贤；仲弓厚重简默；故或人称其仁而惜其不佞。焉，平声，安也。口给是言辞敏捷，辩才无碍的意思，所谓“利口”也。以口给御人，则常数为人所憎恶，故重言“焉用佞”，以明佞之无用。“不知其仁”之“其”字，

---

① 女，音汝。瑚，音胡。琏，力展反。○器者，有用之成材。夏曰瑚，商曰琏，周日簠簋，皆宗庙盛黍稷之器而饰以玉，器之贵重而华美者也。子贡见孔子以君子许子贱，故以已为问，而孔子告之以此。然则子贡虽未至于不器，其亦器之贵者欤？

② 雍，孔子弟子，姓冉，字仲弓。佞，口才也。仲弓为人重厚简默，而时人以佞为贤，故美其优于德，而病其短于才也。

③ 焉，于虔反。○御，当也，犹应答也。给，辨也。憎，恶也。言何用佞乎？佞人所以应答人者，但以口取辨而无情实，徒多为人所憎恶尔。我虽未知仲弓之仁，然其不佞乃所以为贤，不足以为病也。再言焉用佞，所以深晓之。○或疑仲弓之贤而夫子不许其仁，何也？曰：“仁道至大，非全体而不息者，不足以当之。如颜子亚圣，犹不能无违于三月之后，况仲弓虽贤，未及颜子，圣人固不得而轻许之也。”

即指仲弓或人称其仁，故孔子答以“不知其仁”。下文孔子责子路云：“是故恶夫佞者。”本章孔子之意重在斥“佞”。而不轻以“仁”许人之旨亦可见。

子使漆雕开仕。对曰：“吾斯之未能信。”子说。①

漆雕，复姓；开，名；孔子弟子。按《史记·弟子传》云，字子开。《汉书·艺文志》有漆雕启，当是名启，字子开。汉人避景帝讳，故改作开。郑玄《目录》云，鲁人。斯，此也。说，即悦字。孔子使漆雕开去做官。漆雕开对孔子道：“我对于做官这件事，自己还不能相信。”孔子所以闻此言而悦者，因为做官，是人人欢喜的，贤如子张，尚欲学干禄；今漆雕开竟说自己还不能相信自己能做官，岂不是很难得吗？

子曰：“道不行，乘桴浮于海。从我者，其由与？”子路闻之喜。子曰：“由也好勇过我，无所取材。”②

桴，音孚，用竹木编成，犹现在的竹筏木筏，筏上面，也可造屋住人。也叫做箨。浮，泛也。阎若璩《潜丘札记》据《汉书·地理志》以为指泛渤海往朝鲜，即下文“欲居九夷”之意。此言当发于周游之后，以中国莫能用己，而朝鲜有箕子之遗风，故有此叹。由，子路名。与，同欤。子路勇，故可从泛海也。子路听了孔子的话，以为孔子真的要叫他同到海

① 说，音悦。○漆雕开，孔子弟子，字子若。斯，指此理而言。信，谓真知其如此，而无毫发之疑也。开自言未能如此，未可以治人，故夫子悦其笃志。○程子曰：“漆雕开已见大意，故夫子说之。”又曰：“古人见道分明，故其言如此。”○谢氏曰：“开之学无可考。然圣人使之仕，必其材可以仕矣。至于心术之微，则一毫不自得，不害其为未信。此圣人所不能知，而开自知之。其材可以仕，而其器不安于小成，他日所就，其可量乎？夫子所以说之也。”

② 桴。音孚。从、好，并去声。与，平声。材，与裁同，古字借用。○桴，筏也。○程子曰：“浮海之叹，伤天下之无贤君也。子路勇于义。故谓其能从己，皆假设之言耳。子路以为实然，而喜夫子之与已，故夫子美其勇，而讥其不能裁度事理，以适于义也。”

上去，不觉欢喜起来。不知是孔子因为道不行，心中感慨而发。孔子见子路认了真而如此高兴，所以又戏之说："由，你比我还要好勇；只是我连做桴的材料都还没有哩！"（《集解》引郑玄云："无所取材者，无所取桴材。以子路不解微言，故戏之耳。"朱注则云"材与裁同，古字借用"，讥其不能裁度事理。不如郑说生动多矣。）

孟武伯问："子路仁乎"？子曰："不知也。"[①] 又问。子曰："由也，千乘之国，可使治其赋也，不知其仁也。"[②] "求也何如？"子曰："求也，千室之邑，百乘之家，可使为之宰也，不知其仁也。"[③] "赤也何如？"子曰："赤也，束带立于朝，可使与宾客言也。不知其仁也。"[④]

孟武伯，见《为政篇》注。千乘之国，见《学而篇》注。赋。军赋，谓出车徒以供兵役，就是《左传》"悉索敝赋"之赋。按《先进篇》子路自言治国三年，可使有勇而且知方，可见子路善治军旅。孔子不轻以仁许人，故答孟武伯之问，但举子路所长，而云"不知其仁"。《史记·弟子传》作季康子问，误。

此节及下节，都是孟武伯问孔子的话。孔子答辞，均与上节同一用意。求，孔子弟子，冉求。千室之邑，有一千家人家的县。百乘之家，卿大夫之家，有车子一百辆。宰，兼指邑宰及家宰而言。

赤，姓公西，字子华，孔子弟子。郑玄《目录》云：鲁人。古时做官的人，朝服，必加带。朝，是朝廷。宾客，是邻国派来的使者。《先进篇》，子华自言愿为小相，可见他是一个外交人才。孟武伯，是鲁国执政

① 子路之于仁，盖日月至焉者。或在或亡，不能必其有无，故以不知告之。

② 乘，去声。○赋，兵也。古者以田赋出兵，故谓兵为赋，《春秋传》所谓"悉索敝赋"是也。言子路之才，可见者如此，仁则不能知也。

③ 千室，大邑。百乘，卿大夫之家。宰，邑长、家臣之通号。

④ 朝，音潮。○赤，孔子弟子，姓公西，字子华。

的大夫，今来问孔子弟子仁不仁，故孔子把子路等三个人的特长都告诉他，当然含有介绍的意思；且因此可见孔子对于弟子的性质才能，都在平时留心，所以他们的长处，随口说得出来。

子谓子贡曰："女与回也孰愈?"① 对曰："赐也何敢望回。回也闻一以知十，赐也闻一以知二。"② 子曰："弗如也！吾与女弗如也。"③

女，今作汝。回，颜渊名。赐，予贡名。孔子对子贡说："你与颜回两个人，哪一个好些?"子贡对孔子说："我哪里敢和颜渊相比呢？颜渊听得一件道理，他推悟开去，能够晓得十件；我听得一件道理，推悟开去，只晓得二件。"孔子听了这话，又对子贡道："你确是不及他的。就是我看来，你也是不及他。""吾与女"的与，许也；是赞许的意思。皇疏说"吾与女，弗如也"，谓我和你，都不如颜渊。非是。

宰予昼寝。子曰："朽木不可雕也，粪土之墙不可杇也；于予与何诛?"④ 子曰："始吾于人也，听其言而信其行；今吾于人也，听其言而观

---

① 女，音汝，下同。○愈，胜也。

② 一，数之始。十，数之终，二者，一之对也。颜子明睿所照，即始而见终；子贡推测而知，因此而识彼。"无所不悦，告往知来"，是其验矣。

③ 与，许也。○胡氏曰："子贡方人，夫子既语以不暇，又问其与回孰愈，以观其自知之如何。闻一知十，上知之资，生知之亚也。闻一知二，中人以上之资，学而知之之才也。子贡平日以己方回，见其不可企及，故喻之如此。夫子以其自知之明，而又不难于自屈，故既然之，又重许之。此其所以终闻性与天道，不特闻一知二而已也。"

④ 朽，许久反。杇，音污。与，平声，下同。○昼寝，谓当昼而寐。朽，腐也。雕，刻画也。杇，镘也。言其志气昏惰，教无所施也。与，语辞。诛，责也。言不足责，乃所以深责之。

其行。于予与改是。”①

杇，音污。亦作圬。诛，是责备的意思。宰予就是宰我，见《八佾篇》注。昼寝，就是睏午觉。朽，腐也。雕，雕刻也。粪土，犹言秽土。粪土之墙，是秽土筑成的墙，杇，镘也。就是用石灰粉饰墙头。与，同欤，语助词。（清王引之《经传释词》训此“与”字，为“犹”。）孔子见宰予睏午觉，说道：“腐烂的木头，不可雕刻了；秽土的墙，不可镘了。对于宰予，还要责备他做什么呢？”

按韩李《论语笔解》谓“昼”旧文作“画”。李匡义《资暇录》云：“‘寝’，梁武帝读为寝室之寝；‘昼’，当作“画”字。言其绘画寝。”周密《齐东野语》谓尝见隋侯白所注《论语》亦言“昼”当作“画”，春秋时士大夫多盛饰其居室。宰予画寝室，是亦未能免俗。故孔子斥之。其曰“于予与何诛”者。言“俗尚奢华，于宰子独何责乎”？此别一解，说亦通。

此章注、疏及皇本与上章并为一章。朱注亦引胡氏曰：“‘子曰’疑衍文。”孔子此言，仍为宰予而发。始，是从前；今，是现在。宰予列言语之科，是个很会说话的人。孔子见他在睏午觉，以为这是一件极懒惰的事情，和他平常的说话，全不相符，所以叹道：“从前我对于人听了他的话，就相信他的行为；现在我对于人，听了他的话，倒还要看看他的行为。这是因为宰予而改变的。”

---

① 行，去声。○宰予能言而行不逮，故孔子自言于予之事而改此失，亦以重警之也。○胡氏曰：“子曰疑衍文，不然，则非一日之言也。”○范氏曰：“君子之于学，惟日孜孜，毙而后已，惟恐其不及也。宰予昼寝，自弃孰甚焉？故夫子责之。”○胡氏曰：“宰予不能以志帅气，居然而倦。是宴安之气胜，儆戒之志惰也。古之圣贤未尝不以懈惰荒宁为惧，勤励不息自强，此孔子所以深责宰予也。听言观行，圣人不待是而后能，亦非缘此而尽疑学者。特因此立教，以警群弟子，使谨于言而敏于行耳。”

子曰："吾未见刚者。"或对曰："申枨。"子曰："枨也欲，焉得刚？"①

《集解》引包曰："申枨，鲁人。"按：申枨，字子周，即《史记·弟子传》之申党，《史记·索隐》作申堂，汉《王政碑》作申棠，《文翁礼殿图》作申傥，同是一人。朱注曰："刚。坚强不屈之意。"孔子说："我没有看见过刚强不屈的人。"或人之意，以为申枨是个刚者。孔子听了或人的话，便驳他道："申枨这个人，是多嗜欲的人，哪里能够刚强不屈呢？"多欲之人，心役于物，易为富贵所淫，贫贱所移，故曰："焉得刚？"焉，平声，安也。

子贡曰："我不欲人之加诸我也，吾亦欲无加诸人。"子曰："赐也，非尔所及也。"②

子贡所言，即《大学》絜矩之道，亦即上文所云"一以贯之"的忠恕之道，较"己所不欲，勿施于人"更进一层。因"勿"者，尚是禁之之词，"无"则出于自然矣。故孔子以"非尔所及"答之。

子贡曰："夫子之文章，可得而闻也；夫子之言性与天道，不可得而

---

① 焉，于虔反。○刚，坚强不屈之意，最人所难能者，故夫子叹其未见。申枨，弟子姓名。欲，多嗜欲也。多嗜欲，则不得为刚矣。○程子曰："人有欲则无刚，刚则不屈于欲。"○谢氏曰："刚与欲正相反。能胜物之谓刚，故常伸于万物之上；为物掩之谓欲，故常屈于万物之下。自古有志者少，无志者多，宜夫子之未见也。枨之欲不可知，其为人得非悻悻自好者乎？故或者疑以为刚，然不知此其所以为欲尔。"

② 子贡言我所不欲人加于我之事，我亦不欲以此加之于人，此仁者之事，不待勉强，故夫子以为非子贡所及。○程子曰："我不欲人之加诸我，吾亦欲无加诸人，仁也。施诸己而不愿，亦勿施于人，恕也。恕则子贡或能勉之，仁则非所及矣。"愚谓无者自然而然，勿者禁止之谓，此所以为仁恕之别。

闻也。”①

夫子，子贡称孔子。文章，指孔子所修的《诗》、《书》、《礼》、《乐》。《史记·孔子世家》云：“孔子以《诗》、《书》、《礼》、《乐》教弟子，盖三千焉。”故云：“可得而闻。”性与天道，指《易》、《春秋》二书。《汉书·李寻传赞》云：“幽赞神明，通合天人之道者，莫著乎《易》、《春秋》。”下引子贡语云云。则《易》与《春秋》，皆弟子所罕闻。详见刘宝楠《正义》。

子路有闻，未之能行，唯恐有闻。②

“唯恐有闻”之“有”，为“又”之借字。此章是编《论语》的人，记子路的好处。“有闻”者，听了孔子的话；“未之能行”者，这句话的道理，还未做到也。“唯恐有闻”者，恐怕孔子又有第二句话说出来，来不及做也。

子贡问曰：“孔文子何以谓之‘文’也？”子曰：“敏而好学，不耻下问，是以谓之‘文’也。”③

---

① 文章，德之见乎外者，威仪、文辞皆是也。性者，人所受之天理；天道者，天理自然之本体，其实一理也。言夫子之文章，日见乎外，固学者所共闻；至于性与天道，则夫子罕言之，而学者有不得闻者。盖圣门教不躐等，子贡至是始得闻之，而叹其美也。○程子曰：“此子贡闻夫子之至论而叹美之言也。”

② 前所闻者，既未及行，故恐复有所闻而行之不给也。○范氏曰：“子路闻善，勇于必行，门人自以为弗及也，故著之。若子路，可谓能用其勇矣。”

③ 好，去声。○孔文子，卫大夫，名圉。凡人性敏者多不好学，位高者多耻下问。故《谥法》有以“勤学好问”为文者，盖亦人所难也。孔圉得谥为文，以此而已。○苏氏曰：“孔文子使太叔疾出其妻而妻之。疾通于初妻之娣，文子怒，将攻之。访于仲尼，仲尼不对，命驾而行。疾奔宋，文子使疾弟遗室孔姞。其为人如此而谥曰‘文’，此子贡之所以疑而问也。孔子不没其善，言能如此，亦足以为‘文’矣，非经天纬地之‘文’也。”

孔文子，卫国大夫，名圉，亦称仲叔圉，“文”是他的谥。俞樾《群经平议》云：“下问者，非仅以贵下贱之谓；凡以能问于不能，以多问于寡，皆是。”按：《谥法》：“勤学好问曰文。”正与孔子所答之语相合。

子谓子产：“有君子之道四焉：其行己也恭，其事上也敬，其养民也惠，其使民也义。”①

子产，郑大夫，姓公孙，名侨。孔子说：子产这个人，有四件君子之道。自己做人，是规规矩矩的；他事君上，是恭恭敬敬的；他抚养人民，是有恩惠的；他使用人民，是很合宜的。

子曰：“晏平仲善与人交，久而敬之。”②

晏平仲，齐大夫，姓晏，名婴，字仲，平是谥。孔子道：“晏平仲这个人，可说善于交友了；他和人交友，时候虽长久，仍旧能够恭敬而不失礼。”朋友相交得长久了，往往熟不知礼。狎亵起来。因为狎亵了，往往有轻佻怠慢的言动，甚至因此坏了交情。独晏平仲能久而敬之，故孔子赞其善与人交。

子曰：“臧文仲居蔡，山节藻棁，何如其知也？”③

---

① 子产，郑大夫公孙侨。恭，谦逊也。敬，谨恪也。惠，爱利也。使民义，如都鄙有章、上下有服、田有封洫、庐井有伍之类。○吴氏曰：“数其事而责之者，其所善者多也，臧文仲不仁者三、不知者三是也。数其事而称之者，犹有所未至也，子产有君子之道四焉是也。今或以一言盖一人、一事盖一时，皆非也。”

② 晏平仲，齐大夫，名婴。○程子曰：“人交久则敬衰，久而能敬，所以为善。”

③ 棁，章悦反。知，去声。臧文仲，鲁大夫臧孙氏，名辰，居，犹藏也。蔡，大龟也。节，柱头斗拱也。藻，水草名。棁，梁上短柱也。盖为藏龟之室，而刻山于节、画藻于棁也。当时以文仲为知，孔子言其不务民义，而谄渎鬼神如此，安得为知？《春秋传》所谓“作虚器”，即此事也。○张子曰：“山节藻棁为藏龟之室，祀爰居之义，同归于不知，宜矣。”

臧文仲，鲁大夫，臧孙辰也，仲是字，文是谥。蔡，是大龟。旧说谓蔡的地方出产大龟，所以古时就称大龟为“蔡”。蔡，或谓即蔡国，或谓是山名，在今黄梅广济二县之间。俞樾《群经平议》云：“蔡当读槃。《说文》：‘槃，楚人谓卜问吉凶为款，读若赘。’龟所以卜问吉凶，因即名之日槃，盖楚语也。龟本荆州所贡，故沿袭其语耳。槃与蔡音相近。孔广森《经学卮言》谓‘蔡，蔡叔’之‘蔡’，即‘槃三苗，之‘槃’然则以蔡为蔡犹以蔡为槃矣。”较旧解为长。古时以龟为灵物。龟大一尺二寸，尤为灵物。这种大龟只有国君得宝藏之，以供卜吉凶之用。大夫卜，但用龟之小者。臧文仲不是国君，也宝藏这种大乌龟，是僭人君之礼也。节，是屋柱上面架梁的。架梁的“节”上，刻着山，故曰“山节”。棁，梁上的短柱。藻，是水草。这短柱上画着水草，故曰“藻棁”。《礼记·明堂位》说：“山节藻棁，是天子的庙饰。”藏龟必于庙。臧文仲宝藏大龟，作龟室以居之，而僭用天子的庙饰，妄求灵物福佑，这不是极愚笨而可笑的事吗？故曰“何如其知也？”知，同智。

子张问曰：“令尹子文三仕为令尹，无喜色；三已之，无愠色。旧令尹之政，必以告新令尹。何如？”子曰：“忠矣。”曰：“仁矣乎？”曰：“未知，焉得仁？”① “崔子弑齐君，陈文子有马十乘，弃而违之。至于他邦，则曰：‘犹吾大夫崔子也。’违之。之一邦，则又曰：‘犹吾大夫崔子

① 知，如字。焉，于虔反。○令尹，官名，楚上卿执政者也。子文，姓斗，名穀於菟。其为人也，喜怒不形，物我无间，知有其国而不知有其身，其忠盛矣，故子张疑其仁。然其所以三仕三已而告新令尹者，未知其皆出于天理而无人欲之私也，是以夫子但许其忠，而未许其仁也。

也。’违之。何如?”子曰：“清矣。”曰：“仁矣乎?”曰：“未知，焉得仁?”①

令尹，楚执政之官。子文，楚大夫，姓斗，名谷於菟。（音“垢乌徒”。楚人谓乳为“谷”，谓虎为“於菟”。子文初生于㚞，因是私生子，被叶于野，而虎乳之，故名。事见《左传》宣公四年。）子张问孔子道：“楚国的子文，三次做令尹的官，没有欢喜的神色。三次免令尹的官，没有怨恨的神色。又他于新令尹上任的时候，必定把自己卸任以前所施行的政事，告知新令尹。像这样的人，如何?”孔子道：“可算‘忠’了!”子张又问：“像子文这样的人，可算‘仁’吗?”孔子道：“未知。”接着又道：“哪里好算仁呢?”焉，平声，安也。

按全祖望《经史问答》，子文仅再仕再已。此云“三”者，是虚数，见汪中《释三九》。

此节与上节相连，也是子张问孔子的话。崔子，名杼，齐大夫。齐君，为齐庄公，名光。陈文子，名须无，亦齐大夫。马十乘，四十匹也。子张因孔子只许令尹子文以忠，不许以仁，因又举陈文子所行事，以问孔子也。

齐大夫崔杼杀齐庄公。见《左传》襄公二十五年。陈文子见齐国乱了，弃掉了自己家中的四十四马，避到别国去，“弃而违之”的“违”，是离去的意思。到了别个国里，看看情形，那执政的人，也和崔杼一样；于是又换一国。不料这时候，各国都是如此。子张很看重陈文子这个人，所

① 乘，去声。○崔子，齐大夫，名杼。齐君，庄公，名光。陈文子，亦齐大夫，名须无。十乘，四十匹也。违，去也。文子洁身去乱，可谓清矣，然未知其心果见义理之当然，而能脱然无所累乎?抑不得已于利害之私，而犹未免于怨悔也。故夫子特许其清，而不许其仁。○愚闻之师曰：“当理而无私心，则仁矣。”今以是而观二子之事，虽其制行之高若不可及，然皆未有以见其必当于理而真无私心也。子张未识仁体，而悦于苟难，遂以小者信其大者，夫子之不许也宜哉。读者于此，更以上章不知其仁、后篇仁则吾不知之语并与三仁、夷、齐之事观之，则彼此交尽，而仁之为义可识矣。今以它书考之，子文之相楚，所谋者无非僭王猾夏之事。文子之仕齐，既失正君讨贼之义，又不数岁而复反于齐焉，则其不仁亦可见矣。

以又问孔子曰："何如?"孔子说陈文子可以算是清白的人了。子张又问："像这样的人，可算'仁'吗?"孔子也答以"未知"。接着也直告之曰："焉得仁?"如令尹子文，陈文子，在当时都算是人品极高的人。而孔子只许他是"忠"，是"清"，而不许以"仁"。可见"仁"人是不易做到的。

季文子三思而后行。子闻之，曰："再，斯可矣。"①

季文子，鲁大夫季孙行父也，文为其谥。季文子每做事，必要想过三回，然后去做。孔子听人家这样说，因曰："做事能够想两回去做，已可不至于弄错了。"

按《左传》载文子将使于晋，求遭丧之礼而行，后晋襄公果卒。杜预注以为此即"三思而后行"。故朱注引以为证。凡人做事，不可不仔细，又不可太仔细。三思，则顾虑必多，不能见义勇为。后来鲁宣公篡立，文子不能讨，反为他使齐纳贿，就是顾虑大多之故。

子曰："宁武子，邦有道则知，邦无道则愚。其知可及也，其愚不可及也。"②

宁武子，卫大夫，姓宁，名俞，武是其谥。知，同"智"。宁武子当卫成公有道的时候，出其才智，帮同施行政治：成公无道的时候，装着呆

---

① 三，去声。○季文子，鲁大夫，名行父。每事必三思而后行，若使晋而求遭丧之礼以行，亦其一事也。斯，语词。○程子曰："为恶之人，未尝知有思，有思则为善矣。然至于再则已审，三则私意起而反惑矣，故夫子讥之。"○愚按：季文子虑事如此，可谓详审，而宜无过举矣。而宣公篡立，文子乃不能讨，反为之使齐而纳赂焉，岂非程子所谓私意起而反惑之验欤？是以君子务穷理而贵果断，不徒多思之为尚。

② 知，去声。○宁武子，卫大夫，名俞。按《春秋传》，武子仕卫，当文公、成公之时。文公有道，而武子无事可见，此其知之可及也。成公无道，至于失国，而武子周旋其间，尽心竭力，不避艰险。凡其所处，皆智巧之士所深避而不肯为者，而能卒保其身以济其君，此其愚之不可及也。○程子曰："邦无道，能沈晦以免患，故曰不可及也。亦有不当愚者，比干是也。"

木的神情，以免祸患。（按武子未事文公。朱注以有道属文公，无道属成公，似误。见全祖望《经史问答》。）孔子称赞他："其知可及也。其愚不可及也。"盖人情莫不好名，往往处无道君主之下，仍不能韬光匿采，以致丧失生命，而于国事仍无济。孔子深惜之，故称宁武子，以为时人衒智者戒。

子在陈，曰："归与！归与！吾党之小子狂简，斐然成章，不知所以裁之。"①

陈是春秋时的一国。孔子此时在陈国，见道不行而思归鲁也。与，今作欤。党，乡党之党；吾党，犹云我的故乡。小子，指弟子。孔子去鲁周游，弟子留于鲁者多，故思念之也。狂简，志大而略于事，言虽怀进取之志，而阅历尚少。（此从朱注《集解》孔云："简，大也。"）斐然，有文章之貌。言其学问文章，都可以成就。但尚不知所以裁正之，使成全材耳。

按张栻《论语解》云："方圣人历聘之时，《诗》、《书》、《礼》、《乐》之文，固已付门人次序之矣。及圣人归于鲁，而后有所裁定。"则谓"成章"及"裁之"，皆指《诗》、《书》、《礼》、《乐》而言。则此一说，亦可通。

子曰："伯夷、叔齐，不念旧恶，怨是用希。"②

---

① 与，平声。斐，音匪。○此孔子周流四方，道不行而思归之叹也。吾党小子，指门人之在鲁者。狂简，志大而略于事也。斐，文貌。成章，言其文理成就，有可观者。裁，割正也。夫子初心，欲行其道于天下，至是而知其终不用也。于是始欲成就后学，以传道于来世。又不得中行之士而思其次，以为狂士志意高远，犹或可与进于道也。但恐其过中失正，而或陷于异端耳，故欲归而裁之也。

② 伯夷、叔齐，孤竹君之二子。孟子称其"不立于恶人之朝，不与恶人言。"，"与乡人立，其冠不正，望望然去之，若将浼焉。"其介如此，宜若无所容矣；然其所恶之人，能改即止，故人亦不甚怨之也。○程子曰："不念旧恶，此清者之量。"又曰："二子之心，非夫子孰能知之？"

恶，音鄂。伯夷、叔齐，殷末孤竹君之二子。父殁，让国于中子，闻文王善养老，而往归焉。武王灭纣，夷、齐不食周粟，隐居首阳山，采薇而食，卒饿死。《史记》有传。朱注云："孟子称其'不立于恶人之朝，不与恶人言；与乡人立，其冠不正，望望然去之，若将浼焉'；其介如此，宜若无所容矣。然其所恶之人，能改即止，故人亦不甚怨之也。"按《大戴礼记·曾子立事》云："朝有过，夕改则与之；夕有过，朝改则与之。"即此"不念旧恶"之义，亦即《中庸》所谓"以人治人，改而止"也。

子曰："孰谓微生高直？或乞醯焉，乞诸其邻而与之。"①

微生，是姓；高，是名；鲁国人。醯，音希，醋也。与同予。微生高素有直名。孔子却不以为然，所以说："谁说微生高直呢？有人向他去讨醋，他自己家里没有，却向邻家讨了醋来，转给来讨醋的人。"

子曰："巧言、令色、足恭，左丘明耻之。丘亦耻之。匿怨而友其人，左丘明耻之，丘亦耻之。"②

朱注："足，将树反。足，过也。"足恭，是过于恭敬的意思。《集解》孔曰："足恭，便僻貌。"邢《疏》云："便僻其足以为恭，谓前却俯仰，以足为恭也。"《表记》孔子曰："君子不失足于人，不失色于人，不失口

---

① 醯，呼西反。○微生姓，高名，鲁人，素有直名者。醯，醋也。人来乞时，其家无有，故乞诸邻家以与之。夫子言此，讥其曲意徇物，掠美市恩，不得为直也。○程子曰："微生高所枉虽小，害直为大。"○范氏曰"是曰是，非曰非，有谓有，无谓无，曰直。圣人观人于其一介之取予，而千驷万钟从可知焉，故以微事断之。所以教人不可不谨也"

② 足，将树反。○足，过也。○程子曰："左丘明，古之闻人也。"○谢氏曰："二者之可耻，有甚于穿窬也。左丘明耻之，其所养可知矣。夫子自言丘亦耻之，盖窃比老彭之意。又以深戒学者，使察乎此而立心以直也。"

于人。"《尔雅·释训》有"口柔、面柔、体柔"。巧言是口柔，即失口于人；令色是面柔，即失色于人；足恭是体柔，即失足于人。详见臧庸《拜经日记》。故孔说较朱注为长。孔氏又云："左丘明，鲁太史。丘是孔子自称其名。"朱注引程子云："左丘明，古之闻人也。"又引谢氏云："夫子自言'丘亦耻之'，盖'窃比老彭，之意。""匿怨而友其人"者，谓我对某人，本有怨恨，却故意装出没有怨恨的样子，仍旧和他为友。此章所举二种人都是虚伪的小人。故左丘明与孔子耻之。

颜渊、季路侍。子曰："盍各言尔志？"①子路曰："愿车马、衣轻裘，与朋友共，敝之而无憾。"②颜渊曰："愿无伐善，无施劳。"③子路曰："愿闻子之志。"子曰："老者安之，朋友信之，少者怀之。"④

季路，即子路。侍者，侍坐于孔子身边也。盍，何不也。孔子对颜渊、子路说："何不各人说说你们的志向？"

朱注："衣，去声，服之也。敝，坏也。"按阮元《校勘记》云："唐《石经》，'轻'字旁注。案《石经》初刻本无'轻'字。'车马衣裘'见《管子·小匡》及《齐语》，是子路本用成语。后人涉《雍也篇》'衣轻裘'而误衍'轻'字。"钱大昕复举四证以明之。"轻"为衍字无疑。旧读于"共"字句绝。按《白虎通·三纲六纪》篇引此，至"敝之"绝句。

---

① 盍，音合。○盍，何不也。

② 衣，去声。○衣，服之也。裘，皮服。敝，坏也。憾，恨也。

③ 伐，夸也。善，谓有能。施，亦张大之意。劳，谓有功，《易》曰"劳而不伐"是也。或曰："劳，劳事也。劳事非己所欲，故亦不欲施之于人。"亦通。

④ 老者养之以安，朋友与之以信，少者怀之以恩。一说：安之，安我也；信之，信我也；怀之，怀我也。亦通。○程子曰："夫子安仁，颜渊不违仁，子路求仁。"又曰："子路、颜渊、孔子之志，皆与物共者也，但有小大之差尔。"又曰"子路勇于义者，观其志，岂可以势利拘之哉？亚于浴沂者也。颜子不自私己，故无伐善；知同于人，故无施劳。其志可谓大矣，然未免出于有意也。至于夫子，则如天地之化工，付与万物而己不劳焉，此圣人之所为也。今夫羁靮以御马而不以制牛，人皆知羁靮之作在乎人，而不知羁靮之生由于马。圣人之化，亦犹是也。先观二子之言，后观圣人之言，分明天地气象。凡看《论语》，非但欲理会文字，须要识得圣贤气象。"

《北齐书·唐邕传》，显祖赐邕裘云："朕意在车马裘与卿共蔽。""敝之"亦连上读。若连下读，则"敝之"专指朋友矣。子路说自己的志向，情愿把车马、衣裘与朋友同坐同穿，就是坐破穿破，也不恨朋友。

朱注云："伐，夸也。善，谓有能。施，亦张大之意。劳，谓有功。《易》曰：'劳而不伐'，是也。"颜渊说自己的志向，在不矜说自己的善处，不张大自己的功劳。

子路以自己和颜渊二人的志向都说过了，遂问孔子的志向如何。孔子说自己的志向，在于"老者安之，朋友信之，少者怀之"。少，去声，指年少之人。朱注云："老者养之以安，朋友与之以信，少者怀之以恩。"

子曰："已矣乎！吾未见能见其过而内自讼者也。"①

已矣乎，是叹辞，犹俗语的罢了，恐其终不得见而叹之也。讼，犹责也。"能见其过而内自讼"者，言能够见到自己的过失，而在自己腹内，责罚自己也。能自讼其过，可谓不自欺，必能慎独矣。

子曰："十室之邑，必有忠信如丘者焉，不如丘之好学也。"②

十室之邑，极言其地方之小。丘，是孔子自称其名。孔子说："虽然是只有十家人家的小地方。也必定有天性忠信和我一样的人；不过没有像我好学罢了。"此章之旨，在勉人好学，与"丘非生而知之者，好古敏以求之者也"一章相同。言忠信为天生之美质，好学始可以有成也。

---

① 已矣乎者，恐其终不得见而叹之也。内自讼者，口不言而心自咎也。人有过而能自知青鲜矣，知过而能内自讼者为尤鲜。能内自讼，则其悔悟深切而能改必矣。夫子自恐终不得见而叹之，其警学者深矣。

② 焉，如字，属上句。好，去声。○十室，小邑也。忠信如圣人，生质之美者也。夫子生知，而未尝不好学，故言此以勉人。言美质易得，至道难闻，学之至则可以为圣人，不学则不免为乡人而已。可不勉哉？

[问题]

(一)孔子为什么以女妻公冶长，以其兄之女妻南容?

(二)孔子不轻以“仁”许人，试举本篇所记以证之。

(三)子路、冉求、公西华，各有何种特长?

(四)“昼寝”有何别解?

(五)孔子对于孔文子、子产、晏平仲、宁武子的批评如何?

(六)“臧文仲居蔡，山节藻棁”。此何讲法?

(七)何谓“巧言、令色、足恭”?

(八)孔子、颜渊、子路之志愿如何?

雍也第六

子曰：“雍也可使南面。”① 仲弓问子桑伯子。子曰：“可也简。”② 仲弓曰：“居敬而行简，以临其民，不亦可乎？居简而行简，无乃大简乎？”③ 子曰：“雍之言然。”④

按此章“仲弓问”以下，《集解》本另为一章。南面，人君之位。孔子称赞仲弓，说他有人君之度。朱注云：“子桑伯子，鲁人。胡氏以为

① 南面者，人君听治之位，言仲弓宽洪简重，有人君之度也。

② 子桑伯子，鲁人，胡氏以为疑即庄周所称子桑户者是也。仲弓以夫子许己南面，故问伯子如何。可者，仅可而有所未尽之辞。简者，不烦之谓。

③ 大，音泰。○言自处以敬，则中有主而自治严，如是而行简以临民。则事不烦而民不扰，所以为可。若先自处以简，则中无主而自治疏矣，而所行又简，岂不失之大简，而无法度之可守乎？《家语》记伯子不衣冠而处，夫子讥其欲同人道于牛马。然则伯子盖大简者，而仲弓疑夫子之过许与？

④ 仲弓盖未喻夫子可字之意，而其所言之理，有默契焉者，故夫子然之。○程子曰“子桑伯子之简，虽可取而未尽善，故夫子云可也。仲弓因言内主于敬而简，则为要直；内存乎简而简，则为疏略，可谓得其旨矣，”又曰：“居敬则心中无物，故所行自简；居简则先有心于简，而多一简字臭，故曰太简。”

‘疑即庄周所称子桑户者’，是也。”按：庄子《山木篇》作子桑雽《大宗师篇》作桑户。仲弓闻孔子许己可以南面，因问子桑伯子何如。孔子答以“可”也者，仅可而有所未尽之辞。简者，不烦之谓。《楚辞》云：“桑扈臝行。”《说苑》亦记子桑伯子不衣冠而处，孔子以为质美而无文，并以“易野”释“简”。可与本章参阅。“居敬”即舜之“恭己”；“行简”，即舜之“无为而治”。子桑伯子盖道家者流；秉要执本，以简御繁，是人君南面之术：但仍须“居敬”方可。否则，便是太简了。大，同太，过也。

哀公问：“弟子孰为好学？”孔子对曰：“有颜回者好学，不迁怒，不贰过。不幸短命死矣！今也则亡，未闻好学者也。”①

《论语》中所说的“学”，都是学做人，非如后世之以读书为学也。观此章所记，更为显然。好，去声。朱注云：“迁，移也；贰，复也。怒于甲者，不移于乙；过于前者，不复于后。”按：《易·系辞传》云：“子曰，颜氏之子，其殆庶几乎！有不善，未尝不知；知之。未尝复行也。”此即言颜子之“不贰过”。颜子先孔子而卒。《家语》谓年三十二。李锴《南史》辨之，谓《史记·弟子传》言颜子少孔子三十岁，其卒在伯鱼之后，

① 好，去声。亡，与无同。〇迁，移也。贰，复也。怒于甲者，不移于乙；过于前者，不复于后。颜子克己之功至于如此，可渭真好学矣。短命者，颜子三十二而卒。也既云今也则亡，又言未闻好学者，盖深惜之，又以见真好学者之难得也。〇程子曰：“颜子之怒，在物不在己，故不迁。有不善，未尝不知，知之未尝复行，不贰过也。”又曰：“喜怒在事，则理之当喜怒者也，不在血气则不迁。苦舜之诛四凶也，可怒在彼，己何与焉？如鉴之照物，妍媸在彼，随物应之而已，何迁之有？”又曰：“如颜于地位，岂有不善？所谓不善，只是微有差失。才差失便能知之，才知之便更不萌作。”〇张子曰：“慊于己者，不使萌于再。”或曰：“《诗》《书》六艺，七十子非不习而通也，而夫子独称颜子为好学。颜子之所好，果何学欤？”〇程于曰：“学以至乎圣人之道也。”“学之道奈何？”曰：“天地储精，得五行之秀者为人。其本也真而静。其未发也，五性具焉，曰仁、义、礼、智、信。形既生矣，外物触其形而动于中矣。其中动而七情出焉，曰善、怒、哀、惧、爱、恶、欲。情既炽而益荡，其性凿矣。故觉者约其情使合于中，正其心，养其性而已。然必先明诸心，知所往，然后力行以求至焉。若颜子之非礼勿视听言动，不迁怒、贰过者，则其好之笃而学之得其道也。然其未至于圣人者，守之也，非化之也。假之以年，则不日而化矣。今人乃谓圣本生知，非学可至，而所以为学者不过记诵文辞之间，其亦异乎颜子之学矣。”

伯鱼卒，孔子年七十；颜子卒于孔子七十一岁之年，已四十一矣。亡，同无。《释文》云：“本或无‘亡’字。”俞樾《群经平议》谓“亡”与下句意复，系衍字。

子华使于齐，冉子为其母请粟。子曰：“与之釜。”请益。曰：“与之庾。”冉子与之粟五秉。[①] 子曰：“赤之适齐也，乘肥马，衣轻裘。吾闻之也，君子周急不继富。”[②] 原思为之宰，与之粟九百，辞。[③] 子曰：“毋！以与尔邻里乡党乎！”[④]

与，读上声，通予。釜，音府。庾，音羽。秉，音丙。子华，孔子弟子，公西赤字。冉子，郑玄《注》谓即冉有。《集解》及朱注均云：六斗四升为釜，十六斗为庾，十六斛为秉，五秉共八十斛。戴震《考工记补注》谓二斗四升曰庾，十六斗曰籔，《论语》“与之庾”，谓于釜外更益二斗四升。盖与之釜，已当；所益不得过于始与。其说较长。孔子使子华到齐国去。冉有为子华之母向孔子请粟。孔子说：“给她六斗四升。”冉有请加多些。孔子说：“加她二斗四升。”冉有还以为少，自己给了她八十斛。孔子说：“子华到齐国去，乘的肥马，穿的轻裘，可见他家并不穷。我听到过一句老话，说：‘君子是周急不继富的。’”周，给不足。也见《礼记·月令》注。周急，谓周济困急。继富，谓增其富。

---

① 使、为，并去声。○子华，公西赤也。使，为孔子使也。釜，六斗四升。庾，十六斗。秉，十六斛。

② 衣，去声。○乘肥马、衣轻裘，言其富也。急，穷迫也。周者，补不足。继者，续有余。

③ 原思，孔子弟子，名宪。孔子为鲁司寇时，以思为宰。粟，宰之禄也。九百，不言其量，不可考。

④ 毋，禁止辞。五家为邻，二十五家为里，万二千五百家为乡，五百家为党。言常禄不当辞，有余自可推之以周贫乏。盖邻里乡党有相周之义。○程子曰：“夫子之使子华，子华之为夫子使，义也。而冉子乃为之请，圣人宽容，不欲直拒人，故与之少，所以示不当与也。请益，而与之亦少，所以示不当益也。求未达而自与之多，则已过矣，故夫子非之。盖赤苟至乏，则夫子必自周之，不待请矣。原思为宰，则有常禄。思辞其多，故又教以分诸邻里之贫者，盖亦莫非义也。”○张子曰：“于斯二者，可见圣人之用对矣。”

原思，孔子弟子，姓原。名宪，字子思，此时孔子为鲁司寇，以原思为家宰。“与之粟九百”者，也家宰应得之禄。此但云“九百”，未言是斗是石，故朱注以为不可考。《集解》引孔氏曰：九百斗，亦是想当然耳之辞。“辞”者，原思辞不肯受也。“子曰‘毋’”者，孔子说不必辞也。“以与尔邻里乡党乎”，是说你如果用不到，把这粟拿回去，分送给你邻舍同里的人罢！

子谓仲弓，曰：“犁牛之子骍且角，虽欲勿用，山川其舍诸？”①

犁，音离。骍，音星。“子谓仲弓”者，不是孔子对仲弓说，是孔子批评仲弓这个人也。犁牛，杂色的牛。皇疏载另一说云：“犁牛，耕牛。”骍，纯，赤色，角，牛角周正，而长短合式。“犁牛之子骍且角”者，言杂色牛生出来的小牛，却毛赤色而角周正也。“虽欲勿用，山川其舍诸”者，是说这种好的小牛，可用以祭祀山川之神。虽欲弃置勿用，山川之神，也是不肯舍掉它的。此章完全是比喻。《史记·弟子传》“仲弓父贱人，孔子曰犁牛之子”云云。贱人，谓微贱之人，故以耕牛为喻。仲弓可使南面，故以骍且角而可用作牺牲之牛为喻。《论衡·自纪篇》云：“母犁犊骍，无害牺牲。”又云：“伯牛寝疾，仲弓洁全。”以仲弓为伯牛之子，则此章盖以杂色之牛，喻伯牛之有恶疾也。

---

① 犁，利之反骍。息营反。舍。上声。○犁，杂文。骍，赤色。用人尚赤，牲用骍。角，角周正，中牺牲也。用，用以祭也。山川，山川之神也。言人虽不用，神必不舍也。仲弓父贱而行恶，故夫子以此譬之。言父之恶不能废其子之善，如仲弓之贤，自当见用于世也。然此论仲弓云尔，非与仲弓言也。○范氏曰：“以瞽瞍为父而有舜，以鲧为父而有禹，古之圣贤不系于世类，尚矣。子能改父之过，变恶以为美，则可谓孝矣。”

子曰："回也，其心三月不违仁，其余则日月至焉而已矣。"[①]

朱注云："三月，言其久也。"犹今人言一年到头。按即汪中《释三九》所谓"三"是虚数，三月，孔子称赞颜回，说他心里，一年到头，不与仁离开，无时无刻，不以仁存心。其余，谓颜回以外的各弟子；他们心里，或一月，或一日，偶然存心于仁而已。

季康子问："仲由可使从政也与？"子曰："由也果，于从政乎何有？"曰："赐也可使从政也与？。曰："赐也达，于从政乎何有？"曰："求也可使从政也与？"曰："求也艺，于从政乎何有？"[②]

与，今作欤。"从政"者，从事政治也。仲由，即子路；赐，即子贡；求，即冉有。果者，能决断也；达者，通达事理也；艺者，多才能也。"何有"者，犹今言"有什么"。谓不难也。凡人有一种长处，就可以在社会上做事。季康子问这三个人能不能从政，孔子把他们的才能，老老实实答之，不过分称赞自己的弟子，也不谦虚说自己的弟子没有才能，可谓不亢不卑。

季氏使闵子骞为费宰。闵子骞曰："善为我辞焉。如有复我者，则吾

---

① 三月，言其久。仁者，心之德。心不违仁者，无私欲而有其德也。日月至焉者，或日一至焉，或月一至焉，能造其域而不能久也。○程子曰："三月，天道小变之节，言其久也，过此则圣人矣。不违仁，只是无纤毫私欲。少有私欲，便是不仁。"○尹氏曰："此颜子于圣人，未达一间者也，若圣人则浑然无间断矣。"张子曰，"始学之要，当知'三月不违'与'日月至焉'内外宾主之辨。使心意勉勉循循而不能已，过此几非在我者。"

② 与，平声。○从政。谓为大夫。果，有决断。达，通事理。艺，多才能。○程子曰："季康子问三子之才可以从政乎，夫子答以各有所长。非惟三子，人各有所长。能取其长，皆可用也"

必在汶上矣。”①

闵，音敏。骞，音牵。费，此处音秘。汶，音焚。季氏，鲁国执政大夫，季孙氏也。《集解》引孔曰：“季氏不臣，而其邑宰数畔，闻子骞贤，故欲用之。”如孔说，则此季氏当指康子。闵子骞，孔子弟子，姓闵，名损性，字子骞。郑玄《目录》云：鲁人。费，鲁地名，是季氏的食邑。宰，邑长。闵子骞不愿做季氏食邑的官，因对季氏使者如此也。辞，是辞谢。复，是再来召我。汶，水名，在鲁国和齐国交界的地方。“必在汶上”者，言必定逃到汶水上去躲避，将去鲁而往齐也。

伯牛有疾，子问之，自牖执其手，曰：“亡之，命矣夫！斯人也而有斯疾也！斯人也而有斯疾也！”②

牖，音有。伯牛，孔子弟子，姓冉，名耕。郑玄《目录》云：鲁人。有疾，有病也。牖，窗也。亡之，犹言没命了。又连连叹惜两句道“这真是命里注定的罢？这个人而会害这种病！这个人而会害这种病！”痛惜之深，复次与哭颜渊同。朱注云：“牖，南牖也。礼，病者居北牖下。君视之，则迁于南牖下，使君得以南面视己。时伯牛家以此礼尊孔子。孔子不

---

① 费，音秘。为，去声。汶，音问。○闵子骞，孔子弟子，名损。费，季氏邑。汶，水名，在齐南鲁北境上。闵子不欲臣季氏，令使者善为己辞，言若再来召我，则当去之齐。○程子曰：“仲尼之门，能不仕大夫之家者，闵子、曾子数人而已。”○谢氏曰：“学者能少知内外之分，皆可以乐道而忘人之势。况闵子得圣人为之依归，彼其视季氏不义之富贵，不啻犬彘。又从而臣之，岂其心哉？在圣人则有不然者，盖居乱邦、见恶人，在圣人则可；自圣人以下，刚则必取祸。柔则必取辱。闵子岂不能早见而豫待之乎？如由也不得其死，求也为季氏附益，夫岂其本心哉？盖既无先见之知，又无克乱之才故也。然则闵子其贤乎！”

② 夫，音扶。○伯牛，孔子弟子，姓冉，名耕。有疾，先儒以为癞也。牖，南牖也。礼，病者居北牖下。君视之，则迁于南牖下，使君得以南面视己。时伯牛家以此礼尊孔子，孔子不敢当，故不入其室，而自牖执其手，盖与之永诀也。命，谓天命。言此人不应有此疾，而今乃有之，是乃天之所命也。然则非其不能谨疾而有以致之，亦可见矣。○侯氏曰：“伯牛以德行称，亚于颜、闵。故其将死也，孔子尤痛惜之。”

敢当，故不入其室，而自牖执其手，盖与之永诀也。”按：《史记·弟子传》言：“伯牛有恶疾。”《淮南子·精神训》云：“伯牛为厉。”厉即疠之省。《说文》云：“疠，恶疾也。”古以癞为恶疾，即今麻疯之类，是一种传染病。伯牛染此恶疾，将死，孔子往视之。因系传染恶疾，故不让孔子入室。而孔子师生情重，仍自牖执其手，按其脉。亡之，言脉息已绝，故有“斯人斯疾”之叹。朱注似嫌迂曲。

子曰：“贤哉，回也！一箪食，一瓢饮，在陋巷。人不堪其忧，回也不改其乐。贤哉，回也！”①

箪，竹器，犹今之饭篮。瓢，盛水之器，以瓠瓜为之。陋巷，房屋低旧的小弄。王念孙则谓“陋巷”即指所居之室；古时里中道日巷，人所居亦谓之巷，故《广雅》并列二训。（见《经义述闻》引）乐，欢乐之乐。大凡一个人，处富贵则欢乐，处贫贱则忧愁；只有乐道之士，富贵贫贱，都不足以动其心。此章孔子赞颜渊，说他吃的只有一篮饭，一瓢汤；住的是房屋低旧的小弄。在别人将忧愁得了不得，而他仍旧不改欢乐的态度。

冉求曰：“非不说子之道，力不足也。”子曰：“力不足者，中道而废。今女画。”②

---

① 食，音嗣。乐，音洛。〇箪，竹器。食，饭也。瓢，瓠也。颜子之贫如此，而处之泰然，不以害其乐，故夫子再言“贤哉回也”以深叹美之。〇程子曰：“颜子之乐，非乐箪瓢陋巷也，不以贫窭累其心而改其所乐也，故夫子称其贤。”又曰：“箪瓢陋巷非可乐，盖自有其乐尔。‘其’字当玩味，自有深意。”又曰“昔受学于周茂叔，每令寻仲尼颜子乐处，所乐何事？”愚按：程子之言，引而不发，盖欲学者深思而自得之。今亦不敢妄为之说。学者但当从事于博文约礼之诲，以至于欲罢不能而竭其才，则庶乎有以得之矣。

② 说，音悦。女，音汝。〇力不足者，欲进而不能。画者，能进而不欲。谓之画者，如画地以自限也。〇胡氏曰：“夫子称颜回不改其乐，冉求闻之，故有是言。然使求说夫子之道，诚如口之说刍豢，则必将尽力以求之，何患力之不足哉？画而不进，则日退而已矣，此冉求之所以局于艺也。”

说，今作悦。女，今作汝。画，读如笔画之画，止也。非有以止之而自止，谓之“画”。冉求对孔子说：“不是不喜欢夫子的道：所以不行道者，因为我自己力量不足。”按《里仁篇》云：“有能一日用其力于仁矣乎？吾未见力不足者。”此言“力不足者，中道而废”者，特因冉求之言指出其是力不足者以示之。现在你是自己画了一个界限，不向前进行，其实一点力也没有用，哪里好说是力不足呢？

子谓子夏曰：“女为君子儒，无为小人儒。”①

女，今作汝。无，同毋。孔子时，一般学者，都称为儒。但学者之中，也有君子，有小人。此章孔子勉励子夏为君子儒，不要为小人儒也。

子游为武城宰。子曰：“女得人焉尔乎？”曰：“有澹台灭明者，行不由径，非公事，未尝至于偃之室也。”②

武城，鲁邑名。女，今作汝。子游为武城之邑宰。孔子问他：“你得贤能的人了吗？”澹台，是姓；灭明，是名；字子羽，武城人。《史记·弟子传》载其亦在孔子弟子之列。偃，是子游的名，子游说：“有个澹台灭明者，他走路，走大道，不走小路捷径；不是有公事，不到我的衙门里来。”此言澹台灭明人品之方正。

---

① 儒，学者之称。○程子曰：“君子儒为己，小人儒为人。”○谢氏曰：“君子、小人之分，义与利之间而已。然所谓利者，岂必殖货财之谓？以私灭公，适己自便，凡可以害天理者皆利也。子夏文学虽有余，然意其远者大者或昧焉，故夫子语之以此。”

② 女，音汝。澹，徒甘反。○武城，鲁下邑。澹台姓，灭明名，字子羽。径，路之小而捷者。公事，如饮射读法之类。不由径，则动必以正，而无见小欲速之意可知。非公事不见邑宰，则其有以自守，而无枉己徇人之私可见矣。○杨氏曰：“为政以人才为先，故孔子以得人为问。如灭明者，观其二事之小，而其正大之情可见矣。后世有不由径者，人必以为迂；不至其室，人必以为简。非孔氏之徒，其孰能知而取之？”愚谓持身以灭明为法，则无苟贱之羞；取人以子游为法，则无邪媚之惑。

子曰："孟之反不伐，奔而殿，将入门，策其马，曰：'非敢后也，马不进也。'"①

孟之反，鲁大夫，名侧。自己称自己的能干，自己的功劳，叫做"伐"。战败逃跑叫做"奔"。在军队后面拒敌叫做"殿"。殿，去声。策，马鞭也；以马鞭鞭马，也叫"策"。哀公十一年，鲁国和齐国战，鲁军大败逃回。孟之反独在后面，拒追敌兵。将入国门，乃用马鞭鞭马，对人说："我并不敢在后面抵拒敌兵，因为马不向前走，所以在后面也。事见《左传》。

子曰："不有祝鮀之佞，而有宋朝之美，难乎免于今之世矣！"②

祝鮀，卫大夫，字子鱼。佞，有口才也。宋朝，宋公子朝，美而淫。仕于卫，通于宣姜及南子，而，与也。《韩非子·说林》"以管子之圣而隰明之智"句法正与此同。（见王引之《经传释词》）"难乎免于今之世"者，言现在之难免于祸害也。此孔子伤时之言。

子曰："谁能出不由户？何莫由斯道也？"③

道，是做人的道理，为人人所当共由，犹之无论何入不能不由门户出入也。《礼记·礼器》云："未有入室而不由户者。"彼云"出"，此云

---

① 殿，去声。〇孟之反，鲁大夫，名侧。〇胡氏曰："反即庄周所称孟子反者是也。"伐，夸功也。奔，败走也。军后曰殿。策，鞭也。战败而还，以后为功。反奔而殿，故以此言自掩其功也。事在哀公十一年。〇谢氏曰："人能操无欲上人之心，则人欲日消，天理日明，而凡可以矜己夸人者，皆无足道矣。然不知学者欲上人之心无时而忘也，若孟之反，可以为法矣。"

② 鮀，徒河反。〇祝，宗庙之官。鮀，卫大夫，字子鱼，有口才。朝，宋公子，有美色。言衰世好谀悦色，非此难免，盖伤之也。

③ 言人不能出不由户，何故乃不由此道耶？怪而叹之之辞。〇洪氏曰："人知出必由户，而不知行必由道。非道远人，人自远尔。"

“入”，其义一也，人知出入由户，而不知立身处世之当由道，故孔子叹之。

子曰：“质胜文则野，文胜质则史。文质彬彬，然后君子。”①

质，是本质；文，是文饰。野者，朴实无文，鄙陋如野人也。《礼记·仲尼燕居》云：“敬而不中礼，谓之野。”敬是礼之质；不中礼，谓无礼之文也。史者，本为掌文辞之官；辞多浮夸，故以为“野”之反。《仪礼·聘礼记》云：“辞多则矣。”亦言其文胜于质。彬彬，《集解》包曰：“文质相半之貌。”

子曰：“人之生也直，罔之生也幸而免。”②

郑玄《注》云：“始生之性皆正直。”此即“人之初，性本善”的意思。及为坏的习气所染，方有邪曲诬罔。人而失其正直的天性，则难免遭祸患而死。若罔而仍得生者，幸而免耳。

子曰：“知之者不如好之者，好之者不如乐之者。”③

好，去声。乐，欢乐之乐。此章包括一切学问道德之修习而言。“知

---

① 野，野人，言鄙略也。史，掌文书，多闻习事，而诚或不足也。彬彬，优班班，物相杂而适均之貌。言学者当损有余，补不足，至于成德，则不期然而然矣。○杨氏曰：“文质不可以相胜。然质之胜文，犹言甘可以受和，白可以受采也。文胜而至于灭质，则其本亡矣。虽有文，将安施乎？然则与其史也，宁野。”

② 程子曰：“生理本直。罔，不直也，而亦生者，幸而免尔。”

③ 好，去声。乐，音洛。○尹氏曰：“知之者，知有此道也。好之者，好而未得也。乐之者，有所得而乐之也。”○张敬夫曰：“譬之五谷，知者知其可食者也，好者食而嗜之者也，乐者嗜之而饱者也。知而不能好，则是知之未至也；好之而未及于乐，则是好之未至也。此占之学者所以自强而不息者与？”

之者”，不过知道此学此道之如何而已。“好之者”，则对于此学此道有进一层的爱好。“乐之者”，则“乐此不倦”，比好之者，更进一层。颜子的陋巷箪瓢，不改其乐；孔子的饭疏饮水，乐在其中，发愤忘食，乐以忘忧；对于道，都已到“乐之者”的地步。艺术家、科学家、文学家、宗教家，其研究信仰，到登峰造极时，也有这种景象。

子曰：“中人以上，可以语上也；中人以下，不可以语上也。”①

人之资质，大概可分为三等，最高的为上智；最低的为下愚；平常的，皆中人也。语，告也，谓教之也。孔子因材施教，故视其人之资质而语不同。子贡谓“夫子之言性与天道，不可得而闻”，亦是因此。

樊迟问知。子曰：“务民之义，敬鬼神而远之，可谓知矣。”问仁。曰：“仁者先难而后获，可谓仁矣。”②

知，今作智。民，即是人。“务民之义”者，犹云做人所当做之事也。“敬鬼神而远之”者，言虽敬重鬼神而不迷信之也。能如此，可谓智了。获，得也。难，做艰苦的事也。这句意义，以皇疏所采范宁之说为长，即“艰难之事，则为物先，获功之事，而处物后，则为仁矣。”亦即宋范仲淹所谓“先天下之忧而忧。后天下之乐而乐”也。

---

① 以上之上，上声。语，去声。○语，告也。言教人者当随其高下而告语之，则其言易入而无躐等之弊也。○张敬夫曰：“圣人之道，精粗虽无二致，但其施教，则必因其材而笃焉。盖中人以下之质，骤而语之太高，非惟不能以入。且将妄意躐等，而有不切于身之弊，亦终于下而已矣。故就其所及而语之，是乃所以使之切问近思，而渐进于高远也。”

② 知、远，皆去声。○民，亦人也。获，谓得也。专用力于人道之所宜，而不惑于鬼神之不可知，知者之事也。先其事之所难，而后其效之所得，仁者之心也。此必因樊迟之失而告之。○程子曰：“人多信鬼神，惑也。而不信者又不能敬，能敬能远，可谓知矣。”又曰：“先难，克己也。以所难为先，而不计所获，仁也。”吕氏曰：“当务为急，不求所难知；力行所知，不惮所难为。”

子曰："知者乐水，仁者乐山；知者动，仁者静；知者乐，仁者寿。"①

知，今作智。"乐山"、"乐水"之"乐"，喜好也。下一"乐"字，为欢乐之乐。朱注云："知者达于事理，而周流无滞，有似于水，故乐水；仁者安于义理，而厚重不迁，有似于山，故乐山。动、静，以体言；乐、寿，以效言也。"此章说智者仁者分三层，实则一气贯串。盖智者乐水，由性好动；成功多，故常乐。仁者乐山，由性好静；欲念少，故能寿。

子曰："齐一变，至于鲁；鲁一变，至于道。"②

《集解》包曰："言齐鲁有太公周公之余化。太公大贤，周公圣人；今其政教虽衰，若有明君兴之，齐可一变使如鲁，鲁可一变使如大道行之时。"按《说苑·政理篇》，《汉书·地理志》，均言太公治齐为霸术，伯禽治鲁为王道。孔子之时，维齐强鲁弱，然齐终是霸国，鲁还存有王化。故以为齐国一变，始可至鲁，鲁国再一变，即可如大道行之时也。

子曰："觚不觚，觚哉？觚哉？"③

---

① 知，去声。乐，上二字并五教反，下一字音洛。○乐，喜好也。知者达于事理而周流无滞，有似于水，故乐水。仁者安于义理而厚重不迁，有似于山，故乐山。动静以体言，乐寿以效言也。动而不括故乐，静而有常故寿。○程子曰："非体仁、知之深者，不能如此形容之。"

② 孔子之时，齐俗急功利，喜夸诈，乃霸政之余习。鲁则重礼教，崇信义，犹有先王之遗风焉，但人亡政息，不能无废坠尔。道，则先王之道也。言二国之政俗有美恶，故其变而之道有难易。○程子曰："夫子之时。齐强鲁弱，孰不以为齐胜鲁也，然鲁犹存周公之法制。齐由威公之霸，为从简尚功之治，太公之遗法变易尽矣，故一变乃能至鲁。鲁则修举废坠而已，一变则至于先王之道也。"愚谓二国之俗，惟夫子为能变之而不得试。然因其言以考之，则其施为缓急之序，亦略可见矣。

③ 觚，音孤。○觚，棱也，或曰酒器，或曰木简，皆器之有棱者也。不觚者，盖当时失其制而不为棱也。觚哉觚哉，言不得为觚也。○程子曰："觚而失其形制，则非觚也。举一器，而天下之物莫不皆然。故君而失其君之道，则为不君；臣而失其臣之职，则为虚位。"○范氏曰："人而不仁则非人，国而不治则不国矣。"

觚，音孤。朱注云："觚，棱也。或曰酒器，或曰木简，皆器之有棱者也。不觚者，盖当时失其制而不为棱也。'觚哉，觚哉。'言不得为觚也。"按此章全为比喻之辞。言觚之所以名为觚者，以其方而有棱为觚之形也。若觚而不成觚形，则有觚之名，无觚之实，岂得谓之觚乎。孔子主正名，名与实当相副，觚不觚，盖以喻当时之君不君，臣不臣，父不父，子不子耳。旧说皆泥于"觚"言，至不可解。

宰我问曰："仁者，虽告之曰：'井有仁焉。'其从之也？"子曰："何为其然也？君子可逝也，不可陷也；可欺也，不可罔也。"①

"井有仁"的"仁"，通"人"。朱注引刘聘君云："'有仁'之'仁'当作'人'。"从，谓随之入井以救之。"其从之也"的"也"，用与"欤"字同，亦疑问助词。逝，往也；可逝，言可使之往。不可陷，言陷之入井。欺，谓诳之以理之所或有，罔，谓昧之以理之所必无。与孟子所云："君子可欺以其方，难罔以非其道"，同一意思。下文孔子告子路云："好仁不好学：其蔽也愚。"宰我以为仁者忠厚可欺，故为此问；孔子则据理以驳之。

子曰："君子博学于文，约之以礼，亦可以弗畔矣夫！"②

畔，音叛。夫，音扶。文，典籍也。博览典籍，可以多知前言往行。

---

① 刘聘君曰，"有仁之仁当作人。"今从之。从，谓随之于井而救之也。宰我信道不笃，而忧为仁之陷害。故有此问。逝，谓使之往救。陷，谓陷之于井。欺，谓诳之以理之所有。罔，谓昧之以理之所无。盖身在井上，乃可以救井中之人；若从之于井，则不复能救之矣。此理甚明，人所易晓，仁者虽切于救人而不私其身，然不应如此之愚也。

② 夫，音扶。○约，要也。畔，背也。君子学欲其博，故于文无不考；守欲其要，故其动必以礼。如此，则可以不背于道矣。○程子曰："博学于文而不约之以礼，必至于汗漫。博学矣，又能守礼而由于规矩，则亦可以不畔道矣。"

礼，是做人的种种规则仪式。博学于文而不以礼约束自身，则往往有文而无行。如能博文约礼，则可以不违道。故曰："亦可以弗畔矣夫。"畔，同叛，即背也。按此章重见《颜渊篇》，但无"君子"二字。

子见南子，子路不说。夫子矢之曰："予所否者，天厌之！天厌之！"①

说，今作悦。南子，是卫灵公的夫人。孔子到卫国，南子慕孔子之贤，遽然请见。孔子不便辞谢，就去见她。子路不悦者，旧解谓以南子是淫妇，孔子居然去见她，故不悦。按南子虽淫乱而有知人之明，故于蘧伯玉及孔子。皆特敬之。子路疑孔子之见南子，将诎身行道，故不悦耳。矢，旧解多以为誓，下三句即誓辞。殊于情理未合。惟宦氏《论语稽》训为"直陈"。（皇疏引蔡谟注亦曰："矢，陈也。"）直陈，即直言也。"予所否者"之"否"，当读作否塞之否。"天厌之"之"厌"，与《左传》"将以厌众"之厌同，厌也，阻塞也。言"我所以吾塞而不得行其道者，天实阻止"。意谓天未欲平治天下，故阻我不得行其道，我岂不知天命。而欲诎身行道，乃见南子以要卫君乎？臧仓沮鲁平公见孟子，孟子曰："吾之不遇鲁侯，天也；臧氏之子，焉能使余不遇哉！"与孔子所说，意虽相似，而义实相同。

子曰："中庸之为德也，其至矣乎！民鲜久矣。"②

---

① 说，音悦。否，方九反。〇南子，卫灵公之夫人，有淫行。孔子至卫，南子请见。孔子辞谢，不得已而见之。盖古者仕于其国，有见其小君之礼。而子路以夫子见此淫乱之人为辱，故不悦。矢，誓也。所，誓辞也，如云"所不与崔、庆者"之类。否，谓不合于礼，不由其道也。厌，弃绝也。圣人道大德全，无可不可。其见恶人，固谓在我有可见之礼，则彼之不善，我何与焉。然此岂子路所能测哉？故重言以誓之，欲其姑信此而深思以得之也。

② 鲜，上声。〇中者，无过无不及之名也。庸，平常也。至，极也。鲜，少也。言民少此德，今已久矣。〇程子曰："不偏之谓中，不易之谓庸。中者天下之正道，庸者天下之定理。自世教衰，民不兴于行，少有此德久矣。"

鲜，音险。郑玄《目录》云：“名曰中庸者，以其记中和之为用也。庸，用也。”又注《中庸》“君子中庸”句云：“庸，常也。用中为常道也。”朱注引程子云：“不偏之谓中，不易之谓庸；中者天下之正道，庸者天下之定理。”中庸之德，谓不偏不倚，无过不及，而可以常用之德。鲜，上声，少也。言中庸为至德，而一般人少此至德久矣。《中庸》亦引此语，作“中庸其至矣乎！民鲜能久矣”，字句虽稍异，意义则同。

子贡曰：“如有博施于民而能济众，何如？可谓仁乎？”子曰：“何事于仁，必也圣乎！尧、舜其犹病诸！[①] 夫仁者，己欲立而立人，己欲达而达人。[②] 能近取譬，可谓仁之方也已。”[③]

夫，音扶。子贡说：“如有人广布恩泽于民，而能使大众都得着救济，怎么样？可以算仁人吗？”孔子答道：“能够如此，何止于仁呢？一定是圣人了罢？这是尧舜还发愁做不到的。”接着又正色告子贡道：“所谓‘仁’者，是推己以及人；自己能立了，使人也要能立；自己能达了，使人也要能达。能够就近取譬于己，推而及之他人，可以说是为仁的方法。”

---

① 施，去声。○博，广也。仁以理言，通乎上下。圣以地言，则造其极之名也。乎者，疑而未定之辞。病，心有所不足也。言此何止于仁，必也圣人能之乎！则虽尧、舜之圣，其心犹有所不足于此也。以是求仁，愈难而愈远矣。

② 夫，音扶。○以己及人，仁者之心也。于此观之，可以见天理之周流而无间矣。状仁之体，莫切于此。

③ 譬，喻也。方，术也。近取诸身，以己所欲譬之他人，知其所欲亦犹是也。然后推其所欲以及于人，则恕之事而仁之术也。于此勉焉，则有以胜其人欲之私，而全其天理之公矣。○程子曰：“医书以手足痿痹为不仁，此言最善名状。仁者以天地万物为一体，莫非己也，认得为己，何所不至，若不属己，自与己不相干。如手足之不仁，气已不贯，皆不属己，故博施济众，乃圣人之功用。仁至难言，故止曰：‘己欲立而立人，己欲达而达人，能近取譬，可谓仁之方也已。’欲令如是观仁，可以得仁之体。”又曰“《论语》言尧、舜其犹病诸者二。夫博施者，岂非圣人之所欲？然必五十乃衣帛，七十乃食肉。圣人之心，非不欲少者亦衣帛食肉也，顾其养有所不赡尔，此病其施之不博也。济众者，岂非圣人之所欲？然治不过九州。圣人非不欲四海之外亦兼济也，顾其治有所不及尔，此病其济之不众也。推此以求修己以安百姓，则为病可知。苟以吾治已足，则便不是圣人。”○吕氏曰：“子贡有志于仁，徒事高远，未知其方。孔子教以于己取之，庶近而可入。是乃为仁之方，虽博施济众，亦由此进。”

按下文孔子告子贡可以终身行之的“恕”；说：“己所不欲，勿施于人。”与本章之“己立立人，己达达人”同为推己及人，唯消极积极二方面，各就一方面说而已。《大学》所说絜矩之道，亦是此义。己达，是成己；立人、达人，则成物矣。但欲成物，必先能成己；故为仁之方，在于取譬于近，不必好高骛远，遽欲能成博施济众之圣功也。仁，是德目；圣，则为成德之名。为仁而能至乎其极，则为圣人。上文子贡云：“吾不欲人之加诸我也，我亦欲无加诸人。”孔子以为非其所及。故于子贡此问，答以博施济众为圣人之事，尧舜犹病；又告以为仁之方，在能近取譬也。

［问题］

（一）何谓“居敬行简”？何谓“太简”？

（二）颜子之好学何如？

（三）冉有为公西华请粟，孔子不肯多予；原思不受所予之粟。孔子强之接受；何故？

（四）孔子问伯牛之疾，何以自牖执其手而叹？

（五）孔子称颜子三月不违仁，又称不改其乐，二章有何关系？

（六）何谓“知之”，“好之”，“乐之”？

（七）孔子论“知”、“仁”之说如何？

（八）何谓“博文约礼”？

（九）孔子见南子，子路何以不悦？孔子何以自解？

（十）孔子告子贡为仁之方如何？

述而第七

子曰："述而不作，信而好古，窃比于我老彭。"①

窃，音切。述者，传述旧文以教后人；作者，自己创作著书立说也。孔子序《书》删《诗》，定《礼》，正《乐》，赞《易》，修《春秋》而成六经，不过把古人已有的经典，采择纂辑之，教授弟子而已，故曰："述而不作。"信而好古，相信古圣人之经典而爱好之也。下文云："盖有不知而作之者，我无是也。"又云："好古，敏以求之。"与本章之旨同。"窃比于我老彭"者，朱注云："窃比，尊之之辞；我，亲之之辞。老彭，商贤大夫，见《大戴礼》盖信古而传述者也。"按《大戴礼记·虞戴德篇》老彭与仲傀并举，《汉书·古今人表》亦列老彭于仲虺下，仲虺即仲傀。则老彭亦商初人也。郑玄注云："老，老聃；彭，彭祖。"则以老彭为二人。据《楚辞·天问》王逸注及《史记·五帝本纪》则彭祖为尧臣。此不曰彭老而曰老彭者，宋翔凤以为老聃有亲炙之谊，且尊周史。与朱注异。

子曰："默而识之，学而不厌，诲人不倦，何有于我哉？"②

识，今作志。朱注云："识，记也。默识，谓不言而存诸心也。"厌，

---

① 好，去声。○述，传旧而已。作，则创始也。故作非圣人不能，而述则贤者可及。窃比，尊之之辞。我，亲之之辞。老彭，商贤大夫，见《大戴礼》，盖信古而传述者也。孔子删《诗》、《书》，定《礼》、《乐》，赞《周易》，修《春秋》，皆传先王之旧，而未尝有所作也，故其自言如此。盖不唯不敢当作者之圣，而亦不敢显然自附于古之贤人。盖其德愈盛而心愈下，不自知其辞之谦也。然当是时，作者略备，夫子盖集群圣之大成而折衷之。其事虽述，而功则倍于作矣，此又不可不知也。

② 识，音志，又如字。○识，记也。默识，谓不言而存诸心也。一说：识，知也，不言而心解也。前说近是。何有于我，言何者能有于我也。三者已非圣人之极至，而犹不敢当，则谦而又谦之辞也。

是满足厌弃的意思。倦，是倦怠的意思。“何有于我哉”句，旧注多不得其解。此句“何有”二字，与上文“于从政乎何有”句同一用法。译作白话，就是说：“这于我有什么呢？”言此我已能之，没有什么了不得也。如此解，方与本篇下文所记答公西华，《孟子·公孙丑》所引答子贡，自承“不厌”、“不倦”两节相合。

子曰：“德之不修，学之不讲，闻义不能徙，不善不能改，是吾忧也。”①

孔子以修德、讲学、徙义、改过为做人的四个要紧条件。一个人的修德是修治道德。讲学是讲习学问。徙义改过就是《易·益卦》所说：“见善则迁，有过则改。”孔子以不能此四者为己忧，盖以勉学者耳。曰：“是吾忧也。”

子之燕居，申申如也，夭夭如也。②

夭，音腰。此弟子记孔子之态度也。燕居，犹闲居，谓闲暇无事之时。朱注引杨氏曰：“申申，其容舒也。夭夭。其色愉也。”按：杨说，则“申申”、“夭夭”二句意义重复。《汉书·万石传》云：“子孙胜冠者在侧，虽燕必冠，申申如此。”颜师古注云：“整饰之貌。”“申申”，言其敬；“夭夭”，言其和。“申申如”，故“望之俨然”；“夭夭如”，故“即之也温”。此孔子燕居时之神情态度。

---

① 尹氏曰：“德必修而后成，学必讲而后明，见善能徙，改过不吝，此四者，日新之要也。苟未能之，圣人犹忧，况学者乎？”

② 燕居，闲暇无事之时。○杨氏曰：“申申，其容舒也。夭夭，其色愉也。”○程子曰：“此弟子善形容圣人处也，为申申字说不尽，故更着夭夭字。今人燕居之时，不怠惰放肆，必太严厉。严厉时著此四字不得，怠惰放肆时亦著此四字不得，惟圣人便自有中和之气。”

子曰："甚矣吾衰也！久矣吾不复梦见周公！"①

孔子屡言"吾从周"，盖思得位行道，仍行周公之礼也。因周礼是周公所创，孔子常常想着周公这个人，所以常常梦见周公。此言"久不梦见周公"者，伤已衰老，而道终不行也。此语当是孔子晚年所说。

子曰："志于道，② 据于德，③ 依于仁，游于艺。"④

据，音句。此孔子教人进德修业的方法。"志于道"者，心之所之，在于道也。"据于德"者，行道而有得于心，则执守之弗失也。"依于仁"者，无终食之间违仁也。"游于艺"者，习礼、乐、射、御、书、数六艺以供娱乐也。《礼记·少仪》言："士游于艺。"《学记》言："君子之于学，藏焉息焉修焉游焉。"亦艺于游息中习之，犹今日学校中之课外活动也。

子曰："自行束脩以上，吾未尝无诲焉。"⑤

---

① 复，扶又反。○孔子盛时，志欲行周公之道，故梦寐之间，如或见之。至其老而不能行也，则无复是心，而亦无复是梦矣，故因此而自叹其衰之甚也。○程子曰："孔子盛时，寤寐常存行周公之道。及其老也，则志虑衰而不可以有为矣。盖存道者心，无老少之异；而行道者身，老则衰也。"

② 志者，心之所之之谓。道，则人伦日用之间所当行者是也。如此而心必之焉，则所适者正，而无他歧之惑矣。

③ 据者，执守之意。德，则行道而有得于心而不失之谓也。得之于心而守之不失，则终始惟一，而有日新之功矣。依者，不违之谓。仁，则私欲尽去而心德之全也。功夫至此而无终食之违，则存养之熟，无适而非天理之流行矣。

④ 游者，玩物适情之谓。艺，则礼乐之文，射御书数之法，皆至理所寓，而日用之不可阙者也。朝夕游焉，以博其义理之趣，则应务有余，而心亦无所放矣。○此章言人之为学当如是也，盖学莫先于立志。志道，则心存于正而不他；据德，则道得于心而不失；依仁，则德性常用而物欲不行；游艺，则小物不遗而动息有养。学者于此，有以不失其先后之序、轻重之伦焉，则本末兼该，内外交养，日用之间，无少间隙，而涵泳从容，忽不自知其入于圣贤之域矣。

⑤ 脩，脯也。十脡为束。古者相见，必执贽以为礼，束脩其至薄者。盖人之有生，同具此理，故圣人之于人，无不欲其入于善。但不知来学，则无往教之礼，故苟以礼来，则无不有以教之也。

古者相见必有贽。弟子来学，奉束脩以为贽，是礼物之薄者。脩，以肉切为条而干之者也，故脩字从肉，不可作“修”。每条肉折成一朐。五条为五朐，有十脡，扎成一束，就叫做“束脩”。（后人亦有以束带修饰，或约束脩饰，训“束脩”二字者。但《檀弓·谷梁》明言“束脩”为馈问之物，余义实不可从。）孔子言：“有人拜己为师，只要送过拜师的礼物，不论他的礼物轻至束脩，或比束脩厚，我总是一样地教诲他。”按古代学术在官，故“事师”必须“宦学”，“入官”乃能“学古”。私人讲学之风，自孔子开之。且自行束脩，未尝无诲，故虽贫如颜渊、子思，亦得及门受业。教泽之广，盖由于此。

子曰：“不愤不启，不悱不发，举一隅不以三隅反，则不复也。”①

此章，孔子自言教人之法也。朱注云：“愤者，心求通而未得之意；悱者，口欲言而未能之貌。启，谓开其意；发，谓达其辞。物之有四隅者，举一可知其三。反者，还以相证之义。复，再告也。”按：人于学有所不通，而亟欲通之，则心愤愤然；因而启导之，则豁然贯通矣。欲言未能者，即《学记》所谓“力不能问”也。“力不能问，然后语之”，则恍然以为先得我心矣。举一反三，即孟子所谓“欲其自得之”。“不复”者，即《学记》所谓“语之而不知，虽舍之可也”。孔子教人之法，与现代教育学上的新教学法不谋而合。

---

① 愤，房粉反。悱，芳匪反。复，扶又反。〇愤者，心求通而未得之意。悱者，口欲言而未能之貌。启，谓开其意。发，谓达其辞。物之有四隅者，举一可知其三。反者，还以相证之义。复。再告也。上章已言圣人诲人不倦之意，因并记此，欲学者勉于用力，以为受教之地也。〇程子曰：“愤、悱，诚意之见于色辞者也。待其诚至而后告之。既告之，又必待其自得，乃复告尔。”又曰：“不待愤、悱而发，则知之不能坚固；待其愤、悱而后友，则沛然矣。”

子食于有丧者之侧。未尝饱也。[①] 子于是日哭，则不歌。[②]

此章记孔子吊丧时之态度。临丧则哀，所以“未尝饱”。哭，谓往吊而哭；余哀未灭，所以“不歌”。二者皆出于情之自然，弟子见而记之，非谓孔子有意如此做作也。《礼记·檀弓》云：“食于丧者之侧，未尝饱也。”又云：“吊于人，是日不乐。”与本章所记同为一事。

子谓颜渊曰：“用之则行，舍之则藏，唯我与尔有是夫！”[③]

舍，即舍弃。“用之则行，舍之则藏”者，即孟子所说“可以仕则仕，可以止则止”，“达则兼善天下”，“穷则独善其身”。夫，音扶，即今语之“吧”。“是”指上“用”、“舍”二句。“唯我与尔有是夫”者，言只有我同你二人有这样的态度也。颜渊之道德学问，都与孔子相仿佛，故孔子以此称之。

子路曰：“子行三军，则谁与？”[④] 子曰：“暴虎冯河，死而无悔者，吾不与也。必也临事而惧，好谋而成者也。”[⑤]

---

① 临丧哀，不能甘也。

② 哭，谓吊哭。一日之内，余哀未忘，自不能歌也。○谢氏曰：“学者于此二者，可见圣人情性之正也。能识圣人之情性，然后可以学道。”

③ 舍，上声。夫，音扶。○尹氏曰：“用舍无与于已，行藏安于所遇，命不足道也。颜子几于圣人，故亦能之。

④ 万二千五百人为军，大国三军。子路见孔子独美颜渊，自负其勇，意夫子若行三军，必与己同。

⑤ 冯，皮冰反。好，去声。○暴虎，徒搏。冯河，徒涉。惧，谓敬其事。成，谓成其谋。言此皆以抑其勇而教之，然行师之要实不外此，子路盖不知也。○谢氏曰：“圣人于行藏之间，无意无必。其行非贪位，其藏非独善也。若有欲心，则不用而求行，舍之而不藏矣，是以惟颜子为可以与于此。子路虽非有欲心者，然未能无固必也，至以行三军为问，则其论益卑矣。夫子之言，盖因其失而救之。夫不谋无成，不惧必败，小事尚然，而况于行三军乎？”

此节与上节同章。子路，好勇能治军旅，听见孔子称赞颜渊，心想打仗非颜渊所能，所以问：“夫子要行三军的时候，叫那个人同去呢？”暴，音抱。冯，音凭。《尔雅·释训》云：“暴虎徒搏；冯河徒涉。”《说文》：“淜，无舟渡河也。”《玉篇》：“徒涉曰。”此作“冯”，为淜之假借字。言徒手打虎，无舟渡河，不顾危险，死而不悔的人，虽行三军，我不与之俱也。必须“临时而惧，好谋而成”者，方与他同去。惧，是慎战不轻敌的意思。焦循《补疏》谓成，犹定也。定即决定。好，去声。

子曰：“富而可求也，虽执鞭之士，吾亦为之。如不可求，从吾所好。”①

朱注云：“执鞭，贱者之事。设言富若可求，则虽身为贱役以求之，亦所不辞。然有命焉，非求之可得也。则安于义理而已矣！何必徒取辱哉？”按：而，如也。“如可求”，“如不可求”，相对成文。而、如古通。好，去声。此章之旨，重在明富之不可求，不若从吾所好，安贫乐道之为愈。

子之所慎：齐，战，疾。②

齐，今作斋。祭祀鬼神时须斋戒也。战，指战争。疾，就是害病。这三件事情，是孔子生平最慎重的。

---

① 好，去声。○执鞭，贱者之事。设言富若可求，则虽身为贱役以求之，亦所不辞。然有命焉，非求之可得也，则安于义理而已矣，何必徒取辱哉？○苏氏曰：“圣人未尝有意于求富也，岂问其可不可哉？为此语者，特以明其决不可求尔。”○杨氏曰：“君子非恶富贵而不求，以其在天，无可求之道也。”

② 齐，侧皆反。○齐之为言齐也，将祭而齐其思虑之不齐者，以交于神明也。诚之至与不至，神之飨与不飨，皆决于此。战，则众之死生、国之存亡系焉，疾又吾身之所以死生存亡者，皆不可以不谨也。○尹氏曰：“夫子无所不谨，弟子记其大者耳。”

子在齐闻《韶》，三月不知肉味，曰："不图为乐之至于斯也!"①

乐，音乐之乐。《韶》是虞舜的音乐，即孔子曾称为尽美尽善者也。孔子到齐国去，听到了《韶》乐，一心专注在这上面，甚至三个月之久，都不知肉的味道，说："不料舜作的乐，好到如此!"《史记·孔子世家》亦记此事，"三月"上有"学之"二字。则"不知肉味"因学乐之专心致志而然矣。

冉有曰："夫子为卫君乎?"子贡曰："诺。吾将问之。"② 入，曰："伯夷、叔齐何人也?"曰："古之贤人也。"曰："怨乎?"曰："求仁而得仁，又何怨?"出，曰："夫子不为也。"③

为，助也。卫君，指出公辄。卫灵公逐其世子蒯聩，灵公死，国人立蒯聩之子辄，后来晋国纳蒯聩，辄拒之，于是父子争夺君位。孔子此时适在卫国。辄很敬礼孔子，故冉有与子贡谈话，而问夫子助不助辄也。子贡听了冉有的话，便答道："是的！我就去问。"子贡走进孔子房里，问伯夷、叔齐是怎样的人。孔子答说：伯夷、叔齐，是古时候的两个贤人。相

---

① 《史记》三月上有学之二字。不知肉味，盖心一于是而不及乎他也。曰不意舜之作乐至于如此之美，则有以极其情文之备，而不觉其叹息之深也。盖非圣人不足以及此。〇范氏曰："《韶》尽美又尽善，乐之无以如此也。故学之三月，不知肉味，而叹羡之如此。诚之至，感之深也。"

② 为，去声。为，犹助也。卫君，出公辄也。灵公逐其世子蒯聩，公薨，而国人立蒯聩之子辄，于是晋纳蒯聩而辄拒之。时孔子居卫，卫人以蒯聩得罪于父，而辄嫡孙当立，故冉有疑而问之。诺，应辞也。

③ 伯夷、叔齐，孤竹君之二子。其父将死，遗命立叔齐。父卒，叔齐逊伯夷。伯夷曰："父命也"，遂逃去。叔齐亦不立而逃之，国人立其中子。其后武王伐纣，夷、齐扣马而谏。武王灭商，夷、齐耻食周粟，去，隐于首阳山，遂饿而死。怨，犹悔也。君子居是邦，不非其大夫，况其君乎？故子贡不斥卫君，而以夷、齐为问。夫子告之如此，则其不为卫君可知矣。盖伯夷以父命为尊，叔齐以天伦为重。其逊国也，皆求所以合乎天理之正。而即乎人心之安。既而各得其志焉，则视弃其国犹敝蹝尔，何怨之有？若卫辄之据国拒父而惟恐失之，其不可同年而语明矣。〇程子曰："伯夷、叔齐逊国而逃，谏伐而饿，终无怨悔，夫子以为贤，故知其不与辄也。"

传伯夷、叔齐是孤竹国国君之子。伯夷是长子，照例应嗣立。国君死时，却遗命立叔齐，叔齐不肯，仍让伯夷嗣位。伯夷曰："父命不可违。"自己逃避到别处。叔齐也不肯嗣位，跟伯夷逃到别处去。子贡又问，他两人都逃去不做国君，究竟怨不怨呢？孔子以为伯夷、叔齐之让国，是自己的意志。这种事情，只有仁人肯做。伯夷、叔齐之做这件事情，正是求仁，故曰"求仁得仁，又何怨"也。伯夷、叔齐以兄弟而让位，卫君与蒯聩则以父子而争位，孔子既称赞让位的人，必不肯帮助争位的人，故子贡出去对冉有说："夫子不为也。"

子曰："饭疏食，饮水，曲肱而枕之，乐亦在其中矣。不义而富且贵，于我如浮云。"①

"饭疏食"之"饭"，是吃的意思。食，音俟，解作饭。《集解》孔曰："疏食，菜食。"是以"疏"为蔬菜之蔬。朱注曰："疏食，粗食也。"解作粗。肱，臂也。乐，快乐。"不义而富且贵"者，言不以其道而得富贵也。这种富贵，好像空中飞过的云，孔子心里，毫不想着，故曰"于我如浮云"也。此章是上文称颜渊"一箪食，一瓢饮，在陋巷，人不堪其忧，回也不改其乐"是一样的意思。只有孔子、颜渊，安贫乐道，能够如此。

---

① 饭，符晚反。食，音嗣。枕，去声。乐，音洛。○饭，食之也。疏食，粗饭也。圣人之心，浑然天理，虽处困极，而乐亦无不在焉。其视不义之富贵，如浮云之无有，漠然无所动于其中也。○程子曰："非乐疏食饮水也，虽疏食饮水不能改其乐也。不义之富贵，视之轻如浮云然。"又曰："须知所乐者何事。"

子曰："加我数年，五十以学《易》，可以无大过矣。"①

此章自汉以后，都从古文《论语·鲁论》。"易"字作"亦"，当读作："加我数年，五十以学，亦可以无大过矣！"加我数年，就是再加我几岁年纪。"五十以学《易》"者，是到了五十岁，可以研究《易经》也。孔子说此话时，大概是四十多岁。（刑疏谓在四十七时）研究《易经》以后，就能明白吉凶消长之理，进退存亡之道，所以可以没有大过失也。朱注引刘聘君说，谓元城刘忠定公自言见一本"加"作"假"，"五十"作"卒"。又根据《史记·孔子世家》"孔子晚而喜《易》……曰：'假（与"加"通）我数年，若是，我于《易》则彬彬矣'"数语以为"是时孔子年已几七十矣。五十字误，无疑。"刘宝楠《正义》则谓："夫子五十前得《易》，冀以五十时学之明，《易》广大悉备，未可遽学之也。及晚年，赞《易》既竟，复述从前假我数年之言，故曰'假我数年，若是，我于《易》则彬彬矣。'"《世家》与《论语》，所述不在一时。解者多失之。"

子所雅言，《诗》、《书》、执礼，皆雅言也。②

近人刘大白《白屋文话》讲此节云："《汉书》鸦鸦作秦声。言陕西的人口音，常是雅雅也。周朝旧都，在今陕西，故其口音，也像雅雅的声音。此章所记，是孔子平时说话，都用当时鲁国的土话；只有读《诗经》读《书经》及在喜事、丧事人家赞礼，则用陕西人口音也。"此话颇足发

① 刘聘君见元城刘忠定公自言尝读他论加作假，五十作卒。盖加、假声相近而误读，卒与五十字相似而误分也。愚按：此章之言，《史记》作"假我数年，若是我于易则彬彬矣"，加正作假，而无五十字。盖是时，孔子年已几七十矣，五十字误无疑也。学《易》，则明乎吉凶消长之理，进退存亡之道，故可以无大过。盖圣人深见《易》道之无穷，而言此以教人，使知其不可不学，而又不可以易而学也。

② 雅，常也。执，守也。《诗》以理情性，《书》以道政事，礼以谨节文，皆切于日用之实，故常言之。礼独言执者，以人所执守而言，非徒诵说而已也。○程子曰："孔子雅素之言，止于如此。若性与天道，则有不可得而闻者，要在默而识之也。"○谢氏曰："此因学《易》之语而类记之。"

明郑玄之说。郑曰:“读先王典法,必正言其音,然后义全……礼不诵,故言执。”但刘氏《正义》引刘台拱《论语骈枝》说,则谓“雅”即是“夏”,“雅言”,就是周室西都的正音。但无论“雅”为“鸦鸦”,或为“夏”,其为陕西语音,则二说相同。按周以陕西语为正音,犹民国初年以北平音为国音。此谓孔子诵《诗》读《书》及赞礼时用当时的国音耳。朱注训“雅言”为“常言”。解“执礼”云:“礼独言执者,以人所执守而言,不徒诵说而已也。”与上说异。

叶公问孔子于子路,子路不对。[①] 子曰:“女奚不曰,其为人也,发愤忘食,乐以忘忧,不知老之将至云尔。”[②]

女,今作汝。乐,欢乐之乐。叶公是楚国大夫,姓沈,名诸梁,字子高。叶是他的食邑,公是他的僭称。孔子曾到过楚国。故叶公去问子路:“孔子为何如人?”子路不对。此事被孔子知道后,孔子便对子路说:“你何不这样说?”。“其为人之”的“其”,孔子指自己。“发愤忘食”者,言研究一种学问,发起愤来,连吃食亦忘记也。“乐以忘忧”者,言研究学问有所得的时候,快乐得一切忧愁的事都忘记也。“不知老之将至云尔”者,言学无止境,研究不已,连老亦不晓得也。

子曰:“我非生而知之者,好古,敏以求之者也。”[③]

---

① 叶,舒涉反,○叶公,楚叶县尹沈诸梁,字子高,僭称公也。叶公不知孔子,必有非所问而问者,故子路不对。抑亦以圣人之德,实有未易名言者与?

② 未得,则发愤而忘食;已得,则乐之而忘忧。以是二者俯焉日有孳孳,而不知年数之不足,但自言其好学之笃耳。然深味之,则见其全体至极纯亦不已之妙,有非圣人不能及者。盖凡夫子之自言类如此,学者宜致思焉。

③ 好,去声。○生而知之者,气质清明,义理昭著,不待学而知也。敏,速也,谓汲汲也。○尹氏曰:“孔子以生知之圣,每云好学者,非惟勉人也,盖生而可知者义理尔,若夫礼乐名物、古今事变,亦必待学而后有以验其实也。”

此孔子劝人求学也。当时一般人，以孔子为生而知之的圣人。故孔子自说道：“我并不是生出来就知道世界上一切道理的。我是好读古书，敏捷黾勉以求之的。”（朱注云：“敏，速也，谓汲汲也。”是含有敏捷黾勉二义。）

子不语怪、力、乱、神。①

世人于怪异、勇力、变乱、鬼神之事，往往津津乐道，听者亦乐而忘倦。孔子则语常不语怪，语德不语力，语治不语乱，语人不语神。即此，可以见孔子平时言论之务实。

子曰：“三人行，必有我师焉。择其善者而从之。其不善者而改之。”②

朱注云：“三人同行，其一我也。彼二人者，一善一恶，则我从其善而改其恶焉。是二人者，皆我师也。”按：“三人行”者，言与朋友游处：“三”为虚数，不必定为三人也。择善而从，不善而改，即“见贤思齐，见不贤而内自省”之意。能如此，则凡人皆吾师矣。不必泥言一人善，一人恶也。刘氏《正义》引钱坫说，谓“善与不善，谓人以我为善不善也。我并彼为三人。若彼二人以我为善，我则从之；二人以我为不善，我则改之。是彼二人者，皆为吾师”。此说与朱注异，而亦可通。

---

① 怪异、勇力、悖乱之事，非理之正，固圣人所不语。鬼神造化之迹，虽非不正，然非穷理之至，有未易明者，故亦不轻以语人也。○谢氏曰：“圣人语常而不语怪，语德而不语力，语治而不语乱，语人而不语神。”

② 三人同行，其一我也。彼二人者，一善一恶，则我从其善而改其恶焉。是二人者，皆我师也。○尹氏曰：“见贤思齐，见不贤而内自省，则善恶皆我之师，进善其有穷乎？”

子曰："天生德于予，桓魋其如予何？"①

魋，音颓。桓魋，是宋司马向魋。向氏出于桓公，所以又称桓氏。《史记·孔子世家》云："孔子适宋与弟子习礼大树下，宋司马桓魋欲杀孔子，拔其树。孔子去。弟子曰：'可速矣！'孔子曰：'天生德于予……'"据此，则弟子们见桓魋来势凶恶，不免恐慌。孔子则从容镇静，其识见高人一等可知。桓魋见习礼而来拔树，不过想吓走孔子，未必定要害孔子的性命。即如桓魋必欲杀孔子。则虽快奔，也不能脱；且一逃，反使他更起疑心，倒真会弄出祸来；反不如处之泰然，使人不疑，自然平安无事了。此皆孔子识见高超，临机应变处。

子曰："二三子以我为隐乎？吾无隐乎尔。吾无行而不与二三子者，是丘也。"②

孔子之道，高深广大；且不以言教而以身教，弟子们一时不能尽见尽知，还以为孔子有所隐匿，不肯告人，故孔子对弟子说明之。二三子，谓诸弟子。乎尔，皆语末助词，与《诗经·齐风》"俟我于堂乎而"，《孟子》"然而无有乎尔则亦无有乎尔"句法并同。孔子说：你们以为我有所隐匿而不告你们吗？我实在没有有隐匿呀。我做的事，没有一件不公开的，与你们共见共闻的。"是丘也"者，孔子称自己的名，言丘是这样的也。

---

① 魋，徒雷反。○威魋，宋司马向魋也。出于威公，故又称成氏。魋欲害孔子，孔子言天既赋我以如是之德，则威魋其奈我何？言必不能违天害己。

② 诸弟子以夫子之道高深不可几及，故疑其有隐，而不知圣人作止语默无非教也，故夫子以此言晓之。与，犹示也。○程子曰："圣人之道犹天然，门弟子亲炙而冀及之，然后知其高且远也。使诚以为不可及，则趋向之心不几于怠乎？故圣人之教，常俯而就之如此，非独使资质庸下者勉思企及，而才气高迈者亦不敢躐易而进也。"○吕氏曰："圣人体道无隐，与天象昭然，莫非至教。常以示人，而人自不察。"

子以四教：文、行、忠、信。[①]

文，谓《诗》、《书》、《礼》、《乐》等典籍。行，谓难行。此二者，致如力行之教。忠与信则为品性上的训练。孔子以此四者教人，知识、行为、品性三方并重也。孔子行教，以此四事为先。

子曰："圣人，吾不得而见之矣；得见君子者，斯可矣。"[②] 子曰："善人，吾不得而见之矣；得见有恒者，斯可矣。[③] 亡而为有，虚而为盈，约而为泰，难乎有恒乎。"[④]

此章有两"子曰"，因不是在一时说的话。朱注疑后一"子曰"为衍字。又云："圣人，神明不测之号；君子，才德出众之称。"又引张子曰："有恒者，不贰其心；善人者，志于仁而无恶。"这各是两等人；孔子，求其上者而不得，故思见其次也。亡，同无。亡而为有，正是下文曾子所说"有若亡，实若虚"的反面。约而为泰，义亦如此。学问道德，空无所有，本是俭腹，偏要自诩为饱学硕德，自满自侈。这种人，望他有恒，难矣，孔子此言，本有所感而发，但即可以见"有恒"为入德之门。

---

① 行，去声。○程子曰："教人以学文修行而存忠信也。忠信，本也。"

② 圣人，神明不测之号。君子，才德出众之名。

③ 恒，胡登反。○"子曰"字，疑衍文。恒，常久之意。○张子曰："有常者，不贰其心。善人者，志于仁而无恶。

④ 亡，读为无。○三者皆虚夸之事，凡若此者，必不能守其常也。○张敬夫曰："圣人、君子以学言，善人、有恒者以质言。"愚谓有恒者之与圣人，高下固悬绝矣，然未有不自有恒而能至于圣者也。故章末申言有恒之义，其示人入德之门，可谓深切而著明矣。

子钓而不纲，弋不射宿。[①]

此章记孔子寻常所作的小事。钓者，用钓钩钓鱼。纲者，用大绳连接了网绝流捕鱼，想一网打尽也。弋，音亦，是用丝吊在箭上射鸟。“射宿”者，射宿着的鸟，欲出其不意也。此章所记，虽是两件小事，然可见仁者之存心与待物矣。

子曰：“盖有不知而作之者，我无是也。多闻择其善者而从之，多见而识之，知之次也。”[②]

识，今作志。“知之次”的“知”，今作智。作，创作也。“不知而作之”者，谓并无所知，而妄事创作者也。孔子自言“述而不作”，况不知而妄作乎？故曰：“我无是也。”“多闻，择其善者而从之，多见而识之”二句，相互成文。言多闻多见，择所闻见中之善的，而遵从记志他。这样，虽不及真能创作者之上智，也可称是上智之次一等了。

互乡难与言，童子见，门人惑。[③] 子曰：“与其进也，不与其退也，唯何甚？人洁己以进，与其洁也，不保其往也。”[④]

---

① 射，食亦反。○纲，以大绳属网。绝流而渔者也。弋。以生丝系矢而射也。宿，宿鸟。○洪氏曰：“孔子少贫贱，为养与祭，或不得已而钓弋，如猎较是也。然尽物取之，出其不意，亦不为也。此可见仁人之本心矣。待物如此，待人可知；小者如此，大者可知。”

② 识，音志。○不知而作，不知其理而妄作也。孔子自言未尝妄作，盖亦谦辞，然亦可见其无所不知也。识，记也。所从不可不择，记则善恶皆当存之，以备参考。如此者虽未能实知其理，亦可以次于知之者也。

③ 见，贤遍反。○互乡，乡名。其人习于不善，难与言善。惑者，疑夫子不当见之也。

④ 疑此章有错简。“人洁”至“往也”十四字，当在“与其进也”之前。洁，修治也。与，许也。往，前日也。言人洁己而来，但许其能自洁耳，固不能保其前日所为之善恶也；但许其进而来见耳，非许其既退而为不善也。盖不追其既往，不逆其将来，以是心至，斯爱之耳。“唯”字上下，疑又有阙文，大抵亦不为已甚之意。○程子曰：“圣人待物之洪如此。”

互乡。是一个乡村名。“难与言”者，互乡之人，多自以为是，不大好和他们说话也。“童子见，门人惑”者，是说互乡里有一个童子，来见孔子，孔子接见他；孔子的门人疑惑起来。门人之意，以为互乡人，大都是难与言的。互乡童子来见，孔子为什么见他们呢？与，许也：有赞许奖掖之意。君子成人之美，不成人之恶，故当奖许其上进，而不当奖许其后退。唯，叹辞，犹今语之“唉。”孔子因门人疑其不当见此童子，故叹道：“唉！何其绝人之甚也！”人，指童子。言此童子，固因洁己而来。我之见他，是称许他能洁己。往者，已过去的事也。言他过去的事，洁不和洁，不必管他。按：不保其往，郑玄解为“不能保其去后之行”，则指将来而言。朱注疑此章有错简，谓“人洁”至“往也”十四字，当在“与其进也”之前。又疑“唯”字上下有阙文。

子曰：“仁远乎哉？我欲仁，斯仁至矣。”①

此章是说“仁”并不在远地方。我要“仁”，“仁”就来到了！盖“恻隐之心，人皆有之”。仁者，本我心所固有，不待外求者也。为仁由己，“求则得之”，何远之有？

陈司败问：“昭公知礼乎？”孔子曰：“知礼。”② 孔子退，揖巫马期而进之，曰：“吾闻君子不党，君子亦党乎？君取于吴为同姓，谓之吴孟子。

① 仁者，心之德，非在外也。放而不求，故有以为远者。反而求之，则即此而在矣，夫岂远哉？○程子曰：“为仁由己，欲之则至。何远之有？”

② 陈，国名。司败，官名，即司寇也。昭公，鲁君，名稠。习于威仪之节，当时以为知礼。故司败以为问，而孔子答之如此。

君而知礼，孰不知礼?”[①] 巫马期以告。子曰：“丘也幸，苟有过，人必知之。”[②]

陈，陈国。司败，陈国的官名，即司寇。昭公，鲁君，名稠，昭是谥。《左传》昭公五年，公如晋，自郊劳至于赠贿，无失礼。是昭公固娴习礼仪者。巫马期，孔子弟子，姓巫马，名施，字期。郑玄《目录》云：鲁人；《家语》云：陈人。陈司败问：“昭公知礼乎?”孔子曰：“知礼。”及孔子退，陈司败揖巫马期而进之，问曰：“吾闻君子不党，君子亦党乎?”相助匿非曰党。此言孔子不当为昭公讳也。取，今作娶。礼，同姓不婚。鲁君姬姓，吴君亦姬姓。昭公娶吴君女为妻，同姓结婚，本是违礼之事。所以不称“某姬”而称吴孟子，这真是明知故犯，掩耳盗铃。“而”，如也。言昭公如知礼，谁不知礼呢？巫马期以陈司败之言告孔子。子曰“丘也幸！苟有过，人必知之”者，孔子明知昭公之不知礼，所以听了陈司败之驳，就自己认错。但讳君之恶，亦礼也；不过孔子未说明耳。

子与人歌而善，必使反之，而后和之。[③]

此章记孔子欢喜音乐，反，复也，即再歌之意。孔子与人在一处，听人唱歌唱得好，必使他再唱一遍。然后自己也唱起来和他。

---

① 取，七住反。○巫马，姓；期，字孔子弟子，名施。司败揖而进之也。相助匿非曰党。礼不娶同姓，而鲁与吴皆姬姓。谓之吴孟子者，讳之，使若宋女子姓者然。

② 孔子不可自谓讳君之恶，又不可以娶同姓为知礼，故受以为过而不辞。○吴氏曰：“鲁盖夫子父母之国，昭公，鲁之先君也。司败又未尝显言其事，而遽以知礼为问，其对之宜如此也。及司败以为有党，而夫子受以为过，盖夫子之盛德，无所不可也，然其受以为过也，亦不正言其所以过，初若不知孟子之事者，可以为万世之法矣。”

③ 和，去声。○反，复也。必使复歌者，欲得其详而取其善也。而后和之者，喜得其详而与其善也。此见圣人气象从容，诚意恳至，而其谦逊审密，不掩人善又如此。盖一事之微，而众善之集，有不可胜既者焉，读者宜详味之。

子曰："文，莫吾犹人也。躬行君子，则吾未之有得。"①

朱注云："莫，疑辞。犹人，言不能过人而尚可以及人。未之有得，则全未有得。皆自谦之辞。"刘宝楠《正义》引《论语骈枝》说"文莫"即"黾勉"。《方言》："侔莫，强也。北燕之郊外，凡劳而相勉，若言努力者，谓之侔莫。"《说文》"忞，张也。慔，勉也。""文莫"即"忞慔之假借字。古无轻唇音，故"文莫"为双声连语，与黾勉，侔莫，皆一声之转。文莫，行仁义也；躬行君子，由仁义行也。前者为"勉强而行"，后者为"安行"。此与不自居于生知，而自承好学之旨相同。其义较朱注为长。

子曰："若圣与仁，则吾岂敢？抑为之不厌，诲人不倦，则可谓云尔已矣。"公西华曰："正唯弟子不能学也。"②

抑，转折连词。意思与"但"字相近。为之，就是为学。诲人，教人也。《广雅·释诂》训"云"为"有"。云尔，即有此。"则可谓云尔已矣"，就是"则可说有此了"；此，指上"为之不厌，诲人不倦"二者。这也是孔子目谦的话。所以公西华说道："正唯弟子不能学也。"意思是说，这二者正唯是弟子们所学不到的。《孟子·公孙丑篇》子贡问于孔子曰："夫子圣矣乎？"孔子曰："圣，则吾不能。我学不厌，而教不倦也。"子贡曰："学不厌，智也；教不倦，仁也；仁且智，夫子既圣矣！"与此章

---

① 莫，疑辞。犹人，言不能过人，而尚可以及人。未之有得，则全未有得，皆自谦之词。而足以见言行之难易缓急，欲人之勉其实也。○谢氏曰"文，虽圣人，无不与人同，故不逊；能躬行君子，斯可以入圣。故不居。犹言君子道者三，我无能焉。"

② 此亦夫子之谦辞也。圣者，大而化之。仁，则心德之全而人道之备也。为之，谓为仁圣之道。诲人，亦谓以此教人也。然不厌不倦，非已有之则不能，所以弟子不能学也。○晁氏曰："当时有称夫子圣且仁者，以故夫子辞之。苟辞之而已焉，则无以进天下之材，率天下之善，将使圣与仁为虚器，而人终莫能至矣。故孔子虽不居仁圣，而必以为之不厌、诲人不倦自处也。"可谓云尔已矣者，无他之辞也。公西华仰而叹之，其亦深知夫子之意矣。

所记略同。

子疾病，子路请祷。子曰："有诸?"子路对曰："有之。诔曰：'祷尔于上下神祇。'"子曰："丘之祷久矣。"①

疾病，有病，而且病甚也。子路请为孔子祈祷，求神保佑。有诸，即有之乎。孔子问子路求神得佑，病者得愈，有没有这事也。孔子之意，固谓决无此事；故意反诘之。子路不解孔子之意，还以为孔子是质问他，礼有求神的事吗？所以答道："有的。《诔》的一篇说：'祷尔于上下神祇。'"按："诔"本作"讄"（讄，祷也，累功德以求福也。"诔"为讄之假借字。）当是古书篇名。《周礼·小宗伯》"祷祠于上下神示"注，亦引此篇"祷尔于上下神祇"句。尔，语辞。上下，谓天地；天神曰"神"，地神曰"祇"。祇，音其。孔子自知素行合于神明，无所用祷，故曰："丘之祷久矣。"《困学记闻》引《太平御览》引《庄子》曰："孔子病，子贡出卜。"孔子曰："子待也！吾坐席不敢先，居处若斋，食饮若祭；吾卜之久矣！"与本章所记正相类。

子曰："奢则不孙，俭则固。与其不孙也，宁固。"②

孙，今作逊，本字作愻，《说文》："愻，顺也。"固，陋也。奢则过礼而僭，故曰不孙。俭则因陋就简而不及礼，故曰固。二者皆不中礼，但与

---

① 诔，力轨反。○祷，谓祷于鬼神。有诸，问有此理否。诔者，哀死而述其行之辞也。上下，谓天地。天曰神，地曰祇。祷者，悔过迁善，以祈神之佑也。无其理则不必祷，既曰有之。则圣人未尝有过，无善可迁。其素行固已合于神明，故曰："丘之祷久矣。"又《士丧礼》，疾病行祷五祀，盖臣子迫切之至情，有不能自已者，初不请于病者而后祷也。故孔子之于子路，不直拒之，而但告以无所事祷之意。

② 孙，去声。○孙，顺也。固，陋也。奢、俭俱失中，而奢之害大。○晁氏曰："不得已而救时之弊也。"

其不孙，毋宁固陋。

子曰：“君子坦荡荡，小人长戚戚。”[1]

君子是有道德，有知道的人，于各种人情物理，都看得透，他的做人，好像在平平坦坦的大道上走路，安然过去，不会有碰跌的祸患，故曰：“君子坦荡荡。”坦，平也。荡，宽广貌。戚戚，时时忧虑貌。君子居易以俟命，无入而不自得，虽贫困亦不改其乐，故有坦荡荡的神态。小人患得又患失，心为物役，故长有戚戚之心也。

子温而厉，威而不猛，恭而安。[2]

此章记孔子的态度。温，是和气；厉，是严肃。孔子对人，虽很是和气，但态度仍旧是严肃的。威，是威严；猛，是凶巴巴的样子。孔子的态度，虽因严肃而很威严，但并不凶巴巴的使人见了就害怕；虽是恭恭敬敬的，但是出于自然，故很安详。

［问题］

（一）何谓“述而不作”？

（二）孔子有学不厌教不倦的精神，本篇中哪几章可以见之？

（三）本篇哪几章记孔子平时的态度？

（四）孔子的教人之法如何？

---

① 坦，平也、荡荡，宽广貌。○程子曰：“君子循理，故常舒泰；小人役于物，故多忧戚。”○程子曰：“君子坦荡荡，心广体胖。”

② 厉，严肃也。人之德性本无不备，而气质所赋，鲜有不偏。惟圣人全体浑然，阴阳合德，故其中和之气见于容貌之间者如此。门人熟察而详记之，亦可见其用心之密矣。抑非知足以知圣人而善言德行者不能记，故程子以为曾子之言。学者所宜反复而玩心也。

（五）孔子对于音乐的态度如何？

（六）何谓“用行舍藏”？

（七）何谓“雅言”？

（八）孔子教人以何四者为主。

（九）孔子不自承“生知”、“安行”。试举本篇所记以说明之。

（十）孔子何以见互乡童子？

泰伯第八

子曰：“泰伯，其可谓至德也已矣！三以天下让，民无得而称焉。”①

泰伯之父曰古公，（后武王追尊曰太王）为周国之君。古公生三子，长泰伯，次仲雍，三季历。（后武王追尊曰王季）季历生子曰昌，即周文王。（亦是武王追尊）古公见昌，与众不同，想把自己的君位，传于季历，再传于昌，但照例，君位应传长子。泰伯知道古公心中想传季历，就把君位让于季历。在古公病时，托辞采药，逃到江南。季历接了古公的位，再传文王，至文王之子武王遂有天下。事见《史记·周本纪》。孔子称赞他道：“泰伯，其可谓至德也已矣！”至德，言他的道德，好到极顶也。“三以天下让”者，“三”是虚数，（如汪中《释三九》所说）言其屡让。《仪礼》云：“三逊谓之终逊。”三以天下让，犹云终以天下让耳。（金履祥说，见《通鉴前编》）皇疏引范宁说，举二种解释，历举其事以实之，泥。朱

① 泰伯，周大王之长子。至德，谓德之至极，无以复加者也。三让，谓固逊也。无得而称，其逊隐微，无迹可见也。盖大王三子：长泰伯，次仲雍，次季历。大王之时，商道寖衰，而周日强大。季历又生子昌，有圣德。大王因有翦商之志，而泰伯不从，大王遂欲传位季历以及昌。泰伯知之，即与仲雍逃之荆蛮。于是大王乃立季历，传国至昌，而三分天下有其二，是为文王。文王崩，子发立，遂克商而有天下，是为武王。夫以泰伯之德，当商、周之际，固足以朝诸侯有天下矣，乃弃不取而又泯其迹焉，则其德之至极为何如哉！盖其心即夷、齐扣马之心，而事之难处有甚焉者，宜夫子之叹息而赞美之也。泰伯不从，事见《春秋传》。

注云："三让，谓固逊也。""民无得而称焉"者，言世人之让，往往出于好名。如孟子所云："好名之人，能让千乘之国。"唯泰伯则能让而其事又隐，人民没有能称道他的，所以谓之至德也。

子曰："恭而无礼则劳，慎而无礼则葸，勇而无礼则乱，直而无礼则绞。[①] 君子笃于亲，则民兴于仁；故旧不遗，则民不偷。"

此章记孔子教人，一切行动，都当以礼为范围标准。恭，是恭敬。只知恭敬而不知礼，则徒然劳苦。慎，是谨慎。葸，则是畏怯。一味谨慎，而不知礼，则反成畏怯。勇，是武勇。专恃武勇，而不知礼，则必至悖乱。直，即直爽。绞，急切也。只知直爽而不知礼，则必至操切。恭、慎、勇、直，都是做人的美德。因为无礼，便有劳、葸、乱、绞的四种弊病。

君子，指在上位的人。在上位的人，能够厚待亲属，则在下的人民，也闻风兴起，自然厚道仁爱起来了；能够不遗弃故交旧人，则人民为之感化，风俗不至偷薄了。偷，即待人刻薄冷落的意思。

曾子有疾，召门弟子曰："启予足！启予手！《诗》云：'战战兢兢，如临深渊，如履薄冰。'而今而后，吾知免夫！小子！"[②]

---

① 葸，丝里反。绞，古卯反。○葸，畏惧貌。绞，急切也。无礼则无节文，故有四者之弊。君子，谓在上之人也。兴，起也。偷，薄也。○张子曰"人道知所先后，则恭不劳、谨不葸、勇不乱、直不绞，民化而德厚矣"○吴氏曰："君子以下，当自为一章，乃曾子之言也。"愚按：此一节与上文不相蒙，而与首篇谨终追远之意相类，吴说近是。

② 夫，音扶。○启，开也。曾子平日以为身体受于父母，不敢毁伤，故于此使弟子开其衾而视之。《诗·小旻》之篇。战战，恐惧。兢兢，戒谨。临渊，恐坠；履冰，恐陷也。曾子以其所保之全示门人，而言其所以保之之难如此，至于将死，而后知其得免于毁伤也。小子，门人也。语毕而又呼之，以致反复丁宁之意，其警之也深矣。○程子曰："君子曰终，小人曰死。君子保其身以没，为终其事也，故曾子以全归为免矣。"○尹氏曰："父母全而生之，子全而归之。曾子临终而启手足，为是故也。非有得于道，能如是乎？"○范氏曰："身体犹不可亏也，况亏其行以辱其亲乎？"

兢，音京。夫，音扶。此章记曾子有病，将死时的事情。门弟子，指曾子门下的学生。启，开也。《孝经》云："身体发肤，受之父母，不敢毁伤。"故曾子是讲孝道的人，召集学生，叫他们把自己的衣衾开启，先看看脚，又看看手。所引《诗经》见《小旻篇》。战战，恐惧战栗貌，兢兢，谨戒小心也。临，居上临下也。履，践踏也。曾子引此二句以形容平日对于身体之恐惧戒慎。"而今以后，吾知免夫"者，意思是说"从今以后，我自己知道，可以免于毁伤了罢。"

小子，是曾子再叫一声学生，要他们注意听这番话。

曾子有疾，孟敬子问之。[①] 曾子言曰："鸟之将死，其鸣也哀；人之将死，其言也善。[②] 君子所贵乎道者三：动容貌，斯远暴慢矣；正颜色，斯近信矣；出辞气，斯远鄙倍矣。笾豆之事，则有司存。"[③]

笾，音边。孟敬子，鲁大夫，姓仲孙，名捷。孟武伯之子。问之，是来问曾子的病。曾子对孟敬子说："人将死的时候，与鸟将死的情形相同。鸟将死的时候，叫的声音很哀；人将死的时候，所说的都是真心话，都是善言。"所以先说此二句者，欲其信下文所言君子之道而笃守之也。贵，重也。言君子所重乎道者，共有三件事也。暴，粗蛮也。慢，放肆也。容貌，依礼而动，则周旋中礼，自然不会近于粗蛮放肆了。颜色，以礼正

---

① 孟敬子，鲁大夫仲孙氏，名捷。问之者，问其疾也。

② 言，自言也。鸟畏死，故鸣哀。人穷反本，故言善。此曾子之谦辞，欲敬子知其所言之善而识之也。

③ 远、近，并去声。○贵，犹重也。容貌，举一身而言。暴，粗厉也。慢，放肆也。信、实也。正颜色而近信，则非色庄也。辞，言语。气，声气也。鄙，凡陋也。倍，与背同，谓背理也。笾，竹豆。豆，木豆。言道虽无所不在，然君子所重者，在此三事而已。是皆修身之要、为政之本，学者所当操存省察，而不可有造次颠沛之违者也。若夫笾豆之事，器数之末，道之全体固无不该，然其分则有司之守，而非君子之所重矣。○程子曰："动容貌，举一身而言也。周旋中礼，暴慢斯远矣，正颜色则不妄，斯近信矣。出辞气，正由中出，斯远鄙倍。三者正身而不外求，故曰笾豆之事则有司存。"○尹氏曰"养于中则见于外，曾子盖以修己为为政之本。若乃器用事物之细，则有司存焉。"

之，则神色庄正，自然近于信实了。辞，指言语；气，指说话的声调。言语辞气以礼出之，则出言有章，自然不会近于鄙俗倍（通背）理了。笾豆，是祭祀的器皿，笾用竹做，豆用木做。有司，是专管笾豆的官。言君子所重于道者，在容貌、颜色、辞气之合礼，至于祭祀时用的那些礼器，自有专管的人，不必去操心也。孟敬子平日喜欢讲究笾豆等礼器，而不知为礼之末，所以曾子和他这样说。一说谓“远暴慢”、“近信”、“远鄙倍”，是说人不敢暴慢之，不敢欺诈之，不敢鄙视之，违背之，亦可通。

曾子曰：“以能问于不能，以多问于寡；有若无，实若虚，犯而不校，昔者吾友尝从事于斯矣。”①

以能问于不能，言以有才能的人问于无才能的人也。以多问于寡，言以见闻多的人问于见闻少的人也。“有若无，实若虚”者，言有才能，有实学，却像没有的一样；空虚的一样。“犯而不校”者，有人侵犯我，我不和他计较也。校，较古通。吾友，《集解》马云，谓颜渊也。曾子说此话时，颜渊早死，故说：“昔者……”“尝从事于斯矣”者，言颜渊能够做到上面所说的几件事也。

曾子曰：“可以托六尺之孤，可以寄百里之命。临大节而不可夺也，君子人与？君子人也。”②

与，今作欤。《集解》孔曰：“六尺之孤，幼少之君。”百里，诸侯之国。命，政令也。一说，命为民命。“可以托六尺之孤，可以寄百里之命”

---

① 校，计校也。友，马氏以为颜渊是也。颜子之心，惟知义理之无穷，不见物我之有间，故能如此。○谢氏曰：“不知有余在我，不足在人，不必得为在己，失为在人，非几于无我者不能也。”

② 与，平声。○其才可以辅幼君、摄国政，其节至于死生之际而不可夺，可谓君子矣。与，疑词。也，决词。设为问答，所以深著其必然也。○程子曰：“节操如是，可谓君子矣。”

者，言诸侯之国，国君死，嗣君幼，大臣能受先君之付托，辅幼君，以一身系国家人民的安危。“临大节而不可夺”者，言到了有关国家安危存亡的重大事情的时候，立定主意，不为利害所动，不为威武所屈。曾子说，如此可以托孤寄命，临大节而不夺的人，可以说他是君子人吗？真可以算是君子人也。

曾子曰：“士不可以不弘毅，任重而道远。仁以为己任，不亦重乎？死而后已，不亦远乎？”①

弘，大也，言志气远大也。毅，刚强不屈，做事能坚持到底，不怕困难也。士，学者之称。曾子言学者，志气不可以不远大，又不可以不有毅力。因为士的责任非常重，而应负此责任的时间又非常久，好像所行的路非常远也。这个责任，是什么呢？就是孔子所说的“仁”。故接着说，士应以这个仁为自己的责任。责任岂不重大吗？这个责任，我既负在身上，一直到死，负责的时间，岂不久远吗？弘，则可以任重；毅，则可以致远矣。

① 洪，宽广也。毅，强忍也。非洪不能胜其重，非毅无以致其远。仁者，人心之全德，而必欲以身体而力行之，可谓重矣。一息尚存，此志不容少懈，可谓远矣。〇程子曰：“洪而不毅。则无规矩而难立；毅而不洪，则隘陋而无以居之。”又曰“洪大刚毅，然后能胜重任而远到。”

子曰："兴于诗，[①] 立于礼，[②] 成于乐。"[③]

乐，音乐之乐。兴，起也。《诗》，即三百篇的《诗经》。孔子曾言："《诗》可以兴。"《诗》之感人最深，可以鼓舞人的意志，故曰："兴于《诗》。"儒家之教，又称"礼教"，把人类的视听言动，都范围在礼里面。一个人能够使视听言动，都不失礼，始可以立在社会间做个人，故曰："立于礼。"乐者，音乐也。音乐足以涵养人的性情。人能涵养性情，使归于正，则自能高尚而无卑恶的行为，成一个完人，故曰："成于乐。"孔子常以《诗》及礼乐教人，即是因此。

子曰："民可使由之，不可使知之。"[④]

此章孔子论为政之道也。由，遵也。不可，谓事实上做不到也。一般人民，未曾全体受过教育，知识浅陋，对于国家所发施之政令法律，必不能知其意义。所以执政者，只能使人民遵我的政令法律而行，以入于治道，故曰"民可使由之"也。这种种的政令法律。一时间要人民都明晓其

---

① 兴，起也。诗本性情，有邪有正，其为言既易知，而吟咏之间，抑扬反复，其感人又易入。故学者之初，所以兴起其好善恶恶之心，而不能自已者，必于是而得之。

② 礼以恭敬辞逊为本，而有节文度数之详，可以固人肌肤之会，筋骸之束。故学者之中，所以能卓然自立，而不为事物之所摇夺者，必于此而得之。

③ 乐有五声十二律，更唱迭和，以为歌舞八音之节，可以养人之性情，而荡涤其邪秽，消融其渣滓。故学者之终，所以至于义精仁熟而自和顺于道德者，必于此而得之，是学之成也。〇按《内则》，十年学幼仪，十三学乐诵《诗》，二十而后学礼。则此三者，非小学传授之次，乃大学终身所得之难易、先后、浅深也。〇程子曰："天下之英才不为少矣，特以道学不明，故不得有所成就。夫古人之诗。如今之歌曲，虽闾里童稚，皆习闻之而知其说，故能兴起。今虽老师宿儒，尚不能晓其义，况学者乎？是不得兴于诗也。古人自洒扫应对，以至冠昏丧祭，莫不有礼。今皆废坏，是以人伦不明，治家无法，是不得立于礼也。古人之乐，声音所以养其耳，采色所以养其目，歌咏所以养其性情，舞蹈所以养其血脉。今皆无之，是不得成于乐也。是以古之成材也易，今之成材也难。"

④ 民可使之由于是理之当然，而不能使之知其所以然也。〇程子曰："圣人设教，非不欲人家喻而户晓也，然不能使之知，但能使之由之尔。若曰圣人不使民知，则是后世朝四暮三之术也，岂圣人之心乎？"

意义，是做不到的事情。故曰“不可使知之”也。

子曰：“好勇疾贫，乱也。人而不仁，疾之已甚，乱也。”①

“疾”字当作怨恨解。已甚，太甚也。孔子言好勇的人，若怨恨自己的贫苦，必定要作乱。如一般盗贼，都因自己有些勇力，怨恨贫苦，所以为乱。仁，即人心。“人而不仁”者，犹言“人而无人心”也。这种人，既无人心，往往肆无忌惮，无所不为。你若厌恶得他太甚，使他无以自容，他会发狠道：“我横竖是个坏人，你们总看不起我；我就多做几件坏事，也不过如此。”这也要激成祸乱的。

子曰：“如有周公之才之美，使骄且吝，其余不足观也已。”②

周公，姓姬，名旦，文王子，武王弟。周代的礼乐刑政，都由周公订定，则其才之美可知。骄者，骄傲；吝者，鄙吝。使，假设之辞。此章甚言骄吝之不可有。一个人，即使有周公一般美的才能，如果他骄傲鄙吝，则其余的善行，也不足观了。

子曰：“三年学，不至于穀，不易得也。”③

朱注曰：“穀，禄也。”此本郑玄注。古时给人俸禄，都用穀，汉代犹

---

① 好，去声。○好勇而不安分，则必作乱。恶不仁之人而使之无所容，则必致乱。二者之心。善恶虽殊，然其生乱则一也。

② 才美，谓智能技艺之美。骄，矜夸。吝，鄙啬也。○程子曰：“此甚言骄吝之不可也。盖有周公之德，则自无骄吝；若但有周公之才而骄吝焉，亦不足观矣。”又曰：“骄、气盈。吝，气歉。”愚谓骄吝虽有盈歉之殊，然其势常相因。盖骄者吝之枝叶，吝者骄之本根。故尝验之天下之人，未有骄而不吝，吝而不骄者也。

③ 易，去声。○穀，禄也。至，疑当作志。为学之久，而不求禄，如此之人，不易得也。○杨氏曰：“虽子张之贤，犹以干禄为问，况其下者乎？然则三年学而不至于穀，宜不易得也。”

然。“三年学不至于谷”，则是为学问而学问了。像这样的人，孔子也以为是不容易得着的。贤如子张，尚学干禄，况其下乎？故孔子有此叹。孔安国训“谷”为“善”，失之。

子曰：“笃信好学，守死善道。危邦不入，乱邦不居。天下有道则见，无道则隐。邦有道，贫且贱焉，耻也；邦无道，富且贵焉，耻也。”①

见，今作现。此章论君子之学守出处。笃信，谓其信道之坚；好学，言其学道之勤。守死为笃信之效；善道乃好学之功。“危邦不入，乱邦不居”者，朱注谓：“‘君子见危受命’，则仕危邦者，无可去之义。在外，则不入可也。乱邦，未危，而刑政纪纲紊矣，故洁其身而去之。”“天下有道则见，无道则隐”者，言一国能行道的时候则出仕，不能行道的时候则隐居也。“邦有道”，“邦无道”二层，是说明上文四句的。邦有道，而我贫贱，是我于道学有未至，故可耻；邦无道，而我亦富贵，是我于道守有未坚，故亦可耻。

子曰：“不在其位，不谋其政。”②

此章之旨，即是不越职侵权的意思。

---

① 好，去声。○笃，厚而力也。不笃信，则不能好学；然笃信而不好学，则所信或非其正。不守死，则不能以善其道；然守死而不足以善其道，则亦徒死而已。盖守死者笃信之效，善道者好学之功。见，贤遍反。○君子见危授命，则仕危邦者无可去之义，在外则不入可也。乱邦未危，而刑政纪纲紊矣，故洁其身而去之。天下，举一世而言。无道，则隐其身而不见也。此惟笃信好学、守死善道者能之。世治而无可行之道，世乱而无能守之节，碌碌庸人，不足以为士矣，可耻之甚也。○晁氏曰：“有学有守，而去就之义洁，出处之分明，然后为君子之全德也。”

② 程子曰：“不在其位，则不任其事也。若君大夫问而告者，则有矣。”

子曰：“师挚之始，《关雎》之乱，洋洋乎！盈耳哉。”①

师挚，是鲁国的太师。挚是人名，太师是乐官。上文“子语鲁太师乐”云云，疑即挚也。或云，下文“太师挚适齐”，郑玄注云：“平王时人。”则此云“师挚之始”者，殆其遗音也。二说未知孰是。始，是乐之始，就是“升歌”。乱，是乐之终，就是“合乐”。按：《周礼》太师之职，大祭祀，率瞽登歌。《仪礼》燕及大射，皆太师升歌。故曰：“师挚之始。”《关雎》、《葛覃》、《卷耳》、《鹊巢》、《采蘩》、《采蘋》六篇诗。用《周南》曰“《关雎》之乱”者，兴首篇以赅之也。洋洋，是美盛意。

子曰：“狂而不直，侗而不愿，倥倥而不信，吾不知之矣。”②

侗，音同。《庄子·山木篇》：“侗乎其无识。”《释文》云：“侗，无知貌。”《广雅·释言》云：“愿慤也。”慤是谨厚的意思，朱注云：“悾悾，无才能貌。”凡人有所短，亦有所长。狂者多直爽，无知识者多谨厚，无才能者多信实，尚有一端可取。若“狂而不直，侗而不愿，悾悾而不信”，则真一无可取矣。“吾不知之”者，甚绝之之辞也。

子曰：“学如不及，犹恐失之。”③

刘氏《正义》云：“如不及者，方学而如不及也；犹恐失者，既学有

① 挚，音至。雎，七余反。○师挚，鲁乐师，名挚也。乱，乐之卒章也。《史记》曰“《关雎》之乱以为《风》始。”洋洋，美盛意。孔子自卫反鲁而正乐，适师挚在官之初，故乐之美盛如此。

② 侗，音通。悾，音空。○侗，无知貌。愿，谨厚也。悾悾，无能貌。吾不知之者，甚绝之之辞，亦不屑之教诲也。○苏氏曰：“天之生物，气质不齐。其中材以下，有是德则有是病，有是病必有是德，故马之蹄啮者必善走，其不善者必驯。有是病而无是德，则天下之弃才也。”

③ 言人之为学，既如有所不及矣，而其心犹竦然，惟恐其或失之，警学者当如是也。○程子曰：“学如不及，犹恐失之，不得放过。才说姑待明日，便不可也。”

得于己，恐复失之也。如不及，故日知所亡；犹恐失，故月无忘所能。”

子曰：“巍巍乎！舜、禹之有天下也，而不与焉。”①

舜、禹，皆古天子。舜受尧禅。禹受舜禅。巍巍，高大之貌。“不与”者，一说谓“不与求”也，即其有天下，非自己求而得之的意思；（见何解及皇疏邢疏）一说谓“不相关”也，即不以有天下为乐的意思；（见朱注）一说谓“无为”也，即得人善任，不身亲其事的意思；（见毛奇龄《稽求》篇）。又一说，谓“不预见”也，即孔子叹自己不与禹舜并时的意思。（见皇疏及所引江熙说）以上四说，当以朱注及毛说为长。

子曰：“大哉尧之为君也！巍巍乎！唯天为大，唯尧则之。荡荡乎！民无能名焉。② 巍巍乎其有成功也！焕乎其有文章！”

焕，音唤。尧，古天子，即以天下让舜者也。“大哉尧之为君也。”是孔子赞尧之语。巍巍乎，言其大。则之，效之也。唯天为大，唯尧则之，言尧之德峻极于天也。荡荡乎，言其大。康衢老人击壤之歌曰：“日出而作，日入而息，帝力何有于我哉？”此“民无能名”之实证。“巍巍乎其有成功”者，言尧治天下，其功盛高。焕，光明之貌。文章，礼乐制度也。言尧的礼乐制度，都有很光明的气象。一说“则天”，亦谓任贤使能，无为而治。见刘氏《正义》。

---

① 与，去声。〇巍巍，高大之貌。不与，犹言不相关，言其不以位为乐也。

② 唯，犹独也。则，犹准也。荡荡，广远之称也。言物之高大，莫有过于天者，而独尧之德能与之准。故其德之广远，亦如天之不可以言语形容也。成功，事业也。焕，光明之貌。文章，礼乐法度也。尧之德不可名，其可见者此尔。〇尹氏曰：“是道之大，无为而成。唯尧则之以治天下，故民无得而名焉。所可名者，其功业文章巍然焕然而已。”

舜有臣五人而天下治。① 武王曰：“予有乱臣十人。”② 孔子曰：“才难，不其然乎？唐、虞之际，于斯为盛。有妇人焉，九人而已。③ 三分天下有其二，以服事殷。周之德，其可谓至德也已矣。”④

难，平声。此章先记虞舜和周武王时的人才之盛；次述孔子才难之叹；更由周之人才联想到周之德。五人者，禹、稷、契、皋陶、伯益五个人。舜有这五个人为臣，而天下大治也。“乱”字，作“治”解，则是相反为训。乱臣，即治臣也。十人者：周公旦、召公奭、太公望、毕公、荣公、太颠、闳夭、散宜生、南宫适；还有一人是武王后太公女邑姜，（隋唐以前，皆谓此一人是文母，即文王妃太姒以子臣母，非是。）武王有周公等九人治外，有邑姜一人治内，所以天下亦大治也。“才难，不其然乎”者，言人才难得，岂不然乎？唐虞之际，即尧舜的时候。于斯为盛，言以唐虞比于周时，以周之人才为盛也。周武王的时候，人才虽说极盛，但十人之中，尚有一个是妇人，于此足证人才之难得也。“三分天下有其二，以服事殷”者，周文王的时候，天下土地，已有三分之二归于文王，而文王仍旧不失臣子之礼，服事殷朝的纣王，这是最难得的事。故孔子称为“至德”。

子曰：“禹，吾无间然矣。菲饮食，而致孝乎鬼神；恶衣服，而致美

---

① 治，去声。○五人，禹、稷、契、皋陶、伯益。

② 《书·泰誓》之辞。○马氏曰：“乱，治也。”十人，谓周公旦、召公奭、太公望、毕公、荣公、太颠、闳夭、散宜生、南宫适，其一人谓文母。刘侍读以为子无臣母之义，盖邑姜也。九人治外，邑姜治内。或曰：“乱本作乿，古治字也。

③ 称孔子者，上系武王君臣之际，记者谨之。才难，盖古语，而孔子然之也。才者，德之用也。唐虞，尧、舜有天下之号。际，交会之间。言周室人才之多，惟唐、虞之际，乃盛于此。降自夏、商，皆不能及，然犹但有此数人尔，是才之难得也。

④ 《春秋传》曰：“文王率商之畔国以事纣”。盖天下归文王者六州，荆、梁、雍、豫、徐、扬也。惟青、兖、冀，尚属纣耳。○范氏曰：“文王之德，足以代商。天与之，人归之，乃不取而服事焉，所以为至德也。孔子因武王之言而及文王之德，且与泰伯，皆以至德称之，其指微矣。”或曰：“宜断三分以下，别以孔子曰起之。而自为一章。”

乎黻冕；卑宫室，而尽力乎沟洫。禹，吾无间然矣。”①

间，音建，去声。《后汉书·殇帝记》引此文，李贤注云：“间，非也。”《孟子》“政不足与间也”之“间”，亦训“非”。然，犹焉也。见《经传释词》。“无间然矣”者，言无可非难了也。首尾两言“无间然矣”，可见孔子对大禹之敬仰。

菲，薄也。言禹对于自己的饮食，极菲薄；而祭祀鬼神，则祭品极其丰洁。黻冕，音弗免，指所穿的礼服礼冠。禹平时的衣服，极其恶劣；礼服却极其考究。洫，音蓄。沟洫者，田间的水道。禹自己住的王宫房屋，极其卑陋；而对于百姓种田所需，通水道的沟洫，却竭修浚，使不至遭水旱之灾。禹薄于自奉，而厚于宗庙朝廷民事，故孔子称之。

［问题］

（一）孔子称泰伯、文王为“至德”，其说如何？

（二）恭慎勇直而无礼，其弊如何？

（三）曾子将死，何以召门弟子启视手足？

（四）何谓“弘毅”？有何效用？

（五）何谓“民可使由之，不可使知之”？

（六）骄吝之害，何以如此其甚？

（七）孔子论学守出处之道如何？

（八）孔子如何赞美尧舜禹？

---

① 间，去声。菲，音匪。黻，音弗。洫，呼域反。○间，罅隙也，谓指其罅隙而非议之也。菲，薄也。致孝鬼神，谓享祀丰洁。衣服，常服。黻，蔽膝也，以韦为之。冕，冠也。皆祭服也。沟洫，田间水道，以正疆界、备旱潦者也。或丰或俭，各适其宜，所以无罅隙之可议也，故再言以深美之。○杨氏曰：“薄于自奉，而所勤者民之事，所致饰者宗庙朝廷之礼，所谓有天下而不与也，夫何间然之有？”

子罕第九

子罕言利与命与仁。①

此章是弟子就孔子平日所言计之，利、命、仁三者皆罕言也。按《易·文言传》云：“利，义之和也。”又云：“利物足以和义。”君子以义为利，故言利必及义；盖能利人物，然为义也。明于义利，故能喻义。小人则以利为利，言利不及义；昧于义利，故只喻利而不喻义。孔子未尝不言利，《易·彖象传》中，言利者甚多，特以其理精微，故罕以语弟子耳。命为性命天命之命。其理更为微妙，故亦罕言；子贡言“夫子之言性与天道不可得而闻”即指此。仁，则本书所记已言之详矣，亦曰罕言者，谓其不敢自居于仁，亦不轻以仁许人也。（此阮元说，见《论语论仁论》。）又按《论语稽》曰：“‘言’者，自言也。‘罕’，少也，稀也。‘子罕言’者，记者旁窥已久，而见之之辞也。‘利’者，人情之所欲；夫子浑然天理，故罕言‘利’。‘命’者，天命；夫子知其不可而为之，故罕言‘命’。‘仁’者，此心生生不息之理；夫子谦不居圣仁，故罕言‘仁’。此章之意，在记者观夫子之自言，不在夫子之教人。”说颇新而义亦长。

达巷党人曰：“大哉孔子！博学而无所成名。”② 子闻之，谓门弟子曰：“吾何执？执御乎！执射乎？吾执御矣。”③

---

① 罕，少也。○程子曰：“计利则害义，命之理微，仁之道大，皆夫子所罕言也。”

② 达巷，党名。其人姓名不传。博学无所成名，盖美其学之博而惜其不成一艺之名也。

③ 执，专执也。射、御皆一艺，而御为人仆，所执尤卑。言欲使我何所执以成名乎？然则吾将执御矣。闻人誉己，承之以谦也。○尹氏曰：“圣人道全而德备，不可以偏长目之也。达巷党人见孔子之大，意其所学者博，而惜其不以一善得名于世，盖慕圣人而不知者也。故孔子曰，欲使我何所执而得为名乎？然则吾将执御矣。”

射。音社。五百家曰党。达巷，是一个党名，犹今人称某坊、某村。此人姓名不传，故仅日达巷党人。《史记·孔子世家》作达巷党人童子。《汉书·董仲舒传·对策》中有“此无异于达巷党人不学而自知者也”语，注引孟康曰：“人，项橐也。”皇甫谧《高士传》亦云：“达巷党人姓项名橐。”则汉时有此传说也。无所成名，谓不专一艺之长，无得而名也。博学而无所成名，即“君子不器”之意，此孔子所以为大。孔子不敢当此美誉，且以六艺御为最下，故以执御自居，兼以示门弟子为学当施博而守约，不可惑于美誉而专骛博大也。

子曰：“麻冕，礼也；今也纯，俭。吾从众。①拜下，礼也；今拜乎上，泰也。虽违众，吾从下。”②

《集解》孔曰：“冕，缁布冠也。古者绩麻三十升布以为之。纯，丝也。丝易成，故从俭。”此言冕是缁布做的冠，做这种冠，要三十升的麻布，一升为八十缕，三十升为二千四百缕，用二千四百缕的麻，织古制二尺二寸宽的布，细密难成，因此当时入都用丝来做冠，孔子以为用丝做冠易成；易成则价廉，用价廉之物，即为俭省。“礼与其奢也，宁俭。”所以他也主张不必定照古礼，戴麻布冠，而主张从众人戴丝制冠也。

“拜下，礼也”者，古时臣与君行礼，当拜于堂下，然后升，成礼也。“今拜乎上，泰也”者。孔子时候，臣子骄傲已极，拜君就在堂上也。泰，即骄傲的意思。孔子以为礼是以恭敬为重的，所以他说他人仅管在堂上拜，我仍旧要在堂下拜君，仅管与众不同，仍须遵守古礼也。

这两节，以一“俭”字，一“泰”字，为最重要。因为众人俭，所以

---

① 麻冕，缁布冠也。纯，丝也。俭，谓省约。缁布冠，以三十升布为之，升八十缕，则其经二千四百缕矣。细密难成，不如用丝之省约。

② 臣与君行礼，当拜于堂下。君辞之，乃升成拜。泰，骄慢也。○程子曰：“君子处世，事之无害于义者，从俗可也；害于义，则不可从也。”

不惜违古礼而从众；因为众人泰，所以必欲违众而从古礼。《朱子集注》采程子曰："君子处世，事之无害于义者，从俗可也；害于义，则不可从矣。"说得最好。

子绝四：毋意，毋必，毋固，毋我。①

绝，去之也。毋，禁止之词。"毋意、毋必、毋固、毋我"，即绝去此四者也。意，当读若"益"，测度也，俗作"億"；即"不德不信"、"億则屡中"之"億。" "毋意"，即《少仪》之"毋测未至"。此段玉裁《说》文注及王引之《经传释词》说。（见刘氏《正义》）较朱注训作"私意"，《集解》训作"任意"为长。"毋必"者，即"无适无莫"，义之与比也。"毋固"者，"君子而时中"，不固执成见也。"毋我"者，"取诸人以为善，舍己从人，与人为善"也。庄存与云："以億逆为意而去之，是也；以拟议为意而去之，非也。以适莫为必而去之，是也；以果能为必而去之，非也。以穷因为固而去之，是也；以贞为固而去之，非也。以足己为我而去之，非也。"亦足发明此章之旨。

子畏于匡，② 曰："文王既没，文不在兹乎？③ 天之将丧斯文也，后死者不得与于斯文也；天之未丧斯文也，匡人其如予何？"④

---

① 绝，无之尽者。毋，《史记》作无，是也。意，私意也。必，期必也。固，执滞也。我，私己也。四者相为终始，起于意，遂于必，留于固，而成于我也。盖意、必常在事前，固、我常在事后，至于我又生意，则物欲牵引，循环不穷矣。○程子曰："此毋字，非禁止之辞。圣人绝此四者，何用禁止？"张子曰："四者有一焉，则与天地不相似。"○杨氏曰："非知足以知圣人，详视而默识之，不足以记此。"

② 畏者，有戒心之谓。匡，地名。《史记》云："阳虎曾暴于匡，夫子貌似阳虎，故匡人围之。

③ 道之显者谓之文，盖礼乐制度之谓。不曰道而曰文，亦谦辞也。兹，此也，孔子自谓。

④ 丧、与，皆去声。○马氏曰："文王既没，故孔子自谓后死者。言天若欲丧此文，则必不使我得与于此文。今我既得与于此文，则是天未欲丧此文也。天既未欲丧此文，则匡人其奈我何？言必不能违天害己也。"

匡，地名，本郑邑。定公六年，鲁师侵郑，季氏家臣阳虎为政，取匡，虎与颜克御自其城缺而入。（据毛奇龄《四书剩言》说）。及定公十三年（据江永《先圣图谱》），孔子过匡，颜克御。克举策指城缺曰："往者之入，由此缺也。"（见《史记世家》及《琴操》）。孔子貌似阳虎，又以颜克御，故匡人以为阳虎而围之。此章所记，当即此事。"畏"者，犹《孟子》言"有戒心"也。据《世家》被围凡五日。弟子惧，故孔子解之如此。文王，周文王也。文，指礼乐制度而言。兹，此也。孔子自谓。后死者，亦孔子自谓，对文王而言也。言天若将毁灭周之礼乐文章，则我亦不得闻而知之；我既得与闻斯文，则天未欲丧斯文也，将使我守先王之道以待后之学者，匡人将奈我何也。与上篇因桓魋事而发之言，大旨相同。

太宰问于子贡曰："夫子圣者与？何其多能也？"①子贡曰："固天纵之将圣，又多能也。"②子闻之，曰："太宰知我乎！吾少也贱，故多能鄙事。君子多乎哉？不多也。"③牢曰："子云：'吾不试，故艺'。"④

大，今作太。大宰，官名。大约为吴大宰。春秋时，吴宋二国皆有此官。郑玄云：此为吴，太宰嚭者，因孔子适宋先后仅二次，一次在年十九娶并官氏时，子贡尚未生；一次在年五十六，去卫，由曹适宋，厄干桓魋，微服而行，子贡势不能与其太宰从容论孔子也。子贡与吴太宰嚭语凡二次，均见《左传》。（在哀公七年、十二年。）故定为吴太宰。《说苑·善说篇》亦载子贡与太宰嚭论孔子事。与，同欤。太宰之意，殆以多能为

---

① 大，音泰。与，平声。○孔氏曰："大宰，官名。或吴或宋，未可知也。"与者，疑辞。大宰盖以多能为圣也。

② 纵，犹肆也，言不为限量也。将，殆也，谦若不敢知之辞。圣无不通，多能乃其余事，故言又以兼之。

③ 言由少贱故多能，而所能者鄙事尔，非以圣而无不通也。且多能非所以率人，故又言君子不必多能以晓之。

④ 牢，孔子弟子，姓琴，字子开，一字子张。试，用也。言由不为世用，故得以习于艺而通之。○吴氏曰："弟子记夫子此言之时，子牢因言昔之所闻有如此者，其意相近，故并记之。"

圣。朱注云："纵，犹肆也，言不为限量也。"将圣，即大圣。《诗》"有娀方将"，"我受命溥将"，将皆训大。《荀子·尧问》云："然则孙卿怀将圣之心。"将圣亦大圣也。子贡言孔子本是天纵的大圣，而又多能。则析"圣"与"多能"为二事，盖所以晓太宰。孔子闻此问答，更晓弟子以多能非君子所尚。言因我少时贫贱，故多能鄙贱之事；此君子所不多也。"多乎"，"不多"二多字，与《汉书·袁盎传》"诸公闻之皆多盎"之"多"字同，是称美的意思。上面所记，是一件事。"牢曰"以下，又另是一事。牢是孔子弟子，姓琴，字子开，名牢。试，用也。琴牢说："孔子曾经讲过：'我因为不用于世，所以能多学会了种种技艺小事。'"

"牢曰"以下，《集解》及皇疏本均另为一章。朱注合之。盖辑《论语》者以二事相类，故并记之。

子曰："吾有知乎哉？无知也。有鄙夫问于我，空空如也，我叩其两端而竭焉。"①

此章是孔子自谦无知，又自言教人之道。鄙夫，指真没有知识学问的人。"空空"与"悾悾"通，诚愨也。叩，反问也。鄙夫力不能问，故须反问以发之。凡事各有"两端"，如有外侮来时，抵抗则恐力有不及；不抵抗则恐国将不国，抵抗与不抵抗，即两端也。凡事有两端则疑；疑则不能不问。竭，是尽我所知以教之。

---

① 叩，音口。○孔子谦言己无知识，但其告人，虽于至愚，不敢不尽耳。叩，发动也，两端，犹言两头。言终始本末上下精粗，无所不尽。○程子曰："圣人之教人，俯就之若此，犹恐众人以为高远而不亲也。圣人之道，必降而自卑，不如此则人不亲，贤人之言，则引而自高，不如此则道不尊。观于孔子、孟子，则可见矣。"尹氏曰："圣人之言，上下兼尽。即其近，众人皆可与知；极其至，则虽圣人亦无以加焉，是之谓两端。如答樊迟之问仁智，两端竭尽，无余蕴矣。若夫语上而遗下，语理而遗物，则岂圣人之言哉？"

子曰："凤鸟不至，河不出图，吾已矣夫！"[①]

夫，音扶。凤鸟，即凤凰。相传舜为天子时曾飞来，文王时又曾鸣岐山。河，即黄河。相传伏羲时，黄河中有一匹龙马，背上的毛有像八卦之文。这在当时叫做"龙马负图"。二者古代以为圣人在位之祥瑞。孔子此语，盖叹当时没有圣王，不能用我，行道之希望，恐怕从此完了也。

子见齐衰者、冕衣裳者与瞽者，见之，虽少必作；过之，必趋。[②]

齐，音咨。衰，音七雷反。衰，同缞，粗麻布。丧服以粗麻布为衣裳，其缘不缉者曰斩衰，缉者日齐衰。斩衰服重，齐衰较轻。见《仪礼·丧服》。此举齐衰以包斩衰。（江永说，见《乡党图考》）冕，大夫以上之冠。冕衣裳，指大夫之礼服。少，去声，年少也。作，起立。此章言孔子见穿丧服的人，穿大夫以上之礼服的人，眼瞎的人，虽年少于己，亦必变容起立。如行经此种人之前，必走得快些也。意思是哀有丧者，尊在位者，恤残废者。朱注云："或曰：'少当作坐。'"盖以下有"作"字故。一说冕衣裳者，是行祭时的大夫；瞽者，是襄祭礼的乐工；孔子对这二种人与齐衰的人，所以作或趋者，因其有丧祭之事而起敬也。说见《论语稽》。

---

① 夫，音扶。○凤，灵鸟，舜时来仪，文王时鸣于岐山。河图，河中龙马负图，伏羲时出，皆圣王之瑞也。已，止也。○张子曰："凤至图出，文明之祥。伏羲、舜、文之瑞不至，则夫子之文章，知其已矣。"

② 齐，音咨。衰，七雷反。少，去声。○齐衰，丧服。冕，冠也。衣，上服。裳，下服。冕而衣裳，贵者之盛服也。瞽，无目者。作，起也。趋，疾行也。或曰："少，当作坐。"○范氏曰："圣人之心，哀有丧，尊有爵，矜不成人。其作与趋，盖有不期然而然者。"○尹氏曰"此圣人之诚心，内外一者也。"

颜渊喟然叹曰："仰之弥高，钻之弥坚。瞻之在前，忽焉在后。[①] 夫子循循然善诱人，博我以文，约我以礼。[②] 欲罢不能，既竭吾才，如有所立卓尔。虽欲从之，末由也已。"[③]

喟，叹声。犹今人说话以前，先"唉"的叹一声也。弥，越加也。颜渊说，孔子之道，仰望之，觉得他越加高。钻研之。越加钻不进去。瞻，看也。起先像在前面，可以看见；忽然又在后面，看不见也。这是甚言其道之高深微妙，不易推究。循，音巡。诱，音又。夫子，即孔子。"循循"，是一步一步。接着次序的意思，诱，引导也。"博我以文"者，把种种典章制度的典籍，教我博学也。"约我以礼"者，教我以礼约束自己也。此二语即上篇孔子所说"博学于文，约之以礼"。先博文，后约礼，即"循循"也。夫子之教人如此，故我虽欲罢，而心中总觉不肯舍去矣。但我的才力心思，既都用尽：而夫子之道，卓然如有所立于吾前，虽欲从之而无从也。《庄子·田子方篇》颜渊曰："夫子步亦步，夫子趋亦趋，夫子驰亦驰；夫子既奔逸绝尘，而回瞠若乎后矣?"与此章所记，可以互相参证。

---

① 喟，苦位反。钻，祖官反。○喟。叹声。仰弥高，不可及。钻弥坚，不可入。在前在后，恍惚不可为象。此颜渊深知夫子之道无穷尽、无方体，而叹之也。

② 循循，有次序貌。诱，引进也。博文、约礼，教之序也。言夫子道虽高妙，而教人有序也。侯氏曰："博我以文，致知格物也。约我以礼，克已复礼也。"○程子曰："此颜子称圣人最切当处，圣人教人，惟此二事而已。

③ 卓，立貌。末，无也。此颜子自言其学之所至也。盖悦之深而力之尽，所见益亲，而又无所用其力也。○吴氏曰："所谓卓尔，亦在乎日用行事之间，非所谓窈冥昏默者。"○程子曰："到此地位，功夫尤难，直是峻绝，又大段着力不得。"○杨氏曰："自可欲之谓善，充而至于大，力行之积也。大而化之，则非力行所及矣，此颜子所以未达一间也。"○程子曰："此颜子所以为深知孔子而善学之者也。"○胡氏曰："无上事而喟然叹，此颜子学既有得，故述其先难之故、后得之由，而归功于圣人也。高、坚、前、后，语道体也。仰、钻、瞻、忽，未领其要也。惟夫子循循善诱，先博我以文，使我知古今，达事变；然后约我以礼，使我尊所闻，行所知。如行者之赴家，食者之求饱，是以欲罢而不能，尽心尽力，不少休废。然后见夫子所立之卓然，虽欲从之，末由也已。是盖不怠所从，必欲至乎卓立之地也。抑斯叹也，其在请事斯语之后，三月不违之时乎?"

子疾病，子路使门人为臣。[①] 病间，曰："久矣哉，由之行诈也！无臣而为有臣。吾谁欺？欺天乎？[②] 且予与其死于臣之手也，无宁死于二三子之手乎？且予纵不得大葬，予死于道路乎？"[③]

间，音建，去声。此时鲁国以币召孔子，孔子正要回鲁，忽然在路上害起病来，并且病势很沉重也。（据刘氏《正义》）子路恐孔子或竟不起，所以使弟子在寓中扮作家臣，预备治丧。盖以孔子曾为鲁司寇，应有家臣也。

病间者，孔子的病，稍觉轻些也。这时候，孔子知道子路使门人为臣的事，便斥责他道："久矣哉！由之行诈也。无臣而为有臣，吾谁欺？欺天乎"？孔子之意，以去鲁之时，已辞司寇之职，不当复有家臣。现在忽然又有了家臣，这种事情，去骗谁呢？人无可欺，只可欺天耳。二三子指从行之弟子。自己的弟子，都很是关切的；假扮的家臣，有什么意思？故云"与其死于臣之手。无宁死于二三子之手"也。纵，虽然也。大葬者，谓反鲁得复用，以礼葬也。言己虽未必复见用，以礼大葬；亦不致死于道路。暴露不葬也。（用朱注说。）

子贡曰："有美玉于斯，韫匵而藏诸？求善贾而沽诸"？子曰："沽之

---

① 夫子时已去位，无家臣。子路欲以家臣治其丧，其意实尊圣人，而未知所以尊也。

② 间，如字。○病间，少差也。病时不知，既差乃知其事，故言我之不当有家臣，人皆知之，不可欺也。而为有臣，则是欺天而已。人而欺天，莫大之罪。引以自归，其责子路深矣。

③ 无宁，宁也。大葬，谓君臣礼葬。死于道路，谓弃而不葬。又晓之以不必然之故。○范氏曰："曾子将死，起而易箦。曰：'吾得正而毙焉，斯已矣。'子路欲尊夫子，而不知无臣之不可为有臣，是以陷于行诈，罪至欺天。君子之于言动，虽微不可不谨。夫子深惩子路，所以警学者也。"○杨氏曰："非知至而意诚，则用智自私，不知行其所无事，往往自陷于行诈欺天而莫之知也。其子路之谓乎？"

哉！沽之哉！我待贾者也。”①

韫，藏也。匵，匮也。沽，售卖也。贾，即今之价字。二“诸”字均作“之乎”解。子贡对孔子说：“有一块美玉在这里，还是在盒子里藏起来呢？还是等着高的价钱卖掉呢？”是孔子连声说：“卖了它吧！卖了它吧！我正在等合适的价钱哩！”刘氏《正义》谓“贾”当音古。善贾，是贾人之善者。待贾，亦为待贾人。说与通解异。又引《说文》段《注》曰：“贾者，凡贾卖之称也。引申之，凡卖者之所得，买者之所出，皆曰贾；俗又别其字作价，别其音入杩韵，古无是也。”这是说即使作价钱讲，照古音亦当音古也。

此章全以比喻为问答。一“求”字，一“待”字。最宜注意，子贡说“求贾而沽”，孔子则曰“待贾而沽”，直将生平不忘用世，而亦不肯枉道求用之心，全盘托出。盖孔子本以救世为主，自然想握得政权，行他的道。不过要等有相当的国君来聘请，然后始出仕也。汉末诸葛亮高卧隆中，就是美玉韫匵而藏；后来刘玄德三顾草庐，他就为刘玄德鞠躬尽瘁，死而后已，即得善贾而沽也。

子欲居九夷。② 或曰：“陋，如之何？”子曰：“君子居之。何陋之有？”③

东方夷人有九种，故曰“九夷”。孔子因时无明君，不得行道，不过有欲居九夷之叹，此与上篇乘桴浮海之言同旨。或人以为九夷的地方极僻

---

① 韫，纡粉反。匵，徒木反。贾，音嫁。○韫，藏也。匮也。沽，卖也。子贡以孔子有道不仕，故设此二端以问也。孔子言固当卖之，但当待贾，而不当求之耳。○范氏曰：“君子未尝不欲仕也，又恶不由其道。士之待礼，犹玉之待贾也。若伊尹之耕于野，伯夷、太公之居于海滨，世无成汤、文王，则终焉而已，必不枉道以从人，衒玉而求售也。”

② 东方之夷有九种。欲居之者，亦乘桴浮海之意。

③ 君子所居则化，何陋之有！

陋，不可居，故曰“如之何”。“君子居之，何陋之有”者，孔子以为地方虽僻陋，君子居之，用道德去感化，自然能变成一个有礼义的社会，何尝会僻陋呢？”刘氏《正义》谓“九夷”指朝鲜；“君子”指箕子，非孔子自称。孔子之意，是说朝鲜已有君子之化，所以并不僻陋。此说亦通。

子曰：“吾自卫反鲁，然后乐正，《雅》、《颂》各得其所。”①

乐，音乐之乐，鲁哀公十一年冬，孔子从卫国回到鲁国，时已六十九岁。知道终不行，乃从事于正乐。《诗》三百五篇，分风、雅、颂三部。旧说谓风诗为民歌，采自各国，可以见其风俗及风化，故曰“风”；“雅”者，正也；“正”即是“政”；为士大夫美刺政治之诗。颂则所以称颂功德，用之于祭祀之时。近人梁启超采阮元、魏源说，谓当分为“南”（《周南》《召南》）、“风”、“雅”、“颂”四类。“南”是合乐所奏，故《论语》称“《关雎》”之乱。“风”即“讽诵”，所谓“不歌而诵”者，是“徒歌”。“雅”为周代之正乐。“颂”则歌而兼舞，须兼重舞容，故曰颂。（古文容貌的容字即“颂”字）。本章仅举“雅颂”而不及“风”者，一说谓雅颂既各得所，则风诗自不致混入；一说谓此“雅颂”专指乐律而言，合于雅颂之乐律者，则“风”亦为雅颂。按此章异说最多，略举重要者如左：

（一）《史记·孔子世家》载孔子语鲁太师乐云云，即接载此章。下云：“古者诗三千余篇，及至孔子，去其重，取可施于礼义，上采契后稷，中述殷周之盛，至幽厉之缺；始于衽席，故曰《关雎》之乱以为《风》始，《鹿鸣》为《小雅》始，《文王》为《大雅》始，《清庙》为《颂》始，三百五篇，孔子皆弦歌之，以求合《韶》、《武》、《雅》、《颂》之

① 鲁衷公十一年冬，孔子自卫反鲁。是时周礼在鲁，然《诗》、乐亦颇残缺失次。孔子周流四方，参互考订，以知其说。晚知道终不行，故归而正之。

音。”这是说“正乐”即是“删《诗》”。

(二)郑众《周礼·太师注》、郑玄《仪礼·乡饮酒礼注》则谓“正乐”即整理《诗》的篇第。故曰“《雅颂》得所”。

(三)毛奇龄《四书改错》则谓“正乐”即正乐章,正《雅》、《颂》之入乐部者。所谓“《雅》、《颂》得所”者,如《鹿鸣》一诗,奏于乡饮酒礼、乡射礼、燕礼,《清朝》一诗,奏于祀文王、大尝稀,天子养老,两君相见,各有其“所”正之,则各得其所矣。

(四)包慎言《敏甫文钞》则谓“雅颂”指音律言,不指诗篇言。诗之风雅颂以体别,乐之风雅颂则以律分。《大戴礼·投壶》言凡雅二十六篇,八篇可歌。所举八篇中,《鹊巢》、《采蘩》、《采藏》、《伐檀》、《驺虞》五篇,皆风也,而亦名雅,以其音律为种也。又如《豳风·七月》,吹以养老息物则曰雅,吹以迎送寒暑则曰颂。故“正乐”者,谓正其音律之错乱,非整理其篇章也。一以上四说,以包说最为详尽而合理。

子曰:“出则事公卿,入则事父兄,丧事不敢不勉,不为酒困,何有于我哉?”①

此章记孔子自言其庸行。“出则事公卿”者,言出仕朝廷,则尽其忠勤以事公卿;“入则事父兄”者,言回到家里,则尽其孝悌以事父兄;“丧事不敢不勉”者,言遇着丧事,不敢不勉力以从礼;“不为酒困”者,言吃酒不吃醉,以致损身废事。何有于我哉,言于我有什么,谓不难也。旧解谓“何有于我哉”。是孔子的谦辞;但上面有“丧事不敢不勉”句。如旧解,则语气似不甚合。

① 说见第七篇,然此则其事愈卑而意愈切矣。

子在川上，曰："逝者如斯夫！不舍昼夜。"①

逝，去也，往也。夫，音扶。舍，止也。孔子在川上，见流水逝去，没有一停止，因道："逝者如斯夫！不舍昼夜。"按《孟子·离娄篇》徐子曰："仲尼亟称于水曰：'水哉，水哉！'何取于水也？"孟子曰："源泉混混，不舍昼夜，盈科而后进，放乎四海；有本者如是。是之取尔。"正释此章之旨。朱注曰："天地之化，往者过，来者续，无一息之停，乃道体之本然也。"

子曰："吾未见好德如好色者也。"②

好，去声。孔子叹一般的人，好色者多，好德者少也。孔子在卫，灵公与南子同车过市，使孔子为次乘。孔子丑之，故说此话。事见《史记·孔子世家》。

子曰："譬如为山，未成一篑，止，吾止也。譬如平地，虽覆一篑，进，吾往也。"③

篑，音溃。复，音腹。此章孔子劝人对于进德修业及做事当努力完

---

① 夫，音扶。舍，上声。○天地之化，往者过，来者续，无一息之停，乃道体之本然也。然其可指而易见者，莫如川流。故于此发以示人，欲学者时时省察，而无毫发之间断也。○程子曰："此道体也。天运而不已，日往则月来，寒往则暑来，水流而不息，物生而不穷，皆与道为体，运乎昼夜，未尝已也。是以君子法之，自强不息。及其至也，纯亦不已焉。"又曰："自汉以来，儒者皆不识此义。此见圣人之心，纯亦不已也。纯亦不已，乃天德也。有天德，便可语王道，其要只在谨独。"愚按：自此至篇终，皆勉人进学不已之辞。

② 好，去声。○谢氏曰："好好色，恶恶臭，诚也。好德如好色，斯诚好德矣，然民鲜能之。"○《史记》："孔子居卫，灵公与夫人同车，使孔子为次乘，招摇市过之。"孔子丑之，故有是言。

③ 篑，求位反。覆，芳服反。○篑，土笼也。《书》曰："为山九仞，功亏一篑。"夫子之言，盖出于此。言山成而但少一篑，其止者，吾自止耳。平地而方覆一篑，其进者，吾自往耳。盖学者自强不息，则积少成多；中道而止，则前功尽弃。其止其往，皆在我而不在人也。

成，不可半途而废也。为山，积土为山也。蒉，笼也，编竹为之，所以盛土。此以“为山”为譬，筑一座山，只须加一土笼的土，就可成功也；但现在止住了不去加，这座山。就不成功。是我自己止住的。一块平地上，我才倒了一土笼的土，以后我天天把土盖上去，积久了，自然也会成山的。朱注说：“学者自强不息，则积少成多；中道而止，则前功尽弃；其止其往，皆在我而不在人。”按：《尚书·旅獒》云：“为山九仞功亏一篑。”孔子之言，盖本乎此。《孟子·尽心》云：“有为者譬若掘井；掘井九轫而不及泉，犹为弃井也。”《大戴礼·劝学》云：“锲而舍之，朽木不折；锲而不舍，金石可镂。”亦可与本章相发。

子曰：“语之而不惰者，其回也与！”①

语，去声，告也。与，今作欤。颜渊于夫子之言无所不说，服膺弗失，身体力行，欲罢不能，故不惰也。

子谓颜渊，曰：“惜乎！吾见其进也，未见其止也。”②

此章是颜渊死后，孔子感叹之词。谓，是对他人说颜渊也。颜渊能语之而不惰，故见其进，未见其止。曰“惜乎”者，言这样一个自强不息的人，死了真真可惜也。

子曰：“苗而不秀者有矣夫！秀而不实者有矣夫！”③

---

① 语，去声。与，平声。○惰。懈怠也。○范氏曰：“颜子闻夫子之言，而心解力行，造次颠沛，未尝违之。如万物得时雨之润，发荣滋长，何有于惰？此群弟子所不及也。”

② “进”“止”二字，说见上章。颜子既死而孔子惜之，言其方进而未已也。

③ 夫，音扶。○谷之始生曰苗，吐华曰秀，成谷曰实。盖学而不至于成，有如此者，是以君子贵自勉也。

夫，音扶。稻始生的时候曰“苗”；到叶茂花开的时候称“秀”；结了谷，则曰“实”。此章亦是孔子痛惜颜渊之词。言颜渊孜孜好学，而不幸早死，有如稻之苗而不秀，秀而不实，深可惜也。汉唐人解本章，说皆如此。朱注则云：“学而不至于成有如此者，是以君子贵自勉也。”则谓泛指求学半途而废者言。

子曰：“后生可畏，焉知来者之不如今也？四十、五十而无闻焉，亦不足畏也已。”①

后生即今语所谓青年。焉，平声，安也，副词。来者，指后一辈的人而言；今，指现代的成年人而言。这就是说：“青年是可畏的；怎能逆料后辈的不及现代呢？”青年之所以可畏，正因他们年富力强，进德修业，未可限量，大有“后来居上”的希望。如其不能及时努力，到了四十、五十之年，而无学问道德上的声闻，则正是所谓“小时了了，大未必佳”。这亦不足畏了！青年人读此章，尤当猛省。

子曰：“法语之言，能无从乎？改之为贵。巽与之言，能无说乎？绎之为贵。说而不绎，从而不改，吾末如之何也已矣。”②

法语之言，是正言也，就是质直的教训。正言，人所敬惮，故不敢不

---

① 焉知之焉，於虔反。○孔子言后生年富力强，足以积学而有待，其势可畏，安知其将来不如我之今日乎？然或不能自勉，至于老而无闻，则不足畏矣。言此以警人，使及时勉学也。曾子曰：“五十而不以善闻。则不闻矣”。盖述此意。○尹氏曰：“少而不勉，老而无闻，则亦已矣。自少而进者，安知其不至于极乎？是可畏也。”

② 法语者，正言之也。巽言者，婉而导之也。绎，寻其绪也。法言人所敬惮，故必从；然不改，则面从而已。巽言无所乖忤，故必说；然不绎，则又不足以知其微意之所在也。○杨氏曰：“法言，若孟子论行王政之类是也。巽言，若其论好货、好色之类是也。语之而未达，拒之而不受，犹之可也。其或喻焉，则尚庶几其能改、绎矣。从且说矣，而不、改绎焉，则是终不改、绎也已，虽圣人其如之何哉？”

从。但须从其言而改之，方为可贵。巽，音逊，柔顺也。巽与之言，是委婉地劝导。说，即悦字。绎，寻绎也，就是仔仔细细地省察他的话，寻出他的言外之意。必如此，方为可贵。如其闻巽与之言，徒悦其言之柔顺，而不知寻绎其微意之所在；闻法语之言，徒然而从，而不能切实改过；则是不可以理喻，不可以情感，法语巽言，均失其效矣，所以孔子说："我也没奈何他了！"

子曰："主忠信，毋友不如己者，过则勿惮改。"①

此章已见《学而篇》，但少记了一节。邢疏曰："记者异人，故重出之。"

子曰："三军可夺帅也，匹夫不可夺志也。"②

三军，泛指军队。帅，是军队的统帅。匹夫，是平民，朱注引侯氏曰："三军之勇在人，匹夫之志在己。故帅可夺而志不可夺。"按此章之旨在说明志之不可夺，上句是比喻之辞。

子曰："衣敝缊袍，与衣狐貉者立，而不耻者，其由也与？"③

衣，去声，就是穿。《集解》引孔云："缊，枲著。"枲著，谓以乱麻

---

① 重出而逸其半。

② 侯氏曰："三军之勇在人，匹夫之志在己。故帅可夺而志不可夺，如可夺，则亦不足谓之志矣。"

③ 衣，去声。缊，纡粉反。貉，胡各反。与，平声。○敝，坏也。缊，枲著也。袍，衣有著者也，盖衣之贱者。狐貉，以狐貉之皮为裘，衣之贵者。子路之志如此，则能不以贫富动其心，而可以进于道矣，故夫子称之。

为著。《艺文类聚》、《太平御览》引郑玄《论语注》云："缊，絮著。"絮著，言以旧絮为著。古无木绵，故以乱麻或旧絮为著做绵袍也。貉，胡各反。狐，貉，皆兽名。此指狐皮，貉皮的袍子。常人自己穿了破旧的衣裳，见人家穿了簇新的狐皮袍子，往往自以为难看可耻。子路则穿了一件破旧的缊袍，与穿狐皮袍子的人，共同立在一处，而不觉得羞耻，故孔子特别称赞他。

"不忮不求，何用不臧？"① 子路终身诵之。子曰："是道也，何足以臧？"②

"不忮不求，何用不臧"二语，见《诗经·卫风，雄雉篇》。《毛传》云："忮，害也。臧，善也。"按《说文》云："忮，很也。"按：忮音志。有所很妒嫉害叫做"忮"；有所歆羡贪慕叫做"求"。言人能不忮不求，则何用为不善也。子路常念诵此二语，以为此二语可以终身行之。孔子以其所取者太小，故告之曰："是或一道也，但亦何足以为尽善乎？"盖望其更进一步耳。按此章，汉人旧解，绝不与上章相涉。作疏者始谓与上章相连，孔子引《诗》以美子路，子路闻誉自喜，故终身诵之。朱注亦采疏说。似把子路看得太低：且孔子既引诗以赞之，是已取"何用不臧"之意，而又忽云"何足以臧"，亦先后矛盾。本篇注疏本三十章，《经典释文》则云三十一章。陆德明所见之本，殆即分"不忮不求"以下另为一章。《史记·弟子列传》裁衣敝组袍一事，亦无"不忮不求"二句。故仍以分立一章为是。

---

① 忮，之豉反。○忮，害也。求，贪也。臧，善也。言能不忮不求，则何为不善乎？此《卫风·雄雉》之篇，孔子引之，以美子路也。吕氏曰："贫与富交，强者必忮，弱者必求。"

② 终身诵之，则自喜其能，而不复求进于道矣，故夫子复言此以警之。○谢氏曰："耻恶衣恶食，学者之大病。善心不存，盖由于此。子路之志如此，其过人远矣。然以众人而能此，则可以为善矣。子路之贤，宜不止此，而终身诵之，则非所以进于日新也，故激而进之。"

子曰："岁寒，然后知松柏之后雕也。"①

孔子以松柏比坚毅卓绝的君子。以松柏岁寒后凋喻君子之处乱世，而不改其操，临患难，而不变其节。寻常的草木，在春夏和暖的时候，都开花结果，枝叶茂盛；一到冬天，经了霜雪，就叶落枝枯，不见活气。只有松树、柏树，虽到寒冷的时节，仍旧不会凋枯，这是松柏能耐寒冷的缘故。按《庄子·让王篇》云："天寒既至，霜雪既降，吾是以知松柏之茂也。陈蔡之隘，于丘其幸乎？"是此章为孔子厄于陈蔡时谓子路之言。

子曰："知者不惑，仁者不忧，勇者不惧。"②

知，今作智。朱注云："明足以烛理，故不惑；理足以胜私，故不忧；气足以配道义，故不惧。"

子曰："可与共学，未可与适道；可与适道，未可与立；可与立，未可与权。"③

与，即以。《淮南子·泛论训》引此章，即"与"、"以"错出。朱注云："权，秤锤也，所以称物而知其轻重者也。"可与权，谓能权轻重，使

---

① 范氏曰："小人之在治世，或与君子无异。惟临利害，遇事变，然后君子之所守可见也。"○谢氏曰："士穷见节义，世乱识忠臣。欲学者必周于德。"

② 明足以烛理，故不惑。理足以胜私，故不忧。气足以配道义，故不惧。此学之序也。

③ 可与者，言其可与共为此事也。○程子曰："可与共学，知所以求之也。可与适道，知所往也。可与立者，笃志固执而不变也。权，称锤也，所以称物而知轻重者也。可与权，谓能权轻重，使合义也。"○杨氏曰："知为己，则可与共学矣。学足以明善，然后可与适道。信道笃，然后可与立。知时措之宜，然后可与权。"○洪氏曰："《易》九卦，终于《巽》以行权。权者，圣人之大用。未能立而言权，犹人未能立而欲行，鲜不仆矣。"○程子曰："汉儒以反经合道为权，故有权变、权术之论，皆非也。权只是经也。自汉以下，无人识权字。"愚按：先儒误以此章连下文偏其反而为一章，故有反经合道之说。程子非之，是矣。然以《孟子》嫂溺，援之以手之义推之，则权与经，亦当有辨。

合义也。按可与共学，谓可与切磋琢磨，共同研究学问。但虽力学而其志或在利禄，或在声闻，或在记诵词章，故曰“未可适道”。志在适道者，又或所守不坚。半途而废，故曰“未可与立”。能守道而卓然有以自立矣，或知常而不知变，则亦未能通经达权，故曰“未可与权”。按：汉儒连下《唐棣之华》为一章，故以“权”为反经合道。程子以其近于权术权变之说而非之，故曰：“权，经也。”朱子谓以《孟子》“嫂溺援之以手”之义推之，则权与经亦当有辩云。

“唐棣之华，偏其反而。岂不尔思？室是远而。”[①] 子曰：“未之思也，夫何远之有？”[②]

华，今作花。夫，音扶。“唐棣之华”四句，是古时的诗；《诗经》里没有这四句，所以昔人都称为“逸诗”。唐棣，是一种花的名称。偏，通翩。反，同翻。而，语助词，此处用作状词的语尾。反而，犹云翻然。偏其反而，形容花朵动摇之状。朱注云：“此逸诗也。于六义属‘兴’上两句无意义，但以起下两句之辞耳。其所谓‘尔’，亦不知其何所指也。”“岂不尔思，室是违而”，就是说：“不是我不想念你，可是你住得太远了。”孔子以为这四句诗，大概是写怀念远人之情的。孔子论诗，主张要有真实的情感。(“思无邪”当如此解，已见前）所以对于这诗不以为然，批语道：“没有想念他吧！如果想念他，有什么远呢?”“夫”字，就是今语的“吧”字，用以表示神情语气的。武亿《经读考异》，谓“夫”字当属上读，有咏叹之趣。刘氏《正义》以为“其说良然”。今亦从之。

---

① 棣，大计反。○唐棣，郁李也。偏，《晋书》作翩。然则反亦当与翻同，言华之摇动也。而，语助也。此逸诗也，于六义属兴。上两句无意义，但以起下两句之辞耳。其所谓尔，亦不知其何所指也。

② 夫，音扶。○夫子借其言而反之，盖前篇仁远乎哉之意。○程子曰：“圣人未尝言易以骄人之志，亦未尝言难以阻人之进。但曰未之思也，夫何远之有？此言极有涵蓄，意思深远。”

按：此章注疏及皇本均与上章相合为一章。意思是说普通的花，皆先开后合；独有唐棣之花，初开反背，终乃合并，是反常的。诗人见反常的花，而想到反常的“权”；又以行权是很难的，所以说不是不想行权，无如权之道很深远，不易求到。孔子则以为一个人已经至于道，已经有所建树，只要能够由常道反转来一想，就可以得到权的道理，所以说是不想权，并不是权之道深远。似嫌迂曲。

［问题］

（一）何以谓孔子罕言“利”、“命”、“仁”三者？

（二）何谓“博学而无所成名”？

（三）何谓“绝四”？

（四）“多能”是否即可称“圣”？

（五）何谓“乐正雅颂各得其所”？

（六）孔子川上之语，其旨安在？

（七）孔子为山之喻，其义如何？

（八）后生何以可畏？

（九）闻“法语之言”、“巽与之言”，应当如何？

（十）知、仁、勇三达德功效如何？

乡党第十[①]

此篇系弟子记述孔子平时之仪容言动；全篇旧说凡一章；但其间事

① 杨氏曰：“圣人之所谓道者，不离乎日用之间也。故夫子之平日，一动一静，门人皆审视而详记之。”〇尹氏曰：“甚矣，孔门诸子之嗜学也！于圣人之容色言动，无不谨书而备录之，以贻后世。今读著书，即其事，宛然如圣人之在目也。虽然，圣人岂拘拘而为之者哉？盖盛德之至，动容周旋，自中乎礼耳。学者欲潜心于圣人，宜于此求焉。”旧说凡一章，今分为十七节。

义，各以类从，故各本均分节。（皇疏分二十一节，邢疏分二十二节，朱注分十八节，刘氏《正义》分二十五节）今酌分为二十六节。

孔子于乡党，恂恂如也，似不能言者。[①] 其在宗庙朝庭，便便言，唯谨尔。[②]

乡党，犹今言乡里。恂恂，恭敬温和之貌。“如”为状词之语尾。恂恂如，即恂恂然。“似不能言”者，是好像不能说话的样子，非真不能说话也。乡党是因为父兄宗族之所在，不欲以贤知先人，故言语寡少。便，音骈，平声。

便便，辩也。谨，谨慎也。孔子在鲁国的祖庙助祭于公，或在鲁君的朝廷见君，说起话来，于礼法政事，不肯缄默，其言甚辩；但仍旧极其谨慎，不肯说错。

右第一节，记孔子在乡党与在庙朝，发言的态度不同。按本节与下节，刘氏《正义》并为一节。今从朱注分之。

朝，与下大夫言，侃侃如也；与上大夫言。訚訚如也。[③] 君在，踧踖如也，与与如也。[④]

---

① 恂，相伦反。○恂恂，信实之貌。似不能言者，谦卑逊顺，不以贤知先人也。乡党，父兄宗族之所在，故孔子居之，其容貌词气如此。

② 朝，直遥反，下同。便，旁连反。○便便，辩也。宗庙，礼法之所在；朝廷，政事之所出，言不可以不明辨。故必详问而极言之，但谨而不放尔。○此一节，记孔子在乡党、宗庙、朝廷言貌之不同。

③ 侃，苦旦反。訚，鱼巾反。○此君未视朝时也。《王制》，诸侯上大夫卿，下大夫五人。许氏《说文》：“侃侃，刚直也。訚訚，和悦而净也。

④ 踧，子六反。踖，子亦反。与，平声，或如字。○君在，视朝也。踧踖，恭敬不宁之貌。与与，威仪中适之貌。○张子曰：“与与，不忘向君也。”亦通。○此一节，记孔子在朝廷事上接下之不同也。

朝，谓在朝廷上，此君未视朝时也。下大夫，指官位与孔子相并的，及位在孔子以下的。孔子仕鲁，为小司空、小司寇，（依《正义》说）故亦为下大夫也。上大夫，即卿，官位在孔子以上的。《集解》采孔曰：‘侃侃’，和乐之貌。‘訚訚’，中正之貌。”按：《尔雅·释诂》：“衎，乐也。”此以“侃”为“衎”之通借字，故训“和乐”。《说文》：“訚，和悦而诤也。”诤者，辨其是非，不妄谐俗，故训“中正”。訚，鱼巾反。此言孔子和同等的官及下级官说话，和气而欢乐。同上级官说话。中理而正当。所谓对下不骄，对上不谄也。朱注据《说文》，以“刚直”释“侃侃”，不如孔说为长。《集解》又采马曰：“踧踖，恭敬之貌。与与，威仪中适之貌。”踧踖，读如促节。与通趍通“趋”，行步安舒也。言孔子上朝，君主在前。态度恭敬，威仪安舒也。中适，犹言恰到好处。

右第二节，记孔子在朝的言论仪容。

君召使摈，色勃如也，足躩如也。[①] **揖所与立，左右手，衣前后，襜如也。**[②] **趋进，翼如也。**[③] **宾退，必复命曰：“宾不顾矣。”**[④]

摈，读如宾，去声，亦作傧。“君召使摈”者，言鲁君使孔子为傧以迎接宾客也。古时宾主相见，宾副曰介，主副曰摈。勃如，变色也。与《孟子》“王勃然变乎色”之“勃然”同，但此谓变色起敬耳。躩，音觉。足躩如，是两脚盘旋逡巡之貌。敬君命故也。

傧不止一人。所与立，谓同为傧者。“左右手”者；《集解》郑曰：“揖左人左其手，揖右人右其手。”襜，读若穿。朱注云：“整貌。”按：

---

① 摈，必刃反。躩，驱若反。○摈，主国之君所使出接宾者。勃，变色貌。躩，盘辟貌。皆敬君命故也。

② 襜，亦占反。○所与立，谓同为摈者也。摈用命数之半，如上公九命，则用五人，以次传命。揖左人，则左其手；揖右人，则右其手。襜。整貌。

③ 疾趋而进，张拱端好，如鸟舒翼。

④ 纾君敬也。○此一节，记孔子为君摈相之容。

《楚辞·九叹》:“裳襜襜而含风兮。”洪兴祖《补注》:“襜襜,衣动貌。”两手拱揖,移左移右,则衣之前后襜然飘动矣。接宾客入内时,走得快,故曰“趋进”。“翼如”者,《集解》孔曰:“言端好也。”按:凌曙《典故覈》所说,疾趋,须身小折,头直,手足正。《礼记·玉藻》云:“疾趋则欲发而手足无移。”疾趋而两手不动,如鸟舒翼而翔,故曰“翼如”。

宾辞,君主命摈送宾。宾退去以后,孔子为摈事毕,必回到君主前复命说:“宾已去了。”按《公食大夫礼》及《聘礼》于宾退,送于门外之后均言“宾不顾”。故复命时曰“宾不顾矣”。

右第三节,记孔子受命为摈时的仪容。

入公门,鞠躬如也,如不容。[①] 立不中门,行不履阈。[②] 过位,色勃如也,足躩如也,其言似不足者。[③] 摄齐升堂,鞠躬如也,屏气似不息者。[④] 出,降一等,逞颜色,怡怡如也。没阶,趋,翼如也。复其位,踧踖如也。[⑤]

“入公门”者,入君主的门也。古时诸侯有三门,即库门、雉门、路门。最先入的外门为库门。“鞠躬如”者,低着头进去,如鞠躬的样子也。如不容,言公门虽高大,而自己低着头,好像公门低小,不能容纳一般,这是敬之至也。立不中门,是说不立在门的中央。阈,音域,是门限。行

---

① 鞠躬,曲身也。公门高大而若不容,敬之至也。

② 阈,于逼反。○中门,中于门也。谓当枨闑之间,君出入处也。阈,门限也。礼:士大夫出入君门,由闑右,不践阈。○谢氏曰:“立中门则当尊,行履阈则不恪。”

③ 位,君之虚位。谓门屏之间,人君宁立之处,所谓宁也。君虽不在,过之必敬,不敢以虚位而慢之也。言似不足,不敢肆也。

④ 齐,音咨。摄,抠也。齐,衣下缝也。礼:将升堂,两手抠衣,使去地尺,恐蹑之而倾跌失容也。屏,藏也。息,鼻息出入者也。近至尊,气容肃也。

⑤ 陆氏曰:“趋下本无进字,俗本有之,误也。”○等,阶之级也。逞,放也。渐远所尊,舒气解颜。怡怡,和说也。没阶,下尽阶也。趋,走就位也。复位踧踖,敬之余也。○此一节,记孔子在朝之容。

不履阈。是说走过门，不踏在门限上。位是君主的座位。进了库门，到外朝，（诸侯三朝之一。其余二朝为治朝，内朝。）就见君主不常御的座位。但君虽不在此位，而走过君的虚位时，亦当起敬，故色勃如，足躩如也。其言似不足，言走过外朝的君位以后，渐近君主，故虽和人说话，不敢放肆，像说不畅快的样子。摄，撩也。齐，音资；衣的下摆叫“齐”。升堂，由外朝入雉门，升君主常日听政的治朝之堂也。拾级登堂，故须撩起衣裳的下摆。这时孔子走路的样子，也像鞠躬一般。屏音丙，去声。屏气，似不息，就是屏着鼻气，像不呼吸的样子。盖在治朝，对着君主大声呼吸，似不敬也。出，退朝时走出治朝之堂也。等，阶级。“降一等”者，走下堂阶一级也。逞，舒展也。“逞颜色”者，屏气已久，走下堂阶一级，就舒气解颜也。怡怡如，是和悦的样子。陆德明《经典释文》云：“‘没阶趋’，一本作‘没阶趋进’。”误。臧琳《经义杂记》曰：“《史记世家》作‘没阶趋进’。《聘礼》注引《论语》同，《曲礼·士相·见礼疏》引，并有‘进’字。趋进者，趋前之谓也；旧有此字，非误。”没阶，阶走完也。“趋进，翼如也”者，走完阶沿，在平地上向前走，虽不像对君主时的恭敬，亦很端正也。“复其位”者，出雉门，回到外朝，又经过君主的虚位之前也。

右第四节，记孔子趋朝的仪容。按刘氏《正义》谓此节与下节同记聘问之事。今从朱注。

执圭。鞠躬如也，如不胜。上如揖，下如授。勃如战色，足蹜蹜，如

有循。[①] **享礼，有容色。**[②] **私觌，愉愉如也。**[③]

圭，是玉，上锐下方。诸侯各有命圭；为君聘使邻国，须执持君之圭而往。胜，平声。“如不胜”者，言执君之圭，像力不能胜的样子，敬之至也。《曲礼》云：“凡执主器，执轻如不克。”义与此同。上如揖，下如授，是说执圭的高低。朱注云：“谓执圭平衡，手与心齐，高不过揖，卑不过授也。”“勃如战色”者，言执圭时，小心谨慎，惟恐失礼，容色和平时不同，有像战慄的样子。蹜，音缩。“足蹜蹜如有循”者，言行步促狭，不敢开大步，并且像循着轨道而行，亦表示谨慎的意思。以上是记聘问邻国授圭时的礼容。享，献也。行授圭礼后，乃行“享礼”。聘礼授圭；享礼授璧，而所献之物多，如皮币之属，一一罗列庭中，叫做“庭实”。圭所以申信，璧所以交欢，这时不复有战慄之色，容貌较先时从容，故曰“有容色”；此正对“勃如战色”而言。

觌，见也。行聘享公礼已毕，和邻国君主，以私人的资格相见，叫做“私觌”。愉愉，是一种很和气的神情和相貌。按《郊特牲》谓人臣无外交，故以大夫之私觌为非礼。郑玄注谓其君亲来，则其臣不敢私见于主国君；以君命聘，则有私见。则此言私觌，与《郊特牲》所云，并不矛盾。

右第五节，记孔子聘问邻国时授圭、享礼、私觌的仪容。

---

① 胜，平声。蹜，色六反。○圭，诸侯命圭。聘问邻国，则使大夫执以通信。如不胜，执主器，执轻如不克，敬谨之至也。上如揖，下如授，谓执圭平衡。手与心齐，高不过揖，卑不过授也。战色，战而色惧也。蹜蹜。举足促狭也。如有循，《记》所谓举前曳踵，言行不离地，如缘物也。

② 享，献也。既聘而享，用圭璧，有庭实。有容色，和也。《仪礼》曰：“发气满客。

③ 私觌，以私礼见也。愉愉，则又和矣。○此一节，记孔子为君聘于邻国之礼也。晁氏曰：“孔子，定公九年仕鲁，至十三年适齐，其间绝无朝聘往来之事。疑使摈、执圭两务，但孔子尝言其礼当如此尔。”

君子不以绀緅饰。[①] 红紫不以为亵服。[②] 当暑，袗絺绤，必表而出之。[③] 缁衣，羔裘；素衣，麑裘；黄衣，狐裘。[④] 亵裘长，短右袂。[⑤] 必有寝衣，长一身有半。[⑥] 狐貉之厚以居。[⑦] 去丧，无所不佩。[⑧] 非帷裳，必杀之。[⑨] 羔裘玄冠不以吊。[⑩] 吉月，必朝服而朝。[⑪]

君子，谓孔子也。绀，音干。《说文》云："绀，深青而扬赤色也。"段玉裁注以为即今之"天青"，又名"红青"。深青近黑。故郑玄以为玄色之类，则似借"绀"为"黚"。緅，读若周。朱注云："绛色。"《士冠礼·注》云："赤而微黑。"《广雅》云："緅，青也。"则亦深青而近黑之色。饰，领缘。"不以绀緅饰"者，言不用此二色做领缘也。绀色是斋服；以绀为饰，则像斋服。緅色是用以饰三年之丧的练服的；（三年之丧，至十三月曰小祥。练为小祥祭名；练服，此时所服。今非丧服，而亦以浅绛色为饰，则类于丧服矣。故孔子缘领，不用此二色也。"亵服"者，在家中私居时所穿的衣服。红紫是间色不是正色，且近于妇人女子之服，当时人虽爱用之，孔子则虽家居的衣服，亦不用此二色；至于正服，更无论

① 绀，古暗反。緅，侧由反。○君子，谓孔子。绀，深青扬赤色，齐服也。緅，绛色。三年之丧，以饰练服也。饰，领缘也。

② 红紫，间色不正，且近于妇人女子之服也。亵服，私居服也。言此，则不以为朝祭之服可知。

③ 袗，单也。葛之精者曰絺，粗者曰绤。表絺绤而出之，谓先着里衣，表絺绤而出之于外，欲其不见体也。《诗》所谓"蒙彼绉絺"是也。

④ 麑，研奚反。○缁，黑色。羔裘，用黑羊皮。麑，鹿子，色白。狐，色黄。衣以裼裘，欲其相称。

⑤ 长，欲其温。短右袂，所以便作事。

⑥ 长，去声。○齐主于敬，不可解衣而寝，又不可著明衣而寝，故别有寝衣，其半盖以覆足。○程子曰："此错简。当在'齐，必有明衣'，布之下。"愚谓如此则此条与明衣、变食既得以类相从，而亵裘、狐貉亦得以类相从矣。

⑦ 狐貉，毛深温厚，私居取其适体。

⑧ 去，上声。○君子无故，玉不去身。觿砺之属，亦皆佩也。

⑨ 杀，去声。○朝祭之服，裳用正幅如帷，要有襞积，而旁无杀缝。其余若深衣，要半下，齐倍要，则无襞积而有杀缝矣。

⑩ 丧主素，吉主玄。吊必变服，所以哀死。

⑪ 吉月，月朔也。孔子在鲁致仕时如此。○此一节，记孔子衣服之制。○苏氏曰："此孔氏遗书，杂记曲礼，非特孔子事也。"

了。袗，音诊，单衣服。细麻布叫“絺”，音痴：粗麻布叫“绤”，音隙。“袗絺绤”者，麻布的单衫；就是现在的夏布衫。“当暑”者，当暑热的时候。“必表而出之”者，言夏布单衫，只可做外衣，着身尚须穿一件黑衣，使身体的皮肉，不外露也。此朱注说。一说“表而出之”，谓有表衣出其上，即加上衣也。缁衣，黑色的衣。羔裘，是黑羊皮。素衣，白色的衣。麑，音尼。麑裘，是白色的麑皮。黄衣，黄色的衣。狐裘色黄。古人穿皮袄，以毛向外，而皮袄的外面更加一单衣，这单衣叫做“裼”。上所谓衣，即裼也。孔子要中外的衣服颜色相称，故裼与裘，必用一色。亵裘，是家居时穿的皮袄，做得长，取其暖也。“短右袂”者，右手的衣袖短些，取其便于做事。此朱注说。一说“右”，本作“又”，手也，非仅指右手而言。若仅指右手，则左右袂长短不同矣。亦可通。“寝衣”，郑注云：“今小卧被是也。”《说文》亦云：“被，寝衣也。长一身有半。”是寝衣，即现在的被，有，古通又。言睡时盖的被，比身子长一身半，使手脚不外露也。朱注引程子云：“此错简，当在‘斋必有明衣布’之下。”故释之曰：“斋主于敬，不可解衣而寝，又不可著明衣而寝，故别有寝衣，其半盖以覆足。”与郑许说异。狐貉，狐皮袄也，毛长而暖。家居的时候，衣服贵能适体，故孔子穿狐皮袄也。一说，居，有坐的意义，此以狐貉为坐褥，非言家居的衣服。佩，带挂玉器也。平常时候，身边必带挂玉器。只有丧事时，把佩玉去掉。故曰：“去丧无所不佩。”按《礼记·玉藻》云：“凡带必有佩玉，唯丧否。”又云：“君子无故，玉不去身。君子于玉比德焉。”可与此节所记相发。帷裳，是朝祭之服，用正幅布做，前三幅，后四幅，在裳的上畔，摄收使小，以称腰身，故襞积很多，如今之百褶裙。因为是要用正幅布做，所以并不斜杀其幅。所谓“杀”，即割削剪裁也。杀，去声。非帷裳，是帷裳以外的其他衣裳。这些衣裳，下畔倍于上畔的腰，必斜杀其幅以缝之，故曰“必杀之”也。大概当时人，于非朝祭的帷裳，变有用正幅布做，而不斜杀其幅者；孔子则不然。故门弟子记之。古人以白色为素服，玄色为吉服。羔裘玄冠，是吉服。故孔子不用以吊丧。吉月，是月之初一日。古时，初一日君臣有至太庙视朔之礼。视朔之服，为皮弁，素衣，素裳。而平日视朝之服，则为玄冠，缁衣，素裳。此处所谓“朝服”，《集解》引孔曰：“皮弁服也。”按即视朔之服也。鲁自文公不视朔，而孔子独于是日，仍衣皮弁服而朝，亦我爱其礼之意也。见毛氏《四书改错》则谓孔子在初一日，必先衣皮弁服入朝，至君不视朔，然后易朝服而朝于君。本来朝服而朝，可不必记；因其不先服，故记之也。说亦可通。

右第六节，记孔子穿衣的情形。按本节依刘氏《正义》至“齐必有明衣布”止，今从朱注。

齐，必有明衣，布。[①] 齐，必变食，居必迁坐。[②]

齐，今作斋。斋，即斋字。凡祭祀必齐，斋必沐浴。明衣，皇疏谓：“斋，浴时所著之衣也。浴竟，身未燥，未堪著好衣，又不可露肉，故用布为衣，如衫而长身也。著之以待身燥。”“变食”者，《集解》引孔曰：“改常馔。”朱注云：“谓不饮酒，不茹荤。”“迁座”者，《集解》引孔曰：“易常处。”朱注同。按：变食，迁坐，亦无非求清洁也。

右第七节，记孔子衣食居处之事。按本节“明衣”句，刘氏《正义》归入上面记衣的一节；“变食”二句，归入下面记食的一节。今从朱注另为一节。

---

① 齐，侧皆反。○齐，必沐浴，浴竟，即着明衣，所以明洁其体也，以布为之。此下脱前章“寝衣”一简。

② 变食，谓不饮酒、不茹荤。迁坐，易常处也。○此一节，记孔子谨齐之事。○杨氏曰：“齐所以交神，故致洁变常以尽敬。”

食不厌精，脍不厌细。[①] 食饐而餲，鱼馁而肉败，不食。色恶，不食。臭恶，不食。失饪，不食。不时，不食。[②] 割不正，不食。不得其酱，不食。[③] 肉虽多，不使胜食气。惟酒无量，不及乱。[④] 沽酒市脯，不食。[⑤] 不撤姜食，[⑥] 不多食。[⑦] 祭于公，不宿肉。祭肉不出三日。出三日，不食之矣。[⑧]

食，音嗣，饭也。牛、羊、猪、鱼之类切细的“厌”，叫做“脍”。朱注云：“食精则能养人，脍粗则能害人。‘不厌’，言以是为善，非为必欲如是也。”如朱注则此二句之意为：“饭米不厌其精白；肉脍不厌其细切。”刘氏《正义》引《国语·晋语》“民志无厌”句，《韦注》曰：“厌，极也。”谓孔子饭蔬饮水，乐在其中，且以耻恶食为未足与议，故饭不极精，脍不极细。似较朱说为长。饐，音意，饭煮得太烂。餲，音爱，烂饭变了气味。孔子对于这种饭是不吃的。鱼坏曰“馁”，肉坏曰“败”。鱼肉坏了的，孔子亦不吃也。食物颜色不好曰“色恶”；气味不好曰“臭恶”；都是就要坏了。“失饪”者，烹饪时火头不足，没有煮熟也，孔子都不吃。《集解》引郑玄以为“不时”者，不是吃饭的时候，朱《注》则谓“不时”

---

① 食，音嗣。○食，饭也。精，凿也。牛羊与鱼之腥，聂而切之为脍。食精则能养人。脍粗则能害人。不厌，言以是为善，非谓必欲如是也。

② 食饐之食，音嗣。饐，于冀反。餲，乌迈反。饪，而甚反。○饐，饭伤热湿也。餲，味变也。鱼烂曰馁。肉腐曰败。色恶、臭恶，未败而色、臭变也。饪，烹调生熟之节也。不时，五谷不成，果实未熟之类。此数者皆足以伤人，故不食。

③ 割肉不方正者不食，造次不离于正也。汉陆续之母，切肉未尝不方，断葱以寸为度，盖其质美，与此暗合也。食肉用酱，各有所宜，不得则不食，恶其不备也。此二者，无害于人，但不以嗜味而苟食耳。

④ 食，音嗣。量，去声。○食以谷为主，故不使肉胜食气。酒以为人合欢，故不为量，但以醉为节而不及乱耳。○程子曰：“不及乱者，非惟不使乱志，虽血气亦不可使乱，但浃洽而已可也。

⑤ 沽、市，皆买也。恐不精洁，或伤人也。与不尝康子之药同意。

⑥ 姜，通神明，去秽恶，故不撤。

⑦ 适可而止，无贪心也。

⑧ 助祭于公，所得胙肉，归即颁赐。不俟经宿者，不留神惠也。家之祭肉，则不过三日，皆以分赐。盖过三日，则肉必败，而人不食之，是亵鬼神之余也。但比君所赐胙，可少缓耳。

是指果实未熟之类。二说并通。此皆孔子讲究卫生之处。割，割肉也，今人言切。割不正，皇疏及朱注均谓切不方正。朱注并引汉陆绩之母割肉未尝不方，断葱以寸为度为例。邢疏则谓析解牲体脊协臂臑之属，不得其正；《正义》亦主之。割不正的肉，虽然无害卫生，但孔子亦不苟食也。酱，种类不一，有烹时用的，有吃时加的，孔子对于食物，如无相宜之酱，不欲食之。汪烜《四书诠义》则谓酱为醯醢盐梅之总名；如《内则》所载，各以其气味物性之宜相配，此所谓"得其酱"也。详见刘氏《正义》引。"食气"之"食"，音嗣，饭也。肉所以佐饭，应适得其当。若只吃一些饭，而辅以许多肉，便是吃肉不是吃饭了；这叫做"肉胜食气"；孔子则不如此。酒为宾主尽欢而饮。若多饮而醉，往往失仪惹祸，即此所谓"乱"也。孔子饮酒虽无限量，但决不至于乱。沽酒，是市上买来的酒，里面多有杂质掺入。市脯，是市上买来的干肉，多不新鲜或不清洁。二者吃了喝了，有碍卫生，故孔子不吃不喝。姜，即生姜。菜中用姜，能去腥秽，故不撤去。"不多食"者，所谓"适可而止"，不贪心多吃也。一说此"不多食"，承上文"姜"说。"祭于公"者，助祭于公家也。公祭的肉，待分到，或已过了三日，故孔子必当天就吃，不再过夜，使肉更不新鲜，故曰"不宿肉"也。祭肉，指自己家里祭祀的肉。孔子也不过了三日才吃：过了三日，这肉难免腐败，所以不吃了。

右第八节，记孔子日常饮食之事。

食不语。寝不言。①

"食不语"者，吃饭的时候不说话。"寝不言"者，睡觉的时候不说话。朱注引范氏曰："圣人存心不他，当食而食，当寝而寝，言语非其时

① 答述曰语。自言曰言。○范氏曰："圣人存心不他，当食而食，当寝而寝，言语非其时也。"○杨氏曰："肺为气主而声出焉，寝食则气窒而不通，语言恐伤之也。"亦通。

也。”或谓“言”与“语”不同，食则言而不语，寝则语而不言；似嫌迂曲。

右第九节，记孔子当食寝时的仪容。

虽疏食菜羹，瓜祭，必齐如也。[①]

疏，粗也。食音嗣，饭也。疏食，是粗粝之饭。（“疏”或云即今“蔬”字。但作蔬，则与下菜羹复。菜羹。是以菜为羹，瓜，是瓜类。齐，同斋，严敬貌。孔子贫贱时祭祀祖先，虽或用粗饭，菜羹或瓜类，祭品很薄，但他的容貌是很严敬的。按：瓜，《鲁论》作“必”。郑玄注主从《古论》作“瓜”。孔安国注云：“三物虽薄祭之必敬。”是亦主作“瓜”也。朱注谓“虽薄物必祭”，则从鲁矣。又云：“古人饮食每种各出少许，置之豆间之地，以祭先代始为饮食之人，不忘本也。”是仍以本节为记饮食也。不如郑孔二说为长。

右第十节，记孔子祭时的仪容。

席不正，不坐。[②]

古时席地而坐。设于地的席，如有移动偏斜，孔子不坐。

右第十一节，记孔子坐时的仪容。

---

① 食，音嗣。陆氏曰：“《鲁论》瓜作必。”〇古人饮食，每种各出少许，置之豆间之地，以祭先代始为饮食之人，不忘本也。齐，严敬貌。孔子虽薄物必祭，其祭必敬，圣人之诚也。〇此一节，记孔子饮食之节。〇谢氏曰：“圣人饮食如此，非极口腹之欲，盖养气、体，不以伤生，当如此。然圣人之所不食，穷口腹者或反食之，欲心胜而不暇择也。”

② 谢氏曰：“圣人心安于正，故于位之不正者。虽小不处。”

乡人饮酒，杖者出，斯出矣。[①] **乡人傩，朝服而立于阼阶。**[②]

“乡人饮酒”者，古时行乡饮酒礼也。年老的人拿杖，故称“杖者”。《王制》云：“六十杖于乡。”则此“杖者”。指六十以上之老人。此言行乡饮酒礼时，孔子必等年纪老的人出去了，自己才出去。因老者本应敬重；此礼又贵龄崇年，主于养老，更不可对老人失敬也。傩，读懦，平声，是古时一种风俗；即《周礼》方相氏所谓“狂夫四人，蒙熊皮，黄金四目，玄衣朱裳，执戈扬盾，帅百隶而傩”也。意在祛邪逐疫。阼阶，东面的阶；古礼以此为主人所立之阶。朝服，即上朝时的礼服。孔子遇乡村里举行逐疫的时候，必穿着朝服，去立在家庙的东阶之上。皇疏曰：“孔子闻乡人逐鬼，恐见惊动宗庙，故着朝服而立于阼阶，以侍祖先，为孝之心也。”

右第十二节，记孔子居乡之事。

问人于他邦，再拜而送之。[③] **康子馈药，拜而受之。曰：“丘未达，不敢尝。”**[④]

按邢疏云：“此记孔子遗人之礼也。‘问’，犹遗也。问者，或自有事问人，或闻彼有事而问之，悉有物表其意。……此孔子凡以物问遗于他邦者，必再拜而送其使者，所以示敬也。”刘氏《正义》引《论语稽》云：“士相见当再拜，今拜使者，如拜所问之人。”本节的意思，是说孔子遣使

---

① 杖者，老人也。六十杖于乡，未出不敢先，既出不敢后。

② 傩，乃多反。○傩。所以逐疫，《周礼》方相氏掌之。阼阶，东阶也。傩虽古礼而近于戏，亦必朝服而临之者，无所不用其诚敬也。或曰：“恐其惊先祖五祀之神，欲其依己而安也。”○此一节，记孔子居乡之事。

③ 拜送使者，如亲见之，敬也。

④ 范氏曰：“凡赐食，必尝以拜。药未达，则不敢尝。受而不饮，则虚人之赐，故告之如此。然则可饮而饮，不可饮而不饮，皆在其中矣。○杨氏曰：“大夫有赐，拜而受之，礼也。未达不敢尝，谨疾也。必告之，直也。”○此一节，记孔子与人交之诚意。

至外国访问朋友，同时以物送给朋友。当使者出国时，孔子再拜而送之，如送其所访问的朋友也。

右第十三节，记孔子遣使问友人。

馈，音愧。康子，季康子，鲁卿。他送药品给孔子。孔子拜而受之。按受大夫之馈而拜，礼也。“丘未达，不敢尝”者，言我还不知道这药治什么病，所以不敢尝也。《曲礼》曰：“医不三世，不服其药。”孔子不服康子的药，就是这个意思。

右第十四节，记孔子受人馈药。

厩焚。子退朝，曰：“伤人乎？”不问马。[①]

厩。马房也。孔子上朝之时，家中的马房被火烧毁。孔子退朝以后，只问伤不伤人，不问马；这是贵人而贱畜也。《经典释文》云：“一读至‘不’字绝句。”盖读“不”为“否”；先问“伤人乎否”，然后问马，先人而后畜也。此别一解。

右第十五节，记孔子马厩被焚时事。

君赐食，必正席先尝之；君赐腥，必熟而荐之；君赐生。必畜之。[②]**侍食于君，君祭，先饭。**[③]

赐食，指君以熟食赐孔子也。“必正席先尝之”者，受了君所赐的熟食以后，必恭恭敬敬地坐着，先自己来尝，然后再以余者颁赐他人。盖敬

① 非不爱马，然恐伤人之意多，故未暇问。盖贵人贱畜，理当如此。

② 食恐或馂余，故不以荐。正席先尝，如对君也。言先尝，则余当以颁赐矣。腥，生肉。熟而荐之祖考，荣君赐也。畜之者，仁君之惠，无故不敢杀也。

③ 饭，扶晚反，○《周礼》，“王日一举，膳夫授祭品尝食，王乃食”。故侍食者，君祭，则己不祭而先饭，若为君尝食然，不敢当客礼也。

君之惠，而又不留君之惠也。腥，是生的肉或鱼。荐，是进献的意思。因为荣君之赐，必煮熟了，先祭一祭祖先。君赐熟食所以不荐者，恐为馂余也。生，是活物；因系君赐，不忍即杀，所以养畜之，以待祭祀之用也。“侍食于君”者，孔子侍坐于君的旁边，陪君吃饭也。祭，是古礼之一；食时把种种食物，先取出少许，放在俎豆边，以祭先代初造饮食之人也。先饭，即先尝食之，以饭赅其余的食物也。孔子侍食于君，在君祭时，自己遵礼先吃，如为君尝食一般，故曰“君祭，先饭”也。

右第十六节，记孔子受君赐食及侍食的事。

疾，君视之，东首，加朝服，拖绅。①

视者，视疾。疾，君视之，言孔子有病，君来看病也。东首，是睡时头在东面：病者头在东面，则君临榻前，适南面矣。绅，是大带；朝服所用。孔子有病，不能起床，穿朝服见君。而又不敢以便服见君，所以君来看病，把朝服盖在身上。又把绅拖在朝服上面，以尽礼也。

右第十七节，记孔子承君问疾时事。

君命召，不俟驾行矣。②

“君命召”者，君有命令来叫孔子也。上呼下曰“召”。凡遇君命来召，来不及等到马和车子驾好，即时步行而去。此言孔子急趋君命，急迫先行，不及俟驾车；及行后而家人始以车随及之耳。

右第十八节，记孔子奉君召时事。

---

① 首，去声。拖，徒我反。○东首，以受生气也。病卧不能着衣束带，又不可以亵服见君，故加朝服于身，又引大带于上也。

② 急趋君命，行出而驾车随之。○此一节，记孔子事君之礼。

入太庙，每事问。①

已见前《八佾篇》。按《论语稽》谓此篇："杂记圣人之事，入庙在所当记，非重出也。"

右第十九节记孔子入太庙事。

朋友死，无所归，曰："于我殡。"② 朋友之馈，虽车马，非祭肉，不拜。③

"朋友死，无所归"者，孔子的朋友死了，没有家族来料理丧事也。"曰于我殡"者，孔子说由我来殡殓他也。馈，是送的东西。朋友虽把车马等贵重的东西来送，也视为平常的事情，而不拜；只有朋友把祭祖先的肉来送，孔子因敬重朋友的祖先，故必拜而受之。

右第二十节，记孔子的交友。

寝不尸，居不容。④

"寝不尸"者，不像尸首一般直挺挺地卧在床上也。《正义》云："夫子曲肱而枕，则侧卧可知。今养生家亦如此说。"居，是平日住在家里。"不容"者，不像上朝或祭祀时，有庄肃的容仪；这时的态度，十分自然活泼也。按：《经典释文》"容"一作"客"；《唐石经》亦作"客"。臧

---

① 重出。

② 朋友以义合，死无所归，不得不殡。

③ 朋友有通财之义，故虽车马之重，不拜。祭肉则拜者，敬其祖考，同于己亲也。〇此一节，记孔子交朋友之义。

④ 尸，谓偃卧似死人也。居，居家。容，从仪。范氏曰："寝不尸，非恶其类于死也。惰慢之气不设于身体，虽舒布其四体，而亦未尝肆耳。居不容，非惰也。但不若奉祭祀、见宾客而已。申申、夭夭是也。"

琳《经义杂记》解孔注“为室家之敬难久”云：“谓因一家之人，难久以客礼敬已也。”此别一解。

右第二十一节，记孔子平居仪容。

见齐衰者，虽狎，必变。见冕者与瞽者，虽亵，必以貌。[①] 凶服者，式之。式负版者。[②]

此节与《子罕篇》所说：“子见齐衰者，冕衣裳者，与瞽者，见之虽少必作，过之必趋”一段，大同小异。意思亦是哀有丧，尊在位，矜残废之人。但《子罕篇》所记，为对于齐衰、冕、瞽之不相识者，而此节则为对于相识之齐衰、冕、瞽者耳。狎，与自己素来亲热也。变者，变了容色对他，异于常时也。亵，与狎义同。或曰“燕见”也。貌，礼貌。凶服，即丧服。“凶服者”，即上所云“齐衰者”。式。即轼，是车上一条横木；此作动词用，引申为把身体凭在轼上以表敬意的意思。“版”者，古时无纸，国家的图籍，都是用竹版、木版写。负版者，捧国家图籍的人也。孔子在车子上，见穿丧服的，负国家图籍的人，必在式上凭着，以表敬意。

右第二十二节，记孔子特施敬礼的人。

有盛馔，必变色而作。[③]

盛馔者，即丰富的酒席。“变色而作”者，《集解》引孔曰：“作，起也，敬主人之亲馈。”现在正式宴会，还有主人亲自上菜的礼节，就是“亲馈”。此时孔子必变色而起，敬礼有加也。此节对于孔注“亲馈”二

---

① 狎，谓素亲狎。亵，谓燕见。貌，谓礼貌。馀见前篇。

② 式，车前横木。有所敬，则俯而凭之。负版，持邦国图籍者。式此二者，哀有丧，重民数也人惟万物之灵，而王者之所天也，故《周礼》“献民数于王，王拜受之”。况其下者，敢不敬乎？

③ 敬主人之礼，非以其馔也。

字，极要注意。因非亲馈，则虽为盛馔，孔子亦不若是重视也。

右第二十三节，记孔子宴会中的仪容。

迅雷风烈，必变。[1]

忽然一声霹雳，叫做“迅雷”。忽然起了一阵大风，叫做“风烈”。风烈，即是烈风，此与“迅雷”错综以成文耳。“必变”者，敬天也。《礼记·玉藻》云：“若有疾风、迅雷、甚雨。则必变，虽夜必兴，衣服冠而坐。”义与此同。

右第二十四节，记孔子天变时的仪容。按刘氏《正义》本节，与上节并为一节。兹因二事，性质并不相同。故分之。

升车，必正立执绥。[2] 车中，不内顾，不疾言，不亲指。[3]

绥是挽以上车的一条绳索。孔子上车的时候，必正立而手执绥，表示不乱动，亦防倾跌也。“内顾”者，回头看后面。“疾言”者，说话说得响而又快也。“亲指”者，把手指头指来指去也。《正义》曰：“亲字义不可解。《曲礼》云：‘车上不妄指。“亲’疑即‘妄’字之误。”孔子坐在车中，不回头看后面，说话不响而快，不把手指来指去，其庄敬可知。

右第二十五节，记孔子乘车的仪容。

---

① 迅，疾也。烈，猛也。必变者，所以敬天之怒。《记》曰：“若有疾风、迅雷、甚雨则必变，虽夜必兴，衣服冠而坐。”〇此一节，记孔子容貌之变。

② 绥，挽以上车之索也。〇范氏曰“正立执绥，则心体无不正，而诚意肃恭矣。盖君子庄敬无所不在，升车则见于此也。

③ 内顾，回视也。《礼》曰：“顾不过毂。”三者皆失容，且惑人。〇此一节，记孔子升车之容。

色斯举矣，翔而后集。[①] 曰："山梁雌雉，时哉！时哉！"子路共之，三嗅而作。[②]

朱注云："言鸟见人之颜色不善则飞去，回翔审视而后下止。人之见几而作，审择所处，亦当如是。然此上下必有阙文矣。"又引邢疏曰："梁，桥也。'时哉'，言雉之饮啄得其时。子路不达，以为时物而共具之。孔子不食，三嗅其气而起。"引晁氏曰："石经'嗅'作'戛'，谓雉鸣也、"引刘聘君曰："'嗅'当作'臭'，古反，张两翅也。见《尔雅》。"又云："愚按如后两说，则'共'字当为'拱执'之义然。此必有阙文，不可强为之说。"王引之《经传释词》云："色斯者，状鸟举之疾也。'色斯'即'色然'，惊飞貌也。……哀公六年《公羊传》'诸大夫见之，皆色然惊而骇。'何注曰：'色然，惊骇貌，义与此相近也。并历举汉人'色斯'二字连用之例为证。按'色斯举矣'，记鸟飞举之速；'翔而后集'，记鸟翔集之迟，疑即记所见之雌雉。但为记事状物之语，不寓他义；不必过于深求，致难索解。'山梁雌雉，时哉时哉！'则孔子见之，偶然脱口而出之语也。山石有在两岩间如梁者，谓之'山梁'；此雉集其上也。'共'为'拱'之借字。《尔雅·释诂》：'拱，执也。"嗅'当从刘说作'臭'。形与'臭'字近，因为'臭'，故《五经文字》尚作'臭'。《唐石经》乃加口作'嗅'耳。作飞举也。《吕氏春秋·审己篇》言'子路掩雉而复释之'。揜即共也。盖雉以倦飞而集，子路掩而执之，亦游山时随意游戏之乐事；而旋即释之，故雉张两翅，三搏而迅飞耳。"

右第二十六节，记孔子与子路出游时琐事。文虽简短，记叙却极生

---

① 言鸟见人之颜色不善，则飞去，回翔审视而后下止。人之见几而作，审择所处，亦当如此。然此上下，必有阙文矣。

② 共，九用反，又居勇反。嗅，许又反。○邢氏曰："梁，桥也。时哉，言雉之饮啄得其时。子路不达，以为时物而共具之。孔子不食，三嗅其气而起。"○晁氏曰："石经嗅作戛，谓雉鸣也。"刘聘君云"嗅，当作臭，古阒反。张两翅也。见《尔雅》。"愚按：如后两说，则"共"字当为拱执之义。然此必有阙文，不可强为之说。姑记所闻，以俟知者。

动。注家过于深求，望文生义，反致迂曲难晓耳。

［问题］

（一）孔子在乡党庙朝，何以言语时态度不同？

（二）孔子在朝时。对上大夫与下大夫谈论，有何不同,？

（三）孔子做傧相时仪容如何？

（四）孔子聘问他国时，仪容如何？

（五）孔子对于食物的卫生如何？

（六）孔子何以不敢尝季康子送他的药？

（七）孔子于厩焚后退朝，何以问伤人而不问马？

（八）孔子对死友如何？

（九）有盛馔，孔子何以必变色而作？

（十）本篇末一节所记为何事？

先进第十一

按《乡党》以上十篇，旧称《上论》，本篇以下十篇，旧称《下论》。大概原编仅前十篇，增辑后始有后十篇，观于在体制上应居最后的《乡党》篇，排列在第十篇可知也。又后十篇，文体亦多与前十篇不同，读者细玩之自知。崔述于末五篇尤疑之，谓是后人续入也。

子曰："先进于礼乐，野人也；后进于礼乐，君子也。[1] 如用之，则吾

---

① 先进、后进，犹言前辈、后辈。野人，谓郊外之民。君子，谓贤士大夫也。○程子曰："先进于礼乐，文质得宜，今反谓之质朴，而以为野人。后进之于礼乐，文过其质，今反谓之彬彬，而以为君子。盖周末文胜，故时人之言如此，不自知其过于文也"

从先进。”[①]

乐，音乐之乐。“先进”，“后进”，犹今言“前辈”，“后辈”。“先进于礼乐，野人也”者，言前辈对于礼乐，文质得宜；但流俗不明白，以为是质朴的野人也。“后进于礼乐，君子也”者，言后辈对于礼乐，文过其质；但流俗不明白，以为是彬彬的君子也。这两句是说后辈不及前辈，而流俗对于野人君子之辨的错误。“如用之则吾从先进”者，孔子自言“我如果要行起礼用起乐来，一定从前辈的文质得宜”也。这是依程朱之说（见《集注》）解释的。《集解》邢疏以“先进”为前辈不因时损益礼乐而有古风的；“后进”为后辈因时损益礼乐而得时之中的。皇疏以“先进”为质朴的前辈；“后进”为文胜质的后辈。二说皆谓孔子之“从先进”，是要还淳返素。刘氏《正义》以为“先进于礼乐”，是先习礼乐而后服官的；因其未服官时，没有爵禄，而为平民，故曰“野人”。“后进于礼乐”，是袭先世的爵禄，起先并没有学习礼乐，到了服官之后，才思为礼乐之事的；因其袭先世的爵禄，世代为卿大夫，故曰“君子”。孔子反对当时世袭爵禄的制度。主张行古代的选举法，所以说如果有用我的，我必行先学而后服官的制度。

统观诸说，以程朱与刘氏《正义》之说为长。何邢皇之说。与孔子平日贵时中，贵文质彬彬之义不符，《正义》已驳之。

子曰：“从我于陈、蔡者，皆不及门也。[②] 德行：颜渊、闵子骞、冉伯牛、仲弓。言语：宰我、子贡。政事：冉有、季路。文学：子游、子

---

① 用之，谓用礼乐。孔子既述时人之言，又自言其如此，盖欲损过以就中也。

② 从，去声。○孔子尝厄于陈、蔡之间，弟子多从之者，此时皆不在门。故孔子思之，盖不忘其相从于患难之中也。

夏。”①

孔子曾在陈蔡之间绝粮，这时回忆相从于患难中的弟子都不在门，心里记念他们，所以说：“从我在陈、蔡受难的弟子，现在都不在门下了！”按：“不及门”训“不在门”，是朱子之说。何《解》引郑玄注及邢疏皇疏均训为“不及仕进之门”。一谓“孔子言时世乱离，非唯我道不行；只我门徒，虽从我在陈、蔡者，亦不复及仕进之门”。刘氏《正义》说：“《孟子》云：‘君子之厄于陈、蔡之间，无上下之交也。’无上下之交，即此所云不及门也。”又说：“夫子周游，亦赖君弟子仕进，得以维护之；今未有弟子仕陈、蔡，故致此困厄也。”则以此语为孔子自言所以厄于陈、蔡之故。

行，去声。此章是记述孔子的高足弟子。孔子弟子三千人，身通六艺者七十二；而此十人，尤为杰出也。朱注与上章合为一章，则此十人是从孔子于陈、蔡者。

孔子之学，是学做人；所以“德行”列在第一。“言语”列第二者，因孔子时列国并立，做官的人，常要出国外交，所以说话极其注重。“政事”是有政治学识而能从政的人才。“文学”者，能读诗书，知典则的人。十人均称字，其名已散见以前各篇。

子曰：“回也非助我者也，于吾言无所不说。”②

助我，指质疑问难，以启发孔子的施教，如孔子称子夏的“起予”。

---

① 行，去声。○弟子因孔子之言，记此十人，而并目其所长，分为四科。孔子教人各因其材，于此可见。○程子曰：“四科乃从夫子于陈、蔡者尔，门人之贤者固不止此。曾子传道而不与焉，故知十哲世俗论也”

② 说，音悦。○助我，若子夏之起予，因疑问而有以相长也。颜子于圣人之言，默识心通，无所疑问，故夫子云然。其辞若有憾焉，其实乃深喜之。○胡氏曰：“夫子之于回，岂真以助我望之。盖圣人之谦德，又以深赞颜氏云尔。”

说，今作悦。颜渊对于孔子的话，默识心通，无所疑问的，所以不能为孔子启发也。旧解多作此说，惟皇疏引孙绰曰："所以每说吾言，理自玄同耳，非为助我也。"则谓"助我"为"帮助我"，此另一说。

子曰："孝哉闵子骞！人不间于其父母昆弟之言。"①

朱注之胡氏曰："父母兄弟，称其孝友，人皆信之无异词者，盖其孝友之实，有以积于中而著于外，故夫子叹而美之。"此训"间"为"异"，言父母兄弟称闵子骞孝友，别人也称闵子骞孝友，而无异辞；"孝哉闵子骞"一句，即为别人称闵子之言，故称闵子之字也。刘氏《正义》曰："'不'字作'无'字解。人无非间之言，不是无非间闵子之言，乃无非间其父母昆弟之言。"此解"间"字与"禹吾无间然矣"之"间"同。"人不间于其父母昆弟子之言"者，言入于其父母昆弟无间言也。《后汉书·范升传》云："升闻子以人不间于其父母为孝，臣以下不非其君上为忠。"即本此义。《太平御览》孝部引《说苑》云："闵子骞母死，其父更娶，复有二子。子骞为其父御车，失辔。父持其手，衣甚单，父归，呼其后母儿，持其手，衣甚厚温。即谓其妇曰："吾所以娶汝，乃为吾子。今汝欺我。去，无留！"子骞曰："母在一子单，母去三子寒。"其父默然。故曰："孝哉闵子骞，一言其母还，再言三子温。"《韩诗外传》亦载此事，并谓其母改悔，遂成慈母。据此，则人之所以无间言于其父母兄弟者，以闵子骞之能感格之；此与舜之感化父母及象正同，故孔子称其孝。

---

① 间，去声。○胡氏曰："父母兄弟称其孝友，人皆信之无异词者，盖其孝友之实，有以积于中而著于外，故夫子叹而美之。"

南容三复白圭，孔子以其兄之子妻之。[①]

妻，去声，作动词用。孔子把侄女许给南容为妻，已见前《公冶长篇》。《诗经·大雅·抑》云："白圭之玷，尚可磨也：斯言之玷，不可为也。"白圭，是白玉。玷，是疤点。言白玉上有一些疤点，尚可把他磨去；一个人说话说错，有了污点，被人听去，便永久被人看不起了。这四句诗，是教人说话要谨慎。南容常把这四句诗，反复念诵，其能慎言可知。所以能"邦有道不废，邦无道免于刑戮"也。"三"是虚数，言其常常复诵耳。

季康子问："弟子孰为好学?"孔子对曰："有颜回者好学，不幸短命死矣！今也则亡。"[②]

亡。今作无。按本章与《雍也篇》"哀公问"章大同小异。不过那章问者为鲁哀公，此章问者为鲁大夫季康子；那章孔子答语，于"好学"下，多"不迁怒，不贰过"两句而已。崔述《洙泗考信录》，谓此未必果为两事。

颜渊死，颜路请子之车以为之椁。[③] 子曰："才不才，亦各言其子也。

---

① 三、妻，并去声。○《诗·大雅·抑》之篇曰："白圭之玷，尚可磨也；斯言之玷，不可为也。"南容一日三复此言，事见《家语》，盖深有意于谨言也。此邦有道所以不废，邦无道所以免祸，故孔子以兄子妻之。○范氏曰："言者行之表，行者言之实，未有易其言而能谨于行者。南容欲谨其言如此，则必能谨其行矣。"

② 好，去声。○范氏曰："哀公、康子问同而对有详略者，臣之告君，不可不尽。若康子者，必待其能问乃告之，此教诲之道也。"

③ 颜路，渊之父，名无繇。少孔子六岁，孔子始教而受学焉。椁，外棺也。请为椁，欲卖车以买椁也。

鲤也死，有棺而无椁。吾不徒行以为之椁。以吾从大夫之后，不可徒行也。”①

颜路是颜渊之父，名无繇，字路。亦孔子弟子。椁亦作槨，现在用石椁、古有木椁。路见孔子最爱颜渊，自己家又极贫，故请孔子之车卖以为之椁也。鲤是孔子之子，字伯鱼。徒行，就是步行。孔子自言我为鲁国的大夫；别的大夫都坐车子，我也只得坐车子，不便步行跟在人后也。实为大夫，而曰“从大夫之后”者，《集解》引孔曰：“谦辞也。”刘氏《正义》则曰：“孔子初仕鲁为大夫；及去位，从士礼。其后鲁人以币召孔子归，自必复其爵而不居位，若大夫致仕者然，故但从大夫之后。”按古代送丧事人家的礼物，车马曰赗。（见隐元年《公羊传》）是赗丧之礼，本以车马。故孔子于旧馆人之丧，脱骖以赠。颜渊死，孔子亦必有赠；而颜路复有此请，故孔子以鲤死无椁，未尝卖车事告之。

颜渊死，子曰：“噫！天丧予！天丧予！”②

噫，叹声。天丧予，意思是说颜渊丧亡，和天丧亡我自己一样：连说两句，痛悼之深也。

颜渊死，子哭之恸。从者曰：“子恸矣。”③ 曰：“有恸乎？④ 非夫人之

---

① 鲤，孔子之子伯鱼也，先孔子卒。言鲤之才虽不及颜渊，然己与颜路以父视之，则皆子也。孔子时已致仕，尚从大夫之列，言“后”，谦辞。○胡氏曰：“孔子遇旧馆人之丧，尝脱骖以赙之矣。今乃不许颜路之请，何耶？葬可以无椁，骖可以脱而复求，大夫不可徒行，命车不可以与人而鬻诸市也。且为所识穷乏者得我，而勉强以副其意，岂诚心与直道哉？或者以为君子行礼，视吾之有无而已。夫君子之用财，视义之可否，岂独视有无而已哉？

② 丧，去声。○噫，伤痛声。悼道无传，若天丧己也。

③ 从，去声。○恸，哀过也。

④ 哀伤之至，不自知也。

为恸而谁为？”[①]

恸，者悲伤过甚也。颜渊死的时候，孔子往颜渊家哭之，悲伤过甚。从者，是从孔子往颜渊家去的弟子，见孔子悲伤到这样地步，所以说：“子恸矣！”“有恸乎”者，是孔子不自知己之悲伤过甚，听见从者说，他就问道：“我悲伤过甚了吗？”接着又说道：“我不为这个人悲伤过甚，还为哪一个人这样悲伤呢？”夫音扶。夫人，就是这个人。

颜渊死，门人欲厚葬之，子曰：“不可。”[②] 门人厚葬之。[③] 子曰：“回也视予犹父也，予不得视犹子也。非我也，夫二三子也。”[④]

古代礼制甚严。诸侯、大夫、士、庶人丧葬，都有一定的制度。颜渊虽贤，但终是一个平民。厚葬，就是违礼了。门人因为仰慕颜渊的贤德，又以他是孔子最爱的弟子，所以要厚葬他。孔子以厚葬为违礼，故曰“不可”也。门人不听孔子的话，竟把颜渊厚葬了。孔子因叹道：“颜回看待我同父亲一样；他若真是我的儿子，我可出主意，不使他们违礼厚葬。现在颜回的父亲颜路，竟听门人厚葬了；我虽爱颜回如子，但不便干涉；这个违礼的举动，不是我的主意，是弟子们的主意也。”

季路问事鬼神。子曰：“未能事人，焉能事鬼？”“敢问死。”曰：“未

---

① 夫，音扶。为，去声。○夫人，谓颜渊。言其死可惜，哭之宜恸，非他人之比也。○胡氏曰：“痛惜之至，施当其可，皆情性之正也。”

② 丧具称家之有无，贫而厚葬，不循理也，故夫子止之。

③ 盖颜路听之。

④ 叹不得如葬鲤之得宜，以责门人也。

知生，焉知死？”①

季路，即子路。子路问对于鬼神应如何奉事。“子曰：‘未能事人，焉能事鬼’”者，刘氏《正义》说：“事人，若子事父，臣事君是也。‘焉能事鬼’；言鬼，则神可知。或以‘事鬼’下脱‘神’字，非也。”子路又由鬼而联想到死，就再问孔子。“曰：‘未知生，焉知死’”者，言未能知道“生”，怎能知道“死”也。盖孔子主张“务民之义敬鬼神而远之”，故于子贡问死后有知无知，亦答以“死，徐自知，未为晚也。”（见《说苑》）与此答子路之问，其旨相同。

闵子侍侧，訚訚如也；子路，行行如也；冉有、子贡，侃侃如也。子乐。②“若由也，不得其死然。”③

侍侧，伺候在孔子旁边也。訚訚，中正之貌，恭恭敬敬的相貌。侃侃，和乐之貌；已见《乡党篇》。行行，刚强之貌。见郑玄注。行，胡浪反。宋翔凤《过庭录》引《说文》解本章，说“行行”应作“侃侃”，下“侃侃”，应作“衎衎”（《乡党篇》“侃侃”亦“衎衎”。同音假借字。）因“侃侃”训刚强，而“衎衎”训和乐也。至“行行”二字，想是涉下文“衎衎”而误，其说亦通。孔子见四人侍于左右，各有真性情流露出来，所以很欢喜。“子乐”之“乐”，音洛。孙奕《示见编》，说“子乐”

① 焉，于虔反。○问事鬼神，盖求所以奉祭祀之意。而死者人之所必有，不可不知，皆切问也。然非诚敬足以事人，则必不能事神；非原始而知所以生，则必不能反终而知所以死。盖幽明始终，初无二理，但学之有序，不可躐等，故夫子告之如此。○程子曰：“昼夜者，死生之道也。知生之道，则知死之道。尽事人之道，则尽事鬼之道。死、生，人、鬼，一而二，二而一者也。或言夫子不告子路，不知此乃所以深告之也。”

② 訚、侃，音义见前篇。行，胡浪反。乐，音洛。行行，刚强之貌。子乐者，乐得英材而教育之。

③ 尹氏曰：“子路刚强，有不得其死之理，故因以戒之。其后子路卒死于卫孔悝之难。”○洪氏曰：“《汉书》引此句，上有‘曰’字。”或云：“上文‘乐’字，即‘曰’字之误。”

应作“子曰”，当属下。因下云子路不得其死然，有何可乐呢？《皇本》“若”字上亦有“曰”字。“然”字是助词。这句话的意思就是说“由的神气像将来要不得好死似的”。按：孟子所谓“得天下英才而教育之”为君子三乐之一。孔子之乐，即因此也。“若由也不得其死然”一语，正是孔子对子路之关切忧虑。后来子路在卫国做官，果然死于乱事，可见孔子观察得不错。

鲁人为长府。① 闵子骞曰：“仍旧贯，如之何？何必改作？”② 子曰：“夫人不言，言必有中。”③

长府，是库名，是藏货财的府库。为，是改造。仍，因也。贯，事也。“仍旧贯”者，言因仍旧事，只加修理而不改造也。朱注引王氏曰：“改作劳民伤财，在于得已，则不如仍旧贯之为善。”夫，音扶。夫人，这个人也。中，去声。孔子赞闵子，言此人但不言耳；言则必中于事理也。此朱注说。刘氏《正义》引阎若璩《四书释地》说，而稍正之，谓长府是府库名，在公宫内。《左传》昭公二十五年，公居于长府；九月戊戌，伐季氏，入其门。此云“鲁人为长府”正是如公预谋伐季氏，欲居此而先事改作。但季氏擅权得民已久，非可以力制之，故子家羁曾力阻其谋，宋乐祁亦知鲁君之不得逞。闵子此言，正指其事，但辞微而婉耳。故孔子称之。此说与朱注异，义亦精当。

子曰：“由之瑟，奚为于丘之门？”④ 门人不敬子路。子曰：“由也升

---

① 长府，藏名。藏货财曰府。为，盖改作之。

② 仍，因也。贯，事也。○王氏曰：“改作劳民伤财，在于得已，则不如仍旧贯之善。

③ 夫，音扶。中，去声。○言不妄发，发必当理，惟有德者能之。

④ 程子曰：“言其声之不和，与己不同也。”《家语》云：“子路鼓瑟，有北鄙杀代之声。”盖其气质刚勇，而不足于中和，故其发于声者如此。

堂矣，未入于室也。”①

瑟，是一种乐器，鼓瑟的声音，要和而能使人优游自得才好。子路好勇喜斗，所以他鼓瑟，变成一种杀伐的声音。孔子不以为然，就对门弟子说：“由的这种鼓瑟，怎么鼓到我（丘）的门里来了？”门弟子听了孔子说子路的错处，就看不起子路，不敬重他。孔子知道门人不敬子路的原因，于是又对门人解释道：“由的人品学问，已经是好的了；不过没到顶好的地步；譬如一个人，已经走到堂上，还没有走进室内罢了！”按子路鼓瑟事亦见《说苑·修文篇》。

子贡问：“师与商也孰贤？”子曰：“师也过，商也不及。”② 曰：“然则师愈与？”③ 子曰：“过犹不及。”④

与，今作欤。师是子张的名。商是子夏的名。弟子对师，都应称名，所以尊师也。“孰贤”者，犹云谁好也。子曰：“师也过，商也不及。”意思是说两个人都不能适中，都有短处也。子贡误以为过头好些，故又问：“然则师愈与？”故孔子答以“过犹不及”。盖孔子之道以“中庸”为主，过与不及，皆非中庸。

季氏富于周公，而求也为之聚敛而附益之。⑤ 子曰：“非吾徒也。小子

---

① 门人以夫子之言，遂不敬子路，故夫子释之。升堂入室，喻入道之次第。言子路之学，已造乎正大高明之域，特未深入精微之奥耳，未可以一事之失而遽忽之也。

② 子张才高意广，而好为苟难，故常过中。子夏笃信谨守，而规模狭隘，故常不及。

③ 与，平声。○愈，犹胜也。

④ 道以中庸为至。贤知之过，虽若胜于愚不肖之不及，然其失中则一也。○尹氏曰：“中庸之为德也，其至矣乎！夫过与不及，均也。差之毫厘，缪以千里。故圣人之教，抑其过，引其不及，归于中道而已。”

⑤ 为，去声。○周公以王室至亲，有大功，位冢宰，其富宜矣。季氏以诸侯之卿，而富过之，非攘夺其君、刻剥其民，何以得此？冉有为季氏宰，又为之急赋税以益其富。

鸣鼓而攻之，可也。”①

周公，为武王之弟，成王之叔，官冢宰，封鲁侯，其富宜也。季氏不过鲁国一个贵族，他的财产，竟比周公还要富，已经是不应该了。不料冉求为季氏宰，还要帮他搜刮钱财，增加季氏的财富，故孔子深恶而痛绝之，曰：“非吾徒也！”并命其余的学生对冉有声罪致讨，故又曰：“小子鸣鼓而攻之可也。”按：《孟子·离娄篇》亦载此事。

“柴也愚，② **参也鲁，**③ **师也辟，**④ **由也喭。”**⑤

这四句，亦是孔子所说的话，不过记者未加“子曰”二字而已。高柴，字子羔，孔子弟子。《史记》、《集解》引郑玄云：卫人。《集解》云：“愚，愚直之愚。”按本书下文言：“古之愚也直。”愚直，即俗语说的戆直。朱注云：“愚者，知不足而厚有余。”亦通。参，是曾参，鲁，是迟钝而不灵敏。师，是子张。朱注云：“辟，便辟也。谓习于容止，少诚实也。”便辟即盘辟，指周旋动止之仪容。《荀子·非十二子》云：“禹行而舜趋，是子张氏之贱儒也。”由，是子路。谚，即畔谚，亦作畔援，（《诗·大雅·皇矣》“无然畔援”）强武粗率之貌，故引申为跋扈恣睢之意。盖过于刚直，而涵养有亏也。这四个人，每人都有一种短处，故孔子时常

---

① 非吾徒，绝之也。小子鸣鼓而政之，使门人声其罪以责之也。圣人之恶党恶而害民也如此。然师严而友亲，故已绝之，而犹使门人正之，又见其爱人之无已也。○范氏曰：“冉有以政事之才。施于季氏，故为不善至于如此，由其心术不明，不能反求诸身，而以仕为急故也。”

② 柴，孔子弟子，姓高，字子羔。愚者，知不足而厚有余。《家语》记其“足不履影，启蛰不杀，方长不折。执亲之丧，泣血三年，未尝见齿。避难而行，不径不窦”可以见其为人矣。

③ 鲁，钝也。○程子曰：“参也竟以鲁得之。”又曰：“曾子之学，诚笃而已。圣门学音，聪明才辩，不为不多，而卒传其道，乃质鲁之人尔。故学以诚实为贵也。”○尹氏曰：“曾子之才鲁，故其学也确，所以能深造乎道也。”

④ 辟，婢亦反。○辟，便辟也。谓习于容止，少诚实也。○喭，五旦反。

⑤ 喭，粗俗也。传称喭者，谓俗论也。○杨氏曰：“四者性之偏，语之使知自励也。”○吴氏曰：“此章之首，脱‘子曰’二字。”或疑下章子曰当在此章之首，而通为一章。

说起，想他们改过也。按：注疏本及皇本皆以本章与下章相连。朱注分之，今从朱注。

子曰："回也其庶乎，屡空。[①] 赐不受命，而货殖焉。亿则屡中。"[②]

此章是孔子说颜渊和子贡也。庶几也。言"颜渊庶几是个完人了"也，屡空者，他家里的衣食屡次空而没有也。意思是说颜渊能够安贫乐道。"不受命"者，不肯听天任命，安贫乐道也。殖，积也；滋，生也。货殖，是居积生财的意思，就是现在所谓做生意。亿者，猜测也。"屡中"者，每每猜着也。中，去声。子贡会做生意，买贱卖贵，猜得着这货物，将来要涨价，在便宜的时候，买了进来，到价涨了卖出去。孔子之意是说子贡不能安贫乐道，不及颜渊；但其才识过人，故能亿则屡中。《史记·货殖传》首列子贡，即是因此。

子张问善人之道。子曰："不践迹，亦不入于室。"[③]

善人，质美而未学者也。子张问孔子，善人当怎样自处。践迹，就是效前言往行以成其德。入于室，即德成也。"不践迹，亦不入于室"者，言质美的人，不照前言往行去做，德也不会成的。譬如入室，不照别人由

---

① 庶，近也。言近道也。屡空，数至空匮也。不以贫窭动心而求富，故屡至于空匮也。言其近道，又能安贫也。

② 中，去声。〇命，谓天命。货殖，赏财生殖也。亿，意度也。言子贡不如颜子之安贫乐道，然其才识之明，亦能料事而多中也。〇程子曰："子贡之货殖，非若后人之丰财，但此心未忘耳。然此亦予贡少时事，至闻性与天道，则不为此矣。"〇范氏曰："屡空者，箪食瓢饮屡绝而不改其乐也。天下之物，岂有可动其中者哉？贫富在天，而子贡以贷殖为心，则是不能安受天命矣。其言而多中者，亿而已，非穷理乐天者也。夫子尝曰：'赐不幸言而中，是使赐多言也'。圣人之不贵言也如是。"

③ 善人，质美而未学者也。〇程子曰："践迹，如言循途守辙。善人虽不必践旧迹而自不为恶，然亦不能入圣人之室也。"〇张子曰："善人欲仁而未志于学者也。欲仁，故虽不践成法，亦不蹈于恶，有诸己也。由不学，故无自而入圣人之室也。"

堂户进来的一条路走，总不会走进室内也。这是从刘氏《正义》的说法。《集解》引孔曰："践，循也。言善人不但循追旧迹而已；亦多少能创业。然亦不能入于圣人之奥室也。"朱注引程子曰："善人虽不必践旧迹；而自不为恶。然亦不能入圣人之室也。"均与上说不同。

子曰："论笃是与，君子者乎？色庄者乎？"①

与，今作欤。《集解》此节与上节相连为一章。邢疏云："此亦善人之道也，故同为一章。当是异时之语，故别言'子曰'也。"此节意思，就是言论厚重，是善人；没有鄙行的君子，是善人；颜色不恶而严，使小人畏他的，也是善人。疑问词或作"与"，或作"乎"者，文法的变化也。以上三种人，有时有似是而非的，故孔子但为疑辞。（此刘氏《正义》）说。朱注则此节自为一章。解亦不同。他说这是不可以言貌取人的意思。"与"字当作"许"解。只看人言论为笃实。就称许他，是靠不住的。这个人究竟真是君子呢？还是不过脸上装出庄重的神气来的呢。

子路问："闻斯行诸？"子曰："有父兄在，如之何其闻斯行之？"冉有问："闻斯行诸？"子曰："闻斯行之。"公西华曰："由也问：'闻斯行诸'"子曰'有父兄在。'求也问：'闻斯行诸？'子曰：'闻斯行之。'赤也惑，敢问。"子曰："求也退，故进之；由也兼人，故退之。"②

"闻斯行诸"者，就是"听见了一句话当即去做吗"？诸，之乎二字之

---

① 与，如字。○言但以其言论笃实而与之，则未知其为君子者乎？为色庄者乎？害不可以言貌取人也。

② 兼人，谓胜人也。○张敬夫曰："闻义固当勇为，然有父兄在，则有不可得而专者。若不禀命而行，则反伤于义矣。子路有闻，未之能行，唯恐有闻，则于所当为，不患其不能为矣，特患为之之意或过，而于所当禀命者有阙耳。若冉求之资禀失之弱，不患其不禀命也，患其于所当为者逡巡畏缩，而为之不勇耳。圣人一进之，一退之，所以约之于义理之中，而使之无过不及之患也。"

合音。子路所问的话，和冉有相同。孔子答子路则说："有父兄在，应该请示于父兄，然后去做，哪里好一听见就去做呢！"答冉有则说："听见了，就去做罢！"公西华因二人问的同是一句话，而孔子答话不同，故曰："赤也惑，敢问。"赤，是公西华的名。孔子把答两人不同之意，告诉公西华道："冉有做事，有些畏畏缩缩，不肯向前，所以教他上进一些。子路的性格，遇事勇往直前，往往凭自己的勇气要一个人去做两个人的事体，所以教他做事要退一步。"这就是孔子的"因材施教"。

子畏于匡，颜渊后。子曰："吾以女为死矣。"曰："子在，回何敢死？"①

"子畏于匡，颜渊后"者，孔子被匡人包围，解围以后，弟子失散，后来渐渐复集，颜渊后到也。女，同汝。孔子见了颜渊，对他说道："我以为你已经死了！"颜渊回答说："夫子还在，我何敢先死呢？"

季子然问："仲由、冉求可谓大臣与？"② 子曰："吾以子为异之问，曾由与求之问。③ 所谓大臣者，以道事君，不可则止。④ 今由与求也，可谓具臣矣。"⑤ 曰："然则从之者与？"子曰："弑父与君，亦不从也。"

---

① 女，音汝。○后，谓相失在后。何敢死，谓不赴斗而必死也。○胡氏曰："先王之制，民生于三，事之如一。惟其所在，则致死焉。况颜渊之于孔子，恩义兼尽，又非他人之为师弟子者而已。即孔子不幸而遇难，回必捐生以赴之矣。捐生以赴之，幸而不死，则必上告天子，下告方伯，请讨以复仇，不但已也。夫子而在，则回何为而不爱其死，以犯匡人之锋乎？"

② 与，平声。○子然，季氏子弟。自多其家得臣二子，故问之。

③ 异，非常也。曾，犹乃也。轻二子以抑季然也。

④ 以道事君者，不从君之欲。不可则止者，必行己之志。

⑤ 具臣，谓备臣数而已。与，平声。○意二子既非大臣，则从季氏之所为而已。言二子虽不足于大臣之道，然君臣之义之则闻之熟矣，弑逆大故，必不从之。盖深许二子以死难不可夺之节，而又以阴折季氏不臣之心也。○尹氏曰："季氏专权僭窃，二子仕其察而不能正也，知其不可而不能止也，可谓具臣矣。是时季氏已有无君之心，故自多其得人。意其可使从己也，故曰弑父与君，亦不从也，其庶乎二子可免矣。"

季子然，季氏子弟。戴望《论语注》谓疑即季襄。曾，朱注与刘氏《正义》皆谓“犹乃也”。但《正义》谓异，是异人，犹今云别的人也。朱注云：“异，非常也。”则以“异”为非常之事矣。其实“吾以子为异之间”者，即“我以为你问别的”，指人指事均可。“所谓大臣者，以道事君，不可则止；今由与求也，可谓具臣矣”者，孔子告季子然做大臣的与平常的臣不同，须能以道事君，君上不听他的道理，就辞官不做。今由与求两个人，未必能“以道事君，不可由止”，故只可说是备数之臣，不能谓为“大臣”也。季子然又问：“然则从之者与?”与，今作欤。意思是：“说由、求既然是备数目之臣，那么凡事都听从上司去做吗?”“子曰：‘弑父与君。亦不从也’”者，孔子又答季子然也，意思是说：“由与求两个人，虽不足称大臣，但也不是寻常庸碌之人，他们也深明大义，若命他去做弑君弑父的事情，他两人也是不肯从的。”盖当时季氏已有无君之心，故孔子答之如此。

子路使子羔为费宰。子曰：“贼夫人之子。”子路曰：“有民人焉，有社稷焉，何必读书，然后为学?”子曰：“是故恶夫佞者。”①

费，音秘，季氏邑。子路为季氏宰，故举子羔。贼，害也。夫，音夫。夫人之子，指子羔。孔子不以此事为然，所以说：“害了人家的儿子!”子路听了孔子的话强辩道：“费虽小邑。也有百姓，有社稷，叫他去

① 子路为季氏宰而举之也。夫，音扶，下同。○贼，害也。言子羔质美而未学，遽使治民，适以害之。言治民、事神皆所以为学。恶，去声。○治民、事神，固学者事，然必学之已成，然后可仕以行其学。若初未尝学，而使之即仕以为学，其不至于慢神而虐民者几希矣。子路之言，非其本意。但理屈词穷，而取辨于口以御人耳。故夫子不斥其非，而特恶其佞也。○范氏曰：“古者学而后入政，未闻以政学者也。盖道之本在于修身，而后及于治人，其说具于方册。读而知之，然后能行，何可以不读书也？子路乃欲使子羔以政为学，失先后本末之序矣。不知其过而以口给御人，故夫子恶其佞也。”

办事，这也是求学问；何必读书，然后算是求学问呢？”孔子听了子路强辩而不肯认错的话，更气了起来，所以老实斥子路道：“是故恶夫佞者！”佞，是有口才会说话的人。这句话就是说：“你自以为会说话，强词夺理；所以我憎恶有口才会强辩的这一种人！”

子路、曾皙、冉有、公西华侍坐。① 子曰：“以吾一日长乎尔，毋吾以也。② 居则曰：‘不吾知也！’如或知尔，则何以哉？”③

曾皙，是曾参的父亲，名点。有一天，子路、曾皙、冉有、公西华四人侍坐在孔子身边。孔子对他们说道：“你们以我的年纪，比你们大一些罢？但你们不要以我年纪大些，在我面前，不敢把心里的话，爽爽快快地说。”居，谓平居之时。不吾知即是不知吾。意思是说：“你们平时常说：‘没有人知道我。’如或有人知道你，能用你们，那么，你们将何以自见其长呢？”

子路率尔而对曰：“千乘之国，摄乎大国之间，加之以师旅，因之以饥馑，由也为之，比及三年，可使有勇，且知方也。”夫子哂之。④

率尔，是莽撞轻率，不假思索之貌。摄乎大国之间，就是夹在大国的中间，“加之以师旅，因之以饥馑”者，师旅，是军队，二千五百人为

① 坐，才卧反。○皙，曾参父，名点。

② 长，上声。○言我虽年少长于女，然女勿以我长而难言。盖诱之尽言以观其志，而圣人和气谦德，于此亦可见矣。

③ 言女平居，则言人不知我。如或有人知汝，则汝将何以为用也？

④ 乘，去声。饥，音机。馑，音仅。比，必二反，下同。哂，诗忍反。○率尔，轻遽之貌。摄，管束也。二千五百人为师，五百人为旅。因，仍也。谷不熟曰饥，菜不熟曰馑。方，向也，谓向义也。民向义，则能亲其上、死其长矣。哂，微笑也。

“师”，五百人为“旅”；此指战事而言。饥馑，是灾荒。这句话的意思是：千乘之国，夹在大国中间，又加之以军事，并因此而遇着荒年也。比，音避。比及，到也。方，义方；知方，民知向义也。这是说：使我子路治理起来，到了三年，就可使百姓都有武勇，且能够晓得向义，为国效死也。哂，笑也。《曲礼》云：“笑不至矧。”郑玄注：“齿本曰矧，大笑则见。”释文：“矧，本又作哂。”是哂者，笑而露齿也。

“求！尔何如?”对曰：“方六七十，如五六十，求也为之，比及三年，可使足民。如其礼乐，以俟君子。”①

此孔子又以次问冉求也。“对曰”以下，冉有答辞。如，或也。言面积六七十方里或五六十方里的小国也，冉有善治赋，故云：“求也为之，比及三年，可使足民。”百姓既已富足，就当教以礼乐。但冉有自谦，故说：“如其礼乐。以俟君子。”冉有见子路见哂，所以愈加谦逊。

“赤，尔何如?”对曰：“非曰能之，愿学焉。宗庙之事，如会同，端章甫，愿为小相焉。”②

孔子问了冉有以后，又问公西华。“非曰能之，愿学焉”者，是公西华未说志愿，先说谦虚话也。“宗庙之事”是说在宗庙里祭祀的事体。如，与也。会同，诸侯相会见也。端，玄端，礼服；章甫，玄冠，礼冠也。诸侯祭祀、会同都有“相”，即赞礼之人。公西华自谦不敢为大相，而愿在

① “求，尔何如?”孔子问也，下放此。方六七十里，小国也。如，犹或也。五六十里，则又小矣。足，富足也。俟君子，言非己所能。冉有谦退，又以子路见哂，故其词益逊。

② 相，去声。○公西华志于礼乐之事，嫌以君子自居。故将言己志而先为逊词，言未能而愿学也。宗庙之事，谓祭祀。诸侯时见曰会，众眺曰同。端，元端服。章甫，礼冠。相，赞君之礼者。言“小”，亦谦辞。

诸侯行此二礼时，做一小相也。一说，宗庙之事，是朝聘；会同，是许多诸侯相聚会，其聚会在坛坫而不在宗庙。又“端章甫”三字，或说是做“相”的自己穿玄端之服，戴章甫之冠；一说是诸侯穿此服，戴此冠。

“点，尔如何？”鼓瑟希，铿尔，舍瑟而作，对曰：“异乎三子者之撰。”

此孔子又问曾皙也。鼓，作弹解。曾皙这时候，正在弹瑟，听见孔子问自己，停止弹瑟，初则瑟声稀疏，继则“铿”然的一声，停住不弹也。作，起也。舍瑟而作，就是推开不弹的瑟，而站起来也。撰，具也。言和他们三个人所具的志愿不同也。郑玄本“撰”作“僎”。注云：“僎读曰诠；诠，言之善也。”郑以点为谦言，谓不能如三子之言之善也。此别一解。

子曰：“何伤乎？亦各言其志也。”

孔子听曾皙说，与前三子的志趣不同，所以说道：“这有何妨碍呢？也不过各自说说自己的志趣而已。”

曰：“莫春者，春服既成，冠者五六人，童子六七人，浴乎沂，风乎舞雩，咏而归。”夫子喟然叹曰：“吾与点也！”①

① 铿，苦耕反。舍。上声，撰，士免反。莫、冠，并去声。沂，鱼依反。雩，音于。○四子侍坐，以齿为序，则点当次对。以方鼓瑟，故孔子先问求、赤而后及点也。希，间歇也。作，起也。撰，具也。莫春，和照之时，春服，单袷之衣。浴，盥濯也，今上巳祓除是也。沂，水名，在鲁城南，地志以为有温泉焉，理或然也。风，乘凉也。舞雩，祭天祷雨之处，有坛墠树木也。咏，歌也。曾点之学，盖有以见夫人欲尽处，天理流行，随处充满，无少欠缺。故其动静之际，从容如此。而其言志，则又不过即其所居之位，乐其日用之常，初无舍己为人之意。而其胸次悠然，直与天地万物上下同流，各得其所之妙，隐然自见于言外。视三子之规规于事为之末者，气象不侔矣，故夫子叹息而深许之。而门人记其本末独加详焉，盖亦有以识此矣。

莫，今作暮。冠，音贯，去声。沂，音遗。雩，音予。喟，音愧。此又是曾皙之答辞。暮春，即夏历三月。春服既成，言单衣夹衣，都做成也。冠者，是二十岁以外的人，古时，一个人到了二十岁，算为成人，要行冠礼。童子，是未冠的人。沂，水名，在鲁城南。“浴乎沂”者，到沂水里去洗浴也。风，是乘凉。舞雩，是天旱时的求雨坛；坛上多种树木，故有荫可乘凉。咏者，吟诗。归，是归来。这一段，是曾皙说自己的志趣，喜欢在暮春的时候，单夹的春衣都做成了，同二十岁以外的人五六个，二十岁以内的人六七个，到沂水里洗个浴，再到舞雩的地方，去乘一会凉；然后一路上吟吟诗，大家高高兴兴地归来。孔子听了曾皙的话，微微地叹了一声道：“我倒是赞成你的！”按：《论衡·明雩篇》解此，谓鲁设雩祭于沂水之上，冠者、童子，即雩祭之乐人。浴乎沂，是涉沂而往，“风乎”之“风”为“讽歌”，“咏而归”为“歌咏馈祭”，归，当作馈。此别一解。

三子者出，曾皙后。曾皙曰：“夫三子者之言何如？”子曰：“亦各言其志也已矣。”[①]

三子，即子路、冉有、公西华。三子出，曾皙在后未去，又问孔子：“他们三人所说的话怎样？”夫，音扶，彼也。孔子答：“也不过各人自己说说自己的志趣而已！”

曰：“夫子何哂由也？”[②] 曰：“为国以礼，其言不让，是故哂之。”[③]

---

① 夫，音扶。
② 点以子路之志，乃所优为，而夫子哂之，故请其说。
③ 夫子盖许其能，特哂其不逊。

“曰”者，曾晳又问也。曾晳问孔子：“那么。子为什么笑子路呢？”第二个“曰”字，是孔子答。言治国当以礼。礼贵谦让。子路之言不让，所以我笑他。

“唯求则非邦也与？”“安见方六七十如五六十而非邦也者？”[①]

与，今作欤。此节与下节朱注皆以为是曾晳问，孔子答。皇邢疏及刘氏《正义》都说是孔子接上去说的话。今从朱注曾晳问：“求所讲的志愿，不是治邦国吗？”孔子答：“怎见得面积六七十方里或五六十方里的，不是邦国呢？”

“唯赤则非邦也与？”“宗庙会同，非诸侯而何？赤也为之小，孰能为之大？”[②]

曾晳又问：“赤所讲的，不是治邦国吗？”孔子答：“宗庙会同之事，不是诸侯的事，是谁的事？赤自言‘愿为小相’。赤只能为小相，谁又能为大相呢？”

此章记子路、冉有、公西华、曾晳四个人的志愿。子路、冉有、公西

---

① 与，平声，下同。○曾点以冉求亦欲为国而不见哂，故微问之。而夫子之答无贬词，盖亦许之。

② 此亦曾晳问而夫子答也。孰能为之大，言无能出其右者，亦许之之词。○程子曰：“古之学者，优柔厌饫，有先后之序。如子路、冉有、公西赤言志如此，夫子许之。亦以此自是实事。后之学者好高，如人游心千里之外，然自身却只在此。”又曰：“孔子与点，盖与圣人之志同，便是尧、舜气象也。诚异三子者之撰，特行有不掩焉耳，此所谓狂也。子路等所见者小，子路只为不达为国以礼道理，是以哂之。若达，却便是这气象也。”又曰：“三子皆欲得国而治之，故孔子不取。曾点，狂者也，未必能为圣人之事，而能知夫子之志。故曰浴乎沂，风乎舞雩，咏而归，言乐而得其所也。孔子之志，在于老者安之，朋友信之，少者怀之，使万物莫不遂其性。曾点知之，故孔子喟然叹曰：“吾与点也。”又曰：“曾点、漆雕开，已见大意。”

华三人说的，都是想治邦国。只有曾晳，能明白那时候的局势，不想做官，毫无名利思想，所以孔子特地称赞他，说："吾与点也。"

孔子未尝绝对不想做官，不过孔子的做官，是想行道救民；而当时的局势，道已不能行，民也无从救，正是"舍之则藏"的无道之世。曾晳也能观察及此，故孔子特许之。

[问题]

（一）孔子何以说先进于礼乐者为"野人"。后进者为"君子"？

（二）孔子高足弟子于四科各有所长，试列举之。

（三）本篇所记，孔子和颜渊的情谊如何？

（四）本篇记孔子对闵子骞的赞语如何？

（五）本篇所记，孔子对子路的批评如何？

（六）本篇所记，孔子对冉有的批评如何？

（七）子路冉求同问"闻斯行诸"，何以孔子的答语不同？

（八）孔子使弟子言志。何以哂子路而赞曾晳？

颜渊第十二

颜渊问仁。子曰："克己复礼为仁。一日克己复礼，天下归仁焉。为仁由己，而由人乎哉？"① 颜渊曰："请问其目。"子曰："非礼勿视，非礼

---

① 仁者，本心之全德。克，胜也。己，谓身之私欲也。复，反也。礼者，天理之节文也。为仁者，所以全其心之德也。盖心之全德，莫非天理，而亦不能不坏于人欲。故为仁者必有以胜私欲而复于礼，则事皆天理，而本心之德复全于我矣。归，犹与也。又言一日克己复礼，则天下之人皆与其仁，极言其效之甚速而至大也。又言为仁由己而非他人所能预，又见其机之在我而无难也。日日克之，不以为难，则私欲净尽，天理流行，而仁不可胜用矣。○程子曰："非礼处便是私意。既是私意，如何得仁？须是克尽己私，皆归于礼，方始是仁。"又曰："克己复礼，则事事皆仁，故曰天下归仁。"○谢氏曰："克己，须从性偏难克处克将去。"

勿听，非礼勿言，非礼勿动。”颜渊曰：“回虽不敏，请事斯语矣。”①

《集解》马曰：“克己，约身。”孔曰：“复，反也。”按：克己，就是制住自己，约束自己。反，犹归也。“克己复礼”者，言约束自己，使件件事归于礼，即“约之以礼”也。为仁，即“行仁”，亦即“用力于仁”；为，犹事也。言“克己复礼”，就是行仁之道。“天下归仁”者，言天下都以仁之名归他，大家称他为仁人也。《汉书·王莽传赞》：“宗族称孝，师友归仁。”称归并举，归即称也。此句言为仁之效。“一日’，者，极言其效之速；“天下”者，极言其效之大也。“为仁由己，而由人乎哉”，是说行仁在己，不在人也。朱注训“克”为“胜”，“己”为私欲，“复礼”为反于天理。与《集解》不同。

颜渊听了孔子的话，大旨已经明白，故又问“复礼”的细目如何。孔子答以“非礼勿视，非礼勿听，非礼勿言，非礼勿动”。勿，禁止之词。此四者，即所以“克己复礼”也。颜渊听了此话，完全明白孔子的意思，所以说：“回虽不敏，请事斯语矣！”事，动词。“请事斯语”者，请即从事于此语也。

仲弓问仁。子曰：“出门如见大宾，使民如承大祭。己所不欲，勿施

---

① 目，条件也。颜渊闻夫子之言，则于天理人欲之际，已判然矣，故不复有所疑问，而直请其条目也。非礼者，己之私也。勿者，禁止之辞。是人心之所以为主，而胜私复礼之机也。私胜，别动容周旋无不中礼，而日用之间莫非天理之流行矣。事，如事事之事。请事斯语，颜子默识其理，又自知其力有以胜之，故直以为己任而不疑也。○程子曰：“颜渊问克己复礼之目，子曰，‘非礼勿视，非礼勿听，非礼勿言，非礼勿动。’四者，身之用也。由乎中而应乎外，制于外所以养其中也。颜渊事斯语，所以进于圣人。后之学圣人者，宜服膺而勿失也，因箴以自警。其《视箴》曰：‘心兮本虚，应物无迹。操之有要，视为之则。蔽交于前，其中则迁。制之于外，以安其内。克己复礼，久而诚矣。’其《听箴》曰：‘人有秉彝，本乎天性。知诱物化，遵亡其正。卓彼先觉，知止有定。闲邪存诚，非礼勿听。’其《言箴》曰：‘人心之动，因言以宣。发禁躁妄，内斯静专。矧是枢机，兴戎出好。吉凶荣辱，惟其所召。伤易则诞，伤烦则支。己肆物忤，出悖来违。非法不道，钦哉训辞！’其《动箴》曰‘哲人知几，诚之于思；志士励行，守之于为。顺理则裕，从欲惟危。造次克念，战兢自持。习与性成，圣贤同归。’”愚按：此章问答，乃传授心法切要之言。非至明不能察其几，非至健不能致其决。故惟颜子得闻之，而凡学者亦不可以不勉也。程子之箴，发明亲切，学者尤宜深玩。

于人。在邦无怨，在家无怨。”仲弓曰：“雍虽不敏，请事斯语矣。”①

大宾，是贵重的宾客，大祭，是重要的祭祀。“出门如见大宾，使民如承大祭”者，孔子告仲弓行仁之道，首须敬也。这就是待人办事，都要规规矩矩，恭恭敬敬，不可随便轻率也。“己所不欲，勿施于人”者，是推己，也就是《大学》的“絜矩之道”。此孔子告仲弓，行仁之道，又须恕也。一个人，能敬以待人，人亦自然敬他；能恕以待人，人亦自然爱他。无论仕于诸侯的邦国，或仕于卿大夫的家，自然无怨恨他的人。故曰：“在邦无怨，在家无怨。”此孔子告仲弓敬与恕之效，亦即行仁之效也。

司马牛问仁。② 子曰：“仁者其言也讱。”③ 曰：“其言也讱。斯谓之仁已乎？”子曰：“为之难，言之得无讱乎？”④

司马牛，孔子弟子，就是宋桓魋之弟。《史记·仲尼弟子列传》，说他名耕，字子牛。但《集解》引孔注说他名犁。讱者，忍而言，正所以达其

---

① 敬以持已，恕以及物，则私意无所容而心德全矣。内外无怨，亦以其效言之，使以自考也。○程子曰：“孔子言仁，只说出门如见大宾，使民如承大祭。看其气象，便须心广体胖，动容周旋中礼。惟谨独，便是守之之法。”或问：“出门、使民之时，如此可也；未出门、使民之时，如之何？”曰：“此俨若思时也，有诸中而后见于外。观其出门、使民之时，其敬如此，则前乎此者敬可知矣。非因出门、使民，然后有此敬也。”愚按：克己复礼，乾道也；主敬行恕，坤道也。颜、冉之学，其高下浅深，于此可见。然学者诚能从事于敬恕之间而有得焉，亦将无己之可克矣。

② 司马牛，孔子弟子，名犁，向魋之弟。

③ 讱，音刃。○讱，忍也，难也。仁者心存而不放，故其言若有所忍而不易发。盖其德之一端也。夫子以牛多言而躁，故告之以此。使其于此而谨之，则所以为仁之方，不外是矣。

④ 牛意仁道至大，不但如夫子之所言，故夫子又告之以此。盖心常存，故事不苟；事不苟，故其言自有不得而易者，非强闭之而不出也。○杨氏曰：“观此及下章再问之语，牛之易其言可知。”○程子曰：“虽为司马牛多言故及此，然圣人之言，亦止此为是。”愚谓牛之为人如此，若不告之以其病之所切，而泛以为仁之大概语之，则以彼之躁，必不能深思以去其病，而终无自以人德矣。故其告之如此，盖圣人之言，虽有高下大小之不同，然其切于学者之身，而皆为入德之要，则又初不异也。读者其致思焉。

不忍之情也。当时牛之兄魋为恶，孔子以牛应涕泣而道，故告他行仁之道如此。司马牛听了孔子的话，不明白忍而言，正所以达其不忍之情，以为仁者必有不忍之心，忍而言，怎么可说是仁呢？所以又问：“其言也讱，斯谓之仁矣乎？“为之难”的“为”，与“夫子为卫君乎”之为同义，言为恶之人，等到身败名裂，要救助他，是很难也。后来救助很难，故当趁早劝阻，既欲趁早劝阻，说话可以怕伤感情而不忍吗？孔子这话，把忍而言，正所以达其不忍之情的意义，解释得很明白。此刘氏《正义》说。朱注云：“讱，忍也，难也。仁者心存而不放，故其言若有所忍而不易发，盖其德之一端也。夫子以牛多言而躁，故告之以此。”又引杨氏曰：“观此及下章再问之语，牛之易其言可知。”与刘氏说异，但亦可通。

司马牛问君子。子曰：“君子不忧不惧。”① 曰：“不忧不惧，斯谓之君子已乎？”子曰：“内省不疚，夫何忧何惧？”②

司马牛自宋来学，知其兄桓魋有宠于宋景公而为害于公，将有身败名裂覆宗绝世之祸，故忧惧特甚。所以他问君子，孔子答以“君子不忧不惧”也。司马牛听了孔子的话，以为不忧不惧，怎么就可以算为君子呢？孔子又答道：“内省不疚，夫何忧何惧？”内省，是内心反省；疚是惭愧悔恨。夫，音扶。君子不做对不住人的事，自己反省，毫为愧怍，还担什么忧，还怕什么呢？

司马牛忧曰：“人皆有兄弟，我独亡。”③ 子夏曰：“商闻之矣：④ 死生

---

① 向魋作乱，牛常忧惧，故夫子告之以此。

② 夫，音扶。〇牛之再问，犹前章之意，故复告之以此。疚，病也。言由其平日所为无愧于心，故能内省不疚，而自无忧惧，未可遽以为易而忽之也。〇晁氏曰：“不忧不惧，由乎德全而无疵。故无入而不自得，非实有忧惧而强排遣之也。”

③ 牛有兄弟而云然者，忧其为乱而将死也。

④ 盖闻之夫子。

有命，富贵在天。[①] 君子敬而无失，与人恭而有礼。四海之内，皆兄弟也。君子何患乎无兄弟也?”[②]

亡，今作无。桓魋有宠于宋景公，而害于公，公将讨之，未发，魋先谋公。公伐桓氏，魋叛，奔卫又奔齐。见《左传》哀十四年。司马牛兄弟本有多人长于魋者，尚有向巢，幼于魋者，尚有子颀、子车。子颀、子车皆党恶；向巢伐魋不克，不得入国，入曹，又奔鲁。牛亦致邑与硅而适齐，又适吴，后过鲁而卒于鲁东门之外。此章所记，或云在事发后，或云在事未发时。“死生有命”至“皆兄弟也”，都是子夏平日所闻的成语，故以“商闻之矣”四字冠之。“死生有命，富贵在天”者，言一个人的死生富贵有命在天，不可以人力挽回。子夏引此二句，盖以慰司马牛。敬而无失者，敬以持己，而没有过失也。与人恭而有礼者，恭以待人，而事事遵礼也。“四海之内，皆兄弟也”者，能如此，则四海之内的人，都愿和他亲近，都可算是他的兄弟了。“君子何患乎无兄弟也”句，是子夏引成语后，自己所加的按语。

子张问明。子曰：“浸润之谮，肤受之诉，不行焉，可谓明也已矣。浸润之谮，肤受之诉，不行焉，可谓远也已矣。”[③]

---

① 命禀于有生之初，非今所能移；天莫之为而为，非我所能必，但当顺受而已。

② 既安于命，又当修其在己者。故又言苟能持己以敬而不间断，接人以恭而有节文，则天下之人皆爱敬之，如兄弟矣。盖子夏欲以宽牛之忧，故为是不得已之辞，读者不以辞害意可也。○胡氏曰：“子夏四海皆兄弟之言，特以广司马牛之意，意圆而语滞者也，惟圣人则无此病矣。且子夏知此而以哭子丧明，则以蔽于爱而昧于理，是以不能践其言尔。”

③ 谮，庄荫反。诉，苏路反。○浸润，如水之浸灌滋润，渐渍而不骤也。谮，毁人之行也。肤受，谓肌肤所受，利害切身。如《易》所谓“剥床以肤，切近灾”者也。诉，诉己之冤也。毁人者渐渍而不骤，则听者不觉其入，而信之深矣。诉冤者急迫而切身，则听者不及致详，而发之暴矣。二者难察而能察之，则可见其心之明而不蔽于近矣。此亦必因子张之失而告之，故其词繁而不杀，以致丁宁之意云。○杨氏曰：“骤而语之，与利害不切于身者，不行焉，有不待明者能之也。故浸润之谮、肤受之诉不行，然后谓之明，而又谓之远，远则明之至也。《书》曰：‘视远惟明。’”

谮，音庄荫反，以谗言毁人曰谮。浸润之谮，谓谗言毁人如水之浸物，渐渐浸透也。愬，今作诉。“肤受”者，谓本无情实，徒为皮肤外语也。《文选·东京赋》云：“末学肤受。”注云。“肤受，谓皮傅之，不经于心胸。”此《集解》马说。朱《注》谓“愬”为愬己之冤；“肤受”谓肌肤所受。利害切身，如《易》“剥床以肤，切近灾也”之义。盖诉冤之辞，俨似有切身之痛，则听者易信为真也。其说亦通。一说肤受者，言如皮肤之受尘埃，渐渐积成污垢；则与浸润之义同矣。《尚书·太甲》云：“视远惟明。”远者，明之至也。《周书谥法解》云：“谮诉不行曰明。”与本章所说正同。

子贡问政。子曰：“足食，足兵，民信之矣。”① 子贡曰：“必不得已而去，于斯三者何先？”曰：“去兵。”② 子贡曰：“必不得已而去，于斯二者何先？”曰：“去食。自古皆有死，民无信不立。”③

子贡问政孔子，答以“足食，足兵，民信之矣”者，以此三者为政治的要项也。“足食”之食。“足兵”之兵，兼指军器和徒卒。民信之，是使人民信仰政府。子贡又问：“万一这三件事不能都做到，哪一件可以暂时先去掉呢？”孔子答道：“去兵。”子贡又问：“万一‘足食’和‘民信之’两件事还不能都办到，那么，又把哪一件先去掉呢？”孔子又答道：“去食。”把足食的去了，不将有饿死的人吗？故接下去说：“自古皆有死，民无信不立。”盖“死”是自古以来人人所不能免的。人民如能信仰政府，则虽民食不充，军备不足，亦能效死勿去，与国家共存亡；若为政者失信

① 言仓廪实而武备修，然后教化行，而民信于我，不离叛也。

② 去，上声，下同。○言食足而信孚，则无兵而守固矣。

③ 民无食必死，然死者人之所必不免。无信，则虽生而无以自立，不若死之为安。故宁死而不失信于民，使民亦宁死而不失信于我也。○程子曰：“孔门弟子善问，直穷到底，如此章者，非子贡不能问，非圣人不能答也。”愚谓以人情而言，则兵食足而后吾之信可以孚于民。以民德而言，则信本人之所固有，非兵食所得而先也。是以为政者，当身率其民而以死守之，不以危急而可弃也。

于民，则兵和食虽充足。民亦将叛之。民为邦本，民叛之，国还能立吗?刘氏《正义》谓：去兵，是去力役之征。去食，是赋税皆蠲除，又发仓廪以赈贫穷。此是指国有灾荒的时候而言。此别一解。

棘子成曰："君子质而已矣，何以文为?"[①] 子贡曰："惜乎！夫子之说，君子也。驷不及舌。[②] 文犹质也，质犹文也。虎豹之鞟犹犬羊之鞟。"[③]

棘子成，卫国大夫。质，本质，文，文采。棘子成的意思，以为做君子者，只要本质好，何必要文采呢?"何以文为"之"以"，用也；"为"，助词。子贡听了棘子成这句话，以为不然。故对棘子成说道："可惜夫子这句说君子的话说错了!"一个人说错了话，就是立刻要想改变，也不成功的。驷不及舌，是譬喻的话，就是俗话所说"一言既出，驷马难追"的意思。夫子，指棘子成。朱注云，言"子成之言乃君子之意"。则"夫子之说"当略读。"鞟"《说文》作"鞹"，是去掉了毛的皮。虎豹之皮去毛，犬羊之皮也去了毛，便分不出什么来。子贡的意思，以为质与文一样重要，一样是不可少的。故曰："质犹文也，文犹质也。"若君子去了文，只存质，则与小人亦不易分别，如虎豹之鞟，与犬羊之鞟了。此朱注说。一说"鞟为革，几去毛不去毛，皆得称之。……虎豹之鞟喻文，犬羊之鞟喻质。虎豹犬羊，其皮各有所用，如文质二者，不宜偏有废置也"。此刘氏《正义》说。此章棘子成和子贡的意思，都不大妥。故朱子评之曰："棘子成矫当时之弊，固失之过；而子贡矫子成之弊，又无本末轻重之差，胥失之矣。"

---

① 棘子成，卫大夫。疾时人文胜，故为此言。

② 言子成之言，乃君子之意。然言出于舌，则驷马不能追之，又惜其失言也。

③ 鞟，其郭反。〇鞟，皮去毛者也。言文质等耳，不可相无。若必尽去其文而独存其质，则君子小人无以辨矣。夫棘子成矫当时之弊，固失之过；而子贡矫子成之弊，又无本末轻重之差，胥失之矣。

哀公问于有若曰："年饥，用不足，如之何？"① 有若对曰："盍彻乎？"② 曰："二，吾犹不足，如之何其彻也？"③ 对曰："百姓足，君孰与不足？百姓不足，君孰与足？"④

哀公是鲁哀公。他问有若道："年年饥荒，国家的用度不足，怎么办呢？"

盍，即何不二字的急读。"彻"者，古时田税的名称。通盘计算，取十分之一，叫做"彻"。哀公因用度不足，问有若。有若对道："何不行十分取一之彻税呢？"

鲁国自宣公十五年初税亩，（见《左传》）田税已经十分取二。故哀公道："二，吾犹不足，如之何其彻也？"言我现在取十分之二的税，还不够用，如何叫我取十分之一也？有若又对曰："百姓足，君孰与不足？百姓不足，君孰与足？"孰，犹谁也。百姓与国君，犹一家人。百姓有财，自能供君之用，如此，则君那里会不足呢？若百姓穷苦了，无财以供君之用，君哪里会足呢？

鲁自宣公税亩以来，已取十分之二之税，有若岂有不知，"二犹不足"，何以反劝哀公行什一之税呢？盖按春秋时代，中国还是地广人少，不开垦的土地甚多。哀公因国内不够用，想把钱粮增加。不知征税过重，百姓因为生活难以维持，只得舍田不耕，去另谋生活，或往别国谋生。于

---

① 称有若者，君臣之词。用，谓国用。公意盖欲加赋以足用也。

② 彻，通也，均也。周制：一夫受田百亩，而与同沟共井之人通力合作，计亩均收。大率民得其九，公取其一，故谓之彻。鲁自宣公税亩，又逐亩什取其一，则为什而取二矣。故有若请但专行彻法，欲公节用以厚民也。

③ 二，即所谓什二也。公以有若不喻其旨，故言此以示加赋之意。

④ 民富则君不至独贫，民贫，则君不能独富。有若深言君民一体之意，以止公之厚敛，为人上者所宜深念也。○杨氏曰："仁政必自经界始。经界正，而后井地均、谷禄平，而军国之须皆量是以为出焉。故一彻而百度举矣，上下宁忧不足乎？以二犹不足而教之彻，疑若迂矣。然什一，天下之中正。多则桀，寡则貉，不可改也。后世不究其本而惟末之图，故征敛无艺，费出无经，而上下困矣。又恶知盍彻之当务而不为迂乎？"

是种田的人，越发少了。种田的人一少，钱粮自然也越少。若把钱粮减轻，使种田的人，少出租税，得以温饱，或有赢余，则种田的人，自然多起来了。种田的人一多，钱粮自然也越多，用度也不会不足了。所以有若对哀公言何不改行十一之税也。

子张问崇德、辨惑。子曰："主忠信，徙义，崇德也。[1] 爱之欲其生，恶之欲其死。既欲其生，又欲其死，是惑也。[2] '诚不以富，亦祇以异。'"[3]

崇德，就是尊重道德。辨惑，就是辨别怎样是迷惑，使自己不至迷惑。子张问此二事于孔子也。

孔子说，"主忠信"，"徙义"，就是"崇德"之道。"主忠信"，已见《学而篇》。《述而篇》记孔子以"闻义不能徙"为忧。可见二事之重要。恶，去声；憎也。一般人对人往往随爱憎为转移。所爱的人，要他活着；所恶的人，要他死去。或者我所爱的人，忽然厌恶他了，便又要他死去；我所恶的人，忽然见爱于我了，便又要他活着。这就是一种迷惑。

"诚不以富，亦只以异"为《诗经·小雅·我行其野篇》的诗句也。程子以为"此错简。当在第十六篇'齐景公有马千驷'之上。"宦氏《论语稽》则曰："引《诗》者，断章取义。'富'如'富哉言乎'之'富'，以富于闻见言；'异'如'异乎三子者之撰'之'异'，以异于庸俗言。

---

① 主忠信，则本立。○徙义，则日新。

② 恶，去声。○爱恶，人之常情也。然人之生死有命，非可得而欲也。以爱恶而欲其生死，则惑矣。既欲其生，又欲其死，则惑之甚也。

③ 此《诗·小雅·我行其野》之词也。旧说：夫子引之，以明欲其生死者不能使之生死。如此诗所言，不足以致富而适足以取异也。○程子曰："此错简，当在第十六篇齐景公有马千驷之上。因此下文亦有齐景公字而误也。"杨氏曰："堂堂乎张也，难与并为仁矣。则非诚善补过、不蔽于私者，故告之如此。"

言欲崇德辨惑，岂在富于见闻哉？亦只求存养省察之精，有以异于庸俗而已。”

齐景公问政于孔子。[①] 孔子对曰：“君君，臣臣，父父，子子。”[②] 公曰：“善哉！信如君不君、臣不臣，父不父，子不子，虽有粟，吾得而食诸？”[③]

景公，名杵臼，齐君，景是谥法。鲁昭公末年。孔子游历齐国。景公问政，当在此时。孔子对他，只不过“君君，臣臣，父父，子子”八个字。这八个字，就是说为君者，要尽君道；为臣者，要尽臣道；为父者，要尽父道；为子者，要尽子道。景公听了，也称赞道：“善哉！”又自己伸明道：“信如君不君，臣不臣，父不父，子不子，虽有粟，吾得而食诸？”诸，为之乎二字的合音，言虽有粟，吾亦不得而食之也。朱注曰：“是时景公失政，而大夫陈氏厚施于国；景公又多内嬖，而不立太子。其君臣父子之间，皆失其道，故夫子告之以此。”又曰：“景公善孔子之言而不能用，其后果以继嗣不定。启陈氏杀君篡国之祸。”就事实观察，是孔子确有先见之明也。

---

① 齐景公，名杵臼。鲁昭公末年，孔子适齐。

② 此人道之大经，政事之根本也。是时景公失政，而大夫陈氏厚施于国。景公又多内嬖，而不立太子。其君臣父子之间，皆失其道，故夫子告之以此。

③ 景公善孔子之言而不能用，其后果以继嗣不定，启陈氏弑君篡国之祸。○杨氏曰：“君之所以君，臣之所以臣，父之所以父，子之所以子，是必有道矣，景公知善夫子之言，而不知反求其所以然，盖悦而不绎者，齐之所以卒于乱也。”

子曰："片言可以折狱者，其由也与?"① 子路无宿诺。②

与，今作欤。《集解》引孔曰："片，犹偏也。听讼必须两辞以定是非，偏信一言，以折狱者，惟子路可。"照此解释，是"片言"即单辞，亦即"一面之辞"也。折狱，就是判断官司。孔子说："审官司的时候，只听了一面之辞，就可以把这件官司判决的，只有由这个人能够罢?"照常理判断官司，必须兼听两造之辞。子路何以只要听一面的话呢?这疑问，我想大家都有的。所以记者记了孔子称赞子路的话，又在下面补记一句子路平日的行为道："子路无宿诺。"何谓"无宿诺"呢?就是平日不轻易允许人家的请求；如果允许了，便一定立刻照他所请求的去做，不隔一天或数天，才去做；更不以空话敷衍人家而永远不去做。子路平日的行为如此，所以大家都说他有信用。别人受了他的感化，也以信待他，不敢在他面前说谎，所以但听片言便可折狱也。《左传》载小邾射以句绎奔鲁，曰："使子路要我，吾无盟矣。"子路终不肯诺之。即此可以见子路之不轻于一诺：亦可以贝千乘之国之盟反不如子路之一言也。朱注谓："子路忠信明决，故言出而人信服之，不待其辞之毕也。"此训"片言"为半句话，似不及孔说为长。

子曰："听讼，吾犹人也，必也使无讼乎!"③

---

① 折，之舌反。与，平声。○片言，半言。折，断也。子路忠信明决，故言出而人信服之，不待其辞之毕也。

② 宿，留也，犹宿怨之宿。急于践言，不留其诺也。记者因夫子之言而记此，以见子路之所以取信于人者，由其养之有素也。○尹氏曰："小邾射以句绎奔鲁，曰：'使季路要我，吾无盟矣。'千乘之国，不信其盟，而信子路之一言，其见信于人可知矣。一言而折狱者，信在言前，人自信之故也。不留诺，所以全其信也。"

③ 范氏曰："听讼者，治其末，塞其流也。正其本，清其源，则无讼矣。"○杨氏曰："子路片言可以折狱，而不知以礼逊为国，则未能使民无讼者也。故又记孔子之言，以见圣人不以听讼为难，而以使民无讼为贵。"

听讼。就是审案。吾犹人也，是说我也和人一样的。“必也，使无讼乎”者，是说为政者，必使人不涉讼，方可贵也。孔子之意，以为为政者能道之以德，齐之以礼，则民有耻且格，自无争夺之事，便不至涉讼也。孔子此语亦见《大学》。

子张问政。子曰：“居之无倦，行之以忠。”①

“居之无倦”者，言居官行政，要始终如一，不可始勤终怠也。“行之以忠”者，言施政于民，要切切实实，求其确于人民有益也。

子曰：“博学于文，约之以礼，亦可以弗畔矣夫！”②

此章重出，已见《雍也篇》。但《雍也篇》有“君子”二字，此记者各记所闻。互有详略也。

子曰：“君子成人之美，不成人之恶。小人反是。”③

人家做好的事情，我去帮助他成功，这是“成人之美”。人家做不好的事情，我不去帮助他。这是“不成人之恶”。“小人反是”者，小人喜成人之恶，而不成人之美也。

---

① 居，谓存诸心。无倦，则始终如一。行，谓发于事。以忠，则表里如一。〇程子曰“子张少仁。无诚心爱民，则必倦而不尽心，故告之以比。”

② 重出。

③ 成者，诱掖奖劝以成其事也。君子小人，所存既有厚薄之殊，而其所好又有善恶之异。故其用心不同如此。

季康子问政于孔子。孔子对曰："政者，正也。子帅以正，孰敢不正？"①

此章记季康子问政于孔子。孔子即就"政"字的意义答之。"政者，正也。"是以音近为训。"政"训中正之正，无非求上下皆归于正也。但欲在下者归于中正，必在上者自己先中正才行，故又曰："子帅以正，孰敢不正？"子，指季康子。帅，今作率，《说文》云："先道也。"言你是执政的人，自己先行中正之道，以为表率，那么在下的哪个敢不归于中正呢？朱注引胡氏曰："鲁自中叶，政由大夫。家臣效尤，据邑背叛。不正甚矣！故孔子以是告之。"

季康子患盗，问于孔子。孔子对曰："苟子之不欲，虽赏之不窃。"②

此章记孔子答季康子患盗之问，与上章之旨同。欲，贪欲也。言"如果你自己不贪财聚货，则人民都被你感化，就是赏他们去为盗，他们也自知羞耻而不肯为盗了"。《大学》说："尧舜率天下以仁，而民从之。桀纣率天下以暴，而民从之。"盖儒家之道，重在以身作则，以德化民也。按张栻《论语解》引张载云："假使以子不欲之物，赏子使窃，子必不窃。故为政者先乎足民。……盖盗生于欲之不足。使之足乎此，则不欲乎彼。此古人弭盗之原也。"按此即《孟子》"使民菽粟如水火，焉有不仁"之意。义亦可通。

季康子问政于孔子曰："如杀无道，以就有道，何如"？孔子对曰：

---

① 范氏曰："未有己不正而能正人者。"〇胡氏曰："鲁自中叶，政由大夫，家臣效尤，据邑背叛，不正甚矣。故孔子以是告之，欲康子以正自克，而改三家之故。惜乎康子之溺于利欲而不能也。"

② 言子不贪欲，则虽赏民使之为盗，民亦知耻而不窃。〇胡氏曰"季氏窃柄，康子夺嫡，民之为盗，固其所也。盍亦反其本耶？孔子以不欲启之，其旨深矣。"夺嫡事见《春秋传》。

“子为政，焉用杀？子欲善，而民善矣。君子之德风，小人之德草，草上之风，必偃。”①

此章孔子答辞之旨，仍与上二章同。季康子又问政于孔子道：“如把无道的坏人杀掉，以成就有道的好人，你以为怎样？”“子为政，焉用杀”者，言“你办政事何必杀人”也。焉，平声，安也，副词。“子欲善而民善矣”者，就是说：“你自己想为善，那么，人民自然都看你的样，也去为善了。”君子，指在上位者；小人，指人民。上，同尚，加也。草上之风，即“草，加之以风”。言在上的君子好像风，在下的人民好像草。风吹在草上，草必跟着风倒来倒去的。《说苑·君道篇》云：“夫上之化下，犹风靡草，东风则草靡而西，西风则草靡而东。”盖本于此。《韩诗外传》载鲁有父子讼者，康子欲杀之。孔子曰：“未可杀也。夫民为不善，则是上失其道。上陈之教而先服之，则百姓从风矣。”疑此云康子欲杀无道，即指父子相讼之人。

子张问：“士何如，斯可谓之达矣？”② 子曰：“何哉，尔所谓达者？”③ 子张对曰：“在邦必闻，在家必闻。”④ 子曰：“是闻也，非达也。⑤ 夫达也者，质直而好义，察言而观色，虑以下人。在邦必达，在家必达。⑥ 夫闻

---

① 焉，於虔反。○为政者，民所视效，何以杀为？欲善则民善矣。上，一作尚，加也。偃，仆也。○尹氏曰：“杀之为言，岂为人上之语哉？以身教者从，以言教者讼，而况于杀乎？”

② 达者，德孚于人而行无不得之谓。

③ 子张务外，夫子盖已知其发问之意。故反诘之，将以发其病而药之也。

④ 言名誉著闻也。

⑤ 闻与达相似而不同，乃诚伪之所以分，学者不可不审也。故夫子既明辨之，下文又详言之。

⑥ 夫，音扶，下同。好、下，皆去声。○内主忠信。而所行合宜，审于接物，而卑以自牧，皆自修于内，不求人知之事。然德修于己而人信之，则所行自无窒碍矣。

也者，色取仁而行违，居之不疑。在邦必闻，在家必闻。”①

子张问孔子，一个士人，要怎样方可叫做“达”。“你所说的‘达’是什么呢?”“何哉，尔所谓达者”，是倒装句法，就是“尔所谓达者何哉”。子张回对道:“在邦必闻，在家必闻。”这就是子张对于“达”的界说。邦，指诸侯之国，家，指大夫之家；闻，是声闻之闻。孔子听了，又对他道:“是闻也，非达也。”盖闻是声誉人人都晓得他之谓:“达”是人人都信服他，而所行没有窒碍也。孔子既告子张“在邦必闻，在家必闻”者，是闻而非达，又正式把如何才可以“达”的道理告子张。所谓“达”者，必定质朴，正直而好义；对人家，能体察他的言语，观察他的神色；又自己思虑周详，态度谦逊，甘为人下；因此，才能够仕于诸侯之国或大夫之家，一定做到“达”的地步。“达”的道理，既说明了。又把所谓“闻”者再解说一番。夫，音扶。“色取仁”者，脸色上表面上装得像仁人一般。“而行违”者，做出来的事体，都和仁相违背。“居之不疑”者，像煞有介事地自以为是一个仁人，一些没有疑惑也。这种假仁假义的人仕于邦国，或大夫之家也，能得到虚誉浮名，使人人晓得他，而成“闻人”也。曾子尝说:“堂堂乎张也，难与并为仁矣!”大概子张为人喜虚荣，尚表面，是个“色取仁而行违，居之不疑”的人，故孔子因其问而不惮反复以告之也。

樊迟从游于舞雩之下，曰:“敢问崇德，修慝，辨惑。”② 子曰:“善

---

① 行，去声。○善其颜色以取于仁，而行实背之，又自以为是而无所忌惮。此不务实而专务求名者，故虚誉虽隆而实德划病矣。○程子曰:“学者须是务实，不要近名。有意近名，大本已失。更学何事? 为名而学，则是伪也。今之学者，大抵为名。为名与为利，虽清浊不同，然其利心则一也。”○尹氏曰:“子张之学，病在乎不务实。故孔子告之，皆笃实之事，充乎内而发乎外者也。当时门人亲受圣人之教，而差失有如此者，况后世乎?”

② 慝，吐得反。○胡氏曰:“慝之字从心从匿，盖恶之匿于心者。修者，治而去之。”

哉问！[①] 先事后得，非崇德与？攻其恶，无攻人之恶，非修慝与？一朝之忿，忘其身，以及其亲，非惑与？”[②]

舞雩，是求雨的坛，已见前《先进篇》。樊迟从孔子在舞雩之坛的下面，游览也。崇德、辨惑，已见前。慝，音忒，恶之匿于心者；“修慝”者，治匿于心之恶而去之也。孔子先答以“善哉问”者，称樊迟问得好也，“先事后得”者。先劳力做事，然后取得报酬；这就是先义后利，先难后获的意思。“攻其恶，无攻人之恶”者，攻治自己的恶，而不攻击人家的恶也。“一朝之忿，忘其身以及其亲”者，“一朝”犹云一旦，因一日里偶然碰着的小事情，忿怒起来，甚至与人打架涉讼，不顾自己的性命，更不顾父母也。与，皆同欤。

樊迟问仁。子曰：“爱人。”问知。子曰：“知人。”[③] 樊迟未达。[④] 子曰：“举直错诸枉，能使枉者直。”[⑤] 樊迟退，见子夏，曰：“乡也吾见于夫子而问‘知’，子曰：‘举直错诸枉，能使枉者直’，何谓也？”[⑥] 子夏曰：“富哉言乎！[⑦] 舜有天下，选于众，举皋陶，不仁者远矣。汤有天下，

---

① “善其切于为己。

② 与，平声。”○先事后得，犹言先难后获也。为所当为而不计其功，则德日积而不自知矣。专于治己而不责人，则己之恶无所匿矣。知一朝之忿为甚微。而祸及其亲为甚大，则有以辨惑而惩其忿矣。樊迟粗鄙近利。故告之以此，三者皆所以救其失也。○范氏曰：“先事后得，上义而下利也。人惟有利欲之心，故德不崇。惟不自省已过而知人之过，故慝不修。感物而易动者莫如忿，忘其身以及其亲，惑之甚者也。惑之甚者必起于细微，能辨之于早，则不至于大惑矣。故惩忿所以辨惑也。”

③ 上“知”，去声，下如字。○爱人，仁之施。知人，知之务。

④ 曾氏曰：“迟之意，盖以爱欲其周，而知有所择，故疑二者之相悖尔。”

⑤ 举直错枉者，知也。使枉者直，则仁矣。如此，则二者不惟不相悖，而反相为用矣。

⑥ 乡，去声。见，贤遍反。○迟以夫子之言，专为知者之事。又未达所以能使枉者直之理。

⑦ 叹其所包者广，不止言知。

选于众，与伊尹，不仁者远矣。”①

“问知”之“知”，今作智。樊迟问仁，孔子答以“爱人”；问智，答以“知人”；樊迟未能通晓，故孔子又告以“举直错诸枉。能使枉者直”二语。樊迟疑此二语为答非所问，故退而问之子夏也。乡，音向，去声，同鄉，昔也。“举直错诸枉”，与《为政篇》答哀公语同。举直错枉是智，使枉者直是仁。“富哉言乎!”是子张赞美孔子的话，含意很丰富。他赞美孔子的话以后，随即引历史上的事实来证明。如舜有天下的时候。在众人中，举用了一个皋陶；汤有天下的时候，在众人中，举用了一个伊尹，不久，那些不仁的人，都变为仁人。好像不仁的人都远远地避去了。舜与汤之举皋陶、伊尹，是“举直”，远不仁者是“错枉”，此即“知”也；其使不仁的人都变为仁人，是“使枉者直”此即“仁”也。皋，音高，陶，音遥。舜时皋陶为士，执法不阿。伊尹，汤相，佐汤伐桀以有天下。

子贡问友。子曰：“忠告而善道之，不可则止，无自辱焉。”②

告，读如谷。道，去声，同导。此章记子贡问交朋友的道理，而孔子答之。“忠告而善道之”者。如果朋友有过处，要尽我的心委委婉婉地劝导他也。“不可则止。毋自辱焉”者，他若不听我的话，就不必多说；多说了，他反以你为不是，不要自己反取耻辱也。

---

① 选，息恋反。陶，音遥。远，如字。○伊尹，汤之相也。不仁者远，言人皆化而为仁，不见有不仁者，若其远去尔，所谓使枉者直也。子夏盖有以知夫子之兼仁、知而言矣。○程子曰：“圣人之语，因人而变化。虽若有浅近者，而其包含无所不尽，观于此章可见矣。非若他人之言，语近则遗远，语远则不知近也。”○尹氏曰：“学者之问也，不独欲闻其说，又必欲知其方；不独欲知其方，又必欲为其事。如樊迟之问仁、知也，夫子告之尽矣。樊迟未达，故又问焉，而犹未知其何以为之也。及退而问诸子夏，然后有以知之。使其未喻，则必将复问矣。既问于师。又辨诸友，当时学者之务实也如是。”

② 告，工毒反。道，去声。○友所以辅仁，故尽其心以告之，善其说以道之。然以义合者也，故不可则止。若以数而见疏，则自辱矣。

曾子曰："君子以文会友，以友辅仁。"[①]

此章记曾子所说的话。文，指诗书礼乐而言。"以文会友"者，讲学以会友，即《易》所谓"君子以朋友讲习"也。辅，助也。"以友辅仁"者，德相劝，过相规，互相切磋，以进于仁也。此言以学问道德交友，贤于世之以酒食征逐，势利相交者远矣。

［问题］

（一）颜渊、仲弓、司马牛、樊迟问仁，孔子答语有何不同？

（二）何谓"明"？

（三）孔子答子贡问政，有何三要事？三者之中，以何者为最重要？

（四）哀公忧国用不足，何以有若反劝他减轻田赋？

（五）子张、樊迟问"崇德"、"辨惑"，孔子答语有何不同？

（六）子路何以能片言折狱？

（七）何谓"成人之美"？

（八）季康子三次问政，孔子答他的要旨如何？

（九）"闻"与"达"有何分别？

（十）本篇所记交友之道如何？

子路第十三

子路问政。子曰："先之，劳之。"[②] 请益。曰："无倦。"[③]

---

① 讲学以会友，则道益明；取善以辅仁，则德日进。

② 劳，如字。○苏氏曰："凡民之行，以身先之，则不令而行。凡民之事，以身劳之，则虽勤不怨。"

③ 无，古本作毋。○吴氏曰："勇者喜于有为而不能持久，故以此告之。"○程子曰："子路问政，孔子既告之矣。及请益，则曰无倦而已。未尝复有所告，姑使之深思也。"

子路问政于孔子。孔子答以“先之劳之”。子路以为为政之道，当不仅“先之劳之”，故请益；孔子又答以“无倦”也。“先之”者，以身作则，为民先导也。《大戴礼·子张问入官》云：“君子欲政之速行也，莫若以身先之也。”即此章之旨，“劳”字有二音；一音如字；一音力报反。如“慰劳”之“劳”。下《子张篇》子夏曰：“君子信而后劳其民。”“先之”即所以立信；“劳之”，即劳其民也。《国语·鲁语》敬姜曰：“昔圣王之处其民也，择瘠土而处之，劳其民而用之，故长王天下。夫民劳则思，思则善心生。逸则淫，淫则忘善，忘善则恶心生。沃土之民不材，淫也。瘠土之民向义，劳也。”即阐发“劳之”之义。此“劳”字如字读之解也。其音力报反者，即孟子“劳之来之”之意。劳者，劝勉之也。谓不以刑趋迫之也。说亦可通。“无倦”者，言行此二事勿倦也。朱注引吴氏曰：“勇者喜于有为而不能持久，故以此告之。”

仲弓为季氏宰，问政。子曰：“先有司，赦小过，举贤才。”[①] 曰：“焉知贤才而举之？”曰：“举尔所知，尔所不知，人其舍诸？”[②]

皇疏曰：“仲弓，将往费，为季氏采邑之宰，故先问孔子，求为政之法也。”有司，指宰的属官。“先有司”者，刘氏《正义》以为先信任之，使得举其职；《论语稽》曰：“先者以身率之也。”似较刘氏为长。“赦小过”者，有司偶有失误，其大者或于事情有碍，不得不惩；小者则当宽宥

---

① 有司，众职也。宰兼众职，然事必先之于彼，而后考其成功，则已不劳而事毕举矣。过，失误也。大者于事或有所害，不得不惩；小者赦之，则刑不滥而人心悦矣。贤，有德者。才，有能者。举而用之，则有司皆得其人而政益修矣。

② 焉，於虔反。舍，上声。○仲弓虑无以尽知一时之贤才，故孔子告之以此。○程子曰：“人各亲其亲，然后不独亲其亲。仲弓曰焉知贤才而举之，子曰举尔所知，尔所不知，人其舍诸便见仲弓与圣人用心之大小。推此义，则一心可以兴邦，一心可以丧邦，只在公私之间尔。”○范氏曰：“不先有司，则君行臣职矣；不赦小过，则下无全人矣；不举贤才，则百职废矣。失此三者，不可以为季氏宰，况天下乎？”

他，原谅他也。“举贤才”者，有德的人曰贤，有能的人曰才，举而用之，使有司得人，事无不举也。孔子答仲弓为政之法，就是这三项。“曰：‘焉知贤才而举之’”者，仲弓又问也。焉，平声，安也。言怎能知道某人是贤，某人是才，去举用他呢？孔子又答道：“只要把你所知道的贤才举他出来；你所不知道的，别人肯舍弃他们吗？”舍，弃置也。“诸”，为“之乎”二字之合音。

子路曰：“卫君待子而为政，子将奚先？”① 子曰：“必也正名乎！”② 子路曰：“有是哉，子之迂也！奚其正？”③ 子曰：“野哉由也！君子于其所不知，盖阙如也。④ 名不正，则言不顺；言不顺，则事不成；⑤ 事不成，则礼乐不兴；礼乐不兴，则刑罚不中；刑罚不中，则民无所错手足。⑥ 故君子名之必可言也；言之必可行也。君子于其言，无所苟而已矣。”⑦

卫君，出公辄也。出公六年，即鲁哀公十年，孔子自楚反卫。《孟子》言孔子于卫孝公为公养之仕。先儒言孝公即出公。是时孔子居卫，凡六七年。子路之问，当在此时。辄为卫灵公世子蒯聩之子。蒯聩恶南子淫乱，欲杀之，见逐于灵公。灵公欲立公子郢，郢辞。及灵公卒，南子又欲立

① 卫君，谓出公辄也。是时鲁哀公之十年，孔子自楚反乎卫。

② 是时出公不父其父而祢其祖，名实紊矣，故孔子以正名为先。○谢氏曰“正名虽为卫君而言，然为政之道，皆当以此为先。”

③ 迂，谓远于事情，言非今日之急务也。

④ 野，谓鄙俗。责其不能阙疑，而率尔妄对也。

⑤ 杨氏曰：“名不当其实，则言不顺。言不顺，则无以考实而事不成。”

⑥ 中，去声。○范氏曰：“事得其序之谓礼，物得其和之谓乐。事不成则无序而不和，故礼乐不兴。礼乐不兴，则施之政事皆失其道，故刑罚不中。”

⑦ 程子曰：“名实相须。一事苟，则其余皆苟矣。”○胡氏曰：“卫世子蒯聩耻其母南子之淫乱，欲杀之，不果而出奔。灵公欲立公子郢，郢辞。公卒，夫人立之，又辞。乃立蒯聩之子辄，以拒蒯聩。夫蒯聩欲杀母，得罪于父，而辄据国以拒父，皆兄父之人也，其不可有国也明矣。夫子为政，而以正名为先，必将具其事之本末，告诸天王，请于方伯，命公子郢而立之。则人伦正，天理得，名正言顺而事成矣。夫子告之之详如此，而子路终不喻也。故事辄不去，卒死其难。徒知食焉不避其难之为义，而不知食辄之食为非义也。”

郢。郢曰：“有亡人之子辄在。”乃立辄。按灵公生于鲁昭公二年，卒年四十七。蒯聩有姊曰卫姬，而辄又为蒯聩之手，则灵公卒时，辄年仅十岁左右耳。其二年，蒯聩入戚，卫人围戚；此非辄之本意欲以武力拒父，而出于南子及其臣石曼姑等，灼然易见。蒯聩居戚，至出公七四年，凡十三年，绝无举动，殆辄能以国养耳。若辄公然拒父，孔子岂肯留卫为公养之仕乎？孔子适卫时，辄年约十六七，欲用孔子。孔子知卫人虽借口于辄受祖父之命以拒父。而辄尚有不忍于其父之心，故欲以“正名”为先。“正名”者，即上篇答齐景公所谓“君君，臣臣，父父，子子”也。蒯聩欲借他国之力以与子争国，则父不父矣。辄借口于祖父之命以拒父，则子不子矣。“正名”云者，盖欲有善处其父子之间，以弭将来不测之祸耳。子路不知此旨，故曰：“你老先生的迂执竟有这样厉害吗？正名，正什么名呢？”孔子听子路这样说，就申斥他道：“由啊！你这个人真粗鄙啊！君子对于自己所不知的道理，只有阙之而不说，不强以为知而硬说。”盖子路不知“正名”之重要，“正名”于当时的卫国之尤为重要，而自以为知。妄说孔子是迂，所以孔子先这样把他申斥一番也。自“名不正”至“无所苟而已矣”，是孔子仔细解说“正名”之重要。无论做什么事，名义不正，则你把这事说出去，人民将不来听你也。对外宣布时，必不能理正言直，而此事也无成功之望。故曰：“名不正则言不顺，言不顺则事不成。”礼所以别上下，以让为本；乐所以陶性情，以和为主，事既不成，固无以兴礼乐：即今以逆取得之，亦已违礼乐之本。故曰：“事不成，则礼乐不兴。”既不能兴礼乐以化民治国，则必滥施刑罚而不能刑罚得当。故曰“礼乐不兴，则刑罚不中；刑罚不中，则民无所错手足”也，中，去声。人民畏刑罚之滥，则跼天踏地，不能自安，像手足无所安置一样。孔子既把正名的大道理说给子路听了，又总结几句道：“故君子名之必可言也；言之必可行也。君子于其言，无所苟而已矣！”这是说君子做事，必定先正其名义，名正，则理正言直而可以言了。且可以见诸实行了。故君子对于他所说的话，决不苟且。孔子告子路这样详细，而子路终不悟，卒因事辄而死于孔悝之难。这是很可惜的。

樊迟请学稼。子曰：“吾不如老农。”请学为圃。[①] 曰：“吾不如老圃。”樊迟出。子曰：“小人哉，樊须也![②] 上好礼，则民莫敢不敬；上好义，则民莫敢不服；上好信，则民莫敢不用情。夫如是，则四方之民襁负其子而至矣，焉用稼?”[③]

朱注云：“种五谷曰稼；种蔬菜曰圃。”小人，谓细民，即《孟子》“有大人之事，有小人之事”之小人。须，樊迟之名。三“好”字皆去声。情，实也，诚也。“用情”者，以诚实对上也。夫，音扶。襁，音居丈反，亦作繦。襁褓，以布为之，负小儿于背之具。焉，平声，安也。樊迟请学稼学圃，孔子以不如老农老圃答之；及迟出始明言以晓之也。盖以稼圃为小人之事；礼义信为大人之事。古者四民各有其业，为士者当致力于大人之事以治小人，不以无事而食为泰也。此章大旨，或谓樊迟见道不行，学稼学圃之问。盖有激而发；故孔子不面斥其非，但云不如农圃，以微言答之；及其既出，始阐明本旨。或谓樊迟学稼学圃之请，殆亦如许行为神农之言，主并耕而治；故孔子所言，与孟子答陈相，明劳心而治人之君子与劳力而治于人之野人，各有专职，治天下不可耕且为之旨相同。或又谓当时土旷人稀，为农圃者少，樊迟以为士亦不妨兼营稼圃；故孔子答以上好礼义信，则四方之农民皆襁负其子而至，不必使士兼为稼圃。以上三说，

① 种五谷曰稼，种蔬菜曰圃。

② 小人，谓细民，孟子所谓小人之事者也。

③ 好，去声。夫，音扶。襁，居丈反。焉，于虔反。○礼、义、信，大人之事也。好义，则事合宜。情，诚实也。敬、服、用、情，盖各以其类而应也。襁，织缕为之，以约小儿于背者。○杨氏曰：“樊须游圣人之门，而问稼圃，志则陋矣，辞而辟之可也。待其出而后言其非，何也？盖于其问也，自谓农圃之不如，则拒之者至矣。须之学疑不及此，而不能问，不能以三隅反矣，故不复。及其既出，则惧其终不喻也，求老农老圃而学焉，则其失愈远矣。故复言之，使知前所言者意有在也。

虽见仁见智，各有不同，颇能持之有故，言之成理，故并记之。

子曰："诵《诗》三百，授之以政，不达；使于四方，不能专对；虽多，亦奚以为？"①

《诗》三百，即现在的《诗经》三百零五篇。诵，读也。不达，谓不能明达治理。使于四方，谓奉君命，使诸侯。"专对"之"专"，《集解》与朱注均训"独"，阎若璩云："'专'，擅也。即《公羊传》'聘礼，大夫受命，不受辞；出竟，有可以安社稷利国家者，则专之可也。'"朱注曰："《诗》本人情，该物理，可以验风俗之盛衰，见政治之得失；其言温厚和平，长于风谕；故诵之者，必达于政而能言也。"按：《左传》所载，朝聘会盟之时，皆须赋诗见志。《汉书·艺文志》云："登高能赋，可以为大夫。"登高，谓登会盟之坛，能赋，谓能赋《诗》也。《周礼》大司乐以乐语教国子。《战国策》所载游士之辞，《史记》所载淳于髡等之辞，大都为讽喻寓言，且多韵语。是春秋战国辞令妙品；皆出于《诗》，故诵《诗》可以专对也。若诵《诗》而仍不达于政，不能专对，则记诵虽多，亦何用乎？

子曰："其身正，不令而行；其身不正，虽令不从。"

此章亦言为政当以身作则，与前篇"子帅以正，孰敢不正"之意相同。故治平当以修身为本。

---

① 使，去声。○专，独也。《诗》本人情，该物理，可以验风俗之盛衰，见政治之得失。其言温厚和平，长于风喻。故诵之者，必达于政而能言也。○程子曰："穷经将以致用也。世之诵《诗》者，果能从政而专对乎？然则其所学者，章句之末耳，此学者之大患也。"

子曰："鲁、卫之政，兄弟也。"[①]

鲁是武王弟周公的封国，卫是武王弟康叔的封国。所以两国的政治也多相同，像兄弟一样。汉晋诸儒，解本章都如此说。朱注则就衰世言，谓两国衰乱；政亦相似，故孔子有此叹。

子谓卫公子荆："善居室。始有，曰：'苟合矣。'少有，曰苟完矣。富有，曰苟美矣。"[②]

公子荆，卫国大夫。因鲁国也有公子荆，（哀公庶子，见《左传》哀公十二五年。）故加"卫"字以分别之。"子谓卫公子荆善居室"者，孔子说卫国公子荆居家，俭而不奢侈也。当时世卿之家，多尚奢侈，公子荆独不然，故孔子称之。有，指财富言。始有，谓初有资财；少有，谓财富略增；富有，谓资财充足。朱注训"苟"为"聊且粗略之意"，训"合"为"聚"，"完"为"备"，"言其循序而有节，不以欲速尽美累其心。"刘氏《正义》训"苟"为"诚"，为"信"，"合"为"合礼"。与朱子略异。

子适卫，冉有仆。[③] 子曰："庶矣哉！"[④] 冉有曰："既庶矣，又何加

---

① 鲁，周公之后。卫，康叔之后。本兄弟之国，而是时衰乱，政亦相似，故孔子叹之。

② 公子荆，卫大夫。苟，聊且粗略之意。合，聚也。完，备也。言其循序而有节，不以欲速尽美累其心。○杨氏曰："务为全美，则累物而骄吝之心生。公子荆皆曰苟而已，则不以外物为心，其欲易足故也。"

③ 仆，御车也。

④ 庶，众也。

焉?”曰:“富之。”[①] 曰:“既富矣,又何加焉?”曰:“教之。”[②]

适,往也。仆,御车也。庶,人民众多也。“富之”者,使人民生计充裕也,“教之”者,民生既裕,加以教育也。按《说苑·建本篇》“子贡问政。孔子曰:‘富之。既富,乃教之也。’”与此章略同。此章之旨,与孟子论仁政当先制民之产,使人民不饥不寒,足以仰事俯蓄,然后谨庠序之教,申之以孝弟之义正同。

子曰:“苟有用我者。期月而已可也,三年有成。”[③]

期,音基,注疏本作期。期月者,周一年之岁月也。孔子自己说:“苟有人用我去治国,一周年工夫,已经可以见成效了,到了三年,种种政事,都可成功。”按《史记·孔子世家》,孔子这话,是在卫国时所说。这时灵公说自己老,不能用孔子,所以孔子说这几句话。

子曰:“善人为邦百年,亦可以胜残去杀矣。诚哉是言也!”[④]

“善人为邦百年”者,言善人相继治理邦国,到百年之久也。“胜残”者,使残暴凶恶的人,都化为善也。胜,平声。“去杀”者,人都化善,

---

① 庶而不富,则民生不遂,故制田里,薄赋敛以富之。

② 富而不教,则近于禽兽。故必立学校,明礼义以教之。○胡氏曰:“天生斯民,立之司牧,而寄以三事。然自三代之后,能举此职者,百无一二。汉之文、明,唐之太宗,亦云庶且富矣,西京之教无闻焉。明帝尊师重傅,临雍拜老,宗戚子弟莫不受学;唐太宗大召名儒,增广生员,教亦至矣,然而未知所以教也。三代之教,天子公卿躬行于上,言行政事皆可师法。彼二君者,其能然乎?”

③ 期月,谓周一岁之月也。可者,仅辞,言纲纪布也。有成,治功成也。○尹氏曰:“孔子叹当时莫能用己也,故云然。”愚按:《史记》,此盖为卫灵公不能用而发。

④ 胜,平声。去,上声。○为邦百年,言相继而久也。胜残,化残暴之人,使不为恶也。去杀,谓民化于善,可以不用刑杀也。盖古有是言,而夫子称之。○程子曰“汉自高、惠至于文、景,黎民醇厚,几致刑措,庶乎其近之矣。”○尹氏曰:“胜残去杀,不为恶而已,善人之功如是。若夫圣人,则不待百年,其化亦不止此。”

杀人之刑可废去也。这是前人传下来的老话，孔子以为不错，故曰："诚哉是言也！"

子曰："如有王者，必世而后仁。"①

王者，言圣人为天子也。三十年曰一世。言圣人做天子后，到三十年，教化大行，可使天下的人，都相爱相助，成为仁的社会。此言圣人化速，对上章而言，所谓"仁"，较"胜残去杀"，亦更进一层。

子曰："苟正其身矣，于从政乎何有？不能正其身，如正人何？"

此章是说从政当先自正其身，与上"其身正，不令而行；其身不正，虽令不从"同一义旨。

冉子退朝。子曰："何晏也？"对曰："有政。"子曰："其事也，如有政，虽不吾以，吾其与闻之。"②

冉有此时为季氏宰，"退朝"者，从季氏的私朝退出来也。晏，迟也。孔子问他："今天退朝，何以这样迟？"冉有对曰："有政。""其事也"者，是孔子故作疑问的口气说。事指家事。政指国政。以，用也。孔子

---

① 王者，谓圣人受命而兴也。三十年为一世。仁，谓教化浃也。○程子曰："周自文、武至于成王，而后礼乐兴，即其效也。"○或问："三年、必世，迟速不同，何也？"程子曰："三年有成，谓法度纪纲有成而化行也。渐民以仁，摩民以义，使之浃于肌肤，沦于骨髓，而礼乐可兴，所谓仁也。此非积久，何以能致？"

② 朝，音潮。与，去声。○冉有时为季氏宰。朝，季氏之私朝也。晏，晚也。政，国政。事，家事。以，用也。礼：大夫虽不治事，犹得与闻国政。是时季氏专鲁，其于国政，盖有不与同列议于公朝，而独与家臣谋于私室者。故走子为不知者而言，此必季氏之家事耳。若是国政，我尝为大夫，虽不见用，犹当与闻。今既不闻，则是非国政也。语意与魏微献陵之对略相似。其所以正名分，抑季氏，而教冉有之意深矣。

说："你所谓'政'是季氏的家事吧？如确有国政。那么我虽然不见用，我犹当与闻也。"礼，大夫致仕，犹得与闻国政，孔子曾为大夫，故有"吾其与闻之"的话。时季氏专政，国政亦往往不与同列议于公朝，而与家臣谋于私室。孔子非不知冉有"有政"之对为实情，特欲正名分，抑季氏，所以故意这样说。

定公问："一言而可以兴邦，有诸？"孔子对曰："言不可以若是其几也。①人之言曰：'为君难。为臣不易。'②如知为君之难也，不几乎一言而兴邦乎？"③曰："一言而丧邦，有诸？"孔子对曰："言不可以若是其几也。人之言曰：'予无乐乎为君，唯其言而莫予违也。'④如其善而莫之违也。不亦善乎？如不善而莫之违也，不几乎一言而丧邦乎？"⑤

鲁定公问孔子："一言而可以兴邦，有诸？""一言而可以丧邦，有诸。"二"诸"字皆"之乎"二字之合音。丧，去声，亡也，失也。孔子对曰："言不可以若是，其几也。"朱子九字作一句读。故注云："几，期也。《诗》曰：'如几如式。'言一言之间，未可以如此而必期其效。"王若虚《论语辨惑》云："'其几也'三字，自为一句。一言得失，何遽至于兴丧？然有近之者。"按：几，近也，见《尔雅·释诂·集解》引王说亦如此解，较朱注为长。易，去声，乐，音洛。"为君难，为臣不易"；"子无乐乎为君，唯其言而莫予违也"。这些都是当时人常说的话，而孔子引之。于前者，则取"为君难"为近于可以兴邦之一言。于后者，则又伸

---

① 几，期也。《诗》曰："如几如式。"言一言之间，未可以如此而必期其效。

② 易，去声。○当时有此言也。

③ 因此言而知为君之难，则必战战兢兢，临深履薄，而无一事之敢忽。然则此言也，岂不可以必期于兴邦乎？为定公言，故不及臣也。

④ 丧，去声，下同。乐，音洛。○言他无所乐，惟乐此耳。

⑤ 范氏曰："言不善而莫之违，则忠言不至于耳。君日骄而臣日谄，未有不丧邦者也。"○谢氏曰："知为君之难，则必敬谨以持之。惟其言而莫予违，则谗谄面谀之人至矣。邦未必遽兴丧也，而兴丧之源分于此。然此非识微之君子，何足以知之？"

说道："如果君所说的话是善的，没有人违反他，固然很好；如果君所说的话，是不善的，也没有人违反他，那么国事败坏，或者竟会弄到亡国；'言莫予违'这不是近乎一言而丧邦吗?"

叶公问政。[1] 子曰："近者说，远者来。"[2]

叶公，是楚国大夫，见前《述而篇》。孔子到楚国时，叶公向孔子问政。孔子对答他道："近者说，违者来。"说，同悦。言为政当使近地方的人民，能够安居乐业而欢悦；则远方的人民，自然大家都要来做他的人民也。此事亦见《韩非子·难篇》。

子夏为莒父宰，问政。子曰："无欲速，无见小利。欲速则不达，见小利则大事不成。"[3]

父，音甫。莒父，是鲁国的一个小邑。子夏做莒父的邑宰时，向孔子问政。孔子告以"无欲速，无见小利"。无，同毋，禁止之词。又伸说"欲速"和"见小利"之害道："欲速则不达；见小利则大事不成。"办事有一定的次序，有必需的时间，不能求速；若以欲速之故，而不照次序，缩短时间，反弄得这事办不成功；故曰"欲速则不达"也。办事要从大处落墨，只要事体成功，遇些小小损失，是不能顾及的：若是处处贪小便宜反弄得大事不能成功；故曰"见小利则大事不成"也。程子曰："子张问政，子曰：'居之无倦，行之以忠。'子夏问政，子曰：'无欲速，无见小

---

① 音义并见第七篇。

② 说，音悦。○被其泽则悦，闻其风则来。然必近者悦，而后远者来也。

③ 父，音甫。○莒父，鲁邑名。欲事之速成，则急遽无序，而反不达。见小者之为利，则所就者小，而所失者大矣。○程子曰："子张问政，子曰：'居之无倦，行之以忠。'子夏问政，子曰：'无欲速，无见小利。'子张常过高而未仁，子夏之病常在近小，故各以切己之事告之。"

利。’子张常过高而未仁，子夏之病常在近小，故各以切己之事告之。”

叶公语孔子曰：“吾党有直躬者，其父攘羊，而子证之。”[①] 孔子曰：“吾党之直者异于是：父为子隐，子为父隐，直在其中矣。”[②]

语，去声，犹告也。吾党，犹云吾乡。《集解》孔曰：“直躬，直身而行。”朱注同。郑玄注本“躬”作“弓”，注云：“有直人名弓者。”以其行直，故称直弓，犹跛为盗，故称益跛也。《集解》周曰：“有因而盗曰攘。”朱注同。《说文》云：“证，告也。”谓父盗人之羊，而子告发之也。两“为”字皆去声。隐者，不扬其恶也。父子之爱，根于天性，故互相为隐，直在其中。此与孟子所谓瞽瞍杀人，舜当窃负而逃之义正同。若证父攘羊，则病在好名，故孔子非之。

按《韩非子·五蠹》云：“楚有直躬，其父窃羊而谒之吏。令尹曰：‘杀之。’以为直于君而屈于父，执而罪之。”《吕氏春秋·当务》云：“楚有直躬者，其父窃羊而谒之上。上执而将诛之。直躬者请代之。将诛矣，告吏曰：‘父窃羊而谒之，不亦信乎？父诛而代之，不亦孝乎？信且孝而诛之，国将有不诛者乎？’荆王闻之，乃不诛也。孔子闻之。曰：‘异哉，直躬之为信也！’活父而再取名焉，故直躬之信，不如无信。”二书所记，当与此章同指一人。

樊迟问仁。子曰：“居处恭，执事敬，与人忠。虽之夷狄，不可弃

---

① 语，去声。○直躬，直身而行者。有因而盗曰攘。

② 为，去声。○父子相隐，天理人情之至也。故不求为直，而直在其中。○谢氏曰：“顺理为直。父不为子隐，子不为父隐。于理顺邪？瞽瞍杀人，舜窃负而逃，遵海滨而处。当是时，爱亲之心胜，其于直不直，何暇计哉？”

也。”①

“居处恭”者，言日常起居不可放肆也。“执事敬”者，言办事不可懈怠轻忽也。“与人忠”者，言须以忠心待人也。之，往也。“虽之夷狄，不可弃也”者，言上面所说的三项，虽到野蛮地方去做人，也是不可弃掉的。按樊迟问仁，见于本书者，此已为第三次。但问的先后，朱注采胡氏说，以为此最先，“先难而后获”次之，“爱人”又次之。

子贡问曰：“何如斯可谓之士矣？”子曰：“行己有耻，使于四方，不辱君命，可谓士矣。”② 曰：“敢问其次。”曰：“宗族称孝焉，乡党称弟焉。”③ 曰：“敢问其次。”曰：“言必信，行必果，硁硁然小人哉！抑亦可以为次矣。”④ 曰：“今之从政者何如？”子曰：“噫！斗筲之人，何足算也。”⑤

子贡问：“怎样的人可以叫做‘士’？”“子曰‘行己有耻，使于四方，不辱君命，可谓士矣’”者，朱注曰：“此其志有所不为，而其材足以有为者也。”“曰：‘敢问其次’”者，子贡又问也。第二个“曰”字以下是孔子的答话。“宗族称孝，乡党称弟”者，朱注曰：“此本立而材不足者，故为其次。”弟，今作悌。子贡又问再次一等的士。“曰：‘言必信，行必果，

---

① 恭主容，敬主事。恭见于外，敬主乎中。之夷狄不可弃，勉其固守而勿失也。○程子曰：“此是彻上彻下语。圣人初无二语也，充之则睟面盎背，推而达之则笃恭而天下平矣。”○胡氏曰：“樊迟问仁者三：此最先，先难次之，爱人其最后乎？”

② 使，去声。○此其志有所不为，而其材足以有为者也。子贡能言，故以使事告之。盖为使之难，不独贵于能言而已。

③ 弟，去声。○此本立而材不足者，故为其次。

④ 行，去声。硁，苦耕反。○果，必行也。硁，小石之坚确者。小人，言其识量之浅狭也。此其本末皆无足观，然亦不害其为自守也，故圣人犹有取焉，下此则市井之人，不复可为士矣。

⑤ 筲，所交反。算，亦作筭，悉乱反。○今之从政者，盖如鲁三家之属。噫，心不平声。斗，量名，容十升。筲，竹器，容斗二升。斗筲之人，言鄙细也。算，数也。子贡之问每下，故夫子以是警之。○程子曰：“子贡之意，盖欲为皎皎之行，闻于人者。夫子告之，皆笃实自得之事。”

硁硁然小人哉！抑亦可以为次矣'”者，孔子又答也。行，去声。硁，音苦耕反。朱注曰：“硁，小石之坚确者。”按：硁硁，是以小石坚确之状，喻小人必信必果之貌也。小人，指识量浅狭的人。抑，语助词。朱注又曰：“此其本末皆无足观，然亦不害其为自守也。故圣人犹有取焉。”刘氏《正义》引《孟子·离娄篇》文说之曰：“‘大人者，言不必信，行不必果，唯义所在。’明大人言行皆视乎义：义所在，则言必信，行必果；义所不在，则言不必信，行不必果。反是者为小人。”子贡又问：“现在一班做官的人怎样呢?”子曰：“噫！斗筲之人，何足算也!”噫，是叹词。斗，容十升；筲，竹器，容一斗二升。斗筲，状其人识量之小。一说谓其但事聚敛。算，数也。言何足数及之。《汉书·公孙贺传赞》引此文，“算”作“选”，“选”，“算”，一声之转，音近通用。

子曰：“不得中行而与之，必也狂狷乎！狂者进取，狷者有所不为也。”①

中行者，能依乎中庸之道而行，无过与不及者也。狂者，有大志者也。狷者，有气节者也。狂者进取，时或过乎中庸；狷者有所不为，时或不及中庸：皆非“中行”。孔子不得中行而与之，故思其次耳。《孟子·尽心·孔子在陈》所记，与此略同。按伊尹为圣之任者，其个性实近于进取之狂；伯夷为圣之清者，其个性实近于有所不为之狷。惟孔子为圣之时，所谓“时中”之君子，合乎“中行”者也。

---

① 狷，音绢。○行，道也。狂者，志极高而行不掩。狷者，知未及而守有余。盖圣人本欲得中道之人而教之，然既不可得，而徒得谨厚之人，则未必能自振拔而有为也。故不若得此狂狷之人，犹可因其志节，而激厉裁抑之以进于道，非与其终于此而已也。○孟子曰：“孔子岂不欲中道哉？不可必得，故思其次也。如琴张、曾皙、牧皮者，孔子之所谓狂也。其志嘐嘐然，曰：‘古之人！古之人！’夷考其行而不掩焉者也。狂者又不可得，欲得不屑不洁之士而与之，是狷也，是又其次也。”

子曰：“南人有言曰：‘人而无恒，不可以作巫医。’善夫！。”[①] “不恒其德，或承之羞。”[②] 子曰：“不占而已矣。”[③]

南人，南方人。恒，恒心也。巫是古时候一种祈祷鬼神。替人治病求福的人。医，是医生。孔子引南方人的成语道：“一个人而没有恒心，就是巫医等技能职业，也是学不成功的。”“善夫”二字，是孔子的赞语。此章之旨，在明“有恒”之重要。《礼记·缁衣》所记与本章同；惟“巫医”作“卜筮”。

“不恒其德，或承之羞”两句，是《易经·恒卦》九三的《爻辞》。皇疏云：“羞辱必承，而云‘或’者，或，常也，言羞辱常承之也。”按：《诗》“无不尔或承”，郑《笺》曰“或，常也”，《老子》“湛今其或存”，河上公注亦曰：“或，常也。”皇疏谓“羞辱常承之”，承似训“继”。刘氏《正义》云：“言无恒之人，无所容身，将承羞辱也。”承似训“受”。并可通。“不占”上的“子曰”二字，朱子以为分别《易》文与孔子的话而加上的。“不占而已矣”者，《集解》郑曰：“《易》所以占吉凶；无恒之人，《易》所不占。”朱注引杨氏曰：“君子于《易》苟玩其占，则知无常之取羞矣。其为无常也，盖亦不占而已矣。”

子曰：“君子和而不同，小人同而不和。”[④]

《集解》云：“君子心和；然其所见各异，故曰不同。小人所嗜好者则

---

① 恒，胡登反。夫，音扶。○南人，南国之人。恒，常久也。巫所以交鬼神，医所以毒死生，故虽贱役，而犹不可以无常，孔子称其言而善之。

② 此《易·恒卦》九三《爻辞》。承，进也。

③ 复加“子曰”，以别《易》文也，其义未详。○杨氏曰：“君子于《易》苟玩其占，则知无常之取羞矣。其为无常也，盖亦不占而已矣。”意亦略通。

④ 和者，无乖戾之心。同者，有阿比之意。○尹氏曰：“君子尚义，故有不同。小人尚利，安得而和？”

同；然各争利，故曰不和。”朱注云：“和者，无乖戾之心；同者，有阿比之意。”按《左传》昭：二十年晏子与齐侯论和同之异，以“君所谓可而有否焉，臣献其否以成其可，君所谓否而有可焉，臣献其可以去其否”为“和”；以“君所谓可曰可，君所谓否曰否”为“同”。可与本章互证。

子贡问曰：“乡人皆好之，何如?”子曰：“未可也。”“乡人皆恶之，何如?”子曰：“未可也。不如乡人之善者好之，其不善者恶之。”①。

好、恶，均读去声。此章有二种解说：一说以“好恶”属我。子贡言一乡之人，我皆好之；一乡之人，我皆恶之；何如？孔子曰皆未可，不如于乡人之中，择其善者好之，其不善者恶之。盖一乡之人，未必皆善，亦未必皆不善，故我之或好或恶，亦不可以一律也。一说以“好恶”属乡人。言有人于此，一乡之人皆好之，或一乡之人皆恶之，则何如。孔子皆曰未可。不如乡人之善者则好此人，乡人之恶者则恶此人，方可断定此人之为善士。盖一乡之人皆好之，此人或为同流合污之乡愿，一乡之人皆恶之，此人或为众所共嫉之恶人也。

子曰：“君子易事而难说也：说之不以道，不说也；及其使人也，器之。小人难事而易说也：说之虽不以道，说也；及其使人也，求备焉。”②

此章所说的“君子”、“小人”，都指在位者而言，易，去声。说，今作悦。器之，随其材器而使之也。求备，求全责备也。

在位者是君子，在他手下做事，是容易的；要使他欢喜，却是难的。

---

① 好、恶，并去声。○一乡之人，宜有公论矣，然其间亦各以类自为好恶也。故善者好之而恶者不恶，则必其有苟合之行。恶者恶之而善者不好，则必其无可好之实。

② 易，去声。说，音悦。○器之。谓随其材器而使之也。君子之心公而恕，小人之心私而刻。天理人欲之间，每相反而已矣。

“说之不以道，则谄也。此君子之所恶，小人之所喜。君子用人，因材器使，故易事；小人用人，求全责备，故难事。”朱注云：“君子之心公而恕：小人之心私而刻。”

子曰：“君子泰而不骄，小人骄而不泰。”①

泰，安舒。骄，恣肆。君子坦荡荡，故态度安舒；卑以自牧，敬以自持，故不恣肆。小人无忌惮，喜陵人，故态度恣肆；长戚戚，故不安舒也。君子循理，心中无挂无碍，所以能安舒。小人逞欲，心中常常不足，所以永不安舒。

子曰：“刚、毅、木、讷，近仁。”②

讷，音纳。公正无欲叫做“刚”。果敢坚忍叫做“毅”。性情朴实叫做“木”。说话迟钝，叫做“讷”。《中庸》言“力行近乎仁”；刚毅故有能力行。本书上文言“仁者其言也讱”，“讷”即“讱”也。“木讷”正与“巧言令色”相反。上文言“巧言令色鲜矣仁”，则木讷之近仁可知。

子路问曰：“何如斯可谓之士矣？”子曰：“切切、偲偲，怡怡如也，可谓士矣。朋友切切、偲偲，兄弟怡怡。”③

偲，音思。切切偲偲，是相切磋勉励之貌。怡怡，和顺也。子路问

---

① 君子循理，故安舒而不矜肆。小人逞欲，故反是。

② 程子曰：“木者，质朴。讷者，迟钝。四者，质之近乎仁者也。”○杨氏曰：“刚、毅则不屈于物欲，木、讷则不至于外驰，故近仁。”

③ 胡氏曰：“切切，恳到也。偲偲，详勉也。怡怡，和说也。皆子路所不足，故告之。又恐其混于所施，则兄弟有贼恩之祸，朋友有善柔之损，故又别而言之。”

士，孔子告以“切切偲偲，怡怡如也”；又恐子路混于所施，随着说明道：“朋友切切偲偲，兄弟怡怡。”意思是：“对于朋友，要能切磋勉励；对于兄弟，要能和顺。”但孔子之意，盖朋友主于义，兄弟主于恩；朋友可有善柔之损，兄弟不可有贼恩之祸也。此朱注引胡氏说。一说孔子的话，止于“如也”。以下为记者释之，即所谓七十子之大义。见刘氏《正义》末句“怡怡”下，皇疏本亦有“如也”二字。

子曰：“善人教民七年，亦可以即戎矣。”①

即，就也。戎，兵戎。“即戎”者，去打仗也。孔子说：“善人把百姓教训了七年工夫，也可以叫他们去打仗了。”按：古时有“十年生聚，十年教训”之语。此只言“教民”，必是已经生聚也。又言“七年”，而不言“十年”者，《论语稽》曰：“善人教之有法，故速也。”“可以”上加一“亦”字。是仅可而犹有所未尽的语气。至于所杀之事，战术以外，朱子以为尚有孝弟忠信之行，务农之法。盖民知亲其上，死其长，始能力战也。古时寓兵于农，有事之时为兵，无事之时为农，务农之法，自亦不可不教也。

子曰：“以不教民战，是谓弃之。”②

此章与上章相连。朱注：“用不教之民以战，必有败亡之祸，是弃其民也。”《孟子·告子篇》“鲁欲使慎子为将军。孟子曰：‘不教民而用之，谓之殃民。’”与此章同意。

---

① 教民者，教之孝悌忠信之行，务农讲武之法。即，就也。戎，兵也。民知亲其上，死其长，故可以即戎。○程子曰：“七年云者，圣人度其时可矣。如云期月、三年、百年、一世、大国五年、小国七年之类，皆当思其作为如何乃有益。”

② 以，用也。言用不教之民以战，必有败亡之祸，是弃其民也。

［问题］

（一）子路、仲弓、叶公、子夏问政，孔子答语如何？

（二）子贡，子路问政。孔子答语如何？

（三）樊迟问仁，见于本书者凡三。孔子答语如何？

（四）孔子居卫，何以为政必先正名？

（五）樊迟请学稼学圃，其本意如何？

（六）诵《诗》与专对之关系如何？

（七）孔子论政，有“庶”、“富”、“教”三步，其旨如何？

（八）孔子自言期月已可，三年有成；论善人为邦，则期之百年王者亦必世后仁其言似自誇者。试申论之。

（九）证父攘羊，孔子何以不许其直？

（十）何谓“中行”？何谓“狂”、“狷”？

（十一）“和”与“同”，“泰”与“骄”。区别如何？

（十二）刚、毅、木、讷，何以近仁？

宪问第十四

宪问耻。子曰：“邦有道，谷；邦无道，谷，耻也。”①

宪，是原宪。此章或是宪自记，故不称字，不加姓。宪问孔子：“什么是可羞耻的事？”孔子告他道：“邦有道，谷；邦无道，谷，耻也。”谷，指俸禄。古时候做官的俸禄，都是给谷米的。《集解》孔曰：“邦有道，当

① 宪，原思名。谷，禄也。邦有道不能有为，邦无道不能独善，而但知食禄，皆可耻也。宪之狷介，其于“邦无道，谷”之可耻，固知之矣；至于“邦有道，谷”之可耻，则未必知也。故夫子因其问而并言之，以广其志，使知所以自勉而进于有为也。

食禄。君无道而在其朝食其禄，是耻辱。”朱注云：“邦有道，不能有为；邦无道，不能独善；而但知食禄，皆可耻也。”与孔说异，但亦可通。

“克、伐、怨、欲不行焉，可以为仁矣?”① 子曰：“可以为难矣，仁则吾不知也。”②

《史记·弟子传》记此，上有“子思曰”三字。子思，原宪字。《集解》本与上章合为一章；朱注分作两章。朱云：“克，好胜；伐，自矜；怨，忿恨；欲，贪欲。”四者不行，仅能无损于人，还不能有益于人；仅能注意于消极方面，还不能注意于积极方面；亦即是仅能行仁的一面，而不能得仁之全也。故不说是仁不是仁，而只说我不晓得，使原宪自思之；亦希望原宪于不行克、伐、怨、欲之后，更求进步。

子曰：“士而怀居，不足以为士矣。”③

士，即子贡、子路所问的士。“怀居”，即《左传》所谓“怀安败名”的“怀安”。“居”字所包甚广，凡宫室之安，口体之奉皆居也。士者，事也。既名为士，则顾名思义，当有无穷责任，无穷事业，怎么可以贪恋安逸呢？故曰“不足以为士”也。

---

① 此亦原宪以其所能而问也。克，好胜。伐，自矜。怨，忿恨。欲，贪欲。

② 有是四者而能制之，使不得行，可谓难矣。仁则天理浑然，自无四者之累，不行不足以言之也。○程子曰：“人而无克、伐、怨、欲，惟仁者能之。有之而能制其情，使不行，斯亦难能也。谓之仁则未也。此圣人开示之深，惜乎宪之不能再问也。”或曰：“四者不行，固不得为仁矣。然亦岂非所谓克己之事，求仁之方乎?”曰：“克去己私以复乎礼，则私欲不留，而天理之本然者得矣。若但制而不行，则是未有拔去病根之意，而容其潜藏隐伏于胸中也。岂克己求仁之谓哉？学者察于二者之间，则其所以求仁之功，益亲切而无渗漏矣。”

③ 居，谓意所便安处也。

子曰："邦有道，危言危行；邦无道，危行言孙。"①

行，读去声。孙，今作逊。《广雅》云："危，正也。""危言"者，不顾什么，据理直言也。孙，即今逊字，当为逊避之义。邦无道时，往往以言语文字触犯忌讳，而致杀身之祸，故行动，确仍旧不可失理，而说则当逊避，此明哲保身之旨。

子曰："有德者必有言，有言者不必有德；仁者必有勇，勇者不必有仁。"②

有道德的人，和顺积中，而英华发外，故曰："有德者必有言。"会说话的人，或为便佞口给，未必有道德，故曰："有言者不必有德。"孔子尝言："志士仁人，无求生以害仁，有杀身以成仁。"死都不怕，自然见义勇为；故曰："仁者必有勇。"勇者虽什么都不怕，但或为血气用事，未必有爱人利人之心；故曰："勇者不必有仁。"

南宫适问于孔子曰："羿善射，奡荡舟，俱不得其死然。禹、稷躬稼，而有天下。"夫子不答。南宫适出，子曰："君子哉若人！尚德哉若人！"③

---

① 行、孙，并去声。○危，高峻也。孙，卑顺也。尹氏曰："君子之持身不可变也，至于言则有时而不敢尽，以避祸也。然则为国者使士言孙，岂不殆哉？"

② 有德者，和顺积中，英华发外。能言者，或便佞口给而已。仁者，心无私累，见义必为。勇者，或血气之强而已。○尹氏曰"有德者必有言，徒能言者未必有德也。仁者志必勇，徒能勇者未必有仁也。"

③ 适，古活反。羿，音诣。奡，五报反。荡，土浪反。○南宫适，即南容也。羿，有穷之君，善射，灭夏后相而篡其位。其臣寒浞又杀羿而代之。奡，《春秋传》作"浇"，浞之子也，力能陆地行舟，后为夏后少康所诛。禹平水土暨稷播种，身亲稼穑之事。禹受舜禅而有天下，稷之后至周武王亦有天下。适之意盖以羿、奡比当世之有权力者，而以禹、稷比孔子也。故孔子不答。然适之言如此，可谓君子之人，而有尚德之心矣，不可以不与。故俟其出而赞美之。"

适，音括。羿，音义。奡，音傲。南宫适，即孔子弟子南容。羿，夏朝一个善射箭的人，曾距太康而代夏政。“奡荡舟”者，奡也是夏朝人，力大，曾伐斟鄩氏，左右冲杀，而覆其船。此顾炎武说。旧解“荡舟”为陆地行舟，不妥。“俱不得其死然”者，谓羿为其臣寒浞所杀，而奡为少康所杀也。稷，周之始祖，舜时为后稷。禹和稷，一个亲自治水，一个教民种田，后来一个自己做天子，一个到后代也有天下。南宫适的意思，实在是以羿、奡比当时的权臣，而以禹、稷比孔子。故“夫子不答”也。及南宫适出，孔子方赞美他道：“君子哉若人！尚德哉若人！”若人，即此人也。

子曰：“君子而不仁者有矣夫！未有小人而仁者也。”[①]

夫，音扶。仁是做人的完全美德。虽然是君子，未免有时候违仁，故曰：“君子而不仁者有矣夫！”小人则存心利己，总不会爱人利人，故曰：“未有小人而仁者也。”

子曰：“爱之，能勿劳乎？忠焉，能勿诲乎？”[②]

劳，勤劳。爱之而勿令劳，是听其逸乐也，所谓“禽犊之爱”而已。忠于某人，而当其有错误时，并不规诲，是长恶也，所谓“妇妾之忠”而已。

子曰：“为命，裨谌草创之，世叔讨论之，行人子羽修饰之，东里子

---

① 夫，音扶。○谢氏曰：“君子志于仁矣，然毫忽之间，心不在焉，则未免为不仁也。”

② 苏氏曰：“爱而勿劳，禽犊之爱也。忠而勿诲，妇寺之忠也。爱而知劳之，则其为爱也深矣。忠而知诲之，则其为忠也大矣。”

产润色之。”①

命，指应对诸侯之辞令。为命，言有诸侯之事。预为辞令也。裨谌，郑大夫。江声《论语竢质》谓“谌”当作“煁”，裨谌裨灶当是一人，盖名灶字煁也。《史记·屈原传》：“屈平属草稾未定。”草创，即属草也。世叔，《左传》作子太叔，郑大夫游吉字。讨论，就草稿加以审议也。行人，官名，掌使各国。子羽，郑大夫公孙挥字。修饰，谓增损之。东里，里名，子产所居。润色，谓加以文采。按《左传》襄三十一年所记，多一冯简子，次叙亦与此略异。

或问子产。子曰：“惠人也。”② 问子西。曰：“彼哉！彼哉！”③ 问管仲。曰：“人也。夺伯氏骈邑三百，饭疏食，没齿无怨言。”④

此章记孔子与或人论春秋时各国之贤大夫。《左传》记孔子论子产，以为“古之遗爱”，与此云“惠人”同。子西，楚令尹公子申字。子西让国于昭王，而改纪其政，亦当时之贤大夫。然不能使昭王斥贪庸之囊瓦，又召白公而致杀身祸国之变。故孔子曰：“彼哉！彼哉！”言无足称也。人也，犹言这个人呀！阮元谓“人也”即“仁也”，孔子称子产为惠人，管仲为“仁人”。此别一解。伯氏，齐大夫，皇疏云：“名偃。”骈邑，地名，

① 裨，婢之反。谌，时林反。○裨谌以下四人，皆郑大夫。草，略也。创，造也，谓造为草稿也。世叔，游吉也，《春秋传》作子太叔。讨，寻究也。论，讲议也，行人，掌使之官。子羽，公孙挥也。修饰，谓增损之。东里，地名，子产所居也。润色，谓加以文采也。郑国之为辞命，必更此四贤之手而成，详审精密，各尽所长。是以应对诸侯，鲜有败事。孔子言此，盖善之也。

② 子产之政，不专于宽，然其心则一以爱人为主。故孔子以为惠人，盖举其重而言也。

③ 子西，楚公子申，能逊楚国，立昭王，而改纪其政，亦贤大夫也。然不能革其僭王之号昭王欲用孔子，又沮止之。其后卒召白公以致祸乱，则其为人可知矣。彼哉者，外之之词。

④ 人也，犹言此人也。伯氏，齐大夫。骈邑，地名。齿，年也。盖威公夺伯氏之邑以与管仲，伯氏自知己罪，而心服管仲之功，故穷约以终身而无怨言。荀卿所谓“与之书社三百，而富人莫之敢拒”者，即此事也。○或问：“管仲、子产孰优？”曰：“管仲之德，不胜其才。子产之才，不胜其德。然于圣人之学，则概乎其未有闻也。”

伯氏之采邑。三百，耕邑有三百户也。伯氏有罪，故夺其邑。一说谓桓公夺伯氏之邑以封管仲。伯氏邑既被夺，故贫至饭疏食也。齿，年也。没齿，犹云终身。终身无怨言者，夺当其罪也。

子曰："贫而无怨难，富而无骄易。"①

易，去声。贫而无怨，就是乐道的君子；富而无骄，就是好礼的君子。孔子此言，是要人勉为其难，而亦不忽于其易。

子曰："孟公绰为赵、魏老则优，不可以为滕、薛大夫。"②

孟公绰，是鲁国的大夫。《史记·弟子传》："孔子之所严事，于鲁，孟公绰。"是以绰为孔子同时人。赵、魏是晋国两个大夫的姓。老，是大夫的家臣。滕、薛是两个小国。此说孟公绰这个人，廉静寡欲，而短于才，故优于为赵、魏二家的家臣，而不可以做滕、薛的大夫。

子路问成人。子曰："若臧武仲之知，公绰之不欲，卞庄子之勇，冉求之艺，文之以礼乐，亦可以为成人矣。"③ 曰："今之成人者何必然？见

---

① 易，去声。○处贫难，处富易，人之常情。然人当勉其难，而不可忽其易也。

② 公绰，鲁大夫。赵、魏，晋卿之家。老，家臣之长。大家势重，而无诸侯之事；家老望尊，而无官守之责。优，有余也。滕、薛，二国名。大夫，任国政者。滕、薛国小政繁，大夫位高责重。然则公绰盖廉静寡欲，而短于才者也。○杨氏曰："知之弗豫，枉其才而用之，则为弃人矣。此君子所以患不知人也。言此，则孔子之用人可知矣。"

③ 知，去声。○成人，犹言全人。武仲，鲁大夫，名纥。庄子，鲁卞邑大夫。言兼此四子之长，则知足以穷理，廉足以养心，勇足以力行，艺足以泛应。而又节之以礼，和之以乐，使德成于内，而文见乎外。则材全德备，浑然不见一善成名之迹；中正和乐，粹然无复偏倚驳杂之蔽，而其为人也亦成矣。然"亦"之为言，非其至者，盖就子路之所可及而语之也。若论其至，则非圣人之尽人道，不足以语此。

利思义，见危授命，久要不忘平生之言，亦可以为成人矣。”①

“成人”者，成德之人，犹现在说人格完全的人也。臧武仲，为鲁大夫臧孙纥。知，同智。公绰，即孟公绰；不欲，不贪财也。卞庄子，亦鲁大夫，卞，邑名。卞庄子是一个勇士，《史记·陈轸传》记其刺虎事。《韩诗外传》及《新序》记其战死事。求也艺，已见前篇。孔子之意，是要把四个人的长处，合为一人，又能够节之以礼，和之以乐，也可以算为完人了。按《说·苑辨物》孔子答颜渊问成人之行，陈义极高。此仅合四人之长，文之以礼乐，故曰“亦可以为成人”也。

孔子说了上节的话以后移时又说，故加“曰”字。言“今之成人者何必然”者，更退一步，说较次的一种完人也。朱注引胡氏说，则谓此节是子路之言。“见利思义，见危授命。”即《曲礼》所云“临财毋苟得，临难母苟免”也。“授命”犹言致命。要，约也。平生，犹云平时。平时期约，虽过得长久了，仍旧不忘记也。孔子之意，是现在时候，能这样忠信做人，虽比上节所说的完人，又觉不如，但也可以算一个完人也。

子问公叔文子于公明贾曰：“信乎夫子不言、不笑、不取乎？”② 公明贾对曰：“以告者过也。夫子时然后言，人不厌其言；乐然后笑，人不厌

① 复加“曰”字者，既答而复言也。授命，言不爱其生，持以与人也。久要，旧约也。平生，平日也。有是忠信之实，则虽其才知礼乐有所未备，亦可以为成人之次也。○程子曰：“知之明，信之笃，行之果，天下之达德也。若孔子所谓成人，亦不出此三者。武仲，知也；公绰，仁也；卞庄子，勇也；冉求，艺也。须是合此四人之能，文之以礼乐，亦可以为成人矣。然而论其大成，则不止于此。若今之成人，有忠信而不及于礼乐，则又其次者也。”又曰：“臧武仲之知，非正也。若文之以礼乐，则无不正矣。”又曰：“语成人之名，非圣人孰能之？孟子曰：‘惟圣人然后可以践形。’如此方可以称成人之名。”○胡氏曰“今之成人以下，乃子路之言。盖不复闻斯行之之勇，而有终身诵之之固矣。未详是否？”

② 公叔文子，卫大夫公孙拔也。公明，姓；贾，名；亦卫人。文子为人，其详不可知，然必廉静之士，故当时以三者称之。

其笑；义然后取，人不厌其取。”子曰：“其然，岂其然乎？”①

公叔文子，卫大夫，姓公孙，名拔（《左传》作发）文是谥，（《檀弓》谓谥贞惠文子）公明贾，亦卫国人，姓公明，名贾。夫子，指称文子。孔子初到卫国，听见人家说公叔文子有此三项德行，自己不能相信，所以问公明贾也。“以告者过也”者，言来告诉你的人，话说得过甚也。文子这个人。在他应当说话的时候，然后说话，所以人家不讨厌他所说的话；在应当欢乐的时候，才有笑脸，所以人家不讨厌他的笑；对于财物，应该取的始肯取，所以人家不讨厌他的取。

“子曰：‘其然岂其然乎’”者，因公明贾说文子的德行，竟无异圣人，孔子不大相信；不过当面不便直说，所以说出这两句疑而不断的话来。

子曰：“臧武仲以防求为后于鲁，虽曰不要君，吾不信也。”②

要，读平声。防，鲁地，臧武仲的食邑。鲁襄公二十三年，武仲为孟孙所谮，出奔邾，自邾至防，请立后。鲁许之，立其子臧为，武仲乃致防而奔齐。事见《左传》。朱注云：“要，有所挟而求也。”武仲卑辞请立后，面子上虽不像对于君，有所要挟；但他占据防的地方而请求，明明是不允其请，将据防以叛了。所以孔子说：“人家虽然说他不是对君要挟。我是不相信的！”

---

① 厌者，苦其多而恶之之辞。事适其可，则人不厌，而不觉其有是矣。是以称之或过，而以为不言、不笑、不取也。然此言也，非礼义充溢于中，得时措之宜者不能。文子虽贤，疑未及此，但君子与人为善，不欲正言其非也。故曰“其然，岂其然乎？”盖疑之也。

② 要，平声。○防，地名，武仲所封邑也。要，有挟而求也。武仲得罪奔邾，自邾如防，使请立后而避邑，以示若不得请，则将据邑以叛，是要君也。○范氏曰：“要君者无上，罪之大者也。武仲之邑，受之于君。得罪出奔，则立后在君，非己所得专也。而据邑以请，由其好智而不好学也。”○杨氏曰：“武仲卑辞请后，其迹非要君者，而意实要之。夫子之言，亦《春秋》诛意之法也。”

子曰："晋文公谲而不正，齐桓公正而不谲。"[①]

谲，读决。晋文公，名重耳。齐桓公，名小白。二人都曾为诸侯盟主，攘夷狄以尊周室。但桓公则下拜受胙。不敢逾越名分；伐楚而责包茅之不贡，问昭王之不返；所以为正而不谲。文公则践土之会，实召周王；其于诸侯，则以报恩怨为快；所以为谲而不正也。谲，诈也。正，直也。王引之《经义述闻》谓"正"为经，"谲"为权；谲非贬辞。文公能行权而不能守经，桓公能守经而不能行权，各有所长，各有所短也。此别一解。

子路曰："桓公杀公子纠，召忽死之，管仲不死。"曰："未仁乎？"[②] **子曰："桓公九合诸侯。不以兵车，管仲之力也。如其仁！如其仁！"**[③]

齐僖公生诸儿、纠、小白。僖公卒，诸儿立，是为襄公。公无道，鲍叔牙知乱将作，奉小白奔莒。及襄公从弟无知杀公自立，召忽、管仲奉纠奔鲁。齐人杀无知，小白自莒先入，立为桓公。鲁以师纳纠。齐师败之乾时。齐使鲁杀纠，执管、召送之齐。召忽自杀。管仲囚而至齐，桓公释而相之。详见《左传》及《史记》。"未仁乎？"为子路问语；以上是子路叙事语；故加"曰"字以别之。

《管子·小匡》云："兵车之会六，乘车之会三。"《史记·齐世家》及《封禅书》则云："兵车之会三，乘车之会六。"此云"九合"，总数虽

---

① 谲，古穴反。○晋文公，名重耳。齐桓公，名小白。谲，诡也。二公皆诸侯盟主，攘夷狄以尊周室者也。虽其以力假仁，心皆不正，然威公伐楚，仗义执言，不由诡道，犹为彼善于此。文公则伐卫以致楚，而阴谋以取胜，其谲甚矣。二君他事亦多类此，故夫子言此以发其隐。

② 纠，居黝反。召，音邵。○按《春秋传》，齐襄公无道，鲍叔牙奉公子小白奔莒。及无知弑襄公，管夷吾、召忽奉公子纠奔鲁。鲁人纳之，未克，而小白入，是为威公。使鲁杀子纠而请管召，召，忽死之，管仲请囚。鲍叔牙言于威公以为相。子路疑管仲忘君事雠，忍心害理，不得为仁也。

③ 九，《春秋传》作纠，督也，古字通用。不以兵车，言不假威力也。如其仁，言谁如其仁者，又再言以深许之。盖管仲虽未得为仁人，而其利泽及人，则有仁之功矣。

同，但又云“不以兵车”。《谷梁传》庄二十七年言衣裳之会十有一，兵车之会四。衣裳之会，似即所谓“不以兵车”，而次数又异。注家虽历举桓公合诸侯之事以实之，而所说又各不同。朱注谓“九”与“纠”通，即《左传》之“纠合诸侯”。（按见僖公九年）其说较长。不以兵车者，言不假威力也。如，乃也。见王引之《经传释词》。言功业如此，乃其仁也。

子贡曰：“管仲非仁者与？桓公杀公子纠，不能死，又相之。”① 子曰：“管仲相桓公，霸诸侯，一匡天下，民到于今受其赐。微管仲，吾其被发左衽矣。② 岂若匹夫匹妇之为谅也，自经于沟渎而莫之知也。”③

与同欤。相，去声。子贡此问，与子路同。相，辅也。霸，伯也。诸侯之长；《孟子》云：“以德行仁者王，以力假仁者霸。”此对“王”而言也。匡，正也。桓公北伐山戎，南伐楚，驱狄存卫，攘夷尊王，以正天下。郑玄谓一匡，指阳谷之会，明天子之禁。按：《孟子》，盛言葵丘之会，似亦可指为“一匡”。“一匡天下”，但言桓公之霸，天下自此一正耳；不必指一事以实之。微，无也。被发左衽，夷狄之俗。衽，即衣襟。那时候，夷狄的人，都是不梳头，披着发，故曰“被发”；中国人衣服的大襟向右扣；夷狄的衣服，大襟是向左扣的。故曰“左衽”。这句话的意思，就是说：“如没有管仲，我们都要做披着头发，衣襟向左扣的夷狄了！”匹

---

① 与，平声。相，去声。○子贡意不死犹可，相之则已甚矣。

② 被，皮寄反。衽，而审反。○霸，与伯同，长也。匡，正也。尊周室，攘夷狄，皆所以正天下也。微，无也。衽，衣衿也。被发左衽，夷狄之俗也。

③ 谅，小信也。经，缢也。莫之知，人不知也。《后汉书》引此文，“莫”字上有“人”字。○程子曰：“威公，兄也。子纠，弟也。仲私于所事，辅之以争国，非义也。威公杀之虽过，而纠之死实当。仲始与之同谋，遂与之同死，可也；知辅之争为不义，将自免以图后功，亦可也。故圣人不责其死而称其功。若使威弟而纠兄，管仲所辅者正，威夺其国而杀之，则管仲之与威，不可同世之雠也。若计其后功而与其事威，圣人之言，无乃害义之甚，启万世反复不忠之乱乎？如唐之王圭、魏徵，不死建成之难，而从太宗，可谓害于义矣。后虽有功，何足赎哉？”愚谓管仲有功而无罪，故圣人独称其功；王、魏先有罪而后有功，则不以相掩可也。

夫匹妇，指无知识的小百姓。谅，小信也。自经，自缢而死也，沟渎，田间水道。刘氏《正义》引宋翔凤《论语发微》谓沟渎是地名，即子纠被杀处，《左传》作生窦，《史记》作笙渎；《集解》引贾逵曰："鲁地句渎也。"此解殊胜。莫之知，谓无功绩，人莫知之。此言管仲之生愈于召忽之死也。

公叔文子之臣大夫僎，与文子同升诸公。[①] 子闻之曰："可以为文矣。"[②]

僎，音撰。刘氏《正义》曰："家臣之中，爵秩不同，尊者为大夫，次亦为士。故此别之云'大夫僎'，明僎！为家臣中之为大夫者也。"文子荐他，和自己并登于公朝。孔子听了这件事情，称赞文子道："可以为文矣！"言文子谥文，确实是名副其实也。钱站《论语后录》曰："周书谥法，'文'有六等，即经天纬地，道德博厚，勤学好问，慈爱惠民，愍民惠礼。锡民爵位，并无修制交邻，不辱社稷等例。《檀弓》公叔文子卒，其子戌请谥于君。（灵公）君曰，'夫子（公叔文子）听卫国之政，修其班制以与四邻交，卫国之社稷不辱，不亦文乎？'灵公之论，不本典制，故孔子举同升佚事以合之。"

子言卫灵公之无道也，康子曰："夫如是，奚而不丧？"[③] 孔子曰："仲叔圉治宾客，祝鮀治宗庙，王孙贾治军旅。夫如是，奚其丧？"[④]

---

① 僎，士免反。○臣，家臣。公，公朝。谓荐之与己同进为公朝之臣也。

② 文者，顺理而成章之谓。《谥法》亦有所"谓锡民爵位曰文"者。○洪氏曰："家臣之贱而引之使与己并，有三善焉：知人，一也；忘己，二也；事君，三也。"

③ 夫，音扶。丧，去声。○丧，失位也。

④ 仲叔圉，即孔文子也。三人皆卫臣，虽未必贤，而其才可用。灵公用之，又各当其才。○尹氏曰"卫灵公之无道，宜丧也，而能用此三人，犹足以保其国，而况有道之君，能用天下之贤才者乎？《诗》曰：'无竞维人，四方其训之。'"

夫，音扶。丧，去声。孔子与季康子谈及卫灵公之无道。康子听了孔子所说，因问道："无道到这样，怎么能不失国呢？"仲叔圉，即孔文子，与祝鮀，王孙贾，均见前注。孔子对康子道："卫灵公虽然无道，但他使仲叔圉治宾客，祝鮀治宗庙，王孙贾治军旅，这三个人，都能负责办事。这样，灵公哪里会失国呢？"盖称灵公用之，能各当其才而已。

子曰："其言之不怍，则为之也难。"[①]

言之不怍，即今人所说的大言不惭也。专说大话的人，若教他真真实实做起事体来，是一定做不到的。故曰："则为之也难。"

陈成子弑简公。[②] **孔子沐浴而朝，告于哀公曰："陈恒弑其君，请讨之。"**[③] **公曰："告夫三子！"**[④] **孔子曰："以吾从大夫之后，不敢不告也。君曰告夫三子者。"之三子告，不可。孔子曰："以吾从**[⑤]**大夫之告，不敢不告也。"**[⑥]

陈成子，姓田，名恒，是齐国的大夫；田、陈，古音同。简公，齐

---

① 大言不惭，则无必为之志，而不自度其能否矣。欲践其言，岂不难哉？

② 成子，齐大夫，名恒。简公，齐君，名壬。事在《春秋》哀公十四年。

③ 朝，音潮。○是时孔子致仕居鲁，沐洛齐戒以告君，重其事而不敢忽也。臣弑其君，人伦之大变，天理所不容，人人得而诛之，况邻国乎？故夫子虽已告老，而犹请哀公讨之。

④ 夫，音扶，下"告夫"同。○三子，三家也。时政在三家，哀公不得自专，故使孔子告之。

⑤ 孔子出而自言如此。意谓弑君之贼，法所必讨，大夫谋国，义所当告，君乃不能自命三子，而使我告之耶？

⑥ 以君命往告，而三子鲁之强臣，素有无君之心，实与陈氏声势相倚，故沮其谋。而夫子复以此应之，其所以警之者深矣。○程子曰："左氏记孔子之言曰：'陈恒弑其君，民之不予者半。以鲁之众，加齐之半，可克也。'此非孔子之言。诚若此言，是以力不以义也。若孔子之志，必将正名其罪，上告天子，下告方伯，而率与国以讨之。至于所以胜齐者，孔子之余事也，岂计鲁人之众寡哉？当是时，天下之乱极矣，因是足以正之，周室其复兴乎？鲁之君臣，终不从之，可胜惜哉！"○胡氏曰："《春秋》之法：弑君之贼，人得而讨之。仲尼此举，先发后闻可也。"

君，名壬。陈恒杀简公，在鲁哀公十四年。朝，音潮。夫，音扶。此时鲁国政权，在季孙、孟孙、叔孙三家手里，故哀公命孔子去告三子也。孔子退而自言道："以吾从大夫之后，不敢不告也。君曰：'告夫三子者。'"此时孔子虽由鲁君召他回国，并未做官，不过他见齐国的陈成子以臣杀君，大义所在，不可不讨，所以特地沐浴而朝，告于哀公；而哀公教孔子去告三子，孔子心中，实在不以为然，因以退而这样自说也。但既奉君命，不得不去，故就至三子处，告以此事，三子果然不许。孔子此时，就把退朝时自说的两句话，再对三子说明："以吾从大夫之后，不敢不告也。"

按此时鲁弱齐强，似乎鲁国不能去讨齐国。然据《左传》所载，鲁国苟能出兵讨齐，孔子自有胜算。因为陈恒杀君，齐国的人民，心都不服，只要鲁能出兵去讨，齐民必能响应于内。故孔子对于战事，是和齐、疾一样谨慎的，是要"临事而惧，好谋而成"的，此孔子郑重地请讨陈恒，决非全无把握者。

子路问事君。子曰："勿欺也，而犯之。"①

欺，是欺瞒。犯，是犯颜谏诤。刘氏《正义》曰："子路仕季氏，夫子恐其为具臣，又季氏伐颛臾，子路力未能谏止。故此告子路以勿欺；而又嫌其意不明，故更云：'而犯之。'"

子曰："君子上达，小人下达。"②

上达，力求上进，即朱子所谓"日进乎高明"也。下达，日趋于下流，即朱子所谓"日究乎污下"也。人无生而为君子者，亦无生而为小人

---

① 犯，谓犯颜谏争。○范氏曰："犯非子路之所难也，而以不欺为难。故夫子教以先勿欺而后犯也。"

② 君子循天理，故日进乎高明；小人徇人欲，故日究乎污下。

者；到后来有的求上进，有的趋下流，于是有君子、小人之分了。孔子所谓“君子上达，小人下达”，就是这个意思。何解：“本为上，末为下。”皇疏：“上达者，达于仁义也；下达谓达于财利。”按：《大学》曰：“德者，本也；财者，末也。”故何、皇二说，是相通的。总之，行仁义，就是务本，就是朱子所谓“循天理”，也就是力求上进，日进乎高明的方法；谋财利，就是舍本就末，就是朱子所谓“徇人欲”，也就是日趋于下流，日究乎污下的原因。

子曰：“古之学者为己，今之学者为人。”①

朱注引程子曰：“为己，欲得之于己也；为人，欲见知于人也！”《荀子·劝学篇》云：“古之学者为己；今之学者为人。君子之学也，以美其身；小人之学也，以为禽犊。”杨倞注云：“禽犊，馈献之物也。”可与本章参阅。为，去声。

蘧伯玉使人于孔子。② 孔子与之坐而问焉，曰：“夫子何为？”对曰：“夫子欲寡其过而未能也。”使者出，子曰：“使乎！使乎！”③

蘧伯玉，名瑗，卫贤大夫，谥成子。孔子在卫国的时候，常住其家，见《孟子》蘧伯玉派使者来望孔子。孔子和他同坐，而问他道：“夫子何

---

① 为，去声。○程子曰：“为己，欲得之于己也。为人，欲见知于人也。”○程子曰：“古之学者为己，其终至于成物。今之学者为人，其终至于丧己，”愚按：圣贤论学者用心得失之际，其说多矣，然未有如此言之切而要者。于此明辨而日省之，则庶乎其不昧于所从矣。

② 使，去声，下同，○蘧伯玉，卫大夫，名瑗。孔子居卫，尝主于其家。既而反鲁，故伯玉使人来也。

③ 与之坐，敬其主以及其使也。夫子，指伯王也。言其但欲寡过而犹未能，则其省身克己，常若不及之意可见矣。使者之言愈自卑约，而其主之贤益彰，亦可谓深知君子之心而善于词令者矣。故夫子再言“使乎”以重美之。按：庄周称“伯玉行年五十而知四十九年之非”。又曰：“伯玉行年六十而六十化。”盖其进德之功，老而不倦。是以践履笃实，光辉宣著，不惟使者知之，而夫子亦信之也。

为?”夫子，指蘧伯玉。使者答道：“夫子欲寡其过而未能也。”意思是说蘧伯玉想少做错些事体而不能够也。刘氏《正义》曰：“……《淮南子·原道》训‘蘧伯玉年五十而知四十九年非。’观此，是伯玉欲寡过而常若未能无过，亦是实语。其平居修省，不自满假之意可见。使者直对以实，能尊其主，非只为谦辞。”按使者这句话，确是不亢不卑，很得体的。故孔子于使者出门以后，称赞他道：“使乎！使乎！”

子曰：“不在其位，不谋其政。”①　曾子曰：“君子思不出其位。”②

此章朱子分为二章，以“子曰不在其位，不谋其政”一章为重出。（按见《泰伯篇》）注疏及皇本则合为一章，今从之。）“君子思不出其位”，是《易经·艮卦》的《象辞》。《论语稽》曰：“此因夫子有是言，而曾子引《易·象辞》以伸之也。”

子曰：“君子耻其言而过其行。”③

朱注云：“耻者，不敢尽之意；过者，欲有余之辞。”按“而”字用同“之”字，言“君子耻其言之过其行也”。《尚书大传》云：“君子耻其言而不见从，耻其行而不见随。”（《诗周颂疏》引。）二“而”字亦作“之”字用。如宋说，则“耻其言”是一事，“过其行”是一事，意虽是，而文义殊不可通。

---

① 重出。

② 此《艮卦》之《象辞》也。曾子盖尝称之，记者因上章之语而类记之也。○范氏曰：“物各止其所，而天下之理得矣。故君子所思不出其位，而君臣、上下、大小，皆得其职也。”

③ 行，去声。○耻者，不敢尽之意。过者，欲有余之词。

子曰："君子道者三，我无能焉：仁者不忧，知者不惑，勇者不惧。"① 子贡曰："夫子自道也。"②

知，今作智。"仁者不忧……"三句，已见前《子罕篇》。孔子以此三者为君子之道，而自谦为不能也。子贡听了孔子的话，知道孔子是谦逊，不肯自己承认有这三种美德，故曰："夫子自道也。"言"仁者"、"知者"、"勇者"，孔子就是说自己也。

子贡方人。子曰："赐也贤乎哉？夫我则不暇。"③

方，通谤。夫，音扶。郑玄注曰："方人，言人之过恶。"按言人过恶，即谤也。方，即谤字，因声近而通借。子贡喜欢讲别人的过恶。孔子对他说："赐也，贤乎哉？夫我则不暇。"就是说："赐啊！你自己的行为，种种都好吗？为什么要讲别人的过恶呢？至于我，则自治还来不及，没有闲工夫讲别人的过恶的。"按旧解除郑注及刘氏《正义》外，如孔注、皇疏、邢疏、朱注都把"方人"解为"比方人"，恐不合原意。孔子曾问子贡与回孰愈；子贡曾问子张与子夏孰贤，孔子也没有说他不当问；此皆比方人也。这时怎么又责备子贡呢？

子曰："不患人之不己知，患其不能也。"④

---

① 知，去声。○自责以勉人也。

② 道，言也。自道，犹云谦辞。○尹氏曰："成德以仁为先，进学以知为先。故夫子之言，其序有不同者以此。"

③ 夫，音扶。○方，比也。乎哉，疑辞。比方人物而较其短长，虽亦穷理之事，然专务为此，则心驰于外，而所以自治者疏矣。故褒之而疑其词，复自贬以深抑之。谢氏曰："圣人责人，辞不迫切而意已独至如此。"

④ 凡章指同而文不异者。一言而重出也。文小异者，屡言而各出也。此章凡四见，而文皆有异。则圣人于此一事，盖屡言之，其丁宁之意亦可见矣。

不已知，就是人家不晓得我。不能，是我自己不能有道德学问。按《学而篇》云：“不患人之不己知，患不知人也。”《里仁篇》云：“不患莫己知，求为可知也。”下《卫灵公篇》云：“君子病无能焉，不病人之不己知也。”意义均与本章大致相同，而文小异。朱注云：“圣人于此一事，盖屡言之；其丁宁之意，亦可见矣。”

子曰：“不逆诈，不亿不信，抑亦先觉者，是贤乎！”①

邢疏曰：“此章戒人不可逆料人之诈，不可亿度人之不信也。”按：“逆”即“逆料”之“逆”，朱注所谓“未至而迎之”也。亿，音邑，即“亿度”之“亿”，朱注所谓“未见而意之”也。朱注又云：“诈，谓人欺己；不信，谓人疑己。”《集解》引孔曰：“先觉人情者，是宁能为贤乎？或时反怨人。”怨，与冤通。皇疏曰：“……闲邪存诚，不在善察。若见失信于前，必亿其无信于后，则容长之风亏，而改过之路塞矣。”此最能写出孔子之意。朱注曰：“言虽不逆不亿，而于人之情伪，自然先觉，乃为贤也。”又引杨氏曰：“君子一于诚而已，然未有诚而不明者，故虽不逆诈，不亿不信，而常先觉也若夫不逆不亿而卒为小人所罔焉，斯亦不足观也已。”与孔皇二氏说不同。

微生亩谓孔子曰：“丘何为是栖栖者与？无乃为佞乎？”② 孔子曰：“非敢为佞也，疾固也。”③

---

① 逆，未至而迎之也。亿，未见而意之也。诈，谓人欺己。不信，谓人疑己。抑，反语辞。言虽不逆不亿，而于人之情伪，自然先觉，乃为贤也。○杨氏曰：“君子一于诚而已。然未有诚而不明者。故虽不逆诈、不亿不信，而常先觉也。若夫不逆不亿而卒为小人所罔焉，斯亦不足观也已。”

② 与，平声。○微生，姓；亩，名也。亩名呼夫子而辞甚倨，盖有齿德而隐者。栖栖，依依也。为佞，言其务为口给以悦人也。

③ 疾，恶也。固，执一而不通也。圣人之于达尊，礼恭而言直如此，其警之亦深矣。

栖，音妻。与，今作欤。微生是姓，亩是名。微生亩，大约是孔子的前辈，所以直呼孔子之名。邢疏曰：“栖栖，犹皇皇也。”《文选》班固《答宾戏》曰：“栖栖遑遑，孔席不暖。”李善注：“栖遑，不安居之意也。”微生亩见孔子总是周游四方，不安其居，所至陈说人主，疑孔子但以口才游说时君。所以对孔子道：“丘何为是栖栖者与？无乃为佞乎？”

固，固陋也。谓昧于仁义之道，习非胜是也。疾固，以固陋为病也。孔子回答微生亩说：我不是敢以口才游说时君，我是以世人固陋为病，欲明仁义之道耳。微生亩以孔子为佞，与战国时人以孟子为好辨同。

子曰：“骥不称其力，称其德也。”①

骥，良马也。良马不但力大，跑路快，而且有驯调之德。故孔子说：“我们称赞骥，不是称赞他的气力，而是称赞他的道德好。”皇疏曰：“于时轻德重力，故孔子引譬以抑之也。”

或曰：“以德报怨，何如？”② 子曰：“何以报德？以直报怨，以德报德。”③

或，或人之意，以为人有怨于我，而我报以恩德，这是最好没有的了。不料孔子却反驳他的话道：“何以报德？”盖别人有怨于我，而我报以恩德；则有恩德于我者，我用什么去报他呢？“以直报怨，以德报德”二

① 骥，善马之名。德，谓调良也。○尹氏曰：“骥虽有力，其称在德。人有才而无德，则亦奚足尚哉？”

② 或人所称，今见《老子》书。德，谓恩惠也。

③ 言于其所怨，既以德报之矣，则人之有德于我者，又将何以报之乎？于其所怨者，爱憎取舍，一以至公而无私，所谓直也。于其所德者，则必以德报之，不可忘也。○或人之言，可谓厚矣。然以圣人之言观之，则见其出于有意之私，而怨德之报皆不得其平也。必如夫子之言，然后二者之报各得其所。然怨有不雠，而德无不报，则又未尝不厚也。此章之言，明白简约，而其指意曲折反复，如造化之简易易知，而微妙无穷，学者所宜详玩也。

句，是孔子驳了或人的话，继续说明报答他人之道。意思是：人家有怨于我，我以直道报他；人家有恩德于我，我也用恩德报他。所谓直道者，朱注所谓“爱憎取舍，一以至公无私”是也。

子曰：“莫我知也夫！”① 子贡曰：“何为其莫知子也？”子曰：“不怨天，不尤人，下学而上达。知我者其天乎！”②

夫，音扶。孔子说：“没有人知道我了罢？”这是孔子自叹之言。子贡听了，问孔子道：“为什么没有人知道夫子呢？”“不怨天，不尤人”者，明“莫我知”之叹，并非怨天尤人也。尤，责也。“下学而上达”者，明己为学之道；学为己而不为人，并不求人知也。下学，指博文约礼，所谓文章可得而闻者也；上达，指尽性知天，所谓天道不可得而闻者也。登高自卑，行远自迩，故曰：“下学而上达。”“知我者其天乎”者，言我固非时人之所能知也。

公伯寮愬子路于季孙。子服景伯以告，曰：“夫子固有惑志于公伯寮，吾力犹能肆诸市朝。”③ 子曰：“道之将行也与命也。道之将废也与？命也。公伯寮其如命何！”④

---

① 夫，音扶。○夫子自叹，以发子贡之问也。

② 不得于天而不怨天，不合于人而不尤人，但知下学而自然上达。此但自言其反己自修，循序渐进耳，无以甚异于人而致其知也。然深味其语意，则见其中自有人不及知而天独知之之妙。盖在孔门，惟子贡之智几足以及此，故特语以发之，惜乎其犹有所未达也！○程子曰：“不怨天，不尤人，在理当如此。”又曰：”下学上达，意在言表。”又曰：“学者须守下学上达之语，乃学之要。盖凡下学人事，便是上达天理。然习而不察，则亦不能以上达矣。”

③ 朝，音潮。○公伯寮，鲁人。子服，氏；景，谥；伯，字。鲁大夫子服何也。夫子，指季孙。言其有疑于寮之言也。肆，陈尸也。言欲诛寮。

④ 与，平声。○谢氏曰：“虽寮之愬行，亦命也，其实寮无如之何？”愚谓言此以晓景伯，安子路，而警伯寮耳。圣人于利害之际，则不待决于命而后泰然也。

寮，音聊。愬，音素。朝，音潮。与，今作欤。公伯寮，鲁人，公伯，复姓。《史记》列入《弟子传》，《集解》引马氏，亦以为孔子弟子。愬，音诉，讲坏话也。此时子路做季孙的家臣，公伯寮在季孙面前，讲子路的坏话也。朱子《或问》以为此事当在堕三都出藏甲之时；公伯寮盖言子路将不利于季氏也。子服景伯，鲁大夫。子服，是氏；景是谥；名何字伯。子服景伯以此事告。孔子且说："夫子（指季孙）听了公伯寮的话，对于子路固有所疑；我的力量，还能够使季孙不听他的话，而且杀了他陈其尸于市朝。"杀而陈其尸曰"肆"。大夫陈于朝，士陈于市。若公伯寮，本来应只说"肆诸市"，此云"肆诸市朝"者，"朝"是连带说到的。孔子听了景伯的话，对景伯道："道之将行也与？命也；道之将废也与？命也。公伯寮其如命何！"此与孟子所云"臧氏之子焉能使予不遇哉"意旨正同。

子曰："贤者辟世，① 其次辟地，② 其次辟色，③ 其次辟言。"④

辟，今作避。"辟世"者，隐居不仕，世主莫得而臣也。"辟地"者，去乱国。适治邦也。"辟色"者，礼貌衰，则必去之也。"辟言"者，有违言而后去也。

子曰："作者七人矣。"⑤

此章意思，与上章相连。注及皇本并与上章相合为一章，朱注始分

---

① 辟，去声，下同。○天下无道而隐，若伯夷、太公是也。

② 去乱国，适治邦。

③ 礼貌衰而去。

④ 有违言而后去也。程子曰："四者虽以大小次第言之，然非有优劣也，所遇不同尔。"

⑤ 李氏曰："作，起也。言起而隐去者，今七人矣。不可知其谁何。必求其人以实之，则凿矣。"

之。作，即“见几而作”之作，言起而隐去也。七人，《集解》引包氏谓指长沮、桀溺、丈人，石门、荷蒉、仪封人、楚狂接舆。皇疏引王弼谓指伯夷、叔齐、虞仲、夷逸、朱张、柳下惠、少连。各家所说不同。其实七人之姓名，孔子既没有说出。我们现在也不必一定说是某人某人也。有说此章意思，不与上章相连的。《论语稽》附注则谓“作者七人”，是指尧、舜、禹、汤、文、武、周公等七个圣人。孔子说作者已有七人，所以自己可述而不更作也。

子路宿于石门。晨门曰：“奚自？”子路曰：“自孔氏。”曰：“是知其不可而为之者与？”[①]

与，今作欤。石门，郑玄注曰“鲁城外门”也。“宿”者，到石门已晚，因宿于石门外也。晨门，是晨起管开城门的人。子路宿于石门，次日早起，行至城门边。管城门的人，问子路道：“你从那里来？”子路答道：“我从孔家来。”管城门的人听得说孔家，知道是孔子，即对子路说：“就是明知道不能行，而仍是奔波劳苦想行道的那个孔先生吗？”“知其不可而为之”，正是孔子救世的精神。这个管城门的人，也是有道之士，避世不仕，而自隐姓名者，故能知孔子也。

子击磬于卫，有荷蒉而过孔氏之门者，曰：“有心哉！击磬乎！”[②] 既而曰：“鄙哉！硁硁乎！莫己知也，斯己而已矣。深则厉，浅则揭。”[③] 子

① 举，平声。○石门，地名。晨门，掌晨启门，盖贤人隐于抱关者也。自，从也，问其何所从来也。胡氏曰：“晨门知世之不可而不为，故以是讥孔子。然不知圣人之视天下，无不可为之时也。”

② 荷，去声。○磬，乐器。荷，担也。蒉，草器也。此荷蒉者，亦隐士也。圣人之心未尝忘天下，此人闻其磬声而知之，则亦非常人矣。

③ 硁，苦耕反。莫已之已，音纪，余音以。揭，起例反。○硁硁，石声，亦专确之意。以衣涉水曰厉，摄衣涉水曰揭。此两句，《卫风·匏有苦叶》之诗也。讥孔子人不知己而不止。不能适浅深之宜。

曰："果哉！末之难矣。"[1]

磬，是一种乐器。孔子居卫国的时候，有一日，击磬消遣。荷，去声，负也。蒉，草制之器。有一个负草器的人走过，听了击磬的声音，知道这击磬的是个有心人。故即赞了一句道："有心哉！击磬乎""既而曰"者，过一会又说也。《说文》云："硁，古文磬。"《释名》云："磬，罄也。其声罄罄然坚緻也。"硁硁，是磬的声音。鄙，狭也。（见《孟子·尽心》赵注）《乐记》云："哀心感者，其声噍以杀。"注云："噍，踧也。杀，减也。"言其心有哀感者，则乐音踧踖，衰减，不安舒也。此云："鄙哉硁硁乎，是言磬声鄙狭，击磬者其有哀感乎。""莫己知也，斯已而已矣"者，言人不知我，则已耳。"斯已"之"已"，作"止"字解；而已矣，语助词。深则厉，浅则揭，引《诗·卫风·匏有苦叶篇》句。揭，音起例反。揭者，揭衣也。以衣涉水为厉，由膝以下为揭；由膝以下为揭，由膝以上为厉。见《尔雅·释水》。盖以涉水当视水之深浅不同而异其法为喻。明君子于道可行则行，不可则止，人莫已知，不必悲观也。"果哉"。《集解》谓孔子以荷蒉者未知己志而讥己为果，朱注则谓孔子言荷蒉者果于忘世。"末之难矣"，言出处若但如涉水之以深浅而或厉或揭，亦无难矣。朱注与刘氏《正义》同。按："果哉"犹今言"果然这样吗"？"末之难矣"之"难"，当读去声；言我亦无以难之也。孔子于避世之士，向以尊敬的态度对之，故闻荷蒉者之言，仅如此云云耳。

子张曰："《书》云：'高宗谅阴，三年不言。'何谓也？"[2] 子曰："何

[1] 果哉，叹其果于忘世也。末，无也。圣人心同天地，视天下犹一家，中国犹一人，不能一日忘也。故闻荷蒉之言，而叹其果于忘世。且言人之出处，若但如此，则亦无所难矣。

[2] 高宗，商王武丁也。谅阴，天子居丧之名，未详其义。

必高宗，古之人皆然。君薨，百官总已以听于冢宰三年。”①

《书》，《尚书》也。所引，据伏胜《尚书·大传》，见《说命篇》。但今本《说命》，无此二句。高宗，商王武丁也。阴，音暗，谅阴，是王者居丧的名称。刘氏《正义》谓“谅暗”亦作“梁暗”。梁，楣也；暗，庐也。即王者丧服中所居之“倚庐”。子张问孔子道：“《尚书》里有‘高宗谅阴，三年不言’二句话，是什么意思?”“何必高宗？古之人皆然”者，孔子告诉子张，说古时帝王居丧，都是这样；不但高宗而已。“君薨，百官总已以听于冢宰，三年”者，孔子又说明君居丧时的政治也。意思是君死了，三年之内，新君居丧，重哀，所以连话都不说，由宰相代行天子职务。这时，大小百官，都聚其职事，以听冢宰调度。冢宰，即后世的宰相。

子曰：“上好礼，则民易使也。”②

好、易，均读去声。言在上位者，事事遵礼而行，则在下的人民，自然也没有敢不敬的了。敬则自然听从使命而不违抗，故易使也。

子路问君子。子曰：“修己以敬。”曰：“如斯而已乎？”曰：“修己以安人。”曰：“如斯而已乎？”曰：“修己以安百姓。修己以安百姓，尧、舜

---

① 言君薨，则诸侯亦然。总己，谓总摄己职。冢宰，太宰也。百官听于冢宰，故君得以三年不言也。○胡氏曰：“位有贵贱，而生于父母无以异者。故三年之丧，自天子达于庶人。子张非疑此也，殆以为人君三年不言，则臣下无所禀令，祸乱或由以起也。孔子告以听于冢宰，则祸乱非所忧矣。”

② 好、易，皆去声。○谢氏曰“礼达而分定，故民易使。”

其犹病诸!”①

君子指在上位的人。“修已以敬”者，以敬修自己，随事随时尊尊敬敬，不失礼怠忽也。“修已以安人”之“人”，是指左右及上下百官而言。安人，使这班人都安心办事也。“修己以安百姓”者，再进一步，要使全国百姓都能安居乐业也。然而要使全国百姓都安居乐业，是很不容易的事情，虽使尧舜在位，也未必能做到这个地步。故又曰“修已以安百姓，尧舜其犹病诸”也。病，难之也。“诸”，为“之乎”二字之合音。

原壤夷俟。子曰：“幼而不孙弟，长而无述焉，老而不死，是为贼!”以杖叩其胫。②

原壤，鲁人，孔子故友。夷，同跠，蹲也，箕踞也。古时席地而坐，两足向后，在臀下，今日本之俗犹然。伸两脚，则其形如箕也。俟，待也。孔子去见原壤，原壤蹲夷而待，不出迎也。孙，同逊。弟，同悌。原壤母死，不哭而歌。故孔子骂他年幼的时候，不知谦逊孝悌也。长，上声。“长而无述焉”者，年纪大了，一些没有可称述的善行也。这种人，早可以死了；现在到老而还不死，徒然败常害俗。故曰“老而不死是为贼”也。孔子说到这里，就拿起手里的杖。击原壤的脚胫。原壤盖老氏之

① 修己以敬，夫子之言至矣尽矣。而子路少之，故再以其充积之盛，自然及物者告之，无他道也。人者，对、己而言。百姓，则尽乎人矣。尧、舜犹病，言不可以有加于此。以抑子路，使反求诸近也。盖圣人之心无穷，世虽极治，然岂能必知四海之内，果无一物不得其所哉？故尧、舜犹以安百姓为病。若曰吾治已足，则非所以为圣人矣。○程子曰：“君子修己以安百姓，笃恭而天下平。惟上下一于恭敬，则天地自位，万物自育，气无不和，而四灵毕至矣。此体信达顺之道，聪明睿知皆由是出。以此事天飨帝。”

② 孙、弟，并去声。长，上声。叩，音口。胫，其定反。原壤，孔子之故人，母死而歌，盖老氏之流，自放于礼法之外者。夷，蹲踞也。俟，待也。言见孔子来而蹲踞以待之也。述，犹称也。贼者，害人之名，以其自幼至长，无一善状，而久生于世，徒足以败常乱俗，则是贼而已矣。胫，足骨也，孔子既责之，而因以所曳之杖微击其胫，若使勿蹲踞然。

流，自放于礼法之外者也。

阙党童子将命。或问之曰："益者与？"① 子曰："吾见其居于位也，见其与先生并行也，非求益者也，欲速成者也。"②

与，今作欤。阙党，党名，犹今称某坊、某巷、某里也。"将命"者，孔子叫这个阙党的童子，跑进跑出，传主客的话也。或问之曰："益者与？"盖疑此童子学问有进益吗？故使之将命也。孔子答道：礼，童子当隅坐随行，而此童子吾见其居于位，见其与先生并行，则于成人之礼，不是求逐步进益，而欲速成矣。所以叫他做传达主客言语的使役，使他可观少长之序，习揖逊之容耳。

[问题]

（一）邦有道当如何？邦无道当如何？

（二）"德"与"言"。"仁"与"勇"，关系如何？

（三）孔子对于子产、子西、孟公绰、公叔文子的批评如何？

（四）本篇所记孔子对于管仲的批评如何？

（五）何谓"成人"？

（六）孔子对于齐桓公、晋文公的批评如何？

（七）何谓"方人"？

（八）孔子何以不赞成"以德报怨"？

（九）晨门荷蒉如何批评孔子？

---

① 与，平声。〇阙党。党名。童子，未冠者之称。将命，谓传宾主之言。或人疑此童子学有进益，故孔子使之传命以宠异之也。

② 礼，童子当隅坐随行。孔子言吾见此童子不循此礼，非能求益，但欲速成尔。故使之给使令之役，观长少之序，习揖逊之容。盖所以抑而教之，非宠而异之也。

（十）孔子何以痛责原壤？

卫灵公第十五

卫灵公问陈于孔子。孔子对曰："俎豆之事，则尝闻之矣；军旅之事，未之学也。"明日遂行。[①]

陈，即今阵字。字本作"敶"。《颜氏家训》谓"阵"字始见于王羲之《小学章则》。俎豆，礼器。军旅，古代军队编制的名称；军，万二千五百人；旅，五百人，卫灵公以战阵之事问于孔子。孔子对曰："关于礼制的事，我倒听见过。练兵打仗的事体，我是没有学过。"明日，就离开卫国。按此事在鲁哀公二年。据《史记·孔子世家》，其明日，见灵公，与之语，灵公仰视飞鸿，去志乃益决云。

在陈绝粮，从者病，莫能兴。[②] 子路愠见，曰："君子亦有穷乎？"子曰："君子固穷，小人穷斯滥矣。"[③]

孔子在陈国的时候，粮食断绝。从，去声。从者，从孔子的弟子。兴，起也。"莫能兴"者，言不能够起来走也。见，音现。"愠见"者，带着一种怨恨的神色，去见孔子也。子路见孔子，恨恨地道："君子亦有穷乎？"穷，困也。孔子听了子路的话，对子路说："君子固然免不了有穷困

---

① 陈，去声。○陈，谓军师行伍之列。俎豆，礼器。尹氏曰："卫灵公，无道之君也，复有志于战伐之事，故答以未学而去之。

② 从，去声。○孔子去卫适陈。兴，起也。

③ 见，贤遍反。○何氏曰："滥，溢也。言君子固有穷时，不若小人穷则放溢为非。"程子曰："固穷者，固守其穷。"亦通。○愚谓圣人当行而行，无所顾虑，处困而亨，无所怨悔，于此可见，学者宜深味之。

的时候。若是小人，到了穷困的时候就无事不做了。”一说，“固穷”者，固守其穷。“滥”者，溢出做人的范围，而无恶不作也。

以上二章，朱注合为一章。注疏及皇本分为二章，而以“明日遂行”句属后一章。按《史记·世家》，孔子去卫后，尚有适曹、适宋、适郑，然后至陈，绝粮事在鲁哀公六年。江永《乡党图考》以为当在哀公四年。与去卫事隔数年。以分二章为是。但“明日遂行”，明指去卫，不当属后一章。

子曰：“赐也，女以予为多学而识之者与？”① 对曰：“然。非与？”② 曰：“非也。予一以贯之。”③

女，今作汝。识，今作志。与，今作欤。赐，是子贡的名。孔子呼子贡之名而告之曰：“你以为我是求很多的学问，而记在心里的吗？”子贡以为孔子的贤圣多能。是“多学而识之”的；现在听了孔子的话，又像不是多学而识之者，故曰：“然；非欤？”“曰：‘非也，予一以贯之’”者，孔子告子贡也。“非也”，是言我确不是“多学而识之”。“予一以贯之”者，言我明白了“一贯”的道理，能用这个道理来应付各种事情，推求各种物理也。按《里仁篇》孔子曾告曾子曰：“吾道一以贯之。”曾子释之，以为“夫子之道，忠恕而已矣”。各家释“一贯”，已见《里仁篇》注中。朱注则云：“彼以行言，此以知言。”阮元则谓“多学而识”是“知”，“一贯”

---

① 女，音汝。识，音志。与，平声，下同。○子贡之学，多而能识矣。夫子欲其知所本也，故问以发之。

② 方信而忽疑，盖其积学功至，而亦将有得也。

③ 说见第四篇。然彼以行言，而此以知言也。○谢氏曰：“圣人之道大矣、人不能遍观而尽识，宜其以为多学而识之也。然圣人岂务博者哉？如天之于众形，匪物物刻而雕之也。故曰：‘予一以贯之。“德輶如毛，毛犹有伦。上天之载，无声无臭。’至矣！”尹氏曰：“孔子之于曾子，不待其问而直告之以此，曾子复深谕之曰‘唯’。若子贡，则先发其疑而后告之，而子贡终亦不能如曾子之‘唯’也。二子所学之浅深，于此可见。”愚按：夫子之于子贡，屡有以发之，而他人不与焉。则颜、曾以下诸予所学之浅深，又可见矣。

是“行”。焦循《补疏》则谓此一贯仍指“忠恕”。忠恕者，成己以成物也。孟子所称大舜之善与人同，舍己从人，乐取人以为善，即是忠恕，不恕则执一，恕则可以一贯；不恕则入主出奴，为我兼爱，各执一端；恕则执两端而用其中，天下之知皆我之知，无俟乎多学而识矣。其说亦通。

子曰："由！知德者鲜矣。"[①]

鲜，上声，少也。由，是子路之名；孔子呼其名而告之。“知德者鲜矣！”言一般人明白道德的意义者极少也。

子曰："无为而治者，其舜也与？夫何为哉？恭己正南面而已矣。"[②]

与，今作欤。夫，音扶。此章言舜，《为政篇》“为政以德，譬如北辰，居其所而众星共之”的话，同旨。舜之恭己无为，即《雍也篇》首章所云“居敬而行简”也。舜何以能无为而治呢？因为他手下的百官，任用得好，所以自己只要恭恭敬敬地居于君位。《中庸》曰：“《诗》云：‘不显惟德，百辟其刑之。’是故君子笃恭而天下平。”亦可与本章互发。

子张问行。[③] 子曰："言忠信，行笃敬，虽蛮貊之邦行矣；言不忠信，行不笃敬，虽州里行乎哉？[④] 立，则见其参于前也；在舆，则见其倚于衡

---

① 鲜，上声。○由，呼子路之名而告之也。德，谓义理之得于己者。非己有之，不能知其意味之实也。○自第一章至此，疑皆一时之言。此章盖为愠见发也。

② 与，平声。夫，音扶。○无为而治者，圣人德盛而民化，不待其有所作为也。独称舜者，绍尧之后，而又得人以任众职，故尤不见其有为之迹也。恭己者，圣人敬德之容。既无所为，则人之所见如此而已。

③ 犹问达之意也。

④ 行笃、行不之行，去声。貊，亡百反。○子张意在得行于外，故夫子反于身而言之，犹答干禄问达之意也。笃，厚也。蛮，南蛮。貊，北狄。二千五百家为州。

也。夫然后行。"[①] 子张书诸绅。[②]

子张问孔子："做人要如何可以行得通?""子曰"以下是孔子的答话。忠者，言语发自中心，即不说违心之言也。信者，不说诳话，不失约也。一个人能够不说违心之言，不说诳话，不失约，就叫做"言忠信"。笃者，厚厚实实。敬者，恭恭敬敬。这样做人，叫做"行笃敬"。蛮貊之邦。是野蛮人的国度。一个人，能"言忠信，行笃敬"，虽然在野蛮人的国里，也可以行得通。"州里"者，犹云本省本乡也。若一个人，"言不忠信，行不笃敬"，虽在自己的家乡，也是行不通的。所以一个人，对于"忠信"、"笃敬"，要时刻不忘。参，七南反。朱注云："参读如'毋往参焉'之'参'，言与我相参也。"王引之《经义述闻》谓"参"可训"直"；直，相当也。俞樾《群经平义》谓"参"当为"厽"，积垒之意；言见其积垒于前也。舆，车子。卫，车前的横木。言譬如立着似乎有个"忠信笃敬"在我眼前。坐在车子里时，似乎有个"忠信笃敬"，在车前的横木上。要这样，然后行得通也。绅，是大带。子张听了孔子的话，写在衣带上面，俾随时可看到也。

子曰："直哉史鱼！邦有道，如矢；邦无道，如矢。[③] 君子哉蘧伯玉！邦有道，则仕；邦无道，则可卷而怀之。"[④]

---

① 参，七南反。夫，音扶。○其者，指忠信、笃敬而言。参，读如"毋往参焉"之"参"，言与我相参也。衡。轭也。言其于忠信、笃敬念念不忘，随其所在，常若有见，虽欲顷刻离之而不可得。然后一言一行，自然不离于忠信、笃敬，而蛮貊可行也。

② 绅，大带之垂者。书之，欲其不忘也。○程子曰："学要鞭辟近里，著己而已。博学而笃志，切问而近思；言忠信，行笃敬；立则见其参于前，在舆则见其倚于衡；只此是学。质美者明得尽，查滓便浑化，却与天地同体。其次惟庄敬以持养之，及其至则一也。"

③ 史，官名。鱼，卫大夫，名鳅。如矢，言直也。史鱼自以不能进贤退不肖，既死犹以尸谏，故夫子称其直。事见《家语》。

④ 伯玉出处，合于圣人之道，故曰君子。卷，收也。怀，藏也。如于孙林父、宁殖放弑之谋，不对而出，亦其事也。○杨氏曰："史鱼之直，未尽君子之道。若蘧伯玉，然后可免于乱世。若史鱼之如矢，则虽欲卷而怀之，有不可得也。"

史鱼，《集解》引孔曰：“卫大夫史鰌也。”朱注曰：“史，官名。”“如矢”者，孔子形容史鱼之直也。按史鱼以不能进蘧伯玉而退弥子瑕，死而以尸谏，见《韩诗外传》。蘧伯玉，已见前。卷，今亦作捲。“卷而怀之”者，言其退隐不仕，好像一幅画，卷拢来，藏在怀里，使人不见其才也。

子曰：“可与言而不与之言，失人；不可与言而与之言，失言。知者不失人，亦不失言。”①

知，今作智。知者能知人，可与言者，则与之言，不可与言者，则不与之言；“不失人，亦不失言”也。

子曰：“志士仁人，无求生以害仁，有杀身以成仁。”②

朱注云：“志士，有志之士；仁人，成德之人。”此言如生而至于害仁，则不求生；死如可以成仁，则可杀身也。《孟子·鱼我所欲也》章言“舍生取义”，可与本章互相发明。

子贡问为仁。子曰：“工欲善其事，必先利其器。居是邦也，事其大夫之贤者，友其士之仁者。”③

① 知，去声。

② 志士，有志之士。仁人，则成德之人也。理当死而求生，则于其心有不安矣，是害其心之德也。当死而死，则心安而德全矣。〇程子曰：“实理得之于心自别。实理者，实见得是，实见得非也。古人有捐躯陨命者，若不实见得，恶能如此？须是实见得生不重于义，生不安于死也。故有杀身以成仁者，只是成就一个是而已。”

③ 贤以事言，仁以德言。夫子尝谓子贡悦不若己者。故以是告之。欲其有所严惮切磋以成其德也。〇程子曰：“子贡问为仁，非问仁也，故孔子告之以为仁之资而已。”

为仁，犹云："用力于仁"，子贡盖问所以为仁之道。"工欲善其事，必先利其器"，是以做工的人，必须器械锐利，然后能造精巧的器物为比喻。故"为仁"的人，在一个国内，要择其大夫中之贤者而师事他；择其士中之有仁德者而和他做朋友，以收切磋辅仁之益。

颜渊问为邦。[①] 子曰："行夏之时，[②] 乘殷之辂，[③] 服周之冕，[④] 乐则《韶》、《舞》。[⑤] 放郑声，远佞人。郑声淫，佞人殆。"[⑥]

为邦，犹云治国。故孔子告以治国，应采用的制度。三代岁首的正月，都各不同。周以阴历十一月为正月；殷以阴历十二月为正月；只有夏以阴历一月为正月。孔子以为夏朝以一月为正月的制度最好，故曰："行夏之时。"汉武帝遵用孔子之说，以阴历一月为正月，一直行到中华民国临时政府成立，始改用世界通用的阳历。辂，音路，亦作"路"。是天子

① 颜子王佐之才，故问治天下之道。曰为邦者，谦辞。

② 夏时，谓以斗柄初昏建寅之月为岁首也。天开于子，地辟于丑，人生于寅，故斗柄建此三辰之月，皆可以为岁首。而三代迭用之，夏以寅为人正，商以丑为地正，周以子为天正也。然时以作事，则岁月自当以人为纪。故孔子尝曰，"吾得夏时焉"而说者以为谓《夏小正》之属。盖取其时之正与其令之善，而于此又以告颜子也。

③ 辂，音路，亦作路。○商辂，木辂也。辂者，大车之名。古者以木为车而已，至商而有辂之名，盖始异其制也。周人饰以金玉，则过侈而易败，不若商辂之朴素浑坚而等威已辨，为质而得其中也。

④ 周冕有五，祭服之冠也。冠上有覆，前后有旒。黄帝以来，盖已有之，而制度仪等，至周始备。然其为物小，而加于众体之上，故虽华而不为靡，虽费而不及奢。夫子取之，盖亦以为文而得其中也。

⑤ 取其尽善尽美。

⑥ 远，去声。○放，谓禁绝之。郑声，郑国之音。佞人，卑谄辩给之人。殆，危也。○程子曰："问政多矣，惟颜渊告之以此。盖三代之制，皆因时损益，及其久也，不能无弊。周衰，圣人不作，故孔子斟酌先王之礼，立万世常行之道，发此以为之兆尔。由是求之，则余皆可考也。"张子曰："礼乐，治之法也。放郑声，远佞人，法外意也。一日不谨，则法坏矣。虞、夏君臣更相饬戒，意盖如此。"又曰："法立而能守，则德可久，业可大。郑声佞人，能使人丧其所守，故放远之。"尹氏曰："此所谓百王不易之大法。孔子之作《春秋》，盖此意也。孔、颜虽不得行之于时，然其为治之法，可得而见矣。"

所坐的车子。周朝天子所坐的辂，饰以金玉，太觉奢华；殷朝的辂，朴实坚固，故孔子取之。冕，是祭祀时所戴的冠。“服周之冕”，言礼服当取周制。言冠冕可以包衣服。《韶》是虞舜之乐。《韶》乐兼舞，故曰：“《韶》舞。”孔子曾称舜的《韶》乐，尽善尽美，故采之。“放”者，禁绝之也。《乐记》云：“郑音，好滥淫志。”此指音调言；音调各地不同，至今犹然。先儒误以为指《诗经》之《郑风》，故于《郑风》诸篇，多以刺淫释之，非。远，去声。佞人，即所谓“利口”足以覆邦家者。这种人，应该远之也。“郑声淫，佞人殆”两句，是说明“放郑声，远佞人”之故。殆，危殆也。

子曰：“人无远虑，必有近忧。”①

此言人当思患预防。此二句亦见《易·既济卦象辞》。张栻《论语解》云：“虑之不远，其患即至，故曰近忧。”

子曰：“已矣乎！吾未见好德如好色者也。”②

好，读去声。此章与《子罕》篇所记同，而多“已矣乎”三字。朱注曰：“‘已矣乎’，叹其终不得而见之也。”《论语稽》曰：“此章……疑因季桓子受女乐，而郊不致膰，孔子时将去鲁而发也。曰‘已矣乎’有惜功业不就，吾道不行之意。”

---

① 苏氏曰：“人之所履者，容足之外，皆为无用之地，而不可废也。故虑不在千里之外，则患在几席之下矣。”

② 好，去声。○已矣乎，叹其终不得而见也。

子曰：“臧文仲其窃位者与？知柳下惠之贤。而不与立也。”①

“者”下之“与”，今作“欤”。臧文仲，鲁大夫，已见前《公冶长篇》。柳下惠，是鲁国的贤人，姓展，名获，字禽。居柳下，私谥惠，曾为士师而三次被黜。（详见后《微子篇》）按：臧文仲为政时，命展喜犒齐师，使受命于展禽，见《左传》展禽讥文仲祀爰居，文仲谓季子之言不可不法，见《国语》；是文仲知其贤之证。臧氏世为司寇，士师正其属官：乃不能举之与并立于朝，故孔子以“窃位”讥之。窃位。谓私据其位。此与上篇称公叔文子与其大夫馔同升诸公事，正可对照。

子曰：“躬自厚而薄责于人，则远怨矣。”②

远，读去声。躬，身也，指自己。“躬自厚”者。责自己厚也。“薄责于人”者，责他人薄也。如此，则人之怨恨远矣！按《颜渊篇》答樊迟云：“攻其恶，无攻人之恶。”与此章之旨相近。

子曰：“不曰‘如之何，如之何’者，吾未如之何也已矣。”③

如之何，就是俗语说的“怎么呢”。朱注曰：“‘如之何如之何’者，熟思而审处之辞也。不如是而妄行，虽圣人亦无如之何矣。”按：“如之何如之何”，亦是虑其事之不善。而望有以改善之辞。“不曰如之何如之何”者。必自甘暴弃之人，或讳疾忌医之人，则虽孔子亦无如之何也。此章语

---

① 者与之与，平声。〇窃位，言不称其位而有愧于心，如盗得而阴据之也。柳下惠，鲁大夫展获，字禽，食邑柳下，谥曰惠。与立，谓与之并立于朝。范氏曰：“臧文仲为政于鲁，若不知贤，是不明也；知而不举，是蔽贤也。不明之罪小，蔽贤之罪大。故孔子以为不仁，又以为窃位。”

② 远，去声。〇责己厚，故身益修；责人薄，故人易从。所以人不得而怨之。

③ 如之何，如之何者，熟思而审处之辞也。不如是而妄行，虽圣人亦无如之何矣。

虽简而含意甚广，朱子仅举其一端而已。

子曰：“群居终日，言不及义，好行小慧，难矣哉！”①

群居，许多人同住在一处也。好，去声。小慧，小聪明也。“难矣哉”者。孔子以为这种人，难以使改善也。

子曰：“君子义以为质，礼以行之，孙以出之，信以成之。君子哉！”②

质，本质。孙，今作逊。言君子做人，以义为本质，照礼而行，出以谦逊，而成之以信。信即诚也。能诚实则礼不至成为虚文，义亦不至变为假义。能如此，则成为一个君子。故曰：“君子哉！”

子曰：“君子病无能焉，不病人之不己知也。”

病，患也。本章与《里仁篇》“不患莫己知，求为可知也”；《宪问篇》“不患人之不己知，患其不能也”；意均相同。

子曰：“君子疾没世而名不称焉。”③

没世，谓死也。疾，恨也。朱注引范氏曰：“君子学以为己，不求人知；然没世而名不称焉，则无为善之实可知矣。”故君子之所疾。在不能

---

① 好，去声。○小慧，私智也。言不及义，则放辟邪侈之心滋。好行小慧，则行险侥幸之机熟。难矣哉者，言其无以入德，而将有患害也。

② 孙，去声。○义者制事之本，故以为质干。而行之必有节文，出之必以退逊，成之必在诚实，乃君子之道也。○程子曰：“义以为质，如质干然；礼行此，孙出此。信成此。此四句只是一事，以义为本。”又曰：“敬以直内，则义以方外。义以为质，则礼以行之，孙以出之，信以成之。”

③ 范氏曰：“君子学以为己，不求人知。然没世而名不称焉，则无为善之实可知矣。”

立德以致不朽之名，并不在有善之实，而无善之名。学者不可不辨之！按《史记·孔子世家》，子曰："弗乎，弗乎！君子疾没世而名不称焉。吾何以自见于后世哉！"以此为孔子作《春秋》时语。

子曰："君子求诸己，小人求诸人。"①

按《中庸》云："正己而不求于人。"即本章"君子求己"之旨，本章与前两章义相连贯。"君子病无能焉：不病人之不己知"，即君子求诸己；"君子疾没世而名不称"，虽似求名，实在也求自己有为善之实而已；故曰："君子求诸己。"小人则只求人之知己，不问己之能不能；只求人之誉己，不问自己有没有为善之实；故曰："小人求诸人。"

子曰："君子矜而不争，群而不党。"②

朱注曰："庄以持己曰矜。和以处众曰群。"刘宗周《论语学案》云："矜者，兢兢自持；不争，则非绝物矣。群者，油油与人；不党，则非徇物矣。"

子曰："君子不以言举人，不以人废言。"

"有言者不必有德"，故君子不以言举人。刍荛之言，圣人择焉；故其言有可采，亦不以其人之无可取而废之。

---

① 谢氏曰："君子无不反求诸己，小人反是。此君子小人所以分也。"○杨氏曰："君子虽不病人之不己知，然亦疾没世而名不称也。虽疾没世而名不称，然所以求者，亦反诸己而已。小人求诸人，故违道干誉，无所不至。三者文不相蒙，而义实相足，亦记言者之意。"

② 庄以持己曰矜。然无乖戾之心，故不争。和以处众曰群。然无阿比之意，故不党。

子贡问曰："有一言而可以终身行之者乎？"子曰："其恕乎！己所不欲，勿施于人。"①

刘氏《正义》云："'一言'谓一字。"故孔子以一"恕"答之。"恕"是求仁之方。"己所不欲，勿施于人"二句，是"恕"字的定义。此但就消极方面而言；其积极方面，即是"己欲立而立人，己欲达而达人"也。子贡曾说："我不欲人之加诸我也。吾亦欲无加诸人。"他的话，正和这里孔子所说"己所不欲，勿施于人"的意义相同。

子曰："吾之于人也，谁毁谁誉？如有所誉者，其有所试矣。②斯民也，三代之所以直道而行也。"③

朱注云："毁者，称人之恶而损其真；誉者，扬人之善而过其实；夫子无是也。"又引尹氏曰："孔子之于人也，岂有意毁誉之哉？其所以誉之者，盖试而知其美故也。斯民也，三代之所以直道而行；岂得容私意于其间哉？"按：《汉书·艺文志》云："孔子曰：'如有所誉，其有所试。'唐虞之隆，殷周之盛，仲尼之业已试之效也。"包慎言《温故录》据此，谓"斯民也……"二句，即言三代已尝试之，非谓身试之。此别一解。

---

① 推己及物，其施不穷，故可以终身行之。○尹氏曰："学贵于知要。子贡之问，可谓知要矣。孔子告以求仁之方也。推而极之，虽圣人之无我，不出乎此。终身行之，不亦宜乎？"

② 誉，平声。○毁者，称人之恶而损其真。誉者，扬人之善而过其实。夫子无是也。然或有所誉者，则必尝有以试之，而知其将然矣。圣人善善之速，而无所苟如此。若其恶恶，则已缓矣。是以虽有以前知其恶，而终无所毁也。

③ 斯民者，今此之人也。三代，夏、商、周也。直道，无私曲也。言吾之所以无所毁誉者，盖以此民，即三代之时所以善其善、恶其恶而无所私曲之民。故我今亦不得而枉其是非之实也。○尹氏曰："孔子之于人也，岂有意于毁誉之哉？其所以誉之者，盖试而知其美故也。斯民也，三代所以直道而行，岂得容私于其间哉？

子曰：“吾犹及史之阙文也，有马者借人乘之，今亡矣夫！”①

阙文，指史书上有疑而不明白的文字，把他阙着，不以自己的意思，硬补上去。亡，今作无。夫，音扶。朱注引杨氏曰：“史阙文，马借人，此二事，孔子犹及见之。‘今亡矣夫’，悼时之益偷也。”按：宋翔凤《发微》谓此“史”字指文字而言，盖古代书字掌于太史也。以班固《汉书·艺文志》论小学，许慎《说文解字序》均引此语为证。有马者借人乘习，则为学御之事。盖“六书”、“五驭”，各为保氏六艺之一，皆有一定之法，故于文字，不知则阙，有马，则借人乘而习之。孔子之时，六艺之学废，二事不可复见，故叹之。其说亦通。

子曰：“巧言乱德。小不忍则乱大谋。”②

孔子尝云：“恶佞，恐其乱义也。”巧言乱德，与佞之乱义同。忍，忍耐。于小事不能忍耐，则乱大谋。大谋，犹云“大计划”。刘氏《正义》引吴嘉宾说，谓“不忍”为“仁”：“小不忍”则似仁而非仁，足以乱大谋。吴氏之意殆以妇人姑息之爱为小不忍。朱注曰：“小不忍，如妇人之仁，匹夫之勇皆是。”兼有二义。其说较长。

子曰：“众恶之，必察焉；众好之，必察焉。”③

恶、好，均读去声。盖众之好恶，未必能公而当，故必察之。此章之意，与前《子路篇》“乡人皆好”、“乡人皆恶”云云，大致相同。

---

① 夫，音扶。〇杨氏曰：“史阙文、马借人，此二事孔子犹及见之。今亡已夫，悼时之益偷也。”愚谓此必有为而言。盖虽细故，而时变之大者可知矣。〇胡氏曰：“此章义疑，不可强解。”

② 巧言，变乱是非，听之使人丧其所守。小不忍。如妇人之仁、匹夫之勇皆是。

③ 好、恶，并去声。〇杨氏曰：“惟仁者能好恶人。众好恶之而不察，则或蔽于私矣。”

子曰："人能弘道，非道弘人。"[①]

弘，大也。此作动词用。道待人而明，待人而行，故曰："人能弘道。"人之明道行道，志在乎道，非欲以张己尊己也，故曰："非道弘人。"

子曰："过而不改，是谓过矣。"[②]

《韩诗外传》云："孔子曰：'过而改之，是不过也。'"即本此文而反言之，可以互发。

子曰："吾尝终日不食，终夜不寝，以思，[③] 无益，[④] 不如学也。"[⑤]

此即《为政》篇"思而不学则殆"之意。"思"，指不学而思者言。《为政》篇又云："学而不思则罔。"是"学"仍有待于"思"也。

子曰："君子谋道不谋食。耕也，馁在其中矣：学也，禄在其中矣。君子忧道不忧贫。"[⑥]

---

① 弘，廓而大之也。人外无道，道外无人。然人心有觉，而道体无为，故人能大其道，道不能大其人也。张子曰："心能尽性，人能洪道也；性不知检其心，非道洪人也。"

② 过而能改，则复于无过。惟不改，则其过遂成，而将不及改矣。

③ 句。

④ 句。

⑤ 此为思而不学者言之。盖劳心以必求，不如逊志而自得也。○李氏曰："夫子非思而不学者，特垂语以教人尔。"

⑥ 馁，奴罪反。○耕所以谋食，而未必得食。学所以谋道，而禄在其中。然其学也，忧不得乎道而已，非为忧贫之故，而欲为是以得禄也。○尹氏曰："君子治其本而不恤其末，岂以在外者为忧乐哉？"

此章之旨，重在“君子谋道不谋食”句。言君子谋道不谋食，非如农夫之耕田，其志全在谋食也。但因谋食而耕，有时年岁饿荒，亦难免挨饿；况本不谋食者乎？学成而仕。固可得禄；但君子所忧者，在道之不明不行。不在禄之不得，故又曰“君子忧道不忧贫”也。

子曰：“知及之，仁不能守之，虽得之。必失之。[①] 知及之，仁能守之，不庄以莅之，则民不敬。[②] 知及之，仁能守之，庄以莅之，动之不以礼，未善也。”[③]

本章指治国为政而言。知，今作智。“知及之”者，言其才智足以治国为政也。“仁”者，大公无私之德。“知及之，仁不能守之”者，言智足以知治国为政之道，而无以胜其私欲，则虽得其道，终必失之也。涖，临也。临政临民，皆可曰临。智足以知之，仁足以守之，而不以庄敬临之，则民亦不敬之也。能临之以敬矣，而施治行政，不能以礼行之，犹未为善。动之，指发号施令之政治行动而言。朱注以“动民”释之，恐未妥。

子曰：“君子不可小知，而可大受也；小人不可大受，而可小知也。”[④]

朱注云：“知，我知之也。受，彼所受也。”是“小知”者，以一长见知于人；“大受”者，以器识担当大事也。君子必能以细事见长；却能担当大事；小人则不能担当大事，而亦有一长足录。此君子小人之别。

---

① 知，去声。○知足以知此理，而私欲间之，则无以有之于身矣。

② 莅，临也。谓临民也。知此理而无私欲以间之，则所知者在我而不失矣。然犹有不庄者，盖气习之偏，或有厚于内而不严于外者，是以民不见其可畏而慢易之。下句放此。

③ 动之，动民也。犹曰鼓舞而作兴之云尔。礼，谓义理之节文。○愚谓学至于仁，则善有诸己而大本立矣。莅之不庄，动之不以礼，乃其气禀学问之小疵，然亦非尽善之道也。故夫子历言之，使知德愈全则责愈备。不可以为小节而忽之也。

④ 此言观人之法。知，我知之也。受，彼所受也。盖君子于细事未必可观，而材德足以任重；小人虽器量浅狭，而未必无一长可取。

子曰：“民之于仁也，甚于水火。水火，吾见蹈而死者矣，未见蹈仁而死者也。”①

此章极言“仁”之重要，且有利而无害。“民”，就是“人”。水火是人生日用不可一日少的。仁则比水火还要重要。水火虽是人生不可少的两件东西；但水会溺死人，火会烧死人。至于仁，则彼此互爱互助，断没有害人致死的也。

子曰：“当仁，不让于师。”②

此章极言行仁之不可缓。为弟子者，于各种事体对师都须谦让；只有当着仁的事体，要赶先去做，虽师还没有去做，我也不妨先做也。

子曰：“君子贞而不谅。”③

《集解》，采孔曰：“贞，正；谅，信也。君子之人。正其道耳，言不必小信。”按本章《孟子》所说：“大人者言不必信，行不必果，唯义所在。”同一意义。

子曰：“事君，敬其事而后其食。”④

---

① 民之于水火，所赖以生，不可一日无。其于仁也亦然。但水火外物，而仁在己。无水火，不过害人之身，而不仁则失其心。是仁有甚于水火，而尤不可以一日无也。况水火或有时而杀人，仁则未尝杀人，亦何惮而不为哉？〇李氏曰：“此夫子勉人为仁之语。”下章放此。

② 当仁，以仁为己任也。虽师亦无所逊，言当勇往而必为也。盖仁者，人所自有而自为之，非有争也，何逊之有？〇程子曰：“为仁在己，无所与逊。若善名在外，则不可不逊。”

③ 贞，正而固也。谅，则不择是非而必于信。

④ 后，与后获之后同。〇食，禄也。君子之仕也，有官守者修其职，有言责者尽其忠。皆以敬吾之事而已，不可先有求禄之心也。

邢疏云："此章言为臣事君之法也。言当先尽力，敬其职事，必有勋绩而后食禄也。"

子曰："有教无类。"①

"有教无类"者，就是不分贫富，不分贵贱，不分智愚贤不肖，凡来学者，无不教以做人的道理也。孔子弟子，富如子贡，贫如颜回，原宪；孟懿子等则为贵族，子路则为卞之野人；曾参之鲁，高柴之愚，颛孙师之辟；皆为高弟。故东郭子惠有"夫子之门何其杂也"之叹。不知"有教无类"，正是孔子伟大之处。

子曰："道不同，不相为谋。"②

为，去声。按孔子时，已有老子之道：稍后孔子。又有墨子、杨子之道。周秦诸子的各称道术，盛行于战国之世者，大多萌芽于孔子前后。孔子明知各家倡道的人，总以自己所倡的道为是，以他人所倡的道为非，故只有各行其道，而不相谋，不谋者，不必使你从我，我从你也。故曰："道不同，不相为谋。"后世学者，往往攻击他家他人，而孔子则不然。此孔子之所以为大也。

子曰："辞达而已矣。"③

---

① 人性皆善，而其类有善恶之殊者，气习之染也。故君子有教，则人皆可以复于善，而不当复论其类之恶矣。

② 为，去声。○不同，如善恶邪正之异。

③ 辞，取达意而止，不以富丽为工。

"辞"者，言辞、文辞也。在口里的言语，称为"言辞"。在纸上用笔写的，称为"文辞"。孔子以为这两种辞——言辞、文辞——以能达出意思，使听的人，看的人，都能明白为主。故曰："辞，达而已矣！"

师冕见，及阶，子曰："阶也。"及席，子曰："席也。"皆坐，子告之曰："某在斯，某在斯。"① 师冕出，子张问曰："与师言之道与?"② 子曰："然。固相师之道也。"③

师，乐师。冕，乐师名。见，音现，来见也。古时乐师皆是瞎子。所以他走到阶前，孔子告知他道："阶也。"他上了阶，走到坐席前，孔子又告知他道："席也。"大家都坐下了，又告之曰："某人坐在这里，某人坐在这里。"师冕出去后，子张问孔子道："这些是和乐师讲话之道吗?"孔子说："是的！刚才这样的招呼，是扶助乐师应尽的道理。""道与"之"与"，今作欤。相，去声，扶助的人叫做"相"，此作动词用。

[问题]

(一) 孔子何以不答问陈?

(二) 何谓"多学而识"? 何谓"一贯"?

(三) 何谓"无为而治"?

(四) 何谓"杀身成仁"?

(五) 孔子答颜渊为邦之制如何?

---

① 见，贤遍反。○师，乐师，瞽者。冕，名。再言某在斯，历举在坐之人以诏之。

② 与，平声。○圣门学者，于夫子之一言一动，无不存心省察如此。

③ 相，去声。○相，助也。古者瞽必有相，其道如此。盖圣人于此，非作意而为之，但尽其道而已。○尹氏曰："圣人处己为人，其心一致，无不尽其诚故也。有志于学者，求圣人之心，于斯亦可见矣。"○范氏曰："圣人不侮鳏寡，不虐无告，可见于此。推之天下，无一物不得其所矣。"

（六）孔子谓何种人最没出息？

（七）本篇论君子如何？

（八）何谓“有教无类”？

季氏第十六

按此篇“子曰”都称“孔子曰”，与以上诸篇不同。[①]

季氏将伐颛臾。[②] 冉有、季路见于孔子曰：“季氏将有事于颛臾。”[③]

季氏，季康子也。颛，音专。臾，音俞。颛臾。是鲁国境内的一个小国，其君风姓，伏羲之后。他的朝贡，不达于天子，而附于鲁侯，所谓“附庸”也。冉有、子路，这时正做季氏的家臣，故以季氏的事来告孔子。有事，指伐颛臾。按季氏伐颛臾事，不见于《春秋》经传，殆因孔子之言而中止也。

孔子曰：“求！无乃尔是过与？[④] 夫颛臾，昔者先王以为东蒙主，且在邦域之中矣，是社稷之臣也。何以伐为？”[⑤]

孔子之意，对于季氏之伐颛臾，是大不以为然的，所以独呼冉有之名

① 洪氏曰：“此篇或以为《齐论》。”凡十四章。

② 颛，音专。臾，音俞。〇颛臾，国名。鲁附庸也。

③ 见，贤遍反。〇按《左传》《史记》，二子仕季氏不同时。此云尔者，疑子路尝从孔子自卫反鲁，再仕季氏，不久而复之卫也。

④ 与，平声。〇冉求为季氏聚敛，尤用事。故夫子独责之。

⑤ 夫，音扶。〇东蒙，山名。先王封颛臾于此山之下，使主其祭，在鲁地七百里之中。社稷，犹云公家。是时四分鲁国，李氏取其二，孟孙、叔孙各有其一。独附庸之国尚为公臣，季氏又欲取以自益。故孔子言颛臾乃先王封国，则不可伐；在邦域之中，则不必伐；是社稷之臣，则非季氏所当伐也。此事理之至当，不易之定体，而一言尽其曲折如此，非圣人不能也。

而斥之者，以子路曾因公伯寮之愬，为季孙所疑；冉有尝为季氏聚敛，独得信任也。是，实也。见王引之《经传释词》。与，今作欤。夫，音扶。东蒙，山名。颛臾封在东蒙山的地方，是先王叫他主祭祀东蒙山的，故曰“昔者先王以为东蒙主”也。邦域，即国境。为鲁国附庸，故曰：“是社稷之臣也。”为，语末助词。朱注云：“社稷，犹云公家。是时四分鲁国季氏取其二，孟孙叔孙各取其一：独附庸之国尚为公臣，季氏又欲取以自益。故孔子言颛臾乃先王封国，则不可伐；在邦域之中，则不必伐；是社稷之臣。则非季氏所当伐也。”

冉有曰：“夫子欲之，吾二臣者皆不欲也。”①

夫子，指季氏。二臣，谓己与子路也。

孔子曰：“求！周任有言曰：‘陈力就列，不能者止。’危而不持，颠而不扶，则将焉用彼相矣？② 且尔言过矣。虎兕出于柙，龟玉毁于椟中，是谁之过与？”③

“求”者，呼冉有之名以告之也。任，平声。《集解》马曰：“周任古之良史。”按《左传》隐六年，昭五年，皆引周任之言，不言为史官。杜预注云：“周太史。”《路史》注以为商太史。江永《群经补义》疑即《书·盘庚》之迟任。“陈力就列，不能者止”两句，是周任的话，孔子引之。

朱注云：“陈，布也，列，位也。”刘氏《正义》云：“止谓去位也。”

---

① 夫子，指季孙。冉有实与谋，以孔子非之，故归咎于季氏。

② 任，平声。焉，于虔反。相，去声，下同。○周任，古之良史。陈，布也。列，位也。相，瞽者之相也。言二子不欲则当谏，谏而不听则当去也。

③ 兕。徐履反。柙，户甲反。椟，音独。与，平声。○兕，野牛也。柙，槛也。椟，匮也。言在柙而逸，在椟而毁，典守者不得辞其过。明二子居其位而不去，则季氏之恶，己不得不任其责也。

按“陈力”谓施展贡献其才力；就列，即就职位。言既就其位，当陈其力；不能陈力，便当去位也。焉，平声，安也。相，去声，扶持瞎子的人叫做相。此以相瞽者为喻；言如瞽者遭遇危险颠仆而不扶持，则那个相还有什么用呢？“矣”，用与“乎”字同。见王引之《经传释词》。冉有答语，诿为“夫子欲之”，而欲自卸其责，故直斥之曰“且尔言过矣”；“过”，错误也。兕，野牛。柙，是关虎、兕的木栅。虎与兕，应该关在柙里的。龟，玉，古人都视为宝贝。椟，是藏龟、玉的匣子。言季氏之伐颛臾，有如把虎、兕从柙中放出，把匣中的龟、玉毁坏也。季氏伐颛臾一动兵，必要杀人，好像柙中的虎、兕，跑出来伤人也。颛臾，在鲁国境内，好像藏在匣子中的龟、玉；季氏伐而灭之，又像把龟、玉毁坏也。此黄式三说。虎、兕出柙，是管兽禁者之过；龟、玉毁坏，是守龟、掌玉者之过；季氏之伐颛臾，则是为家臣者不谏止之过也。

冉有曰：“今夫颛臾，固而近于费。今不取，后世必为子孙忧。”①

此冉有又为季氏辨也。夫，音扶。费，此处音秘。固，言颛臾的城郭，很坚固。费，音秘，是季氏的食邑，与颛臾相近。故曰“今不取，后世必为子孙忧”也。

孔子曰：“求！君子疾夫舍曰欲之，而必为之辞。② 丘也闻：有国有家者，不患寡而患不均。不患贫而患不安。盖均无贫，和无寡，安无倾。③

---

① 夫，音扶。○固。谓城郭完固。费，季氏之私邑。此则冉求之饰辞，然亦可见其实与季氏之谋矣。

② 夫，音扶。舍，上声。○欲之，谓贪其利。

③ 寡，谓民少。贫，谓财乏。均，谓各得其分。安，谓上下相安。季氏之欲取颛臾，患寡与贫耳。然是时季氏据国，而鲁公无民，则不均矣。君弱臣强，互生嫌隙，则不安矣。均则不患于贫而和，和则不患于寡而安，安则不相疑忌，而无倾覆之患。

夫如是，故远人不服，则修文德以来之。既来之，则安之。[11] 今由与求也，相夫子，远人不服而不能来也。邦分崩离析而不能守也。[12]而谋动干戈于邦内。吾恐季氏之忧，不在颛臾，而在萧墙之内也。”[13]

此孔子听了冉有的话，又呼其名而斥之也。疾，恶也，恨也。夫，音扶。“舍曰欲之，而必为之辞”者，心里实在贪图这个利益，却舍掉这句话，不肯说，而必另外想出一种话来掩饰也。这种事情，是君子所最恶的。孔子既斥其非，又把治国安家的原理，讲出来给他听，丘，是孔子称自己的名。有国，指诸侯；有家，指卿大夫。此二句疑当作“不患贫而患不均，不患寡而患不和”。盖“贫”与“均”，指财言：“寡”与“和”，指人言。不均，谓贫富相悬，不和，谓上下不协，下言“均无贫，和无寡”，即其证。《春秋繁露·度制篇》，《魏书·张普惠传》引，亦均作“不患贫而患不均”。(参阅俞樾《古书疑义举例》)

财均人和则安而无倾复之患矣。夫，音扶。如是，指上文所说治国家的原理。因为如此故远地方的人，还有不服者，我惟有修己之德以招来之。文德正对武力而言。远人来归了，则安抚之。相，去声，助也。现在由与求相助季氏，远人不服，而不能修文德以来之；邦国，分崩离析，有土崩瓦解之虞，而不能固守之；还要在国内打起仗来。动干戈，即指伐颛臾之事，吾恐季孙之可忧者，倒不在固而近于费的颛臾，而在自己的家内也。萧墙，即《八佾篇》之“塞门”。后来季氏家臣阳虎囚季桓子，果然不出孔子所料。一说，萧墙惟国君有之，萧墙之内，隐指鲁君。此时哀公欲去三桓，(即季孙、孟孙、叔孙三家。) 而颛臾世为鲁社稷之臣，又近于

---

① 夫，音扶。○内治修，然后远人服。有不服，则修德以来之，亦不当勤兵于远。子路虽不与谋，而素不能辅之以义，亦不得勾无罪，故并责之。远人。谓颛臾。分崩离析，谓四分公室，家臣屡叛。干，楯也。戈，戟也。萧墙，屏也。言不均不和，内变将作。其后哀公果欲以越伐鲁而去季氏。○谢氏曰：“当是时，三家强，公室弱，冉求又欲伐颛臾以附益之。夫子所以深罪之，为其瘠鲁以肥三家也。”○洪氏曰：“二子仕于季氏，凡季氏所欲为，必以告于夫子。则因夫子之言而救止者，宜亦多矣。伐颛臾之事，不见于经传，其以夫子之言而止也与?”

费。季氏惧其为公家之助，故欲伐之。如克，则取以为己有；不克，则公家之师己备于外，不能复伐己；此齐陈恒伐吴之故智也。冉有谓季氏恐颛臾将为子孙忧，不得不伐之；故孔子直斥其隐也。见方观旭《偶记》。

孔子曰："天下有道，则礼乐征伐自天子出；天下无道，则礼乐征伐自诸侯出。自诸侯出，盖十世希不失矣；自大夫出，五世希不失矣；陪臣执国命，三世希不失矣。①天下有道，则政不在大夫。②天下有道，则庶人不议。"③

制礼作乐，征伐逆叛，照道理，应该是天子做的。故周初天下有道，王室强盛的时候，礼乐征伐，都出于天子。到春秋时，王室衰微，诸侯强大起来，已成了无道的天下，故礼乐征伐，自诸侯出。希，少也。陪，重也；陪臣，是臣之臣，即大夫的家臣也。朱注曰："逆理愈甚，则其失之愈速。""天下有道，则政不在大夫"者，言天下有道的时候，礼乐征伐，出自天子，其他政权，亦操于诸侯，而不操于大夫也。"天下有道，则庶人不议"者，言有道的天下，政治修明，人民自然安居乐业，没有坏事可议论也。

孔子曰："禄之去公室，五世矣；政逮于大夫，四世矣；故夫三桓之子孙，微矣。"④

---

① 先王之制，诸侯不得变礼乐，专征伐。陪臣，家臣也。逆理愈甚，则其失之愈速。大约世数，不过如此。

② 言不得专政。

③ 上无失政，则下无私议。非箝其口使不敢言也。○此章通论天下之势。

④ 夫，音扶。○鲁自文公薨，公子遂杀子赤，立宣公，而君失其政。历成、襄、昭、定，凡五公。逮，及也。自季武子始专国政，历悼、平、威子，凡四世，而为家臣阳虎所执。三威，三家，皆威公之后。此以前章之说推之，而知其当然。○此章专论鲁事，疑与前章皆定公时语。○苏氏曰："礼乐征伐自诸侯出，宜诸侯之强也，而鲁以失政，政逮于大夫，宜大夫之强也，而三威以微。何也？强生于安，安生于上下之分定。今诸侯、大夫皆陵其上，则无以令其下矣。故皆不久而失之也。"

鲁国自襄仲杀文公之子而立宣公，于是大权旁落，爵禄不从君主的公室而出；至哀公已五世了。五世者，宣公、成公、襄公、昭公、定公也。逮，及也。鲁大夫季氏执国政，至此已四世了。四世者，文子、武子、平子、桓子也。（郑玄注无桓子，朱注无文子，而皆有悼子。此从《论语稽》）“三桓”者，季孙、孟孙（亦称仲孙）、叔孙，三氏都出于桓公也。上章不是说“自大夫出，五世希不失”吗？今季氏执政已历四世，所以已到衰微不振的时候了。当时季氏有阳虎，孟氏有公敛处父，叔氏有侯犯，故曰：“三桓之子孙微矣。”夫，音扶。

孔子曰：“益者三友，损者三友。友直，友谅，友多闻，益矣。友便辟，友善柔，有便佞，损矣。”①

此孔子论交友有益或有损也。三种益友：一种是“友直”，就是结交正直的朋友，这种朋友，能规劝我的过处，故有益。一种是“友谅”，就是结交诚实的朋友，这种朋友不会欺骗我，故有益。一种是“友多闻”，就是结交多见闻的朋友；这种朋友，能指导我不明白的事理，故有益。三种损友：一种是“友便辟”，就是结交“足恭”“体柔”而不“直”的人；一种是“友善柔”，就是结交“令色”，“面柔”而不“谅”的人；一种是“友便佞”；就是结交“巧言”、“口柔”而无闻见之实的人；这三种朋友，都和前三种相反，故有损。便，平声；辟，音僻。（参阅《公冶长》篇“巧言令色足恭”注）

---

① 便，平声。辟，婢亦反。○友直，则闻其过。友谅，则进于诚。友多闻，则进于明。便，习熟也。便辟，谓习于威仪而不直。善柔，谓工于媚说而不谅。便佞，谓习于口语，而无闻见之实。三者损益，正相反也。○尹氏曰：“自天子至于庶人，未有不须友以成者。而其损益有如是者，可不谨哉？”

孔子曰："益者三乐，损者三乐。乐节礼乐，乐道人之善，乐多贤友，益矣。乐骄乐，乐佚游，乐宴乐，损矣。"①

"礼乐"之"乐"如字读与"仁者乐山，知者乐水"之"乐"同，是爱好的意思。一个人不能无所爱好。孔子说："爱好的事，也有三件是有益处的，三件是有损害的。""乐节礼乐"者，爱好行动都以礼乐为节也；"乐道人之善"者，爱好说别人的好处，不说别人的坏处也；"乐多贤友"者，爱好多交益友也。这三种爱好，是于自己有益处的。"乐骄乐"者，爱好骄傲他人以为快乐也；"乐佚游"者，爱好不做事而游戏过日子也；"乐宴乐"者，爱好与人酒食征逐以取乐也。这三种爱好，于自己是都有损害的。

孔子曰："侍于君子有三愆：言未及之而言，谓之躁；言及之而不言，谓之隐；未见颜色而言，谓之瞽。"②

侍于君子，是侍坐在君子旁边。愆，过失也。是不到应该说话的时候就说话，则有急躁的过失。《鲁论》读"躁"为"傲"，意思是言未及之而言，是以己所知者，傲人之不知也。到了应该说话的时候而不说，则有隐匿的过失；不看见别人的颜色而乱话，则有瞽的过失。"瞽"者，言好像瞎了眼睛一样也。

孔子曰："君子有三戒：少之时，血气未定，戒之在色；及其壮也，

---

① 乐，五教反。礼乐之乐，音岳。骄乐、宴乐之乐，音洛。○节，谓辨其制度声容之节。骄乐，则侈肆而不知节。佚游，则惰慢而恶闻善。宴乐，则淫溺而狎小人。三者损益，亦相反也。○尹氏曰："君子之于好乐，可不谨哉？"

② 君子，有德位之通称。愆，过也。瞽，无目，不能察言观色。○尹氏曰："时然后言，则无三者之过矣。"

血气方刚，戒之在斗；及其老也，血气既衰，戒之在得。”①

斗，音豆。少年血气未定，情窦初开，正是知好色，慕少艾的时候，故“戒之在色”。壮是三四十岁，体力最强壮的时候，血气方刚，好胜心正盛，故“戒之在斗”。所谓“斗”者，不仅指好勇斗狠而言，凡意气之争皆是也。年纪老了，则血气已衰，只想为子孙打算，弄几个钱享享老福，故“戒之在得”。试看现在社会上，青年人往往闹恋爱问题；壮年人往往因意气之争，而不顾大局；老年人往往日暮途穷，不惜出卖人格；此章所记，真是孔子勘透人情之言。

孔子曰：“君子有三畏：畏天命，畏大人，畏圣人之言。② 小人不知天命而不畏也，狎大人。侮圣人之言。”③

狎，音狭。畏者，心有所戒惧也。天命，就是天之所命，天赋人之明德正理。畏天命，故戒慎恐惧，尽道正命，而不敢有所怠忽。大人，指在上位的人。畏大人，故秉礼怀刑，不敢干犯其上。圣人之言，指古先圣贤教人的道理。畏圣人之言，故古训是式，不敢违反。小人则与君子恰是相反。他不知什么是天命，故毫无忌惮。狎者，慢而不敬也。狎大人，故初则逢迎长恶，终乃作乱犯上。小人多自以为是，虽圣人所说的话，也要寻他的漏洞，说他许多不是，此侮圣人之言也。

---

① 血气，形之所待以生者，血阴而气阳也。得。贪得也。随时知戒，以理胜之，则不为血气所使也。○范氏曰：“圣人同于人者血气也，异于人者志气也。血气有时而衰，志气则无时而衰也。少未定、壮而刚、老而衰者，血气也。戒于色、戒于斗、戒于得者，志气也。君子养其志气，故不为血气所动，是以年弥高而德弥邵也。”

② 畏者，严惮之意也。天命者，天所赋之正理也。知其可畏，则其戒谨恐惧，自有不能已者。而付畀之重，可以不失矣。大人、圣言，皆天命所当畏。知畏天命，则不得不畏之矣。

③ 侮，戏玩也。不知天命，故不识义理，而无所忌惮如此。○尹氏曰：“三畏者，修己之诚当然也。小人不务修身诚己，则何畏之有？”

孔子曰："生而知之者，上也；学而知之者，次也；困而学之，又其次也；困而不学，民斯为下矣。"①

凡一事一物，都有一种道理，"生而知之者"，对于种种事物。一看见，就明白他的道理也。这是最聪明的上等人。好像生出来就知道的。其次则对于种种事物，未能一见就知他的道理，但能自己用学问的工夫去求知，结果，对于各种道理，也明白了。"困而学之"者，对事物的道理，固然不能一见就知；不遇到困难，也还不肯去学；一定要到因不明白道理，而发生困难，才肯用学问的工夫去求知。这种人，又次一等。如果遇到困难，还是不肯去学，这种人，必终身做一愚蠢的人，是最下一等的。按：《中庸》云："或生而知之，或学而知之，或困而知之；及其知之，一也。"困而知之，即此所云"困而学之"。困而不学，是虽困而终不能知：故曰"民斯为下"也。民，与人同。

孔子曰："君子有九思：视思明，听思聪，色思温，貌思恭，言思忠，事思敬，疑思问，忿思难，见得思义。"②

"视思明"者，言看一种事物，要想看得很明白，把细微曲折都看出来也。"听思聪"者，言听人的言语，要想听得仔仔细细。没有错误也。"色思温"者，言对别人，脸上的颜色，常常要想温和也。"貌思恭"者，言待人接物时，容貌常常要想恭敬也。"言思忠"者，言对人说话，常常要想忠实诚恳也。"事思敬"者，言做事常常想到慎重，不肯轻忽怠慢也。

① 困，谓有所不通。言人之气质不同，大约有此四等。○杨氏曰："生知、学知以至困学，虽其质不同，然及其知之一也。故君子惟学之为贵。困而不学，然后为下。"

② 难，去声。○视无所蔽，则明无不见。听无所壅，则聪无不闻。色，见于面者。貌，举身而言。思问，则疑不蓄。思难，则忿必惩。思义，则得不苟。○程子曰："九思各专其一。"○谢氏曰："未至于从容中道，无时而不自省察也。虽有不存焉者，寡矣，此之谓思诚。"

“疑思问”者，言有疑惑的时候，常常想问个明白也。“忿思难”者，言当气忿的时候，常常想到患难，不肯因一朝之忿。忘其身以及其亲也。难，去声。“见得思义”者，言遇见可得的利益，应想一想，这利益是应该得的还是不应该得的，所谓“临财毋苟得”也。这九件，是君子所常常思考的。

孔子曰：“见善如不及，见不善如探汤。吾见其人矣，吾闻其语矣。[①] 隐居以求其志，行义以达其道。吾闻其语矣，未见其人也。”[②]

“见善”二句，“隐居”二句，皆古语。“见善如不及”者，见了善人，常常像自己不及他一般，因而努力为善，想及他也。即“见贤思齐”之意。汤是沸水，手探下去，是要烫坏的。所以，汤是探不得的，要避开他才好。见了不善的人，也如不敢探汤一样，总是避开他，唯恐自己染到他的恶习，故曰“见不善如探汤”也。即《大戴礼记·曾子立事》所谓“见不善者恐其及己也”。孔子说：“这种人我亲眼看见过：这句古语我也听见人说过了。”《孟子》云：“故士穷不失义，达不离道。”与此章同旨。程瑶田《论学小记》云：“隐居以求其志，求其所达之道也；当其求时，犹未及行，故谓之‘志’；行义以达其道行，其所求之志也；及其行时，不止于求。故谓之‘道’。志与道，通一无二，故曰‘士何事？曰尚志。’”最是阐明此章之志。

“齐景公有马千驷，死之日，民无德而称焉。伯夷、叔齐饿于首阳之

---

① 探，吐南反。○真知善恶而诚好恶之，颜、曾、闵、冉之徒，盖能之矣。语，盖古语也。

② 求其志，守其所达之道也。达其道，行其所求之志也。盖惟伊尹、太公之流，可以当之。当时若颜子，亦庶乎此。然隐而未见，又不幸而蚤死，故夫子言然。

下，民到于今称之。[①] 其斯之谓与？”[②]

四匹马曰驷：千驷，即四千匹马也。齐景公虽然有四千匹马，但平生没有好的德行，所以到他死了，百姓没有一个称道他的。伯夷、叔齐，见前《公冶长篇》注。首阳，山名。武王灭纣，夷、齐义不食周粟，采薇而食，卒饿死于首阳山下。直到孔子时，百姓都还称赞他。朱注引胡氏说谓《颜渊篇》“诚不以富，亦只以异”二语，程子以为错简者，当在“称之”之下。言民之所称者，诚不以其富，而只以其异也。此《诗·小雅·我行其野篇》语。上引《诗》故下云：“其斯之谓与？”与同欤。朱注谓章首当有“孔子曰”三字。

按苏子由《柳下惠论》，引上章，合此章为一义。皇疏解上章第二“吾闻其语”曰：“唯闻昔有夷齐能然。”本章首又无“孔子曰”三字，故有合二章为一章者。今仍从朱注。

陈亢问于伯鱼曰：“子亦有异闻乎？”[③] 对曰：“未也。尝独立，鲤趋而过庭，曰：‘学《诗》乎？’对曰：‘未也。’‘不学《诗》，无以言。’鲤退而学《诗》。[④] 他日又独立，鲤趋而过庭，曰：‘学礼乎？’对曰：‘未也。’‘不学礼，无以立，’鲤退而学礼。[⑤] 闻斯二者。”[⑥] 陈亢退而喜曰：“问一得三，闻《诗》、闻礼，又闻君子之远其子也。”[⑦]

---

① 驷，四马也。首阳，山名。

② 与，平声。○胡氏曰：“程子以为第十二篇错简‘诚不以富，亦祇以异’，当在此章之首。今详文势，似当在此句之上。言人之所称，不在于富，而在于异也。”愚谓此说近是，而章首当有“孔子曰”字，盖阙文耳。大抵此书后十篇多阙误。

③ 亢，音刚。○亢以私意窥圣人，疑必阴厚其子。

④ 事理通达，而心气和平，故能言。

⑤ 品节详明，而德性坚定，故能立。

⑥ 当独立之时，所闻不过如此，其无异闻可知。

⑦ 远，去声。○尹氏曰：“孔子之教其子，无异于门人，故陈亢以为远其子。”

皇疏曰:“陈亢,即子禽也。”已见前《学而篇》。伯鱼名鲤,孔子之子,陈亢的意思,以为孔子教儿子,当与教学生不同,故问伯鱼有异闻否。对曰,伯鱼对陈亢也。未也,言未有异闻。以下即述所闻二事以证其未有异闻。《诗》为写人情事理的文学作品,且多比兴之作,故与言辞有关。礼者,人之所履,孔子尝云“立于礼”,故不学礼无以立也。陈亢退而自喜以为问一事而得了三种知识:一是学《诗》则可以言;一是学礼,则可以立;一是君子之对儿子,是不十分接近的。远,去声。司马光《家范》引此文,说之云:“远者,非疏远之谓也。谓其进见有说,接遇有礼,不朝夕嘻嘻相亵狎也。”

“邦君之妻,君称之曰夫人,夫人自称曰小童;邦人称之曰君夫人,称诸异邦曰寡小君;异邦人称之。亦曰君夫人。”①

邦君,就是国君。此章所记,在本书中最为不类,疑学者于简末别记所闻,后遂搀入《论语》也。按《集解》引孔曰:“当此之时,诸侯谪妾不正,称号不审,故孔子正言其礼也。”如孔说:则本章为孔子之言,上阙“子曰”二字,或“孔子曰”三字也。《曲礼》又云:“夫人自称于诸侯曰寡小君。”胡培翚《研六室杂著》云:“此节,惟‘小童’句,系夫人自称:余皆他人称谓之辞。称诸异邦,亦是邦人称之。”刘氏《正义》曰:“小君者,比于君为小也。……于本国称小君,于异邦称寡小君,犹称其君:于本国曰君,于异邦曰寡君也。”又“夫人自称”,谓夫人自称于其君。《曲礼注》云:“小童,若云未成人也。”误。此孙奇逢引郝敬说。

[问题]

---

① 寡,寡德,谦辞。○吴氏曰:“凡《语》中所载如此类者,不知何谓。或古有之,或夫子尝言之,不可考也。”

（一）孔子谓季孙之忧不在颛臾而在萧墙之内。其意何在？

（二）“益友”有何三种？“损友”有何三种？

（三）何谓“三愆”？

（四）何谓“三戒”？

（五）何谓“三畏”？

（六）何谓“九思”？

（七）何谓“隐居求志”？“行义达道”？

（八）孔子之教子如何？

阳货第十七

阳货欲见孔子，孔子不见，归孔子豚。孔子时其亡也，而往拜之，遇诸涂。① 谓孔子曰：“来！予与尔言。”曰：“怀其宝而迷其邦，可谓仁乎？”曰：“不可。”好从事而亟失时，可谓知乎？”曰：“不可。”“日月逝矣，岁不我与。”孔子曰：“诺。吾将仕矣。”②

阳货，《史记》作阳虎，刘氏《正义》云：“货，虎，一声之转，疑货是名，虎是字也。”此时鲁国的政权，全在季氏手里，阳货是季氏最信用的家臣，以陪臣而执国政。归，同馈，古论作“馈”。豚，小猪。时，

① 归，如字，一作馈。○阳货，季氏家臣，名虎。尝囚季威子而专国政。欲令孔子来见己，而孔子不往。货以礼“大夫有赐于士，不得受于其家，则往拜其门”，故瞰孔子之亡而归之豚，欲令孔子来拜而见之也。

② 好、亟、知，并去声。○怀宝迷邦，谓怀藏道德，不救国之迷乱。亟，数也。失时，谓不及事几之会。将者，且然而未必之辞。货语皆讥孔子而讽使速仕。孔子固未尝如此，而亦非不欲仕也，但不仕于货耳。故直据理答之，不复与辩，若不谕其意者。○阳货之欲见孔子，虽其善意，然不过欲使助已为乱耳。故孔子不见者，义也。其往拜者。礼也。必时其亡而往者，欲其称也。遇诸涂而不避者，不终绝也。随问而对者，理之直也。对而不辩者，言之孙而亦无所诎也。○杨氏曰：“扬雄谓孔子于阳货也，敬所不敬，为诎身以信道。非知孔子者。盖道外无身，身外无道。身诎矣而可以信道，吾未之信也。”

伺也。“时其亡也，而往拜之”者，伺阳货不在，而往拜谢之也。《孟子·滕文公篇》云：“阳货欲见孔子而恶无礼。大夫有赐于士，不得受于其家，则往拜其门。阳货瞰孔子之亡也，而馈孔子蒸豚。孔子亦瞰其亡也，而往拜之。当是时，阳货先，岂得不见?”所记较详。孔子本来是不愿意和阳货见面的，所以时其亡也而往拜之，不料偏在街路上遇着他。“诸”即“之于”二字的合音；涂，路也。阳货既在路上遇见孔子，便对孔子道：“来！予与尔言。”“曰：怀其宝……”以下，仍是阳货的话；他既在路上遇到孔子，便邀到自己家中和孔子说也。宝，譬喻道德才学；“怀其宝而迷其邦”者，说孔子有了道德，才学，而不肯出来做官，治国也。胡绍勋《论语拾义》谓“宝”指身“怀宝”谓藏身。亦通。好，去声。亟，音器。知，今作智。好从事而亟失时，喜欢做事；而屡次失了可做事的时机也。二“不可”，通解以为皆孔子答语。毛奇龄《稽求篇》，王引之《经传释词》均谓阳货自为问答。盖以怀宝迷邦之不可谓仁，好从事，亟失时之不可为知，二者皆必然之理也。逝，往也。言日月都像水的流去，不会再回转来；人的年纪，也一年一年的老去，岁数是不会给我增添的。意思是劝孔子及早出来做官。“诺！吾将仕矣”句，是孔子的答话。故特加“孔子曰”三字。

子曰：“性相近也，习相远也。”①

性，生而然者也。天生的性质，善恶不甚相违，故曰：“性相近也。”一个人处在某个环境里，到后来就有某种习惯，如在善良的环境里长大，就有善的习惯；在恶浊的环境里长大，就有恶的习惯。因为各人的环境不同，所以各人的习惯也就差得很远，而不能一样。故曰：“习相远也。”

---

① 此所谓性，兼气质而言者也。气质之性，固有美恶之不同矣。然以其初而言，则皆不甚相远也。但习于善则善，习于恶则恶，于是始相远耳。○程子曰：“此言气质之性，非言性之本也。若言其本，则性即是理，理无不善，孟子之言性善是也。何相近之有哉?”

孔子说性，只说相近，不言善恶。后来孟子便说人性是善的；荀子又说人性是恶的；世硕与公都子言性有善有恶：告子又言性无善无不善，或可以为善，可以为不善；杨雄、王充、韩愈等，也纷纷说性；至宋儒则以论性为专家学问。其实都不如孔子只轻轻八个字，说得包括无遗。

子曰："唯上知与下愚不移。"①

知，今作智。一个人的性，是相近的，差不多的。至于一个人的天资，则各有不同：有绝顶聪明的人，所请"生而知之"者；有绝顶呆笨的人，所谓"困而不学"者；也有中等的人。绝顶聪明的人，与绝顶呆笨的人，从小到老，总不会改变的。但此等人，不过千万人中之一二个。其余的，都是中等天资，就不免随着环境而改变，习于恶则恶，习于善则善也。

子之武城，闻弦歌之声。② 夫子莞尔而笑，曰："割鸡焉用牛刀？"③ 子游对曰："昔者偃也闻诸夫子曰：'君子学道则爱人，小人学道则易使也。'"④ 子曰："二三子！偃之言是也。前言戏之耳。"⑤

---

① 知，去声。○此承上章而言。人之气质相近之中，又有美恶一定，而非习之所能移者。○程子曰"人性本善，有不可移者，何也？语其性则皆善也，语其才则有下愚之不移。所谓下愚有二焉：自暴，自弃也。人苟以善自治，则无不可移，虽昏愚之至，皆可渐磨而进也。惟自暴者拒之以不信，自弃者绝之以不为，虽圣人与居，不能化而入也，仲尼之所谓下愚也。然其质非必昏且愚也，往往疆戾而才力有过人者，商辛是也。圣人以其自绝于善，谓之下愚，然考其归，则诚愚也。"或曰："此与上章当合为一，'子曰'二字，盖衍文耳。"

② 弦，琴瑟也。时子游为武城宰，以礼乐为教，故邑人皆弦歌也。

③ 莞，华版反。焉，于虔反。○莞尔，小笑貌，盖喜之也。因言其治小邑，何必用此大道也。

④ 易，去声。○君子、小人，以位言之。子游所称，盖夫子之常言。言君子、小人，皆不可以不学。故武城虽小，亦必教以礼乐。

⑤ 嘉子游之笃信，又以解门人之惑也。○治有大小，而其治之必用礼乐，则其为道一也。但众人多不能用，而子游独行之。故夫子骤闻而深喜之，因反其言以戏之。而子游以正对，故复是其言，而自实其戏也。

之，往也。武城，鲁邑。这时子游做鲁国武城县的县令。孔子到武城地方，听得有弦歌的声音也。弦，是乐器，如琴瑟之类；歌，是歌诗。子游教武城的百姓，都学礼乐，故闻弦歌之声。莞尔，微笑貌。割鸡焉用牛刀，是譬喻之辞。犹言治天下，移风易俗，要用礼乐；如今治一个小小的县，何必费这样的大气力呢？偃，是子游的名。他对答孔子道："从前我曾经听得夫子说过：'在上位的君子，能够学礼乐等等，则能爱护人民，在下面的人民，能够学礼乐等等，则容易使他们做事。'"孔子听了子游的话，"二三子"，指同到武城去的几个学生。牛刀割鸡之喻，孔子自认是戏言；其实是可惜子游不得行其化于天下国家，只能小试于县耳。

公山弗扰以费畔，召，子欲往。①子路不说，曰："末之也已，何必公山氏之之也？"②子曰："夫召我者，而岂徒哉？如有用我者，吾其为东周乎？"③

公山氏，鲁之公族。弗扰，名。《左传》及《史记·孔子世家》作"不狃"。字子洩。费，季氏邑。《集解》及朱注均云，公山弗扰为季氏宰，与阳虎共执季桓子，而召孔子。说，同悦。"末之"及"之也"两"之"字，均作"往"解。末，无也。言道既不行，无可往矣，何必公山氏之往乎？夫，音扶。徒，徒然也。言召我者，岂徒然召我乎，必将用我也。其为东周，言将兴周道于东方。一说，东周，指成周。其，岂也；为，助也。言岂助成周也。按阳虎执季桓子，见《左传》定公五年。阳虎出奔在定公八年。及定公十二年，子路为季氏宰，将堕费。弗扰据费拒命。孔子时为司寇，命申句须乐颀伐之，败之于姑蔑，弗扰奔齐。则弗扰之以费

① 弗扰，季氏宰。与阳货共执威子，据邑以叛。

② 说，音悦。○末，无也。言道既不行，无所往矣，何必公山氏之往乎？

③ 夫，音扶。○岂徒哉，言必用我也。为东周，言兴周道于东方。○程子曰："圣人以天下无不可有为之人，亦无不可改过之人，故欲往。然而终不往者，知其必不能改故也。"

叛，正为反抗孔子堕都之命，岂有召孔子而孔子欲往之理？故崔述谓此章所记，殊不可信。详见《洙泗考信录》。

子张问仁于孔子。孔子曰：“能行五者于天下，为仁矣。”请问之。曰：“恭、宽、信、敏、惠。恭则不侮，宽则得众，信则人任焉，敏则有功，惠则足以使人。”①

子张问仁，孔子告以：“能行五者于天下，为仁矣。”五者，即指“恭、宽、信、敏、惠”五种德行。“恭则不侮”者，在上者能够恭敬，则人民不会侮慢他也。“宽则得众”者，能够以宽弘大量待人，则人民的心，必归服他也。“信则人任焉”者，能够不失信于人民，则人民都信任他也。“敏则有功”者，为政能够敏捷而不迟钝，自然会有功绩也。“惠则足以使人”者，有恩惠及于人民，则使人民服役时，人民都愿尽力也。朱注引李氏曰：“此章与‘六言六蔽’，‘五美四恶’之类，皆与前后文体大不相似。”按《论语》文例，记与君大夫问答，则称“孔子”；记与弟子问答，则称“子”。此章记弟子问亦称孔子，体例上亦极不合。

佛肸召，子欲往。② 子路曰：“昔者由也闻诸夫子曰：‘亲于其身为不善者，君子不入也。’佛肸以中牟畔，子之往也，如之何？”③ 子曰：“然。有是言也。不曰坚乎，磨而不磷；不曰白乎，涅而不缁。④ 吾岂匏瓜也哉？

---

① 行是五者，则心存而理得矣。于天下，言无适而不然，犹所谓虽之夷狄不可弃者。五者之目，盖因子张所不足而言耳。任，倚仗也，又言其效如此。○张敬夫曰：“能行此五者于天下，则其心公平而周遍可知矣。然恭其本与？”李氏曰：“此章与六言、六蔽、五美、四恶之类，皆与前后文体大不相似。”

② 佛，音弼。肸，许密反。○佛肸，晋大夫赵氏之中牟宰也。

③ 子路恐佛肸之浼夫子，故问此以止夫子之行。亲，犹自也。不入，不入其党也。

④ 磷，力刃反。涅，乃结反。○磷，薄也。涅，染皂物。言人之不善，不能浼已。○杨氏曰：“磨不磷，涅不缁，而后无可无不可。坚白不足，而欲自试于磨涅，其不磷缁也者几希。”

焉能系而不食?”①

佛，音弼。肸，音许密反。朱注云：“佛肸，晋大夫赵氏之宰也。”盖从《集解》孔说。以中牟为赵简子的食邑。按：《史记·孔子世家》：“佛肸为中牟宰。赵简子攻范中行，伐中牟，佛肸叛，使人召孔子。”则中牟为范中行之食邑，而佛肸为范中行之臣也。《左传》哀五年，赵鞅伐卫，范氏之故也，遂围中牟，即此事。子路的意思，不以孔子欲赴佛肸之召为然。故对孔子说道：“昔者，由也闻诸夫子曰：‘亲于其身为不善者，君子不入也。’佛肸以中牟畔，子之往也，如之何?”亲，犹云本身。不入，为不入其境。如之何，犹今云怎么样也。磷，平声。是言，指子路所说“亲于其身为不善者，君子不入也”的一句话，言我从前曾经有过这句话也。坚，指天下最坚硬的东西。磷，音吝，薄也。白，指天下最白的东西。涅，音孽，即皂矾，本名词，此作动词用，谓以皂矾染物使黑。缁，是黑色。言：“我从前不曾说过，天下最坚的东西，是磨不薄的，天下最白的东西，是染不黑的吗?”这两句的意思是说我虽往佛肸辈不善的人那里，也不会被染累也。匏，音袍。匏瓜是一种吃不来的苦瓜，如现在的葫芦，只能挂在壁上看看。焉，平声，安也。意思是说：“我岂和匏瓜一样，只能挂在壁上可看而不可吃的?”黄震《日钞》，谓匏瓜是星名，击于天而不可食，犹《诗》云：“维南有箕，不可以簸扬；维北有斗，不可以挹酒浆。”《集解》云：“言匏瓜得击一处，不食故也。吾自食物，当东西南北，不得如不食之物，击滞在一处。”黄说可通；《集解》说则迂曲。按崔述《洙泗考信录》，谓此事亦不可靠。

---

① 焉，于虔反。○匏，瓠也。匏瓜系于一处而不能饮食，人则不如是也。○张敬夫曰：“子路昔者之所闻，君子守身之常法。夫子今日之所言，圣人体道之大权也。然夫子于公山、佛肸之召皆欲往者，以天下无不可变之人，无不可为之事也。其卒不往者，知其人之终不可变而事之终不可为耳。一则生物之仁，一则知人之智也。”

子曰："由也，女闻六言六蔽矣乎？"对曰："未也。"[①] "居！吾语女。[②] 好仁不好学，其蔽也愚：好知不好学，其蔽也荡；好信不好学，其蔽也贼；好直不好学，其蔽也绞；好勇不好学，其蔽也乱；好刚不好学，其蔽也狂。"[③]

女，今作汝。语、好，均去声。知，今作智。六言六蔽，当是古代成语。名六言，即指"仁、知、信、直、勇、刚"六字。蔽者，被一件东西遮蔽，不能通明也。六蔽，指"愚、荡、贼、绞、乱、狂"六者，因不好学，故各有所蔽，而生此六病也。"居，吾语汝"者，子路起对，故孔子命之坐而后详语之也。所谓六言六蔽者，好仁，而不好学，一味以仁爱待人，则将如宋襄公之不教不成列，不重伤，不擒二毛，有类于愚人。有才智的人，而不好学，势必汪洋自恣，泛滥无所归，流荡无所止。则性知重然诺而不明事理之是非，谨厚者则为径硁之小人，刚强者则为轻身殉人之游侠，而皆足以害事贼义。好信而不好学，好直而不好学，必过于急切，好讥刺他人，即绞也。此与前篇"直而无礼则绞"同意。好勇而不好学，必至和人争斗，可以酿成乱事。此与下文"君子勇而无义为乱"同意。好刚而不好学，虽然能够无欲，不至曲求，但必流而为愎，师心自用，则成狂妄之人。孔子因为子路有好仁、好知、好信、好直、好勇、好刚的六项美德；所以劝他加以学问，使六项美德，不至有缺憾的地方也。

---

① 女，音汝，下同。○蔽，遮掩也。

② 语，去声。礼：君子问更端，则起而对。故孔子喻子路，使还坐而告之。

③ 好、知，并去声。○六言皆美德，然徒好之而不学以明其理，则各有所蔽。愚，若可陷可罔之类。荡，谓穷高极广而无所止。贼，谓伤害于物。勇者，刚之发。刚者，勇之体。狂，躁率也。○范氏曰："子路勇于为善，其失之者，未能好学以明之也，故告之以此。曰勇、曰刚、曰信、曰直，又皆所以救其偏也。"

子曰："小子！何莫学夫《诗》？[1]《诗》，可以兴，[2]可以观，[3]可以群，[4]可以怨。[5]迩之事父，远之事君。[6]多识于鸟兽草木之名。"[7]

小子，孔子称诸弟子也。夫，音扶。言何不学《诗》也？《诗》，指三百五篇之《诗经》。《诗》为文学作品，感人最易，可以兴感人之情意，故曰："可以兴。"《诗》皆美刺政治，抒写人情之作，可以考见得失，了解人情，并可以观察各时代各地方之风俗，春秋时列国大夫多赋诗见志，故曰："可以观。"《诗》教温柔敦厚，且通于乐，乐以和为主，故曰："可以群。"《诗》所以写哀怨之情，亦用以讽刺政治，但怨而不怒，哀而不伤，不务言理而言情，不务胜人而感人，故曰："可以怨。"小之则写家庭之情感，故近之可以事父；大之则陈政治之美刺，故远之可以事君。其中多托物比兴，用鸟兽草木为譬，故其绪余，又足以资多识也。

子谓伯鱼曰："女为《周南》、《召南》矣乎？人而不为《周南》、《召南》，其犹正墙面而立也与？"[8]

前章是孔子教弟子们学《诗》。此章是孔子教自己儿子伯鱼学《诗》。注疏本与前章合为一章；今依朱注本分之。女，今作汝。为，治也。与，今作欤。《周南》、《召南》，是《诗经》里最前的两篇。周公旦、召公奭夹辅成王，分陕而治。南国被其化。故所采南国之诗，分系之于周召二

---

① 夫，音扶。○小子，弟子也。

② 感发志意。

③ 考见得失。

④ 和而不流。

⑤ 怨而不怒。

⑥ 人伦之道，《诗》无不备，二者举重而言。

⑦ 其绪余又足以资多识。○学《诗》之法，此章尽之。读是经者，所宜尽心也。

⑧ 女，音汝。与，平声。○为，犹学也。《周南》、《召南》，《诗》首篇名。所言皆修身齐家之事。正墙面而立，言即其至近之地，而一物无所见，一步不可行。

公，曰《周南》、《召南》，而列之于国风之首。近人梁启超则谓“南”为音乐之一种。用于曲终之合奏，故《论语》有“《关雎》之乱”云云。“正墙面”者，面对着墙壁也。面墙，喻无所见，不能行，不能同人家说话也。与，同欤。《周南》始于《关雎》，《召南》始于《鹊巢》，皆婚姻之诗。《中庸》言“君子之道，造端乎夫妇”；《大学》引《桃夭》诗亦云：“宜其家人，而后可以教国人。”刘氏《正义》言：“时或伯鱼授室，故夫子时举《二南》以训之。”

子曰：“礼云礼云，玉帛云乎哉？乐云乐云，钟鼓云乎哉？”①

礼之本在敬，乐之本在和。兹徒有玉帛之币，钟鼓之音而遗其本，此岂足云礼乐哉？

子曰：“色厉而内荏，譬诸小人，其犹穿窬之盗也与？”②

与，今作欤。色厉者，言人的面色，严厉而庄重也。荏，音忍。内荏者，言人的心里，没有骨气、柔而不刚也。小人，细民也。窬，穴也。穿窬之盗，就是挖壁洞，偷东西的窃贼。《集解》引孔云：“穿，穿壁；窬，窬墙。”是以“窬”为“逾”之借字。朱注云：“言其无实盗名，而常畏人知也。”

---

① 敬而将之以玉帛，则为礼；和而发之以钟鼓，则为乐。遗其本而专事其末。则岂礼乐之谓哉？○程子曰：“礼只是一个序，乐只是一个和。只此两字，含蓄多少义理。天下无一物无礼乐。且如置此两椅，一不正，便是无序。无序便乖，乖便不和。又如盗贼至为不道，然亦有礼乐。盖必有总属，必相听顺，乃能为盗。不然，则叛乱无统，不能一日相聚而为盗也。礼乐无处无之，学者要须识得。”

② 荏，而审反。与，平声。○厉，威严也。荏，柔弱也。小人，细民也。穿，穿壁。窬，逾墙。言其无实盗名，而常畏人知也。

子曰："乡原，德之贼也。"[①]

原，同愿，善也。乡原，就是一乡都以为是好人的。按：《孟子·尽心篇》答万章问，引孔子曰："过我门而不入我室，我不憾焉者，其惟乡原乎？乡原，德之贼也。"又释之曰："'生斯世也，为斯世也，善斯可矣。'阉然媚于世也者，是乡原也。"又曰："非之，无举也；刺之，无刺也；同乎流俗，合乎污世；居之似忠信，行之似廉洁，众皆悦之；自以为是，而不可与入尧舜之道，故曰德之贼也。"又引孔子曰："恶似而非者。……恶乡原，恐其乱德也。"释本章之义，最为明白。《集解》所举二说，皆误。

子曰："道听而涂说，德之弃也。"[②]

涂，同途。"道听途说"者，在街道上听了胡言乱语。不问真假，不管是非，自以为是也，到路途上去说给人听也。此以喻人云亦云，不知辨别审择的人，是有德者所弃，亦是自弃其德，故曰"德之弃也"。

子曰："鄙夫可与事君也与哉？[③] 其未得之也，患得之；既得之，患失之。[④] 苟患失之，无所不至矣。"[⑤]

---

① 乡者，鄙俗之意。原，与愿同。《荀子》"原悫"，《注》读作愿是也。乡原，乡人之愿者也。盖其同流合污以媚于世，故在乡人之中，独以愿称。夫子以其似德非德，而反乱乎德，故以为德之贼而深恶之。详见《孟子》末篇。

② 虽闻善言，不为已有，是自弃其德也。○王氏曰："君子多识前言往行以畜其德，道听途说，则弃之矣。"

③ 与，平声。○鄙夫，庸恶陋劣之称。

④ 何氏曰："患得之，谓患不能得之。"

⑤ 小则吮痈舐痔，大则弑父与君，皆生于患失而已。○胡氏曰："许昌靳裁之有言曰：'士之品大概有三：志于道德者，功名不足以累其心；志于功名者，富贵不足以累其心；志于富贵而已者，则亦无所不至矣。'志于富贵，即孔子所谓鄙夫也。"

鄙夫者，卑鄙之人。“可与”即“可以”，见王引之《经传释词》。“与哉”之“与”，今作欤。下文即申明鄙夫不可以事君之故。“患”者，劳心焦虑干此也。鄙夫所贪恋者，无非是富贵禄位。未得的时候，只劳心焦虑以求必得；既得之后，又只劳心焦虑以防失去。这种人，专顾自己的禄位。不顾君主与国家的好歹。既怕禄位失去，于是卑鄙下流之事，无所不为了。

子曰：“古者民有三疾，今也或是之亡也。[①] 古之狂也肆，今之狂也荡；古之矜也廉，今之矜也忿戾；古之愚也直，今之愚也诈而已矣。”[②]

亡，今作无。孔子言古时候的人民，有三种毛病。现在的人，却并这三种毛病或者也没有了。“三疾”者。狂、矜、愚也。狂者，心志太高大也。肆者，不拘小节也。言古时候狂的人，有不拘小节的毛病。现在所谓狂的人，连大节也不管了。此不得谓之“狂”也。矜者，持守太严也。廉者，棱危太露也。言古时候“矜”的人，有棱角过于锋利的毛病。现在所谓“矜”的人，只是与人闹意气而已，此不得谓之“矜”也。古时候“愚”的人，是直直爽爽的。现在的愚者，只是装作假痴假呆罢了！此不得谓之“愚”也。盖古人虽有此三疾。不过因气禀之偏，故尚有可取；今则并此而无之，盖伤俗之益衰也。

子曰：“巧言令色，鲜矣仁。”

此章重出，已见《学而篇》。

---

① 气失其平则为疾，故气禀之偏者亦谓之疾。昔所谓疾，今亦无之，伤俗之益衰也。

② 狂者，志愿太高。肆，谓不拘小节。荡，则逾大闲矣。矜者，持守太严。廉，谓棱角哨厉。忿戾，则至于争矣。愚者，暗昧不明。直，谓径行自遂。诈，则挟私妄作矣。○范氏曰：“末世滋伪。岂惟贤者不如古哉？民性之蔽，亦与古人异矣。”

子曰："恶紫之夺朱也，恶郑声之乱雅乐也，恶利口之覆邦家者。"①

三"恶"字皆去声，厌恶也。朱，大红，正色；紫，红而稍带黑者，闲色。《礼记·玉藻》言："玄冠紫緌，自鲁桓公始。"《管子》言："齐桓公好服紫衣，齐人尚之。"盖春秋时服色好用紫。而不知其非正色也。郑声，其音淫；雅乐，周代之正乐。利口，即所谓"言伪而辨"者，足以覆亡国家。此三者。皆时人所喜尚，而孔子所深恶者也。

子曰："予欲无言。"② 子贡曰："子如不言，则小子何述焉？"③ 子曰："天何言哉？四时行焉，百物生焉，天何言哉？"④

孔子本以身教，恐弟子徒于言语求之，故曰："予欲无言。"小子，弟子自称。《诗·日月》"报我不述"，《毛传》云："述，循也。"言夫子如不言，则弟子何所遵行也。《礼·哀公问》曰："孔子云：'无为而物成，是天道也。'"故此以天不言而四时成，百物生为喻。

孺悲欲见孔子，孔子辞以疾。将命者出户，取瑟而歌，使之闻之。⑤

---

① 恶，去声。覆，芳服反。○朱，正色。紫，间色。雅，正也。利口，捷给。覆，倾败也。○范氏曰："天下之理，正而胜者常少，不正而胜者常多，圣人所以恶之也。利口之人，以是为非，以非为是，以贤为不肖，以不肖为贤。人君苟悦而信之，则国家之覆也不难矣。"

② 学者多以言语观圣人，而不察其天理流行之实，有不待言而著者。是以徒得其言，而不得其所以言，故夫子发此以警之。

③ 子贡正以言语现圣人者，故疑而问之。

④ 四时行，百物生，莫非天理发见流行之实，不待言而可见。圣人一动一静，莫非妙道精义之发，亦天而已，岂待言而显哉？此亦开示子贡之切，惜乎其终不喻也。○程子曰："孔子之道，譬如日星之明，犹患门人未能尽晓，故曰予欲无言。若颜子则便默识，其它则未免疑问，故曰小子何述。"又曰："天何言哉？四时行焉，百物生焉，则可谓至明白矣。"愚按：此与前篇无隐之意相发，学者详之。

⑤ 孺悲，鲁人，尝学《士丧礼》于孔子。当是时，必有以得罪者。故辞以疾，而又使知其非疾，以警教之也。○程子曰："此孟子所谓不屑之教诲，所以深教之也。"

孺悲，是鲁人，曾学士丧礼于孔子，见《礼记》杂记。是孺悲亦孔子弟子。此云欲见孔子，当是始见之时。《仪礼·士相见礼·疏》谓孺悲不由绍介，故孔子辞以疾。将命者，传达言语的人也。传达言语的人，走出户外，把孔子有病不见的话，去对孺悲说时，孔子故意取了瑟，一面鼓瑟，一面唱起歌来，使孺悲听见，知道夫子并不生病，要他自己想想有何不合礼的地方；此孟子所谓"不屑教诲，是亦教诲之"也。

宰我问："三年之丧，期已久矣。[①] 君子三年不为礼，礼必坏；三年不为乐，乐必崩。[②] 旧谷既没，新谷既升，钻燧改火，期可已矣。"[③] 子曰："食夫稻，衣夫锦，於女安乎？"曰："安。"[④] "女安，则为之！夫君子之居丧，食旨不甘，闻乐不乐，居处不安，故不为也。今女安，则为之！"宰我出。子曰："子之不仁也！子生三年，然后免于父母之怀。夫三年之丧，天下之通丧也。予也有三年之爱于其父母乎？"

此"三年之丧"，指父母丧。郑玄谓丧期实际为二十七月。期，音基。

---

① 期，音基，下同。○期，周年也。

② 恐居丧不习而崩坏也。

③ 钻，祖官反。○没，尽也。升，登也。燧，取火之木也。改火，春取榆柳之火，夏取枣杏之火，夏季取桑柘之火，秋取柞楢之火，冬取槐檀之火，亦一年而周也。已，止也。言期年则天运一周，时物皆变，丧至此可止也。○尹氏曰："短丧之说，下愚且耻言之。宰我亲学圣人之门，而以是为问者，有所疑于心而不敢强焉尔。"

④ 夫，音扶，下同。衣，去声。女，音汝。下同。○礼：父母之丧，既殡，食粥、粗衰。既葬，疏食、水饮，受以成布。期而小祥，始食菜果，练冠縓缘、要绖不除。无食稻、衣锦之理。夫子欲宰我反求诸心，自得其所以不忍者。故问之以此，而宰我不察也。乐，上如字，下音洛。○此夫子之言也。旨，亦甘也。初言女安则为之，绝之之辞。又发其不忍之端，以警其不察，而再言女安则为之以深责之。宰我既出，夫子惧其真以为可安而遂行之，故深探其本而斥之，言由其不仁，故爱亲之薄如此也。怀，抱也。又言君子所以不忍于亲，而丧必三年之故。使之闻之，或能反求而终得其本心也。○范氏曰："丧虽止于三年，然贤者之情则无穷也。特以圣人为之中制而不敢过，故必俯而就之。非以三年之丧，为足以报其亲也。所谓三年然后免于父母之怀，特以责宰我之无恩，欲其有以跂而及之尔。"

一周年也。宰我问三年之丧于孔子，以为三年，时候太长久。故曰“期已久矣”云云。古人居丧，种种事体都不做，所以宰我又说：“君子三年不为礼，礼必坏；三年不为乐，乐必崩。”坏、崩，犹云荒废也。没，尽也。升，成也，登也。古时候钻木取火；所用的木头，四时不同，春天用榆、柳、夏天用枣、杏，季夏用桑、柘，秋天用柞、楢。冬天用槐、檀。过了一年，四时取火的木头，改钻已遍了。宰我说谷与取火，意思是人情本依天道，天道一年则周而复始，人情亦宜法此，故曰：“期可已矣！”就是说居丧满一年，可以止了！夫，音扶。衣，去声，动词。女，今作“汝”，下同。古时候居丧止食黍稷，不食稻粱！止服麻衣，不衣锦帛。故孔子对宰我说：“父母死后，未满三年，你就吃稻煮的饭，穿丝织的锦，于你的心里安吗？”宰我答道：“安的。”“闻乐，不乐”，上“乐”字，是音乐之“乐”；下“乐”字，是欢乐之“乐”。孔子又说道：“你既然心里安的，就自己去行罢！至于君子的居丧，因为过于悲苦，所以即使吃好的东西，也不觉得甘美；即使听音乐，也不欢乐；即使住在华美舒服的地方，也不安适。因此，衣食住都不求好的了。现在你既然食稻、衣锦，是心里安的，那么你就去食稻衣锦罢！”宰我走出去后，孔子又对别个弟子说：“予之不仁也！”予，是宰我的名。仁以亲亲为大，孝是为仁之本，故以“不仁”斥之。“子生三年”以下云云，是说明父母丧所以必须规定三年的理由。父母之丧三年，自天子以至于庶人，都是这样的，故曰“通丧”。“予也有三年之爱于其父母乎”，说宰我这个人，对于他的父母，有三年的恩爱去报答过了吗？

子曰：“饱食终日，无所用心，难矣哉！不有博弈者乎？为之，犹贤乎已。”①

---

① 博，局戏也。弈，围棋也。已，止也。○李氏曰：“圣人非教人博弈也，所以甚言无所用心之不可尔。”

博，古时局戏，掷采行棋，用子十二枚，六白六黑，故亦名六博。弈，即今之围棋。已，止也。言博弈虽非正事。但终有所用心，故较终日不事事者好也。朱注引李氏曰：“圣人非教人博弈也。所以甚言无所用心之不可尔。”

子路曰：“君子尚勇乎？”子曰：“君子义以为上。君子有勇而无义为乱，小人有勇而无义为盗。”①

尚，与上义同。“义以为上”者，言以义勇为上也。君子、小人，是指在位者，和平民而言。在位之君子是有权力的，故有勇而无义则为乱；平民是无权力的，故有勇而无义，不能为乱，必至为盗也。按朱注疑此章为子路初见孔子时的问答。

子贡曰：“君子亦有恶乎？”子曰：“有恶：恶称人之恶者，恶居下流而讪上者，恶勇而无礼者，恶果敢而窒者。”② 曰：“赐也亦有恶乎？”“恶徼以为知者，恶不孙以为勇者，恶讦以为直者。”

“称人之恶”的“恶”，为善恶之“恶”；余均为好恶之“恶”，去声。讪，读如山，去声，谤毁也。子贡说：“君子也有所憎恶的吗？”孔子答道：“有的。专说人家坏处的，在下位而谤毁在上者的，徒凭勇力而不讲

① 尚，上之也。君子为乱，小人为盗，皆以位而言者也。○尹氏曰：“义以为尚，则其勇也大矣。子路好勇，故夫子以此救其失也。”○胡氏曰：“疑此子路初见孔子时问答也。”

② 恶，去声，下同。惟恶者之恶如字。讪，所谏反。○讪，谤毁也。窒，不通也。称人恶则无仁厚之意，下讪上则无忠敬之心，勇无礼则为乱，果而窒则妄作，故夫子恶之。徼，古尧反。知、孙，并去声。讦，居谒反。○恶徼以下，子贡之言也。徼，伺察也。讦，谓攻发人之阴私。○杨氏曰：“仁者无不爱，则君子疑若无恶矣。子贡之有是心也，故问焉以质其是非。”○侯氏曰：“圣贤之所恶如此，所谓唯仁者能恶人也。”

礼的，果敢而窒塞于事理，不通恕道的，（依戴望注）是君子所憎恶的。”

朱注以“赐也亦有恶乎”一句，为孔子问子贡的话，“恶徼以为知者”以下，是子贡对孔子说的话。《集解》孔曰：“徼，抄也。抄人之意以为已有。”郑玄本“徼”作“绞”，绞，急也，知，今作智。“徼以为智”，谓于事急迫，自炫其能也。较王说为长。孙，今作逊。亦以不逊让为勇也。讦，音结，攻发人之阴私也。《中论·核辨》篇云孔子曰：“小人毁訾以为辨，绞急以为智，不逊以为勇，斯乃圣人所恶。”即据本章：但以为孔子所恶，则误。

子曰：“唯女子与小人为难养也，近之则不孙，远之则怨。”①

近、远，均读去声。孙，今作逊。女子小人，指宫闱的嫔妾、阉宦，和士大夫的婢仆而言。养，犹待也。见刘氏《正义》女子小人所以难对待者，和他们亲近，必至不谦逊而弄出非礼的事情来；和他们离得远了，又必至生怨恨也。

子曰：“年四十而见恶焉，其终也已。”②

“恶”，好恶之“恶”，去声。四十，成德之年。若到了四十岁，还见恶于他人，这个人，是终身完了！此亦劝人及时自勉之言；但较“四十五十而无闻焉，斯亦不足畏也已”，更进一层。

［问题］

---

① 近、孙、远，并去声。○此小人，亦谓仆隶下人也。君子之于臣妾，庄以莅之，慈以畜之，则无二者之患矣。

② 恶，去声。○四十，成德之时，见恶于人，则止于此而已。勉人及时迁善改过也。○苏氏曰“此亦有为而言，不知其为谁也。”

（一）阳货馈孔子蒸豚，孔子何以时其亡也而往拜之？

（二）何谓“性近习远”？何谓“上知下愚不移”？

（三）何谓“割鸡焉用牛刀”？

（四）公山弗扰章何以可疑？

（五）何谓“不磷不缁”？

（六）何谓“六言六蔽”？

（七）何谓“兴、观、群、怨”？何谓“正墙面而立”？

（八）孔子何以谓“乡原”为“德之贼”？

（九）何谓“患得患失”？

（十）何谓“不言之教”？

（十一）孔子既以疾辞孺悲，何以又取瑟而歌？

（十二）孔子和子贡所恶的是哪几种人？

微子第十八[①]

本篇杂载柳下惠、周公的言语，师挚诸人及入士的事，均与孔子无关，和以前各篇专记孔子及其门弟子的言行者，体例不同。

微子去之，箕子为之奴，比干谏而死。[②] 孔子曰：“殷有三仁焉。”[③]

《集解》引马曰：“微，箕，二国名；子，爵也。微子，纣之庶兄；箕子，比干，纣之诸父。”朱注同。《论语稽》则曰：“微箕非国，皆殷圻内

① 此篇多记圣贤之出处，凡十一章。

② 微、箕，二国名。子，爵也。微子，纣庶兄。箕子、比干，纣诸父。微子见纣无道，去之以存宗祀。箕子、比干皆谏，纣杀比干，囚箕子以为奴，箕子因佯狂而受辱。

③ 三人之行不同，而同出于至诚恻怛之意，故不咈乎爱之理，而有以全其心之德也。○杨氏曰：“此三人者，各得其本心，故同谓之仁。”

之地，……盖以其食邑之地称之者也。子，非爵，乃男子之美称。”按微子名启，后受周封于宋，见《史记·宋微子世家》。《孟子·告子》云：“以纣为兄之子，且以为君，而有微子启，王子比干。”似微子亦为纣之诸父矣。微子因纣王无道，屡谏不听，所以跑到别处去了，故曰“去之”。箕子谏了不听，不忍跑去，被发佯狂而为奴，故曰“为之奴”。比干谏之不已，为纣所杀，故曰“谏而死”。孔子以为三人的行径虽不同；而其不忍国家陷于危亡。人民困于水火，则一；故皆称之为仁人，而云“殷有三仁焉”。

柳下惠为士师，三黜。人曰：“子未可以去乎？”曰：“直道而事人，焉往而不三黜？枉道而事人，何必去父母之邦？”①

三，此处读去声。黜，音触。焉，此处用为副词，平声。柳下惠，已见前《卫灵公篇》。士师者，管狱员也。黜，退也，贬也。三次为士师，被黜三次也。一次是为岑鼎之事，而为鲁君所黜；一次是为与臧文仲意见不合，而为臧所黜；又一次是为与夏父弗忌意见不合，而为弗忌所黜。“子”，指柳下惠。或人的意思，以为好好的做管狱员，一些没有错处，被黜至三次之多，这个国家，是黑暗极了，不如去了的好；故问柳下惠：“你还不可以去吗？”柳下惠以为政治黑暗，到处一样。若是以直道做官，到那里去（焉往）能不被黜三次呢？若是枉道事人。以求不黜，我又何必离去故国呢？”按柳下惠三黜不去，降志辱身，而辞气犹雍容若此，所以后来孟子称为“圣之和”者。他又能不枉道以事，故孟子又称他“不以三公易其介”也。

① 三，去声。焉，于虔反。〇士师，狱官。黜，退也。柳下惠三黜不去。而其辞气雍容如此，可谓和矣。然其不能枉道之意，则有确乎其不可拔者。是则所谓必以其道，而不自失焉者也。〇胡氏曰：“此必有孔子断之之言而亡之矣。”

齐景公待孔子，曰："若季氏，则吾不能，以季、孟之间待之。"曰："吾老矣，不能用也。"孔子行。①

此齐景公对他人说，自己将如何待孔子也。季氏，鲁国之上卿，掌全国政权者，孟氏，鲁国之下卿，此时不掌政权。齐景公说："要我像鲁国待季氏那样去待孔子，付以全权，我不能够像鲁国待孟氏，一些无权，我也不以为然。所以我想以鲁国待季孟二氏之间的一种职位待他。"吾老矣，不能用也，亦齐景公语。刘氏《正义》曰："言非在一时，故《论语》用两曰字别之。"此时齐景公年将六十，所以说："我老了，不能用孔子了。"他说老，固是实情；但其不能用，实并非由于老，特托于老以反悔前言而已。孔子闻景公有此言，知不能用已，故去齐也。

齐人归女乐，季桓子受之，三日不朝，孔子行。"②

归同馈。乐，音乐之乐。朝，音潮。上章是记孔子去齐，此章是记孔子去鲁。时孔子在鲁国做司寇的官，参与政权，齐国恐鲁用孔子，国强起来，于齐国有害。所用犁沮之计，以选了许多会歌舞的美女，来送给鲁君。季桓子，鲁大夫季孙斯也，是鲁国最有权力的人。这时齐陈女乐。于鲁城南高门外，桓子先微服往观，乃语鲁君为周道游。受之，接连三日不上朝。孔子见了这种情形，知道政事办不成，所以离去鲁国。按此事《史记》叙在定公十四年。据孟子，则受女乐以后，郊又不致膰于大夫，于是

① 鲁三卿，季氏最贵，孟氏为下卿。孔子去之，事见《世家》。然此言必非面语孔子，盖自以告其臣。而孔子闻之尔。○程子曰："季氏强臣，君待之之礼极隆，然非所以待孔子也。以季、孟之间待之，则礼亦至矣。然复曰'吾老矣，不能用也'，故孔子去之。盖不系待之轻重，特以不用而去尔。"

② 归，如字，或作馈。朝，音潮。季威子。鲁大夫，名斯。按《史记》，"定公十四年，孔子为鲁司寇，摄行相事。齐人惧，归女乐以沮之"。○尹氏曰："受女乐而怠于政事如此，其简贤弃礼，不足与有为可知矣。夫子所以行也，所谓见几而作，不俟终日者与？"○范氏曰："此篇记仁贤之出处，而折中以圣人之行，所以明中庸之道也。"

孔子行。

楚狂接舆歌而过孔子曰："凤兮！凤兮！何德之衰？往者不可谏，来者犹可追。已而！已而！今之从政者殆而！"[①] 孔子下，欲与之言。趋而辟之，不得与之言。[②]

楚狂接舆者，楚国的狂人，姓接名舆也。皇邢疏均据《高士传》，以为姓陆名通，字接舆。后人又有谓"接舆"非姓名，亦非字，而为与孔子之舆相接者。刘氏《正义》已引《庄子》、《秦策》、《楚辞》、《史记》等书，证明其非是矣。"歌而过孔子"者，旧解谓过孔子的车前。说以《庄子》"孔子适楚，楚狂接舆游其门"为证，以为是走过孔子的门前。"凤兮"以下云云就是狂人所唱的歌。意思是比孔子为凤凰：凤凰是禽类中的圣鸟，天下有道则见，无道则隐。今孔子栖栖皇皇，无道不隐，故曰"何德之衰"也。"往者不可谏，来者犹可追"者，言过去的栖栖皇皇，不必说了；今后隐居，还来得及也。"已而已而"者，犹言"可以休矣，可以休矣"。"今之从政者殆而"，是说现在从事于政治的人是危险的。戴望注据《庄子》解此文，曰："往，往世。谏，正也。言祸乱相寻，已往不可以礼义正之。来，来世也。言待来世之治，犹可追耶？明不可追。殆，疑也。昭王欲以书社地封孔子，令尹子西沮之，故言今之从政者见疑也。"此别一解。孔子下，一说谓下车；一说谓下堂出门。趋，走得快；辟，即今避字。接舆见孔子来，就很快地走着避开了。孔子想和他说话，而不得也。

---

① 接舆，楚人，佯狂辟世。夫子时将适楚，故接舆歌而过其车前也。凤，有道则见，无道则隐，接舆以比孔子，而讥其不能隐为德衰也。来者可追。言及今尚可隐去。已，止也。而，语助辞。殆，危也。接舆盖知尊孔子而趋不同者也。

② 辟，去声。○孔子下车。盖欲告之以出处之意。○接舆自以为是，故不欲闻而辟之也。

长沮、桀溺耦而耕，孔子过之，使子路问津焉。[①] 长沮曰："夫执舆者为谁？"子路曰："为孔丘。"曰："是鲁孔丘与？"曰："是也。"曰："是知津矣。"[②] 问于桀溺。桀溺曰："子为谁？"曰："为仲由。"曰："是鲁孔丘之徒与？"对曰："然。"曰："滔滔者天下皆是也，而谁以易之？且而与其从辟人之士也，岂若从辟世之士哉？"耰而不辍。[③] 子路行以告。夫子怃然曰："鸟兽不可与同群，吾非斯人之徒与而谁与？天下有道，丘不与易也。"[④]

沮，音居。长沮、桀溺，是两个人名。金履祥《集注考证》谓"长沮桀溺"，字皆从水；水路问津，一时何自识其姓名；谅以物色名之，如荷、晨门、荷蓧丈人之类。盖二人耦耕于田，其一人长而沮洳，其一人桀然高大而涂足，因以名之。按沮洳，水泥相和也。此说亦近情理。耦耕者，两人拿着耜，同在一地方耕田也。津是过渡的地方。夫，音扶。与，今作欤，下同。执舆者，就是在车上执辔的人。此时子路前去问路，孔子自己执辔，故子路说："为孔丘。"长沮又问："是鲁孔丘与？"子路又答道："是也。"长沮又说"是知津矣"者，意思是说孔子周游已久，当已知济渡处也。长沮既不肯说，反讥笑孔子，故子路又去问于桀溺。桀溺还问子路："子为谁？"子路答道："为仲由。"桀溺又问："是鲁孔丘之徒与？"子路答道："然。"

"滔滔者"以下桀溺又说也。滔滔，大水横流之貌。意思是说，时局

---

① 沮，七余反。溺。乃历反。○二人，隐者。耦，并耕也。时孔子自楚反乎蔡。津，济渡处。

② 夫，音扶。与，平声。○执舆，执辔在车也。盖本子路御而执辔，今下问津，故夫子代之也。知津，言数周流，自知津处。

③ 徒与之与，平声。滔，吐刀反。辟，去声。耰，音忧。○滔滔，流而不反之意。以。犹与也。言天下皆乱，将谁与变易之？而，汝也。辟人，谓孔子。辟世，桀溺自谓。耰，覆种也。亦不告以津处。

④ 怃，音武。与，如字。○怃然，犹怅然，惜其不喻己意也。言所当与同群者，斯人而已，岂可绝人逃世以为洁哉？天下若已平治，则我无用变易之。正为天下无道，故欲以道易之耳。○程子曰："圣人不敢有忘天下之心，故其言如此也。"○张子曰："圣人之仁，不以无道必天下而弃之也。"

的不安定。“天下皆是”，言到处一样也。易，音亦。“而谁以易之”者，言天下大势如此，谁能够把他改变也。而，汝也。辟，今作避字。辟人之士，指孔子，辟世之士，指自己。言你与其跟从避人的人，不如跟从避世的人也。“耰而不辍”者，仍旧只顾自己种田，不把器具放下来指引子路的路径也。怃，音武。易，音亦。子路回到孔子面前，把长沮、桀溺二人的话，告诉孔子。怃然，犹怅然，失意之貌。刘氏《正义》曰“沮溺不达己意，而妄非己，故夫子有此容”者。孔子意思是说：“现在天下的人，都和鸟兽一样；不可和他们同伙做事。长沮、桀溺是两个有道德的隐士。我不和这种人相与，和谁相与呢？然而我不肯隐居者，正因为天下无道，所以奔波劳碌，辛辛苦苦的，想把我的道去改易天下的无道也。若是天下有道，我也不去改易他了。”按《集解》引孔曰：“隐居于山林，是与鸟兽同群也。”又曰：“吾自当与此天下人同群，安能去人从鸟兽居乎？”皇疏邢疏及朱注解“鸟兽不可与同群”二句。亦均依孔说，与上说不同。

子路从而后，遇丈人，以杖荷蓧。子路问曰：“子见夫子乎？”丈人曰：“四体不勤，五谷不分，孰为夫子？”植其杖而芸。① 子路拱而立。② 止子路宿，杀鸡为黍而食之，见其二子焉。③ 明日，子路行，以告。子曰：“隐者也。”使子路反见之。至，则行矣。④ 子路曰：“不仕无义。长幼之节，不可废也；君臣之义，如之何其废之？欲洁其身，而乱大伦。君子之

---

① 蓧，徒吊反。植，音值。○丈人，亦隐者。蓧，竹器。分，辨也。五谷不分，犹言不辨菽麦尔，责其不事农业而从师远游也。植，立之也。芸，去草也。

② 知其隐者，敬之也。

③ 食。音嗣。见，贤遍反。

④ 孔子使子路反见之，盖欲告之以君臣之义。而丈人意子路必将复来，故先去之以灭其迹，亦接舆之意也。

仕也，行其义也。道之不行，已知之矣。”①

子路从孔子行，在后面，相离远，而不见孔子也。丈人，老人也。莜，《集解》引包曰：“竹器。”《说文》作“莜。”段氏注：“子路见丈人用手杖，加于肩，行来；至田，则置杖于地，用蓧芸田。”是蓧，当是芸草器也。荷，背负也。子路遇见此用杖背着芸草器的老人，便问他：“你看见我的夫子吗？”四体，即四肢，谓两手两脚。五谷，稻、粱、麦、黍、稷五种谷类也。丈人言：“像你们这种人，手脚不动，五谷尚不能分辨；哪个是你的夫子。我怎么认得他呢？”说完了话，把拐杖插在田边，拿着蓧，去芸他的田了。子路知这丈人，也是个有道德的隐士，所以恭恭敬敬地拱手立着，看他芸田。止，留也。为黍，做饭也。过了一会，天色已晚，丈人留子路到他家里去宿夜，又杀鸡烹饭，请子路吃也。吃饭时，丈人又令他两个儿子来见子路。食，音嗣。见，音现。反，同返。第二日，子路赶上孔子，把遇见丈人及宿夜的事体，告知孔子。孔子说：“隐者也。”又使子路回到原处，去见丈人，和丈人说话。子路回到原处，那丈人已出门去不在家了。子路因丈人不在家，就把话和丈人的两个儿子说，使他们转达有些人。“不仕无义”者，言“不做官，则废君臣之义”也。昨晚丈人令两个儿子见子路，是知道长幼的礼节之不可废。但君臣、长幼，同属人伦，那么九臣之义怎么可以废掉呢？隐居不仕者，不过看得官场恶浊，要自已身子清洁些：不知因此把君臣一项的大伦乱掉了。君子的出仕做官，并不是为得爵禄起见，是为着要尽君臣之义。现在的时局。不

① 长，上声。〇子路述夫子之意如此。盖丈人之接子路甚倨，而子路益恭，丈人因见其二子焉。则于长幼之节。固知其不可废矣，故因其所明以晓之。伦，序也。人之大伦有五：父子有亲，君臣有义，夫妇有别，长幼有序，朋友有信是也。仕所以行君臣之义，故虽知道之不行而不可废。然谓之义，则事之可否，身之去就，亦自有不可苟者。是以虽不洁身以乱伦，亦非忘义以徇禄也。福州有国初时写本，“路”下有“反子”二字，以此为子路反而夫子言之也。未知是否？〇范氏曰：“隐者为高。故往而不反。仕者为通，故溺而不止。不与鸟兽同群，则决性命之情以饕富贵。此二者皆惑也，是以依乎中庸者为难。惟圣人不废君臣之义，而必以其正，所以或出或处而终不离于道也。”

能行道，是早已知道了！

逸民：伯夷、叔齐、虞仲、夷逸、朱张、柳下惠、少连。① 子曰："不降其志，不辱其身，伯夷、叔齐与！"② 谓："柳下惠、少连，降志辱身矣。言中伦，行中虑，其斯而已矣。"③ 谓："虞仲、夷逸，隐居放言，身中清，废中权。我则异于是，无可无不可。"

少、中，均读去声。与，今作欤。逸民，是有德而隐居的一流人。伯夷、叔齐、柳下惠，均已见前。虞仲，朱注以为即泰伯之弟仲雍。但六人皆周时人，于商独举一仲雍，似乎不类；且仲雍在夷齐前百余年，而列于夷齐下，亦不合；夷齐并称，而泰伯不与仲雍并称，又可疑；且仲雍终为吴君，非民也。故周国价以为是仲雍的曾孙周章之弟，见《论语稽》。夷逸是夷诡诸之裔。见《尸子》及《说苑》。朱张，王弼以为即《荀子》所谓子弓者，但不知何所据。少连是东夷人，见《礼·杂记》及《家语》。孔子批评这几个逸民道："不肯把自己的志向降屈，不肯使自己的身子受辱的，就是伯夷、叔齐两个人罢？"又说："柳下惠和少连两个人，志向是降屈了，身子也受辱了；不过他们所说的话，都合于伦理；他们行出来的事，都合于思虑。如此而已。"又说："虞仲和夷逸两个人，隐居而不仕于

---

① 少，去声，下同。○逸，遗逸。民者，无位之称。虞仲，即仲雍，与大伯同窜荆蛮者。夷逸、朱张，不见经传。少连，东夷人。

② 与，平声。

③ 中，去声，下同。○柳下惠，事见上。伦，义理之次第也。虑，思虑也。中虑，言有意义合人心。少连事不可考，然《记》称其"善居丧，三日不怠，三月不解，期悲哀，三年忧"。则行之中虑，亦可见矣。仲雍居吴，断发文身，裸以为饰。隐居独善，合乎道之清。放言自废，合乎道之权。孟子曰："孔子可以仕则仕，可以止则止，可以久则久，可以速则速。"所谓无可无不可也。○谢氏曰："七人隐遁不污则同，其立心造行则异。伯夷、叔齐，天子不得臣，诸侯不得友，盖已遁世离群矣。下圣人一等，此其最高与！柳下惠、少连，虽降志而不枉已，虽辱身而不求合，其心有不屑也。故言能中伦，行能中虑。虞仲、夷逸，隐居放言，则言不合先王之法者多矣，然清而不污也，权而适宜也，与方外之士害义伤教而乱大伦者殊科。是以均谓之逸民。"○尹氏曰："七人各守其一节，而孔子则无可无不可，此所以常适其可，而异于逸民之徒也。"扬雄曰："观乎圣人则见贤人。是以孟子语夷、惠，亦必以孔子断之。"

乱朝，放置世事而不谈，（一说“放言”，是放肆其言、以论世事。）他们的身子是合子清的：自己废弃以免祸患，又是合于权道的。”“我则异于是。无可无不可”者，是孔子说自己也。像上面所举的这些人，都有可有不可；至于孔子自己，不一定主张进，亦不一定主张退；可进则进，可退则退；义苟可进，虽乱亦进；义苟宜退，虽治亦退。孟子谓“孔子可以仕则仕，可以止则止，可以久则久，可以速则速”，亦即说他“无可无不可”。故曰：“孔子圣之时者也。”按此章上面所举共有七人，而孔子所评只有六人，少一个朱张；这或是记者的疏失，或朱张行事，当孔子时已失传，故孔子论列诸贤，不及其人。

大师挚适齐，亚饭干适楚，三饭缭适蔡，四饭缺适秦。鼓方叔入于河，播鼗武入于汉，少师阳、击磬襄入于海。[①]

大，今作太。缭，音僚。鼗，音桃。少，去声。此章记鲁哀公时，礼坏乐崩，所有乐师，多离开鲁国，到别处去也。大师，乐官之长也。挚，大师之名也。适齐者，去鲁往齐也。亚饭，即次饭，“亚饭”、“三饭”、“四饭”者，皆古时吃饭时奏的乐章。分管这些乐章的乐官，亦叫做“亚饭”、“三饭”“四饭”等。任亚饭的乐官名叫干者，去鲁往楚国；任三饭的乐官名叫缭者，往蔡国；任四饭的乐官名叫缺者。往秦国也。“鼓方叔入于河”者，敲鼓的乐官名方叔，往河内地方去也。播，摇也。鼗，小鼓，有两耳，摇之则响。播鼗的乐官名叫武者，往汉中去也。少师，亦乐

---

① ①大，音泰。○大师，鲁乐官之长。挚，其名也。②饭，扶晚反。缭，音了。○亚饭以下。以乐侑食之官。干、缭、缺，皆名也。③鼓，击鼓者。方叔，名。河，河内。④鼗，徒刀反。○播，摇也。鼗，小鼓。两旁有耳，持其柄而摇之，则旁耳还自击。武，名也。汉，汉中。⑤少，去声。○少师，乐官之佐。阳、襄，二人名。襄即孔子所从学琴者。海，海岛也。此记贤人之隐遁以附前章，然未必夫子之言也。末章放此。○张子曰：“周衰乐废，夫子自卫反鲁，一尝治之。其后，伶人贱工识乐之正。及鲁益衰，三威僭妄，自大师以下，皆知散之四方。逾河蹈海以去乱。圣人俄顷之助，功化如此。如有用我，期月而可。岂虚语哉？”

官，其人名阳。击磬，为专司击磬的乐官，其人名襄。这二人都往海中的岛上去了。一说“河汉、海，当以水滨言之。不必河内、汉中之地与海之岛也”。见《论语稽》。

周公谓鲁公曰：“君子不施其亲，不使大臣怨乎不以。故旧无大故，则不弃也。无求备于一人。”①

周公封于鲁，自己留相成王，故使儿子伯禽，到鲁国去做君主，称为鲁公。此章记周公训鲁公之言。施，用也。“君子不施其亲”者，言君子为国君，不专用自己的亲戚也。（旧解，谓不遗弃其亲；或谓不以他人之亲，易己之亲。前者以“施”为“弛”的假借，后者训“施”为易）、以，用也。言不使大臣，我不用他也。故旧者，以前的旧臣也。“无大故则不弃”者，没有做错大事体，不弃掉他也”。“无求备于一入”者，言一个人，只要有一技之长，就委以一技之职，则事无不举，不必求一个人，件件都能，而后用之也。

周有八士：伯达、伯适、仲突、仲忽、叔夜、叔夏、季随、季騧。②

此章记周初的异事，亦记那时人才之盛也。一母生了四胎，每胎都是双生，所以所取的名，伯、仲、叔、季都有两个。那时一门之中，一母所

---

① 施，陆氏本作弛，诗纸反。福本同。○鲁公，周公子伯禽也。弛，遗弃也。以，用也。大臣非其人则去之，在其位则不可不用。大故，谓恶逆。○李氏曰：“四者皆君子之事。忠厚之至也。”○胡氏曰：“此伯禽受封之国，周公训戒之辞。鲁人传诵，久而不忘也。其或夫子尝与门弟子言之欤？”

② 騧，乌瓜反。○或曰成王时人，或曰宣王时人。盖一母四乳而生八子也，然不可考矣。○张子曰：“记善人之多也。”○愚按：此篇孔子于三仁、逸民、师挚、八士，既皆称赞而品列之；于接舆、沮、溺、丈人，又每有惓惓接引之意。皆衰世之志也，其所感者深矣。在陈之叹，盖亦如此。三仁则无间然矣，其余数君子者，亦皆一世之高士。若使得闻圣人之道，以裁其所过而勉其所不及，则其所立，岂止于此而已哉？

生，即有后杰八人，则人才之盛可知了。适，音括。䯄，音乌瓜反。按八士所生的时代，郑玄以为在成王时，刘向、马融以为在宣王时。卢文弨《释文考证》据《晋语》“文王即位，询于八虞”，以为八士文王时人，皆在虞官。孔广森《经学卮言》以为即武王时之尹氏八士，见《逸周书》。

[问题]

（一）何为殷之“三仁”？

（二）柳下惠何以三黜而不去？

（三）孔子何以去鲁？

（四）本篇所记隐逸之士有几？孔子的批评如何？

（五）许多乐官何以纷纷去鲁？

（六）本篇所记逸民有几人？孔子的批评如何？

子张第十九

此篇皆记弟子之言，而子夏为多，子贡次之。盖孔门自颜子以下，颖悟莫若子贡；自曾子以下，笃实无若子夏，故特记之详焉。凡二十五章。

此篇所记，皆习孔子门弟子的话。

子张曰：“士见危致命，见得思义，祭思敬，丧思哀，其可已矣。”①

士，即《子张篇》子贡、子路所问的士也。“见危致命”者，遇着应该做的事情，虽有危险，不顾性命；即孔子所说的“杀身成仁”，孟子所

① 致命，谓委致其命，犹言授命也。四者立身之大节，一有不至，则余无足观。故言士能如此，则庶乎其可矣。

说的“舍生取义”是也。“见得思义”者，见有利益可得，要想一想这个利益是应该不应该得的，应该得的，则受；不应该得的，则不受也。“祭思敬，丧思哀”者，逢着祭祀，要想到恭敬；有了丧事，要想着哀戚也。子张以为如此做士，也算好了，故曰：“其可已矣！”

子张曰：“执德不弘，信道不笃，焉能为有？焉能为亡？”①

焉，平声，副词。亡，今作无。弘，大也，执手也。笃，厚也，切实也。言一个人守德而不能弘大之；信道而游移不定，不能切实；这种人，虽存在世间，何足重？虽没有了，何足轻？故曰“焉能为有焉能为亡”也。

子夏之门人问交于子张。子张曰：“子夏云何？”对曰：“子夏曰：‘可者与之，其不可者拒之。’”② 子张曰：“异乎吾所闻：君子尊贤而容众，嘉善而矜不能。我之大贤与，于人何所不容？我之不贤与，人将拒我，如之何其拒人也？”

子夏的学生，去问子张交友之道。是子张问子夏的学生道：“子夏如何说呢？”子夏的学生对答子张道：“子夏曰：‘可者与之，其不可者拒之。’”与，今作欤。子张听了子夏门人述子夏的话，不以为然，故说：“这和我所听到的交友之道不同。”矜，怜也。言君子交友之道，当尊贤而容众，嘉善而矜不能；不当“可者与之，其不可者拒之”也。下两“与”字，均同欤。我若是大贤人，对于他人，我都能够容纳他；我自己若是不

---

① 焉，于虔反。亡，读作无，下同。○有所得而守之太狭，则德孤；有所闻而信之不笃，则道废。焉能为有亡，犹言不足为轻重。

② 贤与之与，平声。○子夏之言迫狭，子张讥之是也。但其所言亦有过高之病。盖大贤虽无所不容，然大故亦所当绝；不贤固不可以拒人，然损友亦所当远。学者不可不察。

贤，人家将拒绝我，不和我结交；我怎么还要拒绝人家呢？按《集解》引包曰：“友交当如子夏，泛交当如子张。”此言是也。孔子所谓“泛爱众，而亲仁；”“泛爱众”，即泛交；“亲仁”，即友交也。

子夏曰：“虽小道，必有可观者焉；致远恐泥，是以君子不为也。”①

“小道”者，不过是一技一艺之长，但也必有可取可观的地方也。泥，去声，滞陷不通也。这种小道，想久远行去，恐怕要行不通，所以君子不去学它。按《集解》云：“小道，谓异端。”焦循《补疏》云：“圣人一贯，则其道大；异端执一，则其道小。”

子夏曰：“日知其所亡，月无忘其所能，可谓好学也已矣。”②

亡，今作无。好，去声。“日知其所亡”者，知新也：“月无忘其所能”者，温故也。能温故而知新，“可谓好学也已矣！”

子夏曰：“博学而笃志，切问而近思，仁在其中矣。”③

博学，是对于各种学问，都要去学他。笃志，《集解》及皇邢疏皆训“志”为“识”，同志；笃志，即牢牢地记志。朱注“志”如字读，谓笃志好学；其义较长。切，切实也。切问，则不泛。皇疏谓：“切，犹急

---

① 泥，去声。○小道，如农圃医卜之属。泥，不通也。○杨氏曰：“百家众技，犹耳目鼻口，皆有所明而不能相通。非无可观也，致远则泥矣，故君子不为也。”

② 亡，读作无。好，去声。○亡，无也。谓己之所未有。○尹氏曰：“好学者日新而不失。”

③ 四者皆学问思辨之事耳，未及乎力行而为仁也。然从事于此，则心不外驰，而所存自熟，故曰仁在其中矣。○程子曰：“博学而笃志，切问而近思，何以言仁在其中矣？学者要思得之。了此，便是彻上彻下之道。”又曰：“学不博则不能守约，志不笃则不能力行。切问近思在己者，则仁在其中矣。”又曰：“近思者以类而推。”○苏氏曰：“博学而志不笃，则大而无成；泛问远思，则劳而无功。”

也。”言所学有不明白的，应急去问人。近思者，问明白以后，再实心体认一番也。按《中庸》言：“博学之，审问之，慎思之，明辨之，笃行之。”又言：“力行近乎仁。”此言博学、笃志，切问、近思，皆学问思辨之道，未及力行；但能从事于此，则仁自在其中也。

子夏曰：“百工居肆以成其事，君子学以致其道。”①

肆，即工场。事，指百工之业。致，极也。言做百工的人，必须日日在工场里，然后才能专心致志，各成其业。君子亦必须力学，乃能深造其道。或曰：“此‘学’字以地言，乃学校之学，与‘居肆’相对，省一‘居’字。”（见赵佑《温故录》）

子夏曰：“小人之过也必文。”②

过，是过失；文，去声，就是掩饰。小人惮于改过，而不惮于自欺，所以做错了事，一定自己要掩饰，不肯认错也。若是君子，则做错了事情，就老老实实认错，不过下回小心，不再做错罢了。这是君子与小人不同的地方。

子夏曰：“君子有三变：望之俨然，即之也温，听其言也厉。”③

“三变”者，在他人视之，有三种不同的态度，不是君子有意做出这

---

① 肆，谓官府造作之处。致，极也。工不居肆，则迁于异物而业不精。君子不学，则夺于外诱而志不笃。○尹氏曰：“学所以致其道也。百工居肆，必务成其事。君子之于学。可不知所务哉？”愚按：二说相须，其义始备。

② 文，去声。○文，饰之也。小人惮于改过，而不惮于自欺，故必文以重其过。

③ 俨然者，貌之庄。温者，色之和。厉者，辞之确。○程子曰：“他人俨然则不温，温则不厉、惟孔子全之。”○谢氏曰：“此非有意于变，盖并行而不相悖也，如良玉温润而栗然。”

三种态度也。“望之俨然”者，一时望见他，觉得他的容貌，十分庄重也。“即之也温”者，去和他接近时，他又是颜色温和也。“听其言也厉”者，他虽然待人和气，但说出来的话，又是很严正的也。

子夏曰：“君子信而后劳其民；未信，则以为厉己也。信而后谏；未信，则以为谤己也。”①

君子，指在位之人。对人民，必须自己先有信用，然后再使人民做劳苦的工役；若没有信用，就要使人民做劳苦的工役，则人民必以为是虐政。厉，害也。对国君。也必先使国君信任自己，然后去谏；若国君不信任而去谏，则必以我之谏为谤毁他，不但于事无济，而反受其祸也。

子夏曰：“大德不逾闲，小德出入可也。”②

闲，音贤。闲，犹现在一般人所常说的“范围”。做人，只要大处不逾越范围；至于小事体，日常的琐碎言动，就是在范围内外，偶然出入些，也是可以的。按此为拘小节而坏大防者发。《书》曰：“不矜细行，终累大德。”故“出入”两字，只是出入于范围的内外，不能太远于范围。

子游曰：“子夏之门人小子，当洒扫、应对、进退，则可矣。抑末也，本之则无。如之何？”③ 子夏闻之，曰：“噫！言游过矣！君子之道，孰先传焉？孰后倦焉？譬诸草木，区以别矣。君子之道，焉可诬也？有始有卒

① 信，谓诚意恻怛而人信之也。厉，犹病也。事上使下，皆必诚意交孚，而后可以有为。

② 大德、小德，犹言大节、小节。闲，阑也，所以止物之出入。言人能先立乎其大者，则小节虽或未尽合理，亦无害也。○吴氏曰：“此章之言，不能无弊。学者详之。”

③ 洒，色卖反。扫，素报反。○子游讥子夏弟子，于威仪容节之间则可矣。然此小学之末耳，推其本，如《大学》正心诚意之事，则无有。

者，其惟圣人乎！”①

此章是子游批评子夏之教学生也。言“子夏的学生，对于洒水扫地。对付人家说话，以及关于进退等种种仪节，都学得不错。但这些都是末务；至于做人的根本，却没有学到，这是什么教法也。子夏闻子游的批评，不以为然，故加以辩驳说明。噫，叹词。“君子之道”，即子游所谓“本”也。传，传授也；倦即“诲人不倦”之倦。言君子之道，谁当为先而传之，谁当为后而倦教。施教贵于因材。人之材质，譬如草木，种类不同。若欲概以君子之道传之，是诬君子之道也，此岂可乎？按《汉书·薛宣传》用此，诬，作怃。注引苏林曰：“阮，同也。”言君子之道，焉可一律以之教人也。始卒，即始终，亦即本末。《大学》言：“物有本末，事有终始。”是其证。“有始有卒”，即本末兼具；此唯圣人能之，非可贵之门人也。

子夏曰：“仕而优则学，学而优则仕。”②

优者，有余裕之意。言仕而有余力，仍须求学，学而有余裕，始可仕也。

---

① 别，必列反。焉，于虔反。○倦，如诲人不倦之倦。区，犹类也。言君子之道，非以其末为先而传之，非以其本为后而倦教。但学者所至，自有浅深，如草木之有大小，其类固有别矣。若不量其浅深。不问其生熟，而概以高且远者强而语之，则是诬之而已。君子之道，岂可如此？若夫始终本末一以贯之，则惟圣人为然，岂可责之门人小子乎？○程子曰：“君子教人有序，先传以小者近者，而后教以大者远者。非先传以近小，而后不教以远大也。”又曰：“洒扫、应对，便是形而上者，理无大小故也。故君子只在慎独。”又曰：“圣人之道。更无精粗，从洒扫、应对，与精义入神通贯只一理。虽洒扫、应对，只看所以然如何。”又曰：“凡物有本末，不可分本末为两段事。洒扫、应对是其然，必有所以然。”又曰：“自洒扫应对上，便可到圣人事。”愚按：程子第一条，说此章文意最为详尽，其后四条，皆以明精粗本末。其分虽殊，而理则一。学者当循序而渐进，不可厌末而求本。盖与第一条之意，实相表里，非谓末即是本，但学其末而本便在此也。

② 优，有余力也。仕与学，理同而事异。故当其事者，必先有以尽其事，而后可及其余。然仕而学，则所以资其仕者益深；学而仕，则所以验其学者益广。

子游曰："丧致乎哀而止。"①

致，至也，极也。"丧致乎哀而止"，向来有两种解释：《集解》引孔注说，谓居丧至能尽哀而止，哀不足，固不可；哀有余，而至，灭性，伤生，亦不可也。朱注说，居丧至能尽哀而止，不尚文饰。二说并通。

子游曰："吾友张也，为难能也，然而未仁。"②

张，谓子张也。子游说："我的朋友子张，做到像他的人，已经不容易了！然而还没有做到仁人的地步。"

曾子曰："堂堂乎张也，难与并为仁矣。"③

此曾子说子张也。堂堂乎，是曾子说子张的容仪。子张仪容堂皇。过于务外自高，故人不能辅他为仁，他亦不能辅人为仁也。

曾子曰："吾闻诸夫子：人未有自致者也，必也亲丧乎！"④

自致。犹云自己尽心。《论语稽》曰："'自'之云者，出于性情之真挚，不待勉强，自然而然也。"言人于他事，未有能自尽其心者；只有对

---

① 致极其哀，不尚文饰也。○杨氏曰："丧，与其易也宁戚，不若礼不足而哀有余之意。"愚按："而止"二字。亦微有过于高远而简略细微之弊学者详之。

② 子张行过高，而少诚实恻怛之意。

③ 堂堂，容貌之盛。言其务外自高，不可辅而为仁，亦不能有以辅人之仁也。○范氏曰："子张外有余而内不足，故门人皆不与其为仁。子曰：'刚、毅、木、讷近仁。'宁外不足而内有余，庶可以为仁矣。"

④ 致，尽其极也。盖人之真情所不能自已者。○尹氏曰："亲丧固所自尽也，于此不用其诚，恶乎用其诚。"

于父母的丧事罢。孟子曰："亲丧，固所自尽也。"意与此同。

曾子曰："吾闻诸夫子：孟庄子之孝也，其他可能也：其不改父之臣与父之政，是难能也。"①

孟庄子。鲁国的大夫，姓仲孙，名速，是孟献子（仲孙蔑）之子。孔子说他的孝行，别的事情，是人人做得到的；只有他在父亲死后，于父亲所用的人，及父亲所行的各种政事，都不改换，这是别人家难以做到的。按：孔子此言，与"三年无改于父之道，可谓孝矣"同一意思。但亦因庄子的父亲献子，是有贤德的，所以才这样说。否则，正当干父之蛊矣。

孟氏使阳肤为士师，问于曾子。曾子曰："上失其道，民散久矣。如得其情，则哀矜而勿喜。"②

阳肤，是曾子的弟子。士师，犹现在的管狱员。阳肤要去做管狱员，故来问曾子也。"上失其道，民散久矣"者，言在上位的人，久已失了教养人民之道，因之民心离散而为种种犯法的事体也。按当时世卿如季氏等，类皆剥民以肥私，民之陷于罪，其情确有不可言，不忍言者。"如得其情，则哀矜而勿喜"者，谓查得其犯罪行为的实情，要哀怜他，不要以为他作了恶，犯了罪，被我查出，自以为能而欢喜也。哀矜者，哀其罹刑，怜其无知，或有所不得已也。

子贡曰："纣之不善，不如是之甚也。是以君子恶居下流，天下之恶

---

① 孟庄子，鲁大夫，名速。其父献子，名蔑。献子有贤德，而庄子能用其臣，守其政。故其它孝行虽有可称，而皆不若此事之为难。

② 阳肤，曾子弟子。民散，谓情义乖离，不相维系。〇谢氏曰："民之散也，以使之无道，教之无素。故其犯法也，非迫于不得已，则陷于不知也。故得其情，则哀矜而勿喜。"

皆归焉。”①

两“恶”字，上为好恶之“恶”，下为善恶之“恶”。纣，即殷朝亡国的君主。言纣的不好，实在没有如一般人所传说的那样厉害。下流，本谓江河将入海之处。上流的水，都流到这里入海，故所有的浊水，下流里都有。一个人做了恶事，后人把种种罪恶，都归在自己身上，好像居在江河下流，浊水都流到这里也。所以君子不肯自居于下流，以致天下的罪恶，都归在自己身上。近人顾颉刚，曾作《纣七十罪恶》一篇文章。他从各种古书上，搜集说纣王罪恶的言语，共有七十件大罪。但他所述最古的书，说纣王的，不过几句平常罪恶的事体。这很可为本章“纣之不善，不如是之甚”及“天下之恶皆归焉”诸语的实证。

子贡曰：“君子之过也，如日月之食焉：过也，人皆见之；更也，人皆仰之。”②

子夏曾说：“小人之过也必文。”此章子贡说君子之过不文，而且能改过也。子贡说：“君子做错了事，好像日食月食。”君子对于错处，并不遮瞒，所以大家都看见他，好像日食月食时，大家都看见日月的失明也。更，就是改。君子能够改过；等到改了以后，人家仍旧信仰他是个君子，这又好像日食月食之后，人们仰望日月，见其朗然如故也。

卫公孙朝问于子贡曰：“仲尼焉学？”③ 子贡曰：“文、武之道，未坠于地，在人。贤者识其大者，不贤者识其小者，莫不有文、武之道焉。夫

① 恶居之恶，去声。○下流，地形卑下之处，众流之所归。喻人身有污贱之实，亦恶名之所聚也。子贡言此，欲人常自警省，不可一置其身于不善之地。非谓纣本无罪，而虚被恶名也。

② 更。平声。

③ 朝，音潮。焉，於虔反。○公孙朝，卫大夫。

子焉不学？而亦何常师之有？”①

朝，音潮。“焉学”、“焉不学”的“焉”，均平声，副词。识，今作志。公孙朝；是卫国的大夫。当时鲁有成大夫，公孙朝，楚有武城尹，公孙朝；（均见《左传》）郑子产之弟亦叫公孙朝，（见《列子》）故此标“卫”字以别之。公孙朝向子贡问道：“孔子学于什么人?”文武之道，指周文王武王所定一切礼乐文章。未坠于地，言未亡失也。贤人记得文武之道之重大的，不贤的人记得文武之道之细小的。是贤者与不贤者，都有文武之道保守着也。夫子无所不学，哪里有一定的老师呢？按孔子学琴于师襄，问礼于老聃，访乐于苌弘，问官于郯子，即其无常师之证。

叔孙武叔语大夫于朝，曰：“子贡贤于仲尼。”② 子服景伯以告子贡。子贡曰：“譬之宫墙，赐之墙也及肩，窥见室家之好。③ 夫子之墙数仞，不得其门而入，不见宗庙之美、百官之富。④ 得其门者或寡矣。夫子之云，不亦宜乎！”⑤

叔孙武叔，鲁国的大夫叔孙州仇也。武，是他的谥。语，去声。朝，音潮。叔孙武叔在上朝的时候，对大夫们说子贡贤于孔子也。子服景伯，已见前《宪问篇》注。他听了叔孙武叔的话，去告诉子贡。宫墙，是房屋的围墙；古时候自天子以至士，所居都可称“宫”。仞，是长度的名称，或言七尺，或言八尺；《论语稽》谓以《周礼》沟、洫、浍深广之文考之，当以八尺为断。两“夫子”，前指孔子，后指叔孙武叔。子贡言以房屋的

---

① 识，音志。下焉字，于虔反。○文、武之道，谓文王、武王之谟训功烈。与凡周之礼乐文章。皆是也。在人，言人有能记之者。识，记也。

② 语，去声。朝，音潮。○武叔，鲁大夫，名州仇。

③ 墙卑室浅。

④ 七尺曰仞。不入其门，则不见其中之所有，言墙高而宫广也。

⑤ 此夫子，指武叔。

围墙作譬，我的墙，不过和人的肩部这般高，所以在墙外，可以看见墙里人家房屋的美好。孔子的墙，高到几仞了。如果你找不到他的门，不能走进去，便不能见到里面祖庙的华美，朝堂官吏的众多。一般人不明白夫子的高深之道，好像这所房屋的门，能够找到的少，里面的情形能够看见的也少。叔孙武叔自然也不能够明白夫子之道，他说我贤于夫子，不是应该的吗？

叔孙武叔毁仲尼。子贡曰：“无以为也。仲尼不可毁也。他人之贤者，丘陵也，犹可逾也；仲尼，日月也，无得而逾焉。人虽欲自绝，其何伤于日月乎？多见其不知量也！”①

叔孙武叔谤毁仲尼，故子贡发此论。无以为，犹云无用为此毁也。他人之贤，譬如丘陵，尚可逾越；仲尼之圣，则如日月，至高至明，无人得而逾越之。多，只也，适也。人虽欲自绝于日月，于日月何害，适足以见不知自度其德，自量其力而已。皇疏解“量”为圣人之度量；言只见汝之愚暗，不知圣人之度量而已。亦可通。

陈子禽谓子贡曰：“子为恭也，仲尼岂贤于子乎？”② 子贡曰：“君子一言以为知，一言以为不知，言不可不慎也。③ 夫子之不可及也，犹天之不可阶而升也。④ 夫子之得邦家者，所谓立之斯立，道之斯行，绥之斯来，

---

① 量，去声。○无以为，犹言无用为此。土高曰丘，大阜曰陵。日月，喻其至高。自绝，谓以谤毁自绝于孔子。多，与祇同，适也。不知量，谓不自知其分量。

② 为恭，谓为恭敬推逊其师也。

③ 知，去声。○责子禽不谨言。

④ 阶，梯也。大可为也，化不可为也，故曰不可阶而升。

动之斯和。其生也荣，其死也哀，如之何其可及也？”①

陈子禽，皇疏说不是孔子的弟子陈亢，（按见前《学而》篇）当是另一同姓名的人。他见子贡时时称赞孔子，所以对子贡说：“是你对先生恭敬而已，孔子岂能比你好吗？”知，今作智。子贡答陈子禽说：“君子说一句话，说得不错。则人家以为他智；说错了，则人家以为他不智。说话，是不可不谨慎的。孔子之不可及，好像天一般，是不可用阶梯升上去的。孔子如果得国而为诸侯得家而为大夫，其于人民，立之以礼则人立，导之以教令则人行；安抚之则近悦而远来；役使之则心悦而诚服；（此从皇疏）活着的时候，人人敬爱，非常荣显；死了，人人为他悲哀。像夫子这样的人，怎么能够及得上呢？”

［问题］

（一）子夏子张论交友之道有何不同？

（二）何谓“日知所亡，月无忘所能”？

（三）何谓“博学篤志。切问近思”？

（四）小人、君子，有过失时有何不同？

（五）何谓“君子有三变”？

（六）何谓“大德不中逾闲，小德可出入”？

（七）子游、子夏论教育有何不同？

（八）子游、曾子对子张之批评如何？

（九）何谓“如得其情。则哀矜而勿喜”？

---

① 道，去声。〇立之，谓植其生也。道，引也，谓教之也，行，从也。绥，安也。来，归附也。动，谓鼓舞之也。和，所谓于变时雍。言其感应之妙，神速如此。荣，谓莫不尊亲。哀，则如丧考妣。〇程子曰：“此圣人之神化，上下与天地同流者也。”〇谢氏曰：“观子贡称圣人语，乃知晚年进德，盖极于高远也。夫子之得邦家者，其鼓舞群动，捷于桴鼓影响。人虽见其变化，而莫窥其所以变化也。盖不离于圣，而有不可知者存焉，此殆难以思勉及也。”

（十）叔孙武叔、陈子禽皆谓子贡贤于仲尼。其说然否？

尧曰第二十

此篇凡三章：《尧曰章》载二帝三王之事；《子张问》章记子张与孔子问答；《不知命》章记孔子的言语。篇幅最短，体例亦杂。《古文论语》又分《子张问》以下别为一篇，更不伦矣。

尧曰："咨！尔舜！天之历数在尔躬，允执其中。四海困穷，天禄永终。"①

尧因自己的儿子丹朱不肖，乃把天子之位传于舜。此节系尧对舜所说的话也。咨，音资。嗟叹声也。尔，你也。《尚书，洪范》五纪："一曰岁，二曰月，三曰日，四曰星辰，五曰历数。"《尧典》云："乃命羲和，钦若昊天，历象日月星辰，敬授民时。"历数，即历象，岁月日星辰运行之法也。古代以定历数为王者之大事，故尧禅位于舜，曰"天之历数在尔躬"也。允者，信也。诚也。"执中"者，即《中庸》称舜"执其两端，用其中于民"也。中者，无过不及之中道。天子玉食万方，其禄自天子之，故曰"天禄"。朱注云："四海之人困穷，则君禄亦永绝矣；戒之也。"毛奇龄《稽求篇》则云："四海困穷是儆辞；天禄永终是勉辞；盖四海当念其困穷，天禄当期其永终也。"二说均通。

舜亦以命禹。②

---

① 此尧命舜，而禅以帝位之辞。咨，嗟叹声。历數，帝王相继之次第，犹岁时气节之先后也。允，信也。中者，无过不及之名。四海之人困穷，则君禄亦永绝矣，戒之也。

② 舜后逊位于禹，亦以此辞命之。令见于《虞书·大禹谟》，比此加详。

舜的儿子商均亦不肖，舜把天子位，传授于夏禹，仍把尧的话，告知禹也。按江声《尚书集注音疏》疑上节为《舜典》佚文，东晋《伪古文尚书》入之《大禹谟》中。

曰："予小子履，敢用玄牡，敢昭告于皇皇后帝：有罪不敢赦。帝臣不蔽，简在帝心，朕躬有罪，无以万方；万方有罪，罪在朕躬。"①

履，音吕。朕，音阵。"予小子履"云云者，履，商王汤之名。予小子履，汤自称也。禹受了天子之位，传到桀为天子，暴虐无道，被商王赶出在南巢的地方，汤遂自己做了天子。此汤告于天之辞也。玄牡，黑色的牺牲也。昭，明也。皇，大也。后，君也。皇皇后帝，指天上的上帝。夏尚黑，商尚白；此时商初克夏，尚未改所尚，故仍用玄牡。帝臣，《集注解》谓指桀。桀为天子，亦为上帝之臣，故曰"帝臣"。言我对于有罪的人，不敢违天赦他。像桀的罪过，已经不能给他隐蔽了。简，阅也。他的罪过，已经简阅在上帝的心里也。朕，我也，汤自称。言我身若有罪过，与万方的人民，是无与的；至若万方人民有罪，那是我天子做得不好，应该将这个罪。责在我身上。朱注云："言桀有罪，已不敢赦；而天下贤人皆上帝之臣，已不敢蔽，简在帝心，惟其所命。"与《集解》说异。又朱注以此为汤的请命于天而伐桀之辞。《吕氏春秋·顺民篇》，《墨子·兼爱》下，则均以为克夏后大旱祷天之辞。东晋《伪古文尚书》采此节入《汤诰》而辞句稍异。

---

① 此引《商书·汤·诰》之辞。盖汤既放桀而告诸侯也。与《书》文大同小异。曰上当有汤字。履，盖汤名。用玄牡，夏尚黑，未变其礼也。简，阅也。言桀有罪，已不敢赦。而天下贤人。皆上帝之臣，已不敢蔽。简在帝心，惟帝所命。此述其初请命而伐桀之词也。又言君有罪，非民所致，民有罪，实君所为，见其厚于责己、薄于责人之意。此其告诸侯之辞也。

周有大赉，善人是富。① “虽有周亲，不如仁人。百姓有过，在予一人。”②

汤做天子以后。传到纣王，也是个无道之君。周武王伐之。纣兵败，自己举火烧死，商朝又换了周朝。赉，赐也。富，多也。“周有大赉，善人是富”者，言天赐周朝许多善人也。一说周家大赐财帛于天下这善人，善人因是而富也。周亲，至亲也。纣王的至亲，有箕子、微子、比干等，虽然很多，但不能用，不如周家有许多仁人，而都能用，故曰“虽有周亲，不如仁人”也。（按此本孔颖达《诗疏》之语，朱注亦采之）《集解》引孔注谓“周亲”是指管叔、蔡叔，仁人，是指箕子微子，并以诛管蔡，封箕微，为“虽有周亲，不如仁人”。是“周”为周代。“百姓有过，在予一人”二语，与上文汤“万方有罪，罪在朕躬”的话，同一意义。按“虽有周亲”四句，亦见《墨子·兼爱》中，宋翔凤以为封太公之辞。《伪古文尚书》采入《泰誓》，以为誓师之辞。

谨权量，审法度，修废官，四方之政行焉。③ 兴灭国，继绝世，举逸民，天下之民归心焉。④ 所重民：食、丧、祭。⑤ 宽则得众，信则民任焉，敏则有功，公则说。⑥

---

① 赉，来代反。○此以下述武王事。赉，予也。武王克商，大赉于四海。见《周书·武成》篇。此言其所富者，皆善人也。《诗序》云“赉，所以锡予善人”，盖本于此。

② 此《周书·泰誓》之词。○孔氏曰：“周，至也。言纣至亲虽多，不如周家之多仁人。

③ 权，称锤也。量，斗斛也。法度，礼乐、制度皆是也。

④ 兴灭继绝，谓封黄帝、尧、舜、夏、商之后。举逸民，谓释箕子之囚，复商容之位。三者皆人心之所欲也。

⑤ 《武成》曰：“重民五教，惟食丧祭。

⑥ 说，音悦。○此于武王之事无所见，恐或泛言帝王之道也。○杨氏曰：“《论语》之书，皆圣人微言，而其徒传守之，以明斯道者也。故于终篇，具载尧、舜咨命之言，汤、武誓师之意，与夫施诸政事者。以明圣学之所传者，一于是而已。所以著明二十篇之大旨也。《孟子》于终篇，亦历叙尧、舜、汤、文、孔子相承之次，皆此意也。”

以此下，皆周得天下以后之作为也。权，称重轻的秤也。量，量多少的斗斛也。“谨”者，整饬之，使民谨守也。成蓉镜《经义骈枝》谓“法度”与“权量”相对为文，当为二事。法度，即律度。律，谓十二律，乐声也；度，谓尺，量长短者也。审，谓审察之，使归于一。此二语，即《尚书·尧典》之“同律度量衡”。朱注则谓礼乐制度皆是“法度”。成氏又谓修废官者，即修掌权量法度之官。《集解》及朱注不释“举废官”，盖谓凡已废之官皆修举之。能“谨权量，审法度，修废官”，则四方的政事，都很顺遂地施行了。灭国，谓已被灭之诸侯国；绝世，谓世系断绝，祭祀已废者；逸民，谓有贤德而遗逸在路之人。能“兴灭国，继绝世，举逸民”，则天下的人民都归心了。“所重民：食、丧、祭”者，即《伪古文尚书·武成篇》所谓“重民五教，惟食、丧、祭”也。食为民命所关，故重之，“慎终追远，民德归厚矣”，故又重丧与祭也。《集解》引孔说以民、食、丧、祭四项并列，亦通。“宽则得众，信则民任焉，敏则有功”三语，与《阳货篇》答子张问仁语同。“公则说”者，说，今作悦，言为政事事公平，则人民都欢悦也。

按本章凡五节：一记尧禅舜时语；二记舜禅禹亦以尧语告舜：三记汤告天语；四记周武王事；第五节，皇疏以为明二帝三王所修相同之政。《汉书·律历志》引“谨权量”云云，以为是孔子语。

子张问于孔子曰：“何如斯可以从政矣？”子曰：“尊五美，屏四恶，斯可以从政矣。”子张曰：“何谓五美？”子曰：“君子惠而不费，劳而不怨，欲而不贪，泰而不骄，威而不猛。”① 子张曰：“何谓惠而不费？”子曰：“因民之所利而利之，斯不亦惠而不费乎？择可劳而劳之，又谁怨？欲仁而得仁，又焉贪？君子无众寡，无小大，无敢慢，斯不亦泰而不骄

① 费，芳味反。

乎？君子正其衣冠，尊其瞻视，俨然人望而畏之，斯不亦威而不猛乎？”①

子张问何如则可以从政。孔子告以“尊五美，屏四恶”。屏，去声，除去也。子张不知何谓“五美”，故孔子列举“惠而不费”五语告之。子张仍不解其意，故孔子又逐句解释之也。“因民之所利而利之”者，邢疏云：“民居五土，所利不同。山者，利其禽兽；渚者，利其鱼盐；中原，利其五谷。人君因其所利，使各居所安，不易其利，则是惠爱利民，在政，且不费于财也。”“择可劳而劳之，又谁怨”者，意思是拣择可以使人民劳作之时，而又为人民所能够劳作的事，去叫人民劳作，人民自然不生怨恨之心也。焉，平声，副词。一般的“欲”，总是贪财货。但若以仁爱待民，为己之“欲”，则只要能以仁爱待民，即得所“欲”，又那里会有贪财货的毛病也。常人之情。见人众则怕，遇位高的大人则敬。君子则不然，无论众寡小大，都不存轻视之心，怠慢之意，如此，故常舒泰，而又并不骄傲也。把衣冠穿戴得端端正正，又能庄以莅之，则观瞻所及，自能令人尊敬；人见了他的威仪俨然，自然会畏敬他，但并不以凶猛威吓人也。

子张曰：“何谓四恶？”子曰：“不教而杀谓之虐；不戒视成谓之暴；慢令致期谓之贼；犹之与人也，出纳之吝，谓之有司。”②

子张明白了五美，又问：“什么叫四恶呢？”孔子以下四语告之。不先以礼义教导百姓，见百姓犯了罪，便把他杀了，这叫做“虐”。叫百姓做

---

① 焉，於虔反。

② 出，去声。○虐，谓残酷不仁。暴，谓卒遽无渐。致期，刻期也。贼者，切害之意。缓于前而急于后，以误其民，而必刑之，是贼害之也。犹之，犹言均之也。均之以物与人，而于其出纳之际，乃或吝而不果。则是有司之事，而非为政之体。所与虽多，人亦不怀其惠矣。项羽使人，有功当封，刻印刓，忍弗能予，卒以取败，亦其验也。○尹氏曰：“告问政者多矣，未有如此之备者也。故记之以继帝王之治，则夫子之为政可知也。”

事，不预先告诫百姓，开着眼睛，等到事体做成以后，再去下批评，加刑罚，这就是“暴”。慢其令于先，而刻期于后，百姓不能照着期限做成，就加以刑罚，这叫做“贼”。贼，残害也。犹之与人也，言这笔钱，总是要给人的；而于出纳之间，妄生吝惜之意。舍不得拿出去，这可说是“有司”。有司，皇疏谓是库吏之属。言为政者于应当与人之款，若像库吏的吝于出纳。如军旅之费，迟之则败征见；灾赈之需，延之则饿莩众矣。故孔子以为是四恶之一。

子曰：“不知命，无以为君子也。①不知礼，无以立也。②不知言，无以知人也。”③

这章的“君子”，是指有道德知识的人。言不知有命而信之，则见害必避，见利必趋，不能成为君子也。《韩诗外传》及董仲舒《对策》均言人受天命以生，故有仁义礼智之心；故不知命，无以为君子。此说亦通。“礼”为人生日用间所不能无，故不知礼的人，不能立于社会也。按《泰伯篇》孔子曰“立于礼”；《季氏篇》孔子告伯鱼曰“不学礼，无以立”，均与此同旨。《易·系辞传》云：“将叛者其辞惭；中心疑者其辞枝；吉人之辞寡；躁人之辞多；诬善之人其辞游：失其守者其辞屈。”故听人言语的得失，可以知人的邪正；不知言，就不能知人。

［问题］

（一）何谓“允执其中”？

（二）何谓“谨权量，审法度”？

---

① 程子曰：“知命者，知有命而信之也。人不知命，则见害必避，见利必趋，何以为君子？”

② 不知礼，则耳目无所加，手足无所措。

③ 言之得失，可以知人之邪正。○尹氏曰：“知斯三者，则君子之事备矣。弟子记此以终篇，得无意乎？学者少而读之，老而不知一言为可用，不几于侮圣言者乎？夫子之罪人也，可不念哉？”

（三）何谓“所重民食丧祭”？

（四）何谓“五美”？

（五）何谓“四恶”？

（六）何谓“知命、知礼、知言”？

图书在版编目（CIP）数据

四书读本 : 全 2 册 / 蒋伯潜著 . -- 北京 : 北京联合出版公司 , 2015.4（2025.4 重印）
ISBN 978-7-5502-4957-8

Ⅰ . ①四… Ⅱ . ①蒋… Ⅲ . ①儒家②四书—注释
Ⅳ . ① B222.12

中国版本图书馆 CIP 数据核字 (2015) 第 068618 号

四书读本

作　　者：蒋伯潜
选题策划：北京三联弘源文化传播有限公司
责任编辑：王　巍

北京联合出版公司出版
（北京市西城区德外大街 83 号楼 9 层　100088）
天津海德伟业印务有限公司印制　　新华书店经销
字数 627 千字　710 毫米 ×1000 毫米　1/16　47.5 印张
2015 年 4 月第 1 版　2025 年 4 月第 3 次印刷
ISBN 978-7-5502-4957-8
定价：198.00 元（全 2 册）

本书若有质量问题，请与本社图书销售中心联系调换。电话：010-84318689